戰後日本與東亞的經濟發展

THE POSTWAR
ECONOMIC DEVELOPMENT
OF JAPAN AND EAST
ASIAN COUNTRIES

任燿廷 著

目　次

圖目次

表目次

第一章　序言

　　東亞國家的經濟發展在 1980 年代以後被譽為經濟發展的奇蹟，主要理由之一是東亞地區國家經濟的一連串成長崛起的現象。在一連串經濟成長的崛起過程中，東亞國家前後梯次漸層銜接的發展型態清晰地被勾勒出來。而東亞國家間層次分明的經濟成長銜接形狀主要就是各國經濟發展策略的外向型轉換亦即轉型出口導向發展策略的先後順序所形成。換言之，即東亞國家採行自由化的改革開放政策，開始落實市場經濟化與國際經濟接軌的先後時期形成先進國日本，新加坡、香港、台灣、韓國等亞洲一梯新興工業經濟體（1st tier Asian Newly Industrialized Economies），馬來西亞、泰國、印尼、菲律賓等二梯新興工業經濟體（2nd tier Asian Newly Industrialized Economies）以及後來的中國、越南等經濟成長的漸層銜接。

　　換言之，第二次世界大戰後東亞國家的經濟成長中的主要特色之一為其對外貿易特別是出口的急速成長。此種快速出口成長帶動的經濟成長一般稱之為出口導向型經濟成長模式，亦有著眼出口快速成長主要成因的外來直接投資而稱之為順貿易型直接投資導向工業化成長模式（Pro-trade FDI-led manufactured growth model）[1]。

---

[1] 根據小島清的雁行形態發展論述，參照 Kojima Kiyoshi, "The "flying geese" model of Asian economic development: origin, theoretical extensions, and regional policy implications," Journal of Asian Economics, Vol.11, 2000, pp.375-401。

　　特色之二為東亞國家的出口急速成長過程並非只是單一國家的個別現象，而是東亞各國一連串崛起與先後衛接的整體現象，也因此被稱為東亞經濟的奇蹟[2]。其後 1997 年亞洲金融風暴雖然嚴重影響部份東亞國家經濟持續發展的進程，但就東亞國家整體而言並未中斷其出口的持續成長以及其在世界出口所佔的重要性。在工業化近代經濟成長模式及產業內貿易的持續發展下，東亞區域內的經貿實質關係也更加緊密（de facto integration）[3]。

　　問題是東亞的出口導向型經濟成長是如何形成，東亞間的經濟成長又是如何衛接。中國經濟的崛起對東亞的雁行發展產生什麼影響，而作為世界經濟成長典範的亞洲又為何發生 1990 年代的亞洲金融風暴。

壹、本書的目的

　　基於上述的問題意識，本書的目的主要為探討以下三個層面的問題。

一、東亞出口導向工業化發展的近代經濟成長模式

　　東亞國家透過貿易與投資在經濟自由化與全球化潮流中形成一股強勁力量，特別是 1960 年代以來貿易導向型工業化政策下工業製品出口的急遽成長匯聚世界的注目。東亞國家的順貿易型直接投資導向工業化成長模式，特別是新興工業經濟體以及後起中國的

---

[2]　世界銀行（1993）The East Asian Miracle: Economic Growth and Public Policy
　　白鳥正喜監譯『東アジアの奇跡－経済成長と政府の役割－』（東京：東洋経済新報社，1994），頁 1。

[3]　參照經濟產業省編，『通商白書 2004』（東京：日本經濟產業調查会，2004），頁 152-155。

經貿成長更成為世界關心的焦點。自由市場經濟體制下近代經濟成長的發展模式中，出口導向策略被視為是一種成功的經濟發展模式，特別是出口與外資並用的發展策略。第二次世界大戰以後，東亞國家的經濟成長即是被視為體現此種經濟發展模式的成功案例。東亞國家的經濟發展過程中對外資的態度雖然並不同，部分國家如日本、韓國、印尼等對引進外資上持較保守的態度，特別韓國、泰國、印尼等寧可採國外貸款方式彌補其國內產業資本不足，但亦如東亞國家由進口替代轉型出口導向模式過程的漸進式發展，1990年代中特別是 97 年亞洲金融風暴後大都轉向解除限制外資的自由化方向。

其主要原因，一方面是 GATT/WTO、IMF、WB 架構下的世界經貿體制對貿易與資本自由化的共識與要求，另一方面更重要的是享受後開發性經濟利益促進經濟成長的出口導向型近代經濟成長工業化發展模式所需要的不只是資本與外匯以突破經濟發展初期此兩項缺口的不利條件，同時亦需要技術、原材料、機器設備及零組件的進口以及國外市場等的配套才能運作，外資的引進除了導入資本外，更重要的是導入技術、機器設備·零組件以及國外市場的外部資源。

而出口導向型經濟發展模式的營運同時也必須選擇符合其國內資源稟賦條件的發展模式，才能體現經濟的比較利益，創造競爭優勢，將貿易利益轉化為國內經濟成長的利益。並出口導向型發展模式的營運過程中，外部資源的量的增加外，質的方面，經濟自由化、市場化的改革開放是滲透市場機制到經濟運作中，使出口導向型發展模式奏效的必要條件。因為經濟發展的動態過程中，隨著市場價格的變化，其發展模式也必須隨之調整與轉型才能維持競爭優勢，持續經濟成長的可能性。

東亞的出口成長除上述生產、供給面的問題外，另外從需求面特別是國外需求的輸出市場而言，在經濟更形開放的發展下，比較利益的動態性變化促使區域內新興出口國家的出現，其中，吸納產出的需求面上，市場再利用與比較利益再循環（'market recycling' or 'comparative advantage recycling'）的轉換歷程也儼然成為東亞甚至世界經濟銜接成長與發展的另一個重要關鍵[4]。比較利益再循環的論述中主張東亞區域經濟發展中的領先層國家日本、第二層次的亞洲一梯 NIEs 等新興工業經濟體漸次地移轉其傳統出口產業至新興產業，從而讓出傳統產品國內外市場的空間以利二梯 NIEs、中國、越南等新興國家的接續出口，特別是美國的出口市場。東亞中此種市場再利用的情形尤其 1990 年代日本經濟相對低迷以及中國經濟快速興起過程中特別明顯。因此東亞國家間出口競爭力結構特別在中國經濟急遽崛起的 1990 年代是如何更迭以及為何更迭就成為釐清市場再利用論述的關鍵所在。

而戰後東亞國家出口導向型工業化發展模式的成功案例成為近代經濟發展理論特別是對外貿易、FDI 與經濟發展相關理論的實證對象。

二、中國經濟崛起的意涵

1990 年代中國大陸的經濟快速成長並在世界經濟體系中產生巨大的影響，其經濟發展的動向成為各國密切關注的焦點。中國經濟轉型漸進式自由市場經濟體制後，與世界經濟進一步接軌取得後開發性利益所呈現出的急遽式經濟成長結果，除體現中國經濟的比較利益，再度印證市場經濟模式下近代經濟成長的可能性，使世界經濟朝擴大均衡的方向發展外，亦印證世界經濟接力競賽中互補性發展的可行性。

---

[4] 此命名與定義參照 Cutler, Harvey, David J. Berri and Terutomo Ozawa, "Market recycling in labor-intensive goods, flying-geese style: an empirical analysis of East Asian exports to the U.S.," Journal of Asian Economics, Vol. 14, 2003, pp.36。

但是中國經濟的快速興起中，不但勞力密集型產品連資本密集型的高科技產品的出口亦均大幅成長，特別是 1990 年代與已開發國家的產品在世界市場激烈競爭，因此產生所謂的中國經濟威脅論（China Syndrome）。然而美日感受威脅的程度不同，日本似乎較敏感，日本貿易振興会（JETRO）的調查中 50%受訪企業感受中國的威脅[5]。中國改革開放後的經濟發展，特別是 1990 年代其出口的快速成長及結構的快速轉變下產生所謂的蛙跳現象（leapfrogging）或脫序現象。由於此蛙跳現象乃是基於東亞雁行發展的序列性所產生的觀察結果，因此許多人開始懷疑雁行理論的序列性觀點解釋世界經濟競爭秩序的現實性。

三、雁行形態發展理論與東亞的經濟發展

戰後東亞國家間經濟發展的銜接型態，日本經濟學者赤松要命名為雁行形態發展模式，其後在小島清、大來佐武郎等學者的承續下逐漸建構出雁行形態論（flying geese theory or catching up product cycle theory）的演繹推論架構，因其契合戰後日本為首東亞國家外向型經濟發展策略下外資、貿易自由化的成長模式，對東亞國家經濟發展及國際經濟關係的演變上具相當程度的詮釋力。

雁行形態理論是根據後發展國家先後享受後開發性經濟利益、模仿已發展國家的工業化經濟發展模式的演化過程所歸納出解釋世界經濟互補性及序列性發展過程及現象的理論[6]。其中亦演繹

---

[5] 日本貿易振興会経済情報部，『日本市場における中国製品の競争力に関するアンケート調査報告書』（東京：日本貿易振興会，2001 年 8 月），頁 8。調查結果顯示日本主要感受威脅的產業有非鐵金屬、成衣、傢俱‧建材、電子零組件、纖維‧紡紗等。

[6] 有關雁行形態理論參照赤松要，『世界経済論』（東京：国元書房，1965），頁 162；小島清，『日本の海外直接投資－経済学的接近』（東京：文真堂，1986），頁 43-56 以及 Kojima Kiyoshi, "The "flying geese" model of Asian economic development: origin, theoretical extensions, and regional policy

出世界經濟發展的同質性相剋論與異質性互補論以及合作與競爭
的理論基礎。

　　雁行理論的經濟互補性指後發展國家享受後開性經濟利益達
成經濟成長的目標，並藉由貿易、投資、技術移轉的進展回饋世界
經濟朝向擴大均衡方向發展。序列性指在各國經濟持續發展下，後
發展國家雖有追趕上已發展國家的可能性，但是在先進國技術相對
進步的前提下，超越的可能性則較低，基本上維持轉型先後的順序
形態發展。世界經濟的發展與競爭狀態端視演化過程中技術進步的
程度而定，全球性汎用型與各國的技術進步速度越快、幅度越大演
化速度就越快、幅度亦越大，然而各國經濟發展的序列性除非後發
展國家的技術進步超前基本上應是不易改變的。

　　而後發展國家與已開國家間的競爭主要是經濟發展過程中連
鎖性結構的改變使經濟體間由異質性互補狀態轉變成同質性狀態
所形成的，其後經濟的持續發展、結構的高度化亦會使世界經濟進
入另一個異質性互補的均衡狀態。連鎖性經濟結構的改變則主要經
由 FDI 及貿易的進展所導致。

　　雁行形態發展理論對戰後東亞國家的經濟發展模式、過程中藉
由貿易、海外直接投資所產生的國際間經濟資源移轉及生產、需求
波及效果具相當的詮釋力，而連鎖性經濟結構轉變所歸納出經濟發
展的同質性相剋論與異質性互補論亦或合作與競爭演化的論點亦
對東亞域內經濟發展過程中各國間經濟關係的演變具相當的詮釋
力並也成為區域經濟持續發展的指引。即東亞國家經濟發展初期享
受「後開發性經濟利益」的同時由於各國初期條件不同與他國間會
先呈現異質性互補利益，隨著各國工業化的進展各國間則會進入同
質性競爭的階段，但在技術進步及經濟轉型升級下，則又會進入另
一個異質性互補的階段。

---

implications," Journal of Asian Economics, 11, 2000, pp.382-88。

　　然而中國經濟崛起後的東亞發展演變似乎對雁行理論的演繹推論形成挑戰。前述 1990 年代中國經濟的快速興起產生所謂的蛙跳現象後，許多國家同時感受中國強勁出口的競爭威脅，加上同時期日本經濟的長期不振、美國經濟在 ICT 化下的重振以及世界資本、金融、外匯市場自由化下的波動加劇特別是亞洲金融風暴的發生等外在經貿環境的蛻變，許多人對雁行理論詮釋東亞國家經濟成長以及國家間經濟關係發展演繹的推論能力產生懷疑，開始懷疑此種競爭秩序演變論點的現實性。一般偏向中國經濟不但追趕上先進國家更有超越可能性的看法，中國經濟威脅論便是此種懷疑論的一個表現。但是東亞國家間銜接式的經濟成長型態及發展序列關係真的發生質變了嗎，而對藉由國際間經濟結構的連鎖性轉變所帶動的各國經濟競爭力結構間又產生什麼影響變化。中國的崛起是否會改變戰後以來東亞的成長模式與路徑。

　　歸納而言，本書的目的可分為以下五點。其一，檢視戰後東亞經濟的出口導向工業化經濟發展策略的演化及成長模式。其二，確認東亞出口導向經濟成長與投資特別是外資間的關係。其三，確認東亞間的連鎖性產業結構變化。其四，探討東亞國家間經貿關係的競合演變，探討其是否如雁行形態論所歸納演繹出的連鎖性結構改變使經濟體間的競爭力結構由異質性互補狀態轉變成同質性競爭狀態，而隨著產業、貿易結構的高度化又是否會使經濟體間進入另一個異質性互補的狀態。其五，檢視東亞製品出口比較利益與特化型態的演變，並據以檢證雁行理論追趕演繹過程中需求面的海外市場再利用假說。

　　另外本書中依戰後東亞國家轉型出口導向經濟發展策略的先後時期順序，選擇日本、新加坡、香港、台灣、韓國、馬來西亞、泰國、印尼、菲律賓、中國、越南等 11 國作為觀察對象，分佈如圖 1-1 所示，並依聯合國貿易發展委員會（UNCTAD）的分類將新加坡、香港、台灣、韓國歸稱為亞洲一梯 NIEs（Newly industrialized

economies: 1st tier），馬來西亞、泰國、印尼、菲律賓歸稱為亞洲二
梯 NIEs（Newly industrialized economies: 2nd tier）。

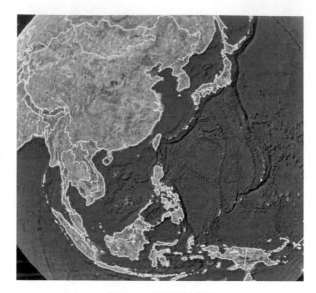

圖 1-1　東亞區域圖

資料出處：Google, Image NASA。

貳、本書的內容與發現

　　本書內容共分成六章，第一章序言、第二章戰後東亞的經濟發
展策略與成長模式、第三章戰後東亞的經貿發展、第四章東亞區域
經濟的雁行發展、第五章東亞的競爭與合作、第六章東亞對美的出
口競爭力結構與特化型態。

　　第二章主要探討二次大戰後東亞經濟發展策略的轉型出口導
向型發展策略的緣由、過程，其經濟成長的模式，以及從雁行經濟
發展理論說明戰後東亞出口導向工業化的發展機制。

　　第三章檢視經濟發展策略轉型後東亞經貿的發展，主要著重東亞經濟成長與輸出、投資以及產業結構的變化探討，章中確認東亞經濟成長與輸出、投資的關係以及東亞連鎖性產業結構的變化關係。

　　第四章檢討東亞出口導向工業化的雁行形態經濟發展，內容主要包括檢視東亞工業製品輸出面的雁行進展，東亞域內特別針對與日本間直接投資、ODA、技術移轉及貿易的演變，以及東亞工業製品出口競爭力的演化。章中從上述的面向確認東亞的雁行發展並歸納東亞製品出口競爭力結構的演化型態。

　　第五章，貿易結構與產業結構是一體的兩面，由東亞國家間出口競爭力結構關係的演變切入探討東亞經濟間的競爭與合作關係。東亞機械製品輸出的競爭與互補關係演變的探討中，本章提出東亞「層疊」追趕的觀察結果，以及戰後東亞國家間經濟成長的漸層銜接或層疊銜接型態的看法。

　　第六章探討日本、台灣、韓國、中國等東北亞國家對美國的出口競爭力結構變化，對美製品出口特化型態的演變，並從中檢證市場循環的假說即從市場面確認東亞經濟成長的出口分享。

第二章

戰後東亞的經濟發展策略與成長模式

壹、戰後東亞的經濟發展策略

　　戰後東亞經濟在轉型外向型工業化發展策略後其經濟成長速度提升且持續高經濟成長的狀態，此一般稱之為東亞奇蹟。東亞經濟工業化發展的模式雖然符合近代經濟成長（Modern Economic Growth, MEG）的機制模式[1]，但是也潛藏持續發展上的危機。其一是技術進步對經濟成長的貢獻太低，其二是制度的不夠完備及制度能力的不足。

　　相對於美歐先進國，經濟後發展的戰後東亞國家採行外向型發展策略的目的是為利用已發展國家的經濟資源實現其後開發性利益（advantage of backwardness）。Gerschenkron（1962）指出已發展國家成熟化或標準化的技術、制度是後發展國家可以借用以加速經濟發展的重要資源[2]。但是後發展國家經濟發展初期借用或導入國外技術發展經濟時，改革國內相關的金融、銀行、教育、研發、知識財產權等制度，整備市場經濟化的環境是引進技術發揮經濟效益上必要不可缺的條件。其後的經濟發展過程中也需要進一步的制度革新以誘發國內外投資，帶動國內技術進步形成持續經濟成長主要

[1]　Kuznets, S., "Modern Economic Growth: Findings and Reflections," American Economic Review 63(3), 1973, pp. 247-58。
[2]　Gerschenkron, A., Economic Backwardness in Historical Perspective (Cambridge, MA: Harvard University Press, 1962), P.8。

源泉的機制。如何使技術革新與制度革新產生相乘效果是開發中國家導入國外的技術實現後開發性利益的重要政策課題[3]。

　　整體經濟成長是由生產要素勞動力、資本等的增加以及技術進步所帶動[4]。廣義的技術進步包含技術、經濟制度與經濟結構等的因素，也稱為總要素生產力（Total Factor Productivity, TFP）。經濟發展初期階段其儲蓄率、人口增加率、生產技術結構以及經濟制度與經濟結構的條件越良好，其後相對的經濟成長率越高。其中特別是經濟制度與經濟結構等的經濟環境對長期經濟成長具有重大的影響力。一般而言，人均資本（K/L）增加下其資本收益率會隨之下降，除非總要素生產力上升或資本勞動替代率高時資本收益率的下降才會得到緩和。而資本勞動替代率高低端視經濟結構是否具彈性，部門間資本及勞動的流動性高低而定，經濟結構越具彈性，資本勞動替代率越高，經濟成長的表現越佳。

　　自由市場經濟體制下經濟成長的關鍵因子是技術進步（TFP）而非只是生產要素的累積，而促進技術進步的要因中經濟政策與制度至為重要。東亞國家實現後開發性利益的經濟發展策略上，制度與市場的互補性關係更形重要，亦即政府必須積極建構、整備促進市場機能發揮效能或彌補市場失靈所需的制度及其運作能力。具體而言，即提升總體經濟安定性、貿易及投資的對外開放性、行政服務效率性等經濟制度、治理機制等制度的品質以促進與市場機能的互補性。這些條件越完備，後發展國家接受外來資本、技術、市場

---

[3]　速水佑次郎，『開發經濟學』（東京：創文社，2004），頁 185。
[4]　新古典經濟學派的生產函數對近代經濟成長的要因說明上有極大的貢獻。其中 Solow（1957）、Kuznets（1966）以 G（Y/L）=G（A）+βG（K/L）從技術進步 G（A）及生產要素存量累積 G（K/L）的角度解析已開發國家 100 年來人均所得增加的原因，也打破過去以資本累積為經濟成長的決定因素發展出技術進步是主要成長來源的新思維，此稱為成長會計分析手法（Growh Accounting Approach）。Solow-Swan 模型的基本特色為規模報酬固定、各要素的收穫遞減、要素間的替代彈性以及有條件的收斂性等的概念。特別是有條件的收斂性的概念對國家間經濟成長率差異的說明力極高。

時越能誘發國內投資，越能享受經濟發展的後開發性利益。但是經濟發展帶動個人所得上升的同時，是否亦能促進所得分配的公平性則是另一層面的問題。經濟成長與所得的公平分配間沒有相關性，但過去的經驗至少證明經濟成長不必然使所得分配惡化。

一、進口替代到出口導向經濟發展策略的轉型

（一）進口替代工業化經濟發展策略

第二次世界大戰後，許多開發中國家基於以下理由普遍相信進口替代（Import Substitution，IS）型工業化經濟發展策略是初期發展階段最佳的策略選擇。首先是許多新興獨立國家領導者瞭解殖民時代統治者所實施的是以宗主國為考量的經濟發展政策，而對獨立後的新興國家而言，自主性工業化政策不僅是快速提升經濟成長、國民平均所得的策略手段，更是確保國家安全所需經濟及國防力量的來源。而一個合理的經濟政策便是限制國內所需工業製品的進口以移轉需求至國內製品，並以一次產品的出口外匯所得挹助工業化所需而國內尚無法生產機械設備等資本財的進口。這種策略在 19 及 20 世紀中曾為許多歐美國家的工業化經濟發展所採用[5]，如 19 世紀後期中，德國、法國及美國，20 世紀初期日本都曾經採高工業製品進口關稅措施以保護及促進其國內工業的發展[6]。

1. 幼稚產業保護

歐美先進國家經濟發展初期階段採行進口替代型工業化經濟發展策略的一個正當理由是幼稚產業保護理論[7]，這也是自由貿易

---

[5]　但是其中英國是從 19 世紀工業化經濟發展以來，自始堅持自由貿易的國家。

[6]　1920 年代舊蘇聯的內向型（Inward Orientation）經濟發展策略亦屬此類型。

[7]　幼稚產業保護論最早在 1791 年由 A. Hamilton 所提出，其後由德國 F. List 更加細緻化。List, F.,（original publication 1841），Das Nationale System der

支持者所以能接受進口替代型經濟發展策略的主要理論基礎。一個
國家要從前工業化的傳統式生產型態蛻變成工業化的新生產型
態，達到單位生產成本下降效果需要耗費一段的學習期間，特別是
追求規模經濟性產業需要一定期間才可能達成學習曲線的效果。規
模經濟性的邊際費用遞減效果屬於市場失靈的一種，另外開發中國
家的資本或金融市場不健全致使企業無法透過市場順利籌集資
金，沒有政府的介入無法實現此種未來的動態比較利益，而高關
稅、生產補貼、融資及稅制優惠、引進國外資本及技術優惠、原材
料輸入及產品銷售優惠等措施是協助產業願意投資人力資源的教
育訓練等達成學習曲線效果、提升競爭力的政策手段。理論上雖然
有正當性但是實施上則會面臨兩項基本的課題。第一是如何判定值
得保護的幼稚產業，第二是受保護產業或企業如果保護期間無法顯
現學習效果提升競爭力的處理問題。第一項問題理論上而言，受保
護的產業或企業未來競爭力提升後回收的經濟利益從成本效益的
角度，應至少達到以現值計算的各項保護政策、優惠措施的支出再
加上消費者在保護期間所蒙受經濟損失的總和，即其私人成本效益
與社會成本效益應相等，此即為 Mill-Bastable 基準。第二項問題則
主要是政府執行力與決策力的問題。若受保護幼稚產業在保護期間
內無法提升競爭力則政府有責撤銷保護，否則流於長久性保護不但
扭曲資源的有效運用也對其他產業及消費者不公，幼稚產業保護屬
於自由市場機制下的特惠措施，政府必須對其實施的時間嚴格把
關。因此若無自信嚴格把關則政府對啟動幼稚產業保護政策應持保
守態度，不應輕易啟動。

　　而第二次世界大戰後，新興獨立國家一方面因為大部分國家
主要出口的一次產品價格在一次產品需求的低所得彈性值下，相
對於工業製品呈現出長期下跌的趨勢，另一方面因為當時各先進

Politischen Okonomie,（Berlin: Reimar Hobbling, 1930），小林昇訳，『経済学
の国民的体系』（東京：岩波書店，1970）。

國家仍然採高進口關稅及非關稅障礙的保護政策，所以出現極力主張新興獨立國家應當採行幼稚產業保護政策，集中資源於具比較利益的勞力密集型工業製品如製衣等產品的出口[8]，部分國家則相信均衡式產業結構的發展模式[9]才能提升其經濟成長及國民所得的水準。

　　然而採行進口替代型工業化經濟發展策略的新興獨立國家逐漸面臨戰後不只是資本財，其民生必需品亦嚴重不足的威脅，出口賺取的外匯無法支應各項進口所需導致有限的外匯準備存底迅速用罄。因此進而採取嚴格的進口管制及外匯政策，如嚴厲管制奢侈品等非必需品的進口，對民生必需品的糧食、醫藥品及關鍵性原燃料、中間財以及重要資本財的進口採取外匯重點分配制度等以防止政治風暴的產生並冀以持續進行其經濟發展政策。

　　許多非民生必需品的國內價格因而上漲，國內所需各項產品的進口替代生產則在政府的重點式外匯分配下得以進口所需資本財及中間財而澎渤發展，甚至於過度投資，導致設備利用率低落的情形。並且因為大部份進口替代型工業產品的國內生產大都僅止於簡單組裝的生產型態如汽車，所以在進口替代型工業化的初期階段大多處於經濟效率不彰的狀態。其原因一方面是由於進口替代型工業受到高度保護而對追求創新、技術進步等的意願不高，另外則是原本相對豐富的非熟練勞工，特別是農村的產業勞工預備軍亦逐漸被吸收完畢的勞動市場結構轉變。然而，嚴厲的外匯管制以及特別是雙重匯率政策下的進口替代型工業化政策，在一次產品出口的外匯所得並未顯著下降而進口的中間財及資本財價格仍然保持相對低廉水準的期間，似乎無太大問題。

---

[8]　Prebisch, R., The Economic Development of Latin America and its Principal Problems (Lake Success: United Nation, 1950)。

[9]　Balanced Structure Strategy。Nurkse,R., Problems of Capital Formation in Underdeveloped Countries (Oxford: Basil Blackwell, 1953)。

　　但是，進口替代型工業化政策的進一步實施，在中間財及資本財的進口需求更廣泛的增加下，其缺點就明顯地暴露出來。一部份國家的出口在過度高估的匯率下，出口所得被壓抑在低水準程度，而其生產所需中間財及資本財的國內價格又相對地偏高而壓縮出口產業的獲利，導致出口能力下降，甚至於無法出口。另一方面，內需產業由於欠缺更高水準的技術及國內市場規模不夠的問題，亦遭遇到獲利下降的挑戰。另外，由於政府積極的財政擴張政策及企業的生產力無法大幅提昇下，國內通貨膨脹的壓力日益上升，政府財政赤字及經常收支赤字亦日益嚴重。而這也更加重政府對進口及外匯的管制措施，逐漸地經濟成長較諸發展初期已顯現下降的疲態。

　　對於進口替代型工業化政策的失敗，因此亦有意見認為進口替代型工業化政策的失敗不必然是策略本身的問題，而是幼稚產業政策的不當實施以及低估幼稚產業保護等進口替代工業化政策對總體經濟的負面影響所致[10]。

　　首先，實施幼稚產業政策的立足點而言，如前述若只是因為發展初期國內單位生產成本較國外競爭者高的理由並不充分。從經濟效率的角度，如果產業在經過學習的階段後即可達到超過成本的獲利可能性時，該企業就有可能從資本市場取得初期彌補支出或取得資本設備的不足資金，然而對政府而言，實際改善資本市場不完備的問題遠比幼稚產業政策的實施更棘手。其次，幼稚產業政策的目的是彰顯學習效果提升競爭力，所以實施上應該特別正視其學習過程中所產生外部經濟性的問題。因為企業取得或引進國外技術以與國外競爭者抗衡時，其風險是研發投資所發現或取得的資訊、技術可能經由技術波及效果被其他國內競爭者模仿[11]甚至免費享用，進

[10] Baldwin, R.E., "Trade and Growth: Still Disagreement About The Relationships," OECD Economics Department Working Papers No.264, 2000, Oct., p.7。

[11] Mansfield 指出模仿成本平均只有原創新成本的 65%，參照 Mansfield, E., "Imitation Costs and Patents: An Empirical Study, " The Economic Journal 91, 1981, pp.907-18。

而因為競爭原因導致熟練勞工等生產要素價格成本上漲或產品售價下跌，致使先行投資的企業無法從新知識或技術上獲利回收成本，因而導致企業不願冒險投資[12]。暫時性的進口保護關稅雖然可能增加企業投資的意願但並無法保證企業會願意承擔上述研發投資的可能風險，結果可能只是提高該產品的國內價格。除非建立能讓先行投資取得或引進新技術的企業產生獲利的機制或配套措施，否則企業依然面臨上述外部經濟性的威脅。實證研究結果顯示，對先進技術進行研發投資的企業給予補助或津貼時，關稅措施有可能強化先行投資企業的技術開發及迅速導入生產的意願[13]。此意涵在先行投資企業取得新技術並加以運用的時點與其他國內競爭者跟進模仿學習後衍生生產要素價格成本上漲或產品售價下跌的時點之間保留一個企業獲利的緩衝空間。所以有必要政策介入以目前的社會成本換取未來的經驗、知識累積及其波及效果即動態外部經濟性的利益，此亦即 Kemp 基準。當然，企業是否願意快速回應市場的機會基本上仍是視其對獲利的展望而定。

關於實施幼稚產業保護等進口替代工業化政策對總體經濟影響的評估不足問題，幼稚產業政策基本上是基於時間性的短期部份均衡條件下的立論基礎，所以一般不認為會對總體經濟的各項變數如匯率、輸出入貿易量、或財政貨幣政策產生鉅大衝擊。因此幼稚產業保護等進口替代工業化政策可能對總體經濟產生的影響並未被充分評估，如採行進口替代型工業化政策對出口可能產生的負面影響，外匯存底的重要性，限制奢侈品等非必需品的進口反而因其國內價格的上漲誘導國內企業增加投資而扭曲資源的配置，亦未確實評估政府及企業的積極活動可能引發財政及通貨膨脹的壓力程度。

事實上，進口替代型工業化經濟發展策略主要大多因為鉅額的貿易逆差或財政赤字或兩者同時發生以及激烈的通貨膨脹等而

---

[12] Mead, J. E., Trade and Welfare (New York: Oxford University Press, 1955)。

[13] Baldwin, R.E., "The Case Against Infant-Industry Tariff Protection," Journal of Political Economy 77, 1969, pp.295-305。

被改弦易轍，反而不是因為扭曲資源配置所產生的經濟無效率的
原因。

2. 實質有效保護

　　而採行進口替代工業化策略的開發中國家通常運用高關稅、輸
入限制等貿易政策工具保護其國內產業或經濟的發展。但是高關稅
稅率不一定真能達到保護的效果。以實質有效保護率（the Real
Effective Protection Rate）分析進口替代工業化政策對產業或國家經
濟成長影響的實證研究顯示[14]，若一國的出口未被賦予出口補助但
卻又一定要向受保護的國內廠商採購其所需中間財時，以附加價值
基礎所計算使用國產中間投入對出口廠商的影響等同出口廠商在
自由貿易情況下受到隱性懲罰一般；而當中間財不被課征進口稅或
課征率較最終產品低時，原始投入在附加價值創造過程中受到實際
保護的程度遠超過最終產品進口保護的程度。實質有效保護率是以
附加價值基礎而非以產品最終價格基礎計算，意即將生產投入中間
財及最終產品的保護都同時考慮在內的有效保護水準程度。而以產
品最終價格基礎計算的關稅保護程度稱為名目保護率。開發中國家
針對製造業的附加價值實質有效保護率通常超過 100%的水準，實
際上遠大於其名目保護率[15]。因此可知考量產品的附加價值程度而
對最終產品課徵較高關稅及原材料中間財課徵較低關稅的差別稅
率是進口替代工業化國家提高實質有效保護的一般性策略作法。

　　但縱使採行差別稅率的關稅結構也不必然能達成進口替代型工
業化國家所希望的最終財、中間財到資本財的全面性工業化發展的
策略目標。受高度實質有效保護的最終財會吸引多數的國內外資源

---

[14] 實質有效保護率的計算及說明參照 Balassa, B. and Associates, The Structure
of Protection in Developing Countries（Baltimore: The John Hopkins Press,
1971）。

[15] 參照前出 Balassa, B., et al.（1971）及 Little, I., T. Scitovsky and M. Scott,
Industry and Trade in Some Developing Countries: A Comparative Study,
（Cambridge: Oxford University Press, 1970）。

投入但是低度保護的中間財及資本財則可能轉為進口。即最終財生產的誘發需求即向後聯關效果（backward linkage）可能漏出國外而無法真正建立國內的中間財及資本財產業。此是進口替代型工業化國家無法建立國內產業鏈導致生產力無法提升的原因，同時也因為中間財、資本財的進口擴大導致國際收支逆差擴大、外匯短缺的窘境。

另外進口替代型工業化國家對最終財的保護程度也有很大落差，依 Balassa 的計算，1961 年智利對內需的加工食品的實質有效保護率達 2,884%，但對非耐久性消費財則只有 300%。而進口替代型工業化國家也大多對農產品及礦物燃料等出口產品採行差別化措施，其出口產品的實質有效保護率甚至呈現負數，如巴基斯坦的出口農產品及馬來西亞的礦物燃料[16]。因此實證研究的結果除建議開發中國家降低平均實質有效保護率，特別也建議削減對出口產品的差別待遇以提高其創造外匯的能力。

而採行進口替代型工業化策略的國家除上述貿易保護措施外，其總體經濟政策如貨幣政策特別是匯率政策的效果亦會對進口替代造成不利的影響。有效匯率（effective exchange rate）對進出口業者影響的實證研究顯示進出口的複式名目匯率制實際上抵消其出口補貼或進口的關稅及非關稅措施的保護效果[17]。

進口替代工業化策略雖然在保護措施下較易實施產業育成政策開始其國內的工業化發展，但是如上述因為保護所以受保護企業或產業在無競爭環境中其生產及經營效率通常不容易提升，在只考量國內的政經因素下經濟資源通常不會達成比較利益原則下的有效配置狀態，國內市場不夠大的情形下亦不易達到規模經濟性。

另外從內生型經濟成長的角度[18]，考量經濟主要驅動力的創新、技術進步及其來源的人力資本配置條件下的貿易結構中，貿易

---

[16] 參照前出 Balassa, B., et al.(1971), pp.54。

[17] Bhagwati, J., Foreign Trade Regimes and Economic Development: Anatomy and Consequences of Exchange Control Regimes (Ballinger Press for National Bureau of Economic Research, Mass.:Lexington, 1978), Chapter7, pp.182-3。

[18] Grossman, G. M. and E. Helpman, Innovation and Growth in the Global

保護政策對經濟成長影響的研究結果顯示[19]，當一國主要進口熟練勞工等高人力資本或技術密集的最終財，而出口非熟練勞工或低技術密集財時，此情形通常發生在開發中國家，進口國實施對其進口製品課征高關稅的貿易保護政策時，依 Stolper-Samuleson 定理，就會造成其國內高人力資本即熟練勞工相對工資率的上漲。而熟練勞工相對工資率的上漲可能會降低熟練勞工的僱用以及研發活動水準進而導致經濟成長率的下降。相反地，當對非熟練勞工密集型進口製品課征高關稅的貿易保護政策時，進口保護措施會造成高人力資本即熟練勞工相對工資率的下跌，因而可能增加熟練勞工的僱用以及研發活動水準而加速經濟成長。因此，進口保護措施對經濟成長的影響還要視所保護產品的技術相關特性，亦即視一國的進出口產品的技術型態結構而定。

而進口替代型工業化開發中國家為育成其國內中間財、資本財產業，通常會對中間財、資本財的貿易或投資採取保護性措施。特別是零組件中間財產業的育成，主要因為產業鏈的外部經濟性對最終產品生產力及競爭力的提升具關鍵性的影響。而中間財種類愈多、分工愈細膩，其專業化（specialization）的規模經濟即報酬遞增效益愈容易顯現。產業鏈的外部經濟性乃是透過資訊、知識、人員的交流，提升最終產品及中間財種類、品質的研發創新活動水準，並累積相關知識的存量再透過教育訓練回饋人力資本的提升過程而實現。而此種資訊、知識、研發、技術、人才育成的螺旋式向上提升的循環過程就是技術進步內生化經濟成長的驅動力。亦即人力資本累積的效率性、網絡外部經濟性及中間財・資本財多樣化的規模經濟性越高其長期經濟成長率則越

Economy (Cambridge, MA: The MIT Press, 1991); Lucas, R.E., "On the Mechanics of Economic Development," Journal of Monetary Economics 22(1), 1988, pp.3-42; Romer, P., "Increasing Returns and Long-Run Growth," Journal of Political Economy 94(5), 1986, pp.1002-37。

[19] Grossman, G. M. and E. Helpman, Innovation and Growth in the Global Economy (Cambridge, MA: The MIT Press, 1991), Chapter 6。

高。然而對技術密集財的高關稅進口保護措施除上述對國內技術進步的影響外，進口限制或外資限制亦會切斷貿易及直接投資所衍生知識波及效果以及模仿進口產品提升技術能力的波及效果，通常會降低經濟的成長也無法進入技術進步內生化的成長軌道。

因此多數實證研究果皆主張進口替代型工業化策略的政策措施無法達成長期的持續性經濟成長。

（二）出口導向工業化經濟發展策略

Chenery & Strout（1966）指出經濟發展過程中遭遇到國內儲蓄小於經濟成長所需投資的儲蓄缺口、出口小於原材料・資本財進口所需外匯的缺口以及缺乏經濟發展所需技術・企業家等經營人才的缺口等的制約時，一國可以透過利用國外資源的策略即導入國外的資源如資本或輸出國外市場創造外匯來克服[20]。而前兩項制約經濟發展的總體經濟面缺口一般稱為為雙缺口（two-gaps）。另外技術・企業家等經營人才的缺口亦可藉由外來直接投資所伴隨的技術導入或直接技術移轉彌補。而通常伴隨自由化措施的外向型的出口導向（Export Orientation，EO）策略較易實現此種利用國外資源的經濟發展策略。

外向型出口導向策略所以成為較佳的選擇，主要理由可列舉如下，開放經濟體系中一國的經濟資源透過國際間比較利益的原則較可能達成有效的配置也較不易因為策略性經濟誘因扭曲資源的配置，透過國際市場的競爭可以提升企業及產業的生產經營效率及學習國外的先進技術，製品透過輸出可以擴大市場達到規模經濟的效果，輸出的擴大可以解除國際收支上外匯不足的限制並提升原材料、零組件、資本財及技術等的輸入能力。但是因與國

---

[20] Chenery, H., and A. Strout, "Foreign Assistance and Economic development," American Economic Review 56(4), 1966, June, pp.679-733。

際經濟接軌則容易受到國際政經情勢變化的影響導致國內經濟的
波動。

　　而透過外向型經濟發展策略利用國外的生產資源或市場的先
決條件是必要採行開放國內市場等的自由化措施。

　　從出口與經濟成長的實證研究中可知，出口與 GDP 成長具強
烈正相關[21]，出口成長愈快 GNP 的成長也愈快[22]。在自由化、開放
性與經濟及生產力成長率的關係上，積極採行自由化措施國家的
GDP 成長率較高，反之則較低[23]。而經濟開放性（openness）與經
濟成長間並不是單向的因果關係，開放性不只是帶動經濟成長的原
因，同時也存在與經濟成長互為因果的混合（mixed）關係[24]。出
口導向型工業化策略的開放性政策措施與 GDP 成長率及總要素生
產力間亦存在強烈的正相關關係，即貿易扭曲（trade distortion）程
度越高、匯率變動越大則人均 GDP 越低[25]，而開放性與總要素生
產力間則存在顯著性的正相關關係，開放性愈高其總要素生產力愈
大[26]。

---

[21] Bhagwati, J., Foreign Trade Regimes and Economic Development: Anatomy
and Consequences of Exchange Control Regimes (Ballinger Press for National
Bureau of Economic Research, Mass.:Lexington, 1978), Chapter7, pp.184-91。

[22] Krueger A. O., Liberalization Attemps and Consequances (Ballinger Press for
National Bureau of Economic Research, Mass.:Lexington, 1978), Chapter 11,
pp.271-4; Krueger A. O., "Trade Policy and Economic Development:How We
Learn," National Bureau of Economic Research Working Paper 5896, 1997。

[23] Kessides, I. N., Appendix A2 in Michaely, M., D. Papangeorgiou and　A. M.
Choksi eds., Lessons of Experience in Developing World (Oxford: Basil
Blackwell, 1991)。

[24] Harrison, A., "Openness and Growth: A Time-Series, Cross-Country Analysis
for Developing Countries," Journal of Development Economics 48(2), 1996,
pp.419-47。

[25] Dollar, D., "Outward-oriented Developing Economies Really Do Grow More
Rapidly: Evidence from 95 LDCs, 1976-1985," Economic Development and
Cultural Change 40(3), 1992, pp.523-44。

[26] Edwards, S., "Openness, Productivity and Growth: What Do We Really

　　另外因為物價的變動或差異往往不是單一貿易政策的結果而是總體經濟不安定所造成，單以貿易財的國內外價差衡量進口關稅、非關稅障礙或出口補貼保護程度的手法並非評價貿易障礙或扭曲效果的最適切方法[27]，所以 Sachs & Warner（1995）進一步以實際保護措施作為開放性的代理變數探討開放性的影響，在其1970-89 年間針對 79 個國家的實證研究中以平均關稅率超過40%、非關稅障礙涵蓋或超過總進口產品的 40%、社會主義體制經濟制度的國家獨佔性出口政策以及黑市匯率超過官定匯率 20%等作為觀察經濟開放性的逆指標，發現上述逆指標與各國人均 GDP成長率呈現顯著性的負相關[28]。另外 Edwards（1998）針對 1960-90年間 93 個已開發及開發中國家的開放性與生產力成長率的回歸分析研究則採取更廣泛性的九項衡量指標，除上述 Sachs & Warner（1995）的指數外，加上世界銀行的貿易策略分類、Leamer, E.（1988）的貿易流量回歸分析殘值的開放性評量指數、黑市匯率超過官定匯率的平均溢價程度、UNCTAD 所發佈平均進口關稅率及非關稅障礙的進口產品涵蓋程度、美國傳統基金會（Heritage Foundation）所發佈貿易扭曲指數、進出口稅負對總貿易的比率以及 Wolf, H.（1993）的進口扭曲指數等的分析結果顯示，開放性與生產力成長率間呈現正向相關關係[29]。

　　最近的研究也指出[30]，開放與貿易自由化對開發中國家的經濟成長可能因為特化在低技術製品的生產導致其所得成長停滯及對

Know?" The Economic Journal 108(446), 1998, pp.383-98。

[27] 此手法的運用見前出 Dollar, D.（1992）。

[28] Sachs, J. and A. Warner, "Economic Reform and the Process of Global Integration," Brookings Paper on Economic Activity 1, 1995, pp.1-118。

[29] 參照前出 Edwards, S.,（1998）。然而亦因為所採用說明變數越來越多，致使說明變數間的高相關性及量化變數所代表意涵在統計可信度上產生的問題成為批評的焦點。參照 Rodriguez, F. and D. Rodrik, "Trade Policy and Economic Growth: A Skeptic's Guide to the Cross-Country Evidence," Centre for Economic Policy Research, Research Paper Series No.2143, 1999。

[30] 戶堂康之『技術傳播與經濟成長』（東京：文真堂，2008），頁 54-55。

先進國家的相對所得的下降，但因靜態比較利益的存在對開發中國家的消費者效用則不必然減低。然而伴隨國際間技術移轉的條件下則開放性有可能提升開發中國家的經濟成長與所得水準。因此貿易對經濟成長的貢獻並非直接性而是透過技術移轉或傳播的間接結果。此意涵，貿易開放政策的實施不會自然就達成經濟成長，促進經濟成長的目的上則必須在貿易之外增加引導外國技術流入的政策措施。

從上述一系列的實證研究中可歸納出以下幾點結論。首先，全球化下開發中國家所主張進口替代型工業化策略的政策措施大多無法達成長期持續性經濟成長，而出口導向的外向型策略的政策措施成為較佳的選擇。許多採行進口替代型工業化策略的國家由於慢性經常收支逆差及政府財政赤字的壓力最後都得改弦易轍，而轉型出口導向型經濟發展策略後許多國家雖然也通常會遭遇政治壓力及外部經濟變動的影響，但是能持續下去的國家最後其經濟成長的實績也是較快。

其次，從國際間比較研究的結果顯示出口導向的外向型策略若只針對貿易保護的自由化或促進出口的政策措施顯然不足以帶動經濟的持續成長，其他如接受海外直接投資的意願，維持市場導向的匯率政策[31]，控制貨幣供給量在不過度寬鬆的程度，控制政府的赤字預算及腐敗，控制市場組織的獨佔性行為等都是相關的重要政策措施。也因此，開發中國家從進口替代轉變為出口導向工業化策略的對策上，並不只是貿易政策的單一問題而已，匯率、資本自由化措施，貨幣、財政及競爭政策的組合等一連串更

---

[31]　但是1997年7月所發生的亞洲貨幣金融風暴顯示單純的市場導向的匯率政策並不保證其安定性，由於國際間追求資本利得的短期資金的激烈進出，無法自然得到市場善意（Market Friendly）回應的結果。反而是對短期資本進出採適度控制的國家得到匯率較安定的結果，如台灣。雖然發生風暴前風暴圈各國的對外經常收支大多存在長期性逆差的基本面原因，但是對開發中國家因應全球化的對策而言，IMF、World Bank等國際經濟組織一貫堅持的市場導向的匯率自由化政策成為爭議性議題。

廣泛的自由化相關政策配套措施以及制度及制度營運能力的建構相對重要[32]。

　　而進口替代工業化策略與出口導向工業化對經濟發展影響的主要差別除了市場規模的大小外，進口替代通常在保護措施下進行，而出口導向則需自由化為前提，其中透過自由市場機制的活化競爭機能、內生創新與技術進步的泉源是出口導向工業化持續發展的關鍵所在，也是其後影響經濟發展上與進口替代工業化的最大不同。

　　外來直接投資、政府間經濟援助、技術移轉與國外市場取得等後開發性經濟利益的實現上，主要取決於能否進一步誘發國內投資，帶動國內技術進步形成經濟成長循環主要源泉的機制。而直接投資並非無條件促進經濟成長，只有在適切的貿易政策、高人力資本水準、成熟的金融市場以及高質的經濟制度等下具有高技術吸收能力條件的國家才可能享受直接投資增加促進經濟成長的效果。直接投資作為引導水的角色育成國內產業以促進經濟成長上，（1）吸引對被投資國當地進行研發及人力資源開發的外資企業可能帶動被投資國的技術波及效果，吸引對被投資國當地企業採購零組件的的外資企業可能帶動被投資國的需求波及效果；（2）被投資國的國內教育水準、當地企業的研發及人力資源開發等國內的技術吸收能力越提升越能增加直接投資的效益；（3）吸引最終財產業的外來直接投資，限制零組件產業的外來直接投資，而相對地獎勵外資對零組件產業的技術移轉則可能助益國內產業的育成；（4）限制外來直接投資但獎勵授權生產亦可能助益國內的產業育成，因為經濟發展初期太過依賴外資可能相對加深企業依賴技術波及效果不大的外

---

[32] 同時在實證研究上亦出現只偏重出口數量成長對經濟成長的相對影響或只針對貿易自由化與保護政策措施對經濟成長的政策影響比較並不具太大意義的批判。另外因為政策的配套措施間普遍存在高度的相關性，因此相關政策效益的研究亦成為重要課題方向。參照 Edwards, S., "Openness, Trade Liberalization, and Growth in Developing Countries,", Journal of Economic Literature XXXI(3), 1993, pp.1358-93。

來直接投資，妨礙當地企業的技術進步[33]。因此為使引進的國外技術能對國內經濟發展產生效益，引進國的國內研發投資、基礎建設的整備、教育訓練支出都是必要的前提條件，而這些都應視為廣義的投資增加。

進一步而言，不管是透過購買專利權、製造權利、訣竅（know-how）或運用逆向工程技術或雇用國外研發人才、技術人員或藉由海外直接投資與國外競爭者交流或參考國外科技文獻或在研討會等與國外技術人員交流，都只有在國內具備吸收國外知識、研發成果、技術等能力的條件下，才可能因為較國內自行研發、創新成本低而藉由引進國外研發資訊、技術享受提升國內生產力的國際技術波及（international spillovers）效益[34]，特別是研發人才相對較少的後開發小國（尤其是針對特定領域時）的效益相對更大[35]。同時，引進技術的國內民間企業的研發投資密集度（研發投資／總產出）越高時，企業引進國外技術提升生產力的效益越高，亦即伴

---

[33] 同前出注 36，戶堂康之（2008），頁 102 及 115。

[34] 參照 Coe, D.T., and E. Helpman, "International R&D Spillovers" The European Economic Review 39(5), 1995, pp.859-87; Lichtenberg, F., De La Van Pottlesberghe and B. Potterie, "International R&D Spillovers: Comment," The European Economic Review 42(8), 1998, pp.1483-91; Geroski, P.A., "Do spillovers undermine the incentive to innovate?" in Dowrick, S. ed., Economic Approach to Innovation, Aldershot, UK: Edward Elgar, 1995, pp.76-97; Cohen, W. and D. Levinthal, "Innovation and Learning: The Two Faces of R&D" The Economic Journal 99(397), 1989, pp.569-96; Branstter, L., and Sakakibara, M., "Japanese Research Consortia: A Micro-econometric Analysis of Industrial Policy," Journal of Industrial Economics 46(2), 1998, June, pp.207-33; Guellec, D., De La Van Pottlesberghe and B. Potterie, "Internationalisation of Technology Analysis with Patent Data," Research Policy 30, 2001, pp.1253-66; Guellec, D., De La Van Pottlesberghe and B. Potterie, "R&D and Productivity Growth: Panel Data Analysis of 16 OECD Countries," OECD Economic Studies No.33, 2001/II, pp.103-26。

[35] 此稱之為小國的特化效益（specilisation effect），參照 Guellec, D., De La Van Pottlesberghe and B. Potterie, "R&D and Productivity Growth: Panel Data Analysis of 16 OECD Countries," OECD Economic Studies No.33, 2001/II, pp.115。

隨國外技術的引進，企業在國內的模仿或消化的應用、開發研究的投資及活動是提升吸收能力上必要不可缺的。

表 2-1　研發對 GDP 的彈性值（1980-98，OECD16 國）

3SLS	1	2	3	4	5	6
民間部門研發存量 (LBRD$_{(t-2)}$)	0.1036	0.0817	0.1262	0.0905	0.0841	0.0748
LBRD$_{(t-2)}$與研發集約度交叉項	0.2280	0.3221				
LBRD$_{(t-2)}$與政府研發預算比重交叉項	-0.1040					
LBRD$_{(t-2)}$與國防研發預算比重交叉項		-0.0529				
LBRD$_{(t-2)}$與民生研發預算比重交叉項		0.0144				
國外研發存量(LFRD$_{(t-2)}$)	0.4560	0.4515	0.7718	0.4381	0.5000	0.3738
LBRD$_{(t-2)}$與 GDP 成長率交叉項			-0.1460			
LBRD$_{(t-2)}$與研發集約度交叉項				1.8810		
政府研發存量(LPRD$_{(t-3)}$)	0.1710	0.1538	0.1262	0.1143	0.1822	0.3738
LPRD$_{(t-3)}$與民間研發集約度交叉項					0.2290	
LPRD$_{(t-3)}$與國防研發預算比重交叉項					-0.0140	
LPRD$_{(t-3)}$與大學研發預算比重交叉項					0.0187	

資料出處：Guellec, D., Van Pottlesberghe and De La Potterie B.(2001), "R&D and Productivity Growth-Panel Data Analysis of 16 OECD Countries,", OECD Economic Studies, No.33, 2001/11, Table5, PP.103-27.

南亮進（2002）指出 1956-97 年日本引進國外的技術件數、國內研發投資的增加是帶動其技術進步（總要素生產力）的重要原因，其中國內研發投資的增加對技術進步的提升上大於國外技術引進件數的增加[36]。另依 Guellec, D., Van Pottlesberghe and De La Potterie B.（2001）針對 1980-98 年 OECD16 國的實證研究結果表 2-1 可知，國外技術的輸入對引進國 GDP 的成長彈性值，以國外前二期 R&D 存量（LFRD$_{(t-2)}$）對引進國 GDP 成長的彈性值在 0.4 以上，即引進國外研發成果對國內經濟成長的助益，國外研發成果成長 1% 時，可提升國內經濟成長 0.4%，遠大於國內政府（LPRD$_{(t-3)}$）及民間企業（LBRD$_{(t-2)}$）自行研發的效益。而國外前二期 R&D 存量與國內 R&D 集約度的交叉項對 GDP 成長的彈性值更高達 1.88，即當國內企業引進國外研發成果時先行或同時增加其研發投資集約度的情形更可助益國內經濟的成長，可提升國內經濟成長高達 1.88%。

二、東亞國家的出口導向工業化發展策略

（一）東亞出口導向型工業化發展的策略演變

1970 年代被稱為新興工業國（Newly Industrializing Countries, NICs）的國家除東亞的新加坡、香港、台灣、韓國外尚有墨西哥、巴西、阿根廷等中南美洲國家。當時中南美各國因擁有相對豐富的天然資源被視為比東亞更具有發展潛力的新興工業國。在豐富天然資源與農產品輸出所賺取外匯下中南美洲新興工業國家雖然所得一時得以提升，但是保護主義色彩濃厚進口替代工業化發展策略的國內產業育成政策並無法提升其產業生產力與國際競爭力，因而陷入經濟的停滯並連帶導致政治的長期不穩定。而東亞國家相繼轉型出口導向發展策略後 1980 年代呈現高度經濟成長榮景時，與陷入債務危機的中南美洲國家形成強烈對比。

---

[36] λ=1.414+0.109x+0.333y，λ 為技術進步成長率，x 為國外技術引進件數的增加率，y 為國內的研發投資增加率。南亮進『日本の経済発展』第 2 版（東京：東洋經濟新報社，2004），pp.97-98。

世界銀行 1987 年的世界發展報告（World Developmnet Report, WDR）評估 1963-85 年期間，香港、韓國、新加坡等的經濟發展為強烈外向型（Strongly Outward Oriented），意指其出口導向工業化策略的貿易自由化政策下不存在或非常低的貿易管制，出口獎勵與進口障礙所導致的出口不利影響相抵銷，不存在直接管制與許可制度，而有效匯率（出口有效匯率與進口有效匯率比，EERX／EERM）維持在對進口與出口皆有利的水準。馬來西亞、泰國、巴西等的經濟發展為適度外向型（Moderately Outward Oriented），意指其工業化策略介於出口導向與進口替代間，獎勵措施雖偏向國內生產，但有效保護率相對較低而保護涵蓋範圍也相對較小，存在局部性直接管制與許可制度，提供出口直接補貼獎勵但並不抵消進口保護的效果，而有效匯率水準則小幅有利於進口。印尼、菲律賓、墨西哥等的經濟發展為適度內向型（Moderately Inward Oriented），意指進口替代工業化策略的貿易保護政策下其整體誘因結構偏向內需產業，對內需產業的平均有效保護率相對較高且保護涵蓋範圍也相對較大，廣泛存在直接管制與許可制度，雖對出口部門也提供直接獎勵措施但清楚存在不利的差別待遇，其匯率水準也被高估。其中印尼乃是 1973-85 年在石油價格高漲下由 1963-73 年的適度外向型轉為適度內向性型經濟發展策略。另外阿根廷的經濟發展則被歸屬為強烈內向型（Strongly Inward Oriented），意指進口替代工業化策略的強烈貿易保護政策下其整體誘因結構強烈偏向內需產業，對內需產業的平均有效保護率高且保護涵蓋範圍大，普遍存在對傳統出口部門不利的直接管制與許可制度，對非傳統出口部門的獎勵措施亦非常少或不存在，而匯率水準則明顯高估。[37]

戰後新興國家採行進口替代型工業化經濟發展策略遭遇成長瓶頸而最早改換成出口導向型工業化策略的國家以東亞的台灣、新

---

[37] World Bank, World Development Report 1987, pp.87。http://www-wds.worldbank.org/external/default/WDSContentServer/WDSP/IB/1987/06/01/000178830_98101911073518/Rendered/PDF/multi0page.pdf.

加坡及韓國最具代表性。東亞國家中，大體而言，一梯 NIEs 大多
在 1960 年代後半期或 1970 年代，二梯 NIEs、中國則在 1980 年代，
越南在 1990 年代轉型為出口導向型工業化經濟發展策略。

　　以下簡單描述東亞國家戰後外向型經濟發展策略的轉型過
程。（參照表 2-2）

　　日本二次大戰後在 GHQ 佔領統治期間（1945-52），經濟民主
化與自由市場化是其經濟復興前最主要的改革。其復興方向首先根
據波次坦宣言的民主化及非軍事化，戰後日本新憲法第九條規定其
軍事費不得超過 GNP 的 1%且只能作為防衛用途。

　　接著進行經濟民主化的改革，其中包括改善日本自耕農勞動條
件及所得並促進農業投資及糧食生產的農地改革（1945-50）；訂定
勞動組織法（1945）、勞動關係調整法（1946）及勞動基準法（1947）
確立勞工團結權‧團體交涉權及爭議權奠定日本戰後民主式勞資關
係改善勞動者的勞動條件及所得提昇消費購買力的勞動三法
（1945-47）；訂定獨佔禁止法（1947）及過度經濟力集中排除法
（1947-49）解散三井‧三菱‧住友‧安田等舊財閥的控股並強迫
兼任董事退休以企業經營階層的新舊交替促進歐美新經營理念‧技
術的導入帶動日本新興產業及中小企業發展契機的舊財閥解散
（1947-55）等三項重大的社會制度改革。而嚴格均衡預算下的道
奇線（Dodge line）則是財政、金融制度導入市場機制的重大改革。
道奇的均衡財政預算制度（1948）嚴格要求日本含一般及特別預算
的總預算均衡、廢除價差等補貼、廢除輸出入不同的複式匯率制、
廢除物資及價格管制、停止復興金融金庫的新期貸款。復興金融金
庫是日本戰後煤鋼傾斜式生產的財源，主要以發行復興金融債券
（政府出資 40 億日圓）籌資對煤礦及鋼鐵業集中融資。1949 年修
改複式匯率制為單一匯率制，即 1 美元兌換 360 日圓。道奇改革在
總體經濟上抑制貨幣供給、控制物價上漲，個體經濟上切斷企業經
營對政府補助的依賴、導引市場競爭機制的建立，奠定日本經濟復
興自立的基石。

表 2-2　東亞的出口工業化經濟發展策略轉型

日本	新加坡	台灣	韓國	馬來西亞	泰國	印尼	中國	越南
1945-52	1959-65	1949-52	1950-60	1950-	1950-	1948-66	1958-	1954-
GHQ 統治下經濟民主化、自由化與財政金融改革（1949）	進口替代工業化	土地改革與經濟復興　【1953-57 進口替代工業化】	戰爭與經濟復興	進口替代工業化	天然資源的出口	民族主義與政府主導型經濟復興	人民公社、進口替代工業化、大躍進（1958-60）	南北越分裂、北共產與南資本主義
1955- 經濟復興進口替代								1975- 南北統一、社會主義計畫經濟
1960- 回歸國際經濟社會與貿易自由化	1965- 自馬來聯邦獨立出口導向工業化	1960- 出口導向工業化、貿易自由化	1961-73 出口擴張與工業化	1960-70 出口導向型發展、貿易自由化	1960- 民間主導進口替代工業化	1963-73 進口替代工業化下誘引外資的局部自由化政策	1966-76 文化大革命	1979 新經濟政策、局部性市場經濟化
1970- 出口擴張與解除國際收支的制約	1970- 經濟結構調整與產業升級	1973-80 產業結構調整、二次進口替代（十大建設、重化工業化）與出口成長	1973-79 重化工業化與選擇性市場介入	1970-80	1970-80 進口替代與出口導向工業化	1974-81 石油景氣與二次進口替代工業化	1978- 改革開放、社會主義市場經濟發展的外向型調整	1986- 經濟改革政策、市場經濟化、承認100%外資（1988）
1980 貿易摩擦與經濟自由化、經濟結構調整與產業升級	1980- 技術、資本密集製造業與金融服務業	1981- 技術進步與產業升級	1980-90 機能性誘因與自由化	1980- 促進出口與二次進口替代；1986- 自由化與調整	1980- 出口獎勵與經濟改革	1982-85 外部衝擊與調整；1986-	1979-84 農業自由化改革；1986-	
1990 對外投資擴張與行政、經濟結構改革	1990- 區域營運中心與國際金融中心	1990- 技術密集業主導	1990- 金融自由化	1990- 新經濟發展政策	1990- 國內與國際市場並重的雙軌政策	1990- 放寬管制與外向型轉變、貿易與外資自由化	1990- 開放沿岸特區、外資優惠、出口獎勵	1990- 漸進式自由化、外資優惠、出口獎勵、社會主義導向國家主導型市場經濟制（1992）

　　但財政金融緊縮政策下日本亦陷入景氣衰退、企業倒閉、失業等的泥沼中。1950 年韓戰特需使日本生產、固定設備投資回復增加，更重要的是外匯法修訂下積極引進國外技術，加速折舊制度、

日本開發銀行（1951）‧長期信用銀行（1952）等政策投資銀行的設立強化產業長期投資的金融機能。但是日本輸出額仍低的限制下，1950 年代雖然日本宣言脫離戰後經濟復興期，其經濟在內外均衡間擺盪，國內景氣擴張、輸入增加則受制國際收支上限而必須採取財政金融緊縮政策降溫景氣以緩和輸入需求增加的停看聽政策操作（stop and go）。1960 年代達成所得倍增計畫，1965 年突破均衡預算限制發行戰後首次赤字公債，出口競爭力亦提升下貿易收支轉為順差，日本經濟成長才脫離國際收支的束縛。日本在經濟復興期間，1952 年加入 IMF 及世銀（WB/IBRD）組織，1955 年加入 GATT，1963 年成為 GATT 第 11 條款國家[38]，1964 年成為 IMF 第 8 條款國家[39]，同年加入 OECD 等回歸國際經濟社會過程中得到國際經濟社會的支援及國際自由貿易體制下的經濟發展利益。更重要的是在加入這些國際經濟組織的同時，日本也必須遵守其條件與義務，因而邁開戰後日本漸進式經濟自由化與國際化的腳步。其後日本經濟的成長過程中，國內需求特別是消費與設備投資扮演主要推動的角色，但是國際收支限制的突破及享受後開發性經濟利益特別是技術引進與國外市場等上其外貿至今仍發揮不可磨滅的功能。在國內產業的發展方面，日本的產業政策以策略性貿易政策手段及外資限制保護育成國內幼稚產業，以獎助優惠措施介入市場誘導資源配置並在有效競爭的前提下介入產業市場組織的整編運作。其運作中，幼稚產業保護政策為具時效性政策的認知、靜態比較利益外亦考量達成規模經濟性‧產業鏈網絡經濟性的動態比較利益、追求市場組織的有效競爭但不過度競爭的政策方針、經濟計劃制定過程透過審議會等平台進行產官學的溝通與共識的形成等是其特色。對外直接投資方面，日本在 1969 年 10 月至 1972 年 6 月共實施了四次

---

[38] GATT 第 11 條款國的條件為不得以國際收支困難的理由對進口產品實施數量限制的措施。

[39] IMF 第 8 條款國的條件為不得以國際收支困難的理由實施匯率管制的措施。

的資本與外匯自由化措施，其中包含外匯借貸業務，日本輸出入銀行也降低海外投資融資利率，擴充海外投資損失準金制度等誘因下，加上國內經營成本由於勞工短缺、工資高漲、公害等問題而大幅上揚，開始其對外投資的增加。1980 年代後期日本泡沫經濟期，日本除國內大量投資擴充產能外，特別是日圓大幅升值更加速日本企業對外投資，這也幫助了東亞國家工業化的加速以及出口產業之成長。1990 年代，日本泡沫經濟瓦解後遭受戰後以來最嚴厲、最長的不景氣，但是對外投資則持續 1980 年代後期之趨勢，特別是 1993 年後，對亞洲製造業的投資不只對東南亞地區投資，也擴大對中國大陸投資，此也深化與亞洲各國間之經貿互動關係。對東亞地區國家投資、貿易而言，日本扮演牽引亞洲地區經濟發展的重要角色。

　　新加坡 1959 年從英國殖民地獨立，1965 年再從馬來西亞聯邦獨立出來後，其與馬來西亞共同市場願景下的進口替代工業化策略也隨著改弦易轍，新加坡的自主性經濟發展目標改為跳脫其轉口貿易港的定位朝輸出導向工業化的方向發展。由於當時其國內尚無輸出導向型企業故主要採積極吸引外資企業的策略。政府積極建設工業區、整備勞動相關法規並推出投資獎勵措施等吸引國外企業。其後以勞力密集及資本密集型煉油石化、電氣機械、運輸機械等為主產業集聚的形成過程中，國營企業也扮演重要角色。1970 年代末期勞力短缺瓶頸下為轉型技術密集、資本密集型產業結構以提升經濟附加價值進一步提高工資，但因生產力未能同步提升而陷入困境。1980 年代中再加上半導體不景氣，新加坡曾經歷負成長的經濟衰退。其後財政擴張政策、修改僵化的薪資制度以及公營企業民營化等活化市場機制的結構改革等措施雙管齊下後，新加坡經濟在國際經濟景氣回升中隨著外來投資的回增，以電機等技術、資本密集製造業及金融服務業為中心回復成長。其後在政府主導下，新加坡朝向成為國際金融中心與區域營運管理中心的方向發展，戮力建構通訊、運輸、辦公設施等硬體優勢以及行政效率、優秀專業人才、英語環境等軟體優勢，其境外市場分離管理政策使新加坡成為銀行間資金調度的金融中心。

香港 1950 年代在英國殖民地下即因為內部市場狹小、英政府自由放任的經濟政策及接收中國撤入的資本與勞力下就朝向輸出導向型的經濟發展。1950 年代纖維紡織、塑膠製品，1960 年代電視機等家電，1970 年代計算機、IC 等以勞力密集型製品為中心的輸出支持香港的輸出導向工業化經濟發展。1980 年代中國改革開放後對廣東省為主的生產基地移轉及委託加工下，香港製造業大幅萎縮，因而轉型以華南的轉口貿易及金融服務為中心的經濟，但香港經濟也開始密切受中國經濟變動的影響。香港的證券市場成為中國國營及民間企業籌集資本的重要市場。1997 年回歸中國後經歷慘澹的調整期，其後在與中國的緊密經貿夥伴關係協定下結合廣東省等華南地區的互補性經濟資源回復經濟成長。2005 年成立汽車零件、物流供應鏈管理、紡織成衣及奈米與先進技術等研發中心並提出設計智優計畫強化設計與創新以落實創新與科技發展的新經濟發展策略。

韓國在 1948 年朝鮮半島分裂，至 1953 年止採行嚴厲的貿易及國際收支管制，1953 年之後亦持續其內向型經濟發展策略並配合實施多重匯率制度以控制其嚴重的貿易逆差及過度高估的匯率。1962-65 年第一次經濟發展 5 年計劃中，設立經濟企劃院，改革稅制及預算，修定產業銀行法設立中小企業銀行等整備產業金融，配合貿易自由化及單一匯率改革措施轉型外向型發展策略，韓幣一度急遽貶值，然而 1963 年迫於過度財政擴張、金融寬鬆政策引發的激烈通貨膨脹及糧食欠收而中斷。其後，1964、65年再次進行關稅調降等自由化及出口獎勵措施，由於美援的中止使其在 1966 年確立貿易自由化及出口導向的策略方向，然至 1980 年代止其自由化是漸進式緩慢地進展。1970 年代重化工業化宣言下，施行以鋼鐵、石化、造船、電機機械為主的產業育成政策。但此高耗能產業在石油危機下遭受嚴厲打擊，國際收支惡化的制約外，產業育成政策的差別性貿易措施明顯偏重保護重化工業化的策略性輔導產業的國內生產。又因以大型企業集團為主要獎勵輔導對象，中小企業與大企業的差距大幅擴大，所得分配不公的問題也浮升為社會問題。但因囿於國內市場規模狹小亦同時實施出口獎勵措施，以出口實績作為設備投資資金的分配基準等，可說是進口替代與出口導向並行的複合式工業化發展策略。1980 年代改變經濟發展計劃為經濟社會發展計劃以修正經濟成長至上的發展目標，同時從政府主導改變為民間主導的經濟發展模式。在 IMF 的勸告下雖進行總體經濟面的緊縮財政、直接補貼等政策措施的調整，但 1983 年仍實施其十大策略產業育成計劃，並增加教育的預算。1960 年代後的工業化過程中，輸出導向型勞力密集產業外、資本密集的中間財零組件產業也受幼稚產業育成政策的保護。1980 年代後期世界景氣波及下，一度達成成長、物價及國際收支等均衡發展的總體經濟目標，1988 年成為 IMF8 條款適用國，開始放寬外匯及資本的管制措施，1992 年轉變為浮動匯率制。但是韓國財閥企業為確保其所有權對外資的導入一直是態度保守，資金需求的缺口則主要仰賴國內非銀行金融機構及國外金融機構的借款。其後在 1990 年代進一步放寬管制特別是金融市場管制的經濟自由化及非銀行金融體系納入正規化管理的過程中，1996 年因應國際收支惡化的經濟緊縮政策加上韓幣急遽貶值巨幅加重企業的外債償付負擔更導致外資非銀行金融的流動性危機及連鎖性的財閥企業倒閉，1997 年底韓國在 IMF 的條件下接受其資金援助進行經濟重整。IMF 的條件是總體經濟面的緊縮財政、開放金融資本市場等的改革外，導入公司治理等財閥改革、勞動市場彈性化等經濟結構全面性的改造。東亞的經濟發展過程中，韓國的政府介入積極、程度也強。

　　台灣 1949 年實施土地改革，三七五減租（1949）、公地放領（1951）、耕者有其田（1953）等三階段的實施增加自耕農也提升其生產及技術改良的意願，農業生產力的上升一方面滿足國內糧食的需求，物價得以平穩外並農產品輸出賺取外匯累積其後工業化經濟發展的資本。另外 1951 年開始進口替代工業化育成政策上對纖維紡織等消費財產業實施關稅、進口數量限制等貿易保護措施。其後國內市場規模限制、外匯需求及美援的終止（1951-65）等困境下改變為出口導向型策略（1962-71）。複式匯率單一化、輸出低利融資、出口沖退稅、投資獎勵、積極吸引外資政策等，1965 年以保稅制度為基礎設立高雄加工出口區更成為其後東亞各國仿傚的創新措施。台灣與韓國不同的是匯率單一化及進口關稅沖退或保稅制度為無差別性措施並非為特定育成產業的特權，而進口替代與出口導向工業化策略並行則為相同處。而稅制優惠的投資獎勵不只是針對內外資亦包涵技術的導入。其後為因應國內勞動市場結構的轉變下勞動供給的瓶頸、經濟發展所需基礎建設不足及石油危機，1970 年代針對石化、造船、鋼鐵等產業實施十大經建計劃（1973-77 年）的重化工業化發展政策。一方面進行二次進口替代工業化另一方面進行高速公路、鐵路、機場、港灣的基礎設施整備。二次石油危機中與韓國相同高耗能重化工業遭受沉重打擊，加上二梯 NIEs 的追趕及價格競爭，1980 年開設新竹科學園區是政府產業育成政策轉向的宣示，1980 年代台灣以竹科園區為前導典範轉為資訊、生化、電機機械等技術密集型產業的育成方向，施予財稅、金融、研發等獎助措施。外資企業的協助特別日本的直接投資增加下，電子、電腦等 ICT 產業成為輸出主導產業。台灣的產業育成政策下，國營企業及大企業外，林立的中小企業是支撐台灣經濟活力的重要民間企業。台灣中小企業在技術、資金的限制下，結合外資的資本與技術並融入其國際分工體系，專注於製程或製品分工的利基市場，形成出口導向型中小企業的獨特競爭力。1985 年廣場協議後台灣與其他東亞國家相同，台幣的升值及工資成本的上漲使其勞力密集型產業競爭優勢急速喪失，面臨生產的技術轉型及移轉海外生產的抉擇關鍵。台灣對外特別對中國直接投資在 1980 年代末開始急遽成長。進入 1990 年代後，接續貿易自由化、金融自由化成為經濟轉型的重點所在，台灣經濟在自由化、國際化、制度化的政策方針下，轉變成以出口導向型電子機械特別零組件中間財以及內需型金融、保險服務業為主導的成長。產業政策在放寬管制的自由化下改成技術研發的獎勵，另外整備社會基礎建設以及導入全民健保、實施失業保險等提昇經濟福祉。但是政治民主化下部份產業依然存在保護育成措施的尋租行為。

　　馬來西亞與其他二梯 NIEs 雷同，皆為殖民地少數經濟作物（monoculture）經濟的工業化轉型。馬來西亞改革殖民地經濟結構的方向主要在提高多民族社會結構中馬來人所得分配的問題，而外資導入則為平衡華僑資本勢力。1957 年世銀的建議下馬來西亞採經濟多元化及進口替代工業化為發展目標。但 1960 年代也因國內市場狹小而必須改變為出口導向策略。新經濟政策（1971-90）在提升馬來人經濟地位，進行社會改革及消滅貧困的國家大政策目標下，實施直接介入市場的財政措施、貿易保護措施、透過產業調整法強化對產業的支配、央行對金融市場的介入等干涉外，政府為確保社會安定並透過社會法壓抑勞工運動及反政府活動。馬來西亞的追趕型經濟發展策略亦是進口替代與出口導向工業化並行的模式。對先進國家技術差距的追趕上除引進技術更需要同時增加投資，其策略產業育成保護政策保證資本的獲利性外，技術、原材料、設備資本財的輸入上馬來西亞雖有石油的收入但外匯瓶頸的突破上仍需要出口成長的支持。1968 年實施針對輸出產業為主的投資獎勵法施行各種出口優惠措施，1971 年依其自由貿易區法設立 12 個自由貿易區，減免進口關稅及一定期間的所得稅，另也學習台灣設立保稅制的加工出口區，以工資優勢加上政治安定吸引 IC 半導體等電子業的外資。1980 年代提出選擇性二次進口替代工業化的重化工業發展政策。設立馬來西亞重工業公社（HICOM）以汽車、鋼鐵、石化為主要育成產業。1980 年代中期石油價格緩和下其一方面為活化市場機能也為吸收外資，開始放寬外資限制，實施稅制優惠並進行國營企業民營化。日本的製造業對外投資第二波浪潮下，來自日本的直接投資急速增加，另外台灣企業的直接投資也擴大。1990 年代國家發展政策（1991-2000）中揭示從結果平等轉變為追求經濟效率的新經濟發展方向。

泰國 1958 年在世界銀行的勸告下宣示從國家主導工業化經濟發展方式移轉為民間主導，並確立市場經濟化的方向[40]。1961 年在前一年訂定的產業振興法下開始社會經濟開發計畫，政府只扮演充實電力開發、道路鐵路交通建設、教育及公共衛生等基礎建設，穩定物價及匯率，平衡國際收支等維持總體經濟安定的角色。此階段為進口替代工業化政策，基本上以關稅、輸入限制等貿易保護措施為主但不若其他東亞國家強烈保護，另也訂定產業投資獎勵法積極吸引外資，允許對投資國的資金匯回，免課資本財進口關稅，進口原材料一定期間（5 年）免課關稅及營所稅，日本、美國及台灣對纖維紡織、家電等勞力密集產業為主的直接投資因而大幅增加。1970 年代在越戰特需的減少以及面臨進口替代工業化瓶頸下，首先其第三次國家經濟社會發展計劃（1972-76）宣示改變為出口導向策略，以勞力、資源密集型出口產業為育成對象也同時提出農產品出口多樣化的目標，但開放政策受到既得利益產業的阻擾下開始進行零組件、中間財的第二次進口替代工業化措施。其後石油危機的打擊中以積極自由化貿易政策加上改善財政赤字等總體經濟安定化措施因應，1980 年代後半期為彌補投資的儲蓄缺口實施促進資本流入的金融自由化，日本、一梯 NIEs 等的投資流入下電子零件、石化、汽車零組件等產業快速形成集聚。1990 年代國內與國際市場並重的雙軌策略（dual track policy）下更積極引進外資，特別是形成泰國有東亞底特律之稱的汽車產業集聚，但同時在快速經濟成長的憧憬下短期資金流竄股市及不動產市場也形成其後經濟泡沫化的肇端。

---

[40] World Bank, A Public Development Program for Thailand (Baltimore: The Johns Hopkins Press, 1959)。

　　印尼 1949 年從荷蘭獨立後在強烈民族主義下，當地住民優先及全方位工業化為其經濟發展的主要目標。石油、天然氣、橡膠、咖啡等豐富天然資源及大量人口的國內市場基礎下，進口替代的內向型經濟發展成為其工業化的首要策略。荷蘭時期企業的國有化政策下，生產效率的低落及財政惡化導致物價高漲，1960 年代遭遇經濟停滯的困境。其後 1966 年在物價管制、財政均衡等總體經濟安定化政策及民間主導型進口替代工業化的改弦更張下，以最終消費財及基礎產業為主要對象施行高關稅貿易保護、積極外資誘引吉投資優惠獎勵等措施。進口替代工業化的基本策略下，1967 年的外國投資法以參與此工業化的策略性產業為獎勵對象，而鋼鐵、鋁精練產業則以國營企業為育成對象，其後 1970 年代石油價格上漲下歲收的增加使印尼更增加發展煉油、紙漿、水泥等資本、資源密集型產業的進口替代工業化，對耐久性最終財的汽車產業及資本財的進口替代工業化 1970 年代中則主要施行禁止進口保護以及規定外資階段性採購國內零組件的措施。但是 1980 年代石油價格的下降使印尼經濟急劇減速，荷蘭病的經濟體質亦無法使其輸出產業提升競爭力。1980 年代中期，為脫離石油依賴型經濟而改變為出口導向工業化發展方向，透過匯率貶值、廢止輸出企業的國產品採購義務規定、調降關稅、放寬外資規定等政策措施的改變以改善非石油產業的輸出環境。與馬泰相同，1980 年代後半期印尼在貿易與外資自由化下，日本、亞洲一梯 NIEs 的外來投資快速增加，家電、紡織、合板、鞋類雜項勞力密集型產業及製品成為其後輸出導向工業化及輸出製品的中心。

　　菲律賓 1946 年從美國獨立後為爭取美國的經援，在菲美貿易法（1946-74）下，承認美國企業的本國民待遇的不平等條件，對美進口的急增加上 1949 年後美國經援的減少，菲律賓的貿易收支逆差持續擴大，1950 年因而制定進口管理法，此法其後成為菲律賓進口替代工業化及幼稚產業保護的基礎。1950 年代的進口替代工業化政策階段中菲律賓對纖維紡織、石化、金屬加工等特定產業提供優惠稅制、低利融資等獎勵措施，此以消費財產業為主吸引美資以及大地主資本的進口替代工業化是 1960 年初期菲律賓曾為東亞有數工業國的原因。但是進口替代工業化亦因國內市場狹小等的原因遭遇瓶頸。1960 年廢止進口、外匯管理措施，在菲幣（披索）貶值，金融寬鬆及舉借外債方式下轉為外向型經濟自由化的發展，但國內產業的壓力下調高進口關稅使消費財仍然受高度保護，連帶使輸出產業亦蒙受成本上的不利影響。1965 年對稻米及玉米佃農實施局部性農地改革並為強化出口導向工業化提出一連串的政策措施，1967 年免稅及低利、長期融資等投資獎勵法、69 年出口加工區法、70 年出口獎勵促進法等相繼付諸實施。輸出成長的效果雖顯現但因紡織、半導體等的輸出主要來自於國外的委託加工方式，對國內的產業聯關波及效果則非常有限。另國內既得利益團體及裙帶政商利益共生結構的尋租行為也左右工業化經濟政策的發展方向及政策措施。1980 年代初期國內政治不安下，資本逃避等使菲利賓陷入金融及經濟危機。1984 年 IMF在削減財政支出、限制舉借外債、廢除外匯‧進口及工資管制、調降關稅等自由化政策轉變的條件下予以融資援助，菲律賓經濟的發展也因此進一步調整為自由化的出口導向工業化策略。1986年菲律賓新政權下外資的回流是經濟穩定的原因，其後又因國內政變，波灣戰爭的石油價格上漲，國際收支再度急遽惡化。1990年 IMF 勸告下再次進行削減財政赤字、改善國際收支及確保外匯存底的經濟結構調整，但也在緊縮政策下經濟陷入衰退。1991 年訂定新外資法，提高外資規定的透明度，改採負面表列以及簡化投資手續等積極誘引外資的制度措施。1992 年新政權的經濟在世銀融資及日本政府經濟援助下，增加電力供應使經濟亦得以回穩，1990 年代中期政情回穩過程中，其龐大外債的償還壓力在出口增加、海外勞工匯回款及外資增加下得到舒緩。1998 年亞洲金融風暴後誕生的新政權在財政、金融、行政改革下承續經濟自由化的路線，融入東亞域內經貿發展逐漸脫離主要依賴美國的經濟發展模式是菲律賓出口導向經濟發展的新方向。但是既得利益團體及裙帶政商利益共生結構的尋租行為仍持續困擾菲律賓經濟的自由化發展。

中國經濟 1978 年在鄧小平改革開放的宣示下，社會主義市場經濟制度的改弦更張中開始朝向市場經濟化發展並積極導入外資。農業自由化（1979-84）的首步市場化中，解散人民公社回復小農制，漸進式廢除政府收購制，自由銷售比重的擴大使市場機制得以滲透，農產品價格也因此上升，農民生產意願因此亦大幅提升。但國有企業經營自主化及自由化的改革因舊疾沉重效果不彰。然而鄉鎮及私人企業與沿海開放試點的經濟特區外資企業則績效卓著。其後 1989 年天安門事件外資一時停頓，鄧小平的南巡講話保證改革開放不變使減速的經濟重回成長軌道，外資亦興起另一波熱潮。沿海經濟特區在政府監控下漸進地開放，對特區施行財政補助、外匯自由化、外資企業的稅制及金融優惠措施以吸引外資企業，1980 年代香港、台灣的華人資本率先進入，接著 90 年代及 2000 年後的加盟 WTO，日本、歐洲、美國的資本相繼進入，此些外資企業初期皆以輸出為導向，不但替中國創造外匯也因廣義技術的導入帶動當地經濟制度、組織的近代化變革，形成沿海區域經濟的榮景。鄉鎮企業與農村的發展關係密切，農業自由化下資本的累積使鄉鎮有餘力結合勞力發展勞力密集型製造業成為工業化的發展動力之一，農業資源的移轉工業部門也帶動農村區域經濟的轉型。但是中國內陸特別西部農村則沒有如此幸運，農村人口只能靠出外特別至華南、華東或渤海等沿海區域打工或就業提升所得。未來在縮小沿海、中部及內陸區域發展差距的課題中增加就業機會提升所得上服務業特別流通、零售業等商業部門的發展是中國經濟勢必借重的一環。中國轉型社會主義市場經濟制度以來其開放政策對經濟的急速成長產生顯著效果，但改革政策對經濟發展的效果則相對有限。而中國出口加工型的經濟成長模式因為其經濟規模相對較大對世界經濟的財貨、原材料、能源、糧食、資本等市場也造成鉅幅波動的影響。其高速經濟成長過程中產生的環境嚴重污染問題不但對中國也成為世界經濟永續發展的課題[41]。

　　越南 1976 年南北統一後，社會主義計畫經濟制度的運作對經濟發展沒有發生作用，高棉問題更使越南被國際社會孤立，經濟陷入困境。因此 1979 年發佈新經濟政策，進行局部性市場經濟化，承認地方國營企業及非公營企業（鄉鎮企業）的糧食及消費財的自主性生產及銷售。1986 年越南發佈改革刷新的開放政策改變經濟發展策略轉型市場經濟制度。1988 年修訂外資法承認 100%外資的進入，同時放寬農產品流通管制並導入競標制更改集團農場生產為委託生產制。其後的物價上漲在嚴厲財政金融緊縮政策下得到緩和，1989 年舊蘇聯瓦解後的經援停止則賴南海油田開發得以渡過。1989 年同時在 IMF 及世銀的勸告下加速漸進式經濟自由化的腳步，全面廢除煤油、運輸價格管制、匯率單一化、廢除出口、價格、國營企業等補貼，禁止央行發行貨幣補填財政赤字等。1991年訂定公司法及私營企業法，92 年修改憲法承認私營企業的經濟活動。1992 年後社會主義國家主導型市場經濟制成為越南工業化、近代化經濟發展的最高指針。1990 年代自由市場經濟化過程中，漸近式自由化與積極誘引外資使越南經濟發展步入與中國相同的模式。同時來自日本、歐美的政府經援也隨著增加，協助改善越南的經濟社會基礎建設，2000 年後特別 2007 年加盟 WTO 所引發新的一波外資熱潮更帶動越南經濟的活絡及勞力密集產品輸出的快速成長。但是其國營企業的經營改革、經濟開發計劃下的財政收支改革、金融制度及檢查監督能力的建構問題、外資大舉進入後部分資金流入土地及股票市場加上原物料上漲的通膨壓力下泡沫經濟化的疑慮等問題亟待處理。

---

[41] 有關中國經濟發展的環境污染問題請參照 Lo, Fu-chen and Yu-qing Xing, China's Sustainable Development Framework Summary Report (Tokyo: UNU/IAS, 1999), Chap. 3 and 5, pp. 47-57。

　　以上可知東亞國家戰後都經歷進口替代轉型出口導向的工業化經濟發展過程。而其自由化過程中大部分東亞國家都從貿易自由化跨出轉型的第一步。從表 2-3 所示 1990 年代之前東亞製造業的有效保護率中可知，各國隨上述各自的轉型期起以機械為主的製造業關稅、非關稅貿易障礙大多呈現下降的變化。

　　日本戰後雖然對於機械業刻意保護，但從表 2-3 亦可知 GATT 甘迺迪回合結束後 1969 年開始大幅降低工業製品關稅率特別其機械名目關稅率降幅甚至大於整體製造業。日本 1975 年的關稅負擔率（關稅額／輸入總額）從 70 年 6.9%降至 2.9%，與美國的 3.1%、德國的 4%相比已屬於低水準，而輸入限制殘留項目除 GATT 承認的限制項目外只剩 27 項，其中工業製品 5 項，自由化比率達 97%。另外 GATT 東京回合（1973.9-1979.12）期間及其後日本又大幅撤除非關稅障礙，對於反傾銷、政府採購、各種輸入檢查及檢疫規格、標準等與各貿易國間達成逐步撤除的基本共識與刪減模式[42]。1970 年代開始日本大幅度貿易自由化的措施當然有助於其後對東亞各國機械製品的輸入，促進日本與東亞國家間產業內貿易的進展。

　　台灣是東亞國家中較早轉向輸出主導型經濟的國家，其貿易自由化時期亦較早開始，1966 年的機械名目關稅率相對於日本與其他東亞國家而言，並不算太高，而且低於其整體製造業平均稅率。其實質有效保護率不管是關稅或加上非關稅貿易障礙的數值雖較名目關稅率高，但相較於整體製造業，特別是再考量輸出部份的相減效果後其實是相對較低水準。這與台灣在同時期轉變為輸出導向型經濟發展政策，不但要保護國內機械產業的發展亦要兼顧輸出產業對機械輸入的需求有關。此種政策性考量同樣也存在其他東亞國家。

---

[42]　參照小宮隆太郎，『現代日本経済──マクロ的展開と国際経済関係』（東京：東京大学出版会，1989），頁 195-99。

表 2-3　日本與東亞國家的自由化　　　　　　（%）

	製造業	鋼鐵	金屬製品	機械	電氣機械	運輸機械	一般機械	精密機械
日本								
1968NRP	24.2	30.0	19.9	20.0	16.5	31.0	14.5	22.9
1972NRP	14.4	17.1	9.9	7.7	5.4	9.3	8.7	10.4
台灣								
1966NRP	55.4*			29.4		16.4		
1966ERP1	75.9*			44.4		-2.1		
1966ERP2	116.5*			40.6		22.7		
1966ERP3	43.5*			17.5		9.9		
韓國								
1966FD	37.5			41.0				
1980FD	66.8			63.6				
1985FD	79.8			77.8				
馬來西亞								
1969ERP1			84.0	40.0		130.0	185.0	1600.0
1979ERP1			63.0	26.0		4.0	59.0	89.0
1987ERP1			289.0	30.0		12.0	65.0	19.0
印尼								
1975ERP1	74.1	18.2						
1987ERP1	68.0	13.0						
1990ERP1	59.0	10.0						
泰國								
1981ERP1	77.4		63.3	14.1				
1985ERP1	66.3		70.9	29.3				

注：1. 自由化程度依各國的保護程度的下降觀察。

　　2. 各國的保護程度則觀察其名目關稅率（NRP），實質有效保護率即國內及國際價格所計算產業別附加價值的實際保護率（ERP1），關稅加上輸入限制等非關稅保護部份（ERP2），另外再考量製品輸出未受實際保護部份（ERP3），而韓國的 FD 只是各產業依產品關稅及輸入數量限制自由化的價值加權平均計算並非實質有效保護率。

　　3. *台灣為全產業。

資料出處：台灣取自梁國樹（1975）「有效保護關稅之理論與測定」于宗先、孫震編『台灣對外貿易論文集』，聯經出版社，PP.196，餘取自世界銀行著（1994）、白鳥正喜監譯「東亞經濟奇跡」東洋經濟新報社、PP.279-81。

　　一般對台灣在輸入保護措施的批評上，指其高名目關稅率的課征項目所占比重較高，1966 年其輸入名目關稅率超過 30%的項目所占比重高達 50%以上，但 1970 年代自由化開始後，71 年此比重降至 19%，94 年更降至 5.4%，其中工業製品不到 0.5%，94 年工業製品平均名目關稅率降至 6.52%，與日本 6%，美國 6.5%的水準相當。而其關稅負擔率在 1971 年為 11.32%，1980 年降至 8.13%，1990 年 5.4%，1994 年則降至 4.12%與先進國家水準相當。

　　韓國在 1970 年代後期才較大幅度的自由化進展，這與其保護國內的機械產業政策及大型企業培育政策有關。馬來西亞、泰國皆在 1970 年代後期至 80 年代中期，印尼則在 1980 年代後期開始較大幅度自由化，特別是馬來西亞的電氣機械的實質有效保護率更是降至相當低的水準。這些國家的貿易自由化進展與其在 1970 年代後期及 80 年代初期的輸出導向型經濟政策的轉變有關。

　　事實上東亞國家轉變成出口導向策略的過程中，並不全然是完全的轉變，而是出口導向與進口替代的混合型態的策略。有些國家像日本、台灣、韓國的東亞國家成功轉變成出口導向的因素之一是其前一階段的有效保護，即在出口擴張前先經歷過有效保護的國內替代生產過程，亦即「出口擴張前提下的有效保護」亦或「有效保護下的出口擴張」的發展（EP Con. EP: Effective Protection conditional on Export Promotion）[43]。因此亦有學者批評新古典學派忽視這種國內市場保護與促進出口的一前一後措施的過程，只將其成功的經濟實績表現單純歸因於經濟的自由化與國際化下的出口導向策略是知性的詭辯[44]。另外東亞的進口替代也不是一次即結

---

[43] Jomo, K.S., "Globalisation, Liberalisation, Poverty and Income Inequlity in Southeast Asia," OECD Technical Papers No.185, 2001, pp.12。

[44] Baer, W., W. R. Miles and A. B. Moran, "The End of the Asian Myth: Why were the Experts Fooled?" World Development 27(10), 1999, pp.1735-47. 主要針對 Little、Bhagwati-Krueger 等所提解除貿易限制等自由化措施下的出口導向策略才是持續快速經濟成長的最佳選擇的批評，參照 Little, I., T. Scitovsky and M. Scott, Industry and Trade in Some Developing Countries: A

束，在漸進式的自由化下，許多國家在第一次進口替代後雖然轉型出口導向工業化發展，接著又實施第二次中間財、資本財的進口替代後才再進入更自由化下的出口導向工業化經濟發展。

　　然而不可諱言的，1982年開發中國家所發生的債務危機（debt crisis）才真正使開發中國家特別是規模較小的國家相信內向型經濟發展策略無法持續經濟的成長。主要就是內向型經濟發展策略下造成許多開發中國家依賴過高的外債以解決嚴重的貿易赤字問題，同時進口替代型工業化策略並未能實現當初所預期的高度持續性經濟成長反而只徒增無法支應的鉅額外債，而導致無力再舉債集資持續其進口替代工業化政策。因此阿根廷、智利、墨西哥、土耳其、迦納、烏干達都相繼轉換成出口導向策略。其中，東亞國家轉變為出口導向策略後經濟成長實績的成功表現是主要觸媒，也同時使主要國際經濟開發組織，如世界銀行（World Bank）、國際貨幣基金（IMF）、聯合國貿易發展委員會（UNCTAD）等轉變思維傾向出口導向的經濟發展策略，同時為使此策略得以落實除整備市場機制的運作環境外，也注意到建構制度與組織使政策介入效果得以發揮的重要性，此亦是進一步敦促開發中國家轉向出口導向策略的原因。

（二）東亞出口導向型經濟發展政策與手段

　　東亞經濟的高成長及其持續成長是被譽為經濟奇蹟的主要特徵之一。而支持東亞持續成長的原因之一是其良好的總體經濟表現。世界銀行（1993）的報告指出戰後東亞國家的經濟成長中具有

Comparative Study (Cambridge: Oxford University Press, 1970); Balassa, B., "Exports and Economic Growth: Further Evidence," Journal of Development Economics 5, 1978, pp.181-9; Bhagwati, J., Foreign Trade Regimes and Economic Development: Anatomy and Consequences of Exchange Control Regimes (New York: National Bureau of Economic Research, 1978); Krueger A.O., "Trade Policy and Economic Development and Welfare," National Bureau of Economic Research Working Paper 5896, 1997。

農業部門的高生產力、工業製品出口的高成長率、人口增加率的急速下降、高儲蓄率所支撐的高投資率、高素質的人力資本及高增加率、生產力的高成長率等六項總體經濟面的特徵[45]。（參照圖 2-1）

　　東亞農業部門高生產力的特徵特別表現在日本、台灣、韓國、馬來西亞、泰國、印尼等國。農業生產力越上升，其同比率要素投入的產出及附加價值的增加幅度越大。而農業生產力提升的成功要素可歸納為農地改革（日、韓、台）、農業技術推廣、完善的基礎設施、大規模的地方建設投資等。其中特別是各國政府積極投入促進與綠色革命相關技術的農業研發與技術推廣，各國對灌溉及其他地方基礎設施的龐大投資加速高收成及新作物的導入及肥料等中間投入財的引進使用等。1950 年代的台灣農業成長中，45%歸因於其生產力的提升。因此而釋放出來的農業勞動力以及農業部門所創造盈餘的農工部門間移轉更挹注工業部門發展的勞動力及資本需求。

　　人口增加率（出生率減去死亡率）在戰後的急速下降主要是出生率的下降遏止因為死亡率下降所可能導致的人口暴增。東亞戰後初期出生率相對較高人口增加率也較高，其後死亡率隨著經濟的發展下衛生、醫療福祉的提升而下降，但因出生率的下降其人口增加率並未上升。戰後東亞的人口增加率比世界或拉丁美洲、非洲的平均相對為低。並且東亞戰後在綠色革命農業相關技術的進步下糧食的增產也使其人口增加並未對其戰後的工業化經濟成長造成沉重負擔。

　　支撐高投資率的高儲蓄率主要是所得成長形成的國內儲蓄增加[46]。1970、80 年代除新加坡因為政府強制性儲蓄計劃的影響外，

---

[45] 世界銀行（1993），The East Asian Miracle: Economic Growth and Public Policy，白鳥正喜監譯『東アジアの奇跡』（東京：東洋經濟新報社，1994），頁 29。

[46] 基於所得成長的速度超過消費增加的速度因此導致儲蓄的增加。Carroll, C., D. Weil and L.H. Summers, "Savings and Growth: A Reinterpretation," Paper presented at the Carnegie-Rochester Public Policy Conference, Bradley Policy Research Center, 1993, Apr., pp.23-4。

日本、台灣、韓國、泰國、印尼等的實證研究都確認所得增加與儲蓄的因果關係，香港、馬來西亞則互為因果[47]。另外家庭規模與人口年齡結構的變化，出生率下降、非就業年齡人口對就業年齡人口比率的下降也導致儲蓄率的增加。就業年齡人口比率高的社會比年輕或老年人口比率高人口結構社會的儲蓄率較高。此外還有總體經濟政策的安定效果，控制通膨率維持正的、安定的實質存款利率亦促進金融儲蓄的增加。日本至 1983 年止雖然為負但是安定的趨勢，其後至 90 年代安定正的低利率。1970、80 年代除香港外其他東亞國家均為正的、安定的（相對於其他開發中國家）實質存款利率。此從實質存款利率與存款佔貨幣供給餘額比率間特別在利率由負轉正時的正相關，亦可得到證實。台灣 1949 年負 300%在 53 年轉為正 8.5%，存款佔貨幣供給餘額比率由 2%增加至 34%。韓國、印尼在通膨率下降，實質存款利率由負轉正後亦呈現出同樣情形。

　　高儲蓄率到高投資率的順利轉換。東亞國家經濟發展中最被注目的特色之一為其高民間投資率。1970-89 年日本、中國大陸、越南以外東亞國家的民間投資佔 GDP 比率比其他中低所得國家高7%[48]。但是高儲蓄率與高投資率的良性循環，尚需有所有權及互補性公共投資的良好環境因素。所有權包含外國投資免於被徵收的投資保障的法律制度，履行契約的正式與非正式機制等。其他改善投資環境方面，特別是市場資訊透明化與分散風險相關的促進投資政策中，創設或改善債券、證券市場，設立開發銀行以提供農業及中小企業長期資金支援，以及實施其他獎勵投資機制。而其他獎勵投資機制則包含租稅政策、限定民間投資風險、限制資本流出、適度

[47] 世界銀行（1993），The East Asian Miracle: Economic Growth and Public Policy，白鳥正喜監譯『東アジアの奇跡』（東京：東洋經濟新報社，1994），頁 193-4,233。
[48] 世界銀行（1993），The East Asian Miracle: Economic Growth and Public Policy，白鳥正喜監譯，『東アジアの奇跡』（東京：東洋經濟新報社，1994），頁.210。

壓抑利率等。其中租稅政策包括，低法人稅以增加企業內部保留盈餘以及運用租稅、關稅、匯率政策降低資本財的相對價格以減輕投資成本。在租稅措施的運用上，如台灣、韓國除獎勵投資外尚有一套複雜租稅法規以誘導產業發展的方向，香港則採低稅率維持中立性，其他東亞國家則介於中間。在減低民間投資風險的措施上，基本上為政府分擔部份風險或轉嫁其他企業。另有共同承擔風險機制如日本的不景氣卡特爾、韓國的企業與銀行共同行動、馬來西亞為改善企業資本結構的壓抑金融以及台灣、韓國的中小企業信用保證的政策金融制度以傳達政策意向的優先性等。限制資本流出上，如日本、台灣、韓國初期的限制以增加國內資本累積，但其後都自由化。適度壓抑利率上，一般指負的實質借款利率，但是相對地亦會降低存款意願。東亞國家的特色是相對穩健作法，在總體經濟相對安定環境下施行一段短暫時期後即回復正的利率，但規範銀行縮小存放款利差的措施以提供低利率貸款給企業。另外日本、台灣、韓國的經驗中以企業出口額做為政府分配補貼性融資配額的基準促使企業努力提高資本邊際收益率而其所產生的競爭效果是政府介入出口導向政策的成功例子。但是壓抑利率的措施必須特別注意的是負的實質利率下通常對長期經濟成長會產生負面影響，而正利率下的影響則較為微小[49]。

　　高素質的人力資本及高增加率，東亞國家所提供基礎教育的量（教育投資金額）及內容較其他所得同程度國家為多，因此也較早（約 10 年）達成普通及初等教育的普及消除性別的差別待遇並隨之也提升中等教育普及水準。其主要歸因於所得的高成長、早期人口結構的改變以及所得分配的更平均，因而導致教育可分配資源的大幅提升。人口增加率的下降使就學人口增加率下降而增加就學率

---

[49] World Bank, World Development Report 1989 (New York: Oxford University Press, 1989); Fry. M .J., Money, Interest, and Banking in Economic Development (Baltimore, Md.: Johns Hopkins University Press, 1988)。

及學生每人教育支出使國民能接受更優質教育的機會。由於人口增加率下降,東亞國家因而節省鉅額較育支出,但其初、中等教育支出佔 GDP 比率則比其他開發中國家高。

　　生產力的高成長率,東亞國家勞動生產力的急速上升除生產要素如資本、機械設備的增加原因以外即為其總要素生產力(TFP)的成長,其中包括優秀的技術、組織、分工及現場作業改善的效益等。東亞國家勞動生產力的上升中三分之一歸功於 TFP 的增加。

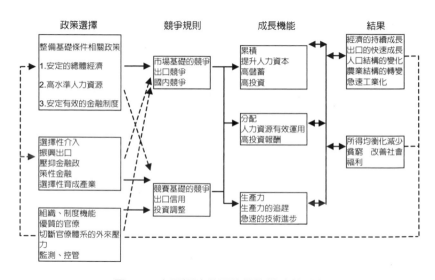

圖 2-1　東亞經濟發展的機能性政策手段

資料出處:世界銀行(1993)The East Asian Miracle:Economic Growth and Public Policy、白鳥正喜監
　　　　　譯(1994)「東亞經濟奇跡」東洋經濟新報社、pp.86。

　　東亞維持總體經濟面的健全表現除了均衡財政、抑制通膨及保持高儲蓄率等的總體經濟政策外,振興輸出的選擇性獎勵措施是其突破國際收支制約,使經濟成長與外來直接投資及技術輸入產生相乘效果的媒介,而促進出口的貿易自由化轉向則使其產業育成政策不至流於長久性保護措施。Stiglitz(2002)指出東亞經濟的成功原因分為政府、輸出及平等主義的政策導向等三個特徵，促使東亞經濟發展過程得以維持安定的總體經濟（政策）、資本的適切配置（制度）。另外農地改革等社會改革則促進所得分配的平等化[50]。

世銀（1993）所歸納促進東亞國家持續高經濟成長的要因中如圖2-1所示各國所採行的經濟政策可分整備經濟發展基礎條件與選擇性兩方面的市場介入政策。整備市場基礎條件的六項政策包含總體經濟安定政策、有效的金融制度、局部性價格扭曲、農業開發、高人力資本投資、開放引進外國技術等政策。選擇性介入指東亞國家基於出口導向型經濟發展策略採行的貿易、穩健性金融控管、政策性金融、選擇性產業育成等政策。另外重要的是為使此兩種同時被採行的市場介入政策得以順利執行的官僚組織及制度運作機制。東亞出口導向型經濟發展基本上是在自由市場機制的平台上運行，但其轉變為出口導向過程不全然是依靠市場機能的有效發揮，其中有促使市場機能運作的政策及活化市場機能的競爭環境改善的政策，同時也另一方面依賴政府組織及制度機能進行非市場基礎競賽規則的選擇性介入政策的執行。

東亞國家整備國內經濟發展基礎條件的六項政策中，包含金融安定及農業開發在內的健全總體經濟環境的安定政策是自由市場化的基礎，局部性價格扭曲是政策性誘導資源的配置，提升人力素質的投資及引進外國技術等兩項政策是為實現開放政策的經濟效益。而競賽基礎的政府干預政策措施則是為誘導出口導向型的經濟發展，其政策效果基本上視產業調整行動的效益及實施競賽規則的組織成本與誘導資源分配及經濟成長間的有效性而定。自由市場機能主要在轉型出口導向後的逐步自由化中才得以有效發揮。

東亞的進口替代工業化策略一般採漸進式發展，大部分國家並非採高資本及技術密集產業的全方位進口替代工業化發展模式。相

---

[50] Stiglitz, J. E., and C. Walsh（2002），Economics, 藪下史郎等訳『ステッグリッツ　マクロ経済学』第3版（東京：東洋經濟新報社，2007），頁731-33。

對於中南美洲國家，東亞國家發展初期大多選擇與自身資本、人力資本條件接近而導入的外國技術較易吸收同化的產業開始第一階段的進口替代生產，所以因此引發的財政赤字、通膨等總體經濟的負面影響相對較小，此也使其後轉型出口導向工業化較容易。

而東亞誘導轉型出口導向工業化的輸出振興政策主要依各國要素稟賦條件的比較利益原則進行，民間企業也因此較容易參與。東亞的輸出振興政策基本上包涵對出口企業機械設備的低利融資、優先分配出口企業所需技術‧中間財設備等輸入的外匯配額、出口加工區提供出口保稅及低電費與低土地成本優惠、提供出口補貼及設備投資加速折舊稅制優惠等措施。出口導向下東亞所實施的輸出振興政策大多能抵消進口替代政策的負面經濟影響，而其出口的擴大突破經常收支的制約創造外匯後進而更提高技術與設備資本財的進口能力。

另外東亞國家開放政策中普遍採取積極引進外來直接投資及技術的措施，部分國家如日本、韓國縱對外資的引進保守但對技術引進則非常積極，技術的引進等東亞的開放政策對出口結構及競爭力均有提升的相乘效益。但是通常在資本及人力資本的先行累積下技術進步對生產力才會產生提升的效果[51]，亦即新技術或設備無擅長使用的熟練勞工無法提升生產力，相反地高素質的人力若無新技術或生產設備亦無法發揮相乘的經濟效果，因此吉富勝（2003）指出輸出振興政策與對外開放政策是東亞經濟資本、人力資本的累積與海外技術的吸收、同化間產生動態交互作用的重要媒介[52]。

但是東亞國家採取兩種政策介入模式順利轉型出口導向經濟發展有二項前提條件關係非市場競爭的選擇性介入政策能否發揮

---

[51] Godo, Y., and Y. Hayami, "Accumulation of Education in Modern Economic Growth-A Comparison of Japan with the United States," ADB Institute Working Paper No.4, 1999,December。

[52] 吉富勝『アジア経済の真実』（東京：東洋経済新報社，2003），pp.192-98。

效果，一是具行政能力、能切斷外在壓力及貪污的官僚組織，二是競賽的試辦結果決定持續或停止政策的實務性考量與柔軟度。一般而言，開放政策下的東亞國家政府並非以公權力也不具有強制能力要求民間企業共同實現出口導向型工業化的經濟目標，而東亞國家的經濟發展過程也並不必然存在政府與業界亦或企業間強烈的共謀關係[53]。

　　然而當時世界銀行在新古典經濟學派思維的影響下，認為唯有自由市場機制的建構與功能的發揮才是經濟發展政策的主軸所在。而均衡財政收支、削減補貼及財政支出、稅制改革、利率自由化、改善競爭力的匯率水準、貿易自由化、放寬海外直接投資管制、國營企業民營化、放寬經濟管制、保障產權等確立市場機制的運作環境即政府極小化思維下的經濟發展十誡、一般所稱華盛頓共識（Washington Consensus）是當時國際經濟組織的普遍認知[54]。所以世銀對於東亞的經濟發展策略中其政府透過經濟基本面及選擇性政策的兩種政策介入作法並不完全認同。1993 年的世銀報告中只認同為維持安定的總體經濟環境及整備經濟發展的基礎條件的健全基本面政策即建構或維持市場機制功能所必須的政策，但對產業育成保護、出口獎勵等選擇性政策則採取保留的看法。因其認為後者需要搭配的制度與執行力才可能奏效，非不具同等條件國家皆能仿效。

　　但其後在 1997 年的世界發展報告中則改變為附帶但書的肯定態度。此彰顯世界銀行除了市場機制外亦開始對開發中國家建構與提升制度能力（institutional capacity）問題的重視[55]。幼稚產業保護

---

[53] 日本股份有限公司或馬來西亞股份有限公司只是一種誇張的說詞。
[54] Williamson, J., "Democracy and the Washington Consensus," World Development 21(8), 1993, pp.1329-36。
[55] World Bank, World Development Report 1997-The State in a Changing World, 1997, p.2-4, http://www-wds.worldbank.org/external/default/WDSContentServer/WDSP/IB/1997/06/01/000009265_3980217141148/Rendered/PDF/multi0page.pdf.

等產業政策的施行，各國政府確實須要有監測與控管的能力才可能奏效。因此世銀建議開發中國家首先依各國的能力選擇介入的政策內容與方法，政策能力高的政府可以選擇積極性政策，但能力較低者應先專注健全經濟基本面政策的施行。其次，政策能力較低的政府應從建立防範權力濫用的規則、在公務員的任用升遷及政府服務的提供等上導入競爭性原則、透過政治參與及分權化反映國民的聲音等，將提升制度能力訂為長期的政策目標。世銀不再堅持市場機制的建構為經濟發展惟一政策選項的新古典經濟學派思維，同時附帶條件地肯定選擇性介入的重要性。此稱為後華盛頓共識（the Post-Washington Consensus）。但是猶如過去重商主義對自由市場主義的批評甚而衍生為產業保護政策的歷史經驗，華盛頓共識主要為修正進口替代策略中過度介入市場所引起的政府失敗，而後華盛頓共識則為修正華盛頓共識過度強調自由市場的資源分配效率性忽視市場失敗的問題。所以後華盛頓共識在自由市場機制外同時強調政府建構制度及制度能力的重要性，然而強化政府角色時不能只從意識形態判斷也必須審慎客觀評估，特別是改革計畫擬採的政策手段及執行的時間先後順序是否符合各國的國情條件[56]。未來自由市場導向經濟發展策略的改革上，東亞戰後包含 1997 年亞洲金融風暴的經濟發展歷程提供非常寶貴的事實經驗可引以為鑒[57]。

1997 年東亞金融風暴主要是在開放資本進出自由化及固定匯率或釘住美元匯率制下所發生的資本收支危機（capital account crisis）。其本質與 1990 年代以前東亞經濟的經常收支制約（current account crisis）不同，也與 1980 年代中南美洲經濟在經常收支制約下所發生的債務危機相異。戰後東亞經濟自由化的歷程如前所述可分為貿易自由化與金融自由化兩階段。東亞轉型出口導向工業化過

---

[56] Hayami, Y., "From Washington Consenseus to the Post- Washington Consensus: Retrospect and Prospect," Asian Development Review 20(2), 2003, pp.60-62。

[57] Stiglitz, J. E., Globalization and its Discontents (New York: Norton ,2002)。

程中伴隨著貿易自由化特別是工業製品的實施基本上使東亞國家擺脫經常收支的制約。其後，東亞大多在 1990 年代開始為進一步提升其經濟結構的金融自由化過程中，外來投資中除了直接投資外一大部份是短期外資，特別是國內銀行或非銀行金融機構以一年到期的短期外債的型態轉貸相對高利率國內市場的金融機構套利行為[58]。而此短期外債的舉借在固定匯率制下並未確實評估匯率變動的風險，另加上借短期資金支應長期使用的運用下，東亞在景氣反轉出口減少外銀不繼續續約提供資金時，舉借外債國內銀行及非銀行金融機構面臨資金周轉及外幣不足的流動性危機。短期外資的大量流出也使該國資本收支由順差轉為逆差，經常收支逆差的國家更因此國際收支急速惡化，外匯存底大幅下降，接著國際投機資金的賣空攤壓下，各國央行防衛匯價的介入措施更使外匯存底急速枯竭。匯率也在轉變為浮動制後隨之急劇貶值，而舉借外債的國內銀行及非銀行金融機構以本國幣值計算的外幣債務因此大幅增加但另一方面景氣惡化使資產價值又大幅下降，銀行及金融機構因此面臨超額債務的倒閉風險[59]。

　　東亞金融危機的形成中暴露金融制度不健全下冒進式自由化存在國內金融自由化操作短期外資的風險及資本進出自由化外幣兌換的風險，而外資大量撤出下資本收支及國際收支急遽惡化，外匯存底的急降也暴露國際流動性不足的風險，轉換浮動匯率制後急劇貶值導致出口的急減但因國內信用收縮需求急降進口更大幅減少，東亞式金融自由化下的國內銀行風險及國際流動性風險的孿生風險間又形成螺旋式的相乘性波動（volatility）風險，進一步顯現

---

[58] 而外國貸款銀行或投資家也在固定匯率制或釘住美元匯率制下，對持續高度成長的東亞經濟存有相對高利率或資本報酬率的強烈期待或陶醉心理（euphoria）。短期外資特別以短期外債為主，其原因可從資訊非對稱性理論得到解釋，詳請參考吉富勝『アジア経済の真実』（東京：東洋經濟新報社，2003），pp.20。

[59] 吉富勝『アジア経済の真実』（東京：東洋經濟新報社，2003），圖 1-1,pp.14 及 pp.46-50。

其總體經濟上金融資本面的脆弱性。IMF 以視同經常收支危機的處方籤處理東亞金融危機，對受風暴侵襲的東亞國家提供資金援助時要求基於華盛頓共識下的健全性及開放性改革，但健全財政的緊縮政策更促使東亞國家景氣衰退加劇。IMF 處方籤最基本的問題是不管金融制度是否完備均極力要求東亞開放資本市場，而金融風暴後又不管東亞國內銀行與金融機構的還款期限極力要求改善金融市場機構甚或為健全財政要求執行其後引起社會暴動的削除糧食補貼等改革。因此被援助國的意見與條件的考量，自由化與制度建構孰先孰後的金融改革的先後順序等問題被重新檢討評估，此也是後華盛頓共識形成的原由[60]。

此經濟發展策略的新思維也帶動其後比較制度分析、新古典政治經濟學派思維的興起。東亞經濟的發展策略帶來的啟示中，改變過去經濟開發理論中以制度為外在條件的想法是其中重要的一項。因此建構制度及制度能力的重要性開始受到重視。在追求經濟成長與分配公平的兩項經濟發展目標上，各國政府應也要積極建構達成此兩項目標的制度。過去的認知中只要達成經濟成長從其涓流效應（trickle-down）自然可以脫離貧困的惡性循環達到分配公平亦即視分配公平為經濟成長的結果或間接目標，後華盛頓共識則在重視政府扮演制定非市場基礎的競賽制度及執行制度的積極性角色下，冀由制度的建構與功能的發揮直接消滅貧困達成分配公平，亦即將分配公平提升為經濟發展的直接目標。此消滅貧困達成分配公平的制度具體而言包含三個方面。首先是保證全民皆能參與經濟發展的機會，如土地改革、教育、國民住宅、勞力密集型產業與中小企業育成、農村開發、族群不平等措施的改善等。其次是建設性官民關係，決策過程傾聽民意，如日本、韓國、新加坡、馬來西亞、泰國的審議會制度模式或台灣、印尼的非正式管道意見溝通模式

---

[60] Hayami, Y., "From Washington Consenseus to the Post- Washington Consensus: Retrospect and Prospect," Asian Development Review 20(2), 2003, pp.53。

等。第三是培育優秀的經濟官僚菁英，如公務員任用與升遷制度的競爭機制導入、官僚政策責任的監督機制導入、維持公僕的尊嚴、切斷官僚體系的內外壓力。

而 1997 年亞洲金融風暴的發生不能說是對東亞實施政策介入發展模式的否定，只能說是持續東亞經濟成長必須的金融等基礎經濟制度、公司治理等機制未盡完備下所暴露的經濟脆弱性，顯示東亞經濟的進一步發展上制度的建立與運作的熟練度都有待加強。亞洲金融風暴後，東亞國家的經濟成長在進行經濟結構與制度的調整，特別在其包括教育、研發、金融支援在內的積極性（comprehensive）科技政策的展開後，成長率雖低於風暴前，但大多回復到風暴前的長期成長路徑[61]。

貳、戰後東亞國家的經濟成長模式

戰後東亞國家的經濟成長模式從供給面的成長分析，依各種實證研究文獻的結論基本上可以區分為生產要素投入累積的觀點（Accumulation View），特別是資本形成的累積，以及吸收同化的觀點（Assimilation View），特別是外來技術的取得及熟練學習。

持生產要素投入累積看法的學者有 Krugman（1994）、Collins & Bosworth（1996）、Sarel（1997）、Senhadji（2000）等[62]。另外一派

---

[61] Stiglitz, J.E., "Globalization, Technology, and Asian Economic Development," Asian Development Review 20(2), 2003, p.2。

[62] Collins, S.M. and Bosworth,B.P., "Economic Growth in East Asia: Accumulation versus Assimilation," Brookings Papers on Economic Activity 2, 1996, pp.135-203; Bosworth, B. & Collins, S. M., "From Boom to Crisis and Back Again: What Have We Learned?" ADB Institute Working Paper 7, 2000, February; Sarel, M., "Growth and Productivity in ASEAN Countries," IMF Working Paper 97/97, 1997; Senhadji, A., "Sources of Economic Growth: An Extensive Growth Accounting Exercise," IMF Staff Papers 47, 2000, pp.129-57。

將戰後東亞國家的經濟成長主要歸因於技術引進、消化、吸收所產生的生產效率及生產力提升的有 Romer（1993）、Nelson & Pack（1996）、Klenow & Rodriguez-Clare（1997）、Easterly & Levine（2000）等[63]。

Krugman（1994）的論文中對東亞經濟的成長模式提出嚴厲警告成為世人注目的焦點。其論文指出東亞主要仰賴資本、勞動力等生產要素投入增加的經濟成長，亦即依賴勞力（perspiration）而非腦力（inspiraton）的成長模式勢必如舊蘇聯的經濟發展無法持續。他以 Young（1992）的成長會計分析法（Growth Accounting Approach）所得結果提出戰後東亞國家的經濟成長主要歸因於資本累積、勞動參與率提高以及工時的增加，而非來自於總要素生產力（Total Factor Productivity, TFP）的提升[64]。而生產力的提升一般是來自於創新或技術進步的貢獻。所以他歸納主要不是來自於技術進步的東亞經濟成長勢必無法持續而衰微。

另外 Collins & Bosworth（1996）的東亞 TFP 計測結果表 2-4 可知，新加坡的技術進步貢獻度（TFP 成長對 GDP 成長率的貢獻）雖然比 Young（1992）的計測結果高，但東亞中除香港外 TFP 的貢獻度也都低於 50%。

此兩派不同的看法當然會導致東亞經濟發展上不同的策略思維方向。即在資本累積觀點下基於邊際報酬遞減原則，東亞國家未來的經濟成長必然逐漸下降[65]，除非縮減消費以累積國內儲蓄或積

[63] Romer, P., "Idea Gaps and Object Gaps in Economic Development," Journal of Monetary Economics 32, 1993, pp.543-73; Nelson, R.R. & Pack, H., "The Asian Miracle and Modern Growth Theory," World Bank Working Paper, 1997; Klenow, P.J. and A. Rodriguez-Clare, "The Neoclassical Revival in Growth Economics: Has It Gone Too Far?" NBER Macroeconomic Annual 1997, pp.73-103; Easterly, W. & Levine, R., "It's Not Factor Accumulation: Stylized Facts and Growth Models," World Bank Working Paper, 2000。
[64] Krugman, P., "The Myth of Asia's Miracle," Foreign Affairs, 1994, Nov./Dec.; Young, A., "A Tale of Two Cities: Factor Accumulation and Technical Change in Hong Kong and Singapore," NBER Macroeconomic Annual 1992, pp.13-54。
[65] 依 P.Krugman 說法，東亞國家經濟成長的最終結果可能類似舊蘇聯的經濟。

極吸引外資以確保繼續提昇生活水準所需的投資來源。但是在吸收
國外技術的觀點下，吸收國外技術不會產生鉅額的機會成本
（Romer,1993），也不需犧牲國內消費。

表 2-4　東亞國家 TFP 成長率與貢獻率（1960-95 年，成長會計分析模型）

(%)

	TFP 成長率 (Young)	TFP 對成長貢獻度 (Young)	TFP 成長率 (Collins)	TFP 對成長貢獻度 (Collins)	勞動分配率 (Young)	產出成長率 (GDP)	資本增加率	勞動力增加率
新加坡	0.5	6	1.8	23	0.51	8	12.1	3.1
香港	4.1	53	4.1	53	0.63	7.7	5.2	2.6
台灣	3.4	41	2.6	31	0.74	8.3	11.4	2.7
韓國	2.8	34	2.3	28	0.71	8.2	11.8	2.7
馬來西亞			1.5	22		6.8	9.6	3
泰國			2.1	28		7.5	10.3	2.7
印尼			1.4	24		5.9	8.2	2.5
菲律賓			-0.1	-3		3.8	5.7	2.9
中國			3.1	46		6.8	6.9	2

注：1.各國產出為 GDP，2.Young, Collins 各出自 Young（1992），Collins and Bosworth（1996），Young 的所得分配率為 Collins 的 0.65。

資料出處：Iwata, S., Khan, M.S. and Murao, H., "Sources of Economic Growth in East Asia: A Nonparametric Assessment", IMF Working Paper WP/02/13, 2002.1, Table 2, pp.17

　　但是不管何者的觀點或結論都牽涉到兩個基本的問題。第一是
經濟計量分析的嚴格基本假設前提是否能完全適用於東亞國家的
問題。第二是戰後東亞國家的經濟工業化雖然具有同質性，但是宗
教、種族、文化、政治、社會等多元化的東亞中，個別非經濟層面
的差異性對經濟發展產生不同影響的問題。

　　非經濟層面因素不是本書的討論對象，此處只針對第一項問
題討論。就第一項問題而言，首先基本的前提假設是各國生產要
素市場均處於完全競爭狀態，因此各生產要素的生產彈性值相等
於其所得分配率。所以成長會計分析計算時，基本上以各要素所

得分配率乘以要素投入增加率為對經濟成長率的貢獻，而總要素
生產力（TFP）的成長率則以經濟成長率減除各要素投入貢獻的
殘值表示。但是如果完全競爭狀態的各國生產要素市場的基本前
提假設並不能完全適用於東亞國家時，則以此種假設所計算的生
產力就極可能失真，亦即可能低估或高估東亞國家實際生產力的
成長貢獻。

低估生產力的實際貢獻相對地可能高估生產要素投入的貢
獻，特別是資本形成的部份，而非參數模型（Non-parametric
Assessment）的 TFP 成長估算結果顯示此種可能性。Iwata 等（2002）
的計測結果表 2-5 可知，東亞經濟成長中技術進步的貢獻度比上述
Young（1992）及 Collins & Borsworth（1996）等的結果都高，雖
都低於 50%，但均超過 40%部份國家亦接近 50%，而資本貢獻度則
比較低。亞洲一梯 NIEs 中除香港外總要素生產力（TFP）成長率都
大於成長會計分析模式的結果，特別是新加坡，但是四國均在 3.7
上下。資本增加對 GDP 成長的貢獻度在 27%左右，此與 Young（1992）
成長會計分析結果的東亞國家經濟成長主要歸因於資本形成快速累
積的結果大異其驅。過度高估資本增加對經濟成長的貢獻度可能亦
是造成東亞國家過度投資結果的原因之一。該研究也顯示東亞國家
的生產函數除菲律賓外，趨近規模報酬不變的技術結構特性[66]。

另外從生產要素的產出彈性值與分配率的比較可看出東亞對
資本與勞力不同生產要素的策略性分配對應軌跡。

以表 2-6 所示亞洲一梯 NIEs 的計測結果可知[67]，其資本彈性值
除香港外，都小於資本分配率。勞動力彈性值則都大於勞動力分配

---

[66] 資本與勞動力彈性值合計大多接近 1。參照 Iwata, S., M. S. Khan and H. Murao, "Sources of Economic Growth in East Asia: A Nonparametric Assessment," IMF Working Paper WP/02/13, 2002.1, pp.13, 注 22。

[67] 此段內容主要依據 Iwata et al.所得結論整理。參照 Iwata, S., M. S. Khan and H. Murao, "Sources of Economic Growth in East Asia: A Nonparametric Assessment," IMF Working Paper WP/02/13, 2002.1, pp.11-5。

率，而且各國差異相當大。自由資本經濟的香港其資本彈性值大於資本分配率，呈現與政府主導下的台灣、韓國、新加坡不同的情形。顯示香港以外東亞國家的經濟發展政策上為吸引投資特別是外資實際上採取壓抑勞動分配以補貼資本報酬的策略軌跡。

再從勞動生產力（勞動人均產出）的角度觀察東亞經濟的成長來源，表 2-7 可知，以一梯 NIEs 等國家而言，從表 Kim & Lau（1994）的 1960 年前後至 1990 年的推計結果可知，東亞一梯 NIEs 的勞動生產力成長率平均大於含日本等先進國的平均，但是來自於技術進步（TFP）的貢獻度除香港外，新加坡、台灣、韓國皆低於 50%，平均為 34%。而先進國日本的技術進步（TFP）貢獻度 52%（Kim/Lau，48%）最低，美國 80%（同，100%）最高，其他先進國皆在 60%以上，平均為 66%。另外速水佑次郎等的推計，日本 1958-70 年期間為 54%，1970-90 年期間為 45%。不論何者的推計，東亞一梯 NIEs 的技術進步（TFP）對勞動生產力成長的貢獻度除香港外皆低於日本等先進國，東亞一梯 NIEs 的技術進步貢獻度平均只有先進國的一半程度。以技術水準趕上先進國為追趕（catch-up）的定義角度，從技術進步對經濟成長的貢獻度而言，1950 年代至 1990 年期間包含日本在內的東亞國家皆仍處於追趕的過程階段。事實上各國經濟發展初期階段含美國在內皆經歷過主要依賴生產要素投入的經濟成長階段[68]。經濟發展的追趕過程技術進步的貢獻度較低的情形是一般性現象。而戰後日本等東亞國家的經濟成長來源偏向資本累積的貢獻而非技術進步與其借用外來技術（borrowing technology）實現後開發性利益的資本依賴傾向（physical-capital-using bias）本質有關[69]。

---

[68] Hayami, Y. and J. Ogasaswara, "Change in the Source of Modern Economic Growth: Japan Compared with the United States," Journal of Japan and International Economies 13, 1999, March, p.5。根據其推計美國在 1855-90 年期間技術進步貢獻度曾只佔 36%。

[69] Hayami and Ogasawara(1999), pp.14。

表 2-5　東亞國家 TFP 成長率與貢獻度（1960-95 年，非參數模型）

(%)

	TFP 成長率	TFP 對成長貢獻度	資本對產出彈性值	勞力對產出彈性值	資本增加對成長貢獻度	勞動力增加對成長貢獻度
新加坡	3.7	46	0.17	0.63	26	24
香港	3.4	44	0.41	0.71	28	24
台灣	3.8	46	0.19	0.76	26	25
韓國	3.7	46	0.18	0.81	26	27
馬來西亞	3.2	49	0.19	0.58	27	26
泰國	3.7	49	0.19	0.67	26	24
印尼	2.6	44	0.18	0.64	25	27
菲律賓	1.7	45	0.17	0.34	26	26
中國	2.8	41	0.28	0.95	28	28

注：1.各國產出為 GDP，2.貢獻度由筆者自資料出處計算編製。
資料出處：Iwata, S., Khan, M.S. and Murao, H., "Sources of Economic Growth in East Asia: A Nonparametric Assessment", IMF Working Paper WP/02/13, 2002.1, Table 2, pp.17

表 2-6　亞洲一梯 NIEs 的要素生產彈性值與分配率比較（1960-95 年）

(%)

	TFP 成長率 (Young)	TFP 成長率 (Collins)	TFP 成長率（非參數模型）	資本對產出彈性值（非參數模型）	資本分配率 (Young)	勞動力對產出彈性值（非參數模型）	勞動力分配率 (Young)
台灣	3.4	2.6	3.8	0.19	0.26	0.76	0.74
韓國	2.8	2.3	3.7	0.18	0.29	0.81	0.71
香港	4.1	4.1	3.4	0.41	0.37	0.71	0.63
新加坡	0.5	1.8	3.7	0.17	0.49	0.63	0.51

注：1.各國產出為 GDP，2.Young, Collins 各出自 Young (1992), Collins and Bosworth (1996), Young 的所得分配率為 Collins 的 0.65。
資料出處：Iwata, S., Khan, M.S. and Murao, H., "Sources of Economic Growth in East Asia: A Nonparametric Assessment", IMF Working Paper WP/02/13, 2002.1, Table 2, pp.17

　　但是不可忽視的是各後發展國家在導入國外先進技術時所做符合其國內既有勞動、資本、技術等比較利益經濟條件的調整努力（modification）。如日本初期導入織布機時曾將其鐵製機架改成木製機架以符合當時日本的購買能力，或修改製程以符合勞力密集生產的比較利益等，而日本及東亞國家在導入先進技術時符合其比較利益的調整努力理論上亦應視為廣義技術進步的一部份。另一項造成東亞國家資本投入持續增加的原因為上述壓低勞動分配以提高資本收益或分配率的政策措施。此乃為防止資本投入的邊際報酬遞減所採壓抑勞動分配的擴大，另外也透過獎勵投資措施增加資本投入誘因的策略考量。中國至 2007 年止限制農村人口自由移動的措施使到工業部門就業勞動的工資上升限定在三年範圍內是典型例。

　　Bosworth & Collins（2000）再進一步考慮人力素質提升即教育對東亞經濟成長的影響重新計算勞動生產力（勞動人均產出）成長來源的結果表 2-8 顯示，戰後 1960-96 年東亞經濟以勞動生產力計算的成長率 4.1%，比南亞、中南美洲、中東及北非、OECD 均高出一倍或以上。東亞勞動生產力成長主要來自資本的累積結果，資本貢獻率 2.4%高於其他洲域，而資本成長對勞動生產力成長的貢獻度佔 59%，高於南亞、OECD 但低於中南美洲、中東及北非。而東亞教育投資增加的貢獻率 0.5%與中南美洲、中東及北非相同但高於南亞及 OECD，其教育投資增加對勞動生產力成長的貢獻度佔 12%，由於其勞動生產力成長率較高故貢獻度低於其他洲域。東亞 TFP 的貢獻率 1.1%，高於其他洲域，而 TFP 成長對勞動生產力成長的貢獻度佔 26.8%，高於中南美洲、中東及北非但低於南亞、OECD。

　　東亞各國勞動生產力成長主要亦是來自資本的累積，資本成長對勞動生產力成長的貢獻度除中國外均超出 50%，但中國相對地總要素生產力的貢獻較高。總要素生產力的貢獻度除中國外均低於 50%。而教育投資的貢獻率中，韓國、台灣高於東亞平均，印尼、中國為平均水準，而新加坡、馬來西亞、泰國、菲律賓低於平均水準，教育投資的增加對勞動生產力成長的貢獻度，新加坡、泰國低於 10%，菲律賓 40%，其他東亞國家在 10-15%之間。高人力素質是一般認知東亞經濟成長的重要因素，因人力素質是吸收、消化引進的技術發揮其經濟效益的重要決定因素，但從此結果顯示東亞教育對經濟成長的貢獻仍低，東亞各國有必要檢討其教育、研發與經濟成長間的相互作用以提升教育對經濟成長的貢獻，而此也會助益技術進步（總要素生產力）對東亞經濟成長貢獻的提升。

歸結戰後東亞國家的經濟成長應不只是資本形成的快速累積或是吸收國外技術的任何單一原因，實際上東亞的經濟成長是兩者再加上人力素質提升（教育投資）的組合效果，即資本的快速累積加上引進、吸收國外技術的能力（capability）所導致生產力上升的的相乘效果。而從生產要素的產出彈性值與分配率的比較亦可看出，東亞國家的經濟發展過程中為吸引投資特別是外資政策上，其實際採取壓制勞動分配以補貼資本報酬的策略軌跡。但東亞國家的成長模式中，以近代經濟成長（MEG）模式所追求的科學技術成果與經濟發展的相乘效果而言，其技術進步的效果仍未能落實，相對於先進國家仍處於偏低的程度。過去東亞經濟發展策略主要在誘導轉型開放、自由化的出口導向工業化經濟發展，而未來則有必要進一步誘導經濟成長模式從借入技術的策略思維轉型自主性技術開發的方向。

另外對被投資國進行研發活動的外資企業會貢獻當地企業生產力的提升，而不進行當地研發活動的外資企業則不會產生提升當地企業生產力的效果[70]。Todo et al.（2006）指出，中國中關村的外資企業研發活動具技術波及效果而當地企業的研發活動對當地其他企業不具技術波及效果，此研究結果顯示中國獎勵外資企業設立研發據點的政策具有正當性也說明東亞國家近來不只是吸引外資更同時對外資企業研發活動施行優惠措施的政策傾向[71]。

---

[70] 同前出注 36，戶堂康之（2008），頁 153。

[71] Todo, Yasujuki and Koji Miyamoto (2006a), "knowledge Spillovers from Foreign Direct Investment and the Role of R&D Activities: Evidence from

表 2-7　東亞一梯 NIEs 國家及日本等先進國家勞動生產力成長的來源

(%)

	期間	資本彈性值 β	勞動生產力 G(Y/L)	人均資本 G(K/L)	總要素生產力（TFP） G(A)	總要素生產力（TFP） Kim/Lau	TFP貢獻度 G(A)	TFP貢獻度 Kim/Lau
新加坡	1964-90	0.4	4.5	6.6	1.6	1.9	36.0	42.0
香港	1966-90	0.4	5.2	6.1	2.8	2.4	54.0	46.0
台灣	1953-90	0.5	6.2	9.6	1.5	1.2	24.0	19.0
韓國	1960-90	0.5	5.1	8.9	1.1	1.2	21.0	24.0
NIEs 平均		0.5	5.3	7.8	1.8	1.7	34.0	33.0
日本	1957-90	0.3	6.0	9.7	3.1	2.9	52.0	48.0
美國	1948-90	0.2	1.5	1.6	1.2	1.5	80.0	100.0
英國	1957-90	0.3	2.3	3.0	1.5	1.5	65.0	65.0
西德	1960-90	0.3	3.6	4.9	2.4	2.2	67.0	61.0
法國	1957-90	0.3	3.8	4.7	2.5	2.6	66.0	68.0
先進國平均		0.3	3.4	4.8	2.1	2.1	66.0	68.0
日本*	1958-70	0.3	8.2	11.6	4.4		54.0	
	1970-90	0.3	3.8	7.4	1.7		45.0	
美國*	1926-66	0.4	2.7	1.7	2.1		78.0	
	1966-89	0.4	1.4	1.8	0.8		57.0	

注：1. ＊為 Hayami and Ogasawara（1999）推計，其他為 Kim and Lau（1994）推計，皆為成長會計分析手法推計。
　　2. Kim/Lau 主要針對非農業部門推計，資本存量推計以廠房、機械設備為主，Hayami 等針對民間非一次產業部門推計，其資本存量推計則為除住宅外的可再生產資本。
　　3. TFP 貢獻度 G(A)為(G(Y/L)- β G(K/L))/G(A)，Kim/Lau 的計算以 Trans-log 生產函數推計。
資料出處：1.速水佑次郎（2004）『新版　開発経済学』創文社、表 5-2,5-4, pp.153,157。2.作者整理編制。

Indonesia," Economic Development and Cultural Change 55:1, pp.173-200; Todo, Yasujuki (2006b), "knowledge Spillovers from Foreign Direct Investment in R&D Activities: Evidence from Japanese Firm-Level Data," Journal of Asian Economics 17:6, pp.996-1013.

表 2-8　東亞國家勞動生產力成長的來源（1960-96 年）

(%)

	勞動人均產出	成長來源（貢獻）			貢獻度		
		物的資本	教育	總要素生產力	物的資本	教育	總要素生產力
新加坡	5.0	3.2	0.2	1.7	64.0	4.0	34.0
台灣	5.8	3.1	0.6	2.0	53.5	10.3	34.5
韓國	5.6	3.2	0.8	1.5	57.1	14.3	26.8
馬來西亞	3.9	2.4	0.4	1.1	61.5	10.3	28.2
泰國	4.9	2.7	0.3	1.9	55.1	6.1	38.8
印尼	3.5	2.0	0.5	0.9	57.1	14.3	25.7
菲律賓	1.0	1.0	0.4	-0.4	100.0	40.0	-40.0
中國	5.0	1.8	0.5	2.7	36.0	10.0	54.0
東亞	4.1	2.4	0.5	1.1	58.5	12.2	26.8
南亞	2.0	0.9	0.4	0.6	45.0	20.0	30.0
中南美洲	1.6	1.4	0.5	-0.3	87.5	31.3	-18.8
中東及北非	1.6	1.4	0.5	-0.3	87.5	31.3	-18.8
OECD	2.2	1.1	0.3	0.8	50.0	13.6	36.4

注：1.貢獻度為作者根據資料計算；2.東亞為上列 8 國，南亞為印度、巴基斯坦、孟加拉、斯里蘭卡、緬甸，中南美洲為中南美洲 22 國，中東及北非為伊朗、以色列、約旦、馬爾他、摩洛哥、突尼西亞、阿爾及利亞、塞浦列斯、埃及。

資料出處：Bosworth, B. & Collins, S. M.,(2000), "From Boom to Crisis and Back Again: What Have We Learned?" ADB Institute Working Paper 7, February, TableA1&A2, pp.24-25, http://www.adbi.org/files/2000.02.rp07.asian.crisis.lessons.pdf。

參、雁行形態的東亞國家出口導向工業化發展機制

　　東亞戰後工業化經濟發展透過外向型的開放政策活用海外資本（FDI、ODA）及技術等的生產資源並透過出口利用已開發國家的市場等實現其後開發性利益（advantage of backwardness）。東亞的出口導向型工業化經濟發展機制可說是在進口替代期中整備經濟發展的基礎條件，如市場化、私有制、基礎建設、產業育成、安定總體經濟政策、教育投資等，出口導向的轉型則是以貿易自由化為前導，接著資本、外匯自由化的過程。從保護主義的進口替代到自由市場經濟的出口導向轉型是東亞戰後工業化經濟發展的重大成就。

　　經濟轉型出口導向過程東亞政府在市場機制外亦透過制度性競賽從各種獎勵出口措施中誘導民間部門投入輸出部門。出口導向的產業育成振興不單以靜態比較利益更考量動態比較利益的實現為策略目標。此一方面讓東亞國家在經濟發展過程享受先進技術、國外資本、海外市場等後開發性經濟利益，也同時帶動東亞區域內製品、產業的移轉及銜接發展。（參照圖 2-2）

　　東亞經濟實現後開發性利益的經濟發展模式不只是戰後初期東亞國家與區域外美國或歐洲的接軌下所帶動的經濟成長，戰後東亞區域內依前述轉型出口導向工業化的過程，從日本而亞洲一梯 NIEs 接著二梯 NIEs 及中國、越南間也透過開放策略下的資本、技術等資源及市場分享達成經濟成長分享（shared growth）的結果。此種發展模式形成戰後東亞區域帶狀的經濟成長與發展，成為東亞經濟奇蹟的一個特色。而東亞域內帶狀經濟成長的過程，連鎖性產業結構及貿易結構的轉變發展成為另一個特色。（參照圖 2-3）1980年代之前東亞中日本扮演第一階段亞洲經濟發展上資本、技術等互補性資源主要提供者的角色，接著後起的亞洲一梯 NIEs、二梯 NIEs 也開始扮演次階段提供者的角色，而 1980 年代後日本增加吸納東亞產出的市場功能，接著後起的東亞國家亦同樣開始扮演產出吸納

者的角色。東亞各國逐次提供東亞經濟發展資金、技術、出口市場等互補性資源，東亞區域在經濟成長過程中不但成為區域內成長驅動力的供給來源並也同時成為吸納東亞產出的美國、EU 以外另一個重要的市場。而東亞間製品生產結構的逐次移轉過程中，也連帶促使東亞國家間產業結構及貿易結構產生連鎖的轉變。此種東亞區域內的帶狀經濟發展模式一般稱之為雁行形態發展（the flying geese model of Asian economic development），市場機制主導下的東亞經濟雁行發展形成區域國際分工體系以及實質（de facto）上的經濟整合。

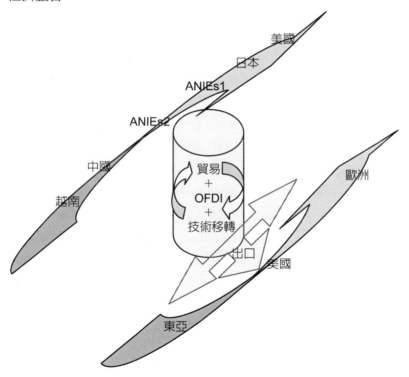

圖 2-2　東亞出口導向工業化發展機制

注：ANIE1 為新加坡、香港、台灣、韓國，ANIE2 為馬來西亞、泰國、印尼、菲律賓。

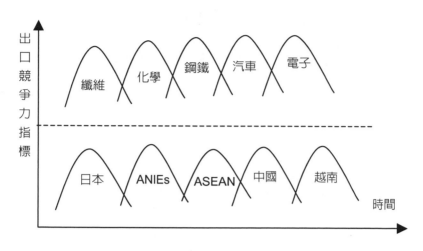

圖 2-3 東亞雁行形態發展

　　而以東亞的發展模式為基礎結合國際貿易、海外直接投資、技術移轉等相關理論也發展出雁行經濟發展理論（the Flying-Geese Theory of Economic Developmant）[72]。UNCTAD（1995）在 World Investment Report 1995 中特別以專欄形式介紹雁行發展理論（The "flying-geese" paradigm）[73]。雁行發展型態（A flock of flying geese phenomenon）最早是日本一橋大學的赤松要教授於 1930 年代提出，赤松教授（1935, 1945, 1961, 1965）從日本 19 至 20 世紀纖維紡織業的發展經驗，最終財－生產財及輸入－生產－輸出的進口替代到出口擴張的經濟發展一般理論推演出日本工業化的雁行發展型態[74]，同時也演譯各國工業化發展過程經濟及生產成本結構的同質化結果需要技術進步與生產要素特別資本的國際間移動

[72] 小島清『雁行型経済発展論 1、2 巻』（東京：文真堂，2003）。

[73] UNCTAD, World Investment Report 1995, (New York and Geneva: United Nations publication , 1995), Box V 4, pp.258-260。

[74] 赤松要『世界経済論』（東京：国元書房，1965），pp.169-181。

進一步提升經濟結構促進國際水平分工以延展國際貿易的互補效果[75]。赤松教授所提的促進國際水平分工為今日產業內貿易型態的進展，而同質性產業結構的發展則成為其後國際經濟整合的主要經濟理由之一。當時赤松教授是以日本與亞洲國家間的比較利益（比較生產成本）為基礎闡述東亞的貿易及國際分工對東亞國家經濟發展互補效益的經濟發展思維，故又稱古典雁行發展形態。赤松教授的雁行發展型態與 Vernon, R.（1966）的產品生命週期理論（Product Cycle Theory）的差異在於 Vernon 的產品輸入、生產及輸出的轉換是以已開發國的企業或產業的創新產品的創新期、成熟期及標準化等階段的進展為前提的策略性活動[76]，而赤松的雁行發展型態則是以開發中國家模仿追趕已開發國家為前提，赤松著重於後發展國透過產業內及產業間產品週期轉換的學習效果內化進而提高競爭力及產業升級的漸進式工業化過程中結構性追趕機制的研究，因為他認為先進國在被追趕過程可能無力維持領先而凋零。

其後在赤松教授門生小島清教授、大來佐武郎（1985, 1989）以及 Ozawa, T.（1993, 1996）、山澤逸平（1984, 1990）等教授的努力下，加入海外直接投資、技術移轉及技術內生成長等相關理論建構出東亞為範本的開放型經濟體經濟發展及區域內雁行工業化經濟發展傳導（regional transmission）的經濟發展理論架構。小島清教授等導入要素稟賦理論（H-O）以及學習效果、技術進步及規模經濟性將雁行形態經濟發展理論細緻化，其以追趕型產品週期模型（catching-up product cycle model）說明個別經濟體雁行工業化（FG Industrialization）的產品及產業多元化（diversification）以及合理效率化（rationalization），並以海外直接投資及技術移轉為主要媒介說明在順貿易導向型直接投資（pro-trade FDI）下雁行工業化發

[75] 赤松要（1965），pp.127-131.
[76] Vernon, R., "International Investment and International Trade in the Product Cycle," The Quarterly Journal of Economics 80(2), 1966, pp.190-207.

展的國際傳導，如圖 2-4 所示，包含先發展國美國比較劣勢產品或產業的移轉，進而日本、亞洲一梯 NIEs、二梯 NIEs、中國、越南間的漸次移轉，形成東亞國際間雁行工業化發展的生產－貿易－經濟成長間的國際分工良性循環等當代雁行發展理論的主要思維。而以要素稟賦理論為基礎詮釋製造業的最終消費財－中間財－資本財、勞力密集財－資本密集財－技術密集財等製品及產業發展程序（sequence）的雁行工業化發展模式也提供開發中國家工業化經濟發展的策略藍圖（roadmap）。

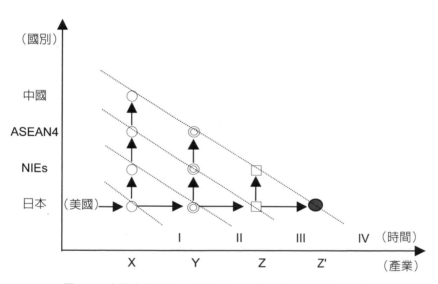

圖 2-4　東亞直接投資延展與雁行工業化國際傳播發展形態

資料出處：小島清（2003）「雁行型国際的発展伝播」『雁行型経済発展論第 1 巻』、文真堂、pp.214。

　　亞洲金融風暴後部分學者曾對雁行發展理論是否能繼續作為亞洲經濟發展基礎理論亦即對其詮釋能力以及經濟發展的指引作用產生懷疑，其中有如 Krugman（1994）的東亞成長模式中總要素生產力即技術進步的貢獻太低所以雁行工業化不可能持續的理由，技術進步是經濟持續成長的關鍵性問題但亞洲金融風暴的成因如前述主要在其資本收支危機而非生產力或技術進步的問題，雁行發展理論的生產力提升主要著重於工業化過程的產品或產業多元、差異、效率化及產業鏈形成等產業結構調整轉換所帶動的效果，而 Krugman 所引用的成長會計分析模型並無法直接計測出此部分的生產力效益。另有以從屬理論（Dependency Theory）角度對雁行工業化主要依賴借用資本及技術的發展模式提出其結果只是持續被已開發國家支配而無法經濟自立的批評。對此批評，撇除意識形態而言，雁行發展過程中技術進步的來源初期階段借重外來技術的比重較大但進入經濟成長期後競爭的關係外來技術勢必減少而自行研發的自主性技術必須增加，自主性技術的提高則與各國科學技術政策的發展相關。而雁行發展理論主要以製造業為前提但東亞經濟後工業化的發展是否仍適用的懷疑恐怕才是問題的所在也是未來必須持續拓展的理論領域及關注的地方。就東亞戰後的工業化經濟發展而言，雁行發展理論至今仍具高度詮釋力。因此有學者高度認同雁行經濟發展理論的有效性及作為亞洲經濟發展基礎理論的正統性[77]，並進一步延展雁行發展理論說明多國籍企業（MNCs）的雁行直接投資活動創造東亞國家的輸出平台機能促進被投資國出口快速成長的雁行工業化發展[78]。以多國籍企業為媒介的輸出平台機能縮短輸入、生產、輸出的一般發展過程直接進入生產並同時輸出的階段，亦可能在消費財與資本財並進下延伸至產業的加速升級發展。而此種飛地（enclave）型的變形雁行發展可以合理解釋東亞雁行工業化經濟發展下 1990 年代以來如圖 2-5 所示中國高出口經濟成長的蛙跳（leapfrogging）現象，以及 2000 年以來越南的快速出口成長。

---

[77] Radelet, S.and J. Sachs, "Asia's Reemergence," Foreign Affairs 76(6), 1997, November/December, pp.48。
[78] Radelet, S.and J. Sachs, (1997), pp. 52-55。

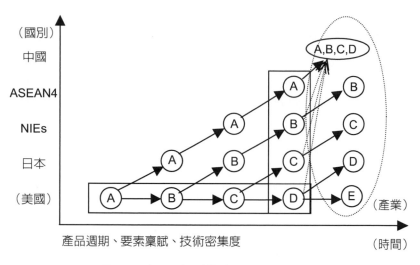

圖 2-5　東亞雁行形態發展的「蛙跳」變形

注：作者從末広昭（2000）『キャッチアップ型工業化論』名古屋大学出版会修改編製。

　　東亞經濟戰後的雁行發展中國際經貿環境因素即 1944 年布厘敦森林協定（Breeton Woods Agreement）下設立 GATT、IMF、世銀等國際經濟機構所形成自由市場、自由貿易的國際經貿建制（international regime）是不可或缺的條件。戰後東亞國家的經貿發展受惠此自由化國際經貿大環境，雁行發展得以順利進行，域內經濟也透過市場主導的貿易、投資、技術移轉等編織出綿密的國際分工體系，因以市場為主導故形成域內雖密切但非制度性整合並不具強制性的經濟結合關係。至亞洲金融風暴止東亞的經濟合作架構立基在自由市場機制上，域內制度性的整合如 1992 年東協自由貿易協定（AFTA）並未發揮經濟整合上的實質效果，市場導向的開放性亞太經合組織（APEC）曾主導區域經貿合作的方向而其運作因以共識為基礎不具約束力屬鬆散的合作模式。但是亞洲金融風暴後特別是 2000 年後東亞的經濟合作模式發生重要的質變。為解決亞洲金融風暴的金融融通核心問題所建置的東協加三區域經濟金融合作模式，2000 年清邁協議（Chiang Mai Initiative, CMI）倡議設立東亞金融合作機制，各國間的外幣融通（Currency Swap Agreements）相互支援機制，2003 年設立的亞洲區域債券市場機制（Asian Bond Market Initiative, ABMI），以及研議中的亞洲貨幣基金（Asian Monetary Fund, AMF）等。其後更以東協為軸心（hub）展開域內自由貿易協定（FTA）的制度性經濟整合的風潮，東亞區域經濟整合模式亦由 GATT/WTO、APEC 的多邊協商為主轉變為多邊（multilateralism）、區域（regionalism）及雙邊（bilateralism）並進的多軌發展模式。而雙邊或區域的 FTA 基本上以 WTO 架構的區域自由貿易協定的相關規定（GATT24、GATS5、enabling clause（授權條款））為基礎所設計，屬 GATT/WTO 架構下的優惠型貿易協定（Preferential Trade Agreement），與二次戰前的貿易壁壘型的性質不同。相對於 WTO 共識決或一致決的曠日廢時，FTA 具速度、效率性及彈性優點，另外雖存在義大利麵碗效應（Spaghetti Bowl Phenomenon）等行政成本的重疊問題，但高水準 FTA 如日本的 EPA 涵蓋商品貿易以外服務貿易、投資、人員移動、技術合作、基準認證的調和、政府採購、競爭政策等廣泛領域的自由化協商則助益各締約國提升服務部門的效率及經濟結構的升級，因此降低金融、運輸、通訊等服務費用，減低企業跨國經濟活動的連結成本（connecting cost）可能進一步促進國際貿易。

　　區域或雙邊 FTA 的進展對雁行形態發展下形成的現有亞洲經貿關係可能產生的影響，端視未來各 FTA 的整合模式而定。目前的 FTA 因如原產地規則而形同切割原來的區域經貿關係，也對非締約國產生排擠效應。未來保留 FTA 速度、效率性及彈性優點，但透過制度性措施以彌補差別性待遇的切割缺點，亦即「FTA Plus」或雙邊協定的多邊化發展是重要的努力方向[79]。2008 年日本參考

---

[79] Balwin, R., "Multilaterilising Regionalism: Spaghetti Bowls as Building Blocs

EU1996年泛歐累積模式（Pan-Euro Cumulatrion System, PECS）及2005年泛歐－地中海累積系統模式（System of Pan-Euro-Mediterranean Cumulatrion）與東協整體會員國所簽訂的日本東協 EPA（Asean-Japan Comprehensive Economic Partnership, AJCEP）中即以累積性原則替代侷限於締約國的原產規定。東亞雁行形態發展下國際分工的進展形成域內中間財零組件貿易的蓬勃發展，日本東協 EPA 整合模式的發展將助益東亞出口導向型雁行工業化的進一步發展。

　　另外，全球性金融自由化的進展，新興金融衍生性商品的世界性竄流雖然是全球儲蓄與投資再循環的一個型態，但是目前全球無任何機制可以進行管理甚至連監控的機制都沒有。尤其是像美國次級房屋信貸被證券化的 ABS（Asset Backed Security）、CDS（Credit Default Swap）連動債等高風險的衍生性新興金融商品在美國國內無法可管，而全球投資人普遍追求相對高報酬的套利動機及對美國經濟過度憧憬與信任下就如脫韁野馬橫行全球，也導致 2007 年美國次級房屋信貸危機後 2008 年引爆一連串全球性的大風暴，美國本身及世界各國政府、投資人遭受慘痛的損失，其嚴重程度為百年難得一見。過度沉醉於自由市場機制的效率性遺忘資訊不透明與不對稱性下市場失靈的危機意識恐怕才是此次金融大風暴產生的根源，當然市場的介入猶如東亞經濟戰後以來的發展經驗並不是容易的事，政府失靈的風險是經常存在的問題。現在是美國與其他國家從新思考、檢討目前的全球經貿體制及其運作是否符合當前及未來世界經貿持續發展所需的時候。在市場失靈與政府失靈間尋求一個可行的折衷性的全球性制度安排的關鍵時刻。國際間短期資本的急遽變動對各國經濟的安定性造成莫大的威脅特別利率與匯率的劇烈波動對東亞經貿持續成長上影響至深，而東亞經濟在此問題上也必須基於過去經濟發展的經驗提出回饋國際經濟社會的建言與作法。

---

on the Path to Global Free Trade," NBER Working Paper 12545, 2006。

第三章　戰後東亞的經貿發展

壹、東亞的經濟成長與對外貿易

一、東亞國家的經濟成長

（一）東亞國家的 GDP 成長

　　首先觀察戰後東亞的 GDP 成長。表 3-1 為 1970 至 2006 年東亞國家實質 GDP 的年平均成長率，從表中可知東亞國家各年代的 GDP 成長率。其中，日本 1970 年代（1970-80，以下同）4.3%、1980 年代（1980-89，以下同）3.7%，不但高於世界平均，亦分別高於美國、EU 等已開發國家的平均成長率。1990 年代（1992-2000，以下同）則陷入泡沫經濟瓦解後的低成長期，年平均成長率只有 0.99%，分別低於世界及已開發國家的平均成長率。進入 21 世紀後逐漸回升，2000 至 2005 年回復至 1.4%，2005 年 2.6%，2006 年 2.7%。

　　1970 年代新加坡、香港、台灣、韓國等亞州一梯 NIEs 除韓國 8%水準其餘均高於 8%，台灣更達 9.6%。亞州二梯 NIEs 的馬來西亞、印尼、泰國高於 7%，菲律賓 6%水準。中國 6%水準。1980 年代亞州一梯 NIEs 的新加坡 6%、香港 7%水準，台灣 8.5%，韓國 9%水準最高。二梯 NIEs 中，泰國 7%最高，印尼 5.7%、馬來西亞 4.9%、菲律賓最低 0.5%。中國 10.8%，東亞中最高，越南 5.6%。1970、80 年代亞州一梯 NIEs、二梯 NIEs 及 1980 年代中國、越南等東亞國家除 1980 年代菲律賓外普遍呈現相對高水準成

長，不但高於世界平均，亦分別高於已開發及開發中國家的平均
成長率。

表 3-1　實質 GDP 年平均成長率　　　　　　（%）

	1970-1980	1980-1989	1992-2000	1995-2000	2000-2005	2005	2006
世界	3.78	3.26	3.08	3.25	2.81	3.50	4.07
開發中國家	5.75	3.81	4.85	4.23	5.36	6.55	6.97
已開發國家	3.33	3.12	2.79	3.04	1.96	2.44	3.03
日本	4.26	3.70	0.99	0.59	1.44	2.63	2.67
新加坡	8.36	6.33	7.32	5.69	4.31	6.62	7.88
香港	8.96	7.05	3.77	2.57	4.29	7.93	6.82
台灣	9.57	8.54	6.18	5.71	3.48	4.03	4.62
韓國	7.95	8.97	5.22	3.47	4.58	3.96	5.01
馬來西亞	8.55	4.86	6.12	3.65	4.82	5.16	5.91
泰國	7.15	7.03	2.77	-0.69	5.42	4.49	4.99
印尼	7.83	5.67	2.86	-0.63	4.73	5.60	5.55
菲律賓	6.04	0.50	3.80	3.29	4.83	4.97	5.37
中國	5.90	10.84	9.91	8.49	9.60	10.20	10.70
越南	--	5.63	7.78	6.73	7.47	8.43	7.80
亞洲 NIEs	8.07	7.04	4.80	2.95	4.43	4.81	5.37
一梯亞洲 NIEs	8.60	8.35	5.49	4.22	4.18	4.66	5.34
二梯亞洲 NIEs	7.34	4.91	3.50	0.55	4.96	5.12	5.43
美國	3.33	3.69	3.82	4.22	2.47	3.21	3.37
NAFTA	3.51	3.53	3.79	4.27	2.46	3.18	3.37
EU25	3.07	2.46	2.49	2.87	1.58	1.59	2.77
ASEAN	7.16	4.90	4.10	1.46	5.11	5.61	5.86

注：1.亞洲 NIEs（Newly Industrialized Economies）為新加坡、香港、台灣、韓國（大韓民國）及馬
　　來西亞、泰國、印尼、菲律賓；前四國為第一梯 NIEs，後四國為第二梯 NIEs。
資料出處：UNCTAD, Handbook of Statistics 2007, http://stats.unctad.org/Handbook/TableViewer/download.aspx.

　　1990 年代因為 1997 年亞洲金融風暴的影響東亞國家成長率普遍低於 80 年代。1995 至 2000 年東亞的年平均成長率，泰國、印尼陷入負成長，日本 0.6%，香港、韓國、馬來西亞相較 1980 年代均大幅下降，新加坡、台灣亦下跌但維持在 5.7%，表現較佳的中國 8.5%，越南 6.7%。而 1990 年代除日本 1%、泰國 2.8%、印尼 2.9%、菲律賓 3.8% 外則仍遠高於世界平均 3.1%、亦分別高於已開發及開發中國家的平均。其中中國 10% 最高，越南 7.8% 次之，新加坡 7.3%、台灣 6.2%、馬來西亞 6.1%、韓國 5.2% 皆維持在 5% 以上水準。

　　進入 21 世紀後東亞國家成長率皆回升，2000 至 2005 年除日本 1.4% 外，台灣受 2000 年負成長拖累及其後相對低成長的影響只有 3.5%，但中國 8.5%，越南 6.7% 持續相對的高成長，其他東亞國家則在 4 至 5% 水準。2000 年 IT 景氣的泡沫化雖使大部份東亞國家的經濟成長回復受到抑制，但中國進入 2000 年後仍然維持 9% 以上的高成長率，越南 7.5%，二梯 NIEs 泰國 5.4% 其餘國家接近 5% 水準。2006 年除日本 2.7%，其他成長率依高低序為中國 10.7%、新加坡 7.9%、越南 7.8%、香港 6.8%、馬來西亞 5.9%、印尼 5.6%、菲律賓 5.4%、韓國及泰國 5%、台灣 4.6%。

　　東亞國家雖遭受 1990 年代後期的金融風暴及 2000 年 IT 景氣泡沫化的衝擊，但其後仍然快速回復成長，充分顯現東亞國家經濟的強韌性。而其後東亞國家經濟回復成長所呈現的成長率高低分佈一如戰後以來的發展，即越後發展國家的經濟成長力或恢復力越強的現象。另一方面 1970 年代以來高度成長的東亞先行發展國家因為國內經濟結構調整的影響其成長腳步則呈現放慢的現象。

　　東亞國家經濟成長率的分佈，進入 21 世紀後，最晚改革開放的中國、越南經濟成長高於亞洲二梯 NIEs，亞洲二梯 NIEs 又高於亞洲一梯 NIEs，而亞洲一梯 NIEs 則高於東亞最早改革開放的日本。東亞國家中除日本外，其經濟成長率仍然高於世界平均，亞洲一梯 NIEs 成長率亦皆高於已開發國家，然亞洲二梯 NIEs 的成長率則因巴西、俄羅斯、印度等東亞外新興工業國的崛起下開發中國家的平均成長率的提升而呈現相對落後的現象。

歸納而言，1970 至 2006 年期間後，東亞國家的經濟成長普遍高於世界平均，亦分別高於開發中國家及已開發國家。而各年代中，東亞後發展國家的經濟成長高於先發展國家，然 1970、80 年代中亞洲一梯 NIEs 仍高於亞洲二梯 NIEs，2000 年後才呈現中、越高於亞洲二梯 NIEs，亞洲二梯 NIEs 高於亞洲一梯 NIEs，亞洲一梯 NIEs 又高於日本的分佈。

（二）東亞國家的 GDP

1. 東亞的 GDP

1970 至 2006 年，東亞國家相對於世界、已開發及開發中國家的高經濟成長表現下，其 GDP 金額亦呈現快速的增加。

從表 3-2 可知，1970 年東亞區域 GDP 為 3,447 億美元，1980 年 1 兆 6,800 億美元，1990 年 4 兆 2,698 億美元，1995 年 7 兆 5,941 億美元，2000 年 7 兆 4,210 億美元，2005 年 9 兆 54 億美元，2006 年 9 兆 5,465 億美元。1995 年東亞 GDP 曾超過美國，但其後遭遇亞洲金融風暴而減少至 6 兆 1,396 億美元，進入 21 世紀後才再呈現增加趨勢，2005 年突破 9 兆美元。其中日本 1970 年 2,030 億美元，1995 年 5 兆 2,442 億美元，2005 年 4 兆 5,590 億美元，2006 年 4 兆 4,350 億美元。其他東亞國家韓國、馬來西亞、泰國、印尼、菲律賓與日本相同呈現金融風暴期間下降再回增的變化，但與日本不同的是 2000 年後的回升都超過金融風暴前 1995 年的水準。而香港、台灣、中國、越南則呈現未受風暴影響的持續增加趨勢。特別是中國從 1970 年 915 億美元，1980 年 3,065 億美元，1995 年 7,570 億美元，2005 年 2 兆 2,784 億美元，至 2006 年 2 兆 6,668 億美元，1978 年改革開放政策的實施後，中國的 GDP 呈現出急遽增加的趨勢，1997 年亞洲金融風暴也未對中國的快速成長趨勢造成負面的降低影響。

表 3-2　東亞 GDP

（百萬美元）

	1970	1975	1980	1985	1990	1995	1998	2000	2005	2006
世界	3,280,286	6,432,252	11,921,850	13,044,655	22,129,834	29,694,937	29,907,225	31,850,291	44,923,470	48,597,903
已開發國家	546,027	1,255,675	2,624,062	2,627,343	3,836,406	5,728,321	6,150,458	6,781,147	10,324,628	11,964,455
開發中國家	2,262,871	4,420,990	8,232,353	9,391,990	17,364,917	23,359,818	23,266,648	24,625,564	33,391,559	35,099,549
日本	202,958	497,868	1,055,205	1,346,733	3,018,112	5,244,251	3,842,266	4,649,614	4,559,020	4,434,993
新加坡	1,896	5,669	11,718	17,691	36,901	83,932	82,399	92,717	116,704	132,155
香港	3,812	10,044	28,934	35,405	75,934	144,230	166,909	168,754	177,783	189,537
台灣	5,739	15,747	42,290	63,427	164,739	273,837	276,141	321,187	346,405	355,662
韓國	8,900	21,459	63,834	96,620	263,776	517,116	345,433	511,659	787,627	872,789
馬來西亞	3,459	9,329	24,488	31,200	44,025	88,833	72,175	90,320	130,770	148,941
泰國	7,129	14,974	32,354	38,901	85,361	168,019	111,860	122,725	176,222	206,247
印尼	9,805	33,472	79,636	95,960	125,720	222,082	104,866	165,021	281,276	364,459
菲律賓	6,691	14,894	32,450	30,734	44,312	74,120	65,171	75,031	98,371	116,931
中國	91,506	161,162	306,520	309,083	404,494	756,960	1,045,199	1,192,836	2,278,419	2,666,772
越南	2,775	3,896	2,395	4,785	6,472	20,736	27,210	31,173	52,832	57,983
亞洲 NIEs	47,430	125,588	315,704	409,937	840,768	1,572,168	1,224,955	1,547,414	2,115,157	2,386,721
一梯亞洲 NIEs	20,347	52,919	146,776	213,143	541,350	1,019,115	870,882	1,094,317	1,428,518	1,550,143
二梯亞洲 NIEs	27,083	72,669	168,929	196,794	299,417	553,053	354,072	453,097	686,639	836,579
東亞 11 國	344,669	788,515	1,679,825	2,070,537	4,269,846	7,594,115	6,139,629	7,421,037	9,005,429	9,546,469
美國	1,030,647	1,632,969	2,784,856	4,209,469	5,789,487	7,387,641	8,752,441	9,834,008	12,484,364	13,283,024

注：1.1970, 1975 越南統計為前南處（former Republic of Viet Nam）資料。2.亞洲 NIEs（Newly Industrialized Economies）為新加坡、香港、台灣、韓國（大韓民國）及馬來西亞、泰國、印尼、菲律賓：前四國為第一梯 NIEs，後四國為第二梯 NIEs。

資料出處：UNCTAD, Handbook of Statistics 2007, http://stats.unctad.org/Handbook/TableViewer/download.aspx.

2. 東亞 GDP 佔世界的比重

1970 年代以來東亞國家 GDP 相對高於世界平均成長率的成長趨勢下，其佔世界的比重也持續擴大。表 3-3 可知，1970 至 2006 年期間，東亞區域 GDP 佔世界的比重 1970 年 10.5%，1980 年 14.3%，1990 年 19.3%，1995 年 25.6%達到高峰，1997 年亞洲金融風暴 1998 年降低至 20.5%，2000 年雖回升至 23.3%，其後又下降，2005 年 20.5%，2006 年 19.6%。2000 年後主要是東亞以外印度、巴西、俄羅斯、南非等新興市場國家的崛起，其相對於東亞區域的高成長致使東亞區域的比重在新世紀中呈現停滯與下降的現象。其中特別是日本、新加坡、香港與台灣的比重下降，但其他東亞國家特別是中國與韓國的比重則相對顯著地增加。2000 年後，1995 年成立的北美自由貿易區（NAFTA）的 GDP 佔世界比重維持在 30%以上，歐盟（EU25）的比重則在 30%上下，東亞 11 國的比重落於北美及歐盟之後。

3. 東亞區域 GDP 的比重

東亞 11 國合計的 GDP 中各國所佔的比重也產生變化。東亞區域各國的重要性即比重也在此期間產生地盤變動。表 3-4 可知，日本持續佔有最大比重，1970 年 58.9%，1980 年 62.8%，但 1990 年 70.7%達到高峰後下跌，1995 年 69.1%，1997 年亞洲金融風暴後 1998 年降低至 62.6%，21 世紀中持續下降，2005 年 50.6%，2006 年 46.5%。1970 年代以來持續增加的東亞各國 GDP 比重，亞洲金融風暴後呈現增加與減少兩極的變化。首先亞洲金融風暴後 1998 年中國、香港、台灣與越南因其他東亞國家比重的相對下跌而增加，但進入 21 世紀後中國、越南比重持續提升，而韓國、馬來西亞、泰國、印尼、菲律賓的比重都回升並超越金融風暴時的比重水準，只有香港與台灣在金融風暴後比重持續下降。其中中國是 21 世紀中比重增幅最大國家，2005 年 25.3%，2006 年 27.9%，達到 1970 年以來最高的比重。

表 3-3　東亞 11 國 GDP 的世界比重

(%)

	1970	1975	1980	1985	1990	1995	1998	2000	2005	2006
世界	100.00	100.00	100.00	100.00	100.00	100.00	100.00	100.00	100.00	100.00
已開發國家	16.65	19.52	22.01	20.14	17.34	19.29	20.57	21.29	22.98	24.62
開發中國家	68.98	68.73	69.05	72.00	78.47	78.67	77.80	77.32	74.33	72.22
日本	6.19	7.74	8.85	10.32	13.64	17.66	12.85	14.60	10.15	9.13
新加坡	0.06	0.09	0.10	0.14	0.17	0.28	0.28	0.29	0.26	0.27
香港	0.12	0.16	0.24	0.27	0.34	0.49	0.56	0.53	0.40	0.39
台灣	0.17	0.24	0.35	0.49	0.74	0.92	0.92	1.01	0.77	0.73
韓國	0.27	0.33	0.54	0.74	1.19	1.74	1.16	1.61	1.75	1.80
馬來西亞	0.11	0.15	0.21	0.24	0.20	0.30	0.24	0.28	0.29	0.31
泰國	0.22	0.23	0.27	0.30	0.39	0.57	0.37	0.39	0.39	0.42
印尼	0.30	0.52	0.67	0.74	0.57	0.75	0.35	0.52	0.63	0.75
菲律賓	0.20	0.23	0.27	0.24	0.20	0.25	0.22	0.24	0.22	0.24
中國	2.79	2.51	2.57	2.37	1.83	2.55	3.49	3.75	5.07	5.49
越南	0.08	0.06	0.02	0.04	0.03	0.07	0.09	0.10	0.12	0.12
亞洲 NIEs	1.45	1.95	2.65	3.14	3.80	5.29	4.10	4.86	4.71	4.91
一梯亞洲 NIEs	0.62	0.82	1.23	1.63	2.45	3.43	2.91	3.44	3.18	3.19
二梯亞洲 NIEs	0.83	1.13	1.42	1.51	1.35	1.86	1.18	1.42	1.53	1.72
東亞 11 國	10.51	12.26	14.09	15.87	19.29	25.57	20.53	23.30	20.05	19.64
ASEAN	1.09	1.37	1.63	1.77	1.60	2.28	1.60	1.87	1.97	2.18
美國	31.42	25.39	23.36	32.27	26.16	24.88	29.27	30.88	27.79	27.33
NAFTA	35.26	29.57	27.36	36.50	29.98	27.83	32.74	34.98	32.02	31.65
EU25	25.91	29.39	31.27	23.64	32.49	30.71	30.34	26.41	30.16	29.52

注：1.1970, 1975 越南統計為前南越（former Republic of Viet Nam）資料。2.亞洲 NIEs（Newly Industrialized Economies）為新加坡、香港、台灣、韓國（大韓民國）及馬來西亞、泰國、印尼、菲律賓；前四國為第一梯 NIEs，後四國為第二梯 NIEs。
資料出處：UNCTAD, Handbook of Statistics 2007, http://stats.unctad.org/Handbook/TableViewer/download.aspx.

表 3-4　東亞 11 國區域 GDP 比重

(%)

	1970	1975	1980	1985	1990	1995	1998	2000	2005	2006
東亞 11 國	100.00	100.00	100.00	100.00	100.00	100.00	100.00	100.00	100.00	100.00
日本	58.88	63.14	62.82	65.04	70.68	69.06	62.58	62.65	50.63	46.46
新加坡	0.55	0.72	0.70	0.85	0.86	1.11	1.34	1.25	1.30	1.38
香港	1.11	1.27	1.72	1.71	1.78	1.90	2.72	2.27	1.97	1.99
台灣	1.67	2.00	2.52	3.06	3.86	3.61	4.50	4.33	3.85	3.73
韓國	2.58	2.72	3.80	4.67	6.18	6.81	5.63	6.89	8.75	9.14
馬來西亞	1.00	1.18	1.46	1.51	1.03	1.17	1.18	1.22	1.45	1.56
泰國	2.07	1.90	1.93	1.88	2.00	2.21	1.82	1.65	1.96	2.16
印尼	2.84	4.24	4.74	4.63	2.94	2.92	1.71	2.22	3.12	3.82
菲律賓	1.94	1.89	1.93	1.48	1.04	0.98	1.06	1.01	1.09	1.22
中國	26.55	20.44	18.25	14.93	9.47	9.97	17.02	16.07	25.30	27.93
越南	0.81	0.49	0.14	0.23	0.15	0.27	0.44	0.42	0.59	0.61
亞洲 NIEs	13.76	15.93	18.79	19.80	19.69	20.70	19.95	20.85	23.49	25.00
一梯亞洲 NIEs	5.90	6.71	8.74	10.29	12.68	13.42	14.18	14.75	15.86	16.24
二梯亞洲 NIEs	7.86	9.22	10.06	9.50	7.01	7.28	5.77	6.11	7.62	8.76

注：1.1970, 1975 越南統計為前南越（former Republic of Viet Nam）資料。2.亞洲 NIEs（Newly Industrialized Economies）為新加坡、香港、台灣、韓國（大韓民國）及馬來西亞、印尼、泰國、菲律賓；前四國為第一梯 NIEs，後四國為第二梯 NIEs。

資料出處：UNCTAD, Handbook of Statistics 2007, http://stats.unctad.org/Handbook/TableViewer/download.aspx.

（三）東亞國家的人均 GDP 及人力資源發展

1. 東亞國家的人均 GDP

　　接著觀察東亞人均 GDP 的變化。1970 至 2006 年，東亞國家的美元人均 GDP 隨著經濟的成長亦呈現快速的增加。表 3-5 可知，1970 年日本 1,945 美元，新加坡 914 美元、香港 967 美元，均高於世界平均，台灣 391 美元、韓國 279 美元、馬來西亞 319 美元，亦分別高於開發中國家的平均水準，其他東亞國家則低於開發中國家的水準。1980 年日本 9,034 美元，新加坡 4,853 美元、香港 5,743 美元，均高於世界平均，台灣 2,375 美元、韓國 1,674 美元、馬來西亞 1,779 美元，亦分別高於開發中國家的平均水準，其他東亞國家則仍低於開發中國家的水準。1985 年引發亞洲各國貨幣對美元升值的廣場協議時，日本 11,145 美元，超過已開發國家的水準，新加坡、香港、台灣、韓國高於世界平均，馬來西亞、泰國高於開發中國家的平均水準，其他東亞國家仍低於開發中國家的水準。

　　其後一方面因受東亞各國對美元相對升值的影響，美元計價的人均 GDP 呈現急速增加，1990 年日本 24,431 美元，新加坡 12,234 美元、香港 13,311 美元、台灣 8,075 美元、韓國 6,153 美元，均高於世界平均，日本超過已開發國家的水準，馬來西亞 2,432 美元、泰國 1,572 美元，亦分別高於開發中國家的平均水準，其他東亞國家則仍低於開發中國家的水準。1995 年日本 41,796 美元，超過已開發國家的水準，新加坡 24,132 美元、香港 23,241 美元，接近已開發國家的水準，台灣 12,822 美元、韓國 11,490 美元，均高於世界平均及開發中國家的水準，馬來西亞 4,314 美元、泰國 2,912 美元，亦分別高於開發中國家的平均水準，其他印尼、菲律賓雖超過 1,000 美元，中國 635 美元、越南 283 美元則仍低於開發中國家的水準。2000 年受金融風暴的影響後，除香港、台灣、中國、越南外均呈現較 1995 年下跌的情形。日本 36,601 美元，超過已開發國

表 3-5　東亞人均 GDP

	人均 GDP（美元名目價格）									GDP（百萬美元）	人口（千人）
	1970	1975	1980	1985	1990	1995	2000	2005	2006	2006	2006
世界	887	1,579	2,680	2,688	4,180	5,193	5,202	6,898	7,373	48,597,903	6,592,900
已開發國家	2,947	5,531	9,957	11,031	19,778	25,486	26,158	34,407	35,970	11,964,455	5,285,055
開發中國家	207	423	795	716	943	1,284	1,400	1,982	2,264	35,099,549	976,183
日本	1,945	4,464	9,034	11,145	24,431	41,796	36,601	35,646	34,661	4,434,993	127,953
新加坡	914	2,506	4,853	6,532	12,234	24,132	23,079	26,968	30,159	132,155	4,382
香港	967	2,285	5,743	6,489	13,311	23,241	25,330	25,191	26,575	189,537	7,132
韓國	279	608	1,674	2,368	6,153	11,490	10,938	16,454	18,164	872,789	48,050
台灣	391	975	2,375	3,284	8,075	12,822	14,418	15,213	15,565	355,662	22,815
馬來西亞	319	761	1,779	1,990	2,432	4,314	3,881	5,098	5,704	148,941	26,114
泰國	191	355	691	765	1,572	2,921	2,023	2,797	3,251	206,247	63,444
印尼	81	246	525	571	685	1,120	780	1,244	1,592	364,459	228,864
菲律賓	183	354	675	566	724	1,081	984	1,163	1,356	116,931	86,264
中國	112	177	312	295	358	635	956	1,766	2,055	2,666,772	404,686
越南	65	81	45	81	98	283	394	621	673	57,983	86,206
亞洲 NIEs	184	432	975	1,148	2,160	3,734	3,427	4,395	4,900	2,386,721	487,065
一梯亞洲 NIEs	387	911	2,316	3,121	7,520	13,401	13,724	17,416	18,809	1,550,143	82,380
二梯亞洲 NIEs	132	313	649	681	944	1,603	1,219	1,720	2,067	836,579	404,686
美國	4,843	7,319	11,895	17,081	22,299	26,968	34,064	41,095	43,294	13,283,024	306,810
NAFTA	4,036	6,195	9,945	13,640	17,868	20,919	26,579	32,667	34,590	15,383,267	444,729
EU25	2,124	4,602	8,897	7,271	16,690	20,322	18,546	29,272	30,900	14,346,694	464,595
ASEAN	124	273	542	578	803	1,404	1,147	1,593	1,882	1,061,692	563,991

注：1.1970, 1975 越南統計為前南越（former Republic of Viet Nam）資料。2.亞洲 NIEs（Newly Industrialized Economies）為新加坡、香港、台灣、韓國（大韓民國）及馬來西亞、泰國、印尼、菲律賓，前四國為第一梯 NIEs，後四國為第二梯 NIEs。

資料出處：UNCTAD, Handbook of Statistics 2007, http://stats.unctad.org/Handbook/TableViewer/download.aspx.

家的水準，新加坡 23,079 美元、香港 25,330 美元，接近已開發國家的水準，台灣 14,418 美元、韓國 10,938 美元，均高於世界平均及開發中國家的水準，馬來西亞 3,881 美元、泰國 2,023 美元，亦分別高於開發中國家的平均水準，其他印尼 780 美元、菲律賓 984 美元，持續增加的中國 956 美元、越南 394 美元但則仍低於開發中國家的水準。

進入 21 世紀後除日本外東亞國家的人均 GDP 普遍回升，2006年日本 34,661 美元、新加坡 30,159 美元、香港 26,575 美元、台灣 15,565 美元、韓國 18,164 美元，均高於世界平均但低於已開發國家的水準，馬來西亞 5,704 美元、泰國 3,251 美元，亦分別高於開發中國家的平均水準，印尼 1,592 美元、菲律賓 1,356 美元、中國 2,055 美元、越南 673 美元仍低於開發中國家的水準。其中韓國在 2005 年超過台灣，中國則在 2006 年超過 2,000 美元水準。

1970 至 2006 年，東亞國家在相對於世界、已開發及開發中國家的高經濟成長表現下，其人均 GDP 亦分別高於世界、已開發及開發中國家的水準。日本的人均 GDP 在 1985 年以後持續超過 EU 的平均，1990 年代中持續高於美國，進入 21 世紀後雖落後美國，但 2006 年又超過美國。期間內東亞國家人均 GDP 的高低順序分佈契合其轉型出口導向經濟發展策略先後時期的順序，此亦為已發展國家日本，一梯亞洲新興工業國、二梯亞洲新興工業國以及後發展國中國、越南的等東亞國家經濟間發展層次的分類根據。

2. 東亞國家的購買力平價人均 GDP 及人力資源發展

從表 3-6 可知，2005 年東亞國家購買力平價計算的美元人均 GDP 較 2002 年均提高，雖皆低於美國，但香港 34,833 美元高於高所得國家平均的 33,082 美元，日本 31,267 美元、新加坡 29,663 美元、韓國 22,029 美元、馬來西亞 10,882 美元，均高於世界平均的 9,543 美元及中所得國家平均的 7,416 美元，泰國 8,677 美元亦高於中所得國家平均，中國 6,757 美元、菲律賓 5,137 美元、印尼 3,843

表 3-6　東亞人力發展（HDI）與人均 GDP

	人力發展指數(HDI)		HDI 順位		人均 GDP (PPP US$)		人均 GDP (PPP US$) 順位減 HDI 順位	
	2002	2005	2002	2005	2002	2005	2002	2005
美國	0.939	0.951	8	12	35,750	41,890	-4	-10
日本	0.938	0.953	9	8	26,940	31,267	6	9
香港	0.903	0.937	23	21	26,910	34,833	-6	-14
新加坡	0.902	0.922	25	25	24,040	29,663	-3	-6
韓國	0.888	0.921	28	26	16,950	22,029	9	6
馬來西亞	0.793	0.811	59	63	9,120	10,882	-2	-6
泰國	0.768	0.781	76	78	7,010	8,677	-9	-13
菲律賓	0.753	0.771	83	90	4,170	5,137	22	11
中國	0.745	0.777	94	81	4,580	6,757	5	5
印尼	0.692	0.728	111	107	3,230	3,843	2	6
越南	0.691	0.733	112	105	2,300	3,071	12	18
高人力發展國	0.915	0.897			24,806	23,986		
中人力發展國	0.695	0.698			4,269	4,876		
低人力發展國	0.438	0.436			1,184	1,112		
高所得國	0.933	0.936			28,741	33,082		
中所得國	0.756	0.776			5,908	7,416		
低所得國	0.557	0.570			2,149	2,531		
世界	0.729	0.743			7,804	9,543		

注：1.人力發展指數（Human development index，簡稱 HDI）為 UNDP 所開發的各國人力資源的觀察指標，由購買力平價（ppp）GDP 指數、教育指數及壽命指數等所計算。2.順位為 UNDP 所列 177 國家的排序。

資料出處：UNDP 2004, 2007-2008 Human Development Report.

美元、越南 3,071 美元均高於低所得國家平均的 2,531 美元。日本及中國分別稍低於高所得及中所得國家的平均水準。

　　2005 年東亞國家購買力平價計算的美元人均 GDP 的高低排序大體上亦契合二次大戰後其經濟發展轉型出口導向策略先後時期的順序與發展的層次，亦即日本、亞洲一梯 NIEs、亞洲二梯 NIEs、中國、越南的分佈，但是進入 21 世紀後中國超越印尼、菲律賓。

　　另外戰後東亞區域的快速經濟發展中，人力資源的發展表現亦相對優異。從聯合國 UNDP 的 HDI（Human Development Index）人力發展指標觀察，同表中 2002 年與 2005 年的 HDI 指數值來看，東亞國家進入 21 世紀後其人力資源發展都呈現提升。東亞國家國民平均所得即人均 GDP（PPPUS$）的高低雖然不同，177 個國家中的 HDI 排名順位雖亦有上下的更動，但東亞國家的人力資源發展都維持在中等人力發展國家水準以上。

　　2005 年 HDI 指數值，日本、新加坡、香港、韓國皆類屬高等人力發展國家，其餘東亞國家，即便人均 GDP 最低的越南，其 2005 年 HDI 指數值 0.733 亦高於中等人力發展國家平均的 0.698。另外日本、韓國、印尼、菲律賓、中國及越南的 HDI 順位皆高於其人均 GDP 的順位，亦即其人力發展表現相對優於經濟成長的表現。而其餘人均 GDP 順位高於 HDI 順位的新加坡、香港、馬來西亞與泰國，新加坡、香港等已屬高等人力發展國家，馬來西亞與泰國亦屬中等人力發展國家。

　　而東亞區域人力發展指標中的教育指數而言，最大特徵可說是其高識字率以及入學率。表 3-7 可知。2005 年東亞區域的教育指數皆在中等人力發展國家水準之上。其識字率，1995 至 2005 年平均值，最低的馬來西亞也高達 88.7%，遠高於世界平均及中等人力發展國家水準。小學、初級及中級學校總和入學率，2005 年除越南在中等人力發展國家水準邊緣，其餘東亞國家皆高於中等人力發展國家水準，其中韓國則屬高等人力發展國家水準。另外壽命指數，2002 年至 2005 年東亞國家皆提升，2005 年皆在中等人力發展國家水準之上。

表 3-7　東亞人力發展指標

	GDP 指數		教育指數		成人識字率 (%，15 歲及以上)		小學、初級及中級學校總和入學率 (%)		壽命指數	
	2002	2005	2002	2005	2002	1995-2005	2002	2005	2002	2005
美國	0.98	1.00	0.97	0.97	--	--	92.0	93.3	0.87	0.88
日本	0.93	0.96	0.94	0.95	--	--	84.0	85.9	0.94	0.95
香港	0.93	0.98	0.86	0.89	93.5	--	72.0	76.3	0.91	0.95
新加坡	0.92	0.95	0.91	0.91	92.5	92.5	87.0	87.3	0.88	0.91
韓國	0.86	0.90	0.97	0.98	97.9	--	92.0	96.0	0.84	0.88
馬來西亞	0.75	0.78	0.83	0.84	88.7	88.7	70.0	74.3	0.80	0.81
泰國	0.71	0.75	0.86	0.86	92.6	92.6	73.0	71.2	0.74	0.74
菲律賓	0.62	0.66	0.89	0.89	92.6	92.6	81.0	81.1	0.75	0.77
中國	0.64	0.70	0.83	0.84	90.9	90.9	68.0	69.1	0.76	0.79
印尼	0.58	0.61	0.80	0.83	87.9	90.4	65.0	68.2	0.69	0.75
越南	0.52	0.57	0.82	0.82	90.3	90.3	64.0	63.9	0.73	0.81
高人力發展國	0.92	0.92	0.95	0.92	--	--	89.0	88.4	0.87	0.85
中人力發展國	0.63	0.65	0.75	0.74	80.4	78.0	64.0	65.3	0.70	0.71
低人力發展國	0.41	0.40	0.50	0.52	54.3	54.4	40.0	45.5	0.40	0.39
高所得國	0.94	0.97	0.97	0.94	--	--	92.0	92.3	0.89	0.90
中所得國	0.68	0.72	0.84	0.84	89.7	89.9	71.0	73.3	0.75	0.76
低所得國	0.51	0.54	0.59	0.59	63.6	60.2	51.0	56.3	0.57	0.58
世界	0.73	0.76	0.76	0.75	--	78.6	64.0	67.8	0.70	0.72

注：1.人力發展指數（Human development index，簡稱 HDI）為 UNDP 所開發的各國人力資源的觀察指標，由購買力平價（ppp）GDP 指數、教育指數及壽命指數等所計算。2. 教育指數由識字率與入學率所構成。

資料出處：UNDP 2004, 2007-2008 Human Development Report.

　　其中日本、新加坡、香港屬高等人力發展及高所得國家水準，韓國屬高等人力發展國家水準，其餘皆在中等人力發展國家水準之上。此顯示東亞國家經濟發展下，衛生、醫療環境的相對進步結果。

　　另從表 3-8 觀察 1990 年代由美國開始的 ICT 革命帶動的經濟影響，首先東亞國家相關產品普及程度上，與經濟漸層發展序列基本上相符合。但其中行動電話用戶，台灣、韓國超過日本、美國，個人電腦，韓國、台灣超過日本，網路用戶則韓國超過日本、美國。電視機台數分佈最接近經濟發展的序列，但中國亦超過泰國、馬來西亞。其次電信投資上，單年度數字無法判斷趨勢變化，但從中國鉅額投資直追美國，超出第二位的日本近百億美元可窺知其追趕的旺盛企圖，另韓國亦超出台灣近四十億美元。最後電信設備出口額，韓國最高並超過美國，中國第二亦超過百億美元。進口額則中國最高，日本居次，但均遠低於美國。以上 ICT 相關產品普及度、投資及貿易等的分布亦可看出東亞國家 1990 年代以來經濟發展內涵的變化以及後發展國家追趕的積極態勢。

表 3-8　東亞 ICT 相關統計（2002）

	行動電話用戶	個人電腦	網路用戶	電信投資	電信設備出口	電信設備進口	電視機台數
美國	48	659	551	29620	10611	29292	926
日本	64	382	449	15775	4146	3146	785
台灣	106	395	381	2626	--	--	442
韓國	68	494	552	6507	10772	1485	357
馬來西亞	37	147	320	1009	3991	1273	210
泰國	26	40	78	1513	935	1893	283
中國	16	28	46	25040	10042	6370	350

注：1.行動電話用戶為每百戶，個人電腦、網路用戶、電視機台數為每千戶居民數，電信投資、電信設備進出口為百萬美元。2.美國電信投資、美韓電視機台數、馬來西亞電信設備進出口為2001年資料。

資料出處：UNCTAD, Handbook of Statistics 2005。

二、東亞國家的輸出入

外向型近代經濟成長工業化發展模式的轉型是東亞國家開始高度經濟成長的轉捩點，而此發展模式中投資及貿易的成長是其總體經濟成長中的重要特色。以下首先檢視其對外貿易的演變。

（一）東亞國家的輸出

1. 東亞國家的輸出成長率

從表 3-9 可知相對於世界輸出平均成長率，戰後東亞國家的輸出呈現出高成長趨勢。1950 年代以來東亞區域 11 國的輸出呈現趨勢性成長的發展。

1950 年代，日本輸出成長率 15.9%，高於世界 6.5%、已開發國家 7.4%、開發中國家 3.6% 及 EU8.4% 的成長率。同時期，台灣 6.8%、菲律賓 5% 也分別高於世界與開發中國家的平均。中國改革開放前的社會主義經濟體制下亦呈現 18.8% 的高成長。其他東亞國家則低於世界與開發中國家的平均。

1960 年代，日本輸出呈現加速度成長，成長率 17.5%，高於世界 9.2%、已開發國家 10%、開發中國家 6.8% 及 EU9.8% 的成長率。同時期，亞洲一梯 NIEs 開始呈現高成長，平均成長率 12.3%，高於世界、已開發國家及開發中國家的平均。其中，韓國 39.8%、台灣 23.1%、香港 14.5%、新加坡 3.3%。

1970 年代，世界進入高輸出成長期。日本輸出呈現持續加速度成長，成長率 20.8%，高於世界 20.4%、已開發國家 18.8% 及 EU19% 的成長率。同時期，亞洲一梯 NIEs 呈現加速度高成長，平均成長率 28.2%，高於世界、已開發國家、開發中國家的平均及日本。其中，韓國 37.2%、台灣 28.8%、新加坡 28.2%、香港 22.4%，只有香港低於開發中國家的平均 25.7%。而亞洲二梯 NIEs 也開始呈現高成長，成長率 27.3%，高於世界、已開發國家、開發中國家的平均及日本。

表 3-9　東亞輸出年平均成長率

(%)

	1950-1960	1960-1970	1970-1980	1980-1990	1990-1995	1995-2000	1990-2000	2000-2005	2005	2006
世界	6.49	9.24	20.42	5.98	7.74	3.68	6.77	11.31	14.10	15.27
開發中國家	3.60	6.78	25.67	3.11	10.83	5.84	9.10	14.17	21.93	19.08
已開發國家	7.35	9.99	18.78	7.32	6.79	2.82	5.88	9.42	9.22	12.39
日本	15.88	17.47	20.77	8.91	8.71	1.07	4.11	6.54	5.17	9.25
新加坡	-0.11	3.33	28.20	9.94	17.62	1.08	9.93	12.63	15.61	18.35
香港	-0.32	14.54	22.36	16.79	15.87	1.60	8.26	8.47	11.60	11.52
台灣	6.83	23.05	28.76	14.86	9.50	4.26	7.22	7.73	13.73	13.26
韓國	0.82	39.82	37.21	15.05	12.78	5.52	10.11	12.92	12.04	14.43
馬來西亞	0.56	4.27	24.16	8.64	19.93	4.62	12.24	8.75	12.03	13.99
泰國	1.45	5.96	24.70	14.01	18.69	3.18	10.52	11.12	14.47	18.71
印尼	-1.12	1.63	35.88	-1.09	11.81	4.61	8.50	6.28	20.05	14.35
菲律賓	5.01	5.39	18.39	3.93	16.06	18.78	18.85	1.70	0.50	18.85
中國	18.79	1.33	20.04	12.78	18.73	10.04	14.46	26.73	28.42	27.22
越南	-4.70	-22.70	--	18.85	19.48	19.68	22.70	18.46	22.49	22.08
亞洲 NIEs	0.56	8.06	27.81	11.55	14.76	3.81	9.52	9.69	13.06	14.73
一梯亞洲 NIEs	0.21	12.31	28.16	14.38	14.01	3.02	8.79	10.40	13.04	14.26
二梯亞洲 NIEs	0.80	4.15	27.30	5.15	16.96	5.84	11.51	7.90	13.09	15.96
美國	5.50	8.17	18.43	5.70	7.72	5.17	7.23	3.29	10.83	14.45
NAFTA	5.38	8.97	17.75	5.95	8.41	6.59	8.31	4.08	12.83	13.36
EU25	8.35	9.78	18.98	7.50	6.16	2.16	5.73	11.91	8.21	12.42
ASEAN	0.54	3.31	27.98	6.23	17.09	4.55	11.13	9.96	14.72	17.29

注：1.1950-60、1960-70 越南統計為前南越（former Republic of Viet Nam）資料。2.亞洲 NIEs（Newly Industrialized Economies）為新加坡、香港、台灣、韓國（大韓民國）及馬來西亞、印尼、菲律賓、泰國，前四國為第一梯 NIEs，後四國為第二梯 NIEs。

資料出處：UNCTAD, Handbook of Statistics 2007, http://stats.unctad.org/Handbook/TableViewer/download.aspx.

　　其中，馬來西亞 24.2%、泰國 24.7%、印尼 35.9%、菲律賓 18.4%，除菲律賓外均高於世界、已開發國家的平均及日本。亞洲 NIEs 平均呈現 27.8% 的兩位數高成長榮景。另外中國 1978 年的改革開放，在其社會主義市場經濟體制下也呈現 20% 的高成長。

　　1980 年代，世界輸出成長速度減緩。日本輸出呈現減速成長，成長率 8.9%，但仍高於世界 6%、已開發國家 7.3%、開發中國家 3.1% 及 EU7.5% 的成長率。同時期，亞洲一梯 NIEs 仍呈現兩位數的加速度成長，平均成長率 14.4%，高於世界、已開發國家、開發中國家的平均及日本。其中，香港 16.8%、韓國 15.1%、台灣 14.9%、新加坡 10%。亞洲二梯 NIEs 則呈現減速低成長，平均成長率 5.2%，雖高於開發中國家的平均，但低於世界及已開發國家的平均。其中，馬來西亞 8.6%、泰國 14%、印尼-1.1%、菲律賓 3.9%，印尼、菲律賓外，泰國、馬來西亞均仍持續呈現兩位數的加速度成長，高於世界、已開發國家的平均，而泰國也同時高於日本。亞洲 NIEs 仍維持平均 11.6% 的兩位數高成長。中國在改革開放後的社會主義市場經濟體制下持續呈現 12.8% 的高成長。另外越南開始輸出的高成長，成長率 18.9%。中國、越南均高於世界、已開發國家、開發中國家的平均、日本及亞洲 NIEs 的平均。

　　1990 年代，世界輸出成長速度回復，特別是其前半期（1990-95），但後半期（1995-2000）亞洲金融風暴的影響又陷入低迷。整體期間日本輸出呈現低成長，成長率 4.1%，高於世界 3.7%，但低於已開發國家 5.9%、開發中國家 9.1%、美國 7.2% 及 EU5.7% 的成長率。日本前半期成長率 8.7%，高於世界 7.7%、已開發國家 6.8%、美國 7.7% 及 EU6.2% 的成長率。其後半期急遽下降，成長率 1.1%，低於世界 3.7%、已開發國家 2.8%、開發中國家 5.8%、美國 5.2% 及 EU2.2% 的成長率。亞洲一梯 NIEs 則整體期間呈現減速成長，成長率 8.8%，高於世界、已開發國家的平均及日本、美國、EU，但低於開發中國家的平均。其中，香港 8.3%、韓國 10.1%、台灣 7.2%、新加坡 9.9%。亞洲一梯 NIEs 前半期成長率 14%，高於同期世界、已開發國家、開發中國家及日本、美國、EU 的成長率。其中，香港 15.9%、韓國 12.8%、台灣 9.5%、新加坡 17.6%。其後半期則急遽下降，成長率 3%，低於同期世界、開發中國家、美國，但高於已開發國家、日本及 EU 的成長率。其中，香港 1.6%、韓國 5.5%、台灣 4.3%、新加坡 1.1%。

亞洲二梯 NIEs 則整體期間呈現兩位數的加速度成長，平均成長率 11.5%，高於世界、已開發國家、開發中國家的平均、美國、EU、日本及亞洲一梯 NIEs 的平均。其中，馬來西亞 12.2%、泰國 10.5%、印尼 8.5%、菲律賓 18.9%。亞洲二梯 NIEs 前半期成長率 17%，高於同期世界、已開發國家、開發中國家、日本、美國、EU 及亞洲一梯 NIEs 的成長率。其中，馬來西亞 20%、泰國 18.7%、印尼 11.8%、菲律賓 16.1%。其後半期快速下降，平均成長率 5.8%，但仍高於同期世界、已開發國家、日本、美國、EU 及亞洲一梯 NIEs 的成長率。其中，馬來西亞 4.6%、泰國 3.2%、印尼 4.6%、菲律賓 18.8%，只有菲律賓仍維持兩位數的高成長。亞洲 NIEs 整體期間仍維持平均 9.5% 的高成長，前半期成長率 14.8%，主要因為後半期成長率快速下降至 3% 之影響。中國在此期間持續呈現平均 14.5% 的加速度高成長，前半期成長率 18.7%，可知主要亦是受後半期成長率下降至 10% 之影響。另外越南此期間輸出亦呈現加速度的高成長，平均成長率 22.7%，前半期成長率 19.5%，後半期成長率 19.7%，未受亞洲金融風暴的影響。中國、越南均高於世界、已開發國家、開發中國家的平均、日本及亞洲 NIEs 的平均。

進入 21 世紀，世界輸出成長呈現回升。2000-2005 年期間，日本輸出呈現高於 1990 年代的成長，成長率 6.5%，雖低於世界 11.3%、已開發國家 9.4%、開發中國家 11.3% 及 EU11.9% 的成長率，但仍高於美國 3.3%。其後 2006 年成長率回升至 9.3%。同時期，亞洲一梯 NIEs 呈現兩位數成長的回升，成長率 10.4%，雖低於世界、開發中國家及 EU，但仍高於已開發國家、美國及日本。其中，香港 8.5%、韓國 12.9%、台灣 7.7%、新加坡 12.6%。其後 2006 年平均成長率更達 14.3%，其中，香港 11.5%、韓國 14.3%、台灣 13.3%、新加坡 18.4%，新加坡、韓國持續呈現 2000 年以來兩位數的加速度成長。亞洲二梯 NIEs 則 2000-2005 年期間呈現減速成長，平均成長率 7.9%，雖高於美國及日本，但低於世界、開發中國家及已開發國家。其中，馬來西亞 8.8%、泰國 11.1%、印尼 6.3%、菲律賓 1.7%，泰國持續呈現兩位數的加速度成長。其後 2006 年快數回升平均成長率 16%，馬來西亞 14%、泰國 18.7%、印尼 14.4%、菲律賓 18.9%。亞洲 NIEs 同時期呈現平均 9.7%的高成長，其後 2006 年成長率則達 14.7%。中國在進入 21 世紀後呈現跳躍式的高成長，2000-2005 年期間成長率 26.7%，橫掃全世界，其後 2006 年成長率進一步提高至 27.2%。另外越南同時期輸出持續兩位數高成長，成長率 18.5%，其後 2006 年成長率更高達 22.1%。中國、越南均高於世界、已開發國家、開發中國家的平均、日本及亞洲 NIEs 的平均。

東亞區域進入 21 世紀後，其輸出成長回升趨勢強勁。而東協（ASEAN）的輸出成長率 2000 年以後呈現高於亞洲二梯 NIEs 的發展趨勢。東協 2000-05 年期間的輸出成長率 10%，其後 2006 年成長率 17.3%均高於亞洲二梯 NIEs，此意涵戰後東亞區域的輸出成長擴散至非亞洲二梯 NIEs 東協國家的輸出成長。二次大戰以來，特別是 1970 至 2006 年期間，東亞區域的輸出展現相對優於世界、已開發國家、開發中國家的成長趨勢發展，也相對高於美國、EU 的成長變化。

戰後東亞區域內的輸出成長發展過程可簡要歸納為，1950-60 年代日本的開始，1970 年代亞洲一梯 NIEs、1970-80 年代亞洲二梯 NIEs 的延續，1980-90 年代中國、越南的接踵成長，2000 年以後東亞區域的持續成長。而 21 世紀東亞區域輸出的持續成長也涵括對域內其他後發展國家的擴散。戰後東亞國家的經濟發展脈絡中，輸出的相對高成長與前述其 GDP 的高成長相互輝映，也建構 21 世紀東亞國家與美國、EU 分庭抗禮的局勢。

2. 東亞國家的輸出金額

表 3-10 可知，1950 年東亞區域輸出金額為 56 億美元，1960 年 117.9 億美元，1970 年 325 億美元，1980 年急增至 2,745 億美元，1985 年 3,648 億美元，1990 年 7,065 億美元，1995 年 1 兆 3,213 億美元，2000 年 1 兆 6,750 億美元，2005 年 2 兆 7,676 億美元，2006 年 3 兆 2,402 億美元。其間遭遇亞洲金融風暴而 1998 年減低至 1 兆 3,152 億美元，但 2000 年回復上升，進入 21 世紀後再呈現增加趨勢，超過 2 兆億美元，2006 年更超過 3 兆億美元。東亞中，日本 1960 年 40.6 億美元，1970 年 193 億美元，1980 年 1,304 億美元，1990 年 2,876 億美元，1995 年 4,431 億美元，2000 年 4,793 億美元，2005 年 5,949 億美元，2006 年 6,499 億美元。1960 年代增加 150 億美元，1970 年代增加 1,100 億美元，1980 年代增加 1,500 億美元，1990 年代增加 1,917 億美元，2000 年以後增加 1,700 億美元的幅度。進入 1970 年代以後日本輸出呈現加速度的增加，2000 年以後增幅稍減。

亞洲一梯 NIEs1970 年代以來輸出金額快速的增加，1980 年新加坡、香港、台灣超過 200 億美元、韓國 175 億美元，1990 年香港 821 億美元、台灣 670 億美元、韓國 650 億美元、新加坡 527 億美元，1995 年香港 1,737 億美元、韓國 1,251 億美元、新加坡 1,183 億美元、台灣 1,116 億美元，2000 年香港 2,018 億美元、韓國 1,722 億美元、台灣 1,477 億美元、新加坡 1,378 億美元，2006 年韓國 3,255 億美元、香港 3,227 億美元、新加坡 2,718 億美元、台灣 2,240 億美元。進入 1970 年代以後各年代輸出額呈現加速度的遞增，2000 年以後增幅更大，2000 至 2006 年的增幅除台灣 760 億美元外，其餘皆超過 1,200 億美元。

亞洲二梯 NIEs 則 1980 年代以來輸出金額快速增加，1970 年馬來西亞 17 億美元、印尼 11 億美元、泰國 7 億美元、菲律賓 10 億美元，1980 年印尼 239.5 億美元、馬來西亞 129.5 億美元、泰國 65 億美元、菲律賓 57 億美元，1990 年馬來西亞 295 億美元、印尼 268 億美元、泰國 231 億美元、菲律賓 81 億美元，1995 年馬來西

表 3-10　東亞 11 國對世界輸出額

(百萬美元)

	1950	1960	1970	1975	1980	1985	1990	1995	1998	2000	2005	2006
世界	61,830	130,098	316,995	887,372	2,032,154	1,970,357	3,479,591	5,171,624	5,503,068	6,455,744	10,466,866	12,065,414
已開發國家	21,046	31,872	60,522	226,026	597,574	499,721	843,904	1,428,658	1,527,890	2,056,172	3,776,482	4,497,118
開發中國家	38,830	90,758	238,139	613,925	1,327,573	1,347,149	2,506,381	3,607,799	3,844,779	4,229,889	6,292,410	7,072,211
日本	825	4,055	19,318	55,819	130,441	177,164	287,581	443,116	387,927	479,249	594,905	649,931
新加坡	1,005	1,136	1,554	5,376	19,375	22,812	52,730	118,268	109,895	137,804	229,649	271,799
香港	650	689	2,515	6,026	19,752	30,187	82,160	173,750	174,002	201,860	289,337	322,669
台灣	73	164	1,428	5,302	19,786	30,696	67,079	111,563	110,518	147,777	197,779	224,007
韓國	23	32	836	4,945	17,512	30,282	65,016	125,058	132,313	172,267	284,419	325,465
馬來西亞	1,004	1,187	1,687	3,843	12,945	15,316	29,452	73,914	73,255	98,229	140,870	160,573
泰國	304	407	710	2,208	6,505	7,121	23,068	56,439	54,477	68,963	110,178	130,790
印尼	800	841	1,108	7,102	23,950	18,587	26,807	47,454	50,370	65,407	86,179	98,548
菲律賓	331	624	1,041	2,294	5,741	4,611	8,117	17,502	29,414	39,783	39,879	47,397
中國	550	2,571	2,307	7,689	18,099	27,350	62,091	148,780	183,712	249,203	761,953	969,380
越南	79	86	8	229	339	698	2,404	5,449	9,361	14,449	32,442	39,605
亞洲 NIEs	4,190	5,079	10,878	37,098	125,567	159,612	354,429	723,948	734,244	932,089	1,378,290	1,581,247
一梯亞洲 NIEs	1,751	2,021	6,332	21,650	76,425	113,977	266,985	528,639	526,728	659,708	1,001,184	1,143,940
二梯亞洲 NIEs	2,439	3,059	4,546	15,448	49,141	45,635	87,444	195,309	207,516	272,381	377,106	437,308
東亞 11 國	5,644	11,791	32,511	100,835	274,446	364,824	706,505	1,321,293	1,315,244	1,674,990	2,767,590	3,240,163
ASEAN	3,778	4,666	6,421	22,296	73,957	72,460	145,284	323,454	331,079	431,911	652,724	765,587
美國	9,993	19,626	43,225	108,856	225,566	218,815	393,592	584,743	682,138	781,918	907,158	1,038,270
NAFTA	13,545	26,208	61,414	145,834	311,331	336,523	561,932	856,482	1,013,925	1,224,920	1,480,480	1,678,241
EU25	21,444	55,298	144,242	378,424	821,398	777,006	1,536,486	2,175,664	2,347,375	2,439,183	4,028,567	4,528,919

注：1.1970、1975 越南統計為前南越（former Republic of Viet Nam）資料。2. 亞洲 NIEs（Newly Industrialized Economies）為新加坡、香港、台灣、韓國（大韓民國）及馬來西亞、泰國、印尼、菲律賓；前四國為第一梯 NIEs；後四國為第二梯 NIEs。

資料出處：UNCTAD, Handbook of Statistics 2007, http://stats.unctad.org/Handbook/TableViewer/download.aspx.

亞 739 億美元、泰國 564 億美元、印尼 475 億美元、菲律賓 175
億美元，2000 年馬來西亞 982 億美元、泰國 690 億美元、印尼 654
億美元、菲律賓 398 億美元，2006 年馬來西亞 1,606、泰國 1,308
億美元、印尼 986 億美元、菲律賓 474 億美元。進入 1980 年代以後
輸出額呈現遞增，特別 1990 年代大幅增加，2000 年以後，2000 至
2006 年馬來西亞、泰國增幅超過 600 億美元，印尼超過 300 億美元，
菲律賓低於 100 億美元，但除泰國外，其他三國皆小於 1990 年代。

中國輸出亦在 1980 年代開始快速增加，1970 年 23 億美元，
1980 年 181 億美元，1990 年 621 億美元，1995 年 1,488 億美元，
2000 年 2,492 億美元，2005 年 7,620 億美元，至 2006 年 9,694 億
美元，1978 年改革開放政策的實施後，中國的輸出呈現出急遽增
加的趨勢，而 1997 年亞洲金融風暴並未對中國的快速成長趨勢造
成負面影響，進入 21 世紀後更呈現跳躍式的增加趨勢並在 2005
年超過日本。越南輸出 1990 年代快速增加，1990 年 24 億美元，
2000 年 145 億美元，2006 年 396 億美元。亞洲金融風暴對東亞區
域輸出額的變化影響，以 1995 年與 1998 年的差額計，日本的減幅
最大，其次是新加坡與泰國。

3. 東亞國家輸出佔世界的比重

東亞國家對世界輸出平均成長率的高成長趨勢下，其輸出佔世
界的比重也持續擴大。表 3-11 可知，1970 年代以來東亞區域 11
國輸出佔世界的比重呈現趨勢性增加的發展。1950 年 9.1%，1960
年 9%，1970 年 10.3%，1980 年 13.5%，1990 年 20.3%，1995 年
25.6%，1997 年亞洲金融風暴 1998 年降低至 23.9%，2000 年回升
至 26%再創高峰，其後再上升，2005 年 26.4%，2006 年 26.9%。
相較於 GDP，1970 至 2006 年期間，東亞區域的輸出成長及其佔世
界比重的上升趨勢強勁。東亞 11 國輸出的世界比重 1980 年超過美
國，1985 年超過 NAFTA 結盟前美加墨的合計，2006 年仍高於
NAFTA 的 14%，但低於 EU 的 37.5%。

表3-11　東亞11國輸出的世界比重

(%)

	1950	1960	1970	1975	1980	1985	1990	1995	1998	2000	2005	2006
世界	100.00	100.00	100.00	100.00	100.00	100.00	100.00	100.00	100.00	100.00	100.00	100.00
已開發國家	34.04	24.50	19.09	25.47	29.41	25.36	24.25	27.62	27.76	31.85	36.08	37.27
開發中國家	62.80	69.76	75.12	69.18	65.33	68.37	72.03	69.76	69.87	65.52	60.12	58.62
日本	1.33	3.12	6.09	6.29	6.42	8.99	8.26	8.57	7.05	7.42	5.68	5.39
新加坡	1.63	0.87	0.49	0.61	0.95	1.16	1.52	2.29	2.00	2.13	2.19	2.25
香港	1.05	0.53	0.79	0.68	0.97	1.53	2.36	3.36	3.16	3.13	2.76	2.67
台灣	0.12	0.13	0.45	0.60	0.97	1.56	1.93	2.16	2.01	2.29	1.89	1.86
韓國	0.04	0.02	0.26	0.56	0.86	1.54	1.87	2.42	2.40	2.67	2.72	2.70
馬來西亞	1.62	0.91	0.53	0.43	0.64	0.78	0.85	1.43	1.33	1.52	1.35	1.33
泰國	0.49	0.31	0.22	0.25	0.32	0.36	0.66	1.09	0.99	1.07	1.05	1.08
印尼	1.29	0.65	0.35	0.80	1.18	0.94	0.77	0.92	0.92	1.01	0.82	0.82
菲律賓	0.54	0.48	0.33	0.26	0.28	0.23	0.23	0.34	0.53	0.62	0.38	0.39
中國	0.89	1.98	0.73	0.87	0.89	1.39	1.78	2.88	3.34	3.86	7.28	8.03
越南	0.13	0.07	0.00	0.03	0.02	0.04	0.07	0.11	0.17	0.22	0.31	0.33
亞洲NIEs	6.78	3.90	3.43	4.18	6.18	8.10	10.19	14.00	13.34	14.44	13.17	13.11
一梯亞洲NIEs	2.83	1.55	2.00	2.44	3.76	5.78	7.67	10.22	9.57	10.22	9.57	9.48
二梯亞洲NIEs	3.94	2.35	1.43	1.74	2.42	2.32	2.51	3.78	3.77	4.22	3.60	3.62
東亞11國	9.13	9.06	10.26	11.36	13.51	18.52	20.30	25.55	23.90	25.95	26.44	26.85
ASEAN	6.11	3.59	2.03	2.51	3.64	3.68	4.18	6.25	6.02	6.69	6.24	6.35
美國	16.16	15.09	13.64	12.27	11.10	11.11	11.31	11.31	12.40	12.11	8.67	8.61
NAFTA	21.91	20.14	19.37	16.43	15.32	17.08	16.15	16.56	18.42	18.97	14.14	13.91
EU25	34.68	42.51	45.50	42.65	40.42	39.43	44.16	42.07	42.66	37.78	38.49	37.54

注：1.1970、1975 越南統計為前南越（former Republic of Viet Nam）資料。2.亞洲 NIEs（Newly Industrialized Economies）為新加坡、香港、台灣、韓國（大韓民國）及馬來西亞、泰國、印尼、菲律賓；前四國為第一梯 NIEs，後四國為第二梯 NIEs。

資料出處：UNCTAD, Handbook of Statistics 2007, http://stats.unctad.org/Handbook/TableViewer/download.aspx.

　　日本輸出佔世界的比重，1960 年 3%，1970 年 6%，1980 年 6.4%，1990 年 8.3%，1998 年降低至 7.1%，2000 年回升至 7.4%，但其後下降，2005 年 5.7%，2006 年 5.4%。1985 年的 9%成為最高峰。

　　亞洲一梯 NIEs 佔世界的比重，進入 1970 年代以後穩定持續增加，1980 年代皆超過 1%，1990 年香港 2.4%、台灣 1.9%、韓國 1.9%、新加坡 1.5%，1995 年香港 3.4%、台灣 2.1%、韓國 2.4%、新加坡 2.3%，亞洲金融風暴後皆下降，但 2000 年回增，香港 3.1%、台灣 2.3%、韓國 2.7%、新加坡 2.1%，2006 年香港 2.7%、台灣 1.9%、韓國 2.7%、新加坡 2.3%，亞洲一梯 NIEs 合計佔 9.5%。1955 及 2000 年的亞洲一梯 NIEs 合計比重 10.2%為雙高峰。

　　亞洲二梯 NIEs 佔世界的比重，1970 年代中期以後馬來西亞、泰國持續增加，1990 年代中馬來西亞、泰國超過 1%，1995 年馬來西亞 1.4%、泰國 1.1%，亞洲金融風暴後皆下降，但 2000 年回增，馬來西亞 1.5%、泰國 1.1%，2006 年馬來西亞 1.3%、泰國 1.1%。印尼 1980 年曾達 1.2%，其後下降，1990 年代中回升，2000 年 1%，2006 年 0.8%。菲律賓 1970、80 年代 0.2-0.3%，1990 年代中上升，2000 年 0.6%，其後下降，2006 年 0.4%。

　　中國佔世界的比重，1970 年代中期以後持續增加，1980 年代超過 1%，1985 年 1.4%，1995 年 2.9%，2000 年 3.9%，其後跳躍式增加，2005 年 7.3%，2006 年 8%。越南 1990 年代比重穩定增加，1990 年 0.07%、1995 年 0.1%、2000 年 0.2%、2006 年 0.3%。

　　東亞區域中日本、香港、台灣、馬來西亞、印尼與菲律賓的比重在進入 21 世紀後呈現停滯與下降的現象，新加坡、韓國、中國與越南則持續上揚，特別是中國的增幅最大，2005 年其比重更超越日本成為東亞國家中輸出佔世界最大比重的國家。

4. 東亞區域輸出的比重

　　東亞區域的輸出合計中所佔各國的比重也產生變化，東亞國家的輸入重要性在此期間產生變動。表 3-12 可知，日本至 2005 年止

表 3-12　東亞 11 國區域輸出比重

(%)

	1950	1960	1970	1975	1980	1985	1990	1995	1998	2000	2005	2006
東亞 11 國	100.00	100.00	100.00	100.00	100.00	100.00	100.00	100.00	100.00	100.00	100.00	100.00
日本	14.62	34.39	59.42	55.36	47.53	48.56	40.70	33.54	29.49	28.61	21.50	20.06
新加坡	17.81	9.63	4.78	5.33	7.06	6.25	7.46	8.95	8.36	8.23	8.30	8.39
香港	11.52	5.84	7.73	5.98	7.20	8.27	11.63	13.15	13.23	12.05	10.45	9.96
台灣	1.29	1.39	4.39	5.26	7.21	8.41	9.49	8.44	8.40	8.82	7.15	6.91
韓國	0.41	0.27	2.57	4.90	6.38	8.30	9.20	9.46	10.06	10.28	10.28	10.04
馬來西亞	17.78	10.07	5.19	3.81	4.72	4.20	4.17	5.59	5.57	5.86	5.09	4.96
泰國	5.39	3.45	2.18	2.19	2.37	1.95	3.27	4.27	4.14	4.12	3.98	4.04
印尼	14.17	7.13	3.41	7.04	8.73	5.09	3.79	3.59	3.83	3.90	3.11	3.04
菲律賓	5.86	5.29	3.20	2.28	2.09	1.26	1.15	1.32	2.24	2.38	1.44	1.46
中國	9.74	21.81	7.10	7.63	6.59	7.50	8.79	11.26	13.97	14.88	27.53	29.92
越南	1.40	0.73	0.02	0.23	0.12	0.19	0.34	0.41	0.71	0.86	1.17	1.22
亞洲 NIEs	74.23	43.08	33.46	36.79	45.75	43.75	50.17	54.79	55.83	55.65	49.80	48.80
一梯亞洲 NIEs	31.03	17.14	19.48	21.47	27.85	31.24	37.79	40.01	40.05	39.39	36.18	35.31
二梯亞洲 NIEs	43.20	25.94	13.98	15.32	17.91	12.51	12.38	14.78	15.78	16.26	13.63	13.50

注:1.1970, 1975 越南統計為前南越 (former Republic of Viet Nam) 資料。2.亞洲 NIEs (Newly Industrialized Economies) 為新加坡、香港、台灣、韓國 (大韓民國) 及馬來西亞、泰國、印尼、菲律賓;前四國為第一梯 NIEs;後四國為第二梯 NIEs。

資料出處:UNCTAD, Handbook of Statistics 2007, http://stats.unctad.org/Handbook/TableViewer/download.aspx.

持續佔有東亞區域輸出最大比重，1950 年 14.6%、1960 年 34.4%，1970 年 59.4%達到高峰後持續下降，1980 年 47.5%，1990 年 40.7%，1995 年 33.5%，亞洲金融風暴後 1998 年降至 29.5%，進入 21 世紀後，2005 年 21.5%，2006 年 20.1%。

1970 年代以來持續增加的東亞各國輸出比重，亞洲金融風暴後 1998 年台灣、韓國、馬來西亞、印尼、菲律賓、中國與越南因其他東亞國家比重的相對下跌而增加，但進入 21 世紀後中國與越南特別是中國比重的持續大幅提升，除韓國以外其他東亞國家比重持續下降。中國在 21 世紀中比重增幅最大東亞國家，2005 年 27.5%超越日本，2006 年 29.9%，成為東亞輸出最大比重的國家。

亞洲一梯 NIEs 輸出佔東亞區域的比重，進入 1970 年代以後穩定持續增加，1950 年 31%，1960 年 17%，1970 年 19.5%，1980 年 27.9%，1990 年 37.8%，1995 年 40%，1998 年 40.1%，2000 年 39.4%，2005 年 36%，2006 年 35%。1995-98 年是亞洲一梯 NIEs 輸出佔東亞區域比重的高峰期。其中，1980 年新加坡、香港、台灣皆超過 7%，韓國 6.4%，1990 年香港 11.6%、台灣 9.5%、韓國 9.2%、新加坡 7.5%。2000 年以後台灣、香港比重明顯下降，韓國則明顯增加。2000 年香港 12.1%、台灣 8.8%、韓國 10.3%、新加坡 8.2%，2006 年香港 10%、台灣 7%、韓國 10%、新加坡 8.4%。

亞洲二梯 NIEs 輸出佔東亞區域的比重，1970 年代中增加，1970 年 14%，1980 年 18%，1980 年代中下降，1985 年 12.5%，1990 年 12.4%，1990 年代中回升，2000 年 16.3%，其後又下降，2006 年 13.5%。其中馬來西亞、泰國 1980 年代中期以後持續增加，1980 年代中馬來西亞超過 4%，泰國 2-3%，1990 年代中馬來西亞超過 5%，泰國超過 4%，2000 年以後下降，馬來西亞在 5%，泰國在 4%水準。印尼 1980 年曾達 8.7%，其後下降，1990 年代中回升，2000 年以後下降，但維持在 3%水準。菲律賓 1970 年代由 3%降至 2%水準，1980 年代至 1990 年代中 1.2-1.3%，1990 年代後期上升，2000 年 2.4%，其後下降，2006 年 1.5%。

中國輸出佔東亞區域的比重，1970 至 1980 年代中期在 7%以上，其後持續增加，1990 年代超過 10%，2000 年 14.9%，其後跳躍式增加，2005 年 27.5%，2006 年 29.9%。越南 1990 年代比重穩定增加，1990 年 0.3%、1995 年 0.4%、2000 年 0.9%、2006 年 1.2%。

東亞區域內日本、香港、台灣、馬來西亞、印尼與菲律賓輸出所佔比重在進入 21 世紀後呈現下降的現象，韓國停滯，新加坡、中國與越南則持續上揚。特別是中國的增幅最大，2005 年其比重更超越日本成為東亞區域內輸出最大比重的國家。

（二）東亞國家的輸入

1. 東亞國家的輸入成長率

戰後東亞國家的輸入相對於世界輸入平均成長率呈現出高成長趨勢。1950 年代以來東亞區域 11 國的輸入呈現趨勢性成長的發展，此種發展與上述其輸出的成長變化相雷同。

從表 3-13 可知，1950 年代，日本輸入成長率 12.3%，高於世界 6.4%、已開發國家 6.7%、開發中國家 4.6%及 EU7.3%的成長率。同時期，韓國 17.2%、台灣、泰國 6.6%也分別高於世界與開發中國家的平均。中國改革開放前的社會主義經濟體制下亦呈現 14.1%的高成長。

1960 年代，日本輸入呈現加速度成長，成長率 14.4%，高於世界 9.1%、已開發國家 10%、開發中國家 5.9%及 EU9.5%的成長率。同時期，亞洲一梯 NIEs 開始呈現高成長，成長率 11.5%，高於世界、已開發國家及開發中國家的平均。其中，韓國 21.3%、台灣 19.1%、香港 10.7%、新加坡 5.4%。

1970 年代，世界進入高輸入成長期。日本輸入呈現持續加速度成長，成長率 22%，高於世界 20.3%、已開發國家 19.4%及 EU19.3%的成長率。

表 3-13　東亞輸入年平均成長率

(%)

	1950-1960	1960-1970	1970-1980	1980-1990	1990-1995	1995-2000	1990-2000	2000-2005	2005	2006
世界	6.41	9.05	20.26	6.05	7.22	4.06	6.70	11.23	13.79	14.30
開發中國家	4.60	5.91	23.63	3.99	12.75	3.26	8.54	13.34	17.88	16.88
已開發國家	6.71	10.04	19.37	6.91	5.61	4.64	6.17	9.93	11.56	12.45
日本	12.27	14.36	21.97	5.07	6.68	0.22	4.60	7.23	13.28	12.56
新加坡	0.80	5.40	24.66	8.03	15.60	-1.00	7.83	9.30	22.09	19.32
香港	3.41	10.69	22.06	15.02	18.01	0.20	8.82	8.07	10.50	11.73
台灣	6.63	19.06	28.12	12.37	12.64	4.95	8.54	8.33	8.62	11.04
韓國	17.21	21.28	29.12	11.87	12.13	-0.74	7.12	12.08	16.38	18.43
馬來西亞	3.27	3.45	22.17	7.70	20.33	-1.65	9.50	8.20	8.65	14.57
泰國	6.60	12.14	22.43	12.67	15.51	-5.92	5.01	14.22	25.15	8.87
印尼	-2.06	2.96	26.45	2.58	11.40	-6.09	3.56	11.93	37.29	9.09
菲律賓	4.71	6.41	21.77	2.86	17.95	2.88	12.48	5.36	10.91	14.13
中國	14.13	1.86	23.68	13.45	20.66	9.51	13.05	26.47	17.59	19.95
越南	-3.25	8.24	—	8.74	27.87	10.21	22.68	20.83	15.67	20.10
亞洲 NIEs	2.83	9.11	24.87	10.45	15.36	-0.34	7.95	9.63	15.38	14.10
一梯亞洲 NIEs	3.12	11.54	25.67	11.88	14.93	0.65	8.15	9.40	14.01	15.06
二梯亞洲 NIEs	2.54	5.98	23.19	6.75	16.52	-3.03	7.38	10.28	19.25	11.49
美國	5.02	11.03	20.27	8.16	8.94	9.78	9.48	7.25	13.55	10.80
NAFTA	5.37	10.77	19.35	7.99	8.83	10.21	9.55	6.90	14.09	10.87
EU25	7.25	9.50	19.33	6.70	4.24	3.26	5.15	11.74	9.97	13.80
ASEAN	1.95	5.55	22.88	7.21	16.48	-1.82	7.99	10.40	19.79	14.75

注：1.1950-60, 1960-70 越南統計為前南越（former Republic of Viet Nam）資料。2.亞洲 NIEs（Newly Industrialized Economies）為新加坡、香港、台灣、韓國（大韓民國）及馬來西亞、印尼、泰國、菲律賓；前四國為第一梯 NIEs，後四國為第二梯 NIEs。

資料出處：UNCTAD, Handbook of Statistics 2007, http://stats.unctad.org/Handbook/TableViewer/download.aspx.

　　同時期，亞洲一梯 NIEs 呈現加速度高成長，平均成長率25.7%，高於世界、已開發國家、開發中國家的平均及日本。其中，韓國 29.1%、台灣 28.1%、新加坡 24.7%、香港 22.1%，只有香港低於開發中國家的平均 23.6%。亞洲二梯 NIEs 也開始呈現高成長，平均成長率 23.2%，高於世界、已開發國家的平均及日本。其中，馬來西亞 22.1%、泰國 22.4%、印尼 26.5%、菲律賓 21.8%，均高於世界、已開發國家的平均，除菲律賓外亦高於日本。亞洲 NIEs 呈現 24.9%的兩位數高成長榮景。另外中國 1978 年改革開放後，社會主義市場經濟體制下也呈現 23.7%的高成長。

　　1980 年代，世界輸入成長速度減緩。日本輸入呈現減速成長，成長率 5.1%，高於開發中國家 4%，但低於世界 6%、已開發國家6.9%、及 EU6.7%的成長率。同時期，亞洲一梯 NIEs 仍呈現兩位數的加速度成長，平均成長率 11.9%，高於世界、已開發國家、開發中國家的平均及日本。其中，香港 15%、韓國 11.9%、台灣 12.4%、新加坡 8%。亞洲二梯 NIEs 則呈現減速低成長，平均成長率 6.8%，雖高於世界及開發中國家的平均，但低於已開發國家的平均。其中，馬來西亞 7.7%、泰國 12.7%、印尼 2.6%、菲律賓 2.9%，泰國仍持續 1960 年代以來兩位數的加速度成長，高於世界、已開發國家、亞洲一梯 NIEs 的平均。亞洲 NIEs 仍維持 10.5%的兩位數高成長。中國在改革開放後的社會主義市場經濟體制下持續呈現 13.5%的高成長。另外越南開始輸入的成長，成長率 8.8%。中國、越南均高於世界、已開發國家、開發中國家的平均及日本，中國更高於亞洲 NIEs 的平均。

　　1990 年代，世界輸入成長速度回復，特別是其前半期（1990-95），但後半期（1995-2000）亞洲金融風暴的影響而下降。整體期間日本輸入呈現低成長，成長率 4.6%，低於世界 6.7%、已開發國家 6.2%、開發中國家 8.5%、美國 9.5%及 EU5.2%的成長率。日本前半期成長率 6.7%，高於已開發國家 5.6%、EU4.2%，但低於世界 7.2%、開發中國家 12.8%及美國 8.9%的成長率。其後半期急遽下降，成長率

0.2%，低於世界 4.1%、已開發國家 4.6%、開發中國家 3.3%、美國
9.8%及 EU3.3%的成長率。亞洲一梯 NIEs 則整體期間呈現減速成
長，平均成長率 8.2%，高於世界、已開發國家的平均及日本、EU，
但低於開發中國家的平均及美國。其中，香港 8.8%、韓國 7.1%、台
灣 8.5%、新加坡 7.8%。亞洲一梯 NIEs 前半期平均成長率 14.9%，
高於同期世界、已開發國家、開發中國家及日本、美國、EU 的成長
率。其中，香港 18%、韓國 12%、台灣 12.6%、新加坡 15.6%。其
後半期急遽下降，成長率 0.7%，低於同期世界、已開發國家、開發
中國家及美國、EU，但高於日本的成長率。其中，香港 0.2%、韓國
-0.7%、台灣 5%、新加坡-1%。亞洲二梯 NIEs 整體期間呈現較 1980
年代稍高的成長，平均成長率 7.4%，高於已開發國家、開發中國家
的平均及日本、EU，但低於世界、亞洲一梯 NIEs 的平均及美國。其
中，馬來西亞 9.5%、泰國 5%、印尼 3.6%、菲律賓 12.5%。

　　亞洲二梯 NIEs 前半期平均成長率 16.5%，高於同期世界、已
開發國家、開發中國家、日本、美國、EU 及亞洲一梯 NIEs 的成
長率。其中，馬來西亞 20.3%、泰國 15.5%、印尼 11.4%、菲律賓
18%。其後半期快速下降，平均成長率-3%。其中，馬來西亞-1.7%、
泰國-5.9%、印尼-6.1%、菲律賓 2.9%，菲律賓仍維持正高成長。
亞洲 NIEs 整體期間仍維持 9.6%的高成長，前半期成長率 15.4%，
主要受後半期成長率-0.3%之影響。中國在此期間持續呈現 13.1%
的加速度高成長，前半期成長率 20.7%，主要亦受後半期成長率
9.5%下降影響。另外越南此期間輸入亦呈現加速度的高成長，成長
率 22.7%，前半期成長率 27.9%，後半期成長率 10.2%，亦受亞洲
金融風暴的影響。中國、越南均高於世界、已開發國家、開發中國
家的平均、日本及亞洲 NIEs 的平均。

　　進入 21 世紀，世界輸入成長呈現回升。2000-2005 年期間，日
本輸入呈現高於 1990 年代的成長，成長率 7.2%，雖低於世界
11.2%、已開發國家 9.9%、開發中國家 13.3%及 EU11.7%的成長率，
但同美國 7.25%。其後成長率，2006 年回升至 12.6%。同時期，亞

洲一梯 NIEs 成長亦回升，平均成長率 9.4%，雖低於世界、已開發
國家、開發中國家及 EU，但仍高於美國及日本。其後 2006 年成長
率更達 15.1%。其中，香港 8.1%、韓國 12.1%、台灣 8.3%、新加
坡 9.3%，韓國持續呈現兩位數的加速度成長。其後 2006 年成長率，
香港 11.7%、韓國 18.4%、台灣 11%、新加坡 19.3%。亞洲二梯 NIEs
同時期則呈現兩位數成長，平均成長率 10.3%，雖高於美國、日本
及已開發國家、亞洲一梯 NIEs，但低於世界、開發中國家。其中，
馬來西亞 8.2%、泰國 14.2%、印尼 11.9%、菲律賓 5.4%，泰國持
續呈現 1960 年代以來兩位數的加速度成長。其後 2006 年成長率，
馬來西亞 14.6%、泰國 8.9%、印尼 9.1%、菲律賓 14.1%。亞洲 NIEs
同時期呈現 9.6%的高成長，其後 2006 年平均成長率達 14.1%。中
國在進入 21 世紀後呈現跳躍式的高成長，同時期成長率 26.5%，
橫掃全世界，其後 2006 年成長率 20%。另外越南同時期輸入持續
兩位數高成長，成長率 20.8%，其後 2006 年成長率維持在 20.1%。
中國、越南均高於世界、已開發國家、開發中國家的平均、日本及
亞洲 NIEs 的平均。

　　東亞區域的輸入進入 21 世紀後與輸出雷同，其成長回升趨勢
強勁。而 1980 年代以來，東協（ASEAN）的輸入成長率呈現高於
亞洲二梯 NIEs 的發展趨勢。東協 2000-05 年期間的輸入成長率
10.4%，其後 2006 年成長率 14.8%均高於亞洲二梯 NIEs，此意涵
戰後東亞區域的輸入成長擴散至非亞洲二梯 NIEs 東協國家輸入的
成長。二次大戰以來，特別是 1970 至 2006 年期間，東亞區域的輸
入展現相對高於世界、已開發國家、開發中國家的成長趨勢發展。
也相對高於美國、EU 的成長變化。

　　戰後東亞區域內的輸入成長發展過程與輸出雷同可簡要歸納
為，1950-60 年代日本的開始，1970 年代亞洲一梯 NIEs、1970-80
年代亞洲二梯 NIEs 的延續，1980-90 年代中國、越南的接踵成長，
2000 年以後東亞區域的持續成長。而 21 世紀東亞區域輸入的持續
成長也涵括對域內其他後發展國家的擴散。

2. 東亞國家的輸入金額

再從表 3-14 可知，1950 年東亞區域輸入金額為 52 億美元，1960 年 130 億美元，1970 年 354 億美元，1980 年急增至 2,902 億美元，1985 年 3,191 億美元，1990 年 6,566 億美元，1995 年 1 兆 2,450 億美元，2000 年 1 兆 4,893 億美元，2005 年 2 兆 5,042 億美元，2006 年 2 兆 8,901 億美元。其間遭遇亞洲金融風暴而 1998 年減低至 1 兆 798 億美元，但 2000 年回復上升，進入 21 世紀後再呈現增加趨勢，超過 2 兆億美元，2006 年逼近 3 兆億美元。此發展趨勢基本勝與其輸出雷同。

其中日本 1960 年 44.9 億美元，1970 年 189 億美元，1980 年 1,413 億美元，1990 年 2,354 億美元，1995 年 3,359 億美元，2000 年 3,795 億美元，2005 年 5,149 億美元，2006 年 5,796 億美元。1960 年代增加 144 億美元，1970 年代增加 1,200 億美元，1980 年代增加 900 億美元，1990 年代增加 1,440 億美元，2000 年以後增加 2,000 億美元的幅度。與輸出相同，進入 1970 年代以後日本輸入呈現快速的增加，但 2000 年以後異於輸出，其輸入呈現鉅幅增加。

而 1970 年代以來輸入快速增加的亞洲一梯 NIEs，1980 年新加坡、香港、韓國超過 200 億美元、台灣 198 億美元，1990 年香港 825 億美元、韓國 698 億美元、新加坡 608 億美元、台灣 548 億美元，1995 年香港 1,928 億美元、韓國 1,351 億美元、新加坡 1,245 億美元、台灣 1,037 億美元，2000 年香港 2,128 億美元、韓國 1,605 億美元、台灣 1,399 億美元、新加坡 1,346 億美元，2006 年香港 3,347 億美元、韓國 3,094 億美元、新加坡 2,387 億美元、台灣 2,027 億美元。雷同其輸出的發展趨勢，進入 1970 年代以後各年代的輸入亦呈現加速度的遞增，2000 年以後的增幅，除台灣 628 億美元外，其餘皆超過 1,000 億美元，韓國 1,490 億美元、新加坡 1,041 億美元皆超過 1990 年代，香港、台灣低於 1990 年代。

表 3-14　東亞 11 國對世界輸入額

(百萬美元)

	1950	1960	1970	1975	1980	1985	1990	1995	1998	2000	2005	2006
世界	64,092	137,405	329,501	909,019	2,073,633	2,032,323	3,590,319	5,229,734	5,623,016	6,656,184	10,763,957	12,303,738
已開發國家	18,946	34,702	61,117	203,766	492,879	467,324	800,237	1,493,363	1,521,939	1,912,978	3,388,483	3,960,352
開發中國家	43,439	94,915	249,831	648,867	1,473,663	1,444,729	2,635,583	3,605,732	3,963,629	4,618,953	7,045,921	7,923,341
日本	964	4,491	18,881	57,860	141,296	130,488	235,368	335,882	280,484	379,511	514,922	579,574
新加坡	1,070	1,333	2,461	8,133	24,007	26,285	60,774	124,507	104,719	134,545	200,047	238,702
香港	663	1,026	2,905	6,766	22,447	29,703	82,490	192,751	184,518	212,805	299,533	334,681
台灣	110	272	1,528	5,959	19,764	20,124	54,831	103,698	104,946	139,927	182,571	202,725
韓國	54	344	1,984	7,274	22,292	31,136	69,844	135,119	93,282	160,481	261,238	309,383
馬來西亞	538	910	1,401	3,566	10,779	12,253	29,258	77,691	58,272	81,963	114,411	131,080
泰國	209	454	1,299	3,280	9,214	9,242	33,045	70,786	42,971	61,923	118,158	128,636
印尼	440	574	1,002	4,770	10,834	10,259	21,837	40,629	27,337	40,365	69,408	75,714
菲律賓	376	715	1,236	3,756	8,291	5,455	13,004	28,341	31,496	37,027	46,964	53,602
中國	580	2,648	2,279	7,926	19,941	42,252	53,345	132,084	140,237	225,094	659,953	791,605
越南	210	240	373	1,102	1,314	1,857	2,752	8,155	11,500	15,638	36,978	44,410
亞洲 NIEs	3,459	5,628	13,816	43,504	127,629	144,457	365,082	773,522	647,540	869,037	1,292,330	1,474,523
一梯亞洲 NIEs	1,897	2,975	8,878	28,133	88,511	107,248	267,938	556,075	487,465	647,758	943,389	1,085,491
二梯亞洲 NIEs	1,563	2,653	4,938	15,371	39,118	37,209	97,144	217,447	160,076	221,279	348,941	389,032
東亞 11 國	5,214	13,008	35,349	110,392	290,180	319,054	656,547	1,249,643	1,079,761	1,489,280	2,504,183	2,890,112
ASEAN	2,980	4,619	8,179	25,204	65,641	66,565	162,292	355,323	282,260	377,441	594,194	681,813
美國	9,631	16,371	42,428	105,881	256,985	352,463	516,987	770,852	944,353	1,259,300	1,732,350	1,919,430
NAFTA	13,288	23,631	59,175	148,568	341,673	452,219	683,779	1,014,751	1,281,367	1,686,788	2,295,724	2,545,250
EU25	25,629	60,173	155,410	405,235	920,001	791,205	1,591,653	2,108,859	2,303,647	2,495,069	4,078,331	4,640,954

注：1.1970、1975 越南統計為前南越（former Republic of Viet Nam）資料。2.亞洲 NIEs（Newly Industrialized Economies）為新加坡、香港、台灣、韓國（大韓民國）及馬來西亞、泰國、印尼、菲律賓；前四國為第一梯 NIEs；後四國為第二梯 NIEs。

資料出處：UNCTAD, Handbook of Statistics 2007, http://stats.unctad.org/Handbook/TableViewer/download.aspx.

　　亞洲二梯 NIEs 則 1980 年代以來輸入快速增加，，1970 年馬來西亞 14 億美元、印尼 10 億美元、泰國 13 億美元、菲律賓 12 億美元，1980 年印尼 108 億美元、馬來西亞 108 億美元、泰國 92 億美元、菲律賓 83 億美元，1990 年馬來西亞 293 億美元、印尼 218 億美元、泰國 331 億美元、菲律賓 130 億美元，1995 年馬來西亞 777 億美元、泰國 708 億美元、印尼 406 億美元、菲律賓 283 億美元，2000 年馬來西亞 820 億美元、泰國 619 億美元、印尼 404 億美元、菲律賓 370 億美元，2006 年馬來西亞 1,311、泰國 1,286 億美元、印尼 757 億美元、菲律賓 536 億美元。同其輸出的發展趨勢，進入 1980 年代以後輸入呈現遞增，特別 1990 年代大幅增加，2000 年以後泰國增幅超過 600 億美元，馬來西亞超過 490 億美元，印尼超過 300 億美元，菲律賓 160 億美元，泰國、印尼超過 1990 年代。

　　中國輸入亦在 1980 年代開始快速增加，1970 年 23 億美元，1980 年 199 億美元，1990 年 534 億美元，1995 年 1,321 億美元，2000 年 2,251 億美元，2005 年 6,600 億美元，至 2006 年 7,916 億美元，1978 年改革開放政策的實施後，中國的輸入呈現出急遽增加的趨勢發展與其輸出雷同，而 1997 年亞洲金融風暴並未對中國的快速成長趨勢造成負面影響，進入 21 世紀後更呈現跳躍式的增加趨勢並在 2005 年超過日本。越南輸入 1990 年代快速增加，1990 年 27.5 億美元，2000 年 156 億美元，2006 年 444 億美元。亞洲金融風暴對東亞區域輸入額的變化影響，以 1995 年與 1998 年的差額計，日本的減幅 554 億美元最大，韓國 418 億美元次之，泰國 280 億美元，印尼 233 億美元，新加坡 198 億美元，而台灣、菲律賓、中國與越南則輸入增加。

　　3. 東亞國家輸入佔世界的比重

　　1970 至 2006 年期間，東亞國家對世界輸入平均成長率的高成長趨勢下，其佔世界的比重也持續擴大。表 3-15 可知，1970 年代

表3-15　東亞11國輸入的世界比重

(%)

	1950	1960	1970	1975	1980	1985	1990	1995	1998	2000	2005	2006
世界	100.00	100.00	100.00	100.00	100.00	100.00	100.00	100.00	100.00	100.00	100.00	100.00
已開發國家	29.56	25.26	18.55	22.42	23.77	22.99	22.29	28.56	27.07	28.74	31.48	32.19
開發中國家	67.78	69.08	75.82	71.38	71.07	71.09	73.41	68.95	70.49	69.39	65.46	64.40
日本	1.50	3.27	5.73	6.37	6.81	6.42	6.56	6.42	4.99	5.70	4.78	4.71
新加坡	1.67	0.97	0.75	0.89	1.16	1.29	1.69	2.38	1.86	2.02	1.86	1.94
香港	1.03	0.75	0.88	0.74	1.08	1.46	2.30	3.69	3.28	3.20	2.78	2.72
台灣	0.17	0.20	0.46	0.66	0.95	0.99	1.53	1.98	1.87	2.10	1.70	1.65
韓國	0.08	0.25	0.60	0.80	1.08	1.53	1.95	2.58	1.66	2.41	2.43	2.51
馬來西亞	0.84	0.66	0.43	0.39	0.52	0.60	0.81	1.49	1.04	1.23	1.06	1.07
泰國	0.33	0.33	0.39	0.36	0.44	0.45	0.92	1.35	0.76	0.93	1.10	1.05
印尼	0.69	0.42	0.30	0.52	0.52	0.50	0.61	0.78	0.49	0.61	0.64	0.62
菲律賓	0.59	0.52	0.38	0.41	0.40	0.27	0.36	0.54	0.56	0.56	0.44	0.44
中國	0.90	1.93	0.69	0.87	0.96	2.08	1.49	2.53	2.49	3.38	6.13	6.43
越南	0.33	0.17	0.11	0.12	0.06	0.09	0.08	0.16	0.20	0.23	0.34	0.36
亞洲NIEs	5.40	4.10	4.19	4.79	6.15	7.11	10.17	14.79	11.52	13.06	12.01	11.98
一梯亞洲NIEs	2.96	2.17	2.69	3.09	4.27	5.28	7.46	10.63	8.67	9.73	8.76	8.82
二梯亞洲NIEs	2.44	1.93	1.50	1.69	1.89	1.83	2.71	4.16	2.85	3.32	3.24	3.16
東亞11國	8.13	9.47	10.73	12.14	13.99	15.70	18.29	23.89	19.20	22.37	23.26	23.49
ASEAN	4.65	3.36	2.48	2.77	3.17	3.28	4.52	6.79	5.02	5.67	5.52	5.54
美國	15.03	11.91	12.88	11.65	12.39	17.34	14.40	14.74	16.79	18.92	16.09	15.60
NAFTA	20.73	17.20	17.96	16.34	16.48	22.25	19.05	19.40	22.79	25.34	21.33	20.69
EU25	39.99	43.79	47.17	44.58	44.37	38.93	44.33	40.32	40.97	37.48	37.89	37.72

注：1.1970、1975越南統計為前南越（former Republic of Viet Nam）資料。2.亞洲NIEs（Newly Industrialized Economies）為新加坡、香港、台灣、韓國（大韓民國）及馬來西亞、泰國、印尼、菲律賓；前四國為第一梯NIEs，後四國為第二梯NIEs。

資料出處：UNCTAD, Handbook of Statistics 2007, http://stats.unctad.org/Handbook/TableViewer/download.aspx.

以來東亞區域輸入佔世界的比重呈現趨勢性增加的發展。1950 年 8%，1960 年 9.5%，1970 年 10.7%，1980 年 14%，1990 年 18.3%，1995 年 23.9%，1997 年亞洲金融風暴 1998 年降低至 19%，2000 年回升至 22.4%再創高峰，其後再上升，2005 年 23.3%，2006 年 23.5%。一如其輸出，東亞區域的輸入佔世界比重的上升趨勢強勁。東亞 11 國輸入的世界比重 1990 年開始穩定超過美國，1995 年以後與 NAFTA 比重不相上下，2006 年高於 NAFTA 的 21%，低於 EU 的 37.7%。

　　日本輸入佔世界比重的發展趨勢與其輸出雷同，1960 年 3.3%，1970 年 5.7%，1980 年 6.8%，1990 年 6.6%，1998 年降低至 5%，2000 年回升至 5.7%，但其後下降，2006 年 4.7%。1980 年的 6.8%成為最高峰。

　　亞洲一梯 NIEs 佔世界的比重，雷同其輸出的變化，進入 1970 年代以後穩定持續增加，1980 年代皆超過 1%，1990 年香港 2.3%、台灣 1.5%、韓國 1.9%、新加坡 1.7%，1995 年香港 3.7%、台灣 2%、韓國 2.6%、新加坡 2.4%，亞洲金融風暴後皆下降，但 2000 年回增，香港 3.2%、台灣 2%、韓國 2.4%、新加坡 2%，2006 年香港 2.7%、台灣 1.7%、韓國 2.5%、新加坡 1.9%，亞洲一梯 NIEs 合計佔 8.8%。1995 年的亞洲一梯 NIEs 合計 10.6%為最高峰。

　　亞洲二梯 NIEs 佔世界的比重，1970 年代中期以後至亞洲金融風暴，馬來西亞、泰國、印尼、菲律賓持續增加，其後下降，2000 年回升。1990 年代中馬來西亞超過 1%，泰國 1%上下，1995 年馬來西亞 1.5%、泰國 1.4%，亞洲金融風暴後皆下降，但 2000 年回增，馬來西亞 1.2%、泰國 0.9%，2006 年馬來西亞 1.07%、泰國 1.05%。馬來西亞、泰國的變化趨勢與其輸出雷同。印尼、菲律賓都在 1%以下，印尼最高 1995 年曾達 0.8%，其後下降，2000 年以後在 0.6%水準。菲律賓 1990 年代中 0.5%水準，其後下降，2006 年 0.4%。

　　中國佔世界的比重，1970 年代中期以後持續增加，1980 年代超過 1%，1995 年 2.5%，2000 年 3.4%，其後跳躍式增加，2005 年 6%，2006 年 6.4%。越南 1990 年代比重穩定增加，1990 年 0.08%、1995 年 0.2%、2000 年 0.2%、2006 年 0.4%。

　　東亞區域中日本、新加坡、香港、台灣、馬來西亞與菲律賓的比重在進入 21 世紀後呈現下降的現象，而韓國、泰國、中國與越南則持續上揚，特別是中國的增幅最大，2005 年其比重更超越日本成為東亞國家中輸入佔世界最大比重的國家。

4. 東亞區域輸入的比重

　　東亞區域的輸入合計中所佔各國的比重也產生變化，東亞國家的輸入重要性在此期間產生變動。表 3-16 可知，日本至 2005 年止持續佔有東亞區域輸入的最大比重，1950 年 18.5%、1960 年 34.5%，1970 年 53.4%達到高峰後持續下降，1980 年 48.7%，1990 年 35.9%，1995 年 26.9%，亞洲金融風暴後 1998 年降至 26%，進入 21 世紀後，2005 年 20.6%，2006 年 20.1%，與其輸入的變化趨勢雷同。

　　亞洲一梯 NIEs 輸入佔東亞區域的比重，進入 1970 年代以後穩定持續增加，1950 年 36%，1960 年 23%，1970 年 25%，1980 年 30.5%，1990 年 40.8%，1995 年 44.5%，1998 年 45.2%，2000 年 43.5%，2006 年 37.6%。1995-98 年是亞洲一梯 NIEs 輸入佔東亞區域比重的高峰期。其中，1980 年新加坡 8.3%、香港、韓國 7.7%，台灣 6.8%，1990 年香港 12.6%、韓國 10.6%、新加坡 9.3%、台灣 8.4%，亞洲金融風暴 1998 年只有韓國受影響下降，2000 年香港 14.3%、台灣 9.4%、韓國 10.8%、新加坡 9%，2006 年香港 11.6%、台灣 7%、韓國 10.7%、新加坡 8.3%。2000 年以後台灣、香港比重明顯下降。

表 3-16　東亞 11 國區域輸入比重

(%)

	1950	1960	1970	1975	1980	1985	1990	1995	1998	2000	2005	2006
東亞 11 國	100.00	100.00	100.00	100.00	100.00	100.00	100.00	100.00	100.00	100.00	100.00	100.00
日本	18.50	34.53	53.41	52.41	48.69	40.90	35.85	26.88	25.98	25.48	20.56	20.05
新加坡	20.51	10.25	6.96	7.37	8.27	8.24	9.26	9.96	9.70	9.03	7.99	8.26
香港	12.71	7.89	8.22	6.13	7.74	9.31	12.56	15.42	17.09	14.29	11.96	11.58
台灣	2.11	2.09	4.32	5.40	6.81	6.31	8.35	8.30	9.72	9.40	7.29	7.01
韓國	1.04	2.64	5.61	6.59	7.68	9.76	10.64	10.81	8.64	10.78	10.43	10.70
馬來西亞	10.31	7.00	3.96	3.23	3.71	3.84	4.46	6.22	5.40	5.50	4.57	4.54
泰國	4.01	3.49	3.67	2.97	3.18	2.90	5.03	5.66	3.98	4.16	4.72	4.45
印尼	8.44	4.41	2.83	4.32	3.73	3.22	3.33	3.25	2.53	2.71	2.77	2.62
菲律賓	7.21	5.50	3.50	3.40	2.86	1.71	1.98	2.27	2.92	2.49	1.88	1.85
中國	11.12	20.36	6.45	7.18	6.87	13.24	8.13	10.57	12.99	15.11	26.35	27.39
越南	4.03	1.85	1.06	1.00	0.45	0.58	0.42	0.65	1.07	1.05	1.48	1.54
亞洲 NIEs	66.35	43.27	39.08	39.41	43.98	45.28	55.61	61.90	59.97	58.35	51.61	51.02
一梯亞洲 NIEs	36.38	22.87	25.12	25.48	30.50	33.61	40.81	44.50	45.15	43.49	37.67	37.56
二梯亞洲 NIEs	29.97	20.40	13.97	13.92	13.48	11.66	14.80	17.40	14.83	14.86	13.93	13.46

注：1.1970, 1975 越南統計為前南越（former Republic of Viet Nam）資料. 2.亞洲 NIEs（Newly Industrialized Economies）為新加坡、香港、台灣、韓國（大韓民國）及馬來西亞、泰國、印尼、菲律賓；前四國為第一梯 NIEs，後四國為第二梯 NIEs。

資料出處：UNCTAD, Handbook of Statistics 2007, http://stats.unctad.org/Handbook/TableViewer/download.aspx.

　　亞洲二梯 NIEs 輸入佔東亞區域的比重，1970 年代中增加，1970 年 14%，1980 年 13.5%，1980 年代中下降，1985 年 11.7%，1990 年 14.8%，1990 年代中回升，1995 年 17.4%，其後又下降，2000 年 14.9%，2006 年 13.5%。其中馬來西亞、泰國 1980 年代中期以後持續增加，1980 年代中馬來西亞 3.7-3.8%，泰國 3%，1990 年代中馬來西亞、泰國超過 5%，1995 年馬來西亞 6.2%、泰國 5.7%，其後下降，2000 年以後，馬來西亞、泰國皆在 4.5%水準。印尼 1980 年代至 1990 年代中在 3%以上，2000 年以後下降，在 2.7%水準。菲律賓 1970 年代由 3.5%降至 3%水準，1980 年代中 3%降至 2%水準，1990 年代後期回升，2000 年 2.5%，其後下降，2006 年 1.9%。

　　中國輸入佔東亞區域的比重，1970 年代在 7%水準，1980 年代持續增加，1995 年超過 10%，2000 年 15%，其後跳躍式增加，2005 年 26.4%，2006 年 27.4%。越南 1990 年代比重穩定增加，1990 年 0.4%、1995 年 0.65%、2000 年 1.1%、2006 年 1.5%。

　　東亞區域內日本、新加坡、香港、台灣、馬來西亞與菲律賓的比重在進入 21 世紀後呈現下降的現象，韓國、印尼停滯，只有中國與越南則持續上揚，特別是中國的增幅最大，2005 年其比重更超越日本成為東亞區域內輸入最大比重的國家。

三、東亞國家的經濟成長與輸出入

（一）東亞國家的 GDP 成長與輸出的變化

　　從上述戰後東亞國家的 GDP 與輸出入成長過程可以察知其發展的雷同。以下進一步檢視東亞國家啟動經濟發展的 1970 年代至 2006 年期間其 GDP 及輸出成長率的變化相關。首先由圖 3-1 可以發現，1、全世界、美國及東亞國家的各年代輸出成長率均高於 GDP；2、期間內東亞國家的 GDP 及輸出成長率均高於世界平均，成長率下降的 1990 年代除日本、印尼、菲律賓外均高於美國；3、東亞國家中越後發展國家的 GDP 及輸出成長率越高，1980 年代後

GDP 及輸出成長率呈現中國、越南、亞洲二梯 NIEs、亞洲一梯
NIEs、日本的高低排列順序；4、期間內東亞國家 1980 年代的 GDP
成長率普遍高於 90 年代，輸出成長率日本、亞洲一梯 NIEs、越南
1980 年代高於 90 年代，泰國以外亞洲二梯 NIEs、中國則 1990 年
代高於 80 年代；5、東亞國家進入 21 世紀後的回升皆強勁，但輸
出成長率的回升比 GDP 強勁，也維持輸出成長率高於 GDP 的模
式；6、2000 年以後東亞國家成長率的回升水準，GDP 除台灣外均
超過 1990 年代，輸出則日本、亞洲一梯 NIEs 回升至 1980 年代的
戰後次高水準，亞洲二梯 NIEs 回升超過 1990 年代的戰後次高水
準，中國及越南輸出持續 1990 年代以來趨勢性高成長，特別中國
呈現跳躍式成長，在東亞國家中表現突出；7、東亞國家 1990 年代
GDP 及輸出主要受 97 年亞洲金融風暴影響而成長率普遍呈現下
降，日本另又受其 80 年代後期泡沫經濟瓦解影響導致 90 年代成長
率大幅下降，而美國受 97 年亞洲金融風暴及其後 2000 年 IT 景氣
泡沫化影響致使其 90 年代及 2000-05 年期間的成長率持續下降。

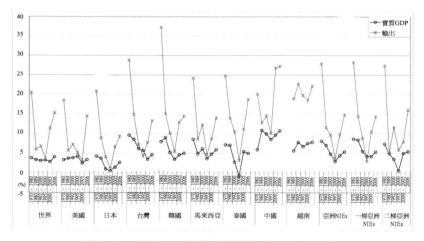

圖 3-1　東亞 GDP 與輸出成長率（1970-2006）

注：1.亞洲 NIEs（Newly Industrialized Economies）為新加坡、香港、台灣、韓國（大韓民國）及馬
　　來西亞、泰國、印尼、菲律賓；前四國為第一梯 NIEs，後四國為第二梯 NIEs。2.作者編製。
資料出處：UNCTAD, Handbook of Statistics 2007, http://stats.unctad.org/Handbook/TableViewer/download.aspx.

　　其次，檢測東亞國家的經濟成長與輸出成長率變化間的相關關係。1970 至 2006 年間，表 3-17 可知東亞區域的實質 GDP 成長率與輸出成長率的變化間呈現正的相關，其中特別是日本、香港、馬來西亞與泰國更呈現統計上顯著性的正相關關係。此期間東亞區域的正相關關係明顯不同於美國的負相關，而其相關水準除菲律賓、中國外也比世界的平均水準高。戰後東亞國家的經濟成長與輸出的變化間存在密切的相關性，顯示戰後東亞出口導向型經濟發展的特色。

表 3-17　東亞實質 GDP 成長率與輸出成長率相關係數（1970-2006）

世界	ANIEs	AN1	AN2	美國	日本	新加坡	香港
0.6312	0.8621*	0.7970	0.7061	(-0.0211)	0.8835*	0.6335	0.9596**
台灣	韓國	馬來西亞	泰國	印尼	菲律賓	中國	越南
0.7447	0.6454	0.9905**	0.8173*	0.5725	0.4442	0.0748	0.6449

注：雙尾檢定，*顯著水準 0.05，**顯著水準 0.01。

（二）東亞國家的輸出與輸入成長率

　　接著檢視戰後東亞國家輸出及輸入成長率的變化相關。首先由圖 3-2 可以發現，1、戰後期間世界、美國與東亞國家的輸出與輸入成長率基本上呈現同步變化的發展；2、大體而言，世界與東亞國家的輸出成長率高於輸入，但東亞國家的日本在 2000 年以後其輸入成長率高於輸出，而美國則從 1960 年代以後至 2000-05 年期間皆呈現輸入成長率高於輸出；3、戰後期間輸出與輸入成長率的變動循環，世界、美國與中國、越南以外東亞國家大致上都在 1970 年代形成高峰，越南的高峰在 1980 年代，中國則 2000 年以後續創高峰，另一方面世界、美國與 1970 年代啟動高成長後的東亞國家的谷底也都落在 1990 年代特別是其後半期；4、越南、亞洲二梯 NIEs、亞洲一梯 NIEs 的谷底期，其輸入成長率的降幅均大於輸出。

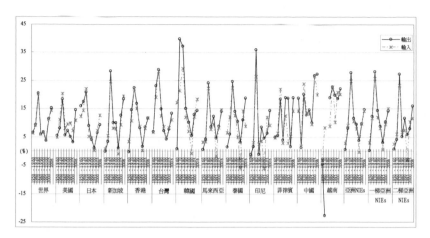

圖 3-2　東亞輸出入成長率（1950-2006）

注：1.亞洲 NIEs（Newly Industrialized Economies）為新加坡、香港、台灣、韓國（大韓民國）及馬
　　來西亞、泰國、印尼、菲律賓；前四國為第一梯 NIEs，後四國為第二梯 NIEs。2.作者編製。
資料出處：UNCTAD, Handbook of Statistics 2007, http://stats.unctad.org/Handbook/TableViewer/download.aspx.

　　其次，檢測戰後東亞國家的輸出與輸入成長率變化間的相關關
係。1950 至 2006 年間，表 3-18 可知世界、美國與東亞國家的輸出
與輸入成長率的變化間皆呈現正的相關，其中除菲律賓與越南外皆
呈現統計上顯著性的正相關關係。此期間東亞區域的日本、新加
坡、香港、台灣、韓國、馬來西亞、印尼、中國皆呈現高度正相關，
泰國、韓國次之，而菲律賓、越南雖不具顯著性但皆為正的相關關
係且其相關水準亦高。而一梯 NIEs（AN1）的相關高於二梯 NIEs
（AN2）也高於中國的相關，但中國的相關又高於二梯 NIEs。戰
後東亞國家的輸出與輸入成長率的變化間存在密切的正向相關性。

表 3-18　東亞輸出成長率與輸入成長率相關係數（1950-2006）

世界	ANIEs	AN1	AN2	美國	日本	新加坡	香港
0.9979**	0.9669**	0.9746**	0.8802**	0.8612**	0.9277**	0.9776**	0.9538**
台灣	韓國	馬來西亞	泰國	印尼	菲律賓	中國	越南
0.9684**	0.7093*	0.9493**	0.7271*	0.8704**	0.6389	0.9132**	0.6191

注：雙尾檢定，*顯著水準 0.05，**顯著水準 0.01。

（三）東亞國家 GDP 所佔輸出入的比重

再從表 3-19 東亞國家輸出入合計佔 GDP 比重（以下簡稱貿易依存度）的變化可知，1970 至 2006 年期間，日本 1970 年代 20-30%，1980、90 年代在 20%水準，2000 年以後增加，2006 年 30%，均低於世界、已開發國家及開發中國家的平均。而其他東亞國家皆高於日本。亞洲一梯 NIEs 中，新加坡、香港皆高於 100%，2006 年新加坡高達 474%、香港 400%。台灣 1980、90 年代在 90-100%間，2006 年 138%。韓國 1980、90 年代在 50-80%間，2006 年 87%。亞洲二梯 NIEs 中，馬來西亞 1980 年代超過 100%，90 年代更超過 200%，2006 年 221%。泰國 1980 年代在 50-100%間，2000 年以後急增，2006 年 144%。印尼 1980 年代 50%以下，90 年代在 50-90%間，2006 年 57%。菲律賓 1980 年代 50-60%以下，90 年代在 60-110%間，2006 年 95%。中國 1980 年代 20-30%，90 年代在 30-40%間，2000 年以後急增，2006 年 74%。越南 1970、80 年代 60%，90 年代在 60-100%間，2000 年以後急增，2006 年 154%。

大體而言，戰後東亞國家貿易依存度呈現持續增加趨勢，日本以外東亞國家不管發展的先後順序均居相對的高水準，2006 年除新加坡、香港 400%水準外，馬來西亞 200%，台灣、泰國、越南 130-150%，韓國、菲律賓 90%水準，中國 74%，印尼 57%，中國、印尼高於世界、已開發國家但低於開發中國家的平均，其餘東亞國家則皆高於世界、已開發及開發中國家的平均水準。顯示東亞外向行經濟發展的特色。

進一步將輸出入分開觀察，首先表 3-20 東亞國家輸出佔 GDP 比重（以下簡稱輸出依存度）可知，1970 至 2006 年期間，日本 1970、80、90 年代在 10%水準，2000 年以後增加，2006 年 16%，稍高於美國，但均低於世界、已開發國家及開發中國家的平均。而其他東亞國家除 1970 年代中國外皆高於日本。同輸出依存度，亞洲一梯 NIEs 中新加坡、香港高於其他東亞國家。新加坡 1970 年代、香港

1980 年代以來皆高於 100%，2006 年新加坡高達 253%、香港 206%。台灣 1980、90 年代在 40-50%間，2000 年以後超過 50%，2006 年 72%。韓國 1970、80 年代在 10-30%間，90 年代後半期超過 40%，2006 年 44%。

表 3-19　東亞財貨貿易依存度　　　　　　　　　(%)

	1970	1980	1990	1995	1998	2000	2005	2006
世界	23	40	40	43	46	50	57	61
已開發國	26	39	37	38	42	44	50	53
開發中國	30	54	53	61	60	69	81	82
美國	12	21	21	24	25	27	28	29
日本	20	28	20	17	20	21	27	30
新加坡	286	427	359	359	325	378	459	474
香港	179	177	254	291	248	283	385	400
台灣	60	104	87	93	93	105	128	138
韓國	37	72	57	59	79	78	82	87
馬來西亞	77	113	147	192	209	229	223	221
泰國	34	54	76	90	102	125	149	144
印尼	27	49	46	50	90	71	63	57
菲律賓	43	52	61	81	111	110	99	95
中國	5	21	33	37	35	44	68	74
越南	62	62	62	75	97	113	143	154

注：1.比重為各佔 GDP 比。2.作者整理編製。
資料出處：UNCTAD, Handbook of Statistics 2007, http://stats.unctad.org/Handbook/TableViewer/download.aspx

亞洲二梯 NIEs 中，馬來西亞 1970、80 年代中由 40%增至 70%水準，90 年代前半期達 90%水準其後半期更超過 100%，2006 年 122%。泰國 1980 年代在 20-30%間，90 年代後半期達 60%水準，2000 年以後急增，2006 年 74%。印尼 1980 年代 20-30%，90 年代接近 50%，2000 年以後下降，2006 年 31%。菲律賓 1980 年代 20-30%，90 年代急增至近 60%，2000 年以後下降，2006 年 47%。

中國 1980 年代 10-20%，90 年代在 20% 水準，2000 年以後跳增
至 30% 水準，2006 年 41%。越南 1970、80 年代 20-30%，90 年
代後半期急增至 50% 水準，2000 年以後跳增至 70% 水準，2006
年 75%。

表 3-20　東亞財貨輸出依存度 （%）

	1970	1980	1990	1995	1998	2000	2005	2006
世界	12	19	20	22	23	25	29	31
已開發國	13	19	18	19	21	22	24	26
開發中國	15	28	27	30	30	36	43	44
美國	6	10	10	11	11	12	11	12
日本	11	14	10	9	11	11	14	16
新加坡	133	209	183	188	173	196	244	253
香港	93	88	131	143	125	144	199	206
台灣	30	51	46	47	47	54	66	72
韓國	14	32	28	29	46	41	42	44
馬來西亞	41	58	74	94	116	124	123	122
泰國	15	24	34	42	59	67	74	74
印尼	13	29	24	25	51	41	34	31
菲律賓	22	24	28	36	52	56	47	47
中國	3	11	18	19	20	23	37	41
越南	26	26	26	33	45	55	69	75

注：1.比重為各佔 GDP 比。2.作者整理編製。
資料出處：UNCTAD, Handbook of Statistics 2007, http://stats.unctad.org/Handbook/TableViewer/download.aspx.

　　大體而言，戰後日本以外東亞國家輸出依存度呈現持續增加趨
勢，不管發展的先後順序均達相對的高水準，2006 年除新加坡、
香港 200% 水準外，馬來西亞 120%，台灣、泰國、越南 70% 水準，

韓國、菲律賓、中國 40%水準，印尼 31%，中國高於世界 31%、
已開發國家 26%，印尼只高於已開發國家，但低於開發中國家的
平均 44%，其餘東亞國家皆高於世界、已開發及開發中國家的平
均水準。東亞國家輸出依存度在區域內呈現國家間銜續上升趨
勢，1970 年代亞洲一梯 NIEs 台灣、韓國快速上升，90 年代亞洲
二梯 NIEs 快速上升，90 年代後半及 2000 年以後中國、越南急遽
上升。此輸出依存度增加的時期順序也反映輸出導向的東亞雁行
形態發展。

其次表 3-21 東亞國家輸入佔 GDP 比重（以下簡稱輸入依存度）
可知，1970 至 2006 年期間，日本 1970、80、90 年代在 10%水準，
2000 年以後增加，2006 年 15%，均低於美國及世界、已開發國家、
開發中國家的平均。而其他東亞國家除 1970 年代中國外皆高於日
本。與輸出依存度相同，亞洲一梯 NIEs 中新加坡、香港輸入依存
度高於其他東亞國家。新加坡 1970 年代、香港 1980 年代以來皆高
於 100%，2006 年新加坡高達 221%、香港 194%。台灣 1980、90
年代在 40-50%間，2000 年以後超過 60%，2006 年 66%。韓國 1970、
80 年代在 20-40%間，2000 年後超過 40%，2006 年 43%。

亞洲二梯 NIEs 輸入依存度中，馬來西亞 1970、80 年代中由
40%增至 70%水準，90 年代前半期達 90%水準其後半期更超過
100%，2006 年 99%。泰國 1980 年代在 20-30%間，90 年代 40-50%
水準，2000 年以後急增，2006 年 70%。印尼 1980 年代 15-20%，
90 年代接近 20-40%，2000 年以後下降，2006 年 26%。菲律賓 1980
年代 20-30%，90 年代後半期急增至近 60%，2000 年以後下降，2006
年 48%。中國 1980 年代 10-15%，90 年代在 15-20%水準，2000 年
以後跳增至 30%水準，2006 年 33%。越南 1970、80 年代 30-40%，
90 年代後半期急增至 50%水準，2000 年以後跳增至 70%水準，2006
年 79%。

大體而言，戰後日本以外東亞國家輸入依存度呈現持續增加趨
勢，不管發展的先後順序均達相對的高水準，2006 年除新加坡、

香港 200% 水準外，馬來西亞 99%，泰國、越南 70% 水準，台灣 66%，韓國、菲律賓 40% 水準，中國 33%，印尼 26%，印尼最低，中國高於世界 30%、已開發國家 27%，但低於開發中國家的平均 38%，其餘東亞國家皆高於世界、已開發及開發中國家的平均水準。東亞國家輸入依存度在區域內呈現國家間銜續上升趨勢，1970 年代亞洲一梯 NIEs 台灣、韓國快速上升，90 年代亞洲二梯 NIEs 快速上升，90 年代後半及 2000 年以後中國、越南急遽上升。東亞輸入依存度增加的時期順序與其輸出依存度大致契合，顯示戰後東亞輸入支撐其輸出導向的雁行形態發展。

表 3-21　東亞財貨輸入依存度　　　　　　　（%）

	1970	1980	1990	1995	1998	2000	2005	2006
世界	12	20	20	21	23	25	28	30
已開發國	13	20	19	19	21	23	25	27
開發中國	16	26	26	31	30	33	38	38
美國	6	11	11	13	13	15	17	17
日本	10	15	10	8	9	10	13	15
新加坡	153	218	176	172	152	182	215	221
香港	86	89	123	148	124	139	186	194
台灣	30	53	41	46	46	52	62	66
韓國	24	40	29	30	33	38	40	43
馬來西亞	36	55	72	98	94	104	100	99
泰國	19	30	42	49	43	58	75	70
印尼	15	20	22	25	39	30	29	26
菲律賓	21	28	33	44	59	54	52	48
中國	3	11	15	18	16	21	31	33
越南	36	36	36	42	52	57	74	79

注：1. 比重為各佔 GDP 比。2. 作者整理編製。
資料出處：UNCTAD, Handbook of Statistics 2007, http://stats.unctad.org/Handbook/TableViewer/download.aspx.

　　東亞國家的輸出與輸入依存度的變化趨勢雖然雷同,但是亞洲一梯 NIEs 至 1970 年代,亞洲二梯 NIEs 至 1970、80 年代其輸入依存度大多高於輸出依存度,亞洲一梯 NIEs 在 1980 年代中、亞洲二梯 NIEs 在 90 年代中、中國等的輸出依存度才轉變成高於輸入。

　　另外 Kuznets(1968)曾提出經濟規模越大其貿易依存度越低的論點[1],但是日本與中國都屬國內經濟規模較大國家,而兩國輸出入佔 GDP 比重的進展卻截然不同。另外亦有規模縱或相同,但所得水準差異會導致貿易依存度不同的結果,即所得水準高經濟體因為商品多樣化需求而促使貿易特別是輸入依存度提升的看法。然經濟全球化下,過去由於經濟體規模大所以對外貿易依存度較低的理由亦因產業內貿易的進展而消失,近代經濟工業化的進展事實上使各經濟體的貿易依存度更形提升。此點從表 3-21 美國及已開發國家輸出入比重的提升中可得到證實,而日本的工業製品進口在 1990 年代雖有較大幅度的增加但其對外貿易特別是輸入的低比重只能說是其國內相對的保守態度所致。

貳、東亞的經濟成長與投資

一、東亞國家的經濟成長與資本形成

　　自由市場經濟體制下,近代經濟成立的工業化發展過程中,投資在需求面以及供給面上發揮重要的功能。東亞國家外向型經濟發展過程亦不例外,戰後快速的經濟成長過程中其投資亦急速成長,而所佔 GDP 中的地位也相對重要。

---

[1] S.Kuznets 曾提出經濟規模(GDP)與貿易依存度負相關關係的看法,Kuznets, S.(1966), 塩野谷祐一訳『近代經濟成長の分析(下)』(東京:東洋經濟新報社,1968),頁 279-92。

（一）東亞國家 GDP 所佔總資本形成的比重

首先表 3-22 可知，1970 至 2006 年期間，東亞國家最終需求中與世界的平均一樣，最終消費佔 GDP 比重最大，而總資本形成佔 GDP 比重則各國不同，大體而言，隨著經濟的發展其投資的比重與最終消費比重相互消長，但投資的比重都超過世界的平均水準。總資本形成佔 GDP 比重，日本 1970、80 年代在 30-40%水準，90 年代降至 25-30%水準，2000 年以後 25%以下，2006 年 24%，相對地其最終消費比重則從 60-70%水準提升至 75%，均高於美國及世界、已開發國家的平均。日本不同於美國的是，美國最終消費比重皆在 80%水準，日本 90 年代中期才上升至 70%水準，主要就是日本的總資本形成比重高於美國但期間內其比重逐漸下降所致。

而其他東亞國家的最終消費比重亦皆高於總資本形成，期間內也互為消長，但總資本形成比重的變化趨勢則各國不同。亞洲一梯 NIEs 的總資本形成比重，大都在 1970、80 年代達到 30-40%水準，其中新加坡 40-50%間、香港 20-35%間、台灣 25-35%間、韓國 25-40%間，70 年代低於日本但 80 年代高於日本，另高於同期世界、已開發國家及開發中國家的平均。1990 年代中亞洲金融風暴前新加坡、香港 30%以上，韓國近 40%，台灣 25%水準，2000 年以後均下降，2006 年新加坡 19%、香港 22%、台灣 20%、韓國 30%。而亞洲二梯 NIEs 的總資本形成比重大都在 1980、90 年代達到 30-40%水準，但菲律賓在 20-30%水準，1980、90 年代中期止高於同期日本、亞洲一梯 NIEs 亦高於世界、已開發國家及開發中國家的平均。1990 年代中亞洲金融風暴後下跌，進入 2000 年後除泰國外均下降，2006 年馬來西亞 20%、印尼 25%、菲律賓 15%、泰國回升至 28%。中國 1980 年代超過 30%，90 年代提升至 40%水準，2000 年以後提升至 40%以上，2006 年 43%。越南 1990 年代後半期急增至 30%水準，2000 年以後提升至 30%以上，2006 年 35%。

表 3-22　東亞最終消費與總資本形成比重　　　　　(%)

		1970	1980	1990	1995	1998	2000	2005	2006
世界	最終消費	75	76	77	77	77	78	77	77
	總資本形成	25	25	24	23	22	22	22	23
已開發國	最終消費	76	78	78	78	78	79	81	81
	總資本形成	24	24	23	22	21	22	20	21
開發中國	最終消費	79	73	73	73	74	72	67	67
	總資本形成	23	27	26	28	25	25	28	27
美國	最終消費	82	80	84	83	82	83	86	86
	總資本形成	18	20	18	18	20	20	19	20
日本	最終消費	59	68	66	70	72	73	75	75
	總資本形成	40	33	33	28	26	25	23	24
新加坡	最終消費	79	61	56	50	50	53	53	51
	總資本形成	39	46	36	34	31	33	19	19
香港	最終消費	72	65	64	70	71	68	67	67
	總資本形成	20	35	27	34	29	28	21	22
台灣	最終消費	75	68	72	73	74	75	76	74
	總資本形成	25	33	23	25	25	23	20	20
韓國	最終消費	84	75	63	63	62	66	67	69
	總資本形成	25	32	38	38	25	31	30	30
馬來西亞	最終消費	76	67	66	60	51	53	57	57
	總資本形成	19	30	32	44	27	27	20	20
泰國	最終消費	80	78	66	63	65	67	69	68
	總資本形成	28	29	41	42	20	23	31	28
印尼	最終消費	81	65	62	64	67	68	74	71
	總資本形成	19	29	42	44	23	22	22	25
菲律賓	最終消費	76	73	81	85	88	84	79	80
	總資本形成	21	29	24	22	20	20	15	15
中國	最終消費	71	65	62	58	60	62	52	51
	總資本形成	29	35	35	40	36	35	43	43
越南	最終消費	97	97	97	82	79	73	70	70
	總資本形成	14	14	14	27	29	30	35	35

注：1.比重為各佔 GDP 比。2.作者整理編製。
資料出處：UNCTAD, Handbook of Statistics 2007, http://stats.unctad.org/Handbook/TableViewer/download.aspx.

　　大體而言，戰後東亞國家總資本形成比重的高峰落點時期，與前述貿易依存度雷同，日本 1970 年代，亞洲一梯 NIEs 大都在 1970、80 年代，亞洲二梯 NIEs 大都在 1980、90 年代，中國、越南 90 年代後半及 2000 年以後，在各年代中皆高於世界、已開發及開發中國家的平均水準，此亦形成區域內國家間銜續上升趨勢。

　　另一方面，東亞最終消費比重隨著經濟發展大多低於世界平均的水準，菲律賓最高 80%，新加坡、馬來西亞則只有 50%，其餘在 60-70%。而總資本形成比重 2000 年之前大都提升，其後除中國外均下降，主要受前述對外貿易比重變化的影響。新加坡、馬來西亞的最終消費比重並未因總資本形成比重的變化而顯著提升。而東亞國家各年代中相對高投資比重的銜續上升趨勢可稱為投資導向的雁行形態展開。

（二）東亞國家 GDP 所佔固定資本形成的比重

　　進一步觀察 1970 至 2006 年期間最終消費中民間消費與總資本形成中總固定資本形成佔 GDP 比重的變化。表 3-23 可知，東亞國家國內最終消費中與世界的平均一樣，民間消費佔 GDP 比重最大，而總固定資本形成佔 GDP 比重則各國不同。大體而言，隨著經濟的發展其比重與民間消費比重相互消長，也都超過世界的平均水準。總固定資本形成佔 GDP 比重，日本 1970、80 年代在 30%水準，90 年代降至 25-30%水準，2000 年以後 25%以下，2006 年 24%,，均高於美國及世界、已開發國家的平均，相對地其民間消費比重則從 50%水準提升至 55%以上，均低於美國及世界、已開發國家的平均。日本不同於美國的是，美國民間消費比重皆在 60%水準，90 年代以後在 70%水準，日本 90 年代中期才上升至 55%水準，主要就是日本的總固定資本形成比重高於美國及期間內的變化所致。

表 3-23　東亞民間消費與總固定資本形成比重　　　(%)

		1970	1980	1990	1995	1998	2000	2005	2006
民間消費	世界	59	58	59	60	61	61	60	60
	已開發國	59	59	60	60	61	62	62	62
	開發中國	66	58	59	59	60	58	53	53
	美國	63	64	67	68	68	69	70	70
	日本	48	54	53	55	56	56	57	57
	新加坡	68	51	46	41	40	42	42	40
	香港	65	58	57	62	62	59	58	58
	台灣	56	52	55	58	59	61	62	61
	韓國	74	63	51	52	49	54	53	55
	馬來西亞	60	51	52	48	42	42	44	44
	泰國	69	65	57	53	54	56	57	56
	印尼	73	55	54	57	62	62	65	63
	菲律賓	66	63	71	74	74	70	70	70
	中國	63	51	49	45	45	46	38	36
	越南	90	90	90	74	71	66	64	64
總固定資本形成	世界	24	24	23	22	22	22	22	22
	已開發國	23	24	23	21	21	21	20	21
	開發中國	20	24	23	25	24	24	26	27
	美國	18	20	17	18	19	20	19	19
	日本	36	32	33	28	26	25	23	24
	新加坡	33	41	32	33	38	31	22	23
	香港	20	33	26	30	30	26	21	22
	台灣	21	30	22	25	24	24	20	20
	韓國	26	32	37	37	30	31	29	29
	馬來西亞	16	31	33	44	27	26	20	20
	泰國	26	28	40	41	22	22	29	29
	印尼	13	19	26	26	23	20	22	24
	菲律賓	18	27	23	22	21	20	15	15
	中國	24	29	25	33	33	34	41	43
	越南	12	12	13	25	27	28	33	32

注：1. 比重為各佔 GDP 比。2. 作者整理編製。
資料出處：UNCTAD, Handbook of Statistics 2007, http://stats.unctad.org/Handbook/TableViewer/download.aspx.

　　而其他東亞國家的民間消費比重亦皆高於總固定資本形成，期間內也互為消長，總固定資本形成比重的變化趨勢則各國不同。總固定資本形成的比重，亞洲一梯 NIEs 大都在 1970、80 年代達到 30-40%水準，其中新加坡 30-40%間、香港 20-35%間、台灣 20-35%間、韓國 25-40%間，70 年代低於日本但 80 年代高於日本，另高於同期世界、已開發國家及開發中國家的平均。1990 年代中亞洲金融風暴前新加坡、香港 30%以上，韓國近 40%，台灣 25%水準，2000 年以後均下降，2006 年新加坡 23%、香港 22%、台灣 20%、韓國 29%。亞洲二梯 NIEs 大都在 1980、90 年代達到 30-40%水準，但菲律賓在 20-30%水準，1980、90 年代中期止高於同期日本、亞洲一梯 NIEs 亦高於世界、已開發國家及開發中國家的平均。1990 年代亞洲金融風暴後下跌，進入 2000 年後除泰國外均下降，2006 年馬來西亞 20%、印尼 24%、菲律賓 15%，泰國回升至 29%。中國 1980 年代超過 25-30%，90 年代提升至 30%以上水準，2000 年以後提升至 40%以上，2006 年 43%。越南 1990 年代後半期急增至 25%以上水準，2000 年以後提升至 30%以上，2006 年 32%。

　　大體而言，戰後東亞國家總固定資本形成比重的高峰落點時期，與前述總資本形成雷同，日本 1970 年代，亞洲一梯 NIEs 大都在 1970、80 年代，亞洲二梯 NIEs 大都在 1980、90 年代，中國、越南 90 年代後半及 2000 年以後，在各年代中皆高於世界、已開發及開發中國家的平均水準，此亦形成區域內國家間銜續上升的趨勢變化。

　　另一方面，民間消費比重隨著總固定資本形成比重的變化呈現升降兩種方向的變化，日本、台灣、菲律賓上升，2007 年各為 57%、61%、70%，但新加坡、香港、韓國、馬來西亞、泰國、印尼、中國、越南皆下降，2006 年各為 40%、58%、55%、44%、56%、63%、36%、64%，如前述日本以外東亞國家普遍受對外貿易比重變化的影響，其民間消費比重並未因總固定資本形成比重的變化而顯著提升。

二、東亞國家 GDP 成長與固定資本形成

（一）東亞 GDP 成長與固定資本形成比重的變化

　　從圖 3-3 可知 1970-2006 年期間，世界、已開發國家及開發中國家的 GDP 成長與固定資本形成比重間基本上呈現同方向的變化。東亞國家的固定資本形成比重如前述在其經濟發展中相對於世界或已開發國家、開發中國家的平均，皆佔有重要的位置，再從圖 3-3、3-4 及表 3-24、3-25 可知，東亞區域內國家間日本 1970 年代、亞洲一梯 NIEs1970、80 年代、亞洲二梯 NIEs1980、90 年代、中國、越南 2000 年以後等固定資本形成比重的高峰形成衡續上升趨勢。但其比重與 GDP 成長間的變化則各國不同，日本、中國、越南的變化方向相同，亞洲一梯 NIEs、二梯 NIEs 的方向則不一致。

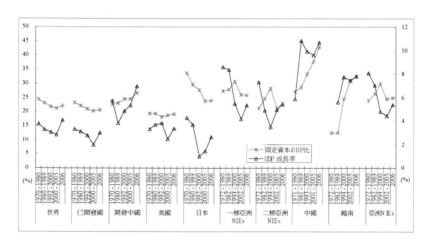

圖 3-3　東亞 GDP 成長與投資一

注：1.亞洲 NIEs（Newly Industrialized Economies）為新加坡、香港、台灣、韓國及馬來西亞、泰國、
　　印尼、菲律賓，一梯為前四經濟體，二梯為後四國。

資料出處：UNCTAD, Handbook of Statistics 2007, http://stats.unctad.org/Handbook/TableViewer/download.aspx.

　　1990 年代亞洲一梯 NIEs、二梯 NIEs 的固定資本形成比重大多延續 1970、80 年代的上升趨勢故與大多數東亞國家因亞洲金融風暴而 GDP 成長率在 1990 年代呈現下跌的變化方向相反，而 2000 年後一梯 NIEs、二梯 NIEs 的固定資本形成比重大多下降，除泰國、印尼外又與其 GDP 成長率的回升變化相背離。輸出導向的東亞經濟成長中，固定資本形成雖為必要條件但並不充分，國內消費以外特別外需的淨輸出亦是影響其經濟成長的重要因素。

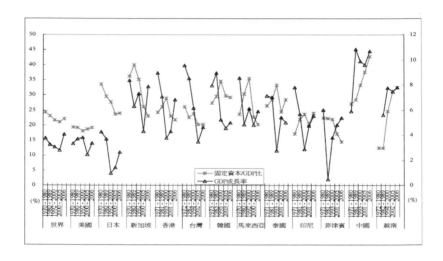

圖 3-4　東亞 GDP 成長與投資二

注：1.亞洲 NIEs（Newly Industrialized Economies）為新加坡、香港、台灣、韓國及馬來西亞、泰國、
　　印尼、菲律賓，一梯為前四經濟體，二梯為後四國。
資料出處：UNCTAD, Handbook of Statistics 2007, http://stats.unctad.org/Handbook/TableViewer/download.aspx.

表 3-24　東亞的經濟成長與固定資本形成一　　(%)

		1970-1980	1980-1989	1992-2000	2000-2005	2006
世界	固定資本形成／GDP	24.33	22.98	21.71	21.09	22.07
	GDP 成長率	3.78	3.26	3.08	2.81	4.07
已開發國家	固定資本形成／GDP	23.31	22.13	21.01	20.14	26.61
	GDP 成長率	3.33	3.12	2.79	1.96	3.03
開發中國家	固定資本形成／GDP	22.62	22.97	24.61	24.59	20.59
	GDP 成長率	5.75	3.81	4.85	5.36	6.97
美國	固定資本形成／GDP	19.29	19.21	18.13	18.73	19.10
	GDP 成長率	3.33	3.69	3.82	2.47	3.37
日本	固定資本形成／GDP	33.62	29.66	27.72	23.71	24.01
	GDP 成長率	4.26	3.70	0.99	1.44	2.67
新加坡	固定資本形成／GDP	36.30	40.04	35.23	26.10	23.05
	GDP 成長率	8.36	6.33	7.32	4.31	7.88
香港	固定資本形成／GDP	24.27	26.20	28.95	23.03	21.78
	GDP 成長率	8.96	7.05	3.77	4.29	6.82
台灣	固定資本形成／GDP	26.20	22.51	23.77	20.24	20.23
	GDP 成長率	9.57	8.54	6.18	3.48	4.62
韓國	固定資本形成／GDP	27.34	29.62	34.58	29.75	29.35
	GDP 成長率	7.95	8.97	5.22	4.58	5.01

注：1.固定資本形成/GDP 為固定資本形成佔 GDP 比率，各比率皆為時期別平均值。
資料出處：UNCTAD, Handbook of Statistics 2007, http://stats.unctad.org/Handbook/TableViewer/download.aspx.

表 3-25　東亞的經濟成長與固定資本形成二　　(%)

		1970-1980	1980-1989	1992-2000	2000-2005	2006
馬來西亞	固定資本形成／GDP	23.60	30.38	35.47	22.67	20.21
	GDP 成長率	8.55	4.86	6.12	4.82	5.91
泰國	固定資本形成／GDP	26.41	28.57	33.32	24.46	28.57
	GDP 成長率	7.15	7.03	2.77	5.42	4.99
印尼	固定資本形成／GDP	17.11	22.04	23.64	20.35	23.97
	GDP 成長率	7.83	5.67	2.86	4.73	5.55
菲律賓	固定資本形成／GDP	22.45	22.31	22.01	17.16	14.56
	GDP 成長率	6.04	0.50	3.80	4.83	5.37
中國	固定資本形成／GDP	27.18	28.56	33.28	37.75	42.87
	GDP 成長率	5.90	10.84	9.91	9.60	10.70
越南	固定資本形成／GDP	12.47	12.48	24.62	31.28	32.49
	GDP 成長率	--	5.63	7.78	7.47	7.80
亞洲 NIEs	固定資本形成／GDP	23.97	26.32	29.95	24.56	24.86
	GDP 成長率	8.07	7.04	4.80	4.43	5.37
一梯亞洲 NIEs	固定資本形成／GDP	27.36	27.81	30.69	25.98	25.79
	GDP 成長率	8.60	8.35	5.49	4.18	5.34
二梯亞洲 NIEs	固定資本形成／GDP	21.21	24.79	28.23	21.41	23.12
	GDP 成長率	7.34	4.91	3.50	4.96	5.43

注：1.亞洲 NIEs（Newly Industrialized Economies）為新加坡、香港、台灣、韓國（大韓民國）及馬來西亞、泰國、印尼、菲律賓；前四國為第一梯 NIEs，後四國為第二梯 NIEs。
資料出處：UNCTAD, Handbook of Statistics 2007, http://stats.unctad.org/Handbook/TableViewer/download.aspx.

　　因此東亞國家的經濟發展中固定資本形成皆佔相對的高比重，但其比重與 GDP 成長的變化方向間各國不同。表 3-26 可知，1970-2006 年期間，固定資本形成佔 GDP 比重與 GDP 成長率的變化間只有日本、新加坡、台灣、中國、越南呈現正相關即上述同方向變化，其餘國家或經濟體則呈現反方向變化。

表 3-26　東亞 GDP 成長率與固定資本佔 GDP 比重相關（1970-2006）

世界	已開發國	開發中國	亞洲 NIEs	亞洲一梯 NIEs	亞洲二梯 NIEs
0.5480	0.7752	0.6718	(-0.3777)	0.1663	(-0.8078)
美國	日本	新加坡	香港	台灣	韓國
(-0.1106)	0.7015	0.2074	(-0.3674)	0.8513	(-0.4309)
馬來西亞	泰國	印尼	菲律賓	中國	越南
(-0.1480)	(-0.6877)	(-0.7367)	(-0.4160)	0.5317	0.8985

三、東亞 GDP 成長與外資

　　雖然東亞國家在戰後經濟發展過程中逐漸突破發展初期國內儲蓄不足投資所需以及出口賺取的外匯不足進口所需的兩缺口，而至 1990 年代各國的國內儲蓄率（國內儲蓄／GDP）基本上都已屬高水準的程度，但是至 1997 年金融風暴止除日本、新加坡夾台灣外，多數東亞國家國內的投資水準（國內投資／GDP）均仍超出其儲蓄水準，而 1998 年以後除越南外東亞的儲蓄不足投資的缺口才消失，因此其間的缺口仍必須持續仰賴國外資本流入的彌補。（參照表 3-27）

　　事實上國外資本的流入也會帶動資本引進國的國內投資。Bosworth and Collins（1999）針對 1979-95 年 61 個開發中國家，其中含 18 個新興市場國家亞洲地區的台灣、韓國、泰國、馬來西亞、印尼、菲律賓、中國及印度，其他南非、拉丁美洲八國、摩洛哥等的民間及政府的國外總資本流入與國內投資比率（國內投資／

表 3-27　東亞儲蓄與投資

(%)

	總國內儲蓄／GDP					總資本形成／GDP					(總國內儲蓄－總資本形成)／GDP				
	1980	1990	1995-97	1998-2007		1980	1990	1995-97	1998-2007		1980	1990	1995-97	1998-2007	
日本	--	33.8	29.6	25.6		--	32.9	28.6	24.2		--	1.0	1.0	1.4
新加坡	38.8	44.0	50.7	47.0		46.3	37.1	36.2	24.7		-7.5	6.9	14.5	22.3
香港	33.5	35.7	30.1	31.3		35.4	27.0	33.2	23.7		-1.9	8.7	-3.1	7.6
台灣	32.6	27.8	26.4	25.9		33.8	23.0	24.1	21.3		-1.2	4.9	2.3	4.6
韓國	23.8	37.3	36.0	33.4		31.7	37.5	37.5	29.3		-7.9	-0.2	-1.5	4.1
馬來西亞	32.9	34.4	42.2	44.0		30.4	32.4	42.7	23.4		2.5	2.0	-0.5	20.6
泰國	22.3	34.0	36.1	32.4		29.1	41.4	39.2	25.0		-6.8	-7.3	-3.1	7.4
印尼	29.2	32.3	30.7	26.8		20.9	30.7	31.5	21.7		8.3	1.5	-0.8	5.1
菲律賓	26.6	18.7	14.4	18.3		29.1	24.2	23.8	17.5		-2.5	-5.5	-9.4	0.8
中國	34.1	35.2	39.0	42.6		35.2	36.1	40.1	40.0		-1.1	-0.9	-1.1	2.6
越南	--	2.9	18.5	27.7		--	12.6	27.8	33.6		--	-9.7	-9.3	-5.9

資料出處：ADB Key Indicators for Asia and the Pacific 2000, 2008，http://www.
adb.org/Documents/Books/Key_Indicators/2000/rt_15.xls，http://www.
adb.org/Documents/Books/Key_Indicators/2008/Part-III.asp#international。

GDP)、儲蓄以及經常收支關係的實證研究結果顯示國外總資本流入比率(總資本流入／GDP)及前一、二期實質 GDP 對國內投資比率(國內投資／GDP)有顯著影響。其中國外總資本流入比率對國內投資比率的彈性值,61 個開發中國家為 0.2,18 個新興市場國家為 0.27,證實國外總資本流入促進國內投資的假說,特別是在新興市場國家[2]。

(一)東亞國家 GDP 所佔 IFDI 的比重

東亞國家國內總資本形成的增加中,除國內儲蓄支持所需投資外,外來直接投資(Inflow Foreign Direct Investment(IFDI),以下簡稱外資)扮演另一個挹注國內資本缺口的重要角色,也是東亞國家外向型經濟發展初期享受後發展性利益的一環[3]。開放政策下的輸出導向型經濟發展模式中,外資與外債的導入也提供東亞各國儲蓄以外資本形成的管道。

東亞的 IFDI 引進首先可從其流量佔 GDP 的比率的變化觀察。表 3-28 為東亞各國 IFDI 佔 GDP 的比率。東亞國家的 IFDI 佔 GDP 比率除日本外,1970 至 2006 年期間亞洲一梯 NIEs 及 2000 至 05 年除外二梯 NIEs 的平均以及進入 1990 年代後的中國、越南皆高於世界及開發中國家的平均水準。日本的比率最低,雖然呈現增加的變化,2000 年之前皆在 0.1%以下,2000 年之後才提升至 0.1%水準但 2006 年又降低至-0.2%。其餘東亞國家,1970 年代新加坡 6.1%最高,馬來西亞 3.2%次之,香港 2.3%,印尼 1.6%,韓國、泰國 0.6%,菲律賓、台灣 0.5%皆高於已開國家平均,而除菲律賓、台灣外亦高於世界及開發中國家平均。

---

[2] Bosworth,B.P., and Collins, S.M., "Capital Flows to Developing Economies: Implications for Savings and Investment," Paper presented at IMF Research Dept. Seminar, May 6, 1999。

[3] 援引國外資金彌補國內投資的不足上,除 IFDI 外亦可藉由國外借款方式達成。東亞國家中韓國、印尼等在亞洲金融風暴前,基於國內經濟自主權的考量而主要採取國外借款方式。

表 3-28　東亞外來直接投資佔 GDP 比率　　　　（%）

	1970-1980	1980-1989	1990-2000	2000-05	2006
世界	0.47	0.60	1.68	2.39	2.69
已開發國家	0.45	0.63	1.56	2.20	2.44
開發中國家	0.58	0.72	2.24	3.00	3.17
美國	0.22	0.78	1.30	1.32	1.32
日本	0.03	0.02	0.08	0.16	-0.15
新加坡	6.12	9.93	12.39	14.70	18.32
香港	2.27	4.84	9.00	17.49	22.63
台灣	0.46	0.50	0.67	0.77	2.09
韓國	0.62	0.24	0.70	1.03	0.57
馬來西亞	3.22	3.23	6.41	2.92	4.07
泰國	0.60	0.99	2.63	3.69	4.73
印尼	1.64	0.35	0.68	-0.18	1.52
菲律賓	0.49	0.88	1.94	1.43	2.01
中國	0.01	0.46	3.62	3.36	2.60
越南	0.02	0.20	6.60	3.76	3.99
亞洲 NIEs	1.38	1.45	2.80	3.62	4.32
亞洲一梯 NIEs	1.39	1.82	2.93	4.46	5.13
亞洲二梯 NIEs	1.36	1.01	2.42	1.70	2.83

注：1.外資為各國 IFDI（Inward Foreign Direct Investment）流量。2.期間平均值。
資料出處：UNCTAD, Handbook of Statistics 2007,http://stats.unctad.org/Handbook/TableViewer/download.aspx.

　　1980 年代新加坡 9.9%最高，香港 4.8%次之，馬來西亞 3.2%，泰國 1%，菲律賓 0.9%，台灣、中國 0.5%，印尼 0.4%，韓國 0.24%，越南 0.2%、台灣、中國、印尼、韓國、越南均低於世界及開發中國家平均水準。1990 年代新加坡 12.4%最高，香港 9%次之，越南 6.6%，馬來西亞 6.4%，中國 3.6%，泰國 2.6%，菲律賓 1.9%，韓國、台灣、印尼 0.7%，韓國、台灣、印尼皆低於開發中國家平均。2000-05 年，香港 17.5%最高，新加坡 14.7%次之，越南 3.8%，泰國 3.7%，中國 3.4%，馬來西亞 2.9%，菲律賓 1.4%，韓國 1%，台灣 0.8%，印尼-0.2%，菲律賓、韓國、台灣、日本、印尼皆低於世界平均。2006年香港 22.6%最高，新加坡 18.3%次之，泰國 4.7%，馬來西亞 4.1%，越南 4%，中國 2.6%，台灣 2.1%，菲律賓 2%，印尼 1.5%，韓國 0.6%，香港、新加坡、泰國、馬來西亞、越南外皆低於世界、開發中國家平均。2000年以後，東亞的外資比率大抵呈現增加的變化。

　　1970年代以來，東亞國家中除印尼外基本上其外來直接投資佔 GDP 比率持續增加。日本比率雖低於 1%，2006年呈現減少，但 1970年代至 2005年呈現持續增加的趨勢。韓國 1980年代下降後 90年代回升呈現不穩定的增加。馬來西亞 1990年代達到高峰後下降，2006年又回升。印尼 1970年代後 1980、90年代持續降低，2000-05年更呈現負的減少，但 2006年則大幅回升。中國、越南社會主義國家宣示轉型市場經濟制及其改革開放的努力，益增外資的信心使外資急邊增加成為世界投資的重心，1990年代其 IFDI 佔 GDP 的比率大幅增加達到 1970年代以來的高峰，其後雖亦下跌但 2000-05年平均仍高於世界及開發中國家的平均水準。

　　東亞國家的 IFDI 佔 GDP 的比率，與前述總資本形成的發展不同，雖然水準高低不一但 1970年代以後隨著經濟的發展大都明顯逐次增加的變化。1990年代雖受亞洲金融風暴影響但仍呈現增加，2000年後特別金融風暴受創較重的印尼、菲律賓、馬來西亞減少以致亞洲二梯 NIEs 2000-05年的平均比率降低但亞洲一梯 NIEs 及越南則持續增加，中國雖未持續增加但維持在高比率水準。

　　而 IFDI 對東亞國家經濟發展上的意義，除了填補國內儲蓄的投資缺口特別是產業資本外，引進外資的目的主要是東亞國家經濟發展初期大都欠缺商業及投資銀行、資本市場等的金融仲介機能所以希望外資發揮產業資本配置的指針功能導引其國內產業發展所需生產性投資的資本配置，同時並希望其帶來國外的生產設備、機械及軟硬體技術以及國外的可銷售市場。因此東亞的外資引進與是其出口的快速成長關係非常密切。而日本基於其國內工業生產結構的完整性，對引進外資上態度非常保守，但在歷經 1990 年代長期不景氣後亦會意引進外資對其國內經濟運作、經營效率提升上的助益，亦開始大幅放寬對外資的限制。韓國在亞洲金融風暴前與日本對外資的態度相似但其後則相對開放。

（二）東亞國家固定資本形成所佔 IFDI 的比重

　　而東亞國家的 IFDI 佔其國內固定資本形成的比率，表 3-29 中可知 1970 年代新加坡 17%最高，馬來西亞 14%次之，印尼 10%，香港 9.5%，韓國 2.7%、泰國 2.3%、菲律賓 2.2%、台灣 1.8%皆低於開發中國家平均，其他 1%以下。1980 年代新加坡 26%最高，香港 19%次之，馬來西亞 10%，菲律賓 4.4%，泰國 3.3%，印尼、中國及越南 1.6%、台灣 2.3%均低於開發中國家平均水準，其他 1%以下。1990 年代新加坡 36%最高，香港 32.5%次之，越南 29.4%，馬來西亞 18%，中國 11%，菲律賓 8.9%，泰國 9.4%，台灣 2.9%、印尼 2.3%、韓國 2.2%皆低於開發中國家平均。2000 年以後，2000-05 年，香港 75%最高，新加坡 56.4%次之，泰國 15%，馬來西亞 13%，越南 12%，中國 9%、菲律賓 8%、台灣 3.7%、韓國 3.4%，日本 0.7%，印尼-1.2%皆低於世界平均。2006 年香港 104%最高，新加坡 79.5%次之，馬來西亞 20%，泰國 16.6%，菲律賓 13.8%，越南 12.3%，台灣 10.3%、中國 6%、印尼 6.1%、韓國 1.9%、日本-0.6%皆低於世界、已開發國家、開發中國家平均。

　　1970 年代以來，新加坡、香港、台灣、泰國、印尼、菲律賓的外資佔國內固定資本形成比率持續增加。日本比率雖低於 1%，但 1980 年代至 2005 年持續增加。韓國 1980 年代下降後 90 年代回升，2000-05 年更超過 1970 年代水準地戰後創新高峰。馬來西亞 1980 年代曾下降至 10%水準，2000-05 年又下降至 13%水準但 2006 年回增至 20%。印尼 1980、90 年代持續增加，2000-05 年不增反減，2006 年回增。中國、越南進入 1990 年代後大幅增加，中國 IFDI

佔其國內資本形成的比重 94 年達 17.3%的歷史高點，其後雖下跌仍維持在 11%水準，2000 年以後降至 10%以下，越南 1990 年代29%水準，其後雖亦下跌仍維持在 12%以上水準。東亞國家的外資佔國內固定資本形成的比率，與前述其佔 GDP 比率的發展雷同，雖然比率水準高低不一但大都在 1970 年代以後隨著經濟的發展逐次增加，其中韓國、印尼的上下波動變化較大，中國、越南則 1990年代開始呈現跳躍式的增加，大體而言東亞國家呈現增加趨勢的發展。

表 3-29　東亞外來直接投資佔國內固定資本形成比率　　　（%）

	1970-80	1980-89	1990-2000	2000-05	2006
世界	2.03	2.62	7.74	11.29	12.17
已開發國	1.93	2.84	7.38	10.79	11.86
開發中國	2.70	3.10	9.18	12.22	11.90
美國	1.09	4.09	6.96	6.91	6.92
日本	0.09	0.06	0.28	0.67	-0.61
新加坡	16.73	26.23	36.15	56.36	79.46
香港	9.46	18.72	32.54	74.49	103.89
台灣	1.83	2.33	2.88	3.71	10.32
韓國	2.72	0.81	2.19	3.44	1.93
馬來西亞	13.72	10.29	18.30	13.10	20.13
泰國	2.31	3.31	9.40	14.97	16.55
印尼	9.94	1.60	2.25	-1.22	6.36
菲律賓	2.18	4.42	8.91	8.24	13.77
中國	0.03	1.58	11.01	8.98	6.08
越南	0.20	1.62	29.38	12.12	12.29

注：1.外資為各國 IFDI（Inward Foreign Direct Investment）流量。2.期間平均值。
資料出處：UNCTAD, Handbook of Statistics 2007, http://stats.unctad.org/Handbook/TableViewer/download.aspx.

（三）東亞國家固定資本形成與外資

首先從表 3-30 中可知東亞國家固定資本佔 GDP 比重與 IFDI 佔 GDP 比率的變化關係，1970-2006 年期間，日本、亞洲一梯 NIEs 普遍呈現負相關，特別日本、新加坡、韓國呈現顯著性，而馬來西亞、中國、越南呈現顯著性正相關，泰國則呈現顯著性負相關。而同期間世界及已開發國家平均為顯著性負相關，開發中國家為顯著性正相關，東亞中亞洲二梯 NIEs 平均一為正相關但泰國、印尼、菲律賓等顯然與開發中國家的平均變化不同。

表 3-30　東亞固定資本佔 GDP 比重與 IFDI 佔 GDP 比率相關

	世界	已開發	開發中	美國	日本	新加坡
1970-2006	(-0.6219)**	(-0.4778)**	0.4904**	0.1643	(-0.3962)*	(-0.4535)**
1970-79	0.0778	0.6455*	(-0.2409)	0.7533*	0.3342	0.2494
1980-89	(-0.0081)	0.4141	0.1921	(-0.4555)	(-0.3763)	(-0.6157)
1990-99	(-0.4913)	(-0.2015)	0.3072	0.9061**	(-0.4715)	(-0.2644)
2000-06	0.6009	0.9018**	(-0.0095)	0.8334*	(-0.0604)	0.2980
	香港	台灣	韓國	馬來西亞	泰國	印尼
1970-2006	(-0.0730)	(-0.3135)	(-0.3825)*	0.7188**	(-0.3456)*	(-0.0288)
1970-79	0.2106	(-0.5159)	(-0.4822)	0.3918	(-0.5233)	(-0.1575)
1980-89	0.0528	(-0.3764)	(-0.1306)	0.8398**	0.7180*	0.4093
1990-99	(-0.0775)	(-0.5147)	(-0.9254)**	0.5687	(-0.9038)**	0.9041**
2000-06	0.4932	0.4537	0.8047*	(-0.3407)	0.8076*	0.6876
	菲律賓	中國	越南	亞洲 NIEs	亞洲一梯 NIEs	亞洲二梯 NIEs
1970-2006	(-0.1315)	0.6368**	0.6841**	0.0164	(-0.1761)	0.4031*
1970-79	0.3156		0.4848	(-0.4372)	(-0.4045)	(-0.2560)
1980-89	(-0.3540)	0.4405	(-0.0162)	(-0.0451)	(-0.1565)	0.6835*
1990-99	0.2289	0.8677**	0.6516*	(-0.8247)**	(-0.8033)**	(-0.1100)
2000-06	0.1596	(-0.8549)*	(-0.5806)	0.9801**	0.9596**	0.7312

注：1.雙尾檢定，顯著水準* 0.05，** 0.01。

　　期間中，1970 年代，日本、新加坡、香港、馬來西亞、菲律賓、越南呈現正相關，1980 年代，香港、馬來西亞、泰國、印尼、中國正相關，特別馬來西亞、泰國為顯著性正相關，1990 年代，馬來西亞、印尼、菲律賓、中國、越南正相關，特別印尼、中國、越南為顯著性正相關，其餘為負相關其中韓國、泰國呈現顯著性負相關，2000 年後，新加坡、香港、台灣、韓國、泰國、印尼、菲律賓為正相關，特別韓國、泰國呈現顯著性正相關，而日本、馬來西亞、中國、越南負相關，特別中國呈現顯著性負相關。

　　其次從表 3-31 中探討東亞固定資本佔 GDP 比重與 IFDI 佔固定資本形成比率的變化關係。1970-2006 年期間，世界及已開發國家平均為顯著性負相關，開發中國家為顯著性正相關。東亞中，日本、亞洲一梯 NIEs 普遍呈現負相關，特別日本、新加坡、台灣、韓國呈現顯著性，而馬來西亞、中國、越南呈現正相關，特別中國、越南為顯著性正相關，泰國、印尼、菲律賓則呈現負相關，特別泰國、菲律賓為顯著性負相關。泰國、印尼、菲律賓等亞洲二梯 NIEs 與開發中國家的平均變化顯然不同。

　　期間中，1970 年代，日本、新加坡、菲律賓、越南為正相關，其餘東亞國家為負相關，1980 年代，馬來西亞、泰國、印尼、中國為正相關，特別馬來西亞、泰國為顯著性正相關，其餘國家為負相關，其中新加坡為顯著性負相關，1990 年代，印尼、中國、越南為正相關，特別印尼、中國為顯著性正相關，其餘國家為負相關，其中韓國為顯著性負相關，2000 年以後，香港、台灣、韓國、泰國、印尼為正相關，特別韓國為顯著性正相關，其餘國家為負相關，其中中國、越南為顯著性負相關。

　　以上不管是固定資本佔 GDP 比重與 IFDI 佔 GDP 比率的變化或固定資本佔 GDP 比重與 IFDI 佔固定資本形成比率的變化關係，1970-2006 年期間，東亞國家固定資本的形成與外資間的變化關係與世界、已開發國家及開發中國家的變化關係有相同及相異處。而從東亞 1970 年代以來的經濟成長過程中，日本、新加坡、香港等亞洲一梯 NIEs 在 1970 年代，亞洲二梯 NIEs、中國、越南在 1980 及 90 年代的固定資本的形成與外資間呈現的正相關關係，大體上仍可看出東亞國家固定資本形成與外資變化間正相關的雁行形態接續發展。原則上此可視為各國經濟發展階段投資缺口的國內儲蓄與外來直接投資互補關係的呈現。

表 3-31　東亞固定資本佔 GDP 比重與 IFDI 佔固定資本比率相關

	世界	已開發	開發中	美國	日本	新加坡	香港	台灣
1970-2006	(-0.6379)**	(-0.5135)**	0.4241**	0.1177	(-0.4546)**	(-0.6984)**	(-0.1809)	(-0.4228)**
1970-79	(-0.0991)	0.5398	(-0.4929)	0.6675*	0.3159	0.1049	(-0.1179)	(-0.5971)
1980-89	(-0.0834)	0.3412	0.0369	(-0.5154)	(-0.4040)	(-0.8365)**	(-0.1040)	(-0.5632)
1990-99	(-0.5029)	(-0.2260)	0.2351	0.9072**	(-0.5112)	(-0.4229)	(-0.2135)	(-0.5872)
2000-06	0.1893	0.8968**	(-0.3139)	0.8267*	(-0.1089)	(-0.2092)	0.3162	0.3383
	韓國	馬來西亞	泰國	印尼	菲律賓	中國	越南	
1970-2006	(-0.3825)*	0.1891	(-0.3457)*	(-0.2248)	(-0.3299)*	0.5332**	0.5164**	
1970-79	(-0.5025)	(-0.0268)	(-0.5732)	(-0.3399)	0.1365	--	0.4864	
1980-89	(-0.1916)	0.6791*	0.9438**	0.2408	(-0.4992)	0.3231	(-0.0215)	
1990-99	(-0.9323)**	(-0.3026)	(-0.9547)**	0.9157**	(-0.0498)	0.8272**	0.0903	
2000-06	0.7771*	(-0.5635)	0.4712	0.6656	(-0.0779)	(-0.9684)**	(-0.8978)**	

注：1.雙尾檢定，顯著水準* 0.05，** 0.01。

　　但 2000 年後亞洲一梯 NIEs 及泰國、印尼等二梯 NIEs 呈現正的相關，而日本、馬來西亞、中國、越南呈現負的相關關係則無法完全以經濟發展階段投資缺口的的互補關係解釋。此現象一方面如前述東亞國家各年代的固定資本形成比重隨著經濟發展達到高點後下降的趨勢變化，但另一方面 2000 年後東亞外來直接資持續增加，兩者間的關係因此由正轉負。

　　東亞國家的經濟成長中,上述正相關國家中雖其國外直接投資佔國內固定資本形成比率不是最高,而其國外直接投資佔 GDP 比率也不是最高,但其外資的增減變化與其 GDP 成長率的期間變化是一致的。泰國則是 GDP 成長率減緩後的 1990 年代開始外資才大幅增加。東亞國家除日本、韓國外,與外資的關係密切。

(四)東亞國家的 GDP 成長與 IFDI 佔 GDP 比率的變化關係

　　而東亞外資佔 GDP 比率的變化與 GDP 成長的變化間亦各國不同。1970-2006 年期間,IFDI 佔 GDP 比率與 GDP 成長率的變化間馬來西亞、印尼、菲律賓、中國、越南呈現正相關即同方向變化,其餘國家或經濟體則呈現反方向變化。(參照表 3-32)東亞國家中日本、一梯 NIEs 的負相關及泰國以外二梯 NIEs、中國、越南的正相關基本上與世界、已開發國家負相關的平均關係及開發中國家正相關的平均關係相同。

表 3-32　東亞 GDP 成長率與 IFDI 佔 GDP 比率相關 (1970-2006)

世界	已開發	開發中	亞洲 NIEs	亞洲一梯 NIEs	亞洲二梯 NIEs
(-0.0244)	(-0.6265)	0.5567	(-0.8172)	(-0.8808)*	(-0.3646)
美國	日本	新加坡	香港	台灣	韓國
(-0.1890)	(-0.3977)	(-0.2677)	(-0.4033)	(-0.5657)	(-0.7792)
馬來西亞	泰國	印尼	菲律賓	中國	越南
0.0523	(-0.5608)	0.5377	0.1290	0.4909	0.8992

注:1. 雙尾檢定,顯著水準* 0.05。

　　再對照前出表 3-29 中所示東亞國家外資佔固定資本形成比率普遍呈現增加的發展趨勢可知,外資佔 GDP 比率與 GDP 成長呈現負相關主要是 1990 年代後 GDP 成長下降及兩者的增減期間不一致所致。另外負相關群組中外資比率較低的日本、台灣、韓國、泰國雖然 1980 年代以後其比率都增加，但日本、台灣的國內資本形成與國內儲蓄密切相關，而韓國、泰國則與外債密切相關。

歸納東亞國家中 GDP 成長與固定資本形成佔 GDP 比重及外資佔 GDP 比率的變化相關可以分為，（1）GDP 成長與固定資本形成佔 GDP 比重及外資佔 GDP 比率的變化呈現正相關即同方向變化的群組中國、越南，（2）GDP 成長與固定資本形成佔 GDP 比重呈現正相關而與外資佔 GDP 比率的變化呈現負相關變化的群組日本、新加坡、台灣，（3）GDP 成長與固定資本形成佔 GDP 比重呈現負相關而與外資佔 GDP 比率的變化呈現正相關變化的群組馬來西亞、印尼、菲律賓，（4）GDP 成長與固定資本形成佔 GDP 比重及外資佔 GDP 比率的變化呈現負相關的同方向變化的群組香港、韓國、泰國。其中（1）、（3）群組的 GDP 成長與外資比率的變化關係密切，（2）群組則其固定資本形成主要來自國內儲蓄，（4）群組的固定資本形成與外債關係密切。

（五）東亞國家外債佔 GDP 比率的變化

開放經濟體系下，經濟成長過程中國內所需投資與其儲蓄的缺口彌補方法，除提高國內儲蓄性向、引進外資外，還有向國外借款。東亞國家戰後的經濟成長過程中除了上述外資的導入外，其外債也跟著增加。表 3-33 可知 1970-2006 年期間，東亞國家外債餘額、外債佔 GDP 比率皆呈現增加的發展趨勢。外債餘額以日本最高，1979 年 288 億美元，2006 年 1 兆 7,565 億美元。外債佔 GDP 比率 2000 年以前，印尼最高，1979 年 36%、1990-99 年 75%，但 2000-05 年新加坡最高 221.6%。

另從表 3-34 可知東亞國家的對外債務中，台灣以外基本上皆是長期債務大於短期債務，長期債務中又以長期政府債務為主。1990 年代開始，東亞國家的長期民間債務及短期債務大多顯著增加，2000 年以後台灣、韓國、泰國長期民間債務超過長期政府債務。

表 3-33　東亞國家的外債　　　　　（10 億美元，%）

		1979	1980-89	1990-99	2000-05	2006
日本	對外債務餘額	28.8	129.46	717.39	1,484.99	1,756.46
	對外債務餘額／GDP	2.85	6.11	16.79	34.23	40.28
新加坡	對外債務餘額	1.73	3.55	8.85	217.47	-
	對外債務餘額／GDP	18.33	19.33	12.29	221.63	-
香港	對外債務餘額	-	7.46	29.48	136.46	
	對外債務餘額／GDP	-	20.91	21.19	82.62	-
台灣	對外債務餘額	-	13.11	26.30	57.47	83.28
	對外債務餘額／GDP	-	16.40	10.85	18.24	23.47
韓國	對外債務餘額	22.89	38.45	84.65	154.07	253.23
	對外債務餘額／GDP	35.28	39.72	21.75	26.17	28.56
馬來西亞	對外債務餘額	4.96	16.53	31.45	48.39	54.21
	對外債務餘額／GDP	23.36	53.28	42.01	46.87	36.32
泰國	對外債務餘額	6.64	16.07	74.67	60.30	59.75
	對外債務餘額／GDP	24.28	35.54	56.23	44.66	29.08
印尼	對外債務餘額	18.63	37.67	112.60	136.62	131.77
	對外債務餘額／GDP	36.25	41.64	75.07	67.60	37.42
菲律賓	對外債務餘額	13.28	25.34	39.63	57.57	54.06
	對外債務餘額／GDP	48.29	74.28	62.90	71.67	54.96
中國	對外債務餘額	2.18	20.35	107.68	195.72	-
	對外債務餘額／GDP	0.84	5.87	15.78	13.25	-
越南	對外債務餘額	-	11.45	23.92	14.48	-
	對外債務餘額／GDP	-	118.52	172.20	39.33	-

資料出處：1.ICSAED，1999,2007 年「東アジア経済の趨勢と展望」統計資料。http://www.icsead.or.jp/
7publication/shiten.html。2.作者計算彙編。

表 3-34　東亞對外債務餘額結構　　(10 億美元)

		1979	1980-89	1990-99	2000-05	2006
新加坡	對外債務餘額	1.73	3.94	8.85	217.47	-
	長期債務	1.57	3.33	7.14	131.85	-
	短期債務	0.16	0.61	1.71	85.62	-
香港	對外債務餘額	-	10.39	29.48	136.46	-
	長期債務	0.00	6.40	20.59	69.82	-
	短期債務	-	3.99	8.88	66.63	-
台灣	對外債務餘額	-	13.11	26.30	57.47	83.3
	長期政府債務	3.08	3.90	0.35	0.16	0.1
	長期民間債務	-	0.82	5.92	12.35	12.1
	短期債務	-	8.53	20.03	44.95	71.0
韓國	對外債務餘額	22.89	38.45	84.65	154.07	253.2
	長期政府債務	15.58	23.28	30.62	47.32	-
	長期民間債務	7.17	8.18	19.86	55.46	-
	短期債務	0.00	10.05	30.76	50.32	81.4
	IMF 借款	0.14	0.97	3.41	5.81	-
馬來西亞	對外債務餘額	4.96	16.53	31.45	48.39	54.2
	長期政府債務	3.08	11.84	15.03	23.91	22.9
	長期民間債務	1.00	2.38	9.57	15.78	17.7
	短期債務	0.87	2.19	6.85	8.70	13.5
	IMF 借款	0.00	0.12	0.00	0.00	-
泰國	對外債務餘額	6.64	16.07	74.67	60.30	59.7
	長期政府債務	2.69	9.16	19.02	19.41	12.8
	長期民間債務	1.24	3.11	27.36	25.51	26.2
	短期債務	2.34	2.99	27.38	12.68	0.0
	IMF 借款	0.37	0.81	0.91	2.71	0.0
印尼	對外債務餘額	18.63	46.28	112.60	136.62	131.8
	長期政府債務	13.38	34.67	59.64	71.06	-
	長期民間債務	3.14	4.70	29.45	33.38	-
	短期債務	2.11	6.50	21.22	22.93	-
	IMF 借款	0.00	0.27	2.30	9.75	-
菲律賓	對外債務餘額	13.28	27.76	39.63	57.57	54.1
	長期政府債務	5.08	18.64	27.64	35.73	-
	長期民間債務	2.07	2.04	4.58	17.67	-
	短期債務	5.31	5.94	6.34	5.85	5.8
	IMF 借款	0.81	1.14	1.07	1.34	0.3
中國	對外債務餘額	2.18	29.20	107.68	195.72	-
	長期政府債務	2.18	21.40	82.33	92.25	-
	長期民間債務	0.00	0.00	6.16	34.41	-
	短期債務	0.00	5.25	19.15	69.06	-
	IMF 借款	0.00	0.68	0.05	0.00	-
越南	對外債務餘額	-	12.88	23.92	14.48	-
	長期債務	-	10.46	21.10	12.96	-
	長期政府債務	-	19.19	21.10	12.96	-
	短期債務	-	0.44	2.54	1.18	-
	IMF 借款	-	0.04	0.28	0.34	-

注：泰國2000-05IMF借款為外匯長期債務；越南1980-89長期政府債務資料只有1989年191.9億美元。
資料出處：1.ICSAED，1999,2007年「東アジア経済の趨勢と展望」統計資料。http://www.icsead.or.jp/7publication/shiten.html。2.作者計算彙編。

東亞國家的外債與其固定資本形成的關係，從表 3-35 的固定資本形成與外債佔 GDP 比重變化的關係可知 1979 至 2006 年，日本、亞洲一梯 NIEs 及越南為負的相關，但亞洲二梯 NIEs 及中國為正相關關係。顯示 1980 年代以後亞洲二梯 NIEs 與中國的固定資本形成累積變化過程與舉借外債的高連關性，特別中國、泰國與馬來西亞。

表 3-35　固定資本佔 GDP 比與外債佔 GDP 比相關（1979-2006）

日本	新加坡	香港	台灣	韓國	
(-0.9446)*	(-0.9287)	(-0.8839)	(-0.8948)	(-0.6999)	
馬來西亞	泰國	印尼	菲律賓	中國	越南
0.4010	0.5268	0.2857	0.0506	0.8423	(-0.4504)

注：1. 雙尾檢定，顯著水準 * 0.05，** 0.01。

再檢視東亞國家的經濟成長與外債關係，表 3-36 可知 1970-2006 年期間香港、韓國、中國、越南的 GDP 成長率與外債佔 GDP 比率的變化為正相關，特別韓國呈現顯著性相關，意即其變化方向相同，其餘皆為負相關，特別馬來西亞呈現顯著性相關。正相關國家除中國、越南外，負關國家除新加坡、泰國外與前述外資的變化呈現反向的關係。特別韓國的經濟成長與外債呈現同方向變化的密切關係，亞洲二梯 NIEs 的經濟成長則普遍與外資呈現同方向變化的密切關係。中國、越南的正相關關係中，越南與外資的正關係明顯大於外債。日本、新加坡、台灣與外資及外債皆為負相關，主要是其經濟成長與國內儲蓄的變化關係較密切。

表 3-36　GDP 成長率與外債佔 GDP 比相關（1979-2006）

日本	新加坡	香港	台灣	韓國	
(-0.5725)	(-0.8783)	0.7583	(-0.4208)	0.9139*	
馬來西亞	泰國	印尼	菲律賓	中國	越南
(-0.9449)*	(-0.7914)	(-0.8552)	(-0.7635)	0.6339	0.0233

注：1. 雙尾檢定，顯著水準 * 0.05，** 0.01。

　　當然東亞各國的國內儲蓄率有所不同外，各國外資政策開放程度亦不相同，因而產生各國依賴外資程度及依賴型態的差異。亞洲貨幣金融風暴之前泰國、馬來西亞、印尼、菲律賓等積極開放金融資本市場，所以其外資依賴程度高的同時，外債比例（外債餘額／GDP）亦高。而韓國基本上不願開放外資，而致其外債比例，特別是短期外債比例處於相對的高水準。（參照表 3-37）

表 3-37　東亞國家短期負債比率（1992-96）

	民間淨資本流入／GDP	短期負債／GDP	短期負債／民間淨資本流入
韓國	3.2	2.7	84.4
馬來西亞	10.5	3.5	33.3
泰國	8.8	4.7	53.4
印尼	4.8	2.4	50.0
菲律賓	4.8	2.3	47.9

注：年平均值（％）。
資料出處：IMF, World Economic Outlook 1998.Oct.。

　　Greene（2002）所做 1983-96 年對韓國、泰國、馬來西亞、印尼、菲律賓等五國民間資本淨流入、銀行對民間部門融資授信與國內投資的實證研究結果顯示名目國外民間資本淨流入對名目國內投資具有顯著影響。名目國外民間資本淨流入對名目國內投資的彈性值為 0.25-0.30。而當國外民間資本淨流入扣除銀行對民間部門融資授信額部份後，實質國外民間資本淨流入對實質國內投資亦產生顯著影響。實質國外民間資本淨流入對實質國內投資的彈性值為 0.20-0.25[4]。顯示這些國家的國外民間資本淨流入除了直接投資外，實際上還有一大部份是透過銀行融資授信管道流入民間部門[5]。也因鉅額外債需要支應其本息，所以其中韓國、泰國、菲律

---

[4]　參照 Greene, J.E., "The Output Decline in Asian Crisis Countries: Investment Aspects," IMF Working Paper WP/02/25, 2002, Feb., pp.8-19。
[5]　特別是韓國、泰國的國內金融機構扮演國外金融機構與國內企業間投資融資仲介的重要功能。

賓等的實質民間總投資與實質民間國外資本總流入的相關係數大
於國外資本淨流入的相關係數。（參照表 3-38）

　　1980、90 年代國外資本淨流入的快速成長助益東亞國家經濟
成長的同時，外債比例過高亦相對地形成其經濟的弱點，所以前述
東亞五國在亞洲貨幣金融風暴中也成為受害最深的國家。

表 3-38　東亞國家實質民間總投資與民間國外資本流入的相關（1983-96）

	實質民間總投資與 實質民間國外資本淨流入	實質民間總投資與 實質民間國外資本總流入
韓國	0.439	0.855
馬來西亞	0.709	0.570
泰國	0.886	0.948
印尼	0.794	0.283
菲律賓	0.815	0.948

資料出處：Greene, J.E., "The Output Decline in Asian Crisis Countries: Investment Aspects", IMF Working Paper WP/02/25, 2002.Feb., Table 3, pp.6。

　　韓國等企業由於出口受挫、獲利驟減降低其出口償債能力（外
債利息及本金償還支出／出口金額）亦導致銀行金融機構不良放款
（non-performing loans）的增加，進一步導致資本淨流出增加形成
急速貶值的貨幣危機並促使國內利率急遽上升；而資本淨流出亦降
低對企業投資的融資功能，導致國內利率急遽上升進一步壓抑投資
使經濟產出下降[6]。東亞國家的高投資率（國內投資／GDP）是促
使其經濟快速成長的原因，相對地亞洲貨幣金融風暴中投資率的下
降亦扮演促使其經濟成長衰退的主要角色[7]。1996 年底東亞國家的
緊釘住美元的匯率及利率調升政策在 1997 年的貨幣金融風暴中使

---

[6]　參照 Greene, J.E., "The Output Decline in Asian Crisis Countries: Investment Aspects," IMF Working Paper WP/02/25, 2002, Feb., pp.3,4。

[7]　Lane, T.,et al., IMF Supprted Programs in Indonesia, Korea,and Thailand: A Preliminary Assessment, Occasional Paper 178 (Washington: International Monetary Fund, 1999)。

印尼、馬來西亞、韓國、菲律賓及泰國的 400 家大型企業中的 30%
破產，其中三分之二原因歸咎於急遽貶值，另外亦導致此些國家的
企業無法履行償債的義務，特別是印尼有 75%企業無法履行償債的
義務，馬來西亞與泰國超過 60%，導致印尼、泰國、韓國銀行不良
放款比率超過 25%[8]。由於資本淨流入突然停頓下來或轉變成資本
淨流出致使投資、融資期間被縮減，而提前還款的要求亦導致企業
的鉅額損失。東亞國家運用高槓桿融資的企業因此以停止投資來因
應資本淨流入的突然削減以規避破產的風險[9]。

　　另外東亞國際收支惡化也加深金融風暴的傷害[10]。東亞國家經
常收支的惡化是其出口償債能力（外債利息及本金償還支出／出口
金額）降低的原因。儘管金融風暴期間這些國家匯率大幅貶值，但
是 1999 年其經常收支獲得改善的主要原因是進口的大幅縮減，而
非出口的增加。1990 年代東亞國家區域內貿易比重日增下主要進
口國日本國內經濟持續不振，加上東亞國家主要出口產品的國際價
格下跌，1996-98 年間韓國出口平均價格下跌 30%，泰國及印尼的
出口平均價格亦各下跌 16%、26%，因此抵消其出口數量增加的效
益。同時進口的大幅縮減亦減少中間財零組件的進口供應，因而導
致其國內生產的大幅下降。並且因為投資的下降，進一步引發個人
所得及消費的下跌。亞洲金融風暴導致企業破產或裁員致使風暴圈
各國失業率快速上升，如韓國從 1997 年 2.6%至 1998、99 年上升
至 6.8、6.9%。

---

[8]　Claessens, S., S. Djankov and G. Ferri, "Corporate Distress in East Asia: Assessing the Impact of Interest and Exchange Rate Shocks," reported in World Bank, "Public Policy for the Private Sector," Note No.172, Washington, D.C.,: World Bank, 1999, Jan.。

[9]　Kim, S. J., and M. R. Stone, "Corporate Leverage, Bankruptcy, and Output Adjustment in Post-Crisis Eats Asia,", IMF Working Paper WP/99/143, 1999, Oct.。

[10]　Stone, M.R., and M. Weeks, "Systemic Finacial Crisis, Balance Sheets, and Model Uncertainty,", IMF Working Paper WP/01/162, 2001, Oct.。

而 Gupta, Mishra and Sahay（2001）對 125 個國家 278 次貨幣金融危機對經濟成長影響的實證研究結果顯示，民間企業仰賴外資越深其產出的下降越大，而對經常及資本交易進行管制的因素越多其經濟因應外部變化的能力則越弱[11]。

韓國等國家受亞洲金融風暴衝擊較大的主要原因之一是其外債中的短期債務比率過高。也因此國外資本淨流入轉變為資本淨流出時，這些仰賴短期外債為經濟成長主要驅動力國家的投資就急遽下降而導致經濟衰退。其中如二章中所述，金融市場管理制度的不健全、企業治理及公開制度的缺失以及政商間的不當利益結合關係是其更重要的制度面、結構性問題所在。

參、東亞的經濟成長與產業結構

（一）東亞國家的產業結構變化

製造業比重的上升是近代經濟成長工業化發展模式的主要特徵之一，此亦是促成其工業製品出口成長的驅動力。表 3-39 顯示 1970-2006 年期間東亞國家製造業佔 GDP 比重隨著經濟的發展上升，但是比重的高峰期依經濟發展的先後各有不同。日本在 1970 年代初期，台灣、新加坡、香港 1980 年代前半期，韓國 1990 年代前半期，菲律賓、中國 1980 年代前半期，馬來西亞 1990 年代後半期，泰國、印尼、越南 2010 年代初期，但是除日本、台灣、香港在高峰期後反轉下跌外，其餘國家則高峰期後仍維持同比重水準。

---

[11] Gupta, P., D. Mishra and R. Sahay, "Understanding the Diverse Growth Impacts of Currency Crisis," unpublished, IMF, 2001, Jan.; Gupta, P., D. Mishra and R. Sahay, "Mitigating the Social Costs of the Economic Crisis and the Reform Programs in Asia," IMF Paper on Policy Analysis and Assessment PPAA/98/7, 1998.

表 3-39　　東亞製造業比重　　　　　　　　　　　(%)

	1970	1975	1980	1985	1990	1995	1998	2000	2005	2006
日本	34	28	27	27	26	22	21	21	20	20
台灣	30	32	36	37	33	27	26	25	22	22
韓國	18	22	24	27	27	28	27	29	28	28
香港	21	21	22	21	17	8	6	5	3	3
新加坡	20	23	28	22	26	25	23	26	27	28
馬來西亞	15	18	21	21	24	26	27	31	29	29
泰國	16	19	22	22	25	29	31	34	35	35
印尼	10	10	13	17	22	25	27	26	27	27
菲律賓	25	26	24	25	25	23	22	22	23	23
中國	37	42	44	38	37	41	40	40	42	41
越南	16	16	16	16	12	15	17	19	21	20
美國	23	22	23	21	18	18	17	16	13	13

注：　1.越南 1970, 1975 年為前越南政府統計資料。

資料出處：UNCTAD, Handbook of Statistics 2007, http://stats.unctad.org/Handbook/TableViewer/download.aspx.

　　東亞國家產業結構的工業化經濟發展的轉變過程中，與製造業比重增加的同時，農林漁牧業的比重都顯著下降。表 3-40 及 3-41 可知，東亞農林漁牧業的比重中除新加坡、香港等沒有農業基盤的都市國家以外，日本、台灣、韓國等皆大幅下降，2006 年都降至 3%或 3%以下。亞洲二梯 NIEs 中，2006 年馬來西亞降至 9%，泰國、印尼、菲律賓則 10%以上，各為 11%及 14%，中國降至 13%、越南降至 22%。另一方面，服務業比重的變化則呈現分歧。日本與亞洲一梯 NIEs 都顯著上升。2006 年除韓國 57%外，皆達 70%水準，而除香港外雖尚低於美國，但皆超過 50%呈現後工業化時代經濟服務化的特徵。亞洲二梯 NIEs 及中國、越南，2006 年除菲律賓 54%外皆達 40%水準，其中馬來西亞、泰國、印尼、中國皆超過 40%，越南 38%。印尼、馬來西亞服務業 1990 年代初期及中期曾趨近 50%，其後都因礦業及公用部門比重的相對上升而下降。大體而言，戰後東亞的工業化經濟發展在 2000 年以後，日本、亞洲一梯 NIEs 國家的產業結構明顯進入後工業化時代經濟服務化的階段，亞洲二梯 NIEs 及中國、越南也均朝服務業比重增加的後工業化方向進展。

表 3-40　東亞產業結構一　　　　　　　(%)

		1970	1975	1980	1985	1990	1995	1998	2000	2005	2006
美國	總附加價值	100	100	100	100	100	100	100	100	100	100
	農林漁畜業	3	4	3	2	2	1	1	1	1	1
	工業	34	33	33	31	27	26	24	24	22	22
	製造業	23	22	23	21	18	18	17	16	13	13
	服務業	62	63	64	67	71	73	75	75	77	77
日本	總附加價值	100	100	100	100	100	100	100	100	100	100
	農林漁畜業	6	6	4	3	2	2	2	2	1	2
	工業	46	41	39	38	38	33	32	31	29	29
	製造業	34	28	27	27	26	22	21	21	20	20
	服務業	48	53	57	59	59	65	67	67	70	70
台灣	總附加價值	100	100	100	100	100	100	100	100	100	100
	農林漁畜業	16	13	8	6	4	3	2	2	2	2
	工業	38	41	46	45	40	34	32	30	26	26
	製造業	30	32	36	37	33	27	26	25	22	22
	服務業	46	46	46	49	56	62	65	68	72	73
韓國	總附加價值	100	100	100	100	100	100	100	100	100	100
	農林漁畜業	29	27	16	14	9	6	5	5	3	3
	工業	26	29	37	39	42	42	41	41	40	40
	製造業	18	22	24	27	27	28	27	29	28	28
	服務業	45	44	47	47	49	52	54	54	56	57
香港	總附加價值	100	100	100	100	100	100	100	100	100	100
	農林漁畜業	1	1	1	0	0	0	0	0	0	0
	工業	30	30	30	29	24	15	14	13	9	8
	製造業	21	21	22	21	17	8	6	5	3	3
	服務業	70	70	69	71	76	85	86	87	91	91
新加坡	總附加價值	100	100	100	100	100	100	100	100	100	100
	農林漁畜業	2	2	1	1	0	0	0	0	0	0
	工業	30	33	37	34	33	34	33	33	32	33
	製造業	20	23	28	22	26	25	23	26	27	28
	服務業	68	65	62	65	67	66	67	66	68	67

資料出處：UNCTAD, Handbook of Statistics 2007, http://stats.unctad.org/Handbook/TableViewer/download.aspx.

表 3-41　東亞產業結構二　　　　　　(%)

		1970	1975	1980	1985	1990	1995	1998	2000	2005	2006
馬來西亞	總附加價值	100	100	100	100	100	100	100	100	100	100
	農林漁畜業	30	29	23	20	15	13	13	8	8	9
	工業	28	34	41	39	42	40	41	48	50	50
	製造業	15	18	21	21	24	26	27	31	29	29
	服務業	42	37	36	42	43	47	46	43	42	41
泰國	總附加價值	100	100	100	100	100	100	100	100	100	100
	農林漁畜業	26	27	23	16	14	11	11	9	10	11
	工業	23	24	29	32	36	40	40	42	44	45
	製造業	16	19	22	22	25	29	31	34	35	35
	服務業	51	49	48	52	50	49	50	49	46	45
印尼	總附加價值	100	100	100	100	100	100	100	100	100	100
	農林漁畜業	43	28	22	20	17	15	16	15	13	14
	工業	18	31	40	33	37	40	43	44	44	42
	製造業	10	10	13	17	22	25	27	26	27	27
	服務業	39	41	38	47	47	46	41	41	44	44
菲律賓	總附加價值	100	100	100	100	100	100	100	100	100	100
	農林漁畜業	30	30	25	25	22	22	17	16	14	14
	工業	32	35	39	35	34	32	31	31	32	32
	製造業	25	26	26	25	25	23	22	22	23	23
	服務業	39	35	36	40	44	46	52	53	53	54
中國	總附加價值	100	100	100	100	100	100	100	100	100	100
	農林漁畜業	35	32	30	28	27	20	17	15	13	13
	工業	41	46	48	43	41	47	46	46	48	47
	製造業	37	42	44	38	37	41	40	40	42	41
	服務業	25	22	22	29	32	33	36	39	40	41
越南	總附加價值	100	100	100	100	100	100	100	100	100	100
	農林漁畜業	43	43	43	43	39	27	26	25	21	22
	工業	23	23	23	23	23	29	32	37	41	40
	製造業	16	16	16	16	12	15	17	19	21	20
	服務業	34	34	34	34	39	44	42	39	38	38

注：　1.1970, 1975 are statistics of former Republic of Viet Nam.
資料出處：UNCTAD, Handbook of Statistics 2007, http://stats.unctad.org/Handbook/TableViewer/download.aspx.

　　東亞國家的工業化經濟發展下，製造業與服務業的比重呈現兩
種型態的變化。東亞的日本與亞洲一梯 NIEs 中呈現服務業比重的
持續上升以及韓國除外國家製造業比重的持續下降，此種發展趨勢
與美國雷同，可稱為已開發國家型。（參照圖 3-5）另外亞洲二梯
NIEs 與中國、越南中，只有菲律賓、中國的服務業比重明顯持續
上升，製造業比重在 2000 年以後除菲律賓維持在亞洲金融風暴時
的水準，其餘則均呈現持續上升的趨勢發展，此與上述已開發國家
型對比可稱為開發中國家型。（參照圖 3-6）

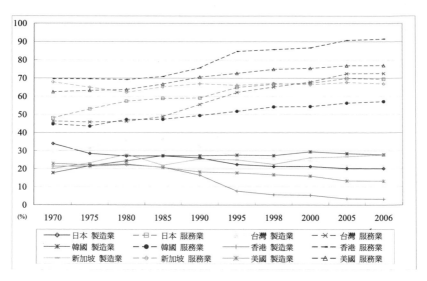

圖 3-5　東亞製造業與服務業比重一

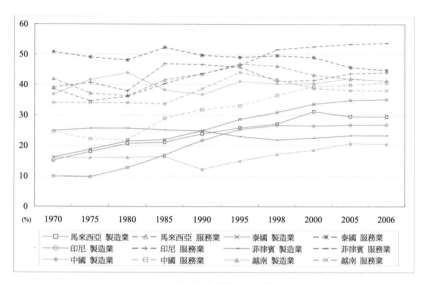

圖 3-6　東亞製造業與服務業比重二

　　1970 至 2006 年東亞國家的工業化經濟發展過程中，其製造業的比重從 1970 年介於 10%至 37%間 2006 年擴大至 3%至 41%間，2006 年若去除香港則縮小至 20%至 41%間。香港 1997 年回歸中國其製造基地移轉中國是製造業比重 1990 年代急遽下降的主要原因。東亞經濟工業化下其製造業比重，除香港由於上述原因以及日本、台灣後工業化的影響而下降外，1970 年代以來均呈現上升趨勢。其中中國的比重最高而越南最低，中國、香港除外東亞國家的比重匯集在 20%至 30%之間。（參照圖 3-7）另外東亞服務業的比重從 1970 年介於 34%至 70%間，2006 年擴大至 38%至 91%間，2006 年若去除香港則縮小至 38%至 73%間。香港因為回歸中國其服務業比重 1990 年代急遽上升，其他東亞國家的比重 1990 年代開始亦明顯呈現上升趨勢但仍低於美國的水準。2006 年除香港外，台灣、日本、新加坡在 70%水準，中國、越南在 40%水準，泰國、印尼 45%水準，韓國、菲律賓 55%水準。（參照圖 3-8）

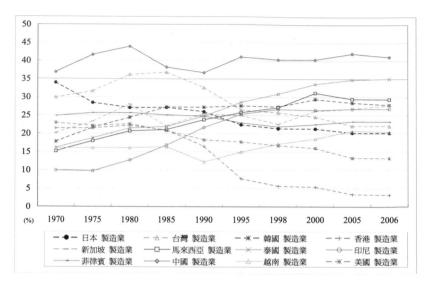

圖 3-7　東亞製造業比重

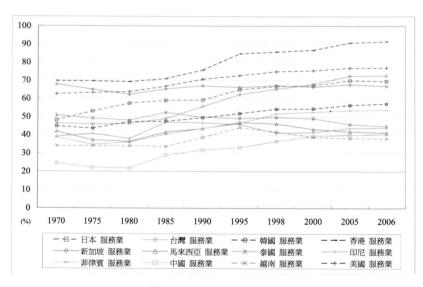

圖 3-8　東亞服務業比重

（二）東亞國家的經濟成長與產業結構變化

1. 東亞的經濟成長與結構變化

東亞國家相對於世界、已開發國家及開發中國家的高 GDP 成長率表現，其產業結構變化也相對激烈。產業結構變動率為各國各年農林漁業、製造業、礦業、公用事業、營建業、流通銷售餐飲、運輸倉儲通訊服務業等與前三年比重變化絕對值加總之三年移動平均的期間平均值；製造業結構變動率之計算亦同。

由表 3-42、3-43 及圖 3-9、3-10 可知 1970-2006 年期間，日本、亞洲一梯 NIEs 的產業結構變動率均相對大於世界、已開發國家的平均及美國，亞洲二梯 NIEs 以及中國、越南的產業結構變動率，1970、80 年代菲律賓及越南外、2006 年印尼、菲律賓及越南外均大於開發中國家平均。亞洲二梯 NIEs 的變動率 1990 年代以前以及 2000 年以後大於日本、亞洲一梯 NIEs，1990 年代小於亞洲一梯 NIEs。中國的變動率除 2006 年外均大於日本、亞洲一梯 NIEs 及亞洲二梯 NIEs。越南的變動率 1990 年代、2000-05 年期間均大於日本、亞洲一梯 NIEs、亞洲二梯 NIEs 及中國。顯示東亞中越後發展國家的產業結構變動率越大。

另同表 3-42、3-43 及圖 3-11、3-12 可知東亞製造業的結構變動率亦相對大於世界、已開發國家、開發中國家的平均。1970-2006 年期間，日本相對大於世界、已開發國家的平均及 2000 年以前美國，亞洲一梯 NIEs 均相對大於世界、已開發國家的平均及美國，亞洲二梯 NIEs 以及中國、越南，1970 年代除越南、80 年代除菲律賓及越南、90 年代及 2000-05 年所有國家、2006 年除印尼、菲律賓、越南外均大於開發中國家平均。亞洲一梯 NIEs 的變動率均大於日本，亞洲二梯 NIEs 則小於亞洲一梯 NIEs，中國 1980 年代、2000-05 年外均大於亞洲一梯 NIEs，越南的變動率 1990 年代、2000-05 年期間均大於中國。但亞洲二梯 NIEs 中印尼 1980、90 年代，泰國 1990 年代、2000-05 年，馬來西亞 2000 年以後的變動率均大於亞洲一梯 NIEs。即亞洲二梯 NIEs 平均而言,雖然製造業變動率小於亞洲一梯 NIEs,但若觀察二梯 NIEs 各國變動率,基本上仍與產業結構變動率類似,越後發展國家的製造業結構變動率越大。

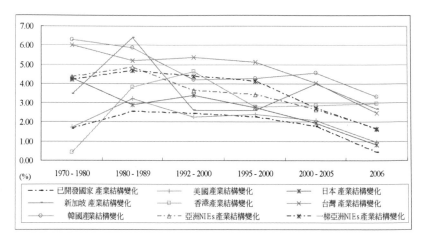

圖 3-9　東亞產業結構變化一

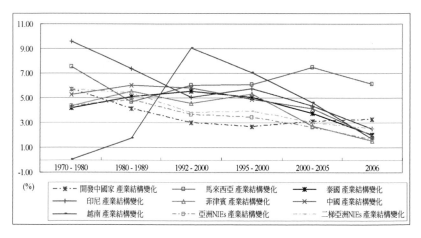

圖 3-10　東亞產業結構變化二

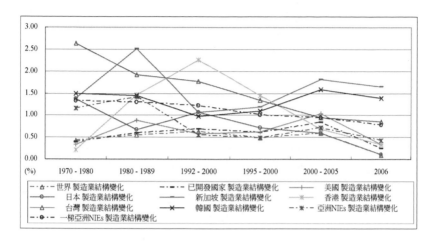

圖 3-11　東亞製造業結構變化一

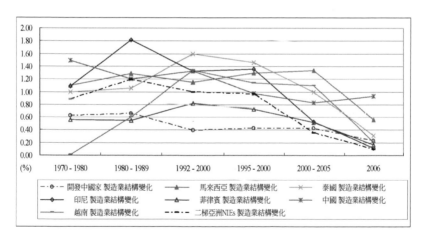

圖 3-12　東亞製造業結構變化二

表 3-42　東亞經濟成長與結構變化一　　　　　　　　(%)

		1970-80	1980-89	1992-2000	1995-2000	2000-05	2006
世界	GDP 成長率	3.78	3.26	3.08	3.25	2.81	4.07
	產業結構變化	1.88	3.06	2.50	2.01	1.87	2.25
	製造業結構變化	0.43	0.55	0.62	0.49	0.59	0.09
開發中國家	GDP 成長率	5.75	3.81	4.85	4.23	5.36	6.97
	產業結構變化	5.68	4.11	3.02	2.67	3.11	3.27
	製造業結構變化	0.62	0.65	0.39	0.43	0.42	0.23
已開發國家	GDP 成長率	3.33	3.12	2.79	3.04	1.96	3.03
	產業結構變化	1.66	2.53	2.45	2.26	1.76	0.43
	製造業結構變化	0.39	0.59	0.69	0.61	0.83	0.24
美國	GDP 成長率	3.33	3.69	3.82	4.22	2.47	3.37
	產業結構變化	1.74	3.23	2.28	2.40	2.07	0.96
	製造業結構變化	0.33	0.89	0.58	0.63	1.03	0.34
日本	GDP 成長率	4.26	3.70	0.99	0.59	1.44	2.67
	產業結構變化	4.29	2.90	3.41	2.76	1.93	0.80
	製造業結構變化	1.37	0.67	1.06	0.72	0.59	0.10
新加坡	GDP 成長率	8.36	6.33	7.32	5.69	4.31	7.88
	產業結構變化	3.48	6.39	2.60	2.63	4.01	2.68
	製造業結構變化	1.38	2.51	1.06	1.19	1.81	1.65
香港	GDP 成長率	8.96	7.05	3.77	2.57	4.29	6.82
	產業結構變化	0.41	3.81	4.62	2.80	2.88	2.97
	製造業結構變化	0.21	1.46	2.25	1.45	0.69	0.33
台灣	GDP 成長率	9.57	8.54	6.18	5.71	3.48	4.62
	產業結構變化	6.02	5.19	5.37	5.12	4.04	2.48
	製造業結構變化	2.63	1.92	1.76	1.34	0.95	0.85
韓國	GDP 成長率	7.95	8.97	5.22	3.47	4.58	5.01
	產業結構變化	6.31	5.88	4.21	4.29	4.55	3.32
	製造業結構變化	1.50	1.45	0.98	1.10	1.58	1.38

注：1.產業結構變化率為各國各年農林漁業、製造業、礦業、公用事業、營建業、流通
　　銷售餐飲、運輸倉儲通訊服務業等與前三年比重變化絕對值加總之三年移動平均的
　　期間平均值；製造業結構變化率之計算亦同。2.作者計算編製。
資料出處：UNCTAD, Handbook of Statistics 2007, http://stats.unctad.org/Handbook/Table
　　Viewer/download.aspx.

表 3-43　東亞經濟成長與結構變化二　　（%）

		1970-80	1980-89	1992-2000	1995-2000	2000-05	2006
馬來西亞	GDP 成長率	8.55	4.86	6.12	3.65	4.82	5.91
	產業結構變化	7.56	4.67	6.01	6.09	7.46	6.16
	製造業結構變化	1.10	1.28	1.15	1.30	1.34	0.56
泰國	GDP 成長率	7.15	7.03	2.77	-0.69	5.42	4.99
	產業結構變化	4.19	5.11	5.55	5.08	3.77	2.01
	製造業結構變化	0.99	1.06	1.60	1.46	0.99	0.31
印尼	GDP 成長率	7.83	5.67	2.86	-0.63	4.73	5.55
	產業結構變化	9.59	7.37	5.06	5.78	4.33	2.52
	製造業結構變化	1.09	1.81	1.33	1.36	0.53	0.11
菲律賓	GDP 成長率	6.04	0.50	3.80	3.29	4.83	5.37
	產業結構變化	4.33	5.55	4.59	5.30	2.73	1.55
	製造業結構變化	0.56	0.55	0.82	0.73	0.52	0.17
中國	GDP 成長率	5.90	10.84	9.91	8.49	9.60	10.70
	產業結構變化	5.25	6.03	5.79	4.89	4.15	1.96
	製造業結構變化	1.49	1.20	1.33	0.97	0.83	0.93
越南	GDP 成長率	--	5.63	7.78	6.73	7.47	7.80
	產業結構變化	0.02	1.76	9.08	7.04	4.61	1.72
	製造業結構變化	0.01	0.60	1.34	1.14	1.10	0.21
亞洲 NIEs	GDP 成長率	8.07	7.04	4.80	2.95	4.43	5.37
	產業結構變化	4.34	4.85	3.64	3.42	2.64	1.65
	製造業結構變化	1.16	1.41	0.55	0.49	0.71	0.42
一梯亞洲 NIEs	GDP 成長率	8.60	8.35	5.49	4.22	4.18	5.34
	產業結構變化	4.20	4.68	4.40	4.13	2.72	1.64
	製造業結構變化	1.32	1.29	1.22	1.00	0.95	0.77
二梯亞洲 NIEs	GDP 成長率	7.34	4.91	3.50	0.55	4.96	5.43
	產業結構變化	5.70	5.36	3.81	3.90	3.02	2.53
	製造業結構變化	0.88	1.19	1.00	0.96	0.35	0.09

注：1.產業結構變化率為各國各年農林漁業、製造業、礦業、公用事業、營建業、流通銷售餐飲、運輸倉儲通訊服務業等與前三年比重變化絕對值加總之三年移動平均的期間平均值；製造業結構變化率之計算亦同。2.亞洲 NIEs（Newly Industrialized Economies）為新加坡、香港、台灣、韓國（大韓民國）及馬來西亞、泰國、印尼、菲律賓；前四國為第一梯 NIEs，後四國為第二梯 NIEs。3.作者計算編製。

資料出處：UNCTAD, Handbook of Statistics 2007, http://stats.unctad.org/Handbook/Table Viewer/download.aspx.

　　2000 年以前東亞國家的高經濟成長率時期，其產業結構變動率、製造業的結構變動率均較高。2000 年以後，除韓國、馬來西亞外，產業及製造業結構變動率均較以前降低。

　　大體而言，1970-2006 年期間東亞產業結構變動率均大於製造業，即整體產業結構的變動比製造業激烈。期間各國產業結構變動率的高點排序，日本、台灣、韓國、馬來西亞、印尼 1970 年代，新加坡、菲律賓、中國 1980 年代，香港、泰國、越南 1990 年代，而馬來西亞則在 2000-05 年期間再呈現另一個產業結構變動高點。而各國製造業結構變動率的高點排序，日本、台灣、韓國、中國 1970 年代，新加坡、印尼 1980 年代，香港、馬來西亞、泰國、菲律賓、越南 1990 年代，但韓國、馬來西亞在 2000-05 年期間再呈現另一個製造業結構變動高點。亞洲一梯 NIEs 平均產業結構變動率的高點在 1980 年代，二梯 NIEs 平均的高點在 1970 年代。而亞洲一梯 NIEs 平均製造業結構變動率的高點則在 1970 年代，二梯 NIEs 平均的高點在 1980 年代。

　　而東亞國家的產業結構變動率與製造業結構變動率的相關，表 3-44 可知，1970-2006 年期間，東亞的變化皆呈現正相關特別是日本、新加坡、台灣、泰國與越南呈現顯著正相關，但馬來西亞呈現低程度的正相關。而相關程度除馬來西亞外皆高於世界平均，日本、韓國以外亞洲一梯 NIEs 高於已開發國家平均，另外泰國、菲律賓亞洲二梯 NIEs 以及越南高於開發中國家平均。大體而言，東亞國家的經濟發展中，其產業結構的變動與製造業結構變動間有高程度的連動性。就此而言，馬來西亞是東亞國家中的例外。

表 3-44　東亞產業結構與製造業結構變動率相關（1970-2006）

世界	開發中國	已開發國	亞洲一梯 NIEs	亞洲二梯 NIEs	美國
0.1504	0.6879	0.7023	0.8917*	0.7880	0.6651
日本	新加坡	香港	台灣	韓國	馬來西亞
0.9758**	0.9190**	0.7955	0.8544*	0.4294	0.0005
泰國	印尼	菲律賓	中國	越南	
0.9399**	0.6548	0.7824	0.6223	0.9335**	

注：1.雙尾檢定，顯著水準＊0.05，＊＊0.01。

2. 東亞國家間的產業結構連鎖變動

進一步觀察東亞區域的國家間產業結構的變動相關。表 3-45 可知，東亞國家中與美國的產業結構變動率呈現正相關，但只有中國為顯著性。與日本亦皆為正相關，除越南外皆呈現顯著性。中國與亞洲 NIEs 皆為正相關，特別與亞洲一梯 NIEs 呈現顯著性。

表 3-45　東亞區域產業結構變動率相關（1970-2006）

	美國	日本	亞洲一梯NIEs	亞洲二梯NIEs	中國
日本	0.4386				
亞洲一梯 NIEs	0.7981	0.8615*			
亞洲二梯 NIEs	0.5423	0.8430*	0.8064		
中國	0.8387*	0.8402*	0.9711**	0.7576	
越南	0.2507	0.0415	0.2301	-0.3787	0.2627

注：1. 雙尾檢定，顯著水準＊0.05，＊＊0.01。

進一步觀察東亞國家間產業結構變動的相關性，表 3-46 首先可知東亞國家與美國的產業結構變動率除馬來西亞外皆呈現正相關，其中泰國、菲律賓、中國為顯著性。其次東亞國家間，與日本則除香港外皆為正相關，特別台灣、印尼、中國為顯著性。新加坡與馬來西亞、越南為負相關外，其餘皆為正相關。香港與新加坡、泰國、菲律賓、中國、越南為正相關。台灣與香港以外東亞國家皆為正相關，特別與泰國、印尼、菲律賓、中國呈現顯著性。韓國與越南以外東亞國家皆為正相關，特別與印尼呈現顯著性。

馬來西亞與日本、台灣、韓國、印尼為正相關。泰國、馬來西亞以外東亞國家皆為正相關，特別與台灣、菲律賓、中國呈現顯著性。印尼與香港、越南以外東亞國家皆為正相關，特別與日本、台灣、韓國呈現顯著性。菲律賓與馬來西亞以外東亞國家皆為正相關，特別與台灣、泰國、中國呈現顯著性。中國與與馬來西亞以外東亞國家皆為正相關，特別與日本、台灣、泰國、菲律賓呈現顯著性。越南與新加坡、韓國、馬來西亞以外東亞國家皆為正相關。

　　東亞國家間的相關強度，日本與台灣最強，中國次之，與亞洲二梯 NIEs 中強度相關。台灣與日本最強外，與中國次之，與亞洲二梯 NIEs 中高強度相關。韓國與亞洲二梯 NIEs、中國中高強度相關。泰國與中國最強，與馬來西亞以外二梯 NIEs 及越南中高強度相關。印尼、菲律賓與日本、台灣、韓國、馬來西亞以外二梯 NIEs 及中國中高強度相關，與越南則菲律賓低強度，印尼負相關。馬來西亞只與台灣、韓國、印尼低強度相關，與其餘國家皆為負相關。大體而言，東亞國家間呈現日本與新加坡以外亞洲一梯 NIEs、二梯 NIEs、中國，亞洲一梯 NIEs 與二梯 NIEs、中國，亞洲二梯 NIEs 與中國、越南的產業結構連鎖變動關係，其中特別是台灣、泰國扮演重要的銜接角色。

表 3-46　東亞產業結構變動率相關（1970-2006）

	美國	日本	新加坡	香港	台灣	韓國	馬來西亞	泰國	印尼	菲律賓	中國
日本	0.4386										
新加坡	0.6817	0.1170									
香港	0.3993	-0.3139	0.1098								
台灣	0.6055	0.9747**	0.2055	-0.2097							
韓國	0.5012	0.7633	0.6300	-0.4833	0.7571						
馬來西亞	-0.5681	0.1292	-0.4592	-0.6779	0.0187	0.0571					
泰國	0.8310*	0.7279	0.2277	0.3209	0.8390*	0.4259	-0.3288				
印尼	0.4381	0.8873*	0.3937	-0.5445	0.8700*	0.9471**	0.0905	0.5153			
菲律賓	0.8454*	0.7403	0.3643	0.1202	0.8543*	0.5834	-0.4414	0.9176**	0.6837		
中國	0.8387*	0.8402*	0.4275	0.1440	0.9177**	0.6834	-0.2609	0.9435**	0.7173	0.9074*	
越南	0.2507	0.0415	-0.4459	0.6505	0.1349	-0.4953	-0.1307	0.5401	-0.3669	0.2550	0.2627

注：1. 雙尾檢定，顯著水準* 0.05，** 0.01。

3. 東亞國家間的製造業結構連鎖變動

　　接著觀察東亞區域的國家間製造業結構變動的相關性。表 3-47 可知，首先東亞國家中日本、中國外與美國的製造業結構變動率呈現正相關。其次東亞間，與日本則皆為正相關，亞洲一梯 NIEs 與中國呈現顯著性。亞洲一梯 NIEs 與亞洲二梯 NIEs、中國呈現顯著性正相關。亞洲二梯 NIEs 與中國、越南呈現正相關。中國與越南為負相關外，與日本、亞洲 NIEs 皆為正相關，特別與日本、亞洲一梯 NIEs 呈現顯著性。

表 3-47　東亞區域製造業結構變動率相關（1970-2006）

	美國	日本	亞洲一梯 NIEs	亞洲二梯 NIEs	中國
日本	-0.1591				
亞洲一梯 NIEs	0.0426	0.8441*			
亞洲二梯 NIEs	0.1554	0.6597	0.8522*		
中國	-0.4428	0.8322*	0.8646*	0.6303	
越南	0.5819	0.0166	-0.0581	0.2434	-0.3128

注：1. 雙尾檢定，顯著水準* 0.05，** 0.01。

　　再從表 3-48 可知，東亞國家與美國的製造業結構變動相關性中除日本、台灣、中國外皆呈現正相關。而東亞國家間，與日本則除新加坡、韓國外皆為正相關，特別台灣、中國為顯著性。新加坡與韓國、馬來西亞、印尼為正相關外，其餘皆為負相關。香港與新加坡、韓國為負相關外，其餘皆為正相關。台灣與越南以外東亞國家皆為正相關，特別與日本、中國呈現顯著性。韓國與新加坡、台灣以外東亞國家皆為負相關。

　　馬來西亞與韓國以外東亞國家皆為正相關。泰國與新加坡、韓國以外東亞國家皆為正相關，特別與菲律賓呈現顯著性。印尼與與韓國以外東亞國家皆為正相關。菲律賓與新加坡、韓國以外東亞國家皆為正相關，特別與泰國呈現顯著性。中國與新加坡、韓國、越南以外東亞國家皆為正相關，特別與日本、台灣呈現顯著性。越南與新加坡、台灣、韓國、中國以外東亞國家皆為正相關。

　　就東亞國家間的相關強度而言，日本與台灣最強，與中國次之，與亞洲二梯 NIEs 中強度相關。台灣與中國最強外，與日本次之，與亞洲二梯 NIEs 中低強度相關。韓國除與新加坡、台灣外皆為負相關。香港除與韓國負相關以外，與亞洲二梯 NIEs、越南中高強度。馬來西亞與日本、韓國以外亞洲一梯 NIEs 中低強度相關，與亞洲二梯 NIEs、越南中高強度相關。泰國與菲律賓最強，與其他二梯 NIEs 及越南中高強度相關。印尼、菲律賓與日本、台灣、韓國、其他二梯 NIEs 中高強度相關，印尼與中國、菲律賓與越南中強度相關。

　　大體而言，東亞國家間亦呈現日本與新加坡、韓國以外亞洲一梯 NIEs、二梯 NIEs、中國，台灣與二梯 NIEs、中國，亞洲二梯 NIEs 與中國、越南的製造業結構連鎖變動關係，其中特別是台灣、泰國扮演重要的銜接角色，但較產業結構變動的關係薄弱。

表 3-48　東亞製造業結構變動率相關（1970-2006）

	美國	日本	新加坡	香港	台灣	韓國	馬來西亞	泰國	印尼	菲律賓	中國
日本	-0.1591										
新加坡	0.5339	-0.3783									
香港	0.3233	0.1942	-0.1761								
台灣	-0.2900	0.8721*	-0.0507	0.0493							
韓國	0.2456	-0.1520	0.6548	-0.7778	0.0220						
馬來西亞	0.7185	0.4897	0.1025	0.4485	0.2738	-0.0264					
泰國	0.2851	0.6239	-0.4139	0.8009	0.3433	-0.6458	0.7525				
印尼	0.2693	0.5508	0.1529	0.6572	0.6244	-0.3374	0.6662	0.7261			
菲律賓	0.2564	0.6947	-0.4200	0.7596	0.4175	-0.6034	0.7589	0.9953**	0.7313		
中國	-0.4428	0.8322*	-0.1938	0.1525	0.9438**	-0.1587	0.0731	0.3270	0.5265	0.3969	
越南	0.5819	0.0166	-0.2833	0.7850	-0.3526	-0.5849	0.5798	0.7369	0.2777	0.6856	-0.3128

注：1. 雙尾檢定，顯著水準* 0.05，** 0.01。

4. 東亞國家的經濟成長與產業結構變動

　　東亞國家的 GDP 成長率與產業結構變動率的相關性而言，表 3-49 可知 1970-2006 年期間，日本、台灣、韓國、馬來西亞、印尼與越南的變化呈現正相關特別是韓國呈現顯著正相關，其餘為負相關。東亞中日本、台灣、韓國不同於世界及已開發國的負相關，泰國、菲律賓與中國也不同於開發中國的正相關。

表 3-49　東亞 GDP 成長率與產業結構變動率（1970-2000）

世界	開發中國	已開發國	亞洲一梯 NIEs	亞洲二梯 NIEs	美國
(-0.0673)	0.1412	(-0.0217)	0.4810	0.2917	0.3269
日本	新加坡	香港	台灣	韓國	馬來西亞
0.2557	(-0.2646)	(-0.5729)	0.7299	0.8137*	0.4715
泰國	印尼	菲律賓	中國	越南	
(-0.3148)	0.3336	(-0.6621)	(-0.2417)	0.3625	

注：1. 雙尾檢定，顯著水準* 0.05，** 0.01。

　　另外東亞國家的 GDP 成長率與製造業結構變動率的相關性，表 3-50 可知 1970-2006 年期間，日本、台灣、韓國與越南的變化呈現正相關特別是台灣呈現顯著正相關，其餘為負相關。東亞中，日本、台灣、韓國不同於已開發國及美國的負相關，越南也不同於開發中國的負相關。

表 3-50　東亞 GDP 成長率與製造業結構變動率（1970-2006）

世界	開發中國	已開發國	亞洲一梯 NIEs	亞洲二梯 NIEs	美國
(-0.8927)	(-0.6053)	(-0.7230)	0.7534	(-0.2734)	(-0.3431)
日本	新加坡	香港	台灣	韓國	馬來西亞
0.1984	(-0.2685)	(-0.6336)	0.9446**	0.4509	(-0.3533)
泰國	印尼	菲律賓	中國	越南	
(-0.5375)	(-0.2384)	(-0.3192)	(-0.5222)	0.1413	

注：1.雙尾檢定，顯著水準* 0.05，** 0.01。

　　進一步觀察東亞國家的製造業比重變化與其固定資本形成變化的相關。表 3-51 可知 1970-2006 年期間，新加坡、香港外皆呈現正相關，其中日本、韓國、印尼、越南具顯著性。1970 年代香港、菲律賓、越南以外皆呈現正相關，其中日本、韓國、馬來西亞、

中國具顯著性。1980 年代韓國、泰國、印尼、菲律賓以外皆呈現
負相關,負相關中新加坡、越南具顯著性。1990 年代日本、菲律
賓、中國、越南呈現正相關,其中日本、中國、越南具顯著性。2000-06
年期間新加坡、印尼、菲律賓外皆為正相關,其中香港、泰國、中
國、越南具顯著性。

　　1970-2006 年整體期間,除了製造業比重較小的新加坡、香港
外其餘的製造業結構與其固定資本形成皆呈同方向的變化。各年代
中各國的相關即變化方向各不相同,1990 年代金融風暴影響,亞
洲一梯 NIEs、二梯 NIEs 普遍轉變為負相關,2000 年後除新加坡、
印尼、菲律賓外皆又呈現正相關。21 世紀東亞大多數國家的後
工業化進展中,其製造業結構的變化與固定資本形成變動間仍密
切相關。

表 3-51　東亞固定資本形成比率與製造業比重相關（1970-2006）

相關係數	世界	美國	日本	新加坡	香港	台灣	韓國
1970-2006	0.9328**	0.3355*	0.9174**	(-0.3406)*	-0.1089	0.2680	0.5223**
1970-79	0.0034	0.2271	0.8627**	0.3409	(-0.5956)	0.1326	0.7099*
1980-89	0.6781*	0.7126*	(-0.2099)	(-0.7007)*	(-0.0908)	(-0.6104)	0.0112
1990-99	0.8585**	(-0.7690)**	0.9823**	(-0.6931)*	(-0.5666)	(-0.2349)	(-0.4557)
2000-06	0.3520	0.4834	0.7078	(-0.5303)	0.9489**	0.2802	0.5223
相關係數	馬來西亞	泰國	印尼	菲律賓	中國	越南	
1970-2006	0.1601	0.0530	0.6237**	0.1836	0.2995	0.7009**	
1970-79	0.7654**	0.5279	0.6192	(-0.4601)	0.8477**	(-0.5571)	
1980-89	(-0.3562)	0.4723	0.5116	0.0209	(-0.3136)	(-0.9868)**	
1990-99	(-0.4038)	(-0.8172)**	(-0.2004)	0.0138	0.7912**	0.8024**	
2000-06	0.2645	0.8299*	(-0.4198)	(-0.8352)*	0.7671*	0.8789**	

注:1. 雙尾檢定,顯著水準* 0.05,** 0.01。

附表 3-1　東亞 GDP 最終支出別結構一

（百萬美元名目價格，%）

		1970	1975	1980	1985	1990	1995	1998	2000	2005	2006
日本	GDP	202,958	497,868	1,055,205	1,346,733	3,018,112	5,244,251	3,842,266	4,649,614	4,559,020	4,434,993
	最終消費	59	67	68	68	66	70	72	73	75	75
	民間消費	48	52	54	54	53	55	56	56	57	57
	政府消費	11	14	14	14	13	15	16	17	18	18
	總資本形成	40	33	33	29	33	28	26	25	23	24
	總固定資本形成	36	33	32	28	33	28	26	25	23	24
	庫存變動	3	0	1	1	1	0	0	0	0	0
	財貨服務出口	11	13	14	14	10	9	11	11	14	16
	財貨服務進口	10	13	15	11	10	8	9	10	13	15
新加坡	GDP	1,896	5,669	11,718	17,691	36,901	83,932	82,399	92,717	116,704	132,155
	最終消費	79	71	61	59	56	50	50	53	53	51
	民間消費	68	60	51	45	46	41	40	42	42	40
	政府消費	12	11	10	14	10	9	10	11	11	11
	總資本形成	39	40	46	43	36	34	31	33	19	19
	總固定資本形成	33	36	41	42	32	33	38	31	22	23
	庫存變動	6	4	6	0	4	1	-7	3	-3	-4
	財貨服務出口	133	143	209	176	183	188	173	196	244	253
	財貨服務進口	153	154	218	179	176	172	152	182	215	221
香港	GDP	3,812	10,044	28,934	35,405	75,934	144,230	166,909	168,754	177,783	189,537
	最終消費	72	71	65	68	64	70	71	68	67	67
	民間消費	65	64	58	61	57	62	62	59	58	58
	政府消費	7	7	7	8	8	8	9	9	9	8
	總資本形成	20	23	35	22	27	34	29	28	21	22
	總固定資本形成	20	21	33	21	26	30	30	26	21	22

附表 3-1（續） 東亞 GDP 最終支出別結構一

		1970	1975	1980	1985	1990	1995	1998	2000	2005	2006
	庫存變動	1	1	3	1	1	4	-1	1	0	0
	財貨服務出口	93	83	88	107	131	143	125	144	199	206
	財貨服務進口	86	78	89	98	123	148	124	139	186	194
台灣	GDP	5,739	15,747	42,290	63,427	164,739	273,837	276,141	321,187	346,405	355,662
	最終消費	75	73	68	68	72	73	74	75	76	74
	民間消費	56	57	52	51	55	58	59	61	62	61
	政府消費	18	16	16	17	18	15	15	14	13	13
	總資本形成	25	30	33	19	23	25	25	23	20	20
	總固定資本形成	21	31	30	19	22	25	24	24	20	20
	庫存變動	4	-1	3	0	1	0	1	-1	0	0
	財貨服務出口	30	39	51	53	46	47	47	54	66	72
	財貨服務進口	30	42	53	40	41	46	46	52	62	66
韓國	GDP	8,900	21,459	63,834	96,620	263,776	517,116	345,433	511,659	787,627	872,789
	最終消費	84	80	75	68	63	63	62	66	67	69
	民間消費	74	69	63	57	51	52	49	54	53	55
	政府消費	10	11	12	11	12	11	13	12	14	15
	總資本形成	25	29	32	30	38	38	25	31	30	30
	總固定資本形成	26	27	32	29	37	37	30	31	29	29
	庫存變動	0	2	0	1	0	0	-5	0	1	0
	財貨服務出口	14	27	32	32	28	29	46	41	42	44
	財貨服務進口	24	35	40	31	29	30	33	38	40	43

資料出處：UNCTAD, Handbook of Statistics 2007, http://stats.unctad.org/Handbook/TableViewer/download.aspx.

附表 3-2　東亞 GDP 最終支出別結構二

（百萬美元名目價格，%）

		1970	1975	1980	1985	1990	1995	1998	2000	2005	2006
馬來西亞	GDP	3,459	9,329	24,488	31,200	44,025	88,833	72,175	90,320	130,770	148,941
	最終消費	76	76	67	67	66	60	51	53	57	57
	民間消費	60	59	51	52	52	48	42	42	44	44
	政府消費	16	18	17	15	14	12	10	10	13	13
	總資本形成	19	23	30	28	32	44	27	27	20	20
	總固定資本形成	16	25	31	30	33	44	27	26	20	20
	庫存變動	3	-2	-1	-2	-1	0	0	2	0	0
	財貨服務出口	41	46	58	55	74	94	116	124	123	122
	財貨服務進口	36	45	55	50	72	98	94	104	100	99
泰國	GDP	7,129	14,974	32,354	38,901	85,361	168,019	111,860	122,725	176,222	206,247
	最終消費	80	79	78	76	66	63	65	67	69	68
	民間消費	69	68	65	62	57	53	54	56	57	56
	政府消費	11	10	12	14	9	10	11	11	12	12
	總資本形成	28	29	29	28	41	42	20	23	31	28
	總固定資本形成	26	25	28	27	40	41	22	22	29	29
	庫存變動	2	4	1	1	1	1	-2	1	3	-1
	財貨服務出口	15	18	24	23	34	42	59	67	74	74
	財貨服務進口	19	23	30	26	42	49	43	58	75	70
印尼	GDP	9,805	33,472	79,636	95,960	125,720	222,082	104,866	165,021	281,276	364,459
	最終消費	81	72	65	64	62	64	67	68	74	71
	民間消費	73	63	55	54	54	57	62	62	65	63
	政府消費	8	9	9	10	8	7	5	7	8	9
	總資本形成	19	28	29	39	42	44	23	22	22	25
	總固定資本形成	13	19	19	21	26	26	23	20	22	24
	庫存變動	7	10	10	18	17	18	0	2	0	1
	財貨服務出口	13	22	29	21	24	25	51	41	34	31
	財貨服務進口	15	20	20	19	22	25	39	30	29	26

附表 3-2（續）　東亞 GDP 最終支出別結構二

		1970	1975	1980	1985	1990	1995	1998	2000	2005	2006
菲律賓	GDP	6,691	14,894	32,450	30,734	44,312	74,120	65,171	75,031	98,371	116,931
	最終消費	76	73	73	81	81	85	88	84	79	80
	民間消費	66	62	63	74	71	74	74	70	70	70
	政府消費	9	11	9	8	10	11	13	13	10	10
	總資本形成	21	31	29	14	24	22	20	20	15	15
	總固定資本形成	18	25	27	16	23	22	21	20	15	15
	庫存變動	3	6	2	-2	1	0	-1	0	0	0
	財貨服務出口	22	21	24	24	28	36	52	56	47	47
	財貨服務進口	21	27	28	22	33	44	59	54	52	48
中國	GDP	91,506	161,162	306,520	309,083	404,494	756,960	1,045,199	1,192,836	2,278,419	2,666,772
	最終消費	71	70	65	66	62	58	60	62	52	51
	民間消費	63	62	51	52	49	45	45	46	38	36
	政府消費	8	8	15	14	14	13	14	16	14	15
	總資本形成	29	30	35	38	35	40	36	35	43	43
	總固定資本形成	24	29	29	29	25	33	33	34	41	43
	庫存變動	5	1	6	9	10	7	3	1	1	–
	財貨服務出口	3	5	11	10	18	19	20	23	37	41
	財貨服務進口	3	5	11	14	15	18	16	21	31	33
越南	GDP	2,775	3,896	2,395	4,785	6,472	20,736	27,210	31,173	52,832	57,983
	最終消費	97	97	97	97	97	82	79	73	70	70
	民間消費	90	90	90	90	90	74	71	66	64	64
	政府消費	7	7	7	7	8	8	8	6	6	6
	總資本形成	14	14	14	14	14	27	29	30	35	35
	總固定資本形成	12	12	12	12	13	25	27	28	33	32
	庫存變動	2	2	2	2	1	2	2	2	2	2
	財貨服務出口	26	26	26	26	26	33	45	55	69	75
	財貨服務進口	36	36	36	37	36	42	52	57	74	79

注：　1.1970, 1975 are statistics of former Republic of Viet Nam.
資料出處：UNCTAD, Handbook of Statistics 2007, http://stats.unctad.org/Handbook/TableViewer/download.aspx.

附表 3-3　東亞 GDP 最終支出別結構三

（百萬美元名目價格，%）

		1970	1975	1980	1985	1990	1995	1998	2000	2005	2006
亞洲 N I E s	GDP	47,430	125,588	315,704	409,937	840,768	1,572,168	1,224,955	1,547,414	2,115,157	2,386,721
	最終消費	79	75	69	68	66	66	67	68	68	69
	民間消費	68	64	58	56	54	55	55	56	56	57
	政府消費	11	11	12	12	12	11	12	11	12	12
	總資本形成	24	29	31	29	34	36	25	27	25	25
	總固定資本形成	21	25	28	24	31	33	27	26	25	25
	庫存變動	3	4	4	4	3	3	-2	1	0	0
	財貨服務出口	30	37	46	46	50	56	72	72	77	78
	財貨服務進口	33	39	47	42	49	57	63	66	71	72
一梯亞洲 N I E s	GDP	20,347	52,919	146,776	213,143	541,350	1,019,115	870,882	1,094,317	1,428,518	1,550,143
	最終消費	79	75	70	67	65	66	66	68	68	69
	民間消費	67	64	58	55	53	54	54	56	55	55
	政府消費	12	12	12	12	13	12	13	12	13	13
	總資本形成	26	29	34	26	32	34	26	28	26	26
	總固定資本形成	24	28	32	26	31	33	29	28	26	26
	庫存變動	2	1	2	1	1	1	-3	0	0	0
	財貨服務出口	44	54	63	63	58	63	73	74	84	88
	財貨服務進口	49	58	67	57	56	62	66	70	78	82

附表 3-3（續）　東亞 GDP 最終支出別結構三

		1970	1975	1980	1985	1990	1995	1998	2000	2005	2006
二梯亞洲NIEs	GDP	27,083	72,669	168,929	196,794	299,417	553,053	354,072	453,097	686,639	836,579
	最終消費	79	74	69	70	67	66	67	67	70	69
	民間消費	69	64	58	58	57	56	58	58	60	59
	政府消費	10	11	11	11	9	9	9	10	10	10
	總資本形成	22	28	29	31	38	41	23	23	23	23
	總固定資本形成	18	22	24	23	31	33	23	22	22	23
	庫存變動	4	6	5	8	7	8	-1	1	1	0
	財貨服務出口	19	24	31	27	35	43	67	67	63	60
	財貨服務進口	20	25	29	26	37	47	55	57	58	53
美國	GDP	1,030,647	1,632,969	2,784,856	4,209,469	5,789,487	7,387,641	8,752,441	9,834,008	12,484,364	13,283,024
	最終消費	82	82	80	82	84	83	82	83	86	86
	民間消費	63	64	64	65	67	68	68	69	70	70
	政府消費	18	18	17	17	17	15	14	14	16	16
	總資本形成	18	17	20	20	18	18	20	20	19	20
	總固定資本形成	18	18	20	20	17	18	19	20	19	19
	庫存變動	0	0	0	1	0	0	1	1	0	0
	財貨服務出口	6	9	10	8	10	11	11	12	11	12
	財貨服務進口	6	8	11	10	11	13	13	15	17	17

注：亞洲 NIEs（Newly Industrialized Economies）為新加坡、香港、台灣、韓國（大韓民國）及馬來西亞、泰國、印尼、菲律賓；前四國為第一梯 NIEs，後四國為第二梯 NIEs。

資料出處：UNCTAD, Handbook of Statistics 2007, http://stats.unctad.org/Handbook/TableViewer/download.aspx.

附表 3-4 東亞 GDP 產業別結構一

（百萬美元名目價格，%）

		1970	1975	1980	1985	1990	1995	1998	2000	2005	2006
亞洲 NIEs	總附加價值	100	100	100	100	100	100	100	100	100	100
	農林漁畜業	27	23	17	14	10	8	6	6	5	6
	工業	27	32	38	36	38	37	34	36	36	36
	礦業、製造業、公用部門	22	27	32	31	31	29	28	30	30	30
	製造業	19	20	22	24	26	25	24	25	25	25
	建設業	4	5	6	5	7	8	7	5	5	5
	服務業	47	45	45	50	53	56	59	59	59	58
	批發、零售業、餐飲旅館業	17	17	15	16	16	16	16	16	16	16
	運輸、倉儲、通信業	5	5	6	7	7	7	7	7	8	7
	其他	24	23	24	27	30	33	36	35	35	35
一梯亞洲 NIEs	總附加價值	100	100	100	100	100	100	100	100	100	100
	農林漁畜業	17	15	9	8	6	4	3	3	2	2
	工業	30	33	38	39	38	35	32	32	32	32
	礦業、製造業、公用部門	25	28	31	33	30	27	25	27	26	26
	製造業	22	25	28	29	27	24	22	24	23	23
	建設業	5	6	7	6	8	8	7	6	6	6
	服務業	52	52	53	54	57	61	65	65	66	66
	批發、零售業、餐飲旅館業	18	18	16	15	16	15	15	16	16	16
	運輸、倉儲、通信業	7	7	8	8	7	7	8	8	8	8
	其他	27	27	29	30	34	38	42	41	42	43

附表 3-4（續） 東亞 GDP 產業別結構一

		1970	1975	1980	1985	1990	1995	1998	2000	2005	2006
二梯亞洲 NIEs	總附加價值	100	100	100	100	100	100	100	100	100	100
	農林漁畜業	34	28	23	20	17	14	14	12	11	12
	工業	24	31	38	34	37	39	40	42	43	43
	礦業、製造業、公用部門	20	26	32	29	32	32	35	38	39	38
	製造業	16	16	18	20	23	26	27	29	29	29
	建設業	4	4	6	5	5	7	5	4	4	4
	服務業	42	41	39	46	46	47	47	46	45	45
	批發、零售業、餐飲旅館業	17	17	15	16	17	17	17	17	16	16
	運輸、倉儲、通信業	4	4	5	6	6	7	6	6	7	7
	其他	22	20	20	24	23	24	23	23	23	23
美國	總附加價值	100	100	100	100	100	100	100	100	100	100
	農林漁畜業	3	4	3	2	2	1	1	1	1	1
	工業	34	33	33	31	27	26	24	24	22	22
	礦業、製造業、公用部門	29	28	28	26	23	22	20	19	17	17
	製造業	23	22	23	21	18	18	17	16	13	13
	建設業	5	5	5	5	4	4	4	4	5	5
	服務業	62	63	64	67	71	73	75	75	77	77
	批發、零售業、餐飲旅館業	17	17	17	17	17	18	16	16	15	15
	運輸、倉儲、通信業	6	6	6	6	6	7	6	7	6	6
	其他	39	40	41	44	47	48	53	53	55	56

注： 亞洲 NIEs（Newly Industrialized Economies）為新加坡、香港、台灣、韓國（大韓民國）及馬來西亞、
　　泰國、印尼、菲律賓；前四國為第一梯 NIEs，後四國為第二梯 NIEs。
資料出處：UNCTAD, Handbook of Statistics 2007, http://stats.unctad.org/Handbook/TableViewer/download.aspx.

附表 3-5　東亞 GDP 產業別結構二

（百萬美元名目價格，%）

		1970	1975	1980	1985	1990	1995	1998	2000	2005	2006
日本	總附加價值	202,958	497,868	1,055,205	1,346,733	3,018,112	5,244,251	3,842,266	4,649,614	4,559,020	4,434,993
	農林漁畜業	6	6	4	3	2	2	2	2	1	2
	工業	46	41	39	38	38	33	32	31	29	29
	礦業、製造業、公用部門	38	32	30	31	29	25	24	24	23	23
	製造業	34	28	27	27	26	22	21	21	20	20
	建設業	8	10	9	7	10	8	7	7	6	6
	服務業	48	53	57	59	59	65	67	67	70	70
	批發、零售業、餐飲旅館業	15	15	15	13	13	15	15	14	13	13
	運輸、倉儲、通信業	7	7	6	7	7	7	7	7	7	7
	其他	26	31	36	40	40	43	45	47	50	50
台灣	總附加價值	5,739	15,747	42,290	63,427	164,739	273,837	276,141	321,187	346,405	355,662
	農林漁畜業	16	13	8	6	4	3	2	2	2	2
	工業	38	41	46	45	40	34	32	30	26	26
	礦業、製造業、公用部門	34	36	40	41	36	29	28	27	24	24
	製造業	30	32	36	37	33	27	26	25	22	22
	建設業	4	5	6	4	4	5	4	3	2	2
	服務業	46	46	46	49	56	62	65	68	72	73
	批發、零售業、餐飲旅館業	15	13	13	13	14	16	17	19	21	22
	運輸、倉儲、通信業	6	6	6	6	6	6	7	7	7	6
	其他	25	26	27	29	35	40	41	42	45	44
韓國	總附加價值	8,900	21,459	63,834	96,620	263,776	517,116	345,433	511,659	787,627	872,789
	農林漁畜業	29	27	16	14	9	6	5	5	3	3
	工業	26	29	37	39	42	42	41	41	40	40
	礦業、製造業、公用部門	21	25	29	32	30	30	30	32	31	31
	製造業	18	22	24	27	27	28	27	29	28	28

附表 3-5（續） 東亞 GDP 產業別結構二

		1970	1975	1980	1985	1990	1995	1998	2000	2005	2006
韓國	建設業	5	5	8	7	11	12	11	8	9	9
	服務業	45	44	47	47	49	52	54	54	56	57
	批發、零售業、餐飲旅館業	17	19	14	14	13	12	10	11	10	9
	運輸、倉儲、通信業	7	6	8	7	7	7	7	7	7	7
	其他	21	18	25	26	29	34	38	36	39	41
香港	總附加價值	3,812	10,044	28,934	35,405	75,934	144,230	166,909	168,754	177,783	189,537
	農林漁畜業	1	1	1	0	0	0	0	0	0	0
	工業	30	30	30	29	24	15	14	13	9	8
	礦業、製造業、公用部門	23	23	24	24	19	10	9	8	6	6
	製造業	21	21	22	21	17	8	6	5	3	3
	建設業	7	7	6	5	5	5	6	5	3	2
	服務業	70	70	69	71	76	85	86	87	91	91
	批發、零售業、餐飲旅館業	20	20	20	22	24	25	23	25	29	29
	運輸、倉儲、通信業	7	7	7	8	9	9	9	9	10	10
	其他	43	43	42	41	43	51	53	53	52	52
新加坡	總附加價值	1,896	5,669	11,718	17,691	36,901	83,932	82,399	92,717	116,704	132,155
	農林漁畜業	2	2	1	1	0	0	0	0	0	0
	工業	30	33	37	34	33	34	33	33	32	33
	礦業、製造業、公用部門	23	25	30	24	27	27	24	28	28	29
	製造業	20	23	28	22	26	25	23	26	27	28
	建設業	7	8	6	10	5	7	8	6	4	4
	服務業	68	65	62	65	67	66	67	66	68	67
	批發、零售業、餐飲旅館業	27	25	21	16	17	16	14	15	17	17
	運輸、倉儲、通信業	11	11	13	13	13	12	11	12	14	13
	其他	30	30	28	37	37	38	42	40	37	36

資料出處：UNCTAD, Handbook of Statistics 2007, http://stats.unctad.org/Handbook/TableViewer/download.aspx.

附表 3-6　東亞 GDP 產業別結構三

（百萬美元名目價格，%）

		1970	1975	1980	1985	1990	1995	1998	2000	2005	2006
馬來西亞	總附加價值	100	100	100	100	100	100	100	100	100	100
	農林漁畜業	30	29	23	20	15	13	13	8	8	9
	工業	28	34	41	39	42	40	41	48	50	50
	礦業、製造業、公用部門	24	30	36	35	38	34	37	45	47	47
	製造業	15	18	21	21	24	26	27	31	29	29
	建設業	4	4	5	3	4	6	5	4	3	3
	服務業	42	37	36	42	43	47	46	43	42	41
	批發、零售業、餐飲旅館業	12	11	10	11	13	15	14	13	13	12
	運輸、倉儲、通信業	5	5	5	6	6	7	6	6	6	6
	其他	24	21	21	24	24	25	25	24	23	23
泰國	總附加價值	100	100	100	100	100	100	100	100	100	100
	農林漁畜業	26	27	23	16	14	11	11	9	10	11
	工業	23	24	29	32	36	40	40	42	44	45
	礦業、製造業、公用部門	19	21	24	27	29	32	36	39	41	42
	製造業	16	19	22	22	25	29	31	34	35	35
	建設業	4	3	4	5	7	8	4	3	3	3
	服務業	51	49	48	52	50	49	50	49	46	45
	批發、零售業、餐飲旅館業	24	25	23	24	22	20	22	23	20	19
	運輸、倉儲、通信業	6	5	5	7	8	8	8	8	7	7
	其他	21	20	20	21	19	21	20	18	19	18
印尼	總附加價值	100	100	100	100	100	100	100	100	100	100
	農林漁畜業	43	28	22	20	17	15	16	15	13	14
	工業	18	31	40	33	37	40	43	44	44	42
	礦業、製造業、公用部門	15	27	35	29	32	33	38	38	38	36
	製造業	10	10	13	17	22	25	27	26	27	27
	建設業	3	4	5	5	5	7	6	5	6	6
	服務業	39	41	38	47	47	46	41	41	44	44
	批發、零售業、餐飲旅館業	17	17	14	15	16	16	15	15	15	15
	運輸、倉儲、通信業	3	4	4	6	6	6	5	4	6	6
	其他	20	20	20	26	25	24	21	22	22	23

附表 3-6（續）　東亞 GDP 產業別結構三

		1970	1975	1980	1985	1990	1995	1998	2000	2005	2006
菲律賓	總附加價值	100	100	100	100	100	100	100	100	100	100
	農林漁畜業	30	30	25	25	22	22	17	16	14	14
	工業	32	35	39	35	34	32	31	31	32	32
	礦業、製造業、公用部門	28	28	30	30	28	26	26	26	28	28
	製造業	25	26	26	25	25	23	22	22	23	23
	建設業	4	7	9	5	6	6	6	5	4	4
	服務業	39	35	36	40	44	46	52	53	53	54
	批發、零售業、餐飲旅館業	11	11	13	16	16	15	15	16	16	16
	運輸、倉儲、通信業	3	4	5	6	5	5	5	6	8	8
	其他	24	20	18	19	23	26	31	30	30	30
中國	總附加價值	100	100	100	100	100	100	100	100	100	100
	農林漁畜業	35	32	30	28	27	20	17	15	13	13
	工業	41	46	48	43	41	47	46	46	48	47
	礦業、製造業、公用部門	37	42	44	38	37	41	40	40	42	41
	製造業	37	42	44	38	37	41	40	40	42	41
	建設業	4	4	4	5	5	6	6	6	6	5
	服務業	25	22	22	29	32	33	36	39	40	41
	批發、零售業、餐飲旅館業	8	6	5	10	8	9	10	10	7	9
	運輸、倉儲、通信業	4	5	5	5	6	6	6	7	6	7
	其他	12	12	13	15	18	18	21	22	27	25
越南	總附加價值	100	100	100	100	100	100	100	100	100	100
	農林漁畜業	43	43	43	43	39	27	26	25	21	22
	工業	23	23	23	23	23	29	32	37	41	40
	礦業、製造業、公用部門	20	20	20	20	19	22	27	31	35	34
	製造業	16	16	16	16	12	15	17	19	21	20
	建設業	3	3	3	3	4	7	6	5	6	6
	服務業	34	34	34	34	39	44	42	39	38	38
	批發、零售業、餐飲旅館業	13	13	13	12	17	20	19	17	17	17
	運輸、倉儲、通信業	2	2	2	2	3	4	4	4	4	4
	其他	19	19	19	19	18	20	19	17	17	17

注：1.1970, 1975 are statistics of former Republic of Viet Nam.
資料出處：UNCTAD, Handbook of Statistics 2007, http://stats.unctad.org/Handbook/TableViewer/download.aspx.

第四章 東亞區域經濟的雁行發展

壹、東亞經濟的進口替代與出口導向工業化發展

一、東亞經濟的工業化與國內生產

　　歐美先進國家的經濟發展過程中,國內無法生產的產品初期階段仰賴輸入來供給國內需求,隨著經濟水準的提升,國內生產能力足以開始生產輸入產品,理論上輸入隨之減少,因此此階段一般稱為輸入替代生產期。國內生產能力進一步提升,達到國際水準,產品也具國際競爭力,產品開始輸出國際市場,輸出隨之增加,此階段一般稱為輸出擴張期。戰後東亞經濟工業化的發展過程基本上也是依循此種模式的階段轉變[1]。

　　從國內總需求中國內生產比率（P/（P+M-X））及輸入比率（M/（P+M-X））及國內總供給中輸出比率（X/（P+X））的變化可以初步觀察此種階段的變化[2]。從表 4-1、4-2 及圖 4-1 可知,1970-2006 年期間,各國的國內總需求基本上透過國內生產（P）與輸入（M）達成,但因各國經濟水準、國內市場規模與開放程度不同,所以國內生產比率與輸入比率各不相同。首先世界的平均水準而言,國內生產比率的水準進入 1990 年代後高於 100%水準,但輸入比率 1990 年代後亦上升超過 20%水準,而輸出比率亦逐漸上升 2000 年後超過 20%水準。已開發國家平均的國內生產比率的水準從 99%至 1990 年代後高於 100%,但 2000 年後逐漸下降低於 100%,輸入比率則

---

[1]　東亞的工業化追趕發展的製品週期基本上可分為五階段,從導入期的依賴輸入（Ｉ）、國內開始生產替代輸入（ＩＩ）、具國際競爭力後的開始輸出（ＩＩＩ）、輸出競爭力衰退的成熟期（ＩＶ）至喪失競爭力後的再輸入（Ｖ）等。參照附圖 4-1。
[2]　P 為國內總生產（GDP）,M 為輸入,X 為輸出。

表 4-1　東亞的生產、輸入與輸出（一）　　　　(%)

		1970-79	1980-89	1990-99	1995-99	2000-05	2006
世界	P/(P+M-X)	99.62	99.55	100.29	100.36	100.17	100.38
	M/(P+M-X)	16.07	18.13	21.42	22.50	25.87	29.48
	X/(P+X)	13.58	15.08	17.78	18.55	20.61	22.93
開發中國	P/(P+M-X)	100.33	100.24	99.95	100.42	103.28	105.42
	M/(P+M-X)	16.15	18.21	21.36	22.44	26.01	29.74
	X/(P+X)	17.97	20.32	22.72	23.59	27.45	30.21
已開發國	P/(P+M-X)	99.44	99.34	100.33	100.33	99.19	98.61
	M/(P+M-X)	16.68	17.92	19.07	20.15	22.95	26.06
	X/(P+X)	13.93	14.80	16.19	16.95	18.24	20.01
美國	P/(P+M-X)	99.67	98.22	98.71	98.35	95.86	94.68
	M/(P+M-X)	8.47	10.39	12.16	12.93	14.40	16.01
	X/(P+X)	7.53	8.05	9.92	10.28	9.67	10.14
日本	P/(P+M-X)	100.68	101.94	101.62	101.36	101.41	101.32
	M/(P+M-X)	11.60	11.06	8.53	9.08	10.92	13.94
	X/(P+X)	10.86	11.29	9.07	9.33	10.83	13.09
新加坡	P/(P+M-X)	90.67	99.73	115.91	119.12	129.32	144.06
	M/(P+M-X)	62.14	65.77	61.88	62.08	65.34	68.54
	X/(P+X)	60.44	65.67	63.75	64.25	67.74	71.30
香港	P/(P+M-X)	105.04	105.54	101.66	99.68	108.76	113.62
	M/(P+M-X)	85.72	107.02	135.05	132.45	171.18	216.15
	X/(P+X)	46.35	51.18	57.33	56.97	61.91	66.91
台灣	P/(P+M-X)	101.85	110.74	102.27	102.12	105.37	105.18
	M/(P+M-X)	44.46	47.76	44.68	46.17	55.40	67.21
	X/(P+X)	31.11	34.48	31.44	32.10	36.46	40.74
韓國	P/(P+M-X)	94.54	100.62	101.34	103.14	102.85	101.57
	M/(P+M-X)	30.53	33.29	30.69	33.24	37.98	42.18
	X/(P+X)	20.77	25.13	23.64	25.63	28.38	30.11

注：1.國內生產比率為國內生產佔國內總需求之比率，輸入比率為輸入佔國內總需求之比率；輸出比率為輸出佔國內總生產之比率。2.國內生產、輸出及輸入取自各國 GDP，輸出入額。3.各比率為三年移動平均計算之各年度值的期間平均值。4.作者計算編製。

資料出處：UNCTAD, Handbook of Statistics 2007, http://stats.unctad.org/Handbook/TableViewer/download.aspx.

表 4-2 東亞的生產、輸入與輸出（二） (%)

		1970-79	1980-89	1990-99	1995-99	2000-05	2006
馬來西亞	P/(P+M-X)	104.36	103.26	106.15	111.61	126.12	130.64
	M/(P+M-X)	45.35	57.04	94.36	105.33	123.59	129.78
	X/(P+X)	32.08	36.61	47.89	50.55	54.25	55.11
泰國	P/(P+M-X)	96.40	97.02	100.21	104.28	106.35	101.38
	M/(P+M-X)	22.67	28.03	44.88	48.31	65.17	73.40
	X/(P+X)	16.50	20.39	30.41	32.92	40.21	42.45
印尼	P/(P+M-X)	103.34	103.29	104.11	104.92	107.33	104.79
	M/(P+M-X)	19.57	21.17	26.87	29.83	29.50	28.96
	X/(P+X)	17.91	19.08	22.47	24.21	25.46	24.36
菲律賓	P/(P+M-X)	97.58	98.42	94.19	94.06	97.49	96.92
	M/(P+M-X)	23.67	25.82	42.92	49.35	51.53	48.59
	X/(P+X)	17.85	19.69	27.93	31.36	33.43	31.95
中國	P/(P+M-X)	99.91	99.54	102.14	103.03	103.07	107.09
	M/(P+M-X)	5.64	13.02	17.18	17.81	26.47	34.39
	X/(P+X)	5.21	11.15	15.85	16.82	22.07	27.89
越南	P/(P+M-X)	90.43	90.45	93.12	92.94	95.23	95.84
	M/(P+M-X)	32.97	32.94	42.14	46.90	61.98	73.18
	X/(P+X)	20.56	20.54	27.23	29.81	37.45	41.85
亞洲 NIEs	P/(P+M-X)	99.44	102.81	102.06	103.21	106.72	106.47
	M/(P+M-X)	38.91	50.72	56.45	60.52	69.50	76.16
	X/(P+X)	27.76	33.60	36.22	37.95	41.63	43.70
一梯亞洲 NIEs	P/(P+M-X)	97.95	104.16	102.46	103.12	106.00	106.43
	M/(P+M-X)	55.94	69.47	62.19	65.38	74.78	85.00
	X/(P+X)	35.43	40.52	38.59	39.81	43.17	46.21
二梯亞洲 NIEs	P/(P+M-X)	100.73	100.97	101.61	103.86	108.45	106.52
	M/(P+M-X)	24.68	28.87	45.70	50.98	58.19	58.90
	X/(P+X)	20.06	22.76	31.17	33.93	38.04	38.05

注：1.國內生產比率為國內生產佔國內總需求之比率，輸入比率為輸入佔國內總需求之比率；輸出比率為輸出佔國內總生產之比率。2.國內生產、輸出及輸入取自各國 GDP，輸出入額。3.各比率為三年移動平均計算之各年度值的期間平均值。4.作者計算編製。

資料出處：UNCTAD, Handbook of Statistics 2007, http://stats.unctad.org/Handbook/TableViewer/download.aspx.

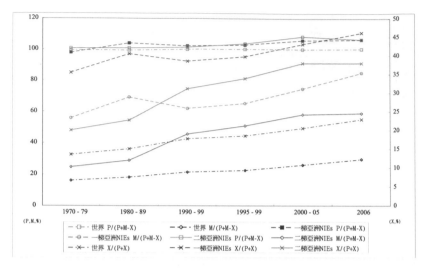

圖 4-1　東亞生產，輸出與輸入

逐漸提升 1990 年代後半期高於 20%，輸出比率同樣逐漸提升 2006 年高於 20%。開發中國家平均的國內生產比率水準從 1970 年代即在 100%水準，2000 年後更提升高於 100%，輸入比率亦逐漸提升 1990 年代高於 20%，輸出比率同樣逐漸提升 1980 年代開始高於 20%。開發中國家的輸入比率 1970 年代高於世界但低於已開發國家平均而 1980 年代開始亦高於已開發國家，輸出比率則 1970 年代開始即高於世界及已開發國家平均，顯示開發中國家戰後經濟發展過程中透過輸入及輸出比率的提升享受後開發經濟的利益。而已開發國家的輸入比率也隨著經濟的發展提高，另一方面，已開發國家與開發中國家的國內總供給中除了國內所需的生產外，供給國外需求的輸出（X）所佔比率也皆隨經濟的發展而增加。已開發國家與開發中國家的輸入所佔國內總需求的比率以及輸出佔國內總供給比率兩者皆提升，除了國內經濟水準的提升外，國際經濟環境的開放即自由化應是重要的原因。

　　美國的國內生產比率水準從 1970 年代即低於 100%水準且逐次下降，輸入比率及輸出比率逐漸提升，輸入比率 1980 年代開始高於 10%，輸出比率 1990 年代提升至 10%水準。

　　東亞國家中，日本的國內生產佔總需求比率維持在 100%的相對高水準，輸入比率以及輸出比率則皆相對低於世界、已開發國家及開發中國家的平均水準，1970、80 年代其輸入與輸出比率持續下降，但進入 2000 年後則持續回增，另其輸入及輸出比率 1980 年代之前皆高於美國，其後則皆低於美國。

　　亞洲一梯 NIEs 中，對外開放程度相對較高的新加坡與香港的國內生產比率隨著經濟的發展，香港 1970 年代即達到 100%水準、新加坡則 1980 年代達到 100%水準，其後皆上升，而輸入比率，香港 1970 年代即超過 80%其後更超過 100%，新加坡則 1970 年代即超過 60%其後並持續維持在 60%水準，輸出比率則新加坡 1970 年代即超過 60%其後並持續上升，香港 1990 年代之前在 50%水準其後堤升至 60%水準。台灣國內生產比率 1970 年代即在 100%水準之上，韓國則 1980 年代提升至 100%水準之上，而台灣與韓國的輸入及輸出比率則皆提升，其中台灣的輸入及輸出比率又皆高於韓國。

　　亞洲二梯 NIEs 中，國內生產比率除菲律賓外隨著經濟的發展皆提高，馬來西亞、印尼 1970 年代、泰國 1990 年代超過 100%，但 2006 年印尼、泰國下降。菲律賓國內生產比率則 1980 年代上升後逐步降低，2000 年後雖回升仍低於 1970 年代水準。輸入比率以馬來西亞最高，1970 年代即超過 40%其後持續上升 1990 年代後半超過 100%，其次泰國，其輸入比率 1990 年代由 20%提升至 40%而 2000 年後更超過 60%水準，菲律賓 1990 年代開始超過 40%，印尼最低但 1980 年代也提升至 20%以上而 1990 年代後半接近 30%。而輸出比率亦是馬來西亞最高，1990 年代後半開始超過 50%，其次泰國，2000 年後高於 40%，菲律賓 1990 後半開始超過 30%，印尼最低，維持在 20%水準。

中國的國內生產比率自 1990 年代開始超過 100%並逐漸上升,輸入比率及輸出比率 1980 年代皆由 5%提高至 10%水準,2000年後超過 20%,2006 年輸入比率 34.4%、輸出比率 27.9%。越南亦是隨著經濟的發展國內生產比率由 1970 年代 90%水準逐步提升至2006 年 95.8%,幅度低於中國,相對地輸入比率由 33%提升至73%,而輸出比率由 20.6%提升至 41.9%,輸入比率增幅大於中國,輸出比率增幅接近中國。

1970 至 2006 年期間,東亞的國內生產比率中日本、香港、台灣、馬來西亞、印尼 1970 年代超過 100%,1980 年代韓國超過100%,1990 年代新加坡、泰國、中國超過 100%,越南持續上升但低於 100%,只有菲律賓低於 100%且降低。但輸入與輸出比率則皆上升,香港輸入比率 1980 年代、馬來西亞 1990 年代後半皆超過 100%。而一梯 NIEs 平均的國內生產比率水準 1980、90 年代高於二梯 NIEs 其後則低於二梯 NIEs,輸入及輸出比率平均則高於二梯 NIEs。

中國的國內生產比率水準則低於二梯 NIEs 平均但高於越南,其輸入及輸出比率低於二梯 NIEs 平均及越南。東亞各國的輸入與輸出比率隨著進口替代與出口擴張其國內生產比率、輸入與輸出比率皆上升,但日本、中國的輸入與輸出比率低於一梯、二梯 NIEs及越南,而 1970 年代後日本又低於中國,顯示國內生產、輸入與輸出的變化與國內經濟規模的關係密切外,出口導向政策也影響輸出與輸入比率的變化。

總體經濟的角度而言,東亞國家隨著經濟的發展,國內生產佔國內總需求比率除菲律賓及越南外皆逐次提昇至 100%以上,但隨著國內生產水準的提升以及開放程度的加深其輸入佔國內總需求比率並未因此而減少反而呈現增加,即並未呈現理論上隨著進口替代而國內生產比率提昇並輸入比率下降的現象。同時輸出佔總供給比率也快速提升,除日本及 2000 年之前中國外輸入比率及輸出比率都相對高於世界及分別高於已開發國家及開發中國家的平均,此顯示東亞國家開放性出口導向經濟體的特徵。而輸入比率增加的原因，除了更高層次的輸入需求亦即更高階輸入替代的國內生產能力有待提昇外，產業內貿易型態的進展亦是重要原因。另外輸出比率持續提升的原因，東亞各國的輸出並非工業化後才開始，前工業化時期農產品、礦產、能源等的輸出占相當比率，工業化過程中又由勞力密集製品為主逐漸轉為資本、技術密集製品為主的輸出結構，此輸出結構的順利移轉是維繫其輸出比率持續升高的主要原因之一。

二、東亞經濟的工業化與貿易結構

（一）東亞產品輸出結構

從前出第三章表 3-9 東亞輸出成長率可知 1980 年代台灣等亞洲一梯 NIEs 開始持續超過日本，90 年代前期亞洲二梯 NIEs 超越一梯 NIEs，而同時期中國、越南也開始持續超過二梯、一梯 NIEs 及日本的過程中，東亞後發展國家對先發展國家的追趕、超越的情景就已被勾勒出來。

以下進一步從表 4-3 及 4-4 東亞國家輸出產品結構探討其輸出面的追趕、超越的變化。

日本 1980 年的輸出結構便已集中在工業製品[3]，其製品佔總出口比重達 94.53%，其後 90 年 95.86%、2000 年 93.88%、2006 年 90.7%，而工業製品中又集中在機械製品，其佔總出口比重 80 年 58.45%、90 年 70.6%、2000 年 68.8%、2006 年 63.7%。

台灣輸出結構同樣從 1980 年便已集中在工業製品，比重達 87.86%，之後 90 年 92.59%，但均低於日本，而 2000 年 95.1%、

---

[3]　依 UNCTAD Handbook of Statistics 的工業製品分類，包含 SITC 5 至 8 分類的三分位製品共 141 項，但 6 分類中不含 68 類的非鐵金屬製品，各年度輸出統計資料中各國輸出中工業製品所佔比重。

表 4-3　東亞產品輸出結構一　　　　　　(%)

		糧食類	農業原料類	燃料類	礦砂非鐵金屬類	工業製品	化學製品	其他製品	機械製品	分類不明
美國	1980	17.93	5.21	3.70	4.99	64.25	9.57	15.66	39.02	3.91
	1990	11.07	4.50	3.30	3.04	73.28	10.17	17.06	46.04	4.82
	1995	10.09	3.72	1.79	2.52	77.96	10.57	19.11	48.29	3.92
	2000	6.96	2.19	1.71	1.85	83.51	10.58	20.11	52.82	3.78
	2006	6.67	2.26	3.36	3.45	80.27	13.06	19.53	47.68	3.99
日本	1980	1.31	0.93	0.40	1.58	94.53	5.10	30.99	58.45	1.24
	1990	0.60	0.55	0.48	0.90	95.86	5.37	19.89	70.60	1.61
	1995	0.49	0.56	0.56	1.05	95.21	6.80	18.08	70.33	2.13
	2000	0.45	0.46	0.32	1.23	93.88	7.34	17.76	68.79	3.66
	2006	0.49	0.52	0.91	2.23	90.70	8.95	18.06	63.70	5.15
新加坡	1980	8.12	10.26	28.87	2.44	43.07	3.42	12.89	26.75	7.25
	1990	5.20	2.56	18.18	1.54	71.19	6.19	14.87	50.14	1.33
	1995	3.95	1.08	6.84	1.97	83.74	6.00	12.13	65.62	2.42
	2000	2.24	0.46	9.73	1.12	85.40	6.96	11.02	67.41	1.05
	2006	1.55	0.32	13.12	1.37	78.77	11.35	9.74	57.68	4.87
香港	1980	1.38	0.50	0.13	1.47	95.68	0.79	76.73	18.15	0.84
	1990	2.56	0.28	0.35	1.02	94.52	2.94	66.73	24.85	1.28
	1995	2.62	0.32	0.32	1.41	93.56	3.88	60.27	29.42	1.77
	2000	1.81	1.00	0.27	1.44	94.97	5.15	51.48	38.35	0.51
	2006	0.93	0.53	0.29	1.91	94.45	4.83	35.85	53.77	1.89
台灣	1980	8.63	1.49	1.49	0.46	87.86	2.53	60.60	24.73	0.08
	1990	4.03	1.46	0.61	1.17	92.59	3.96	49.58	39.05	0.14
	1995	3.43	1.53	0.75	1.41	92.78	6.45	38.29	48.04	0.10
	2000	1.23	1.14	1.12	1.23	95.10	6.24	30.47	58.39	0.18
	2006	0.86	1.08	4.81	2.30	90.34	10.00	29.41	50.94	0.61
韓國	1980	7.39	1.37	0.27	1.05	89.53	4.32	64.91	20.30	0.39
	1990	3.29	1.27	1.08	0.83	93.20	3.80	50.12	39.29	0.33
	1995	2.25	1.29	1.99	1.01	91.47	7.06	31.93	52.48	1.99
	2000	1.55	0.95	5.44	1.24	89.94	8.00	23.73	58.21	0.88
	2006	0.92	0.73	6.43	2.48	89.18	9.77	20.31	59.10	0.26

注：1.各出口產品類依 SITC 分類如下，糧食(SITC 0 + 1 + 22 + 4)，農業原料(SITC 2 - 22 - 27 - 28)，
　　燃料(SITC 3)，礦砂非鐵金屬(SITC 27 + 28 + 68)，工業製品(SITC 5 to 8 less 68)，化學製品(SITC
　　5)，其他製品(SITC 6 + 8 less 68)，機械(SITC 7)，分類不明。
資料出處：UNCTAD, Handbook of Statistics 2003, 2007。

表 4-4　東亞產品輸出結構二　　　　　　　(%)

		糧食類	農業原料類	燃料類	礦砂非鐵金屬類	工業製品	化學製品	其他製品	機械製品	分類不明
馬來西亞	1980	15.04	30.92	24.71	10.19	18.81	0.61	6.71	11.50	0.33
	1990	11.65	13.68	18.33	2.08	53.85	1.61	16.56	35.69	0.41
	1995	9.50	6.12	6.99	1.35	74.73	3.00	16.60	55.13	1.32
	2000	5.54	2.62	9.62	1.04	80.36	3.83	14.01	62.52	0.82
	2006	6.96	2.74	13.73	1.33	73.39	5.45	15.38	52.56	1.85
泰國	1980	47.02	11.24	0.07	13.60	25.19	0.74	18.60	5.85	2.89
	1990	28.72	5.09	0.83	1.04	63.12	1.95	39.29	21.88	1.20
	1995	19.28	5.30	0.72	0.62	73.11	3.76	35.72	33.63	0.98
	2000	14.42	3.34	3.21	1.16	75.07	5.93	25.55	43.59	2.80
	2006	11.25	5.26	4.98	1.50	75.31	8.00	22.62	44.70	1.70
印尼	1980	7.65	14.14	71.87	3.92	2.28	0.38	1.40	0.50	0.15
	1990	11.11	5.07	43.78	4.36	35.21	2.41	31.38	1.43	0.48
	1995	11.38	6.66	25.34	5.97	50.55	3.33	38.80	8.42	0.11
	2000	8.90	3.60	25.24	4.90	56.73	5.10	34.30	17.33	0.63
	2006	11.62	6.40	27.40	9.91	44.12	5.09	25.02	14.01	0.55
菲律賓	1980	35.86	6.08	0.66	20.57	21.10	1.54	17.44	2.12	15.73
	1990	18.92	1.87	2.23	8.18	37.86	3.23	22.41	12.23	30.94
	1995	13.02	1.27	1.53	4.34	41.07	1.92	17.03	22.13	38.76
	2000	4.77	0.56	1.33	1.62	91.33	0.89	14.30	76.13	0.39
	2006	5.46	0.51	2.30	4.44	86.15	1.61	15.04	69.49	1.14
中國	1985	16.68	6.16	25.88	2.57	36.35	5.00	28.54	2.81	12.36
	1990	12.65	3.53	8.44	2.13	71.36	6.04	47.88	17.45	1.89
	1995	8.25	1.80	3.59	2.07	83.93	6.01	56.88	21.04	0.37
	2000	5.44	1.13	3.15	1.84	88.23	4.85	50.23	33.15	0.21
	2006	2.88	0.48	1.83	2.15	92.42	4.60	40.73	47.10	0.24
越南	1995	30.22	3.13	17.96	0.47	43.95	1.06	35.86	7.03	4.27
	2000	25.31	1.99	26.41	0.44	42.64	0.96	33.01	8.67	3.21
	2006	20.44	2.79	24.76	0.63	50.93	1.62	39.66	9.66	0.45

注：1.各出口產品類依 SITC 分類如下，糧食(SITC 0 + 1 + 22 + 4)，農業原料(SITC 2 - 22 - 27 - 28)，燃料(SITC 3)，礦砂非鐵金屬(SITC 27 + 28 + 68)，工業製品(SITC 5 to 8 less 68)，化學製品(SITC 5)，其他製品(SITC 6 + 8 less 68)，機械(SITC 7)，分類不明。

資料出處：UNCTAD, Handbook of Statistics 2003, 2007。

2006 年 90.34%則接近日本，其工業製品中 80 年代集中在其他製品，80 年 60.6%、90 年 49.58%，90 年代則逐漸轉變集中至機械製品，90 年 39.05%、2000 年 56.39%、2006 年 50.94%，機械製品比重 2000 年起超過 50%。其他一梯 NIEs 的演變情形相同，1980 年代便已集中在工業製品，90 年代開始則逐漸由其他製品移轉集中至機械製品。韓國 1980 年工業製品比重達 89.53%，90 年 93.2%，而 2000 年 89.94%、2006 年 89.18%，其工業製品中 80 年代集中在其他製品，80 年 64.91%、90 年 50.12%，90 年代則逐漸轉變集中至機械製品，90 年 39.29%、2000 年 58.21%、2006 年 59.1%。香港 1980 年工業製品比重達 95.68%，90 年 94.52%，而 2000 年 94.97%、2006 年 94.45%，其工業製品中 80 年代集中在其他製品，80 年 76.73%、90 年 66.73%，90 年代則逐漸轉變集中至機械製品，90 年 24.85%、2000 年 38.35%、2006 年 53.77%。新加坡 1980 年工業製品比重達 43.07%，90 年 71.2%，而 2000 年 85.4%、2006 年 78.77%，其工業製品中 80 年代集中在其他製品，80 年 12.89%、90 年 14.87%，90 年代則逐漸轉變集中至機械製品，90 年 50.14%、2000 年 67.41%、2006 年 57.68%。亞州一梯 NIEs 除香港外機械製品比重 1990 年代前半期接達到 50%水準，而香港則 2006 年達到 50%。

　　亞洲二梯 NIEs 的輸出結構則不同於一梯 NIEs 的急遽轉變，1980 年代中輸出產品的重心由農產品、燃料等非工業製品漸進地轉移至工業製品。馬來西亞工業製品比重 1980 年 18.81%，90 年 53.85%，而 2000 年 80.36%、2006 年 73.39%，但與一梯 NIEs 不同的是其工業製品輸出並非以其他製品為主開始，其機械製品輸出比重 80 年代便已超過其他製品，80 年 11.5%、90 年 35.69%、2000 年 62.52%、2006 年 52.56%，而其他製品則比重相對較低，80 年 6.71%、90 年 16.56%、2000 年 14.01%、2006 年 15.38%。其他二梯 NIEs 的輸出結構雖亦皆逐漸移轉工業製品為主，但泰國與菲律賓接近一梯的演變模式，印尼則以其他製品為主。泰國 1980 年工業製品比重 25.19%，90 年 65.12%，而 2000 年 75.07%、2006 年 75.31%，其工業製品中 80 年代集中在其他製品，其他製品比重 80 年 18.6%、90 年 39.29%，90 年代則逐漸轉變集中至機械製品，機械製品比重 90 年 21.88%、2000 年 43.59%、2006 年 44.7%。菲律賓 1980 年工業製品比重 21.1%，90 年 37.86%，而 2000 年 91.33%、2006 年 86.15%，其工業製品中 80 年代集中在其他製品，80 年 17.44%、90 年 22.41%，90 年代則逐漸轉變集中至機械製品，95 年 22.13%、2000 年 76.13%、2006 年 69.49%。印尼因石油燃料的大宗輸出，1990 年代輸出雖亦移轉工業製品為主，但其工業製品比重不如其他二梯 NIEs 高，90 年 35.21%、2000 年 56.73%、2006 年 44.12%，其工業製品中 80 年代開始便主要集中在其他製品，80 年 1.4%、90 年 31.38%、2000 年 34.3%、2006 年 25.02%，而機械製品至 2000 年開始才顯現較大比重，2000 年 17.33%、2006 年 14.01%。

中國 1980 年代中輸出產品結構的重心亦由燃料、食糧等非工業製品轉移至工業製品，特別是 80 年代後半期銳變為集中在工業製品的出口結構，工業製品所佔比重 85 年 36.35%，90 年 71.36%，2000 年 88.23%，2006 年更達 92.42%，而工業製品中 80 年代後半期與一梯 NIEs 同樣集中在其他製品，其他製品比重 85 年 28.54%、90 年 47.88%，90 年代則逐漸轉變為其他製品與機械製品雙主軸的出口結構，其他製品比重 2000 年 50.23%，2006 年降為 40.73%，而機械製品比重則由 90 年 17.45%急增至 2000 年 33.15%，2006 年更增至 47.1%超過其他製品。

越南 1990 年代開始其輸出結構的重心亦由燃料、食糧等非工業製品轉移至工業製品，工業製品所佔比重 1995 年 43.95%，其他製品比重 2000 年 42.64%，2006 年達 50.93%，而工業製品中 90 年代後半期集中在其他製品，95 年 35.86%、2000 年 33.01%、2006 年 39.66%，而機械製品比重則由 95 年 7.03%、2000 年 8.67%，2006 年增至 9.66%。

　　日本最早於 1980 年達成以工業製品為主並集中機械製品的高度化輸出結構，台灣等亞洲一梯 NIEs 則在 90 年代中達成，馬來西亞、泰國等亞洲二梯 NIEs 及中國則分別於 1990 年代後期及進入 2000 年後逐漸形成機械製品與其他製品分庭抗禮的階段。大體而言，東亞一梯 NIEs、二梯 NIEs、中國、越南的輸出結構在追趕日本過程中都呈現集中於工業製品，以及工業製品中又集中在機械製品的發展趨勢。

　　此點另外從東亞國家的出口集中係數值變化亦可得到證實。表 4-5 可知日本輸出因最早集中機械製品故其係數值比美國高，然低於中國以外其他東亞國家，但其變動從 1980 年以後比其他東亞國家相對穩定。亞洲一梯 NIEs 集中係數皆增大，1980 年代中由集中其他製品轉變集中機械製品故 1990 年係數值較 1980 年下降呈現分散狀態，90 年代後半期集中機械製品後係數值增大呈現集中擴大狀態。新加坡係數值水準最高，香港 1980 年代次於新加坡，韓國 1990 年代次於新加坡，2000 年後台灣次於新加坡、香港最低。二梯 NIEs 的集中係數值除菲律賓外皆呈減小變化，1980 年代印尼係數值水準最高，1990 年代菲律賓最高，2000 年後馬來西亞最高，而 2000 年後除印尼外由其他製品轉變集中機械製品故皆高於 1990 年係數值水準。

　　中國在 1980 年代中由非工業製品轉變為工業製品為主的出口結構，故其係數值在 80 年代中由大變小，除顯示由集中轉分散的狀態變化並可知其變化的劇烈程度，進入 90 年代後工業製品中亦由其他製品為主轉變為與機械製品並重結構，故其係數值變小呈現持續分散的狀態，2000 年後與其他東亞國家相同輸出逐漸集中機械製品，其係數值變大。而越南 1995 年開始集中其他製品其集中係數亦維持在 0.2 以上水準。東亞雖皆由皆非工業製品而工業製品、其他製品而機械製品的輸出集中化過程，其中 1990 年代中國、台灣、泰國、韓國、香港等係數值的相對低水準顯示此期間比其他東亞國家輸出產品結構更激烈調整的歷程。

表 4-5　東亞產品輸出集中係數

	1980	1985	1990	1995	2000	2006
美國	0.0639	0.0804	0.0778	0.0754	0.0908	0.0759
日本	0.1184	0.1367	0.1394	0.1245	0.1359	0.1467
新加坡	0.2354	0.2356	0.1940	0.2184	0.2751	0.2707
香港	0.1642	0.1610	0.1462	0.0935	0.1105	0.1593
台灣	0.1171	0.0924	0.0857	0.1109	0.1713	0.1897
韓國	0.0853	0.1533	0.1033	0.1492	0.1578	0.1559
馬來西亞	0.3032	0.2703	0.1837	0.1796	0.2189	0.1856
泰國	0.2010	0.1470	0.0981	0.0901	0.1115	0.0949
印尼	0.5300	0.4578	0.2668	0.1441	0.1258	0.1289
菲律賓	0.2148	0.2843	0.2852	0.1561	0.4292	0.3461
中國	--	0.3016	0.0803	0.0700	0.0775	0.1098
越南	--	--	--	0.2028	0.2515	0.2236

注：貿易集中係數：Hi=（$\sqrt{\sum ni=1 (Eij/Ej)2} - \sqrt{(1/n)}$）/（$1-\sqrt{(1/n)}$），Eij=i 國 j 產品出口，
Ei=$\sum nj=1Eij$，n：SITC 3 位數產品數目(n=239,260)，係數值界於 0 至 1，係數計算式為
Herfindahl-Hirschmann index 的修改版。
資料出處：UNCTAD, Handbook of Statistics 2003, 2007。

（二）東亞工業製品的貿易收支

接著以上東亞國家工業化經濟發展過程與外貿的關係演變，以下進一步觀察其工業製品貿易的進展情形。

表 4-6 中可知，進入 1980 年代，不論輸入佔總需求比重或輸出佔總供給比重的高低水準，東亞國家的工業製品輸出入額皆呈現趨勢性成長。1980、90 年代輸出入金額皆普遍呈現跳躍式增加，2000 年後日本增幅減緩，但亞洲一梯 NIEs、二梯 NIEs、中國及越南仍持續高幅成長，特別是中國與越南。

表 4-6　東亞工業製品貿易額

(百萬美元)

		1980	1985	1990	1995	2000	2005	2006
美國	輸出	139,155	143,414	274,382	454,498	651,644	735,649	832,411
	輸入	124,230	250,866	375,734	608,481	969,154	1,241,079	1,352,508
日本	輸出	122,711	169,397	275,072	421,701	449,928	546,509	586,604
	輸入	25,072	31,847	100,180	178,188	212,832	276,560	297,606
新加坡	輸出	8,344	11,651	37,540	99,039	117,682	185,204	214,093
	輸入	12,920	14,553	44,403	103,320	109,787	152,267	174,920
香港	輸出	13,081	15,790	27,413	160,767	192,497	279,910	304,748
	輸入	16,570	23,201	70,551	170,560	192,663	275,037	304,528
台灣	輸出	17,429	27,570	62,072	103,283	141,050	171,742	202,374
	輸入	9,964	10,436	36,745	76,859	110,410	131,010	137,708
韓國	輸出	15,625	27,643	60,597	114,440	154,935	258,301	290,251
	輸入	9,570	17,760	44,136	90,066	98,459	158,454	177,924
馬來西亞	輸出	2,435	4,256	15,861	55,091	78,933	104,872	117,913
	輸入	7,140	8,936	22,860	64,438	68,135	90,538	101,033
泰國	輸出	1,604	2,689	14,519	41,231	51,661	84,332	98,343
	輸入	4,798	5,544	24,817	56,813	46,961	82,135	85,971
印尼	輸出	499	2,044	9,041	22,957	35,242	40,175	44,470
	輸入	7,035	7,374	16,619	29,618	20,502	31,617	32,186
菲律賓	輸出	1,213	1,221	3,063	7,127	34,777	36,754	40,843
	輸入	3,941	2,016	6,927	16,474	28,833	37,810	40,189
中國	輸出	--	9,316	44,311	125,034	219,870	700,370	895,472
	輸入	--	31,046	42,506	104,141	169,887	493,144	579,504
越南	輸出	--	--	--	2,395	6,176	16,180	20,174
	輸入	--	--	--	6,203	11,386	25,674	31,407

注：工業製品為 UNCTAD SITC 5 至 8 分類商品，但不含 68 分類商品。

資料出處：UNCTAD, Handbook of Statistics 2004,2007, http://stats.unctad.org/Handbook/TableViewer/download.aspx.

　　而東亞國家的工業製品貿易收支從表 4-7 可知，1980-2006 年期間，除日本、台灣、韓國持續為順差外，中國在進入 1990 年代後轉為順差的穩定增加，其餘東亞國家也大都在 2000 年以後轉為穩定的順差，只有越南仍為逆差狀態。輸出導向型經濟成長模式下，東亞國家不但工業製品輸出大幅成長，其輸入也伴隨快速增加，以 1980、90 年代亞洲二梯 NIEs、中國、越南皆處於逆差狀態可知其製品輸出的大幅成長之前或輸出的背後製品輸入的先行增加是普遍的現象。台灣、韓國在 1960、70 年代，日本則 1950、60 年代亦曾經歷過逆差期。東亞國家工業製品貿易收支相繼轉為順差除顯示雁行經濟的發展成果，也顯示東亞國家輸入能力的提升。

表 4-7　東亞工業製品貿易收支比　　　　　　(%)

	1980	1985	1990	1995	2000	2005	2006
美國	5.67	-27.25	-15.59	-14.49	-19.59	-25.57	-23.80
日本	66.07	68.35	46.61	40.59	35.77	32.80	32.68
新加坡	-21.52	-11.07	-8.37	-2.12	3.47	9.76	10.07
香港	-11.77	-19.01	-44.03	-2.96	-0.04	0.88	0.04
台灣	27.25	45.08	25.63	14.67	12.18	13.45	19.01
韓國	24.03	21.77	15.72	11.92	22.29	23.96	23.99
馬來西亞	-49.13	-35.48	-18.08	-7.82	7.34	7.34	7.71
泰國	-49.89	-34.68	-26.18	-15.89	4.77	1.32	6.71
印尼	-86.76	-56.60	-29.53	-12.67	26.44	11.92	16.03
菲律賓	-52.93	-24.55	-38.67	-39.61	9.34	-1.42	0.81
中國	--	-53.84	2.08	9.12	12.82	17.36	21.42
越南	--	--	--	-44.29	-29.67	-22.68	-21.78

注：1.工業製品為 UNCTAD SITC 5 至 8 分類商品，但不含 68 分類商品。
　　2.貿易收支比為（輸出－輸入）／（輸出＋輸入）。
資料出處：UNCTAD, Handbook of Statistics 2004,2007, http://stats.unctad.org/Handbook/TableViewer/download.aspx.

　　但美國在 1980 年代中由製品貿易順差轉變為逆差的現象亦顯示已開發國家在國際競爭力提昇後雖然貿易逆差轉為順差，但國際競爭力可能相對再下降，其貿易順差又可能再次轉為逆差。此一般會以國內成本上漲，不管是生產要素價格的相對上升、經濟結構僵化的高成本原因導致國際競爭力衰退或國內儲蓄與投資亦或財政收支的總體經濟基本面的失衡等來說明。但若仍是相對保持競爭力，只是產業內貿易的進展所帶動的輸入增加應不至於演變成逆差的持續擴大。日本製品的持續貿易順差與美國的演變形成對比。美日兩國對外製品貿易收支演變的對比值得東亞國家作為未來經濟發展模式的參考。

貳、東亞經濟出口導向工業化與雁行發展

一、東亞輸出結構的工業化與雁行發展

東亞製品別輸出結構與世界製品別輸出比重變化呈現的雁行形態發展

（一）東亞製品別輸出比重

上述東亞國家運用對外貿易的經濟發展歷程是其在自由市場經濟體制中採行近代經濟成長工業化發展模式享受後發開發性經濟利益的體現。1950 至 1970 年代的日本，1960 至 1980 年代的台灣、韓國，1970 至 1990 年代的泰國、馬來西亞等二梯 NIEs，1978年以後的中國，1990 年代以後的越南等國家均皆經歷過對外貿易與國內生產相對快速成長的相同過程。改革開放後的中國與越南參與成為東亞經濟「雁行形態發展過程」的一環。而其高度經濟成長的同時伴隨著更高的輸出成長即為此形態發展的特色之一，並且東亞中隨各國或經濟體先後轉型自由市場經濟的時期形成漸層的發展分佈順序，而越後轉型發展的國家成長速度越高。

二戰後東亞國家的經濟與國際接軌的發展實績正是展現其在自由市場經濟體制下輸出導向型工業化經濟發展模式的成果，同時也使其成為近代經濟發展理論特別是與對外貿易、FDI 相關理論的實證對象。雁行形態理論如第二章參節所述是根據後發展國家先後享受後開發性經濟利益，模仿已發展國家工業化經濟發展模式的演

化過程所歸納出解釋世界經濟發展過程中互補及競爭性關係及現象的理論。而雁行形態發展理論的追趕與超越亦即國家間的競爭關係的說明，主要是經濟發展過程中各國連鎖性結構改變使經濟體間由異質性互補狀態轉變成同質性狀態所形成，然隨後經濟的持續發展、結構的高度化亦會使世界經濟進入另一個異質性互補的均衡狀態。而後發展國家先後學習、模仿已發展國家工業化經濟發展模式的連鎖性結構演變過程，通常是由低技術密集度消費財最終製品往高技術密集度資本財最終製品以及由最終製品往中間財零組件等的兩個方向發展，此亦是雁行形態論所提兩種型態的追趕過程。而國家間連鎖性產業與貿易結構的改變則主要經由貿易、海外直接投資（FDI）及技術移轉的進展所導致。

　　以下由製品輸出結構變化進一步探討東亞國家間的雁行追趕發展形態。

　　首先從圖 4-2 及表 4-8 可知期間東亞國家的快速出口成長中，均朝集中工業製品輸出演變。

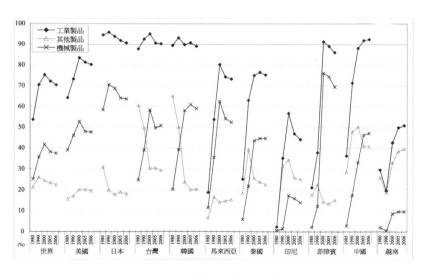

圖 4-2　東亞雁行發展（製品別輸出比重）

　　表 4-8 可知，1980 至 2006 年期間世界輸出結構中工業製品比重從 53.63%持續上升至 70%水準，1990 年代中期曾佔達 77.74%，2000 年後由於全球性燃料、原料等非工業製品的需求增加及價格上漲，工業製品輸出比重呈現下降的現象。但美國工業製品輸出比重從 64.25%持續上升至 80%以上水準，日本雖然 2000 年後由 95%水準下降但仍維持在 90%水準以上。其他東亞國家的工業製品輸出比重至 2000 年亦皆呈現增加的趨勢變化，2000 年後泰國、中國、越南比重持續增加，其餘國家則減低。而東亞的工業製品的輸出比重水準，除印尼與越南低於世界平均水準外其他皆高於世界平均，2000 年後日本、香港、台灣、韓國、中國的比重皆超過 90%。

表 4-8　東亞工業製品輸出比重　(%)

	1980	1985	1990	1995	2000	2005	2006
世界工業製品	53.63	63.68	70.40	77.74	75.23	72.18	70.39
美國	64.25	69.44	73.28	77.96	83.51	81.35	80.27
日本	94.53	96.30	95.86	95.21	93.88	91.86	90.70
新加坡	43.07	51.00	71.19	83.74	85.40	80.65	78.77
香港	95.68	95.12	94.52	92.46	94.97	95.82	94.45
台灣	87.85	90.02	92.59	92.76	95.10	90.68	90.34
韓國	89.53	91.28	93.20	91.51	89.94	90.82	89.18
馬來西亞	18.81	27.22	53.85	74.67	80.36	74.40	73.39
泰國	25.19	38.10	63.12	73.05	75.07	76.59	75.31
印尼	2.28	11.00	35.21	50.55	56.73	46.90	44.12
菲律賓	21.10	26.61	37.86	40.85	91.33	89.09	86.15
中國	66.40	36.34	71.36	84.04	88.23	91.92	92.42
越南	29.60	14.18	19.55	43.95	42.64	49.87	50.93

注：1.工業製品（Manufactured goods）依據 UNCTAD 分類包含 SITC 5 至 8 分類商品但不含 SITC 68 的非鐵金屬。2.佔總輸出的比重。3.作者計算編製。

資料出處：UNCTAD, Handbook of Statistics 2004,2007, http://stats.unctad.org/Handbook/TableViewer/download.aspx.

　　並圖 4-2 中可清楚看出 1980-2006 年期間內東亞國家製品輸出結構高度化的雁行追趕形態發展。工業製品輸出比重的變化中明確顯示新興工業經濟體一梯 NIEs 台灣、韓國追趕日本，二梯 NIEs 馬來西亞、泰國追趕台灣、韓國，中國追趕二梯 NIEs 的發展型態，只是後起的中國在 1980 年代後半期開始顯現超越二梯 NIEs，1990 年代直逼台灣、韓國的態勢，2000 年後製品輸出比重不但超越台灣、韓國更超越日本。越南則 2000 年後製品輸出比重超越印尼。

　　其次，觀察東亞各國工業製品輸出結構中化學製品、其他製品、機械製品所佔比重的變化。日本 1980 年工業製品輸出已佔 95%，其中機械製品佔 58.5%，是東亞國家中輸出結構最早高度化國家。台灣、韓國 1980 年工業製品輸出雖亦各已佔 87.9%、89.5%，但其中以其他製品為主要，各佔 60.6%、64.9%，機械製品只佔 24.7%、20.3%，90 年代中輸出結構才轉變成機械製品為主，2000 年台灣佔 58.4%、韓國 58.2%，2006 年各佔 50.9%、59.1%。馬來西亞、泰國至 1980 年後半期其工業製品輸出才超過半數，90 年各佔 53.9%、63.1%，但馬來西亞中主要為機械製品佔 35.7%，而泰國中主要為其他製品佔 39.3%，1990 年代中機械製品輸出均皆增加，2006 年工業製品輸出比重馬來西亞、泰國各佔 73.4%、75.3%，其中機械製品輸出馬來西亞、泰國各佔 52.6%、44.7%。菲律賓 2000 年後工業製品輸出比重急增至 85% 以上，主要是機械製品輸出比重增加所致，2006 年佔 69.5%。中國受 1978 年改革開放前社會主義重化工業化影響，1980 年工業製品輸出比重佔 66.4%，1985 年降至 36.35%，其中主要為其他製品各佔 46.8% 及 28.5%，之後工業製品輸出急速增加，90 年佔 71.4%，但仍以其他製品 47.9% 為主，90 年代特別是後半期中機械製品輸出激增，2006 年工業製品輸出比重佔 92.42%，其中機械製品佔 47.1% 超過其他製品 40.73%，機械與其他製品成為中國輸出兩大主軸製品。越南在 1990 年代後半製品輸出急增，2006 年佔 50.93%，主要是其他製品 38.6%，機械製品只佔 9.66%。（參照表 4-9）

表 4-9　　東亞機械製品輸出比重　　　　　　　　(%)

	1980	1985	1990	1995	2000	2005	2006
世界機械製品	25.15	32.16	35.72	41.65	41.70	38.11	37.50
美國	39.02	45.66	46.04	48.29	52.82	47.95	47.68
日本	58.45	67.76	70.60	70.33	68.79	64.09	63.70
新加坡	26.75	33.02	50.14	65.62	67.41	58.73	57.68
香港	18.15	21.98	24.85	32.36	38.35	52.30	53.77
台灣	24.73	27.85	39.05	48.14	58.39	49.76	50.94
韓國	20.30	37.57	39.29	52.49	58.21	61.00	59.10
馬來西亞	11.50	18.72	35.69	55.14	62.52	54.30	52.56
泰國	5.85	8.81	21.88	33.66	43.59	44.68	44.70
印尼	0.50	0.53	1.43	8.43	17.33	15.88	14.01
菲律賓	2.12	6.67	12.23	22.18	76.13	74.39	69.49
中國	6.69	2.81	17.45	21.11	33.15	46.23	47.10
越南	1.99	2.62	0.49	7.03	8.67	9.65	9.66

注：1.機械製品（Machinery and transport equipment）依據 UNCTAD 分類包含 SITC 7 分類所有商品。
　　2.佔總輸出的比重。3.作者計算編製。
資料出處：UNCTAD, Handbook of Statistics 2004,2007, http://stats.unctad.org/Handbook/TableViewer/
　　download.aspx.

　　與世界相比，1980 年代亞洲二梯 NIEs、中國、越南製品輸出
比重普遍較低，日本、一梯 NIEs 則較高，而製品輸出結構中則一
律偏重其他製品及機械製品。1980 年代以後，東亞國家的工業化
發展仍偏重其他及機械製品，特別是集中機械製品，此發展模式與
日本類似。2000 年以後，印尼、越南以外東亞國家皆以機械製品
比重居首，其次為其他製品，美國的輸出比重亦呈現相同順序，但
東亞國家化學製品比重普遍偏低現象是與美國最大的不同。先其他
製品、後機械製品是東亞國家工業化過程中製品結構的發展順序。
（參照表 4-10）

表 4-10　東亞其他製品輸出比重　　　　　　　　　　(%)

	1980	1985	1990	1995	2000	2005	2006
世界其他製品	21.37	23.32	25.99	26.43	24.32	23.42	22.55
美國	15.66	13.49	17.06	19.11	20.11	20.13	19.53
日本	30.99	24.25	19.89	18.08	17.76	18.92	18.06
新加坡	12.89	12.57	14.86	12.13	11.02	10.53	9.74
香港	76.73	72.16	66.73	53.88	51.48	38.69	35.85
台灣	60.60	59.68	49.58	37.87	30.47	30.41	29.41
韓國	64.91	50.62	50.12	31.87	23.73	20.06	20.31
馬來西亞	6.71	7.36	16.56	16.49	14.01	14.69	15.38
泰國	18.60	27.97	39.29	34.99	25.55	23.82	22.62
印尼	1.40	9.34	31.37	38.76	34.30	25.78	25.02
菲律賓	17.44	16.66	22.41	16.71	14.30	13.36	15.04
中國	46.78	28.54	47.88	56.82	50.23	41.00	40.73
越南	25.92	10.46	18.64	35.86	33.01	38.58	39.66

注：1.其他製品（Other manufactured goods）依據 UNCTAD 分類包含 SITC 6 及 8 分類商品但不含
　　SITC 68 非鐵金屬。2.佔總輸出的比重。3."."無資料。4.作者計算編製。
資料出處：UNCTAD, Handbook of Statistics 2004,2007, http://stats.unctad.org/Handbook/TableViewer/
　　download.aspx.

　　再從表 4-11 可知，其他製品中的纖維紡織品輸出比重，1970
至 2006 年期間，東亞國家除越南外，不管期間增減變化或比重高
低，2000 年以後均呈下降變化。日本 1980 年 5%以下，其後持續
降低，2006 年 1.3%。台灣、韓國 1980 年 22%、29%，1995 年降
至 15%，2006 年各為 5.5%、4.1%。馬來西亞、泰國、菲律賓 1980
年 2.9%、9.8%、6.7%，1990 年上升至 5.9%、16.7%、9.7%，其後
下降，2006 年各為 2.8%、5.8%、6.1%。印尼 1980 年 0.7%，1995
年上升至 13.7%，其後下降，2006 年為 9.6%。中國 1980 年 23.3%，
1990 年上升至 29%，其後下降，2006 年為 15%。越南 1980 年 9.5%，
1995 年上升至 16.8%，其後亞洲金融風暴影響稍下降，2000 年
14.7%，2000 年後回升，2006 年為 17.5%，東亞國家中只有越南的
比重在 2000 年後呈現持續增加。

　　而 1980 年代中馬來西亞以外東亞國家的其他製品比重普遍較高的主要理由之一是其他製品中特別是纖維紡織品輸出符合東亞國家的比較利益即適合相對勞力密集型生產技術模式的項目較多，契合東亞國家工業化初期的要素稟賦條件，較易顯現其豐富勞動的比較優勢及輸出競爭力。

　　此亦是雁行理論所提由低技術或相對勞力密集型消費財切入而後朝高技術或相對資本密集型機械等資本財發展的模式，就東亞國家而言，此亦可詮釋為學習、模仿或追趕日本工業化發展模式的過程，但其中馬來西亞的輸出雖亦集中機械製品，然發展過程中其他製品比重偏低是其不同於其他東亞國家之處。

表 4-11　　東亞纖維紡織品輸出比重　　　　　　（%）

	1980	1985	1990	1995	2000	2005	2006
世界纖維紡織品	6.27	6.69	7.17	6.99	6.19	5.14	4.82
美國	4.02	2.69	2.93	3.33	2.93	2.52	2.29
日本	4.86	3.57	2.52	2.03	1.79	1.42	1.31
新加坡	--	--	--	2.60	2.03	1.16	1.09
香港	--	--	--	20.72	18.71	14.15	13.17
台灣	21.81	20.36	16.11	14.48	10.70	6.56	5.53
韓國	28.87	23.39	22.24	14.66	10.87	4.94	4.10
馬來西亞	2.87	3.47	5.92	4.79	3.67	2.80	2.75
泰國	9.84	14.18	16.67	12.78	8.70	6.66	5.83
印尼	0.66	3.12	11.49	13.65	13.48	10.28	9.59
菲律賓	6.68	7.22	9.73	7.51	7.51	6.27	6.11
中國	23.32	21.48	28.96	26.03	21.38	15.28	15.02
越南	9.54	4.98	13.25	16.81	14.71	16.75	17.54

注：1.纖維紡織品（Textile fibres, yarn, fabrics and clothing）依據 UNCTAD 分類包含 SITC 26、65、
　　84 等分類商品。2.佔總輸出的比重。3."."無資料。4.作者計算編製。
資料出處：UNCTAD, Handbook of Statistics 2004,2007, http://stats.unctad.org/Handbook/TableViewer/
　　download.aspx.

在東亞國家製品輸出結構的高度化發展過程中均呈現其他製品比重下降及機械製品上升的急遽變化，其中機械製品比重變化所顯現的則仍為台灣、韓國追趕日本，馬來西亞、泰國、菲律賓追趕台灣、韓國，中國追趕馬來西亞、泰國、菲律賓的發展型態，但2000 年後菲律賓比重超越其他的東亞國家。1980 年代日本，1990年代新加坡、台灣、韓國、馬來西亞，2000 年後菲律賓等的機械製品輸出比重陸續超越美國。

（二）東亞製品別輸出佔世界的比重

接著從製品輸出佔世界比重結構的變化進一步探討東亞國家間雁行追趕形態的發展。

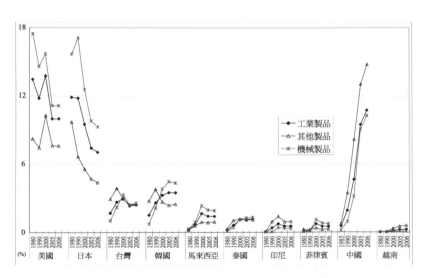

圖 4-3　東亞經濟雁行發展（製品佔世界比重）

首先從圖 4-3 及表 4-12 所顯示期間內東亞國家工業製品輸出佔世界的比重變化分佈可知，除中國外，東亞國家間基本上依先後發展順序呈現出比重水準的分佈狀態，此亦顯示世界市場中東亞國家間一梯 NIEs 台灣、韓國追趕日本，二梯 NIEs 馬來西亞、泰國追趕台灣、韓國，中國追趕二梯 NIEs 的發展型態，只是後起的中國在 1980 年代後半期開始顯現超越二梯 NIEs，2000 年後不但超越台灣、韓國更超越日本。

表 4-12　東亞工業製品輸出佔世界比重　　　（%）

	1980	1990	1995	1998	2000	2005	2006
世界工業製品	100.00	100.00	100.00	100.00	100.00	100.00	100.00
美國	13.44	11.77	12.04	13.44	13.74	9.96	9.97
日本	11.86	11.79	11.17	8.75	9.48	7.40	7.03
新加坡	--	--	2.62	2.22	2.48	2.51	2.57
香港	--	--	4.26	3.90	4.06	3.79	3.65
台灣	1.69	2.66	2.74	2.52	2.97	2.33	2.42
韓國	1.51	2.60	3.03	2.74	3.27	3.50	3.48
馬來西亞	0.24	0.68	1.46	1.38	1.66	1.42	1.41
泰國	0.16	0.62	1.09	0.94	1.09	1.14	1.18
印尼	0.05	0.39	0.61	0.52	0.74	0.54	0.53
菲律賓	0.12	0.13	0.19	0.63	0.73	0.50	0.49
中國	0.53	1.90	3.31	3.85	4.63	9.48	10.73
越南	0.01	0.02	0.06	0.09	0.13	0.22	0.24

注：1.工業製品（Manufactured goods）：UNCTAD 分類 SITC 5 至 8 分類商品但不含 SITC 68 的非鐵金屬。2.作者計算編製。
資料出處：UNCTAD, Handbook of Statistics 2003, 2007， http://stats.unctad.org/Handbook/TableViewer/download.aspx。

　　1980 至 2000 年間，美國所佔比重在 11.8%至 13.7%間波動，日本由 11.9%下降至 9%，新加坡 2-2.5%間下降的波動，香港 4%水準的下降波動，台灣 1.7-3%間上升波動，韓國 1.5-3.3%間上升波動，馬來西亞 0.24-1.7%間上升波動，泰國 0.16-1.1%間上升波動，印尼 0.05-0.74%間上升波動，菲律賓 0.12-0.73%間上升波動，中國 0.53-4.63%間上升波動，越南 0.01-0.13%間上升波動。2000 年後，新加坡微增至 2.5%，韓國上升至 3.5%，中國上升至 10.7%，越南上升至 0.24%，其餘東亞國家則皆下降。東亞國家工業製品輸出佔世界的比重變化，日本從 1980 年代中期以後明顯呈現趨勢性下降，香港亦下降，其他東亞國家 2000 年以前大多呈現增加的變化，2000 年後中國、韓國、泰國、越南呈現持續上升變化，其他東亞國家則下降。

1980 至 2006 年間東亞國家工業製品輸出佔世界比重的變動顯示經濟越後發展國家其上升變動的程度越高，力道越強，此印證前述第三章表 3-9 輸出成長率變化所描述的追趕、超越的圖像，同時也描繪出東亞國家各類製品在世界出口市場版圖的消長更迭。

其次，隨著期間內東亞國家工業製品輸出結構的高度化演變過程，東亞國家各類工業製品輸出佔世界的比重變化中，除化學製品外比重均皆上升外，機械製品的比重，表 4-13 可知，日本 1990 年代反轉下降，台灣、馬來西亞、印尼、菲律賓 2000 年以後反轉下降，香港、韓國、泰國、中國、越南均皆持續上升。中國機械製品佔世界比重 2006 年超越日本成為東亞佔世界最大比重國家，韓國第三，香港第四，接著新加坡及台灣。

1980 年代東亞國家機械製品比重的大小分佈基本上與各國先後發展的順序相吻合，進入 1990 年代後除日本比重下降外均皆持續上升特別是中國呈現急遽加速上升現象，2000 年後除日本、菲律賓比重下降外均持續上升或持平，特別中國呈現更急遽的上升。中國的機械製品佔世界比重持續上升，1980 年代後半期中超越馬來西亞、泰國，2001 年超越台灣，2002 年超越韓國，2006 年超越日本，與美國接近。

而東亞其他製品輸出占世界比重從表 4-14 可知，日本 1980 年代以來持續下降，台灣、韓國 90 年代、香港 2000 年後反轉下降，泰國 90 年代後半下降後維持在 1%，印尼、菲律賓 2000 年後反轉下降至 1%、0.3%以下，但中國與越南持續上升，中國 2000 年後超過 10%，2006 年 15%，越南 2000 年後超過 0.5%。中國其他製品輸出占世界比重 1980 年代後半期中超越馬來西亞、泰國二梯NIEs，90 年代中超越台灣、韓國、日本，2002 年更超越美國。2006年中國為東亞其他製品佔世界最大比重國家，日本第二，香港第三，韓國第四，接著台灣及泰國。

表 4-13　　東亞機械製品輸出佔世界比重　　　　（%）

	1980	1990	1995	1998	2000	2005	2006
世界機械製品	100.00	100.00	100.00	100.00	100.00	100.00	100.00
美國	17.46	14.57	14.47	16.00	15.68	11.12	11.12
日本	15.67	17.12	16.02	12.00	12.54	9.78	9.26
新加坡	--	--	3.99	3.26	3.53	3.46	3.53
香港	--	--	2.89	2.62	2.96	3.92	3.90
台灣	1.01	2.21	2.76	2.67	3.29	2.42	2.57
韓國	0.73	2.16	3.38	2.91	3.81	4.45	4.33
馬來西亞	0.31	0.89	2.09	1.94	2.34	1.96	1.90
泰國	0.08	0.43	0.98	0.98	1.14	1.26	1.31
印尼	0.02	0.03	0.20	0.21	0.41	0.35	0.32
菲律賓	0.03	0.08	0.20	0.95	1.10	0.79	0.74
中國	0.17	0.92	1.62	2.24	3.14	9.03	10.26
越南	0.02	0.00	0.02	0.03	0.05	0.08	0.09

注：1.機械製品（Machinery and transport equipment）：UNCTAD 分類 SITC 7 分類所有商品。2.作者計算編製。

資料出處：UNCTAD, Handbook of Statistics 2003, 2007，http://stats.unctad.org/Handbook/TableViewer/download.aspx。

表 4-14　　東亞其他製品輸出佔世界比重　　　　　（%）

	1980	1990	1995	1998	2000	2005	2006
世界其他製品	100.00	100.00	100.00	100.00	100.00	100.00	100.00
美國	8.21	7.42	8.24	9.43	10.23	7.60	7.58
日本	9.67	6.63	5.92	4.92	5.55	4.70	4.37
新加坡	--	--	1.06	0.90	0.99	1.01	0.99
香港	--	--	6.93	6.68	6.80	4.72	4.33
台灣	2.92	3.86	3.12	2.76	2.95	2.40	2.46
韓國	2.75	3.78	2.95	2.74	2.67	2.38	2.47
馬來西亞	0.21	0.57	0.90	0.83	0.90	0.86	0.92
泰國	0.29	1.05	1.46	1.06	1.15	1.09	1.10
印尼	0.07	0.94	1.30	1.04	1.39	0.92	0.94
菲律賓	0.24	0.21	0.22	0.34	0.36	0.23	0.27
中國	0.75	3.45	6.25	7.05	8.16	13.04	14.76
越南	0.02	0.05	0.14	0.21	0.31	0.52	0.59

注：1.其他製品（Other manufactured goods）：UNCTAD 分類 SITC 6 及 8 分類商品但不含 SITC 68 非鐵金屬。2.作者計算編製。
資料出處：UNCTAD, Handbook of Statistics 2003, 2007，http://stats.unctad.org/Handbook/TableViewer/download.aspx。

　　進一步觀察東亞國家其他製品中紡織製品輸出占世界比重的變化。從表 4-15 可知，1980 年美國、日本比重各佔 7%及 5%高於東亞其他國家，其後則美日皆呈現趨勢性下降。1980 年代日本以外東亞國家比重皆上升，而 1990 年中國、韓國、台灣比重皆超過美國及日本。1990 年代，日本、新加坡比重持續下降，香港因與中國生產連結其比重維持在 10%水準下降波動，台灣比重在 4%水準下降波動，韓國 4.5-5%水準下降波動，馬來西亞 0.9%水準下降波動，泰國 1.5-2%水準下降波動，印尼 1.2-2.2%水準上升波動，菲律賓 0.3-0.7%水準上升波動，中國比重則由 7%持續上升至 13.7%，越南 0.13%上升至 0.6%。2000 年後則只有中國及越南比重持續上昇，2006 年中國佔 25.5%，越南 1.22%。觀察期間中東亞紡織製品輸出占世界比重的變化大致相同，1990 年代中期之前除日本外均上升，其後除中國外皆下降。但是東亞紡織製品輸出占世界的比重除日本、新加坡外均大於其他製品的比重，顯示東亞工業化發展中紡織製品的重要性。

表 4-15　東亞紡織製品輸出佔世界比重　　　　　(%)

	1980	1990	1995	1998	2000	2005	2006
世界紡織製品	100.00	100.00	100.00	100.00	100.00	100.00	100.00
美國	7.03	4.73	5.45	5.84	5.85	4.34	4.15
日本	5.01	2.98	2.52	1.97	2.19	1.60	1.49
新加坡	--	--	0.86	0.62	0.72	0.51	0.52
香港	--	--	10.12	9.54	9.72	7.87	7.43
台灣	3.43	4.44	4.53	4.02	4.07	2.36	2.17
韓國	4.15	5.95	5.15	4.47	4.80	2.67	2.33
馬來西亞	0.29	0.72	0.99	0.93	0.92	0.75	0.77
泰國	0.51	1.58	2.03	1.47	1.53	1.40	1.33
印尼	0.11	1.21	1.74	1.37	2.15	1.68	1.69
菲律賓	0.31	0.33	0.37	0.70	0.73	0.49	0.51
中國	3.35	7.40	10.87	11.58	13.65	22.15	25.45
越南	0.03	0.13	0.26	0.39	0.55	1.03	1.22

注：1.2.紡織製品（Textile fibres, yarn, fabrics and clothing）依據 UNCTAD 分類 SITC 26、65、84 分類商品。3.作者計算編製。
資料出處：UNCTAD, Handbook of Statistics 2003, 2007，http://stats.unctad.org/Handbook/TableViewer/download.aspx。

以上觀察可知日本工業製品輸出佔世界比重的變動，1980 年代前半期主要受其他製品與機械製品變化的影響，其後則主要受機械製品變化的影響。日本機械製品比重 1980 年代中期以後雖呈現趨勢性下降的變化，但 2005 年止仍是東亞國家輸出比重最高水準。中國工業製品輸出佔世界的比重，1980 年以後其他、化學、機械三大分類製品均呈趨勢性上升變化，進入 1990 年代以後其他製品，90 年代後半期特別機械製品比重明顯大幅上升，2000 年後中國的其他與機械製品比重則均上升。其他東亞國家工業製品輸出佔世界比重的變化中，一梯 NIEs1980 年代、二梯 NIEs1990 年代前半期主要是其他製品的上升，其後則皆受機械製品趨勢性上升及其他製品趨勢性下降的變化影響。

（三）世界經濟中東亞製品輸出的重要性

從表 4-16 首先可知，東亞 11 國 GDP 佔世界比重，1980 年代至 90 年代中期，14.1%上升至 25.6%，其後亞洲金融風暴影響 1998 年下降至 20.5%，2000 年曾回升至 23.3%，然 2000 年後持續下降，2006 年 19.6%。1995 年東亞的 GDP 合計首度超過美國，但亞洲金融風暴後又回降而低於美國。而東亞總輸出佔世界比重，同 1980 年代至 90 年代中快速增加，13.5%上升至 25.6%，1998 年受亞洲金融風暴影響亦下降至 23.9%，其後 2000 年回升至 26%，但不同於GDP 比重的變化，2000 年後持續上升，2006 年 26.9%。東亞總輸出占世界比重 1980 年以來持續超過美國的比重，特別 2000 年後相對於美國輸出占世界比重的持續減低，東亞的輸出比重大幅超過美國。

美國 2000 年之前其 GDP、總輸出、工業製品輸出占世界比重持續上升，但其後則持續下降。而東亞 11 國 GDP、總輸出、工業製品輸出占世界比重雖受亞洲金融風暴影響而 1998 年下降，但2000 年之後其總輸出與工業製品比重則持續上升，東亞此上升趨勢是與美國的最大不同。

東亞占世界的工業製品輸出比重 1980 年以後持續上升，1995年達 30.5%，亞洲金融風暴 1998 年雖一度降低至 27.5%，但 2000年後回升持續超過 30%，2006 年 33.7%，同時 1980 年以來東亞工業製品輸出比重也持續超過美國，1995 年以後超幅更加擴大。而2000 年後日本工業製品輸出比重的減低下東亞比重的增加主要是中國、韓國等比重的提升所致。（參照圖 4-4）

表 4-16　東亞 11 國工業製品輸出佔世界比重　　　　　　　（%）

	1980	1990	1995	1998	2000	2005	2006
東亞 11 國							
工業製品	16.17	20.79	30.54	27.54	31.24	32.83	33.73
化學製品	7.08	8.75	16.82	15.06	17.50	18.22	18.65
機械製品	18.04	23.84	34.15	29.81	34.31	37.50	38.21
其他製品	16.92	20.54	30.25	28.53	31.23	31.87	33.20
紡織製品	17.19	24.74	39.44	37.06	41.03	42.51	44.91
總輸出	13.51	20.30	25.55	23.90	25.95	26.44	26.85
GDP	14.09	19.29	25.57	20.53	23.30	20.05	19.64
美　　　國							
工業製品	13.44	11.77	12.04	13.44	13.74	9.96	9.97
化學製品	14.20	11.00	12.91	13.35	14.20	11.00	11.04
機械製品	17.46	14.57	14.47	16.00	15.68	11.12	11.12
其他製品	8.21	7.42	8.24	9.43	10.23	7.60	7.58
紡織製品	7.03	4.73	5.45	5.84	5.85	4.34	4.15
總輸出	11.10	11.31	11.31	12.40	12.11	8.67	8.61
GDP	23.36	26.16	24.88	29.27	30.88	27.79	27.33

注：1.1980、90 年東亞 11 國工業製品及分類製品合計中未含新加坡及香港。2.作者計算編製。

資料出處：UNCTAD, Handbook of Statistics 2003, 2007, http://stats.unctad.org/Handbook/TableViewer/
download.aspx。

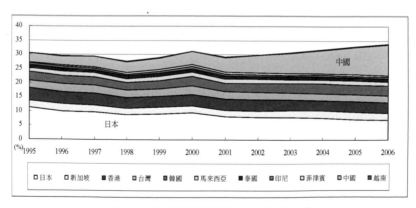

圖 4-4　東亞工業製品出口佔世界比重

　　而東亞各分類工業製品輸出比重的變化情形與工業製品雷同，但 2000 年後的增幅則不同。機械製品 2000 年 34.3%，2006 年 38.2%，增加 3.9%，其他製品 2000 年 31.2%，2006 年 33.2%，增加 2%，紡織製品 2000 年 41%，2006 年 44.9%，增加 3.9%，化學製品 2000 年 17.5%，2006 年 18.7%，增加 1.2%。2000 年至 2006 年，機械製品與紡織製品輸出各增加 3.9%，高於總輸出、工業製品及其他分類製品的增幅。

　　東亞機械製品輸出佔世界比重 2000 年後加速擴大，其與美國比重的差距也隨之加大。而 2000 年後日本機械製品輸出比重的減低下，東亞比重的增加主要是中國、韓國及泰國等比重的提升所致。（參照圖 4-5）

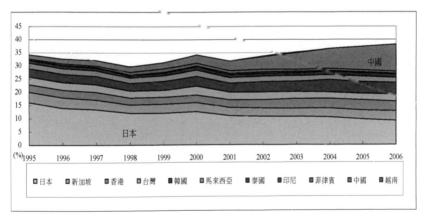

圖 4-5　東亞機械製品出口佔世界比重

　　另外東亞其他製品輸出佔世界比重 2000 年後增幅如上述雖低於機械製品，但因美國比重的下降，其與美國比重的差距大幅超過機械製品的差距。而 2000 年後東亞機械製品輸出比重的增加主要是中國比重大幅提升所致。（參照圖 4-6）

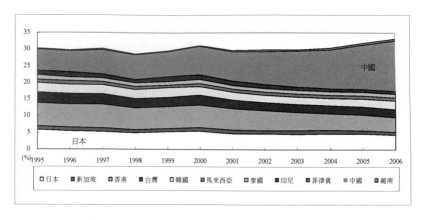

圖 4-6　東亞其他製品出口佔世界比重

纖維紡織品是東亞其他製品輸出的大宗，其出口占世界的比重
1995 年即達 39.4%，2000 年後更超過 40%，2006 年 44.9%。美國
2000 年後紡織製品輸出站世界比重低於 5%，與東亞紡織製品輸出
比重差距高達 40%。而 2000 年後東亞紡織製品輸出比重的增加主
要亦是中國比重大幅提升所致。（參照圖 4-7）

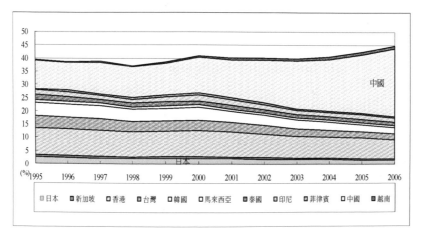

圖 4-7　東亞纖維紡織品出口佔世界比重

　　1990 年代中，東亞國家由於亞洲金融風暴影響以及 2000 年後巴西、俄羅斯、印度、南非等其他世界經濟新興市場國家的崛起，其 GDP 佔世界比重相對下降。但是總輸出、工業製品輸出佔世界比重，特別是日本相對下降之際，東亞整體的比重卻主要由於中國的快速上升而持續增加。其中機械製品與纖維紡織品的世界比重更是迅速增加。2006 年佔世界 GDP 比重 19.6% 的東亞地區，其機械製品輸出的世界比重達 38%，纖維紡織品輸出的世界比重達 45%，其對世界經濟的需求以及工業化發展的影響不言可喻。中國經濟的崛起後，日本與中國輸出比重的消長凸顯亞洲地區經濟勢力的更迭，另外也牽動美國在亞洲經濟利益的佈局。這也導致美國在 1990 年代積極參與亞洲經濟合作事務，甚至轉變其亞太區域政策的態度及取向。[4]

　　1980 年代東亞經濟在世界貿易中嶄露頭角後，對於亞洲經濟能否持續成長問題上曾有東亞經濟奇蹟與亞洲經濟奇蹟的迷思等的正反意見[5]，但是從東亞佔世界貿易比重的角度而言，東亞國家雖經歷亞洲金融風暴然整體所呈現的成長並未停頓，只是東亞地區內部國家間的更替交迭。

---

[4] 典型例，1990 年代 APEC 在美國積極主導下朝向整合區域內貿易、投資自由化的組織架構發展，即定位 APEC 為東亞區域性自由貿易、投資的組織。美國亦曾意圖將安全議題納入 APEC 議程然因東協國家反對而作罷。柯林頓總統在日本演講時提出「新太平洋共同體（New Pacific Community）」的政策方向，為美國介入亞太事務之重要宣示。1997 年美國防情報局（US Defense Intelligence Agency）休斯（P. Hughes）在參院軍委會作證時表示中國未來 10-20 年內將成為少數具政治、經濟及軍事潛力足以「威脅」美國區域利益的國家。參照彭慧鸞，〈柯林頓政府積極介入亞太事務的理論與實踐〉，林岩哲、柯玉枝主編，《東亞地區間之互補與競賽》（台北：政治大學國際關係研究中心，1998 年），頁 26-51。

[5] 正面意見的如世銀的東亞經濟發展的奇蹟，反面意見的如 P.Krugman 的亞洲經濟發展奇蹟的迷思等。

二、東亞國家的出口導向工業化與外資、技術引進

上述東亞國家間連鎖性結構改變主要經由貿易、海外直接投資（FDI）及技術移轉的進展所導致，以下進一步探討東亞國家經濟發展過程中海外直接投資、政府經濟援助（ODA）及技術移轉的變化及影響，特別是日本對其他東亞國家的移轉以檢討日本在東亞雁行發展中的角色與作用。

（一）東亞的直接投資

戰後東亞國家經濟成長中，總資本形成的累積中民間投資的增加佔有重要的地位。而其投資的來源中，國外資本淨流入扮演重要的角色功能。特別就民間部門的資本形成而言，如第三章 3-27 表所示大部分東亞國家的發展初期其國內民間儲蓄都無法滿足其投資之所需，因此國外資本淨流入一方面是對內直接投資的供給來源，另一方面透過銀行等的金融仲介發揮對產業投資的融資功能角色。

東亞國家的國外資本流入中如前所述，銀行等的金融仲介管道外，民間一般主要還是來自對內直接與間接投資的流入。而對內民間直接投資中除直接投入資本增加企業的資本淨值（equity）外，理論上，來自投資母公司的借款匯入（loans）以及盈餘轉投資或再投資（reinvested earnings）的部份都應歸入對內直接投資的流入量。而若進一步考慮對被投資國國內生產、雇用、輸出及附加價值的影響時，則應觀察直接投資的流量扣除資本折舊後其直接投資累積存量（stock）的變化。

以下從 UNCTAD 的統計資料檢視東亞國家直接投資流量與存量的變化。

1. 東亞的外來直接投資（IFDI）

從表 4-17 可知，1970 年代以後，世界的外來直接資（Inward Foreign Direct Investment, IFDI）金額呈現快速的增加，1970 至 2006

表 4-17　東亞外來直接投資（IFDI） 　（10 億美元）

IFDI		1971-75	1976-80	1981-85	1986-90	1991-95	1996-2000	2001-05	2006
世界	流量	20.73	36.37	59.29	157.74	229.25	820.31	741.32	1,305.85
	存量	-	551.22	684.67	1,333.28	2,262.21	4,304.60	8,160.78	11,998.84
開發中國	流量	4.88	7.72	20.03	26.77	78.03	202.30	230.85	379.05
	存量	-	140.36	194.43	295.06	531.91	1,280.76	2,080.36	3,155.86
已開發國	流量	15.85	28.64	39.25	130.95	148.72	608.37	484.36	857.52
	存量	-	410.87	490.24	1,037.78	1,725.39	2,981.58	5,893.95	8,453.85
美國	流量	2.05	7.52	19.32	54.35	39.31	192.00	104.81	175.41
	存量	-	83.05	143.93	312.48	465.17	854.17	1,436.22	1,789.09
日本	流量	0.15	0.13	0.34	0.32	1.04	5.54	6.48	-6.51
	存量	-	3.27	4.30	8.99	19.49	35.90	83.21	107.63
新加坡	流量	0.25	0.58	1.35	3.33	6.37	12.76	13.86	24.21
	存量	-	5.35	8.99	19.38	46.79	90.36	152.16	210.09
香港	流量	0.19	0.47	1.09	3.69	5.18	24.62	22.95	42.89
	存量	-	21.18	25.38	37.99	57.74	283.17	422.64	769.03
台灣	流量	0.05	0.11	0.19	0.99	1.20	2.44	1.91	7.42
	存量	-	2.41	2.67	6.93	13.12	19.62	36.97	50.39
韓國	流量	0.11	0.10	0.13	0.68	0.86	5.72	5.59	4.95
	存量	-	1.33	1.78	4.04	7.66	22.39	52.56	70.97
馬來西亞	流量	0.26	0.56	1.08	1.18	5.06	4.80	2.96	6.06
	存量	-	5.17	6.33	7.68	20.31	45.03	40.76	53.57
泰國	流量	0.09	0.10	0.28	1.23	1.89	4.63	5.69	9.75
	存量	-	0.98	1.60	4.54	14.01	23.91	46.43	68.06
印尼	流量	0.52	0.39	0.24	0.60	2.34	0.84	1.36	5.56
	存量	-	4.68	5.32	7.26	14.67	28.70	12.40	19.06
菲律賓	流量	0.07	0.12	0.19	0.54	1.12	1.60	0.95	2.35
	存量	-	1.28	2.14	2.94	4.69	9.86	12.44	17.12
中國	流量	-	0.03	1.00	2.93	22.84	42.70	57.23	69.47
	存量	-	1.07	3.19	14.13	59.99	167.35	233.12	292.56
越南	流量	0.00	0.00	0.01	0.04	1.10	1.77	1.52	2.32
	存量	-	1.42	1.44	1.50	4.09	15.55	27.37	33.45
NIEs	流量	1.54	2.41	4.55	12.23	24.02	57.42	55.27	103.18
	存量	-	42.37	54.20	90.77	178.98	523.04	776.36	1,258.29
一梯NIEs	流量	0.60	1.26	2.76	8.68	13.61	45.54	44.30	79.47
	存量	-	30.26	38.82	68.34	125.31	415.54	664.33	1,100.48
二梯NIEs	流量	0.94	1.16	1.79	3.55	10.42	11.88	10.97	23.71
	存量	-	12.11	15.39	22.43	53.67	107.50	112.03	157.81
東亞11國	流量	1.70	2.58	5.89	15.52	49.00	107.43	120.50	168.46
	存量	-	48.13	63.13	115.38	262.55	741.85	1,120.06	1,691.93

注：1.IFDI 為 Inward Foreign Direct Investment，即外來直接投資。2.作者編製。
資料出處：UNCTAD, Handbook of Statistics 2007, http://stats.unctad.org/Handbook/TableViewer/download.aspx.

年期間的流量，5 年為期各期都較前期增加 1.7 倍左右，其中兩次
高峰，1980 年代後半期較前半期增加 2.7 倍，1990 年代後半期較
前半期增加 3.6 倍，但 2001 至 05 年較 1990 年代後半期減少 10%。
其存量則快速累積，1970 年代後半期平均 5,512 億美元，1980 年
代後半期 1 兆 3,333 億美元，1990 年代後半期 2 兆 2,622 億美元，
2006 年 11 兆 9,988 億美元。而其中已開發國家不論流量或存量皆
佔多數，但進入 1990 年代後，已開發國家的比重由 80% 降至 70%，
開發中國家則由 20% 增至 30%。已開發國家的流量同樣在 1980 年
代後半期及 1990 年代後半期呈現兩次增加的高峰，各較其前半期
增加 3.3 及 4.1 倍，而 2001 至 05 年亦較 1990 年代後半期減少 20%。
開發中國家則 1990 年代中快速增加，1990 年代前半期較 1980 年
代後半期增加 3 倍，1990 年代後半期較前半期增加 2.6 倍，2000
年後仍持續增加。存量累積，2006 年已開發國家 8 兆 4,539 億美元、
開發中國家 3 兆 1,559 億美元。

　　東亞 11 國的外來直接資金額 1980 年代後呈現快速的增加，
1970 至 2006 年期間的流量，1970 年代前半期平均 16.9 億美元，
2006 年 1,685 億美元，其中兩次增加的高峰，1980 年代後半期平
均 155.2 億美元較前半期 58.9 億美元增加 2.6 倍，1990 年代後半期
平均 1,074.3 億美元較前半期 490 億美元增加 2.2 倍。其存量亦在
1980 年代後快速累積，1970 年代後半期平均 481.3 億美元，1980
年代後半期 1,154 億美元，1990 年代後半期 7,419 億美元，2006
年 1 兆 6,919 億美元。而其流量佔世界比重在 1970 年代後半期
7.2%，1980 年代後半期 9.8%，1990 年代後半期 15.1%，2006 年
12.9%，最多 1990 年代前半期曾達 20.7%。其存量佔世界比重
1970、80 年代後半期各 8.7%，1990 年代後半期 17.1%，2000 年後
下降，2006 年 14.1%，但接近美國 14.9%。

　　東亞國家的流量亦普遍在 1980 年代後半期及 1990 年代後半
期呈現大幅增加。日本流量 1970 年代前半期平均 1.5 億美元，1980
年代後半期 10.4 億美元，1990 年代後半期 55.4 億美元，較前半

期增加 5.3 倍。其存量亦在 1980 年代後快速累積，1970 年代後半期平均 32.7 億美元，1980 年代後半期 89.9 億美元，1990 年代後半期 359 億美元，2006 年 1,076 億美元。新加坡流量 1980 年代後半期 33.3 億美元，1990 年代後半期 127.6 億美元，各較其前半期增加 2.5 及 2 倍，2000 年後續增，2006 年 242 億美元。其存量亦在 1980 年代後快速累積，1980 年代後半期 193.8 億美元，1990 年代後半期 903.6 億美元，2000 年後續增，2006 年 2,101 億美元。香港流量 1980 年代後半期 36.9 億美元，1990 年代後半期 246.2 億美元，各較其前半期增加 3.4 及 4.7 倍，2006 年 429 億美元。其存量亦在 1980 年代後快速累積，1980 年代後半期 380 億美元，1990 年代後半期 2,832 億美元，2000 年後續增，2006 年 7,690 億美元。台灣流量 1980 年代後半期 9.9 億美元，1990 年代後半期 24.4 億美元，各較其前半期增加 5.2 及 2 倍，2006 年 74.2 億美元。其存量亦在 1980 年代後快速累積，1980 年代後半期 69.3 億美元，1990 年代後半期 196.2 億美元，2000 年後續增，2006 年 504 億美元。韓國流量 1980 年代後半期 6.8 億美元，1990 年代後半期 57.2 億美元，各較其前半期增加 5.2 及 6.7 倍，2006 年 49.5 億美元。其存量亦在 1980 年代後快速累積，1980 年代後半期 40 億美元，1990 年代後半期 224 億美元，2000 年後續增，2006 年 709.7 億美元。

　　馬來西亞流量 1980 年代後半期 11.8 億美元，較其前半期 10.8 億美元增加，1990 年代則前半期 50.6 億美元高於後半期 48 億美元，2006 年 49.5 億美元。其存量亦在 1980 年代後快速累積，1980 年代後半期 7.7 億美元，1990 年代後半期 45 億美元，2006 年 53.6 億美元。印尼流量 1980 年代後半期 6 億美元，1990 年代亦是前半期 23.4 億美元高於後半期 8.4 億美元，2006 年 55.6 億美元。其存量亦在 1980 年代後快速累積，1980 年代後半期 72.6 億美元，1990 年代後半期 287 億美元，但 2000 年後下降，2006 年 191 億美元。泰國流量則同東亞變化趨勢，1980 年代後半期 12.3 億美元，1990

年代後半期 46.3 億美元，各較其前半期增加 4.4 及 2.5 倍，2006
年 97.5 億美元。其存量亦在 1980 年代後快速累積，1980 年代後半
期 45.4 億美元，1990 年代後半期 239 億美元，2000 年後續增，2006
年 680.6 億美元。菲律賓流量亦同東亞變化趨勢，1980 年代後半期
5.4 億美元，1990 年代後半期 16 億美元，各較其前半期增加 2.8
及 1.4 倍，2006 年 23.5 億美元。其存量亦在 1980 年代後快速累積，
1980 年代後半期 29.4 億美元，1990 年代後半期 98.6 億美元，2000
年後續增，2006 年 171 億美元。

　　中國流量 1980 年代後半期 29 億美元，較其前半期 10 億美元
增加 2.9 倍，1990 年代急遽增加前半期 228 億美元、後半期 427
億美元，2000 年後續增，2006 年 695 億美元。其存量亦在 1980
年代後快速累積，1980 年代後半期 141 億美元，1990 年代後半期
1,674 億美元，2006 年 2,926 億美元。越南流量 1990 年代開始增加，
前半期 11 億美元、後半期 17.7 億美元，2006 年 23 億美元。其存
量亦在 1990 年代後快速累積，1980 年代後半期 15 億美元，1990
年代後半期 155.5 億美元，2006 年 334.5 億美元。

　　東亞國家大多援引外資發展經濟，從表 4-18 可知其佔世界的
比重流量 1980 年代開始超過 10%，存量 1990 年代開始超過 10%。
對外資開放程度低的日本是東亞比重最低國家，開放程度高的新加
坡、香港流量 1970 年代即超過 1%，1980 年代流量、存量皆超過
2%，香港其後持續增加，2006 年流量超過 3%，存量更超過 6%。
台灣 1970 年代後半期流量 0.3%、存量 0.4%，1980 年代後半、90
年代前半流量、存量皆達 0.5%，其後下降，2006 年流量 0.57%、
存量 0.4%。韓國 1980 年代後半期流量 0.4%、存量 0.3%，1990 年
代後半流量、存量達 0.7 及 0.5%，2001 至 05 年流量 0.75%、存量
0.65%。

　　馬來西亞流量 1970 年代即超過 1%，1990 年代前半超過 2%，
但後半降至 1%以下，2000 年後更降至 0.5%以下。其存量 1990 年
代後半曾超過 1%，但 2000 年後更降至 0.5%水準。印尼同馬來西

表 4-18 東亞外來直接投資佔世界比重 (%)

IFDI		1971-75	1976-80	1981-85	1986-90	1991-95	1996-2000	2001-05	2006
世界	流量	100.00	100.00	100.00	100.00	100.00	100.00	100.00	100.00
	存量	100.00	100.00	100.00	100.00	100.00	100.00	100.00	100.00
開發中國	流量	23.56	22.92	33.74	16.99	33.23	28.41	31.05	29.03
	存量	0.00	25.46	28.38	22.50	23.36	29.58	25.68	26.30
已開發國	流量	76.44	77.07	66.25	83.01	65.76	70.17	65.43	65.67
	存量	0.00	74.54	71.62	77.47	76.44	69.48	72.12	70.46
美國	流量	9.47	18.63	32.20	35.69	16.70	23.06	13.91	13.43
	存量	0.00	15.07	20.84	23.49	20.67	19.68	18.00	14.91
日本	流量	0.80	0.33	0.58	0.22	0.58	0.58	0.94	-0.50
	存量	0.00	0.59	0.63	0.69	0.84	0.83	1.01	0.90
新加坡	流量	1.19	1.43	2.27	2.08	2.65	1.80	1.87	1.85
	存量	0.00	0.97	1.31	1.42	2.04	2.13	1.88	1.75
香港	流量	0.88	1.27	1.81	2.46	2.18	2.74	2.99	3.28
	存量	-	3.84	3.73	2.89	2.54	6.23	5.26	6.41
台灣	流量	0.23	0.29	0.32	0.59	0.55	0.32	0.25	0.57
	存量	-	0.44	0.39	0.51	0.58	0.48	0.46	0.42
韓國	流量	0.73	0.29	0.22	0.44	0.40	0.66	0.75	0.38
	存量	.	0.24	0.26	0.30	0.34	0.50	0.65	0.59
馬來西亞	流量	1.15	1.54	1.84	0.69	2.34	0.83	0.41	0.46
	存量	-	0.94	0.92	0.58	0.88	1.07	0.51	0.45
泰國	流量	0.43	0.28	0.48	0.69	0.91	0.65	0.76	0.75
	存量	.	0.18	0.23	0.32	0.62	0.55	0.57	0.57
印尼	流量	2.39	1.29	0.41	0.36	1.00	0.40	0.14	0.43
	存量	-	0.85	0.78	0.56	0.64	0.71	0.16	0.16
菲律賓	流量	0.28	0.40	0.32	0.33	0.48	0.23	0.13	0.18
	存量	-	0.23	0.31	0.23	0.21	0.23	0.16	0.14
中國	流量	0.00	0.05	1.74	1.92	9.16	6.57	7.88	5.32
	存量	-	0.19	0.45	1.04	2.55	3.97	2.90	2.44
越南	流量	0.01	0.00	0.01	0.02	0.44	0.29	0.21	0.18
	存量	-	0.26	0.21	0.12	0.17	0.36	0.34	0.28
NIEs	流量	7.27	6.78	7.67	7.64	10.51	7.62	7.31	7.90
	存量	-	7.69	7.93	6.81	7.84	11.89	9.63	10.49
一梯NIEs	流量	3.02	3.28	4.62	5.57	5.78	5.51	5.87	6.09
	存量	-	5.49	5.68	5.12	5.50	9.33	8.25	9.17
二梯NIEs	流量	4.25	3.50	3.05	2.07	4.73	2.11	1.44	1.82
	存量	-	2.20	2.25	1.69	2.34	2.56	1.38	1.32
東亞11國	流量	8.08	7.16	10.01	9.80	20.69	15.07	16.34	12.90
	存量	-	8.73	9.22	8.65	11.40	17.05	13.89	14.10

注:1.IFDI 為 Inward Foreign Direct Investment,即外來直接投資。2.作者編製。
資料出處:UNCTAD, Handbook of Statistics 2007, http://stats.unctad.org/Handbook/TableViewer/download.aspx.

亞 1970 年代流量即超過 1%，1990 年代前半曾達 1%，但後半降至
0.5%以下，2000 年後更降至 0.2%以下。其存量 1990 年代後半
0.7%，但 2000 年後更降至 0.2%以下。泰國流量 1980 年代增加，
後半 0.7%，1990 年代前半曾達 0.9%，但後半降至 0.65%，2000
年後 0.75%。其存量 1990 年代前半曾達 0.6%，其後下降但維持在
比 1980 年代高的 0.55%水準。菲律賓 1970 年代後半流量 0.4%，
其後下跌，亦是 1990 年代前半在回升至 0.5%，但後半降至 0.2%，
2000 年後 0.2%以下。其存量 1980 年代前半曾達 0.3%，其後持續
下降，2000 年後低於 0.2%。

中國流量 1980 年代快速增加超過 1.7%，後半 1.9%，1990 年
代前半更急遽上升曾達 9.2%，但後半降至 6.6%，2000 年後回升，
2001 至 05 年 7.9%。其存量 1990 年代後半曾達 4%，其後下降至
3%以下，2006 年 2.4%。越南流量亦是 1990 年代前半上升至 0.4%，
但後半降至 0.3%，2000 年後 0.2%。其存量 1990 年代後半曾達
0.36%，其後下降至 0.3%水準。

各時期外資流量佔世界比重最大東亞國家，1970 年代前半印
尼，後半馬來西亞，1980 年代前半新加坡，1980 年代後半香港，
進入 1990 年代後中國最大。存量則 1970 年代香港比重最大，1990
年代前半期中國與香港並列，其後則香港持續維持東亞最大比重。
東亞 11 國合計外資流量佔世界比重，觀察期間 1990 年代前半佔
20.69%最高，其中亞洲 NIEs10.5%，一梯 NIEs5.78%、二梯
NIEs4.73%，而中國 9.2%；東亞合計外資存量比重則 1990 年代後
半佔 17.1%最高，其中亞洲 NIEs 佔 11.9%，一梯 NIEs9.3%、二梯
NIEs2.6%，而中國佔 4%。

前述東亞國家的外資導入一方面彌補國內投資所需資金的不
足也同時意涵開啟國內資本市場自由化的第一步。外資的導入也扮
演東亞經濟發展初期管制計畫經濟體制下誘導國內民間投資方
向，彌補國內金融機構仲介機能不足的角色。

2. 外來直接投資對東亞經濟工業化的影響

外資的導入對東亞經濟工業化的影響上，首先由表 4-19 及圖 4-8 觀察東亞國家的外資（IFDI 存量）佔 GDP 比率與東亞工業製品輸出比重的變化關係。

表 4-19　東亞製品輸出比率與外資佔 GDP 比率　　　（%）

		1980	1985	1990	1995	2000	2005	2006
日本	製品輸出	94.53	96.30	95.86	95.21	93.88	91.86	90.70
	IFDIGS	0.31	0.35	0.33	0.64	1.08	2.21	2.43
新加坡	製品輸出	43.07	51.00	71.19	83.74	85.40	80.65	78.77
	IFDIGS	45.66	60.03	82.57	78.21	121.48	159.28	158.97
香港	製品輸出	95.68	95.12	94.52	92.46	94.97	95.82	94.45
	IFDIGS	73.18	75.24	59.36	49.19	269.90	294.28	405.74
台灣	製品輸出	87.85	90.02	92.59	92.76	95.10	90.68	90.34
	IFDIGS	5.69	4.62	5.91	5.75	5.47	12.40	14.17
韓國	製品輸出	89.53	91.28	93.20	91.51	89.94	90.82	89.18
	IFDIGS	2.08	2.24	1.97	1.83	7.44	8.38	8.13
馬來西亞	製品輸出	18.81	27.22	53.85	74.67	80.36	74.40	73.39
	IFDIGS	21.11	23.68	23.44	32.34	58.40	36.33	35.97
泰國	製品輸出	25.19	38.10	63.12	73.05	75.07	76.59	75.31
	IFDIGS	3.03	5.14	9.66	10.53	24.38	33.09	33.00
印尼	製品輸出	2.28	11.00	35.21	50.55	56.73	46.90	44.12
	IFDIGS	5.88	6.11	7.04	9.26	15.02	4.80	5.23
菲律賓	製品輸出	21.10	26.61	37.86	40.85	91.33	89.09	86.15
	IFDIGS	3.95	8.46	7.37	8.21	17.07	15.02	14.64
中國	製品輸出	66.40	36.34	71.36	84.04	88.23	91.92	92.42
	IFDIGS	0.35	1.96	5.12	13.36	16.21	11.94	10.97
越南	製品輸出	29.60	14.18	19.55	43.95	42.64	49.87	50.93
	IFDIGS	59.10	30.25	25.49	34.48	66.07	58.93	57.69

注：1.IFDIGS 為外資存量佔 GDP 比率。2.製品輸出比率為總輸出中工業製品所佔比重。

資料出處：UNCTAD, Handbook of Statistics 2007, http://stats.unctad.org/Handbook/TableViewer/download.aspx。

　　1980-2006 年期間，東亞國家的外資佔 GDP 比率隨著各國外資存量的增減及 GDP 的變化而起伏，大體而言，1980、90 年代呈現上升的趨勢，2000 年以後馬來西亞、印尼、菲律賓、中國、越南下降，日本、新加坡、香港、台灣、韓國及泰國則持續增加。日本是比率最低國家但期間內緩步上升，台灣、韓國比率也相對較低但亦緩步上升，香港比率最高 1990 年代雖下降但 2000 年後急速增加。馬來西亞為二梯 NIEs 中比率最高，但 2000 年後下降。中國的外資存量雖進入 1990 年代後為東亞國家中次大，但佔 GDP 比率卻不高。越南外資存量雖不大，但 2000 年後佔 GDP 比率卻高達 60%。

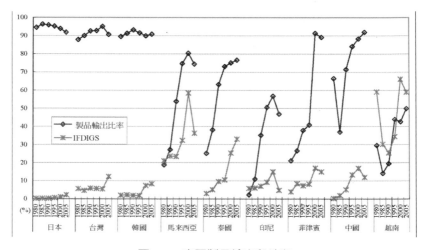

圖 4-8　東亞製品輸出與外資

注：1. IFDIGS 為外來 FDI 佔 GDP 即 IFDI/GDP 之比率. 2. 作者編製。
資料出處：UNCTAD, Handbook of Statistics 2007, http://stats.unctad.org/Handbook/TableViewer/download.aspx.

　　而東亞國家外資存量佔 GDP 比率與製品輸出比重的變化間，從表 4-20 可知 1980 至 2006 年期間除日本、香港與韓國外皆為正相關，特別馬來西亞、泰國、菲律賓、中國、越南均為顯著性高相關。1980 年代除馬來西亞外均為正相關，特別新加坡、香港、泰國、印尼、菲律賓皆為顯著性高相關。1990 年代除日本、香港、韓國與印尼外皆為正相關，特別台灣、馬來西亞、菲律賓、中國、越南皆為顯著性高相關。2000 至 06 年除日本、新加坡、台灣、中國外皆為正相關，特別泰國為顯著性高相關。

表 4-20 東亞外資佔 GDP 比率與製品輸出比重相關係數（1980-2006）

	日本	新加坡	香港	台灣	韓國	馬來西亞
1980-2006	(-0.9478)**	0.3494	(-0.5872)**	0.3554	(-0.2438)	0.7767**
1980-89	0.4658	0.9454**	0.7680**	0.1916	0.5325	(-0.1918)
1990-99	(-0.8887)**	0.4265	(-0.5622)	0.9241**	(-0.9040)**	0.7721**
2000-06	(-0.7835)*	(-0.7748)*	0.3376	(-0.6831)	0.3715	0.6299
	泰國	印尼	菲律賓	中國	越南	
1980-2006	0.7549**	0.2813	0.7081**	0.9282**	0.9191**	
1980-89	0.9258**	0.8273**	0.7109*	0.2073	0.3450	
1990-99	0.2282	(-0.2439)	0.8289**	0.8418**	0.9223**	
2000-06	0.7882*	0.4306	0.4304	(-0.9872)**	0.0777	

注：1.各國各期間外資存量(IFDI Stock)佔 GDP 比率與工業製品輸出佔總輸出比重變化的相關係數值。2.雙尾檢定，*顯著水準 0.05，**顯著水準 0.01。

　　1980 年代正相關國家除越南為下降的同方向變化外，餘皆為增加的同方向變化，而馬來西亞的負相關是其製品輸出比重增加但外資比率持平之故。1990 年代正相關國家皆為增加的同方向變化，而日本的負相關是因為其製品輸出比重降低但外資比率緩增，韓國的負相關是其製品輸出比重降低但外資比率在 90 年代後半上升，印尼的負相關是其製品輸出比重增加但外資比率在 90 年代後半劇烈變動。2000 至 06 年正相關國家除韓國、泰國為增加的同方向變化外，馬來西亞、印尼、菲律賓皆為下降的同方向變化，而日本、台灣的負相關是其製品輸出比重下降但外資比率上升，中國的負相關則是其製品輸出比重增加但外資比率下降。大體而言，東亞國家的製品輸出比重變化與外資的存量佔 GDP 比率間密切相關。
　　接著由圖 4-9 及表 4-21 觀察東亞國家的外資（IFDI 存量）佔固定資本形成比率與東亞工業製品輸出比重的變化關係。

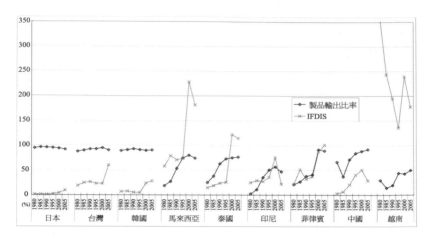

圖 4-9　東亞製品輸出與外資佔固定資本形成比

注：1. IFDIS 為外來 FDI 存量佔固定資本形成之比率。2.作者編製。
資料出處：UNCTAD, Handbook of Statistics 2007, http://stats.unctad.org/Handbook/TableViewer/download.aspx.

表 4-21　　東亞製品輸出比率與外資佔固定資本比率　　　　　　（%）

		1983	1985	1990	1995	2000	2005	2006
日本	製品輸出	94.53	96.30	95.86	95.21	93.88	91.86	90.70
	IFDIS	1.30	1.25	1.00	2.28	4.29	9.53	10.11
新加坡	製品輸出	43.07	51.00	71.19	83.74	85.40	80.65	78.77
	IFDIS	109.60	142.26	255.93	233.88	397.11	713.91	689.64
香港	製品輸出	95.68	95.12	94.52	92.46	94.97	95.82	94.45
	IFDIS	345.22	355.95	224.31	164.15	1021.56	1406.87	1862.70
台灣	製品輸出	87.85	90.02	92.59	92.76	95.10	90.68	90.34
	IFDIS	18.78	24.71	26.48	23.14	22.94	60.58	70.03
韓國	製品輸出	89.53	91.28	93.20	91.51	89.94	90.82	89.18
	IFDIS	6.94	7.77	5.30	4.90	23.94	28.60	27.71
馬來西亞	製品輸出	18.81	27.22	53.85	74.67	80.36	74.40	73.39
	IFDIS	58.20	79.34	70.93	74.20	228.48	181.89	178.01
泰國	製品輸出	25.19	38.10	63.12	73.05	75.07	76.59	75.31
	IFDIS	14.95	18.92	23.91	25.63	121.81	114.22	115.51
印尼	製品輸出	2.28	11.00	35.21	50.55	56.73	46.90	44.12
	IFDIS	24.89	29.10	27.31	35.78	75.64	21.84	21.82
菲律賓	製品輸出	21.10	26.61	37.86	40.85	91.33	89.09	86.15
	IFDIS	22.26	51.39	31.91	36.98	87.49	100.73	100.54
中國	製品輸出	66.40	36.34	71.36	84.04	88.23	91.92	92.42
	IFDIS	3.08	6.66	20.50	40.43	50.49	28.78	25.59
越南	製品輸出	29.60	14.18	19.55	43.95	42.64	49.87	50.93
	IFDIS	352.76	243.80	194.61	135.64	238.98	177.91	177.56

注：1.IFDIS 為外資存量佔國內固定資本形成比率。2.製品輸出比率為總輸出中工業製品所佔比重。
資料出處：UNCTAD, Handbook of Statistics 2007, http://stats.unctad.org/Handbook/TableViewer/download.aspx。

　　1980-2006 年期間，東亞國家的外資佔固定資本比率亦隨著各國外資存量的增減及固定資本的變化而起伏，大體而言，1980、90 年代呈現上升的趨勢，2000 年以後馬來西亞、泰國、印尼、中國、越南下降，韓國持平，其餘則持續增加。日本是比率最低國家但期間內緩步上升，2006 年佔 10%，香港比率最高 1990 年代雖下降但 2000 年後急速增加，2006 年佔 1,863%。馬來西亞為二梯 NIEs 中比率最高，2000 年佔 228.5%，其後雖下降，但 2006 年佔達 178%。中國的外資存量進入 1990 年代後為東亞國家中次大，但佔固定資本比率卻不高，2000 年最高佔 50.5%。越南外資存量雖不大，但佔固定資本比率卻均高於 135%，2000 年高達 239%。外資存量佔東亞各國固定資本比率，2006 年最低的日本也佔 10%，韓國 27.7%，2000 年後下降的中國 25.6%，印尼 21.8%，其餘都在 70%以上，新加坡、香港、馬來西亞、泰國、菲律賓、越南更都超過 100%，顯示外資對東亞國家經濟發展的重要性。

　　而東亞國家外資存量佔固定資本比率與製品輸出比重的變化間，從表 4-22 可知 1980 至 2006 年期間除日本、香港與韓國外皆為正相關，特別馬來西亞、泰國、菲律賓、中國、越南均具顯著性高相關，與 GDP 比率比率的變化關係相同。1980 年代均為正相關，特別日本、新加坡、台灣、馬來西亞、泰國、菲律賓皆為顯著性高相關。1990 年代除日本、香港、韓國與印尼外皆為正相關，特別台灣、菲律賓、中國、越南皆為顯著性高相關。2000 至 06 年韓國、馬來西亞、印尼為正相關，其餘皆為負相關，特別新加坡、中國為顯著性負相關。

　　1980 年代正相關國家除越南為下降的同方向變化外，餘皆為增加的同方向變化。1990 年代正相關國家皆為增加的同方向變化，而日本的負相關是因為其製品輸出比重降低但外資比率緩增，韓國的負相關是其製品輸出比重降低但外資比率在 90 年代後半上升，印尼的負相關是其製品輸出比重在 90 年代前半大幅增加但外資比率則在 90 年代後半急遽增加。2000 至 06 年正相關國家韓國為增加的同方向變化外，馬來西亞、印尼皆為下降的同方向變化，而日本、一梯 NIEs、菲律賓的負相關是其製品輸出比重下降但外資比率上升，泰國的負相關是其製品輸出比重持平但外資比率下降，中國、越南的負相關則是其製品輸出比重增加但外資比率下降。東亞國家的製品輸出比重變化與外資的存量佔固定資本比率變化間關係密切。

表 4-22　東亞 IFDI 佔固定資本形成比與製品出口比重相關係數

	日本	新加坡	香港	台灣	韓國	馬來西亞
1980-2006	(-0.9400)**	0.2584	(-0.5644)**	0.3572	(-0.2526)	0.6712**
1980-89	0.6601*	0.9691**	0.0416	0.8102**	0.2415	0.6328*
1990-99	(-0.8994)**	0.3448	(-0.5009)	0.8094**	(-0.8939)**	0.5927
2000-06	(-0.7447)	(-0.8291)*	(-0.4388)	(-0.5730)	0.4242	0.1689
	泰國	印尼	菲律賓	中國	越南	
1980-2006	0.6685**	0.2527	0.5523**	0.8705**	0.5022*	
1980-89	0.8933**	0.5569	0.7372*	0.2659	0.4500	
1990-99	0.2398	(-0.2781)	0.7382*	0.7697**	0.5684	
2000-06	(-0.1168)	0.5016	(-0.6161)	(-0.9934)**	(-0.7696)	

注：1.各國各期間外資存量(IFDI stock)佔固定資本形成比重與工業製品出口佔總出口比重變化的相關係數值。2.雙尾檢定，顯著水準*0.05，**0.01。

3. 東亞的對外直接投資（OFDI）

　　東亞外資的來源除已開發國家外，隨著經濟的發展日本以外部分東亞國家 1990 年代也成為對外直接投資國家。以下進一步探討世界直接投資中東亞對外直接投資的變化。

　　世界的對外直接投資（Outward Foreign Direct Investment, OFDI）金額的變化，從表 4-23 及 4-24 可知與上述世界的外來直接資雷同，1980 年代以後，亦呈現快速的增加，1970 至 2006 年期間的流量，1980 年以後呈現趨勢性加速的增加並經歷兩次高峰，1980

表 4-23 東亞對外直接投資（OFDI） （10億美元）

OFDI		1971-75	1976-80	1981-85	1986-90	1991-95	1996-2000	2001-05	2006
世界	流量	21.84	42.64	46.05	175.84	252.77	785.08	712.15	1,215.79
	存量	-	599.26	672.33	1,335.74	2,404.96	4,560.42	8,717.29	12,474.26
開發 中國	流量	0.22	1.09	2.46	11.10	35.74	78.12	81.40	174.39
	存量	-	72.43	79.40	115.27	234.50	620.39	1,010.48	1,600.30
已開 發國	流量	21.62	41.55	43.59	164.73	216.31	704.70	621.41	1,022.71
	存量	-	526.83	592.93	1,220.30	2,167.75	3,928.48	7,614.32	10,710.20
美國	流量	10.00	17.06	10.05	27.40	63.58	132.64	123.88	216.61
	存量	-	215.38	220.94	351.24	569.22	1,039.88	1,821.36	2,384.00
日本	流量	1.35	2.26	5.09	32.07	20.72	25.57	35.23	50.27
	存量	-	19.61	33.51	120.34	250.73	265.55	339.40	449.57
新加坡	流量	0.02	0.10	0.13	0.68	3.07	6.99	7.62	8.63
	存量	-	0.62	0.97	3.06	18.93	48.58	93.00	117.58
香港	流量	0.00	0.02	0.54	2.28	15.05	29.33	21.44	43.46
	存量	-	0.15	0.89	7.55	42.48	253.86	375.21	688.97
台灣	流量	0.00	0.01	0.05	3.42	2.45	4.81	5.84	7.40
	存量	-	13.01	13.15	20.20	37.20	56.06	85.90	113.91
韓國	流量	0.00	0.02	0.19	0.81	2.00	4.61	3.48	7.13
	存量	-	0.13	0.32	1.29	6.18	20.22	27.31	46.76
馬來 西亞	流量	0.00	0.04	0.25	0.21	1.23	2.15	1.71	6.04
	存量	-	0.30	0.63	0.82	2.20	12.52	13.04	27.83
泰國	流量	-	0.00	0.00	0.08	0.39	0.40	0.37	0.79
	存量	-	0.01	0.01	0.22	1.21	2.62	3.49	5.61
印尼	流量	0.00	0.00	0.01	0.01	1.16	0.21	1.40	3.42
	存量	-	0.01	0.02	0.07	2.54	6.72	9.31	17.35
菲律賓	流量	-	0.04	0.04	0.02	0.18	0.15	0.20	0.10
	存量	-	0.17	0.18	0.15	0.57	1.62	1.45	2.10
中國	流量	-	-	0.23	0.71	2.66	2.00	6.00	16.13
	存量	-	-	0.28	2.85	12.41	24.41	41.41	73.33
越南	流量	0.00	0.00	0.00	0.00	0.00	0.00	0.01	0.07
	存量	-	0.00	0.00	0.00	0.00	0.00	0.00	0.00
NIEs	流量	0.03	0.21	1.22	7.51	25.53	48.64	42.07	76.97
	存量	-	14.40	16.18	33.36	111.30	402.21	608.71	1,020.12
一梯 NIEs	流量	0.03	0.15	0.92	7.19	22.57	45.74	38.39	66.61
	存量	-	13.91	15.33	32.10	104.79	378.72	581.42	967.22
二梯 NIEs	流量	0.00	0.06	0.30	0.32	2.97	2.90	3.68	10.35
	存量	-	0.49	0.85	1.26	6.51	23.49	27.29	52.89
東亞 11 國	流量	1.38	2.50	6.53	40.30	48.92	76.21	83.32	143.43
	存量	-	7.20	49.96	156.55	374.44	692.16	989.51	1,543.01

注：1.OFDI 為 Outward Foreign Direct Investment。2.各期間平均值。3.作者編製。
資料出處：UNCTAD, Handbook of Statistics 2007, http://stats.unctad.org/Handbook/TableViewer/download.aspx.

表 4-24　東亞對外直接投資佔世界比重　　(%)

OFDI		1971-75	1976-80	1981-85	1986-90	1991-95	1996-2000	2001-05	2006
世界	流量	100.00	100.00	100.00	100.00	100.00	100.00	100.00	100.00
	存量	0.00	100.00	100.00	100.00	100.00	100.00	100.00	100.00
開發	流量	0.92	2.48	5.66	6.09	13.60	11.12	10.99	14.34
中國	存量	0.00	12.09	11.84	8.75	9.59	13.51	11.65	12.83
已開	流量	99.08	97.52	94.34	93.91	86.09	88.55	87.71	84.12
發國	存量	0.00	87.91	88.16	91.24	90.30	86.25	87.32	85.86
美國	流量	46.49	40.16	20.41	16.32	24.68	18.05	18.18	17.82
	存量	0.00	35.94	32.97	26.76	23.68	22.99	21.00	19.11
日本	流量	5.76	5.56	11.54	17.54	8.77	3.87	5.05	4.13
	存量	0.00	3.27	4.95	8.59	10.62	6.12	3.95	3.60
新加坡	流量	0.10	0.24	0.35	0.33	1.08	1.15	1.02	0.71
	存量	0.00	0.10	0.14	0.21	0.75	1.09	1.07	0.94
香港	流量	0.00	0.03	1.09	1.34	5.57	4.14	2.84	3.57
	存量	-	0.02	0.12	0.54	1.66	5.38	4.35	5.52
台灣	流量	0.01	0.03	0.11	1.63	0.99	0.71	0.84	0.61
	存量	-	2.17	1.97	1.48	1.56	1.26	0.99	0.91
韓國	流量	0.02	0.05	0.41	0.54	0.76	0.71	0.49	0.59
	存量	-	0.02	0.05	0.09	0.25	0.44	0.31	0.37
馬來	流量	0.00	0.07	0.59	0.14	0.43	0.38	0.24	0.50
西亞	存量	-	0.05	0.10	0.06	0.08	0.28	0.15	0.22
泰國	流量	-	0.01	0.00	0.05	0.14	0.08	0.05	0.06
	存量	-	0.00	0.00	0.01	0.05	0.06	0.04	0.04
印尼	流量	0.00	0.00	0.02	0.00	0.43	0.04	0.17	0.28
	存量	-	0.00	0.00	0.00	0.00	0.15	0.11	0.14
菲律賓	流量	-	0.08	0.10	0.01	0.07	0.02	0.03	0.01
	存量	-	0.03	0.03	0.01	0.02	0.04	0.02	0.02
中國	流量	0.00	-	0.42	0.42	1.14	0.33	0.80	1.33
	存量	-	-	0.04	0.21	0.50	0.55	0.48	0.59
越南	流量	0.00	0.00	0.00	0.00	0.00	0.00	0.00	0.01
	存量	-	0.00	0.00	0.00	0.00	0.00	0.00	0.00
NIEs	流量	0.12	0.46	2.67	4.04	9.47	7.24	5.69	6.33
	存量	-	2.40	2.41	2.42	4.46	8.70	7.04	8.18
一梯	流量	0.12	0.34	1.96	3.84	8.40	6.71	5.19	5.48
NIEs	存量	-	2.32	2.28	2.33	4.21	8.17	6.73	7.75
二梯	流量	0.00	0.12	0.70	0.20	1.06	0.53	0.50	0.85
NIEs	存量	-	0.08	0.13	0.09	0.25	0.53	0.31	0.42
東亞	流量	5.89	6.07	14.63	22.00	19.37	11.44	11.54	11.80
11 國	存量	-	5.68	7.39	11.22	15.58	15.37	11.46	12.37

注：1.IFDI 為 Inward Foreign Direct Investment，即外來直接投資。2.作者編製。
資料出處：UNCTAD, Handbook of Statistics 2007, http://stats.unctad.org/Handbook/TableViewer/download.aspx.

年代後半期平均 1,758.4 億美元較前半期增加 3.8 倍，1990 年代後半期平均 7,850.8 億美元較前半期增加 3.1 倍，但 2001 至 05 年平均 7,121.2 億美元較 1990 年代後半期減少 10%。其存量亦快速累積，1970 年代後半期平均 5,993 億美元，1980 年代後半期 1 兆 3,357 億美元，1990 年代後半期 4 兆 5,604 億美元，2006 年 12 兆 4,743 億美元。而其中已開發國家不論流量或存量皆佔多數，但進入 1990 年代後，已開發國家的比重由 90%水準降至 80%水準，開發中國家則由 6%水準增至 10%以上。已開發國家的流量同樣在 1980 年代後半期及 1990 年代後半期呈現兩次增加的高峰，各較其前半期增加 3.8 及 3.3 倍，但 2001-05 年亦較 1990 年代後半期減少 10%。開發中國家則 1980 年代中快速增加，1990 年代前半期較 1980 年代後半期增加 3.2 倍，1990 年代後半期較前半期增加 2.2 倍，而 2000 年後仍持續增加。存量累積，2006 年已開發國家 10 兆 7,102 億美元、開發中國家 1 兆 6,003 億美元。

美國的流量、存量 1970 年代後半期平均分別為 170.6 億美元及 2,153.8 億美元，各佔世界比重 40.2%、35.9%，其後比重持續下降，80 年代後半期平均分別為 270.4 億美元及 3,512.4 億美元，各佔世界比重 16.3%、26.8%，90 年代後半期平均分別為 1,326.4 億美元及 1 兆 398.8 億美元，各佔世界比重 18.1%、23%，2006 年平均分別為 2,166.1 億美元及 2 兆 3,840 億美元，各佔世界比重 17.8%、19%。

東亞 11 國合計的對外直接資金額 1980 年代後呈現快速的增加，1970 至 2006 年期間的流量，1970 年代前半期平均 13.8 億美元，2006 年 1,434 億美元，其中的增加主要 1980 年代後半期平均 403 億美元較前半期 65.3 億美元增加 6.2 倍，1990 年代後半期平均 762 億美元較前半期 489 億美元增加 1.6 倍，2000 年後仍續增，2006 年 1,434 億美元較 2001-05 年 833 億美元增加 1.7 倍。其存量亦在 1980 年代後快速累積，1970 年代後半期平均 72 億美元，1980 年代後半期 1,566 億美元，1990 年代後半期 6,922 億美元，2006 年 1

兆 5,430 億美元。而其流量佔世界比重在 1970 年代後半期 6.1%，1980 年代後半期 22%最多，1990 年代後半期 11.4%，2006 年 11.8%。其存量佔世界比重 1970 年代前半期 5.7%，80 年代後半期 11.2%，90 年代後半期 15.4%，2000 年後下降，2006 年 12.4%。

而東亞各國的流量亦普遍在 1980 年代及 1990 年代呈現大幅增加。日本流量 1980 年代前半期平均 50.9 億美元較 1970 年代後半期 22.6 億美元增加 2.3 倍，1980 年代後半期 320.7 億美元較前半期增加 6.3 倍，1990 年代中下降，2000 年後回升，2001-05 年 352.3 億美元，2006 年 502.7 億美元。其存量在 1980 年代快速累積，1970 年代後半期平均 196 億美元，1980 年代後半期 1,203.4 億美元，1990 年代後半期 2,656 億美元，2006 年 4,495.7 億美元。其流量佔世界比重 1970 年代後半期 5.6%，80 年代後半期 17.5%，90 年代後半期 3.9%，2000 年後回升，2006 年 4.1%。其存量佔世界比重 1970 年代後半期 3.3%，80 年代後半期 8.6%，90 年代後半期 6.1%，2000 年後下降，2006 年 3.6%。

新加坡流量 1980 年代後半期 6.8 億美元，1990 年代後半期 69.9 億美元，各較其前半期增加 5.2 及 2.3 倍，2000 年後續增，2006 年 86.3 億美元。其存量亦在 1980 年代後快速累積，1980 年代後半期 30.6 億美元，1990 年代後半期 485.8 億美元，2000 年後續增，2006 年 1,176 億美元。香港流量 1980 年代後半期 22.8 億美元，1990 年代後半期 293.3 億美元，各較其前半期增 4.2 及 2 倍，2006 年 434.6 億美元。其存量亦在 1980 年代後快速累積，1980 年代後半期 75.5 億美元，1990 年代後半期 2,539 億美元，2000 年後續增，2006 年 6,890 億美元。台灣流量 1980 年代後半期 34 億美元，1990 年代後半期 48 億美元，各較其前半期增加 68 及 2 倍，2006 年 74 億美元。其存量亦在 1980 年代後快速累積，1980 年代後半期 202 億美元，1990 年代後半期 506.6 億美元，2000 年後續增，2006 年 1,139 億美元。韓國流量 1980 年代後半期 8 億美元，1990 年代後半期 46 億美元，各較其前半期增加 4.2 及 2.3 倍，2006 年 71 億美元。

其存量亦在 1980 年代後快速累積，1980 年代後半期 12.9 美元，1990 年代後半期 202 億美元，2000 年後續增，2006 年 467.6 億美元。

　　馬來西亞流量 1980 年代前半期 2.5 億美元較 70 年代後半期 0.4 億美元增加 6.3 倍，1990 年代則後半期 21.5 億美元高於前半期 12.3 億美元增加 1.7 倍，2006 年 60.4 億美元。其存量亦在 1980 年代後快速累積，1980 年代後半期 8.2 億美元，1990 年代後半期 125 億美元，2006 年 278 億美元。印尼流量 1980 年代後半期 0.1 億美元，1990 年代是前半期 11.6 億美元高於後半期 2 億美元，2006 年 34 億美元。其存量在 1990 年代後快速累積，1980 年代後半期 0.7 億美元，1990 年代後半期 67 億美元，2006 年 173.5 億美元。泰國流量則 1980 年代後半期 0.8 億美元，1990 年代後半期 4 億美元，2006 年 8 億美元。其存量亦在 1980 年代後快速累積，1980 年代後半期 2 億美元，1990 年代後半期 26.2 億美元，2000 年後續增，2006 年 56 億美元。菲律賓流量 1980 年代後半期 0.2 億美元，1990 年代前半期 1.8 億美元，2006 年 1 億美元。其存量在 1980 年代後快速累積，1980 年代後半期 1.5 億美元，1990 年代後半期 16 億美元，2000 年後續增，2006 年 21 億美元。

　　中國流量 1980 年代後半期 7.1 億美元，較其前半期 2.3 億美元增加 3 倍，1990 年代急遽增加前半期 26.6 億美元、後半期 20 億美元，2000 年後續增，2006 年 161 億美元。其存量亦在 1980 年代後快速累積，1980 年代後半期 28.5 億美元，1990 年代後半期 244 億美元，2006 年 733 億美元。越南流量 2000 年後開始，2001-05 年 0.1 億美元，2006 年 0.7 億美元。

　　東亞中，新加坡對外投資所佔世界比重，流量 1970 年代前半 0.1%，80 年代 0.3%，90 年代超過 1%，90 年代後半 1.15%，其後下降，2006 年 0.7%，存量 80 年代後半 0.2%，90 年代後半超過 1%，2006 年 0.9%。香港流量 1980 年代超過 1%，90 年代前半 5.6%，90 年代後半 4.1%，其後下降，2006 年 3.6%，存量 80 年代後半

0.5%，90 年代後半超過 5%，2006 年 5.5%。台灣 1970 年代後半期流量 0.03%、存量 2.2%，1980 年代後半流量 1.6%、存量 1.5%，90 年代前半流量 1%、存量 1.6%，其後下降，2006 年流量 0.6%、存量 0.9%。韓國 1980 年代後半期流量 0.5%、存量 0.1%，1990 年代後半流量、存量達 0.7 及 0.4%，2001 至 05 年流量 0.5%、存量 0.3%，2006 年流量 0.6%、存量 0.4%。

馬來西亞流量 1980 年代前半 0.6%，1990 年代 0.4%，但 2001 至 05 年降至 0.24%，2006 年 0.5%。其存量 1990 年代後半 0.3%，但 2001 至 05 年降至 0.15%，2006 年 0.2%。印尼流量 1990 年代 0.43%，但後半降至 0.04%，2000 年後回增，2001 至 05 年 0.2%，2006 年 0.3%。其存量 1990 年代後半 0.15%，2001 至 05 年 0.1%，2006 年 0.14%。泰國流量 1990 年代前半 0.14%、後半 0.08%，2000 年後下降，2006 年 0.06%，其存量 1990 年代後半 0.06%，其後下降 0.04% 水準。菲律賓 1980 年代前半流量 0.1%，其後下跌，1990 年代前半 0.07%，2006 年後 0.01%，其存量 1980 年代前半 0.03%，1990 年代前半 0.02%，2006 年 0.02%。

中國流量 1980 年代 0.4%，1990 年代前半急遽上升曾達 1.14%，但後半降至 0.3%，2000 年後回升，2001 至 05 年 0.8%，2006 年 1.3%，其存量 1990 年代 0.5%，其後下降，但 2006 年回增至 0.6%。越南流量 2006 年 0.01%。

東亞國家對外直接投資合計佔世界比重在 1980 年代的增加主要因為日本的增加，進入 1990 年代後日本比重下降，東亞合計仍能維持在 10% 以上比重主要因為香港、新加坡等一梯 NIEs 比重的上升，以及馬來西亞、中國比重的增加。

4. 日本與東亞國家間的直接投資

上述 1980 年代日本、1990 年代亞洲一梯 NIEs、1990 年代後期亞洲二梯 NIEs 的對外直接投資的增加下，東亞國家的外資來源除了美國外，東亞國家間的相互投資也快速增加。

　　首先檢視東亞國家的對外投資相對強度變化。UNCTAD 的對外投資相對強度是以投資國對外投資存量佔世界的比重與被投資國對內投資存量佔世界的比重的相對比率為預期投資比率，其與世界對外投資存量相乘所得為預期投資額，而投資國對被投資國的實際投資額除以預期投資額的比率即為對外投資存量的相對強度指標[6]。以此對外投資存量的相對強度觀察，從表 4-25 可知日本 2005 年與東亞國家的相對強度均大於 1 即較強，而除香港、印尼比 1995 年下降外，泰國、菲律賓、台灣、韓國、中國、馬來西亞、新加坡皆上升。中國 2005 年與亞洲國家也較強，東亞中與香港、印尼、越南較強也比 1995 年上升，但與馬來西亞、泰國、新加坡較弱亦比 1995 年下降，與日本雖比 1995 年上升但亦較弱。韓國也與亞洲國家較強，2005 年與東亞中中國、越南、印尼、菲律賓較強也比 1995 年上升，但與馬來西亞、香港比 1995 年下降，與日本雖比 1995 年上升但為 0.9 仍低於 1。馬來西亞亦與與亞洲國家較強，2005 年與東亞中印尼、越南、新加坡、台灣較強而印尼、台灣比 1995 年上升，但與香港、日本比 1995 年下降而較弱。

　　東亞國家的對外投資相對強度較高對象國家大部份集中亞洲特別是東亞國家，此現象與世界各國對外投資的趨向所處地理區域集中的發展趨勢雷同[7]。就此而言，美國是例外，其對外投資相對強度高對象國散佈美洲、亞洲、歐洲、大洋洲國家，但相對強度前十國中偏重東亞。與東亞的日本、馬來西亞、菲律賓、韓國、台灣較強但只有日本、馬來西亞比 1995 年上升，較弱的中國、新加坡則中國比 1995 年上升。

---

[6]　參照 UNCTAD，World Investment Report 2007，pp.31，注 39。

[7]　參照 UNCTAD，World Investment Report 2007，pp.19-22。

表4-25 對外投資對象國的強度相關

被投資國 \ 投資國	美國			日本			韓國			馬來西亞			中國		
	國家	1995	2005	國家	1995	2005	國家	1995	2005	國家	1995	2005	國家	1995	2005
高強度關係國家	加拿大	2.8	2.6	泰國	3.5	7.7	高棉	23.5	46.9	高棉	80.3	40.2	香港	62.5	55.3
	瑞士	1.0	2.3	菲律賓	2.4	6.1	賽國	15.9	23.3	賽國	1.5	34.0	蒙古	18.8	39.6
	日本	1.9	2.2	台灣	3.2	5.3	斯里蘭卡	46.7	21.2	斯里蘭卡	4.5	11.5	高棉	2.1	27.3
	英國	1.8	1.5	韓國	4.7	4.4	印尼	34.8	16.7	印尼	2.3	10.8	賽國	1.1	12.5
	馬來西亞	0.5	1.3	中國	2.2	4.0	孟加拉	28.5	15.4	孟加拉	52.8	7.2	斯里蘭卡	1.8	9.6
	澳洲	1.3	1.3	馬來西亞	2.6	3.4	越南	1.0	15.3	越南	7.4	4.3	緬甸	0.3	7.2
	菲律賓	1.4	1.2	新加坡	2.3	3.2	蒙古	20.0	12.8	新加坡	10.9	3.6	印尼	0.5	5.9
	瑞典	0.7	1.1	美國	2.4	3.2	新加坡	16.2	11.3	台灣	2.0	3.1	哈薩克	0.7	4.3
	韓國	1.1	1.1	澳洲	1.4	1.8	菲律賓	3.8	4.9	坦桑尼亞	34.6	2.8	秘魯	3.6	1.7
	台灣	1.2	1.1				巴拿馬	3.8	4.3	緬甸	18.2	2.8	越南	0.6	1.1
低強度關係國家	丹麥	0.5	1.0	香港	2.4	1.0	香港	0.1	0.9	香港	3.6	0.7	坦桑尼亞	5.3	0.9
	荷蘭	0.9	0.9	英國	0.5	0.8	荷蘭	0.0	0.8	荷蘭	0.1	0.1	孟加拉	0.3	0.6
	孟加拉	0.3	0.9	德國	0.8	0.8	智利	11.3	0.7	智利	0.1	0.1	馬來西亞	1.0	0.6
	巴拿馬	1.7	0.8	荷蘭	0.4	0.6	加拿大	7.4	0.7	加拿大	0.1	0.1	巴基斯坦	0.4	0.3
	中國	0.7	0.8	加拿大	0.5	0.6	日本	0.1	0.5	美國	0.2	0.1	智利	0.8	0.3
	哥倫比亞	2.1	0.7	法國	0.3	0.5				日本	0.0	0.0	泰國	0.3	0.2
	秘魯	0.6	0.7	紐西蘭	0.5	0.5							日本	0.0	0.2
	德國	1.0	0.7	印尼	6.1	0.5							新加坡	0.6	0.1
	新加坡	0.7	0.7	義大利	0.2	0.4							加拿大	0.2	0.1
	法國	0.8	0.6	巴西	0.8	0.3							德國	0.1	0.1

注：1.「各年」為可用資料的最近年度。2. 2005 年對外投資強度係數（FDI intensity ratio）順位。3. 高強度國家為係數值大於 1 國家，低強度國家為係數值小於 1 國家。4. 對外投資強度係數計算公式：對外投資強度係數（FDI intensity ratio）＝ FDI ij / Exp FDI ij。FDIij 為 i 國對 j 國的實際接受存量金額（FDI stock），Exp FDI ij 為 i 國對 j 國的期待投資（expected amount）存量金額。ExpFDIij＝(FDIwj／FDIww)×(FDIiw／FDIww)×FDIww。FDIwj 為對 j 國的慮外未投資（Total inward stock），FDIiw 為 i 國的慮外未投資（Total outward FDI stock），FDIww 為世界對內或對外投資總額（FDI stock）。

資料出處：UNCTAD, World Investment Report 2007: Transnational Corporations, Extractive Industries and Development, pp.223-224, Annex table A.I.8..

　　再從表 4-26 觀察東亞國家的對外投資績效，世界 141 國家及
經濟體中，2004 至 06 年除越南外均在中上的位置。UNCTAD 的對
外投資績效指標是以對外投資流量佔世界比重與 GDP 佔世界比重
的相對比率代表，即相對於各國家及經濟體的 GDP 其對外投資流
量佔世界比重的大小。東亞的順位中特別是香港最高，其次新加
坡，台灣、馬來西亞在前 30 名，日本、印尼在前 50 名，韓國前
60 名，泰國、印尼、菲律賓、中國在前 70 名。2004 至 06 年中，
馬來西亞、印尼、中國的順位顯著上升。

　　另外為瞭解東亞國家外來投資急增的原因，接著從表 4-27 觀
察其對內投資（IFDI）的績效與潛力（potential）的變化。UNCTAD
對內投資的績效指標是以對內投資流量佔世界比重與 GDP 佔世界
比重的相對比率代表，即相對於各國家及經濟體的 GDP 其對內投
資流量佔世界比重的大小。而潛力指標是 UNCTAD 所訂 12 項經濟
與政治變數的平均值，包含人均 GDP、實質 GDP 成長率、輸出佔
GDP 比重、電信基礎建設（千人的電話線數、行動電話數）、人
均商用能源消費量、研發費用佔總國民所得比重、高中學生佔總
人口比率、國家風險、自然資源輸出佔世界比重、電子及汽車零
組件輸入佔世界比重、服務輸出佔世界比重及對內投資存量佔世
界比重[7]。

　　1980 年代末以來，東亞國家的對內投資績效指標佔世界 140
國家及經濟體排名，香港最高，新加坡次之，日本、台灣、韓國及
亞洲二梯 NIEs1990 年代後期普遍下降，中國、越南 1990 年代後期
上升但 2000 年後又下降。2006 年排名香港第 2、新加坡 5、泰國
52、馬來西亞 62、中國 69、越南 78、印尼 95、菲律賓 102、台灣
119、韓國 123、日本 137。而對內投資潛力指標佔世界 140 國家及
經濟體排名，美國持續為世界第 1，1980 年代末東亞國家的排序基
本上為雁行發展的順序，但中國緊接著馬來西亞、泰國，1990 年

---

[7]　參照 UNCTAD，World Investment Report 2002，pp.34-36。

表 4-26　東亞 OFDI 績效指標的世界排比

	2004	2005	2006
美　　國	29	37	39
日　　本	43	44	43
新 加 坡	13	12	13
香　　港	3	3	2
台　　灣	27	27	26
韓　　國	46	52	52
馬來西亞	28	30	22
泰　　國	70	70	69
印　　尼	48	42	41
菲 律 賓	55	60	65
中　　國	64	61	58
越　　南	--	89	84

注：1.OFDI 績效指標為 Outward FDI Performance Index，2. 2004-06 年為 141 國排序。
資料出處：UNCTAD, World Investment Report 2007, pp.220-221, Annex table A.I.6..

表 4-27　東亞 IFDI 績效指標（Performance Index）與潛力指標（Potential Index）的世界排比

	IFDI 績效指標					潛力指標			
	1988-90	1998-2000	2004	2005	2006	1988-90	1998-2000	2004	2005
美國	50	74	120	118	117	1	1	1	1
日本	128	131	137	136	137	7	14	23	24
新加坡	1	18	6	6	5	16	3	2	2
香港	4	2	7	4	2	21	13	14	11
台灣	58	112	131	132	119	20	15	19	20
韓國	93	87	116	115	123	19	18	17	17
馬來西亞	8	44	62	64	62	52	40	35	35
泰國	25	41	60	49	52	57	61	59	62
印尼	63	138	136	106	95	73	110	103	100
菲律賓	39	89	107	109	102	111	78	71	74
中國	61	47	52	62	69	59	84	33	30
越南	53	20	55	58	78	115	71	80	80

注：1. 1988-1990 及 1998-2000 年為 140 國排序，2004-06 年為 141 國排序。 2. The potential index 包含 12 項經濟與政治變數。
資料出處：UNCTAD, World Investment Report 2007, pp.220-221, Annex table A.I.6., World Investment Report 2002, pp.25-26, Table　II.1. .

代末新加坡、香港、台灣、韓國、馬來西亞、菲律賓、越南的排序上升，2000 年以後新加坡、香港、韓國、馬來西亞、菲律賓、中國的排序上升。2006 年的排名，新加坡第 2、香港 11、韓國 17、台灣 20、日本 24、中國 30、馬來西亞 35、泰國 62、菲律賓 74、越南 80、印尼 100。

　　UNCTAD 結合以上的對內投資績效與潛力指標分類成領先國（績效與潛力皆高）、低績效高潛力國（Below-potential）、高績效低潛力國（Above potential）及低績效低潛力國（Under-performers）等四個象限的國家。（參照表 4-28）

表 4-28　IFDI 績效指標與潛力指標矩陣

	High FDI performance	Low FDI performance
High FDI potential	領先者（Front-runners）	低績效高潛力（Below-potential）
Low FDI potential	高績效低潛力（Above potential）	低績效低潛力（Under-performers）

　　依上述 UNCTAD 的分類，東亞國家的分佈，從表 4-29 可知 1980 年代末中國、香港、馬來西亞、新加坡、台灣、泰國為領先國群組，日本、韓國為低績效高潛力國群組，印尼、菲律賓、越南為高績效低潛力國群組。1990 年代末香港、新加坡、馬來西亞、泰國為領先國群組，日本、韓國、台灣為低績效高潛力國群組，中國、越南為高績效低潛力國群組，印尼、菲律賓為低績效低潛力國群組。2005 年中國、香港、馬來西亞、新加坡、泰國為領先國群組，日本、韓國、台灣為低績效高潛力國群組，越南為高績效低潛力國群組，印尼、菲律賓為低績效低潛力國群組。

表 4-29　東亞國家 IFDI 績效與潛力分佈矩陣

		高 IFDI 績效				低 IFDI 績效		
高 IFDI 潛力	領先者（Front-runners）	1988-90	1998-2000	2005	低績效高潛力（Below-potential）	1988-90	1998-2000	2005
		中國	香港	中國		日本	日本	日本
		香港	新加坡	香港		韓國	韓國	韓國
		馬來西亞	馬來西亞	馬來西亞			台灣	台灣
		新加坡	泰國	新加坡			美國	美國
		台灣		泰國				
		泰國						
		美國						
低 IFDI 潛力	高績效低潛力（Above potential）	1988-90	1998-2000	2005	低績效低潛力（Under-performers）	1988-90	1998-2000	2005
		印尼	中國	越南			印尼	印尼
		菲律賓	越南				菲律賓	菲律賓
		越南						

注：1988-90 及 1998-2000 取自 World Investment Report 2002，2005 取自 World Investment Report 2007。

資料出處：UNCTAD, World Investment Report 2002, pp.31, Table　II.3.,World Investment Report 2007, pp.14, Figure I.8..

　　1980 年代末以來，香港、馬來西亞、新加坡、泰國持續為領先國群組，越南持續為高績效低潛力國群組，日本、韓國持續為低績效高潛力國群組，其間主要的變化為 1990 年代末台灣降為低績效高潛力國群組，印尼、菲律賓降為低績效低潛力國群組，2005 年中國回升領先國群組。

　　東亞國家間的相互直接投資亦因此擴大。依據日本經濟產業省 2007 年的資料，表 4-30 可知東亞中日本、韓國、中國、東協 10 國間的相互直接投資從 2000 年 82.5 億美元，2005 年增加至 215.2 億美元。對東亞的直接投資，日本從 2000 年 22.4 億美元，2006 年增至 134.3 億美元，其中對中國由 9.4 億美元增至 65.9 億美元，東協 10 國由 2.2 億增至美元 50.6 億美元。東協 10 國從 2000 年 46.3 億美元，2006 年減至 43.2 億美元，其中主要對韓國由 17.2 億美元減至 6 億美元，但對日本由 0.7 億增至美元 6.1 億美元，中國 28.4 億增至美元 31.1 億美元。韓國從 2000 年 12.7 億美元，2006 年增至 34.5 億美元，其中主要對中國由 7.1 億美元增至 26.3 億美元，對日本由 0.9 億增至美元 1.8 億美元，東協 10 國 4.7 億美元增至 6.4 億美元。中國從 2000 年 1.1 億美元，2006 年增至 3.2 億美元，其中主要對東協 10 國由 1.1 億美元增至 3 億美元，對日本及韓國亦皆增至 0.1 億美元。

表 4-30　東亞間的相互直接投資　　　　　（億美元）

被投資國	日本		韓國		中國		東協 10 國		小計	
投資國	2000	2005	2000	2005	2000	2005	2000	2005	2000	2005
日本			10.8	17.8	9.4	65.9	2.2	50.6	22.4	134.3
韓國	0.9	1.8			7.1	26.3	4.7	6.4	12.7	34.5
中國	0.0	0.1	0.0	0.1			1.1	3.0	1.1	3.2
東協 10 國	0.7	6.1	17.2	6.0	28.4	31.1			46.3	43.2
小計	1.6	8.0	28.0	23.9	44.9	123.3	8.0	60.0	82.5	215.2

注：日本、韓國為國際收支帳基礎的流量，中國為核可基礎，東協 10 國則為從被投資國對內直接投資額的倒推。

資料出處：經產省（2007）「通商白書 2007 年版」, 2-1-9 圖, pp.96, http://www.meti.go.jp/report/tsuhaku 2007/2007honbun/excel/i2109000.xls。

其次觀察日本對東亞國家直接投資的變化。

從表 4-31 可知日本對東亞國家的直接投資佔其總對外投資比重在 1990 年代中大幅提升。日本對外直接投資流量中，1980 年代末時值日本泡沫經濟時期仍以北美特別是美國 47%為主要，對亞洲只佔 12%，也低於歐洲，但 1990 年代中亞洲的比重提升至 17-20% 水準，2000 年以後 23%，2006 年 34%，尚低於同時期中上升的歐洲，但已超過持續下降的美國。

表 4-31　日本對東亞 OFDI 佔總 OFDI 比重　　　　(%)

年度	1989-90	1991-95	1996-2000	2001-05	2006
世界	100.00	100.00	100.00	100.00	100.00
北美洲	49.09	43.79	35.34	23.14	20.29
中南美洲	7.04	9.14	11.81	17.18	5.11
亞洲	12.28	19.82	17.22	23.14	34.22
歐洲	23.47	19.48	31.77	32.80	36.65
中近東	0.07	0.77	0.39	0.29	0.48
非洲	0.97	1.12	0.70	0.37	1.79
大洋州	7.07	5.88	2.78	3.09	1.45
美國	47.17	42.19	33.59	22.34	18.53
新加坡	2.16	2.02	1.95	1.95	0.76
香港	2.95	2.57	1.86	1.69	3.00
台灣	0.76	0.84	0.79	1.12	0.98
韓國	0.69	0.77	1.11	2.10	3.02
馬來西亞	1.14	1.85	1.03	0.76	5.91
泰國	1.96	1.93	2.59	2.77	3.95
印尼	1.43	3.47	2.93	1.74	1.48
菲律賓	0.38	0.90	0.99	1.19	0.73
中國	0.63	4.84	2.94	9.05	12.27
越南	0.00	0.19	0.31	0.25	0.93
亞洲 NIEs	11.46	14.36	13.25	13.31	19.83
亞洲一梯 NIEs	6.56	6.20	5.71	6.85	7.76
亞洲二梯 NIEs	4.91	8.16	7.54	6.46	12.07
東亞 10 國	12.10	19.38	16.50	22.62	33.03

注：作者依日本財務省的對外投資統計資料彙編。
資料出處：日本財務省。http://www.mof.go.jp/bpoffice/bpdata/fdi/d2bop.csv；http://www.mof.go.jp/bpoffice/bpdata/fdi/d3bop.csv。

　　日本對東亞國家直接投資的比重佔其對亞洲投資的 9 成以上，1980 年代末主要偏重在亞洲一梯、二梯 NIEs，1990 年代中重心逐漸移向亞洲二梯 NIEs 及中國，2000 年後中國、亞洲二梯 NIEs 及越南成為增加的重心，2006 年對中國 12.3%，亞洲二梯 NIEs12.1%，其中馬來西亞 5.9%、泰國 4%，越南 0.93%，而亞洲一梯 NIEs 主要因為對台灣、韓國的增加，2006 年對韓國 3%、台灣 1%、香港 3%。

　　再從日本對東亞各國直接投資流量佔各國外來直接投資流量的比重觀察。表 4-32 可知，首先日本對世界直接投資佔世界外來直接投資比重進入 1990 年代後呈現下降的趨勢變化，1990 年代後半開始下降至 10%以下，2001 至 05 年 5.1%，2006 年 3.9%。對美國的直接投資流量佔各國外來直接投資流量的比重亦從 1990 年代後半亦從前半的 52.6%急降至 13%，2000 年後降至 10%以下。

表 4-32　日本對東亞 OFDI 流量佔各國 IFDI 流量比重　　　(%)

年度	1989-90	1991-95	1996-2000	2001-05	2006
世界	31.28	19.27	7.82	5.12	3.85
美國	50.33	52.60	12.99	9.99	5.31
新加坡	39.92	16.25	8.62	5.57	1.58
香港	71.95	32.77	6.13	2.72	3.52
台灣	31.92	30.11	33.63	28.47	6.61
韓國	58.30	40.02	12.65	14.59	30.71
馬來西亞	33.70	15.36	11.82	16.91	49.03
泰國	56.33	44.01	34.25	17.67	20.35
印尼	95.75	68.36	-83.54	51.52	13.37
菲律賓	41.26	33.61	34.63	110.21	15.65
中國	11.33	9.94	3.48	5.75	8.88
越南	0.00	5.52	8.33	6.01	20.17
亞洲 NIEs	49.69	26.03	13.82	9.37	9.66
亞洲一梯 NIEs	48.09	20.89	8.46	6.09	4.91
亞洲二梯 NIEs	52.39	33.26	33.68	33.85	25.58

資料出處：同表 4-31，作者彙編。

　　日本對新加坡、香港直接投資流量佔其外來直接投資流量的比重進入 1990 年代後呈現持續下降的變化，對台灣則在 2000 年後呈現下降的變化。對韓國、馬來西亞、中國 1990 年代呈現下降的變化但 2000 年後回升，對泰國 1990 年代、2001 至 05 年呈現下降的變化但 2006 年回升。對越南 1990 年代增加，2001 至 05 年稍降但 2006 年大幅回升。對印尼進入 1990 年代後持續下降，對菲律賓 1990 年代呈現下降的變化而 2001 至 05 年對菲律賓直接投資淨流量超過其外來直接投資淨流入額但 2006 年又下降。

　　日本對東亞各國直接投資流量佔各國外來直接投資流量的比重大小隨各國外來直接投資額而水準高低不一，1990 年代前半印尼 68.4%最高、越南 5.5%最低，而 2006 年馬來西亞 49%最高、新加坡 1.6%最低。1990 年代前半亞洲一梯 NIEs 平均 20.9%，二梯 NIEs33.3%，其後一梯 NIEs 平均比重持續下降，二梯 NIEs 比重至 2001-05 年持續上升。日本直接投資對東亞的重要性 1990 年代中由一梯 NIEs 移轉至二梯 NIEs 及中國與越南。

（二）東亞的外來經濟援助與日本

　　東亞國家另一個資金的流入即為海外經濟援助（ODA/OA 及 OOF）與海外金融機構貸款。

　　ODA 為 Offical Development Assistance 簡稱，指至少含有 25% 贈與比率的政府間及多邊國際經濟組織促進開發中國家經濟發展及福祉的援助貸款。多邊國際經濟組織指世界銀行、亞洲開發銀行等區域開發銀行、其他多邊及政府間機構等的貸款、國際貨幣基金的讓渡及歐洲再清算基金的社會貸款計畫等。OA 為 Offical Aid 簡稱，與 ODA 目的相同，但主要針對 OECD 開發援助委員會（Development Assistance Committee, DAC）第二部名單的受援國家（Part II of the DAC List of Recipients）。OOF 為 Other Official Flows 簡稱，指 ODA/OA 以外援助目的或贈與比率低於 25%的貸款。以下根據 DAC 的統計資料檢討東亞國家戰後接受海外經濟援助的演變。

　　以東亞各國接受海外經濟援助金額的主要時期而言，從表 4-33 及 4-34 可知，台灣 1960 年代後半，韓國 1960、1970 年代，新加坡、香港 1970 年代，馬來西亞 1980 年代，泰國、菲律賓 1980 年代、1990 年代，印尼 1990 年代、2000-05 年，中國 1990 年代及 2000 年後，越南 1990 年代後半及 2000 年後。可知東亞國家接受海外經援主要在各國工業化經濟發展的初期階段。而各國主要接受海外經援時期中亦皆以 ODA 經援為主，其後的海外經援則普遍轉為 OOF。如亞洲金融風暴期間韓國、馬來西亞、泰國、印尼、菲律賓的外來經援除印尼外皆以 OOF 為主。

　　再從表 4-35 可知，東亞 10 國接受海外經援佔世界即 DAC 與國際機構對開發中國家經援的比重隨著各國工業化經濟的發展而變化，10 國接受海外經援合計佔世界經援的比重在 1960 年、1970 年、1995 年接近 20%，1998 年更達 32%。其中 ODA/OA 除 1960、1970 年近 20%，1980 年 7%外，其他年度皆在 10%或以上水準。而 OOF 的比重 2000 年以前除 1960 年 4%、1965 年 16%、1985 年 17%外皆超過 20%，1998 年更達 65%。顯示東亞國家隨著經濟發展相繼從 ODA 對象國畢業後其海外經援逐漸移轉至贈與比率低而政府間或國際機構的貸款為主的 OOF。

　　同表 4-35 觀察東亞國家 ODA/OA 經援來自政府間的雙邊援助及國際機構的多邊援助的金額可知，各國主要皆來自政府間的雙邊援助。但是政府間的雙邊援助金額較大年度其來自國際機構的多邊援助金額也較大。

　　以下接著檢視戰後日本對東亞各國經濟援助的演變。

　　日本戰後的 ODA 初期因包含二戰的戰後賠款性質，所以戰後以來有集中東亞國家的現象。戰後日本吉田茂首相（1946-54）在優先復興日本經濟、發展民主以及恢復與亞洲鄰國交往的前提下以不發展軍備、不逃避賠償等原則積極與亞洲國家交好以促進日本早日回歸國際社會。而岸信介首相（1957-60）在親美反共外亦提出亞洲優先的理念，積極參與亞洲事務，並投入賠償的行動，其全方

表 4-33　東亞海外經濟援助淨流入額　(百萬美元)

		1960	1965	1970	1975	1980	1985	1990	1995	1998	2000	2001
新加坡	總淨額	-	4.5	62.3	49.4	43.2	-55.9	152.1	-49	661.1	-157.8	-178.4
	ODA/OA	-	2.3	28.8	12.8	13.9	23.9	-3.1	16.7	1.6	1.1	1
	OOF	-	2.2	33.5	36.6	29.3	-79.8	155.2	-65.6	659.5	-159	-179.4
香港	總淨額	5	4.3	51	23	31.4	-0.7	31.4	2.3	68.7	-8.4	19.1
	ODA/OA	5	4.3	1.4	-1.1	10.9	20.5	38.2	17.7	6.8	4.3	3.6
	OOF	-	-	49.6	24.2	20.5	-21.2	-6.8	-15.5	61.9	-12.8	15.6
台灣	總淨額	105	67.5	75.5	137.7	388.5	-281.7	24.6	10.1	161.6	6.8	-9.1
	ODA/OA	103	57.8	9.6	-19.8	-3.6	-9.7	36.3	0.2	76.5	9.7	9.8
	OOF	2	9.7	66	157.4	392.1	-272	-11.7	9.9	85.2	-2.9	-18.9
韓國	總淨額	250	220.5	346.3	763.8	581.3	146.2	-490.8	-354	5599.8	-256.8	-358
	ODA/OA	250	220.5	274.9	249.8	139	-8.6	52.4	57.1	-50.3	-198	-111.1
	OOF	-	-	71.5	514	442.3	154.9	-543.2	-411.1	5650	-58.7	-246.9
馬來西亞	總淨額	15	34.2	44.4	159.6	216.7	385.5	538.9	400.6	627.5	-117.6	482.3
	ODA/OA	13	22.2	26.5	100.3	135	229.2	468.8	108.8	207.9	45.4	26.7
	OOF	1	12	17.9	59.3	81.7	156.3	70	291.8	419.6	-162.9	455.6
泰國	總淨額	51	46.7	126.3	157.4	731.3	783.9	1105.6	1766.4	5053.1	-1244.9	-570.8
	ODA/OA	43	49.1	74.2	87.1	418.4	458.6	797.3	859.1	704.6	640.7	281.1
	OOF	7	-2.4	52.1	70.4	312.8	325.4	308.2	907.3	4348.4	-1885.6	-851.9
印尼	總淨額	83	42.9	509.2	822.6	1316.1	1342	3270.1	2696.3	5525.1	2313.3	1046.8
	ODA/OA	83	42.9	465.3	691.7	945.6	599.3	1743.1	1391.1	1291.1	1731.1	1500.9
	OOF	-	-	44	130.9	370.5	742.6	1527	1305.3	4234	582.2	-454.1
菲律賓	總淨額	52	109.2	145.9	292.9	529.8	836.4	2183.6	663.4	1459.5	357.9	477.6
	ODA/OA	51	92.4	46.1	179.9	299.8	460.4	1277.3	890.2	632.3	577.7	576.9
	OOF	1	16.8	99.7	113	230	376.1	906.3	-226.8	827.2	-219.8	-99.3
中國	總淨額	-	-	-	-	509.1	1388.3	3343	7023.4	4680.6	1167	2848.9
	ODA/OA	-	-	-	-	66.1	940	2083.9	3530.8	2447.8	1733.2	1459.9
	OOF	-	-	-	-	442.9	448.3	1259.1	3492.5	2232.7	-566.2	1389
越南	總淨額	191	315.6	436.6	375.4	246.1	117.1	188.9	1052.9	1376.8	1554.2	1383.8
	ODA/OA	191	314.1	436.6	375.3	247.5	116	188.9	837.3	1177.4	1683.2	1434.5
	OOF	-	1.5	-	0.1	-1.4	1.1	-	215.6	199.4	-129	-50.7

資料出處：UNCTAD, Handbook of Statistics 2003。

表 4-34　東亞海外經濟援助淨流入額佔世界對開發中國家援助比重（%）

		1960	1965	1970	1975	1980	1985	1990	1995	1998	2000	2001
新加坡	總淨額	-	0.07	0.73	0.22	0.10	-0.14	0.20	-0.07	0.84	-0.30	-0.32
	ODA/OA	-	0.04	0.42	0.07	0.04	0.08	-0.01	0.03	0.00	0.00	0.00
	OOF	-	0.89	1.99	0.70	0.30	-0.76	0.86	-0.53	2.30	-4.29	-2.70
香港	總淨額	0.13	0.07	0.60	0.10	0.07	0.00	0.04	0.00	0.09	-0.02	0.03
	ODA/OA	0.13	0.07	0.02	-0.01	0.03	0.07	0.07	0.03	0.01	0.01	0.01
	OOF	-	-	2.94	0.46	0.21	-0.20	-0.04	-0.13	0.22	-0.35	0.24
台灣	總淨額	2.64	1.09	0.89	0.61	0.92	-0.69	0.03	0.01	0.21	0.01	-0.02
	ODA/OA	2.77	0.98	0.14	-0.12	-0.01	-0.03	0.06	-	0.15	0.02	0.02
	OOF	0.77	3.91	3.91	2.99	4.04	-2.58	-0.07	0.08	0.30	-0.08	-0.29
韓國	總淨額	6.28	3.57	4.07	3.39	1.38	0.36	-0.66	-0.51	7.15	-0.50	-0.64
	ODA/OA	6.72	3.72	4.03	1.45	0.43	-0.03	0.09	0.10	-0.10	-0.41	-0.23
	OOF	-	-	4.24	9.76	4.56	1.47	-3.00	-3.32	19.70	-1.59	-3.72
馬來西亞	總淨額	0.38	0.55	0.52	0.71	0.51	0.95	0.72	0.57	0.80	-0.23	0.86
	ODA/OA	0.35	0.38	0.39	0.58	0.41	0.76	0.83	0.19	0.42	0.09	0.05
	OOF	0.39	4.84	1.06	1.13	0.84	1.48	0.39	2.35	1.46	-4.40	6.86
泰國	總淨額	1.28	0.76	1.49	0.70	1.73	1.92	1.48	2.52	6.45	-2.40	-1.02
	ODA/OA	1.16	0.83	1.09	0.51	1.28	1.52	1.41	1.49	1.42	1.33	0.57
	OOF	2.69	-0.97	3.09	1.34	3.23	3.08	1.70	7.32	15.16	-50.90	-12.83
印尼	總淨額	2.08	0.70	5.99	3.65	3.11	3.29	4.39	3.85	7.06	4.46	1.87
	ODA/OA	2.23	0.72	6.82	4.01	2.90	1.98	3.09	2.41	2.60	3.60	3.04
	OOF	-	-	2.61	2.49	3.82	7.03	8.44	10.53	14.76	15.72	-6.84
菲律賓	總淨額	1.31	1.77	1.72	1.30	1.25	2.05	2.93	0.95	1.86	0.69	0.85
	ODA/OA	1.37	1.56	0.68	1.04	0.92	1.52	2.26	1.54	1.27	1.20	1.17
	OOF	0.39	6.77	5.91	2.15	2.37	3.56	5.01	-1.83	2.88	-5.93	-1.50
中國	總淨額	-	-	-	-	1.20	3.41	4.49	10.02	5.98	2.25	5.08
	ODA/OA	-	-	-	-	0.20	3.11	3.69	6.12	4.93	3.60	2.95
	OOF	-	-	-	-	4.57	4.24	6.96	28.17	7.78	-15.29	20.92
越南	總淨額	4.79	5.11	5.13	1.67	0.58	0.29	0.25	1.50	1.76	3.00	2.47
	ODA/OA	5.14	5.30	6.40	2.17	0.76	0.38	0.34	1.45	2.37	3.50	2.90
	OOF	-	0.61	-	0.00	-0.01	0.01	-	1.74	0.70	-3.48	-0.76
東亞10國	總淨額	18.88	13.69	21.14	12.35	10.87	11.43	13.88	18.86	32.20	6.97	9.17
	ODA/OA	19.88	13.60	19.99	9.71	6.97	9.37	11.85	13.37	13.09	12.93	10.48
	OOF	4.23	16.05	25.74	20.99	23.93	17.34	20.24	44.39	65.26	-70.58	-0.62

資料出處：UNCTAD, Handbook of Statistics 2003。

表 4-35　東亞 ODA/OA 海外經濟援助淨流入額的來源別

（百萬美元）

		1960	1965	1970	1975	1980	1985	1990	1995	1998	2000	2001
新加坡	ODA/OA 總淨額	-	2.3	28.8	12.8	13.9	23.9	-3.1	16.7	1.6	1.1	1
	DAC 政府間	-	2.1	26.8	10	9.4	21.8	-3.2	13.9	1.3	0.7	0.7
	多邊國際組織	-	0.1	2.1	2.8	4	2.1	0.1	2.8	0.3	0.4	0.2
香港	ODA/OA 總淨額	5	4.3	1.4	-1.1	10.9	20.5	38.2	17.7	6.8	4.3	3.6
	DAC 政府間	5	4.2	1.3	-1.4	3.6	16.7	19.4	11.5	6.7	4.2	3.6
	多邊國際組織	-	-	0.1	0.2	7.3	3.8	18.7	6.2	0.1	0.1	-
台灣	ODA/OA 總淨額	103	57.8	9.6	-19.8	-3.6	-9.7	36.3	0.2	76.5	9.7	9.8
	DAC 政府間	110	53.8	4.3	-19.6	-4.6	-2.1	6.3	11	76.5	9.7	9.8
	多邊國際組織	-6	3.9	5.2	-0.2	-0.2	-0.5	-	-	-	-	-
韓國	ODA/OA 總淨額	250	220.5	274.9	249.8	139	-8.6	52.4	57.1	-50.3	-198	-111.1
	DAC 政府間	250	218.1	268.1	213.3	117.3	-8.2	54.8	60.4	-49.1	-196.6	-108.6
	多邊國際組織	-	2.4	6.8	36.5	10.8	4	3.1	0.6	-1.3	-1.5	-2.9
馬來西亞	ODA/OA 總淨額	13	22.2	26.5	100.3	135	229.2	468.8	108.8	207.9	45.4	26.7
	DAC 政府間	13	20.4	22.9	92.8	106.2	202.6	458.6	106.8	198.1	43.3	24.9
	多邊國際組織	-	1.8	3.6	7.4	19.3	11.9	13.6	8	9.8	3.3	3.3
泰國	ODA/OA 總淨額	43	49.1	74.2	87.1	418.4	458.6	797.3	859.1	704.6	640.7	281.1
	DAC 政府間	43	46	69.5	70.9	305	385.5	731.6	826.7	675.7	625.2	270.9
	多邊國際組織	-	3.1	4.8	16.2	103.3	61.8	69.5	37.7	27.7	17.7	15
印尼	ODA/OA 總淨額	83	42.9	465.3	691.7	945.6	599.3	1743.1	1391.1	1291.1	1731.1	1500.9
	DAC 政府間	81	41.2	449.1	526.6	844.2	502.7	1541.1	1303.3	1243.3	1617.2	1375.4
	多邊國際組織	2	1.6	16.2	165.1	94.3	99.3	177.5	98.5	27.1	109.5	100.5
菲律賓	ODA/OA 總淨額	51	92.4	46.1	179.9	299.8	460.4	1277.3	890.2	632.3	577.7	576.9
	DAC 政府間	50	90.9	41.3	160.1	205.4	437.6	1105.1	748.8	528	502.3	505
	多邊國際組織	-	1.5	4.8	19.9	90.8	23.4	171	132.6	92.3	72.2	68.5
中國	ODA/OA 總淨額	-	-	-	-	66.1	940	2083.9	3530.8	2447.8	1733.2	1459.9
	DAC 政府間	-	-	-	-	22.2	573.7	1511.7	2531.3	1731.7	1257.5	1075.1
	多邊國際組織	-	-	-	-	43.9	344.3	577.4	958	707.8	460.4	334.9
越南	ODA/OA 總淨額	191	314.1	436.6	375.3	247.5	116	188.9	837.3	1177.4	1683.2	1434.5
	DAC 政府間	191	313.4	434.2	279.9	151.9	54.2	107.9	549.6	712.6	1247.6	822.1
	多邊國際組織	-	0.7	2.3	30.4	70.1	44.4	80.8	273.4	451.9	419.5	575.7

位亞洲政策中將賠償也同時定位在日本商機的拓展，先後與東南亞的印尼、越南、寮國、柬埔寨等達成戰爭賠償協議也成為提升日本在亞洲區域影響力的重要策略手段。

　　依據表4-36所示DAC的統計資料,日本對開發中國家的ODA淨支出額從1980年代後半期大幅度增加,1960年0.8億美元,1985年增至25.6億美元,1990年67.9億美元,1995年達104.2億美元,2000年後減少,2005年仍達104.1億美元,2006年73億美元,1993年以後至2000年日本為世界最大ODA提供國[8]。日本ODA佔GNI比重,1980年代中上升至0.3%水準,但仍低於DAC的平均,1990年代雖仍維持在0.3%水準但高於DAC的平均,2000年後稍低於0.3%,但因美英法等主要先進國的增加日本又低於DAC超過0.3%的平均。(參照附表4-1)

　　日本對開發中國家的ODA中,亞洲的ODA淨支出所佔比重最多,1960年代佔全數,70年代80%,80年代70%,90年代60%,2000年後仍在60%。1980年代雖然日本ODA金額增加但隨著對非洲及美洲開發中國家ODA的增加下對亞洲的比重則逐步減低,2000年後,日本ODA金額減少下對非洲的持續增加致使對亞洲逐漸減少。2006年亞洲ODA29.3億美元,非洲26.2億美元,亞洲的比重下降至40%,非洲比重則上升至36%。

　　而日本佔世界ODA比率1980年代超過10%,1995年25.7%,2000年27%,2000年後下降,2006年9.5%。日本對亞洲ODA佔世界對亞洲比率1960年代10%,70年代10-25%,80年代25-40%,90年代40-50%,2000年後則下降至20%以下,2006年13.1%。而2006年日本對非洲ODA佔世界對非洲總ODA的8.3%,美洲佔8.2%。

　　日本對東亞國家的ODA援助基本上呈現雁行發展的分佈。從表4-37可知,以ODA金額的主要實施時期而言,台灣1960年代後半,韓國1970年代,馬來西亞1980年代,泰國、菲律賓1980年代後半、1990年代,印尼1990年代、2000-05年,中國1990年代及2000年後,越南1990年代後半及2000年後。日本ODA依

---

[8]　2001年911國際恐怖事件後,美國、德國、法國、英國等先進國家ODA大幅增加,日本基於財政緊俏其ODA額相對減少下下,日本的排名持續落後美國,2006年落後美國及英國。

各東亞國家的工業化經濟發展階段，主要在各發展的初期密集實施ODA 援助以協助被援助國的基礎建設，但印尼與中國在初期階段後仍持續。日本對東亞 ODA 的雁行發展順序實施呈現梯階式分佈，即ODA 金額逐國遞轉的現象，而東亞外亦逐步遞延至中南半島，1980 年代緬甸，1990 年代後半寮國，以及南亞，1990 年代巴基斯坦，1990 年代後半印度、斯里蘭卡等。

表 4-36　日本對各洲開發中國家 ODA

（淨支出額、百萬美元名目價格；%）

	1960	1965	1970	1975	1980	1985	1990	1995	2000	2005	2006
總額	78	226	372	850	2,010	2,557	6,786	10,419	9,768	10,406	7,313
歐洲	0	0	-1	5	4	27	329	49	213	124	113
非洲	0	1	8	111	371	383	1,069	1,615	1,226	1,103	2,621
美洲	-5	20	-15	47	118	225	561	1,142	800	415	432
亞洲	82	206	378	672	1,432	1,776	4,244	6,150	5,786	7,473	2,926
大洋洲	--	--	0	5	12	24	114	160	151	97	76
其他	0	--	1	11	72	122	469	1,302	1,592	1,194	1,146
日本對開發中國家 ODA 的洲別比重											
總額	100.0	100.0	100.0	100.0	100.0	100.0	100.0	100.0	100.0	100.0	100.0
歐洲	0.0	0.0	-0.2	0.6	0.2	1.1	4.9	0.5	2.2	1.2	1.5
非洲	0.1	0.2	2.3	13.0	18.5	15.0	15.8	15.5	12.6	10.6	35.8
美洲	-6.2	8.7	-4.0	5.6	5.9	8.8	8.3	11.0	8.2	4.0	5.9
亞洲	105.7	91.0	101.7	79.0	71.3	69.5	62.5	59.0	59.2	71.8	40.0
大洋洲	--	--	0.0	0.6	0.6	0.9	1.7	1.5	1.6	0.9	1.0
其他	0.4	--	0.3	1.3	3.6	4.8	6.9	12.5	16.3	11.5	15.7
日本對各洲開發中國家 ODA 佔 DAC 國家比重											
總額	1.8	4.0	6.9	9.3	11.8	12.1	17.6	25.7	27.1	12.6	9.5
歐洲	0.0	0.0	-0.6	6.1	0.4	8.7	42.5	3.7	10.2	5.2	3.6
非洲	0.0	0.0	0.7	4.1	5.9	4.8	6.8	12.2	11.8	4.5	8.3
美洲	-1.7	2.4	-2.1	5.6	9.0	8.6	13.4	23.8	20.8	8.6	8.2
亞洲	3.8	7.4	13.4	15.7	25.7	25.8	37.5	49.8	52.7	19.8	13.1
大洋洲	--	--	0.0	0.8	1.2	2.8	9.4	9.3	21.3	9.9	7.6
其他	0.2	--	0.4	1.6	3.8	5.0	9.1	18.5	19.7	10.0	8.4

注：作者從 OECD, DAC 金額資料計算彙編。
資料出處：OECD Stat, http://stats.oecd.org/wbos/default.aspx?DatasetCode=ODA_DONOR

表 4-37　日本對亞洲國家別 ODA

（淨支出額、百萬美元名目價格；%）

	1960	1965	1970	1975	1980	1985	1990	1995	2000	2005	2006
台灣	0.03	0.25	9.53	-11.91	--	--	--	--	--	--	--
韓國	--	45.88	86.76	87.44	76.30	-4.44	50.37	64.21	--	--	--
香港	--	0.04	0.11	0.45	1.09	1.25	9.23	5.82	--	--	--
新加坡	0.01	0.07	5.75	7.63	3.77	7.94	-10.44	13.53	--	--	--
馬來西亞	0.04	0.24	2.22	63.27	65.63	125.59	372.63	64.83	23.94	-2.14	201.92
泰國	0.32	3.86	16.90	41.21	189.55	264.10	418.57	667.37	635.25	-313.89	-453.33
印尼	14.28	21.52	125.84	197.92	350.03	161.33	867.78	892.42	970.10	1223.13	-73.92
菲律賓	27.85	35.30	19.23	70.33	94.40	240.00	647.45	416.13	304.48	276.43	263.63
中國	--	--	--	--	4.28	387.89	723.02	1380.15	769.19	1064.27	569.40
越南	0.90	-0.68	-0.18	17.28	3.71	0.59	1.31	170.19	923.68	602.66	562.91
寮國	0.07	0.56	5.04	6.48	1.29	7.51	17.36	97.58	114.87	54.06	64.07
緬甸	21.51	11.79	11.94	21.65	152.46	154.04	61.32	114.23	51.78	25.49	30.90
尼泊爾	0.01	0.09	0.22	2.70	24.26	50.74	55.17	127.60	99.93	63.38	41.72
印度	16.20	53.23	32.73	46.61	37.41	21.91	87.26	506.42	368.16	71.46	29.58
巴基斯坦	0.20	32.69	39.55	18.53	112.42	93.31	193.55	241.02	280.36	73.78	225.03
斯里蘭卡	0.10	0.13	3.22	16.08	44.78	83.74	176.07	263.70	163.68	312.91	202.73
亞洲總計	82	206	378	672	1,432	1,776	4,244	6,150	5,786	7,473	2,926
世界總計	78	226	372	850	2,010	2,557	6,786	10,419	9,768	10,406	7,313
國家別比重	1960	1965	1970	1975	1980	1985	1990	1995	2000	2005	2006
台灣	0.04	0.12	2.52	-1.77	--	--	--	--	--	--	--
韓國	--	22.30	22.96	13.02	5.33	-0.25	1.19	1.04	--	--	--
香港	--	0.02	0.03	0.07	0.08	0.07	0.22	0.09	--	--	--
新加坡	0.01	0.03	1.52	1.14	0.26	0.45	-0.25	0.22	--	--	--
馬來西亞	0.05	0.12	0.59	9.42	4.58	7.07	8.78	1.05	0.41	-0.03	6.90
泰國	0.39	1.88	4.47	6.13	13.23	14.87	9.86	10.85	10.98	-4.20	-15.49
印尼	17.39	10.46	33.31	29.46	24.44	9.08	20.45	14.51	16.77	16.37	-2.53
菲律賓	33.91	17.16	5.09	10.47	6.59	13.51	15.26	6.77	5.26	3.70	9.01
中國	--	--	--	--	0.30	21.84	17.04	22.44	13.29	14.24	19.46
越南	1.10	-0.33	-0.05	2.57	0.26	0.03	0.03	2.77	15.96	8.06	19.24
寮國	0.09	0.27	1.33	0.96	0.09	0.42	0.41	1.59	1.99	0.72	2.19
緬甸	26.19	5.73	3.16	3.22	10.64	8.67	1.44	1.86	0.89	0.34	1.06
尼泊爾	0.01	0.04	0.06	0.40	1.69	2.86	1.30	2.07	1.73	0.85	1.43
印度	19.73	25.87	8.66	6.94	2.61	1.23	2.06	8.23	6.36	0.96	1.01
巴基斯坦	0.24	15.89	10.47	2.76	7.85	5.25	4.56	3.92	4.85	0.99	7.69
斯里蘭卡	0.12	0.06	0.85	2.39	3.13	4.72	4.15	4.29	2.83	4.19	6.93
亞洲總計	100.00	100.00	100.00	100.00	100.00	100.00	100.00	100.00	100.00	100.00	100.00

注：作者從 OECD, DAC 金額資料計算彙編。

資料出處：OECD Stat, http://stats.oecd.org/wbos/default.aspx?DatasetCode=ODA_DONOR

　　所以日本對亞洲 ODA 比率的分佈及演變亦雷同，而 1960 年代戰後賠償的性質，對亞洲 ODA 中除東亞國家外緬甸、印度也佔較大比率。其後 1970 年代二梯 NIEs 占較大比率，1980 年代中國比率大幅上升，1990 年代印度、巴基斯坦等南亞國家比率上升，2000 年後越南、寮國等中南半島國家比率上升。

　　日本為提升 ODA 援助的績效，過去 1960 及 70 年代為同時促進日本經貿發展而對日本 ODA 援助所需資材的採買對象國家主要限定日本的援助條件規定也逐漸開放，總 ODA 所佔不設特定採購對象國條件的開放比率（untied）2000 年 86.4%，已開發國家中已屬高比率水準。

　　而 2000 年後日本策略性結合 ODA 與 EPA 以支援被援助國的經濟發展，並促進日本 FTA 網絡的建構，此之前 ODA 較屬日本的經濟外交策略手段，其後則較屬日本的對外經濟政策的策略工具。日本對東亞 ODA 的戰略性目標為促進東亞經濟的合作與國際分工體系的建構以協助東亞經濟體的成形。對非洲 ODA 則有移轉亞洲經驗，從提升生產力促進經濟成長以協助達成消除貧困的經濟發展目標。針對全球性課題上，目前國家層級無法完全達成的人類安全保障，如 SARS・AIDS・肺結核等國際傳染病防治的健康安全、水及衛生的生活環境安全、森林保全及生物多樣性保護、地球暖化等的支援與國際機構對策基金的出資。

　　日本 ODA 乃是依其政府所訂政府開發援助綱領（ODA 大綱）實施。2003 年日本為促進 ODA 的戰略性運用及實施而改定其 ODA 大綱。新大綱明訂 ODA 方針為支援開發中國家的自主性開發政策計畫、人民的安全保障、確保公平性、活用日本的經驗與知識、與國際社會各國際機構的合作與調和等。其重點課題設定為削減貧困、永續發展、全球性課題、和平建構。重點地區設定為與日本關係密切的亞洲，但對非洲等其他地區依援助需求重點逐步加強。其援助政策的訂定與實施架構上，事前對被援助國的開發政策及其所需援助重點項目進行了解並進行協商同時協助被援助國理解日本的開發援助政策理念及方針，進而立案並在日本首相主持的「海外經濟合作會議」中整合政府部會的分工合作架構，並明確劃分政府與實際執行機構 JBIC（國際合作銀行）、JICA（國際合作機構）間的角色扮演及責任分擔以達日本 ODA 政策立案及實施的一慣性與整體性[9]。另外也邀請日本及被援助國的 NGO、地方政府、學術‧產業‧勞工等團體參加以強化 ODA 計劃及方案的制定與施行的效率及公平性。並為確保 ODA 的有效實施，日本導入 ODA 政策評價、ODA 各項計畫及方案的事前、中間及事後的評鑑與外部監查制度。

日本的 ODA 以雙邊援助為主要，但 2000 年後雙邊援助金額從 100 億美元 2006 年減低至 73 億美元其比重也從 70%水準減低至 65%，多邊援助則金額維持在 30 億美元水準因此比重相對從 20%水準 2006 年上升至 35%。而 2000 年後雙邊援助內容中技術合作、人道援助及債務免除等項目的金額及比重皆提升。其中 1978 至 2002 年間日本對 30 個國家提供 4,400 億日元債務救濟無償資金即免除債務，2003 年後則改為由 JBIC 放棄元借款債權方式，而 2000 年開始提供國際金融機構的債務救濟基金共計 2 億美元特別加強對重債務貧困國的債務救濟援助。多邊援助則以對聯合國 IDA 及區域開發銀行特別 ADB 的贈與為主要。（參照附表 4-1 及 4-2）

日本對被援助國的 ODA 運用管理上亦提供軟體支援，日本在被援助國由當地外館、JBIC、JICA、JETRO（日本貿易振興會）

---

[9] 日本的 ODA 援助等對外援助體制 2005 年曾經進行改革。制度上最高戰略指導機構由「對外經濟合作關係閣員會議」更名「海外經濟合作會議」涵蓋 ODA、其他政府資金及民間資金的統合運用。外務省成立國際合作企劃本部，並統合國際社會合作部及經濟合作局為國際合作局以統一對外援助計畫的規劃立案功能。對其實施機構的職權及任務也進行調整統合以求事權統一及責任明確化、施行效率化。其中調整原 JBIC 負責的國際金融及日圓借款中日圓借款業務移轉給 JICA 並增加業種別、中小企業等的援助項目，而原 JICA 的職掌除技術合作外增加日圓借款及無償援助以求三者一體化。

等 4J 組成的專門小組共同協助被援助國實施 ODA 援助計畫及方案。對亞洲的援助上如協助湄公河區域的經濟開發中，擴大對越南、寮國、高棉、緬甸的 ODA 以整備其道路、港灣、工業區等硬體建設帶動區域物流、通關、ICT 網絡的建置，並透過 JICA 所屬日本人才開發中心開設的經營講座、日語講座等及司法人員等公務員的合作培訓協助培育當地人才，以及共同研究、研討會等協助民法、刑法、公司法、公平交易法、智慧財產法等的起草，協助建構當地的法制度等。

（三）東亞海外金融機構貸款與日本

　　日本對其他東亞國家的資金流出的另一個管道為民間金融機構貸款。表 4-38 可知，日本對新加坡、香港民間金融機構貸款主要是針對境外市場，金額也較大。1983 年貸款餘額香港 98.4 億美元、新加坡 116.1 億美元，1990 年代後半香港 892.3 億美元、新加坡 700.6 億美元，2000 年以後下降，2006 年香港 301.2 億美元、新加坡 224.3 億美元。佔日本境外市場貸款餘額比重，1983 年香港 35.5%、新加坡 41.9%，1990 年代後半香港 44.6%、新加坡 35%，2000 年以後下降，2006 年香港 9.6%、新加坡 7%。

　　而日本對其他東亞國家的民間金融機構貸款餘額，印尼、菲律賓、馬來西亞以外，1980 年代以來持續增加。1983 年對韓國 42 億美元、印尼 27.9 億美元、馬來西亞 24.4 億美元、菲律賓 23.5 億美元、泰國 17 億美元、中國 5.2 億美元、台灣 4.8 億美元、越南 1.5 億美元。大部份國家在 1980 年代後半急速增加，韓國 102.8 億美元、印尼 108.6 億美元、馬來西亞 55.7 億美元、菲律賓 32.7 億美元、泰國 63.3 億美元、中國 92.8 億美元、台灣 46.1 億美元、越南 3.5 億美元。其後中國、韓國、泰國持續增加，2006 年各增為 214.5 億美元、191.1 億美元、141.8 億美元。印尼其後持續增加至 1990 年代後半曾達 145.3 億美元，2000 年後急減，2006 年 71.5 億美元。菲律賓則其後持續減少，2006 年 24.7 億美元。越南、馬來

西亞、台灣其後至 1990 年代後半下降，2000 年後再回增，2006
年台灣 67 億美元、馬來西亞 59.8 億美元、越南 8.4 億美元。1980
年代以來後半至 1990 年代後半，印尼為日本對東亞民間金融機構
貸款餘額最大國家，2000 年以後，中國最大，韓國次之，泰國第
三，2006 年中國佔 17.5%，韓國 15.6%，泰國 11.6%，印尼 5.8%，
台灣 5.5%。

表 4-38　日本金融機構對東亞的海外貸款餘額

（餘額、10 億美元；各國比重、%）

	1983	1986-1990	1991-1995	1996-2000	2001-05	2006
境外市場	27.728	172.094	188.116	200.036	226.794	314.627
香港	9.841	75.916	83.977	89.235	28.175	30.116
新加坡	11.612	57.329	63.268	70.061	19.569	22.428
開發中國	29.335	125.152	128.731	127.761	85.239	122.659
中國大陸	0.521	9.275	11.124	12.013	13.510	21.453
韓國	4.210	10.278	10.429	10.618	13.056	19.107
台灣	0.475	4.606	5.212	4.985	4.372	6.702
印尼	2.794	10.857	12.846	14.534	6.742	7.152
馬來西亞	2.438	5.569	5.276	5.072	5.677	5.976
菲律賓	2.348	3.269	3.138	2.661	2.679	2.470
泰國	1.711	6.332	8.058	9.949	10.460	14.180
越南	0.152	0.353	0.346	0.318	0.447	0.839
境外市場	100.00	100.00	100.00	100.00	100.00	100.00
香港	35.49	44.11	44.64	44.61	12.42	9.57
新加坡	41.88	33.31	33.63	35.02	8.63	7.13
開發中國	100.00	100.00	100.00	100.00	100.00	100.00
中國大陸	1.78	7.41	8.64	9.40	15.85	17.49
韓國	14.35	8.21	8.10	8.31	15.32	15.58
台灣	1.62	3.68	4.05	3.90	5.13	5.46
印尼	9.52	8.68	9.98	11.38	7.91	5.83
馬來西亞	8.31	4.45	4.10	3.97	6.66	4.87
菲律賓	8.00	2.61	2.44	2.08	3.14	2.01
泰國	5.83	5.06	6.26	7.79	12.27	11.56
越南	0.52	0.28	0.27	0.25	0.52	0.68

資料出處：1. ICSAED，1999,2007 年「東アジア経済の趨勢と展望」統計資料。http://www.icsead.or.jp/
7publication/shiten.html。2.作者計算彙編。

表 4-39　日本對東亞技術貿易　　　（億日圓，%）

	1986-1990	1991-95	1996-2000	2001-05	1986-1990	1991-95	1996-2000	2001-05
	輸出金額				輸出比重			
世界	4346	8939	14788	7073	100.00	100.00	100.00	100.00
美國	1273	3898	6684	2857	29.29	43.61	45.20	40.39
歐洲	749	1344	2035	1083	17.23	15.04	13.76	15.31
亞洲	2058	2871	4004	2371	47.35	32.12	27.08	33.52
新加坡	259	268	184	201	5.96	3.00	1.24	2.84
台灣	273	498	587	346	6.28	5.57	3.97	4.89
韓國	508	454	360	404	11.69	5.08	2.43	5.71
馬來西亞	210	284	259	188	4.83	3.18	1.75	2.66
泰國	322	427	802	383	7.41	4.78	5.42	5.41
印尼	167	183	307	184	3.84	2.05	2.08	2.60
菲律賓	25	111	117	62	0.58	1.24	0.79	0.88
中國	152	467	998	394	3.50	5.22	6.75	5.57
東亞8國	1916	2692	3614	2162	44.09	30.12	24.44	30.57
	輸入金額				輸入比重			
世界	3868	4347	5554	4090	100.00	100.00	100.00	100.00
美國	2723	3125	3814	2836	70.40	71.89	68.67	69.34
歐洲	1114	1146	1620	1196	28.80	26.36	29.17	29.24
亞洲	9	43	77	29	0.23	0.99	1.39	0.71
新加坡	4	15	2	…	0.10	0.35	0.04	…
台灣	2	4	20	6	0.05	0.09	0.36	0.15
韓國	2	5	13	5	0.05	0.12	0.23	0.12
馬來西亞	1	…	1	…	0.03	…	0.02	…
泰國	0	…	1	…	0.00	…	0.02	…
印尼	…	…	1	…	…	…	0.02	…
菲律賓	…	…	2	…	…	…	0.04	…
中國	0	5	25	8	0.00	0.12	0.45	0.20
東亞8國	9	29	65	19	0.23	0.67	1.17	0.46

注：1.…為無資料，2.作者計算編製。
資料出處：日本總務省統計局統計調查部經済統計課「科學技術研究調查報告」, http://www.stat.go.jp/data/chouki/zuhyou/17-09.xls。

（四）東亞的技術引進與日本

　　日本對世界技術貿易從日本總務省對各企業的調查統計所彙整的表 4-39 及 4-40 可知，1980 年代後半期開始呈現持續的順差，2000 年止擴大，1990 年代後半期達 9,234 億日圓，輸出為輸入 2.7 倍，但其後減少，2001-05 年 2,983 億日圓，輸出對輸入降為 1.7 倍。其中對亞洲技術貿易順差最大，1980 年代後半期開始皆大於 2,000 億日圓，同樣 1990 年代後半期最高達 3,927 億日圓，輸出為輸入 52 倍，2001-05 年降為 2,342 億日圓，但輸出對輸入擴增為 82 倍。對東亞各國皆呈現技術貿易順差，而 1980 年代後半期至 2001-05 年期間，2000 年後皆降低，但除新加坡、馬來西亞外 2000 年止皆持續增加。1980 年代後半期韓國 506 億日圓最高，泰國 322 億日圓次之，接著台灣 271 億日圓、新加坡 255 億日圓、馬來西亞 209 億日圓、印尼 167 億日圓。2001-05 年韓國 399 億日圓最高，中國 386 億日圓次之，接著泰國 383 億日圓、台灣 340 億日圓、新加坡 201 億日圓、馬來西亞 188 億日圓。期間中除新加坡、馬來西亞高點在 1990 年代前半期外，其他國家皆在 1990 年代後半期，其中以中國 973 億日圓最高，泰國 801 億日圓次之，接著台灣 567 億日圓、韓國 347 億日圓、印尼 306 億日圓。日本對東亞技術貿易順差主要來源由亞洲一梯 NIEs 逐漸擴及二梯 NIEs 及中國，顯示日本對東亞技術移轉的雁行發展變化。

　　另從國際收支表中專利與商標使用費的收取（輸出）與支付（輸入）的差額觀察，表 4-41 可知，北美特別美國是日本技術貿易逆差的主要來源，EU 的逆差次之，亞洲則是主要順差來源。1996 至 2007 年間的變化，美國逆差逐漸減少，EU 的逆差 2004 年以後轉為順差，亞洲順差 1999 年縮減但其後持續擴大，2004 年開始亞洲順差額超過美國、EU 的逆差總額。

表 4-40　日本對東亞技術貿易收支　(億日圓)

	1986-1990	1991-95	1996-2000	2001-05	1986-1990	1991-95	1996-2000	2001-05
	貿易收支				輸出額／輸入額			
世界	478	4592	9234	2983	1.12	2.06	2.66	1.73
美國	-1450	773	2870	21	0.47	1.25	1.75	1.01
歐洲	-365	198	415	-113	0.67	1.17	1.26	0.91
亞洲	2049	2828	3927	2342	228.67	66.77	52.00	81.76
新加坡	255	253	182	201	64.75	17.87	92.00	…
台灣	271	494	567	340	136.50	124.50	29.35	57.67
韓國	506	449	347	399	254.00	90.80	27.69	80.80
馬來西亞	209	284	258	188	210.00	…	259.00	…
泰國	322	427	801	383	…	…	802.00	…
印尼	167	183	306	184	…	…	307.00	…
菲律賓	25	111	115	62	…	…	58.50	…
中國	152	462	973	386		93.40	39.92	49.25

注：1.…為無資料，2.作者計算編製。
資料出處：日本總務省統計局統計調查部經濟統計課「科學技術研究調查報告」，http://www.stat.go.jp/data/chouki/zuhyou/17-09.xls。

表 4-41　日本的技術貿易收支　(億日圓)

	北美洲	美國	EU	德國	英國	法國	亞洲
1996	-5,116	-5,210	-1,211	-176	-146	-351	2,962
1997	-4,732	-4,854	-1,059	-206	-35	-346	3,018
1998	-3,602	-3,795	-456	-145	273	-275	2,002
1999	-2,732	-3,338	-556	-131	121	-265	1,437
2000	-1,993	-2,723	-656	-55	-39	-178	1,994
2001	-2,440	-3,336	-548	-180	-236	-440	2,128
2002	-1,487	-2,532	-1,346	-200	-55	-805	2,168
2003	-677	-2,115	-672	-218	147	-589	2,605
2004	-966	-2,237	-438	-364	477	-499	3,235
2005	-1,427	-2,771	62	-308	446	-176	3,888
2006	-1,345	-2,455	866	-244	785	191	4,874
2007	-1,310	-2,127	1,650	63	1,114	261	5,948

注：技術貿易收支為日本與各國服務收支中的專利與商標權使用費的收取（輸出）與支付（輸入）差額。
資料出處：日本財務省，http://www.mof.go.jp/bpoffice/bpdata/a5bop.htm/a4bop.htm#bm5/a6bop.htm。

　　同國際收支表中專利與商標使用費的收取（輸出）與支付（輸入）觀察日本與其他東亞國家間的技術貿易收支變化。從表 4-42 可知，1996 至 2007 年東亞 10 國合計順差佔亞洲順差 90%以上，但逐漸下降趨勢變化，98%降低至 93%。而對東亞中除新加坡 1999 年後由順差轉為逆差、印尼 1998 至 2000 年轉逆差但其後又轉順差外，其他東亞國皆持續順差且 2000 年後普遍呈現順差擴大的變化。其中台灣、泰國及中國的順差擴大特別顯著。2007 年對中國順差達 2,099 億日圓東亞最大，泰國 1,545 億日圓次之，接著台灣 996 億日圓、印尼 559 億日圓、韓國 425 億日圓、馬來西亞 383 億日圓、香港 356 億日圓、菲律賓 217 億日圓、越南 77 億日圓，而新加坡逆差 1,122 億日圓。

表 4-42　日本對東亞的技術貿易收支（1996-2007）

（億日圓、%）

	新加坡	香港	台灣	韓國	馬來西亞	泰國	印尼	菲律賓	中國	越南	東亞10國	東亞10國／亞洲
1996	304	230	327	661	363	511	218	59	241	1	2915	98.41
1997	316	242	370	510	392	506	267	92	253	2	2950	97.75
1998	263	205	473	360	264	404	-429	146	244	0	1930	96.40
1999	46	142	454	323	206	349	-505	84	275	12	1386	96.45
2000	-291	211	562	364	268	421	-180	234	334	10	1933	96.94
2001	-472	234	403	324	301	512	138	218	381	14	2053	96.48
2002	-459	194	456	292	294	477	208	142	463	14	2081	95.99
2003	-550	305	447	317	299	705	230	182	564	16	2515	96.55
2004	-677	428	717	302	290	726	403	135	748	22	3094	95.64
2005	-735	389	559	330	388	1072	421	158	1028	34	3644	93.72
2006	-820	343	956	304	384	1346	506	185	1331	45	4580	93.97
2007	-1122	356	996	425	383	1545	559	217	2099	77	5535	93.06

注：技術貿易收支為日本與各國服務收支中的專利與商標權使用費的收取（輸出）與支付（輸入）差額。
資料出處：日本財務省，http://www.mof.go.jp/bpoffice/bpdata/a4bop.htm#bm5。

國際收支表為實際技術貿易的匯入及匯出額統計，對東亞各國的收取與支付淨額統計雖與總務省的企業別調查統計有出入，特別新加坡 2000 年後的逆差變化，但兩者期間內的統計資料變化皆呈現對東亞技術貿易順差即對東亞技術移轉擴大的基調不變，而且顯示技術移轉隨著時間的進展由一梯 NIEs 擴散至二梯 NIEs 及中國與越南的變化。

（五）東亞的貿易與日本

接著檢視日本與其他東亞國家的財貨貿易演變。從表 4-43 日本對各主要國家輸出入比重可知，戰後日本對亞洲財貨輸出比重持續超過美國及歐洲的比重。但是 1960 年代至 80 年代因為對美國及歐洲輸出比重的上昇，對亞洲輸出呈現下降的變化，而進入 1990 年代後美國比重下降亞洲比重回增且創戰後的新高。對東亞 10 國輸出的演變與亞洲雷同，1950 年代至 1980 年代對亞洲一梯 NIEs 及二梯 NIEs 的比重較大，其後對中國輸出比重快速上昇，2003 年對中國比重 12.2%東亞最高，韓國 7.4%次之，接著台灣 6.6%、香港 6.3%、泰國 3.4%、新加坡 3.2%、馬來西亞 2.4%、菲律賓 1.9%、印尼 1.5%、越南 0.6%。

而戰後日本財貨輸入比重，1950 年代從美國的輸入比重最高，但其後逐漸下降。亞洲輸入比重 1970 年代開始逐漸超過美國，1970 年代中期以後持續超過美歐的輸入比重。對東亞 10 國的輸入佔亞洲的 50%以上，1990 年代更占 70%已上，且 1980 年代開始其合計比重持續超過美國。1950 年代至 1980 年代天然資源石油礦產、農業原料等的輸入，亞洲二梯 NIEs 的輸入比重較一梯 NIEs 高，其後一梯 NIEs 及中國、越南的輸入比重隨著工業製品輸入的增加皆亦上升。1990 年代中國輸入比重急速上昇，台灣、韓國、新加坡也都增加。2003 年對中國比重 19.7%東亞最高，韓國 4.7%次之，接著印尼 4.3%、台灣 3.7%、馬來西亞 3.3%、泰國 3.1%、菲律賓 1.8%、新加坡 1.4%、越南 0.8%、香港 0.4%。日本對世界

表4-43　日本對世界主要國家的貿易比重（1950-2003）

（10億日圓、%）

		1950	1955	1960	1965	1970	1975	1980	1985	1990	1995	2000	2003
輸出額	世界	298.02	723.82	1,459.63	3,042.63	6,954.37	16,545.31	29,382.47	41,955.66	41,457.00	41,531.00	51,654.00	54,548.00
		100.00	100.00	100.00	100.00	100.00	100.00	100.00	100.00	100.00	100.00	100.00	100.00
輸出比重	亞洲	46.27	41.75	36.87	32.37	31.23	36.74	38.09	32.55	34.11	45.53	43.21	49.20
	台灣	4.59	3.17	2.52	2.58	3.63	3.27	3.98	2.87	5.39	6.53	7.50	6.62
	韓國	2.19	1.96	2.47	2.13	4.24	4.03	4.17	4.04	6.07	7.05	6.41	7.37
	新加坡	1.61	2.95	2.15	1.47	2.19	2.73	3.01	2.20	3.73	5.20	4.34	3.15
	香港	6.44	4.38	3.85	3.41	3.63	2.47	3.67	3.73	4.55	6.26	5.67	6.33
	馬來西亞	0.53	0.67	0.78	0.88	0.86	1.02	1.58	1.25	1.91	3.79	2.90	2.39
	泰國	5.21	3.13	2.90	2.59	2.33	1.72	1.48	1.16	3.17	4.45	2.84	3.40
	印尼	5.59	3.22	2.72	2.42	1.63	3.32	2.66	1.24	1.75	2.25	1.58	1.52
	菲律賓	2.57	2.58	2.84	2.84	2.35	1.84	1.30	0.53	0.88	1.61	2.14	1.91
	中國	2.37	1.42	0.07	2.90	2.94	4.05	3.88	7.13	2.13	4.96	6.34	12.16
	越南	0.01	0.00	1.66	0.48	0.78	0.15	0.09	0.08	0.07	0.21	0.41	0.56
	東亞10國	31.11	23.49	22.92	21.70	24.57	24.59	25.81	24.24	29.66	42.30	40.14	45.41
	美國	21.66	22.34	26.71	29.33	30.75	20.02	24.23	37.14	31.50	27.29	29.73	24.59
	英國	3.14	3.02	2.97	2.43	2.48	2.64	2.92	2.70	3.77	3.19	3.09	2.80
	德國	1.24	1.25	1.64	2.54	2.85	2.98	4.43	3.92	6.19	4.59	4.17	3.48
	法國	1.26	0.58	0.38	0.58	0.66	1.25	1.55	1.18	2.14	1.37	1.56	1.50
輸入額	世界	113.55	325.03	505.54	981.98	1,999.25	8,413.96	18,281.79	15,907.19	33,855.00	31,549.00	40,938.00	44,362.00
		100.00	100.00	100.00	100.00	100.00	100.00	100.00	100.00	100.00	100.00	100.00	100.00
輸入比重	亞洲	32.61	36.53	31.27	33.39	29.41	49.00	57.14	51.17	41.82	46.12	54.70	57.90
	台灣	3.70	3.27	1.41	1.93	1.33	1.40	1.63	2.61	3.64	4.27	4.71	3.73
	韓國	1.62	0.39	0.41	0.51	1.21	2.26	2.13	3.14	4.99	5.14	5.39	4.67
	新加坡	0.05	0.66	0.30	0.40	0.46	0.69	1.08	1.23	1.51	2.04	1.70	1.42
	香港	0.08	0.25	0.51	0.43	0.49	0.42	0.40	0.59	0.93	0.81	0.44	0.35
	馬來西亞	4.03	3.76	4.31	3.21	2.22	1.20	2.48	3.33	2.30	3.14	3.82	3.29
	泰國	4.49	2.57	1.61	1.60	1.00	1.25	0.80	0.79	1.77	3.01	2.79	3.10
	印尼	1.38	3.28	1.57	1.82	3.37	5.93	9.39	7.82	5.38	4.23	4.31	4.29
	菲律賓	2.33	3.60	3.54	3.11	2.83	1.93	1.39	0.97	0.92	1.03	1.90	1.84
	中國	4.07	3.27	0.46	2.75	1.34	2.65	3.06	4.99	5.11	10.72	14.51	19.68
	越南	0.01	0.00	0.33	0.22	0.06	0.07	0.03	0.05	0.25	0.51	0.70	0.81
	東亞10國	21.76	21.04	14.46	15.98	14.31	17.81	22.39	25.52	26.81	34.91	40.26	43.18
	美國	43.24	31.25	34.41	28.96	29.45	20.04	17.37	19.99	22.41	22.43	19.00	15.38
	英國	0.69	1.53	2.21	1.99	2.09	1.40	1.38	1.39	2.24	2.12	1.73	1.52
	德國	0.71	1.87	2.74	2.73	3.27	1.97	1.78	2.25	4.91	4.08	3.35	3.71
	法國	0.40	0.62	0.72	0.76	0.99	0.86	0.92	1.02	3.25	1.99	1.69	1.89

注：1.日本對世界五大洲主要國家財貨貿易。2.作者計算編製。
資料出處：日本關稅協會「日本貿易月表」「外國貿易概況」。

貿易收支比從表 4-44 可知，1980 年代開始呈現持續順差。對主
要國家貿易收支比，對美國 1970 年代中期以後呈現持續順差並
擴大，對英、法、德國 1950 年代以來持續順差，對亞洲戰後以
來亦持續順差。東亞中，對亞洲一梯 NIEs 戰後以來持續順差，
特別香港的順差 1990 年代以來大幅擴大。二梯 NIEs 中，泰國
1960 年代開始轉為順差至 90 年代中順差持續擴大，馬來西亞除
1990 年代前期外皆為逆差但逆差縮小的趨勢變化，印尼 1960 年
代中期以後轉為持續逆差，菲律賓 1990 年代由逆差轉為順差。
中國 1960 年代中期以後逆差轉為順差但進入 1990 年代再轉為逆
差並擴大。越南雷同中國的變化，但 1960 年代初期即由逆差轉
為順差。

　　進一步檢視東亞製品出口比重與各國對日本輸入比重的變化關
係。表 4-45 可知，1980 至 2003 年期間，新加坡、台灣、韓國、印
尼、菲律賓皆為正相關，而台灣、韓國以外皆呈現顯著性。而香港、
泰國、中國、越南則皆呈現顯著性負相關。但是 1980 年代（1980-89）
只有新加坡、香港及印尼為正相關，1990 至 2003 年則新加坡、台
灣、韓國、印尼、中國、越南呈現正相關。東亞對日輸入的增加
與其製品輸出的增加間除泰國外雖然有時期上的差異但皆有正
向關係。

　　日本對東亞的輸出中工業製品為主特別是機械資本財及其零
組件是東亞工業化發展的後開發利益的一環。1990 年代直接投資
的擴展，各國工業化的相繼發展，東亞國際分工體系逐漸形成，中
間財交互貿易隨之提高，日本對東亞的中間財關鍵零組件的輸出也
再次助益其他東亞國家製品的輸出成長。

　　而 1980 年代以來東亞工業化下製品輸出的成長及日本對亞洲
製造業投資的增加對日本貿易的影響甚大。依據日本經濟產業省的
推計，以 1981 年第三季至 1999 年第四季期間日本輸出入函數的計

測結果[10]，logXGS=6.54+0.674logMW-0.144logRFSL+0.431logASIA-0.709logθ（PEX/PWE），計測期間：1981年第三季至1999年第四季。

表 4-44　日本對世界主要國家貿易收支比（輸出額／輸入額）

	1950	1955	1960	1965	1970	1975	1980	1985	1990	1995	2000	2003
世界	0.86	0.81	0.90	1.03	1.02	0.96	0.92	1.35	1.22	1.32	1.26	1.23
亞洲	1.21	0.93	1.06	1.00	1.09	0.72	0.61	0.86	1.00	1.30	1.00	1.04
台灣	1.06	0.79	1.61	1.39	2.79	2.25	2.24	1.49	1.81	2.01	2.01	2.18
韓國	1.16	4.14	5.39	4.36	3.57	1.72	1.80	1.73	1.49	1.81	1.50	1.94
新加坡	26.51	3.62	6.43	3.79	4.89	3.81	2.57	2.43	3.02	3.35	3.23	2.73
香港	66.22	14.27	6.80	8.17	7.63	5.61	8.35	8.54	5.99	10.12	16.28	22.15
馬來西亞	0.11	0.15	0.16	0.28	0.40	0.82	0.59	0.50	1.02	1.59	0.96	0.89
泰國	0.99	0.99	1.63	1.68	2.37	1.32	1.69	1.98	2.20	1.95	1.29	1.35
印尼	3.48	0.80	1.57	1.38	0.50	0.54	0.26	0.21	0.40	0.70	0.46	0.44
菲律賓	0.94	0.58	0.97	0.95	0.85	0.92	0.86	0.75	1.16	2.05	1.43	1.28
中國	0.50	0.35	0.13	1.09	2.24	1.47	1.17	1.93	0.51	0.61	0.55	0.76
越南	0.69	.	4.51	2.25	13.90	1.99	2.28	2.27	0.36	0.53	0.75	0.85
美國	0.43	0.58	0.70	1.05	1.07	0.96	1.28	2.51	1.72	1.60	1.97	1.97
英國	3.87	1.60	1.22	1.26	1.21	1.82	1.95	2.62	2.06	1.97	2.25	2.26
德國	1.50	0.54	0.54	0.97	0.89	1.46	2.28	2.35	1.54	1.48	1.57	1.15
法國	2.69	0.76	0.48	0.78	0.68	1.40	1.55	1.56	0.81	0.91	1.16	0.98

注：作者計算編製。
資料出處：日本關稅協會「日本貿易月表」「外國貿易概況」。

---

[10]　日本經濟產業省「通商白書 2002」（東京：日本經濟產業調查会，2002），頁 154-5。

表 4-45　東亞工業製品出口比重與對日輸入比重相關

	新加坡	香港	台灣	韓國	馬來西亞
1980-2003	0.7308**	(-0.7077)**	0.3031	0.1862	0.6949**
1980-89	0.8168**	0.8781**	(-0.6788)*	(-0.6640)*	(-0.1794)
1990-2003	0.5615*	(-0.9151)**	0.2528	0.5689*	(-0.2107)
	泰國	印尼	菲律賓	中國	越南
1980-2003	(-0.5873)**	0.7561**	0.4924*	(-0.7333)**	(-0.5598)**
1980-89	(-0.3916)	0.1689	(-0.0514)	(-0.7500)*	(-0.7471)
1990-2003	(-0.6479)*	0.3920	(-0.1596)	0.1746	0.5528*

注：1.對各國輸入比重為輸入額／（輸出額＋輸入額），日本為對全世界技術輸出入，其餘東亞國
家為對日本輸出入。2.雙尾檢定，顯著水準*0.05，**0.01。

XGS：日本輸出金額，MW：日本以外世界實質輸入，RFSL：日本海外企業營業額／日本名目 GDP，ASIA：東亞一梯 NIEs、一梯 NIEs 及中國的工業製品輸出額／世界工業製品輸出額，θ：日元對美元匯率，PEX：日本輸出單價，PWE：競爭國（美、加、英、法、德、義、韓、香、台、中、新、泰等）輸出單價。

logMGS = 5.301 + 0.554logGDP + 0.213logRFSL + 0.275logASIA - 0.159logθ（PIM/PGDP），計測期間：1982 年第三季至 1999 年第四季。

MGS：日本輸入金額，GDP：日本 GDP，RFSL：日本海外企業營業額／日本名目 GDP，ASIA：東亞一梯 NIEs、一梯 NIEs 及中國的工業製品輸出額／世界工業製品輸出額，θ：日元對美元匯率，PIM：日本輸入價格指數，PGDP：日本 GDP 平減指數。

此結果顯示東亞國家工業製品輸出占世界比重對日本輸入金額彈性值 0.2753，對日本輸出金額彈性值 0.4311，即東亞國家工業製品輸出比重增加 1%，日本輸入金額會增加 0.28%，輸出金額會增加 0.43%。而日本海外投資企業營業額佔日本 GDP 比率對日本輸入金額彈性值 0.2127，對日本輸出金額彈性值-0.1441，即日本海外投資企業營業額比率增加 1%，日本輸入金額會增加 0.21%，輸

出金額會減少 0.14%。東亞國家工業製品輸出比重的增加對日本的輸出入有促進的效果，而日本海外企業的成長對日本輸出則產生替代的效果但對日本輸入則有促進的效果。從總體經濟的角度而言，日本對亞洲製造業投資一方面協助亞洲國家工業化及其工業製品的輸出，同時亦強化與日本貿易的密切關係。

參、東亞工業製品出口競爭力結構的演變

接下來進一步探討東亞國家製品出口競爭力的變化。

一、出口競爭力結構的觀察

（一）比較利益的計測

出口競爭力變化的觀察上，首先計算一國出口產品是否體現該國比較利益的手法有計算生產該出口產品所耗用國內資源總成本的 DRC（Domestic Resource Cost，簡稱 DRC）手法；亦有計算該國出進口貿易財貨國內生產時所需投入資本或勞力等資源的比例多寡以與國內要素稟賦條件比對觀察是否符合該國比較利益的手法[11]；B. Balassa（1965）提出 RCA（"Revealed" Comparative Advantage，簡稱 RCA）的手法以計測觀察各國出口產品是否具有該國比較利益[12]。

Balassa 的 RCA 指標的計算公式如下：

---

[11] 此為一般稱之為「Leontief Paradox」的計算手法，由 W.W. Leontief（1953, 1956）所開發主要運用產業聯關表以及產業別資本、勞動存量計算出進口財的資本、勞動比率或其他要素比率以與國內要素稟賦條件比對，以觀察其出進口財的要素投入量比例是否符合比較利益原則。

[12] 計算一國出口產品是否體現該國比較利益的手法另有計算生產該出口產品所耗用國內資源總成本的 DRC（Domestic Resource Cost，簡稱 DRC）手法。

$$RCA_{ij} = (X_{ij} / \sum_{i=1}^{n} X_{ij}) / (\sum_{j=1}^{n} X_{ij} / \sum_{i=1}^{n} \sum_{j=1}^{n} X_{ij}) \qquad (1)$$

(1)式中下標符號的 i 及 j 表示 j 國及 i 產業，Xij 即 j 國 i 產業出口值。由計算式可知，RCA 指數意表一國出口結構（分子）與世界出口結構（分母）的比，亦即 RCA_{ij}＝（i 國 j 產品出口／i 國對世界總出口）／（j 產品世界總出口／世界總出口）。

從計算式可知其為事後指標，即 i 國 j 產品出口比重對世界 j 產品出口比重的相對比重，Balassa（1965）認為各國產品出口相對比重的長期變化主要是反映國內比較利益的變化所致，故稱為「顯示性」比較利益指標，更正確地說，RCA 是顯示各出口產品相對競爭力的高低。所以當指數值等於 1 時表示特定國之特定產業所佔其國內的比重相等於世界出口市場中該特定產業出口所佔比重的平均值。因此一國之特定產業的 RCA 值大於 1 時表示該國的特定產業具國際競爭力或特化於該特定產業的出口，反之亦然。一般而言，RCA 係數值大於 1 者表示該產品具「顯示性」比較利益，亦具有競爭優勢，係數值越大表示越具競爭優勢，反之則不具「顯示性」比較利益，亦表示尚不具有競爭優勢，係數值越小表示競爭力越低。

Balassa 的 RCA 指數的計算較簡易，各國的資料亦較容易取得，因此廣泛被應用在國家、產業別競爭力的計測上。但是顯示性比較利益的概念最早則是起源於 H. H. Liesner，其後 B. Balassa 才予以精緻化並應用在相關的研究上[13]。B. Balassa 最早將其應用在區域性或次世界層級比較利益的計測上，M. E. Porter 應用在判別產業聚落競爭力的強弱，L. T. Vollrath 則用來計測各國對世界的比較利益，J. Proudman & S. Redding 聚焦在比較利益的動態性分析，J. Hinloopen & C. van Marrewijk 應用在實證歐洲國家對外貿易的比

---

[13] 參照 Liesner, H. H., "The European Common Market and British Industry," The Economic Journal, Vol.17, 1958, pp.15-32。

較利益分佈的動態性分析，B. Siegfried & K. W. Li 應用 L. T. Vollrath 的 RCA 修訂手法檢測亞洲及拉丁美洲經濟體的出口競爭力，而 I. Fertö & L. J. Hubbard 則應用在剖析匈牙利的農產品與食糧製品對 EU 的區域性競爭力分析。

理論上 RCA 提供衡量比較利益變化的指標，但如同一般的集計性指標，其亦存在限制性。當存在貿易關稅、運輸成本、國內政策扭曲以及進口原材料的加工出口製成品等的情形下，RCA 可能導致錯誤的推論。然與其他指標相較下，RCA 仍為國際間衡量國家或產品競爭力的適當指標[14]。B. Balassa 提出的比較利益階段理論即以 RCA 手法作為觀察區域性比較利益變遷指標的同時，亦用以實證追趕過程中經濟體在區域間或產品領域間比較利益轉變的假說主張。

（二）對稱型 RCA（RSCA）

由 RCA 計算式可知其主要是根據事後相對出口比重所導出，一如前述其結果可能受到貿易或非貿易障礙的扭曲影響而產生偏差，因此許多研究提出 RCA 的修訂版[15]。

儘管眾多修訂版的出現，但是 RCA 值仍然無法符合統計分析上正規分佈的要求，因此對稱型 RCA 的修正有其必要性[16]。對稱型 RCA 的修正式如下：

---

[14] Irving Kravis and Robert E. Lipsey, "Source of competitiveness of the United States and of its multinational firms," Review of Economics and Statistics, Vol. 74, No. 2, 1992, pp.193-201。

[15] Bowen, P. H., "On the Theoretical Interpretation of Indices of Trade Intensity and Revealed Comparative Advantage," Weltwirtschaftliches Archiv, Vol.119, 1983, pp.464-472; Yeats, J. A., "On the Appropriate Interpretation of the Revealed Comparative Advantage Index: Implications of a Methodology Based on Industry Sector Analysis," Weltwirtschaftliches Archiv Vol. 121, 1985, pp.61-73; Vollrath, L. T., "A Theoretical Evaluation of Alternative Trade Intensity Measures of Revealed Comparative Advantage," Weltwirtschaftliches Archiv Vol. 127, 1991, pp.265-280。

$$RSCA_{ij} = (RCA_{ij} - 1) / (RCA_{ij} + 1) \qquad (2)$$

(2)式中 $RSCA_{ij}$ 及 RCA_{ij} 下標符號的 i 及 j 表示 j 國及 i 產業，即 j 國 i 產業的 RSCA 及 RCA 值；$-1 < RSCA_{ij} < 1$。

一般而言，RSCA 係數值大於 0 者表示該產品具「顯示性」比較利益，亦具有競爭優勢，係數值越大表示越具競爭優勢，反之則不具「顯示性」比較利益，亦表示尚不具有競爭優勢，係數值越小表示競爭力越低。

以下以 RSCA 係數值觀察 1980-2006 年東亞各國工業製品輸出競爭力的變化及東亞國家間的雁行形態發展。東亞各國工業製品及各分類製品 RSCA 值的計測是依據 UNCTAD SITC 三分位製品輸出資料計算各製品 RSCA 係數值再彙整集計為工業製品及各分類製品 RSCA 係數值（UNCTAD, 2004, 2007）。

一、東亞國家工業製品 RSCA

圖 4-10 及 4-11 顯示 1980 至 2006 年美國及東亞國家的製品 RSCA 係數值。從該二圖及表 4-46 中可知，美國、日本、香港、台灣、韓國，新加坡 1985 年以後，馬來西亞 1990 年以後，泰國、菲律賓 1995 年以後，及中國 1985 年以外的整體工業製品 RSCA 值均大於 0，即具有出口競爭優勢。

而觀察期間內日本、香港、台灣、韓國及 1995 年以後中國的整體工業製品 RSCA 值均大於美國。東亞國家間則 RSCA 值基本上呈現日本、亞洲一梯 NIEs、二梯 NIEs、越南的高低順序，但是中國 1995 年以後大於二梯 NIEs，2005 年以後大於日本、一梯

---

[16] Laursen, Keld, "Revealed Comparative Advantage and the Alternatives as Measures of International Specialisation," DRUID Working Paper No. 98-30, 1998a, <http://www.druid.dk/wp/pdf_files/98-30.pdf>。

NIEs。另外 2000 年以後，香港大於日本及其他一梯 NIEs，台灣則
接近日本。

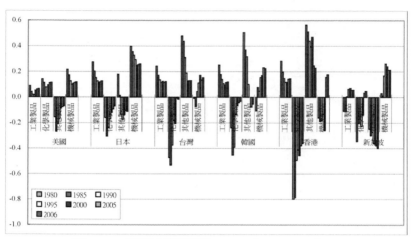

圖 4-10　東亞工業製品別 RSCA（1980-2006）一

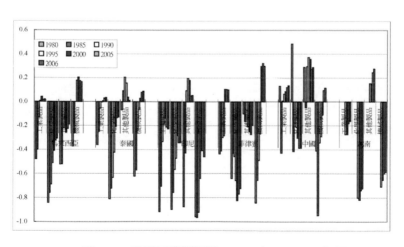

圖 4-11　東亞工業製品別 RSCA（1980-2006）二

表 4-46　東亞國家製品 RSCA（1980-2006）

		1980	1985	1990	1995	2000	2005	2006
美國	工業製品	0.0896	0.0431	0.0200	0.0174	0.0517	0.0610	0.0654
	化學製品	0.1413	0.1137	0.0788	0.0784	0.0954	0.1111	0.1150
	其他製品	-0.1550	-0.2681	-0.2075	-0.1665	-0.0865	-0.0753	-0.0695
	機械製品	0.2173	0.1735	0.1263	0.0995	0.1080	0.1150	0.1189
日本	工業製品	0.2749	0.2027	0.1531	0.1265	0.1167	0.1189	0.1266
	化學製品	-0.1600	-0.3042	-0.2363	-0.1682	-0.1191	-0.0929	-0.0695
	其他製品	0.1781	0.0145	-0.1330	-0.1732	-0.1362	-0.1050	-0.1111
	機械製品	0.3983	0.3563	0.3281	0.2924	0.2480	0.2537	0.2593
台灣	工業製品	0.2424	0.1714	0.1361	0.1141	0.1236	0.1150	0.1228
	化學製品	-0.4719	-0.5319	-0.3739	-0.1795	-0.2057	-0.0050	-0.0152
	其他製品	0.4785	0.4380	0.3121	0.1894	0.1264	0.1304	0.1304
	機械製品	-0.0085	-0.0719	0.0445	0.1115	0.1713	0.1342	0.1525
韓國	工業製品	0.2510	0.1780	0.1394	0.1071	0.0959	0.1150	0.1189
	化學製品	-0.2392	-0.4521	-0.3918	-0.1357	-0.0658	-0.0417	-0.0309
	其他製品	0.5044	0.3690	0.3170	0.1006	0.0001	-0.0753	-0.0526
	機械製品	-0.1068	0.0775	0.0475	0.1548	0.1693	0.2308	0.2248
香港	工業製品	0.2822	0.1980	0.1462	0.1183	0.1182	0.1416	0.1453
	化學製品	-0.7973	-0.7857	-0.4938	-0.4104	-0.4548	-0.3793	-0.3605
	其他製品	0.5643	0.5114	0.4393	0.3957	0.4700	0.2453	0.2278
	機械製品	-0.1616	-0.1880	-0.1795	-0.1325	-0.2563	0.1561	0.1770
新加坡	工業製品	-0.1087	-0.1107	0.0056	0.0632	0.0702	0.0566	0.0566
	化學製品	-0.3459	-0.2040	-0.1677	-0.2275	-0.1366	0.0338	0.0476
	其他製品	-0.2478	-0.3003	-0.2723	-0.3594	-0.3630	-0.3793	-0.3986
	機械製品	0.0309	0.0131	0.1679	0.2614	0.2399	0.2126	0.2126
馬來西亞	工業製品	-0.4801	-0.4011	-0.1332	0.0064	0.0399	0.0148	0.0196
	化學製品	-0.8409	-0.7569	-0.6882	-0.5116	-0.4092	-0.3245	-0.3072
	其他製品	-0.5221	-0.5201	-0.2217	-0.2224	-0.2585	-0.2270	-0.1905
	機械製品	-0.3726	-0.2642	-0.0005	0.1788	0.2042	0.1736	0.1667
泰國	工業製品	-0.3604	-0.2513	-0.0546	-0.0045	0.0073	0.0291	0.0338
	化學製品	-0.8101	-0.7219	-0.6335	-0.4234	-0.2096	-0.1364	-0.1299
	其他製品	-0.0694	0.0905	0.2037	0.1557	0.0377	0.0099	0.0000
	機械製品	-0.6226	-0.5699	-0.2403	-0.0663	0.0274	0.0783	0.0868
印尼	工業製品	-0.9184	-0.7055	-0.3332	-0.1868	-0.1333	-0.2121	-0.2270
	化學製品	-0.8989	-0.7576	-0.5659	-0.4722	-0.2838	-0.3423	-0.3423
	其他製品	-0.8767	-0.4282	0.0938	0.1958	0.1806	0.0476	0.0521
	機械製品	-0.9611	-0.9677	-0.9231	-0.6404	-0.4099	-0.4085	-0.4599
菲律賓	工業製品	-0.4349	-0.4105	-0.3006	-0.2847	0.1036	0.1031	0.0991
	化學製品	-0.6410	-0.4290	-0.4582	-0.6572	-0.8241	-0.7699	-0.7241
	其他製品	-0.1013	-0.1665	-0.0741	-0.2102	-0.2502	-0.2739	-0.1976
	機械製品	-0.8448	-0.6564	-0.4900	-0.2690	0.2966	0.3220	0.2982
中國	工業製品	0.1303	-0.4299	0.0067	0.0644	0.0865	0.1189	0.1342
	化學製品	0.4844	-0.4176	-0.1798	-0.2134	-0.3054	-0.3889	-0.3889
	其他製品	0.2901	-0.0489	0.2961	0.3710	0.3566	0.2727	0.2883
	機械製品	-0.4105	-0.9470	-0.3437	-0.2922	-0.1106	0.0950	0.1150
越南	工業製品				-0.2739	-0.2739	-0.1834	-0.1628
	化學製品				-0.8018	-0.8182	-0.7391	-0.7241
	其他製品				0.1525	0.1525	0.2453	0.2754
	機械製品				-0.7094	-0.6529	-0.6000	-0.5873

注：1.RSCA$_{ij}$ = (RCA$_{ij}$ - 1) / (RCA$_{ij}$ + 1)，RCA$_{ij}$ = (X$_{ij}$/$\sum_{i=1}^{n}$X$_{ij}$)/($\sum_{j=1}^{n}$X$_{ij}$/$\sum_{i=1}^{n}\sum_{j=1}^{n}X_{ij}$)。2.工業製品（Manufactured goods）：
　　UNCTAD 分類 SITC5 至 8 分類商品但不含 SITC68 的非鐵金屬，化學製品：SITC5 分類商品，其他製品：SITC6
　　及 8 分類但不含 68 非鐵金屬製品，機械製品：SITC 7 分類。3.作者計算編製。
資料出處：UNCTAD,Handbook of Statistics 2003, 2007，http://stats.unctad.org/Handbook/TableViewer/download.aspx。

　　同上表及圖可知，美國的出口競爭優勢工業製品中，觀察期間內機械製品 RSCA 係數值均最大，化學製品次之，其他製品則不具競爭優勢。東亞國家中，日本的工業製品中機械製品最具出口競爭優勢，其他製品則 1985 年以後喪失競爭優勢。新加坡的工業製品中機械製品最具出口競爭優勢，其他製品則不具競爭優勢。香港的工業製品中其他製品最具出口競爭優勢，2005 年以後機械製品才出現出口競爭優勢。韓國、台灣則各至 1990、95 年止其他製品最具出口競爭優勢，其後機械製品各開始顯現競爭優勢的替代。馬來西亞 1990 年代開始機械製品是惟一顯現出口競爭優勢製品。泰國 1985 年開始其他製品最具出口競爭優勢，但機械製品 2000 年開始顯現出口競爭優勢並 2005 年以後超過其他製品。印尼 1990 年代開始其他製品製品是惟一顯現出口競爭優勢製品，菲律賓則機械製品 2000 年開始惟一顯現出口競爭優勢製品。中國則其他製品最具出口競爭優勢，特別是 1990 年以後持續競爭優勢，而機械製品則 2005 年開始顯現出口競爭優勢但仍遠低於其他製品。越南 1995 年以後其他製品是惟一顯現出口競爭優勢製品，其競爭力持續上升。

　　中國最具出口競爭優勢的其他製品，由於出口競爭力的持續上升促使其出口佔世界比重如前所述在 1980 年代後半起陸續超越其他東亞國家，2002 年更超越美國。而 2005 年開始顯現出口競爭優勢的機械製品，其出口佔世界比重亦在 1990 年代中超越亞洲二梯 NIEs，2000 年以後陸續超越一梯 NIEs 以及日本。

　　而日本、台灣、韓國、香港及 1995 年以後新加坡、中國的工業製品 RSCA 係數值均大於美國，東亞國家間 2000 年止日本工業製品 RSCA 大於其他東亞國家，亞洲一梯 NIEs 大於二梯 NIEs 及中國，但 2006 年香港、中國大於日本。

　　從圖 4-12 可知，觀察期間東亞國家的工業製品出口競爭力在 1990 年代後半期中大都顯現優勢。進入 2000 年後，除印尼、越南外工業製品 RSCA 皆大於 0。

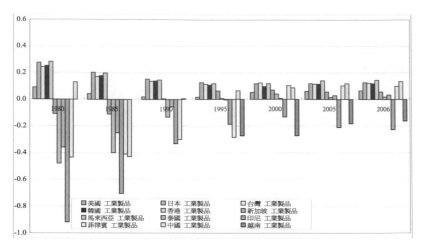

圖 4-12　東亞工業製品 RSCA（1980-2006）

　　再從圖 4-13 可知，1990 年代中期以後，日本、亞洲一梯 NIEs 的工業製品站穩出口競爭優勢，特別是印尼以外二梯 NIEs 也顯現優勢，中國持續優勢，越南則朝優勢方向穩定發展。只有印尼的工業製品出口競爭力呈現不穩定的變化。

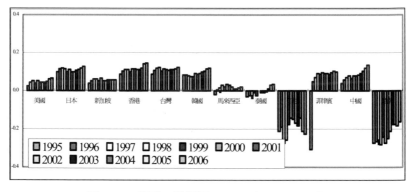

圖 4-13　東亞工業製品 RSCA（1995-2006）

注：1.RSCA$_{ij}$(對稱型 RCA) = (RCA$_{ij}$ - 1) / (RCA$_{ij}$ + 1)，RCA$_{ij}$ = (X$_{ij}$/$\sum_{i=1}^{n}$X$_{ij}$)/($\sum_{j=1}^{n}$X$_{ij}$/$\sum_{i=1}^{n}\sum_{j=1}^{n}X_{ij}$)。2.工業製品（Manufactured goods）依據 UNCTAD 分類包含 SITC 5 至 8 分類商品但不含 SITC 68 的非鐵金屬。3.作者計算編製。
資料出處：UNCTAD、Handbook of Statistics 2007，http://stats.unctad.org/Handbook/TableViewer/download.aspx。

　　而東亞工業製品出口競爭力結構中普遍呈現機械製品與其他製品間的競爭力替換變化。從圖 4-14 可知，首先，觀察期間其他製品中美國、日本相繼喪失競爭優勢，香港、台灣仍具出口競爭優勢但是競爭力呈現下降變化，韓國則 2005 年後喪失競爭優勢，泰國、印尼 2000 年後雖仍具出口競爭優勢但是競爭力亦呈現下降變化，越南則 2000 年後競爭力持續上升，而中國 2000 年後維持高競爭力且呈現大於其他東亞國家的情形。

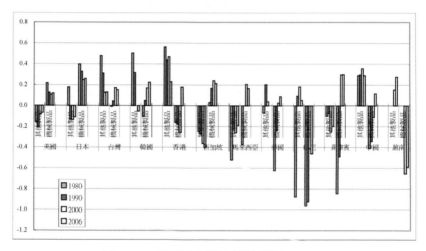

圖 4-14　東亞其他製品與機械製品 RSCA

　　另從圖 4-15 可知，東亞其他製品出口競爭力在 1990 年代中期以後呈現相對激烈的變化。日本、新加坡、馬來西亞、菲律賓呈現持續的競爭劣勢，韓國 2000 年以後轉變為劣勢，香港、台灣、泰國、印尼競爭優勢持續下降，中國雖仍具最大優勢但已呈現下降的現象，越南是唯一競爭優勢持續上升的國家。

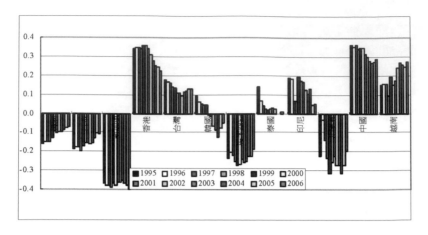

圖 4-15　東亞其他製品 RSCA（1995-2006）

注：1.RSCA$_{ij}$(對稱型 RCA) = (RCA$_{ij}$ - 1) / (RCA$_{ij}$ + 1)，RCA$_{ij}$ = (X$_{ij}$/$\sum_{j=1}^{n}$X$_{ij}$)/($\sum_{j=1}^{n}$X$_{ij}$/$\sum_{i=1}^{n}$$\sum_{j=1}^{n}X_{ij}$)。2.其他製品（Other manufactured goods）依據 UNCTAD 分類包含 SITC 6 及 8 分類商品但不含 SITC 68 非鐵金屬。3.作者計算編製。

資料出處：UNCTAD、Handbook of Statistics 2007，http://stats.unctad.org/Handbook/TableViewer/download.aspx。

　　其他製品競爭優勢的升降在纖維紡織品競爭力的演變上特別顯著。纖維紡織品的生產因符合東亞國家相對豐富勞力的要素稟賦上的比較利益，是東亞國家戰後工業化發展中普遍被優先發展的產業與製品，一般也是最先呈現輸出競爭優勢的製品。所以在東亞的雁行發展過程中也是最先進行國際移轉的製品，從出口競爭力的角度，也就形成在東亞間出口競爭力的追趕與交替的現象。

　　從圖 4-16 可知，1990 年代後半期，日本、新加坡、馬來西亞纖維紡織品已然失去出口競爭力，台灣、韓國、泰國、菲律賓雖具競爭力但其後明顯遞減，韓國 2000 年以後喪失競爭力，香港、中國、印尼仍具競爭力 2000 年以後雖沒有其他製品明確但顯現下降的跡象，越南則是 2000 年以後東亞中唯一競爭力明顯呈現上升國家。

　　而東亞機械製品的競爭力方面，從圖 4-17 可知，觀察期間除美國、日本、新加坡持續競爭優勢外，台灣、韓國、馬來西亞在

1980 年代後半，泰國 1990 年代後半，菲律賓 2000 年以後，香港、
中國 2005 年以後陸續顯現出口競爭優勢。

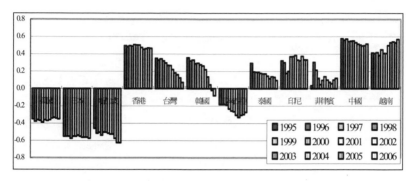

圖 4-16　東亞纖維紡織品 RSCA（1995-2006）

注：1.RSCA$_{ij}$(對稱型 RCA) = (RCA$_{ij}$ - 1) / (RCA$_{ij}$ + 1)，RCA$_{ij}$ = (X$_{ij}$/$\sum_{i=1}^{n}$X$_{ij}$)/($\sum_{j=1}^{n}$X$_{ij}$/$\sum_{i=1}^{n}$$\sum_{j=1}^{n}X_{ij}$)。2.其他製品
　　（Textile fibres, yarn, fabrics and clothing）依據 UNCTAD 分類包含 SITC 26 + 65 + 84 分類商品。
　　3.作者計算編製。

資料出處：UNCTAD、Handbook of Statistics 2007，http://stats.unctad.org/Handbook/TableViewer/download.aspx。

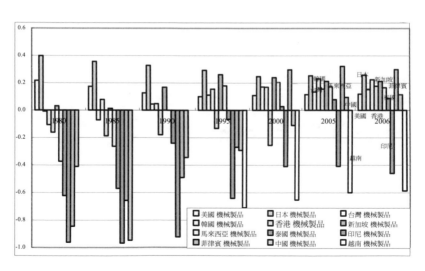

圖 4-17　東亞機械製品 RSCA（1980-2006）

再從圖 4-18 可知，1990 年代中期以後，日本、亞洲一梯 NIEs 機械製品競爭力持續競爭優勢，2000 年後韓國競爭力明顯上升。馬來西亞持續競爭優勢，泰國 1990 年代後期、菲律賓 2000 年以後相繼顯現競爭優勢，印尼則仍然相對劣勢但呈現改善的發展。中國 2003 年開始顯現競爭優勢，越南相對劣勢然緩慢改善。

東亞國家及國家間機械製品競爭力的變化與上述其他製品特別是纖維紡織品間形成升降消長的替代關係。國家間的追趕現象不但清楚顯現在纖維紡織品競爭力的變化上，也逐漸呈現在機械製品的競爭力變化上。隨著經濟的發展，東亞國家間呈現由纖維紡織品往機械製品，最終消費財往資本財追趕的雁行形態演變。

以上各分類集計製品 RSCA 值的觀察，1980 至 2006 年，東亞國家的其他製品出口競爭優勢除越南外皆呈現逐漸下降，而機械製品競爭優勢相對提升的變化。另外 2005 年以後中國以外東亞國家雖機械製品出口佔世界比重被中國超越，但其出口競爭力皆大於中國。

然而集計製品 RSCA 值的觀察以外，有必要進一步從各國細分類製品出口競爭力結構探討各國競爭力結構以及各國間關係的變化才能確實瞭解東亞國家間競爭力關係的實質變化，此部份在下一章中繼續討論。

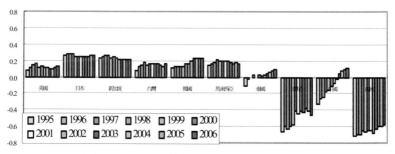

圖 4-18　東亞機械製品 RSCA（1995-2006）

注：1.RSCA$_{ij}$(對稱型 RCA) = (RCA$_{ij}$ - 1) / (RCA$_{ij}$ + 1)，RCA$_{ij}$ = (X$_{ij}$/$\sum_{j=1}^{n}$X$_{ij}$)/($\sum_{j=1}^{n}$X$_{ij}$/$\sum_{i=1}^{n}$$\sum_{j=1}^{n}X_{ij}$)。2.機械製品（Machinery and transport equipment）依據 UNCTAD 分類包含 SITC 7 分類所有商品。3.作者計算編製。

資料出處：UNCTAD、Handbook of Statistics 2007，http://stats.unctad.org/Handbook/TableViewer/download.aspx。

二、東亞國家工業製品出口競爭力的演化型態

（一）東亞工業製品出口競爭力與經濟發展水準

以下探討東亞國家的經濟發展與製品出口競爭力演變的關係。圖 4-19 顯示 2006 年東亞國家依經濟發展水準即人均 GDP 下其工業製品的出口競爭力的排列分布。

東亞國家除了印尼、越南外皆呈現競爭優勢，其中日本、亞洲一梯 NIEs、菲律賓、中國的 RSCA 值高於東亞 11 國平均值亦即呈現相對高出口競爭力。而就分佈的趨勢線來看，大體而言，人均 GDP 高的國家工業製品的出口競爭力較高。但是人均 GDP 30,000 美元以上的新加坡低於以下的香港，人均 GDP 5,000 美元以上的馬來西亞及以下的泰國的出口競爭力低於中國與菲律賓，顯示人均 GDP 並非決定工業製品的出口競爭力的唯一因素。2006 年工業製品 RSCA 與人均 GDP 相關係數值 0.36，而美國除外東亞國家的相關係數值 0.39[17]。

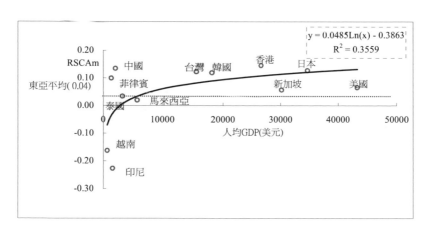

圖 4-19　2006 年東亞人均 GDP 與工業製品競爭力分佈

---

[17] 2006 年東亞 11 國的人均 GDP 與工業製品 RSCA 回歸式為 $y = 0.0549Ln(x) - 0.4359$ (R2 = 0.3896)。

　　接著進一步觀察東亞國家其他製品與機械製品的競爭力的分佈。從圖 4-20 可知，1980 年東亞國家的競爭力，除日本、新加坡以外不論人均 GDP 高低皆顯現在其他製品。但是各國機械製品競爭力的高低則與人均 GDP 關係相對密切。包含美國及東亞國家的其他製品與人均 GDP 相關係數值 0.134 小於機械製品 0.714，不含美國的東亞國家其他製品與人均 GDP 相關係數值 0.122 亦小於機械製品 0.673，顯示人均 GDP 高者機械製品競爭力相對較高。[18]東亞國家工業化過程中相對豐富勞動力的運用上其他製品是切入工業化發展的最適與共同選擇，因此其出口競爭優勢不但呈現在日本、亞洲一梯 NIEs，中國也顯現優勢。但是日本顯現相對較低優勢而美國則已喪失競爭優勢，所以美國及東亞國家整體的分布呈現出倒轉 U 字形的趨勢線，但若除去已喪失競爭優勢的美國則如圖 4-21 其趨勢線呈現較平緩的形狀。而機械製品的競爭優勢則不但是豐富勞動力更與各國經濟水準（人均 GDP、技術水準等）的高低直接相關，所以其趨勢線呈現隨著人均 GDP 高低的競爭力排列分佈。

　　從圖 4-22 可知，2006 年東亞國家的其他製品與機械製品的競爭力與人均 GDP 間同樣呈現其他製品與人均 GDP 相關係數值 0.133 小於機械製品 0.381，不含美國則為 0.127 亦小於機械製品 0.414，顯示人均 GDP 高者機械製品競爭力相對較高的情形[19]。但是其他製品與人均 GDP 回歸式的彈性值為負數，顯示人均 GDP 高者其他製品競爭力反而小的情形。主要是因為日本、新加坡、韓國、馬來西亞等先行發展國家的其他製品 RSCA 值均轉為負值。顯示日

---

[18] 1980 年東亞 11 國的人均 GDP（x）與其他製品 RSCA（y）的回歸式為 y = -1E-08x2 + 0.0002x - 0.226 (R2 = 0.1224)，與機械製品 RSCA（y）回歸式為 y = 30.3069Ln(x) - 2.5769 (R2 = 0.673)。

[19] 2006 年東亞 11 國的人均 GDP（x）與其他製品 RSCA（y）的回歸式為 y = -0.0547Ln(x) + 0.4787 (R2 = 0.1266)，與機械製品 RSCA（y）的回歸式為 y = 0.1335Ln(x) - 1.1047 (R2 = 0.4144)。

本、新加坡、韓國、馬來西亞等的競爭優勢喪失並為後起的菲律賓、中國、越南所替代。而機械製品 RSCA 值除印尼、越南外均為正值，趨勢線亦呈現人均 GDP 高者較大的分佈，即先行發展國家人均 GDP 高者其競爭力相對較高。雖然由於馬來西亞、泰國、菲律賓、中國競爭力的提升使其相關係數值低於 1980 年，但整體而言仍顯示機械製品競爭力與經濟發展水準關係較密切。

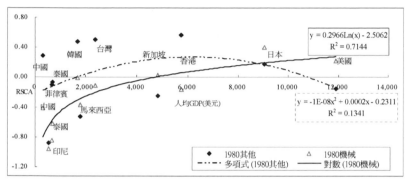

圖 4-20　1980 年東亞其他製品與機械製品競爭力分佈

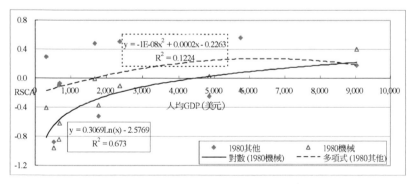

圖 4-21　1980 年東亞其他製品與機械製品競爭力分佈（不含美國）

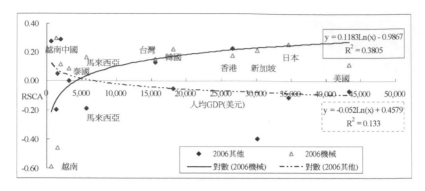

圖 4-22　2006 年東亞其他製品與機械製品競爭力分佈

（二）東亞出口競爭力的演化型態

接著從其他製品與機械製品競爭力的演變觀察東亞國家工業化過程的發展型態。圖 4-23 顯示 1980、95、2006 年東亞其他製品與機械製品競爭力的演變。

圖中橫軸為其他製品 RSCA，縱軸為機械製品 RSCA，以此兩軸畫分為四個象限，三象限為兩 RSCA 皆負值，四象限其他製品 RSCA 正值與機械製品 RSCA 負值，一象限為兩 RSCA 皆正值，二象限其他製品 RSCA 負值與機械製品 RSCA 正值。

圖中可看出 1980、95、2006 年東亞國家其他製品與機械製品的競爭力演變路徑，基本上顯示各國競爭力的消長由三象限而四象限進而一象限並往二象限的演進。2006 年落點在二象限的有美國、日本、新加坡、韓國、馬來西亞、菲律賓，落點在二象限的有台灣、香港、泰國、中國，印尼與越南則在四象限屬落後組。其中新加坡是 1980 年便座落在二象限，而馬來西亞、菲律賓則 1995 年由三象限進入二象限。東亞國家的競爭力演化據此可分成日本、韓國的 I 模式與馬來西亞、菲律賓的 II 模式，而台灣、香港、泰國、中國應屬 I 模式的過渡型態。

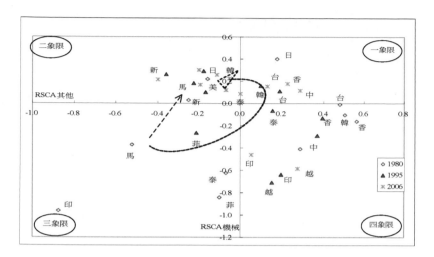

圖 4-23　東亞製品競爭力演變（1980, 1995, 2006）

附表 4-1　日本的 ODA 類別

(淨支出額，百萬美元元名目價格：%)

	1960	1965	1970	1975	1980	1985	1990	1995	2000	2005	2006
I. ODA	105.1	243.7	458.0	1147.7	3353.0	3796.8	9068.8	14489.3	13508.0	13146.6	11187.1
I.A. 雙邊 ODA	79.1	226.3	371.5	850.4	2010.1	2556.9	6786.5	10418.6	9768.1	10406.2	7313.1
I.A.1. 贈與	66.9	82.2	121.2	201.7	701.9	1184.8	3014.0	6298.4	5678.2	9194.7	7660.3
I.A.1.1. 計劃與方案援助	10.0	12.9	44.9	70.0	355.8	548.8	1073.9	2178.4	1484.5	970.7	1107.4
I.A.1.2. 技術合作	2.2	6.0	21.6	87.2	277.8	422.1	1334.0	2397.6	2430.2	1873.1	1857.6
I.A.1.4. 開發糧食援助	9.0	--	23.3	10.6	12.8	53.4	31.3	63.2	42.3	58.4	84.3
I.A.1.5. 人道援助	--	--	--	0.7	6.0	6.9	26.5	60.1	84.6	515.9	182.8
I.A.1.6. 債務免除總額	--	--	--	--	--	26.3	136.6	515.9	413.9	4775.7	3212.2
I.A.1.8. NGO 援助	--	--	--	--	--	41.3	103.4	265.9	212.4	128.8	102.2
I.A.1.9. 國際民間組織支援	--	--	--	--	0.2	0.7	2.4	58.6	74.8	154.1	100.5
I.A.1.10. 官民夥伴組織支援	--	--	--	2.2	216.3	--	--	--	--	15.7	13.3
I.A.2. 非贈與與雙邊 ODA	12.2	144.1	250.3	648.7	1308.2	1372.1	3772.4	4120.1	4090.0	1211.5	-347.2
I.A.2.1. 政府借款	--	--	--	--	--	--	--	4031.9	4090.0	2433.8	194.3
I.A.2.1.a. 糧食援助借款	--	--	--	--	--	--	--	--	--	-14.0	--
I.B. 多邊 ODA	26.0	17.4	86.5	297.3	1342.9	1239.9	2282.3	4070.7	3739.8	2740.4	3874.0
I.B.1. 贈與與資金捐款	--	--	--	--	--	--	--	4070.7	3739.8	2740.4	3874.0
I.B.1.1. UN 機構	1.0	3.6	7.1	68.9	248.7	265.5	483.6	744.0	1304.3	1087.4	587.7
I.B.1.2. EC	--	--	3.6	--	--	--	--	--	--	--	--
I.B.1.3. IDA	7.7	13.8	22.2	147.5	619.1	562.0	997.1	1893.5	1145.6	750.4	2384.8
I.B.1.4. IBRD, IFC, MIGA	17.3	--	--	--	51.0	--	202.0	21.8	7.4	146.6	190.9
I.B.1.5. 區域開發銀行	--	--	--	--	416.3	394.8	464.8	825.8	891.4	487.1	454.0
I.B.16. GEF (77%)	--	--	--	--	--	--	--	408.1	113.1	85.2	--
I.B.1.7. 蒙特婁公約	--	--	--	1.9	14.8	20.7	134.9	0.5	0.7	0.7	0.8
I.B.1.8. 其他機構	--	--	0.5	--	--	--	--	177.1	277.3	183.0	255.9
I.B.2. Concessional Lending	--	--	5.6	-5.3	-6.9	-3.1	--	--	--	--	--
GNI	43050	88770	203134	497825	1040108	1329973	2960400	5331935.79	4807580.71	4675017.26	4486030.93
日本 ODA % (GNI)	0.24	0.27	0.23	0.23	0.32	0.29	0.31	0.27	0.28	0.28	0.25
DAC ODA % (GNI)	0.51	0.48	0.33	0.34	0.35	0.33	0.34	0.26	0.22	0.33	0.31

注：作者自 OECD, DAC 統計資料計算彙編。
資料出處：OECD Stat, http://stats.oecd.org/wbos/default.aspx?DatasetCode=ODA_DONOR

附表 4-2　日本 ODA 類別比重

（淨支出額、%）

類別	1960	1965	1970	1975	1980	1985	1990	1995	2000	2005	2006
I.ODA	100.0	100.0	100.0	100.0	100.0	100.0	100.0	100.0	100.0	100.0	100.0
I.A. 雙邊 ODA	75.3	92.9	81.1	74.1	59.9	67.3	74.8	71.9	72.3	79.2	65.4
I.A.1. 贈與	63.7	33.7	26.5	17.6	20.9	31.2	33.2	43.5	42.0	69.9	68.5
I.A.1.1. 計劃與方案援助	9.5	5.3	9.8	6.1	10.6	14.5	11.8	15.0	11.0	7.4	9.9
I.A.1.2. 技術合作	2.1	2.5	4.7	7.6	8.3	11.1	14.7	16.5	18.0	14.2	16.6
I.A.1.4. 開發糧食援助	8.6	.	5.1	0.9	0.4	1.4	0.3	0.4	0.3	0.4	0.8
I.A.1.5. 人道援助	.	.	.	0.1	0.2	0.2	0.3	0.4	0.6	3.9	1.6
I.A.1.6. 債務免除總額	.	.	.	.	.	0.7	1.5	3.6	3.1	36.3	28.7
I.A.1.8. NGO援助	.	.	.	.	.	1.1	1.1	1.8	1.6	1.0	0.9
I.A.1.9. 國際民間組織支援	.	.	.	.	0.0	0.0	0.0	0.4	0.6	1.2	0.9
I.A.1.10. 官民夥伴組織支援	.	.	.	.	.	.	.	.	.	0.1	0.1
I.A.2. 非贈與雙邊 ODA	11.6	59.1	54.7	56.5	39.0	36.1	41.6	28.4	30.3	9.2	-3.1
I.A.2.1. 政府借款	.	.	.	.	.	.	.	27.8	30.3	18.5	1.7
I.A.2.1.a. 糧食援助借款	.	.	.	0.2	6.5	.	.	.	.	-0.1	.
I.B. 多邊 ODA	24.7	7.1	18.9	25.9	40.1	32.7	25.2	28.1	27.7	20.8	34.6
I.B.1. 贈與與資金捐款	.	.	.	.	.	.	.	28.1	27.7	20.8	34.6
I.B.1.1. UN 機構	1.0	1.5	1.6	6.0	7.4	7.0	5.3	5.1	9.7	8.3	5.3
I.B.1.2. EC	.	.	.	.	.	.	.	.	.	.	.
I.B.1.3. IDA	7.3	5.7	4.8	12.9	18.5	14.8	11.0	13.1	8.5	5.7	21.3
I.B.1.4. IBRD, IFC, MIGA	16.5	.	.	.	1.5	.	2.2	0.2	0.1	1.1	1.7
I.B.1.5. 區域開發銀行	.	.	.	.	12.4	10.4	5.1	5.7	6.6	3.7	4.1
I.B.1.6. GEF (77%)	.	.	.	.	.	.	.	2.8	0.8	0.6	0.0
I.B.1.7. 蒙特婁公約	.	.	.	.	.	.	.	0.0	0.0	0.0	0.0
I.B.1.8. 其他機構	.	.	0.1	0.2	0.4	0.5	1.5	1.2	2.1	1.4	2.3
I.B.2. (優惠貸款) (Concessional Lending)	.	.	1.2	-0.5	-0.2	-0.1	.	.	.	.	.

注：作者自 OECD, DAC 統計資料計算彙編。

資料出處：OECD Stat, http://stats.oecd.org/wbos/default.aspx?DatasetCode=ODA_DONOR

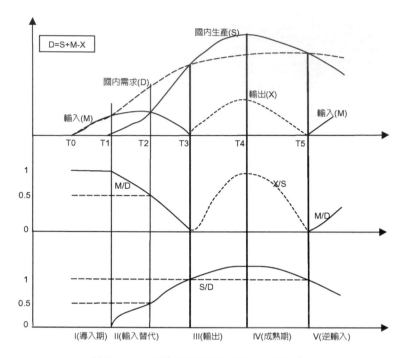

附圖 4-1　工業化追趕製品週期發展示意圖

資料出處：Yamazawa, I. (1990) Ecnomic Development AND International Trade, 圖 2-1, pp.29.

第五章　東亞的競爭與合作
——出口競爭力結構的演變

壹、前言

　　1980 年代以來東亞國家間工業製品出口佔世界的比重呈現追趕、超越的現象，尤其 1978 年改革開放後中國的總出口、製品出口佔世界的比重都呈現出對先發展國家的追趕、超越變化，特別是其他製品比重在 90 年代前半陸續超越台灣、日本後更在 2002 年超越美國，機械製品比重則在 2001 年超越台灣，其後也超越日本。1990 年代以來中國製品出口佔世界比重的追趕、超越其他東亞觀察國家的現象，被視為中國崛起的威脅（China Syndrome），即一般所稱的中國威脅論，亦是雁行追趕發展形態的「脫序」或「脫軌」現象，即所謂瓦解雁行理論序列性追趕過程的「蛙跳」現象。但是中國的此種現象只能視為表象的超越，不能視為其經濟的發展本質已達到替代、超越的程度所展現的結果。因此本章的目的為探討雁行形態追趕發展過程中東亞國家間究竟存在什麼樣的實質關係，是否如雁行形態論所歸納演繹出的連鎖性結構改變使經濟體間的競爭力結構由異質性互補狀態轉變成同質性競爭狀態，而隨著經濟結構的高度化又是否會使經濟體間進入另一個異質性互補的狀態，同時中國經濟的崛起是否改變此種演化狀態等是亟待剖析清楚的問題。

　　以下從東亞國家間特別是與日本間 RSCA 結構的相關關係進行探討上述的問題。製品 RSCA 結構係指各國輸出工業製品以及各

分類製品 RSCA 值的結構，代表各國製品輸出競爭力的結構。各國
各年度間結構關係的變化則由各製品 RSCA 結構的一般相關
（Pearson）、順位相關（Spearman）係數值的時序變化中觀察。

貳、日本與東亞國家間出口競爭力結構的演變

一、東亞國家出口競爭力結構的演變

　　以下觀察從 UNCTAD 貿易統計資料中東亞國家輸出的所有
SITC3 位數 239 項產品加權集計的出口競爭力即 RSCA 值的變化。
首先表5-1顯示1980至2002年各國出口RSCA值的分散變化。1980
年以後美國、日本、台灣、韓國的競爭力結構呈現變化明顯減小的
趨勢，馬來西亞、泰國、菲律賓 1980 年代變化明顯擴大但 1990
年代中減小的趨勢，印尼 1980 年代開始變化持續擴大，中國、越
南 1980 年代變化明顯擴大 1990 年代後期明顯的趨勢。除了印尼以
外，二梯 NIEs、中國、越南的變化趨勢相似。1990 年代中期以後
除印尼以外東亞國家競爭力結構的變化均減小，但是後發展的國家
的變化明顯比日本、亞洲一梯 NIEs 等先發展國家激烈。
　　進一步從表5-2所顯示東亞國家所有出口產品RSCA值的年度
間相關係數值觀察各國出口競爭力結構的時序相關變化。表中可
知，1980 年各國出口競爭力結構為基準的相關變化，美國、日本
的一般相關（Pearson）、順位相關（Spearman）的時序相關係數
值均較大亦即其變化均較小。其餘東亞國家一般相關、順位相關
在 1990 年代中開始呈現相對急遽的變化，其中越南的變化幅度大
於中國，中國大於馬來西亞、菲律賓，二梯 NIEs 中泰國、印尼大
於馬來西亞、菲律賓，韓國大於台灣。1980 年代開始東亞的出口
競爭力結構均呈現變化，其變化中後發展國家明顯比先發展國家
激烈。

表 5-1　東亞國家出口競爭力結構的分散變化

	美國	日本	台灣	韓國	馬來 西亞	泰國	印尼	菲律賓	中國	越南
1980	0.4197	0.5491	0.5773	0.5974	0.4488	0.5655	0.4107	0.5555	0.5963	0.5755
1981	0.4148	0.5422	0.5827	0.5899	0.4451	0.5623	0.4070	0.5531	0.5734	0.5995
1982	0.4173	0.5328	0.5801	0.5884	0.4459	0.5639	0.3957	0.5446	0.5610	0.6199
1983	0.4343	0.5306	0.5783	0.5817	0.4478	0.5722	0.4203	0.5409	0.5574	0.6284
1984	0.4377	0.5300	0.5781	0.5700	0.4440	0.5800	0.4393	0.5721	0.5661	0.6186
1985	0.4314	0.5229	0.5875	0.5665	0.4545	0.5874	0.4646	0.5664	0.5979	0.6368
1986	0.4323	0.5006	0.5684	0.5652	0.4858	0.5811	0.5090	0.5329	0.6328	0.6396
1987	0.4379	0.5080	0.5690	0.5539	0.4973	0.5850	0.5285	0.5689	0.5839	0.6089
1988	0.4195	0.5062	0.5613	0.5542	0.4985	0.5700	0.5297	0.5679	0.5740	0.6295
1989	0.3965	0.5065	0.5610	0.5515	0.5061	0.5716	0.5357	0.5749	0.5573	0.6044
1990	0.3853	0.5082	0.5608	0.5436	0.5129	0.5778	0.5396	0.5680	0.5524	0.6332
1991	0.3858	0.5099	0.5475	0.5337	0.5171	0.5705	0.5537	0.5917	0.5478	0.5893
1992	0.3752	0.5051	0.5404	0.5310	0.5080	0.5644	0.5463	0.5539	0.5367	0.5368
1993	0.3762	0.5024	0.5358	0.5297	0.4990	0.5561	0.5513	0.5492	0.5465	0.5675
1994	0.3791	0.5023	0.5294	0.5130	0.4956	0.5427	0.5530	0.5407	0.5406	0.5721
1995	0.3853	0.5040	0.5181	0.4995	0.4853	0.5344	0.5544	0.5309	0.5352	0.5492
1996	0.3800	0.5081	0.5135	0.5009	0.4788	0.5352	0.5552	0.5325	0.5359	0.5876
1997	0.3739	0.5032	0.5099	0.5002	0.4806	0.5249	0.5405	0.5187	0.5224	0.5595
1998	0.3654	0.5040	0.5071	0.4921	0.4726	0.5249	0.5508	0.4843	0.5285	0.5506
1999	0.3554	0.5020	0.5021	0.4984	0.4687	0.5262	0.5508	0.4475	0.5332	0.5226
2000	0.3672	0.5025	0.4993	0.4893	0.4692	0.5261	0.5476	0.4566	0.5309	0.5493
2001	0.3608	0.5079	0.5010	0.4884	0.4744	0.5228	0.5477	0.4640	0.5251	0.5591
2002	0.3650	0.5018	0.5069	0.4827	0.4658	0.5230	0.5403	0.4500	0.5158	0.5591

注：1.1980 年至 2002 年各國對世界所有產品出口 RSCA 的標準差；2.N=239 除 1999、
　　2000 年為 238 及 2001、2002 年為 237。
資料出處：UNCTAD, Handbook of Statistics, 2005，作者計算編製。

表 5-2　東亞國家競爭力結構的變遷

	Pearson 相關					
	1980	1985	1990	1995	2000	2002
美國 1980	1.0000	0.9189**	0.8544**	0.8722**	0.8327**	0.8074**
日本 1980	1.0000	0.9665**	0.9010**	0.8565**	0.8212**	0.8111**
台灣 1980	1.0000	0.8661**	0.7982**	0.6985**	0.5997**	0.5438**
韓國 1980	1.0000	0.8831**	0.8354**	0.6715**	0.5327**	0.4691**
馬來西亞 1980	1.0000	0.8794**	0.7545**	0.6692**	0.6306**	0.5918**
泰國 1980	1.0000	0.8659**	0.6994**	0.5791**	0.5064**	0.5103**
印尼 1980	1.0000	0.8038**	0.6418**	0.5292**	0.4844**	0.4795**
菲律賓 1980	1.0000	0.8297**	0.7096**	0.6503**	0.5657**	0.5166**
中國 1980	1.0000	0.4554**	0.7330**	0.6270**	0.5188**	0.4838**
越南 1980	1.0000	0.6229**	0.5525**	0.5404**	0.4731**	0.4491**
	Spearman 順位相關					
	1980	1985	1990	1995	2000	2002
美國 1980	1.0000	0.9203**	0.8648**	0.8772**	0.8370**	0.8073**
日本 1980	1.0000	0.9661**	0.9008**	0.8697**	0.8396**	0.83521**
台灣 1980	1.0000	0.8607**	0.7978**	0.7350**	0.6623**	0.6179**
韓國 1980	1.0000	0.8808**	0.8326**	0.7160**	0.6144**	0.5669**
馬來西亞 1980	1.0000	0.8242**	0.7293**	0.6360**	0.6101**	0.5655**
泰國 1980	1.0000	0.8674**	0.7171**	0.6426**	0.5542**	0.5447**
印尼 1980	1.0000	0.7834**	0.6024**	0.5275**	0.5017**	0.4799**
菲律賓 1980	1.0000	0.7842**	0.6988**	0.6125**	0.5667**	0.5390**
中國 1980	1.0000	0.4200**	0.7435**	0.6320**	0.5327**	0.4972**
越南 1980	1.0000	0.5565**	0.5203**	0.5042**	0.4409**	0.4409**

註：1.各國 1980 年與其他年度所有產品出口 RSCA 相關；2.產品項數(N)，2000 年以前均為 239 項，
2000 年越南 239 項外其他國家為 238 項，2000 年越南 239 項外其他國家為 237 項；3.**：相關
值顯著水準 0.01（雙尾檢定）。

　　接著觀察東亞國家間競爭力結構的相關變化。首先觀察東亞國
家與美國的相關變化。表 5-3 可知除日本競爭力結構在 1990 年代
與美國由負轉為正相關外，其餘東亞國家均與美國呈現負相關。韓
國 1990 年代中期、台灣 2000 年以後由有意負相關轉變為顯著負相
關，亞洲二梯 NIEs 除印尼外基本上為顯著性負相關，印尼 1980
年中開始呈現顯著性負相關，中國亦為顯著性負相關，越南 1990
年後期開始呈現顯著性負相關。顯著性負相關值以中國最大，印尼
次之，越南第三。

表 5-3　美國與東亞國家間出口競爭力（RSCA）結構的兩國相關

	Pearson 相關						Spearman 順位相關					
	RSCu80	RSCu85	RSCu90	RSCu95	RSCu00	RSCu02	RSCu80	RSCu85	RSCu90	RSCu95	RSCu00	RSCu02
J	RSCj80 (-0.1074)	RSCj85 (-0.0824)	RSCj90 0.0087	RSCj95 0.0303	RSCj00 0.1124	RSCj02 0.0864	RSCj80 0.1586*	RSCj85 0.1221	RSCj90 0.2394**	RSCj95 0.2630**	RSCj00 0.3090**	RSCj02 0.3046**
T	RSCt80 (-0.1841)**	RSCt85 (-0.2161)**	RSCt90 (-0.1279)*	RSCt95 (-0.1403)*	RSCt00 (-0.0618)	RSCt02 (-0.0343)	RSCt80 (-0.1604)*	RSCt85 (-0.1340)*	RSCt90 (-0.0541)	RSCt95 (-0.0133)	RSCt00 0.0318	RSCt02 0.0432
K	RSCk80 (-0.2374)**	RSCk85 (-0.2367)**	RSCk90 (-0.2168)**	RSCk95 (-0.1262)	RSCk00 (-0.1070)	RSCk02 (-0.0989)	RSCk80 (-0.2020)**	RSCk85 (-0.1760)**	RSCk90 -0.0825	RSCk95 (-0.04238)	RSCk00 0.0258	RSCk02 0.0477
M	RSCm80 (-0.0851)	RSCm85 (-0.0759)	RSCm90 (-0.0772)	RSCm95 (-0.1262)	RSCm00 (-0.1368)*	RSCm02 (-0.1204)	RSCm80 (-0.1522)*	RSCm85 (-0.1038)	RSCm90 (-0.1574)*	RSCm95 (-0.1480)*	RSCm00 (-0.0407)	RSCm02 (-0.0447)
TH	RSCth80 0.0335	RSCth85 0.0262	RSCth90 (-0.0563)	RSCth95 (-0.1314)**	RSCth00 (-0.1103)	RSCth02 (-0.1034)	RSCth80 (-0.1389)*	RSCth85 (-0.0611)	RSCth90 (-0.1078)	RSCth95 (-0.1217)	RSCth00 (-0.0939)	RSCth02 (-0.0763)
I	RSCi80 (-0.0904)	RSCi85 (-0.1688)**	RSCi90 (-0.1687)**	RSCi95 (-0.1934)**	RSCi00 (-0.2409)**	RSCi02 (-0.2062)**	RSCi80 (-0.1752)**	RSCi85 (-0.1930)**	RSCi90 (-0.2465)**	RSCi95 (-0.2608)**	RSCi00 (-0.2343)**	RSCi02 (-0.2383)**
P	RSCp80 (-0.0985)	RSCp85 (-0.0539)	RSCp90 (-0.0289)	RSCp95 (-0.1001)	RSCp00 (-0.1161)	RSCp02 (-0.0985)	RSCp80 (-0.2247)**	RSCp85 (-0.0867)	RSCp90 (-0.0720)	RSCp95 (-0.0864)	RSCp00 (-0.0924)	RSCp02 (-0.0895)
C	RSCc80 (-0.2166)**	RSCc85 (-0.0458)	RSCc90 (-0.1876)**	RSCc95 (-0.2536)**	RSCc00 (-0.2633)**	RSCc02 (-0.2729)**	RSCc80 (-0.3179)**	RSCc85 (-0.1626)*	RSCc90 (-0.2339)**	RSCc95 (-0.3000)**	RSCc00 (-0.2512)**	RSCc02 (-0.2610)**
V	RSCv80 (-0.1366)**	RSCv85 (-0.0294)	RSCv90 0.0553	RSCv95 (-0.1122)	RSCv00 (-0.1712)**	RSCv02 (-0.1699)**	RSCv80 (-0.1105)	RSCv85 (-0.0889)	RSCv90 (-0.1321)*	RSCv95 (-0.2652)**	RSCv00 (-0.1811)**	RSCv02 (-0.1517)*

注：1.1980、85、90、95、2000、2002 年所有輸出品目 RSCA 的相關係數值，各年的輸出品目數(N)為 239、239、239、238、237 項。
2.U：美國，J：日本，T：台灣，K：韓國，M：馬來西亞，TH：泰國，I：印尼，P：菲律賓，C：中國，V：越南。
3.**顯著水準 0.01，*顯著水準 0.05（雙尾檢定）。

　　台灣、韓國至 1990 年代中期與美國呈現顯著性負相關，1980
年代後期開始印尼、中國，1990 年代後期開始越南與美國相繼呈
現顯著性負相關，顯示東亞國家與美國間出口競爭力結構上互補關
係的雁行發展，同時顯著性相關係數值的大小變化也顯示互補關係
強度的東亞國家間雁行遞轉。

　　接著檢討東亞國家間的關係變化，首先從表 5-4 可知日本與台
灣、韓國皆為正相關，1990 年代中期以後呈現顯著性正相關且相
關係數值增大趨勢，韓國觀察期間皆為顯著性正相關同樣 1990 年
代中期以後相關係數值增大趨勢，但台灣的係數值大於韓國。顯示
日本與台、韓間存在競爭關係，1990 年代中期以後與台灣的競爭
比韓國加劇。日本與其他東亞國家間則皆為負相關，顯示存在互補
性關係。與印尼持續顯著性負相關，但 1990 年代中期以後相關係
數值減小趨勢，印尼的礦物資源石油天然氣等是日本亞洲地區能源
的主要供應國家。與越南顯著性負相關，1990 年代中期以後相關
係數值回增趨勢，其與中國在 1990 年代中期以後不再具顯著性的
負相關呈現對比的變化，顯示日本與中國的互補關係 1990 年代中
期以後逐漸下降，越南則代之而起。

　　台灣與東亞國家間，從表 5-5 可知其與韓國持續顯著性正相
關，係數值顯示彼此間存在激烈的競爭關係。與馬來西亞、印尼、
越南為負相關，顯示存在互補性關係，1990 年代中期以後與越南
的互補性關係逐漸超過與印尼的關係。與泰國持續正相關顯示競
爭性關係，與中國 1990 年代、菲律賓 2000 年以後分別呈現競爭
性關係。

　　韓國與東亞國家間，同表 5-5 可知其與台灣相似，與馬來西亞、
印尼、越南為負相關，顯示存在互補性關係，1990 年代中期以後
與越南的互補性關係逐漸超過與印尼的關係。與泰國 1980 年代中
期以後，與中國 1990 年代、菲律賓 2000 年以後分別轉為正相關，
呈現競爭性關係。

表 5-4　日本與東亞國家間出口競爭力（RSCA）結構的兩國相關

Pearson 相關						Spearman 順位相關					
RSCj02	RSCj00	RSCj95	RSCj90	RSCj85	RSCj80	RSCj02	RSCj00	RSCj95	RSCj90	RSCj85	RSCj80
RSCt02 0.4145**	RSCt00 0.3627**	RSCt95 0.3057**	RSCt90 0.1232	RSCt85 0.1597*	RSCt80 0.1266	RSCt02 0.5786**	RSCt00 0.5572**	RSCt95 0.5242**	RSCt90 0.4441**	RSCt85 0.4390**	RSCt80 0.4050**
RSCk02 0.3475**	RSCk00 0.3097**	RSCk95 0.2259**	RSCk90 0.1635*	RSCk85 0.1982**	RSCk80 0.1821**	RSCk02 0.6432**	RSCk00 0.6000**	RSCk95 0.5838**	RSCk90 0.5199**	RSCk85 0.5200**	RSCk80 0.4725**
RSCm02 (-0.0207)	RSCm00 (-0.0167)	RSCm95 (-0.0142)	RSCm90 (-0.0612)	RSCm85 (-0.0869)	RSCm80 (-0.0889)	RSCm02 0.2432**	RSCm00 0.1990**	RSCm95 0.1975**	RSCm90 0.1302*	RSCm85 0.0401	RSCm80 0.0149
RSCth02 (-0.0895)	RSCth00 (-0.0899)	RSCth95 (-0.0947)	RSCth90 (-0.1108)	RSCth85 (-0.1338)*	RSCth80 (-0.0893)	RSCth02 0.1303*	RSCth00 0.1385*	RSCth95 0.1254	RSCth90 0.0787	RSCth85 (-0.0902)	RSCth80 (-0.0390)
RSCi02 (-0.1387)*	RSCi00 (-0.1658)*	RSCi95 (-0.1784)**	RSCi90 (-0.1756)**	RSCi85 (-0.1675)*	RSCi80 (-0.1419)*	RSCi02 (-0.0036)	RSCi00 (-0.0110)	RSCi95 (-0.0417)	RSCi90 (-0.1533)*	RSCi85 (-0.2095)**	RSCi80 (-0.2389)**
RSCp02 (-0.0014)	RSCp00 (-0.0530)	RSCp95 (-0.1331)*	RSCp90 (-0.1390)*	RSCp85 (-0.1444)*	RSCp80 (-0.1456)*	RSCp02 0.0755	RSCp00 0.1077	RSCp95 0.0067	RSCp90 (-0.0351)	RSCp85 (-0.1243)	RSCp80 (-0.0626)
RSCc02 (-0.0840)	RSCc00 (-0.1005)	RSCc95 (-0.1404)*	RSCc90 (-0.1437)*	RSCc85 (-0.1266)	RSCc80 (-0.1444)*	RSCc02 0.0521	RSCc00 0.0320	RSCc95 0.0205	RSCc90 (-0.0859)	RSCc85 (-0.0835)	RSCc80 (-0.0746)
RSCv02 (-0.1707)**	RSCv00 (-0.1641)*	RSCv95 (-0.1529)*	RSCv90 (-0.1626)*	RSCv85 (-0.1787)**	RSCv80 (-0.1220)	RSCv02 (-0.1551)*	RSCv00 (-0.1639)*	RSCv95 (-0.1057)	RSCv90 (-0.2727)**	RSCv85 (-0.2602)**	RSCv80 (-0.0586)

注：同表 5-3。

表 5-5　台韓與東亞國家間出口競爭力（RSCA）結構的兩國相關

	Pearson 相關						Spearman 順位相關					
	RSC80	RSC85	RSC90	RSC95	RSCt00	RSC02	RSC80	RSC85	RSC90	RSC95	RSCt00	RSCt02
RSCk	0.4887**	0.5067**	0.3164**	0.4277**	0.5791**	0.5138**	0.6674**	0.7185**	0.7108**	0.6905**	0.6939**	0.7026**
RSCm	(-0.0448)	(-0.0596)	(-0.0519)	(-0.0214)	(-0.0083)	(-0.0030)	0.3285**	0.2516**	0.3226**	0.3872**	0.4075**	0.3903**
RSCth	0.0183	0.0095	0.0563	0.0514	0.0028	0.0058	0.3979**	0.4206**	0.5530**	0.5820**	0.4892**	0.4539**
RSCi	(-0.0744)	(-0.0610)	(-0.0405)	(-0.06534)	(-0.0679)	(-0.0686)	0.1442*	0.1936**	0.2119**	0.3079**	0.3116**	0.2740**
RSCp	0.0401	(-0.01478)	(-0.0245)	(-0.0393)	0.0765	0.1114	0.3860**	0.3228**	0.3655**	0.3915**	0.3937**	0.3064**
RSCc	0.16393**	(-0.0263)	0.0332	0.1195	0.0704	0.0966	0.4580**	0.1262	0.3220**	0.4442**	0.4162**	0.4280**
RSCv	0.1005	(-0.0143)	(-0.0571)	(-0.0494)	(-0.0937)	(-0.094)	0.3257**	0.2290**	0.1537*	0.3011**	0.1683**	0.1432*
RSCk												
RSCm	(-0.0413)	(-0.0377)	(-0.0115)	(-0.0029)	(-0.0166)	(-0.0166)	0.2686**	0.2020**	0.3079**	0.2881**	0.3119**	0.3158**
RSCth	(-0.0157)	0.0019	0.0827	0.0273	0.0285	0.0141	0.3274**	0.2819**	0.4699**	0.4262**	0.4170**	0.3625**
RSCi	(-0.0805)	(-0.0587)	(-0.0370)	(-0.0661)	(-0.0738)	(-0.0845)	0.1348*	0.1475*	0.2475**	0.2701**	0.2517**	0.2138**
RSCp	0.0103	(-0.0376)	(-0.0129)	0.0678	0.0330	0.0450	0.3080**	0.2650**	0.3466**	0.2899**	0.3264**	0.2735**
RSCc	0.2465*	(-0.0290)	0.1498*	0.0685	0.0177	0.0379	0.3797**	0.0583	0.2701**	0.3418**	0.2983**	0.2900**
RSCv	0.1340*	(-0.0394)	(-0.0629)	(-0.0387)	(-0.1079)	(-0.1134)	0.2046**	0.0736	0.1286*	0.2066**	(-0.0150)	(-0.0153)

注：同表 5-3。

　　亞洲二梯 NIEs 及與中國、越南間，表 5-6 可知馬來西亞與泰國、印尼、菲律賓皆持續顯著性正相關，顯示存在競爭性關係，係數值又顯示與印尼間存在激烈的競爭關係。與越南為正相關但1980 年代中期以後不具顯著性，與中國基本上為負相關顯示互補性關係。馬來西亞與日本、台灣、韓國、中國間呈現互補性關係。

　　泰國與印尼、菲律賓、中國、越南皆為正相關，其中與印尼、越南呈現顯著性，係數值顯示與越南競爭關係比印尼激烈化。印尼與菲律賓、中國、越南亦皆為正相關，其中與菲律賓、越南呈現顯著性，係數值顯示與越南競爭關係比菲律賓激烈化。菲律賓與中國、越南皆為正相關，但都不具顯著性。中國與越南為正相關，但1980 年代中期以後不具顯著性。亞洲二梯 NIEs 及與中國、越南間存在競爭性關係。

　　另外從以上各表中順位（Spearman）相關係數觀察，美國、日本與東亞國家間的關係與一般相關的結果大致雷同，台灣、韓國、亞洲一梯 NIEs、中國、越南間除 2000 年以後韓國與越南為負相關外則皆為顯著性正相關。從產品出口競爭力的順位角度觀察，日本以外東亞國家間皆存在競爭關係。此意涵東亞國家同質性工業化的產業發展衍生輸出競爭力產品同質化的結果。其中，日本與台灣、韓國、中國等東北亞國家間的競爭關係又大於東南亞國家間的競爭關係。

二、東亞 Agri-Food 產品出口競爭力結構的演變

　　各國輸出產品結構中包含糧食與農業原料的 Agri-Food 產品、燃料、非鐵金屬等非工業製品以及工業製品等，以下針對東亞國家的 Agri-Food 產品、工業製品出口競爭力進行探討，首先探討 Agri-Food 產品特別是糧食農產品出口競爭力結構的演變。Agri-Food 產品依據 UNCTAD 分類包含 SITC0 類及 1,2,4 類的農林漁畜相關計 62 項三分位產品，其中糧食產品 44 項，原料農產品18 項。（細目品名參照附表 5-1）

表 5-6 亞洲二梯 NIEs 及與中越間出口競爭力 (RSCA) 結構的兩國相關

列	Pearson 相關						Spearman 順位相關					
	RSCm80	**RSCm85**	**RSCm90**	**RSCm95**	**RSCm00**	**RSCm02**	**RSCm80**	**RSCm85**	**RSCm90**	**RSCm95**	**RSCm00**	**RSCm02**
RSCm／RSCth	0.3931**	0.2618**	0.2258**	0.1930**	0.2071**	0.1988**	0.4304**	0.3850**	0.4410**	0.4845**	0.4344**	0.4020**
RSCi												
RSCp	0.7615**	0.5798**	0.4890**	0.5766**	0.6905**	0.7359**	0.4609**	0.3738**	0.4920**	0.5220**	0.5235**	0.5206**
RSCc	0.3372**	0.3250**	0.4422**	0.5373**	0.5017**	0.4576**	0.4841**	0.4364**	0.4509**	0.5128**	0.4610**	0.4237**
RSCc	(-0.0306)	(-0.0172)	(-0.0131)	0.0056	-0.0162	(-0.0329)	0.1957**	-0.0667	0.1745**	0.2553**	0.1855**	0.1730**
RSCv	0.2893**	0.0934	0.1142	0.0930	0.1141	0.0814	0.2920**	0.2706**	0.2426**	0.2906**	0.3204**	0.2465**
RSCth	**RSCth80**	**RSCth85**	**RSCth90**	**RSCth95**	**RSCth00**	**RSCth02**	**RSCth80**	**RSCth85**	**RSCth90**	**RSCth95**	**RSCth00**	**RSCth02**
RSCi	0.2900**	0.3140**	0.2842**	0.3553**	0.3313**	0.3685**	0.4628**	0.4469**	0.4534**	0.5343**	0.4777**	0.4674**
RSCp												
RSCc	0.0837	0.0320	0.0712	0.0647	0.0613	0.1058	0.4580**	0.4343**	0.4728**	0.5494**	0.5229**	0.4721**
RSCc	0.1003	0.1097	0.0524	0.0757	0.0591	0.0586	0.4845**	0.2301**	0.4449**	0.4596**	0.4114**	0.4293**
RSCv	0.2017**	0.1978**	0.6849**	0.6302**	0.4829**	0.5927**	0.4963**	0.5477**	0.4714**	0.5401**	0.4156**	0.4680**
RSCi	**RSCi80**	**RSCi85**	**RSCi90**	**RSCi95**	**RSCi00**	**RSCi02**	**RSCi80**	**RSCi85**	**RSCi90**	**RSCi95**	**RSCi00**	**RSCi02**
RSCp	0.1587*	0.1352*	0.2139**	0.2662**	0.3693**	0.2668**	0.5309**	0.4965**	0.5077**	0.5820**	0.4663**	0.4364**
RSCc												
RSCv	(-0.0073)	0.0438	0.0249	0.0643	0.0525	0.0011	0.2899**	0.2368**	0.3847**	0.4567**	0.3203**	0.3143**
RSCv	0.3727**	0.2392**	0.1911**	0.3156**	0.3737**	0.3067*	0.4089**	0.4537**	0.4422**	0.5268**	0.4052**	0.4257**
RSCp	**RSCp80**	**RSCp85**	**RSCp90**	**RSCp95**	**RSCp00**	**RSCp02**	**RSCp80**	**RSCp85**	**RSCp90**	**RSCp95**	**RSCp00**	**RSCp02**
RSCc	0.0035	(-0.0633)	0.0153	0.0282	0.0841	0.1047	0.3204**	0.0138	0.2422**	0.3155**	0.2920**	0.2924**
RSCc	0.0488	0.0456	0.0526	0.0419	0.1283*	0.0797	0.2925**	0.3708**	0.2951**	0.3754**	0.3418**	0.3106**
RSCc	**RSCc80**	**RSCc85**	**RSCc90**	**RSCc95**	**RSCc00**	**RSCc02**	**RSCc80**	**RSCc85**	**RSCc90**	**RSCc95**	**RSCc00**	**RSCc02**
RSCv	0.3090**	0.2026**	0.1248	0.0530	0.1158	0.1025	0.4313**	0.3206**	0.4311**	0.4549**	0.2799**	0.3370**

注：同表 5-3。

　　表 5-7 顯示東亞國家的 Agri-Food 產品出口競爭力結構的變化，同樣以 1980 年為基準年，2002 年的相關係數值的大小所顯示變化程度，以韓國最大，越南次之，馬來西亞最小。順位相關的變化程度，越南最大，中國次之，馬來西亞仍最小。馬來西亞的變化幅度在 20%以內、日本 30%以內、菲律賓、泰國 40%以內、其餘 40%以上。而主要的變化都呈現在 1990 年代及 2000 年以後。

　　而東亞國家的 Agri-Food 產品中，糧食產品出口競爭力結構的變化，從表 5-8 可知其基本上比 Agri-Food 的幅度小。同樣以 1980 年為基準年，2002 年的相關係數值的大小所顯示變化程度，以日本最大，台灣次之，韓國最小。順位相關的變化程度，越南最大，台灣次之，日本最小。東亞的糧食競爭力的品目順位變化在 20-40%，比競爭力的 20-50%小，特別日本的品目順位變化 24%但是競爭力大小的變化達 50%是差距最大國家，其餘國家則大致雷同。不過大體而言，東亞國家的糧食競爭力品目順位變化相對於競爭力大小的變化較穩定，其中台灣、印尼、中國、越南的品目順位變化相對其他國家較大。基本上糧食產品的競爭力受到土地、氣候等自然環境條件的影響較大，所以品目競爭力的順位變化較不易，但各國工資成本、技術、消費者需求等經濟條件以及 WTO 農業協定的締結等世界經貿環境與東亞間追趕替代等的影響，競爭力的大小則普遍呈現較大幅度的變化。

表 5-7　東亞國家 AgriFood 出口競爭力結構的變遷

	Pearson 相關						Spearman 順位相關					
	1980	1985	1990	1995	2000	2002	1980	1985	1990	1995	2000	2002
美國 1980	1.0000	0.9422**	0.9163**	0.92916**	0.8699**	0.8560**	1.0000	0.9316**	0.9133**	0.9193**	0.8580**	0.8547**
日本 1980	1.0000	0.9296**	0.8131**	0.7654**	0.7817**	0.7536**	1.0000	0.9085**	0.7862**	0.7979**	0.8677**	0.7631**
台灣 1980	1.0000	0.8535**	0.6766**	0.6077**	0.5335**	0.5187**	1.0000	0.8859**	0.7728**	0.7358**	0.6584**	0.6329**
韓國 1980	1.0000	0.8505**	0.7472**	0.6547**	0.5435**	0.4878**	1.0000	0.8420**	0.7674**	0.6606**	0.6221**	0.5767**
馬來西亞 1980	1.0000	0.9353**	0.8697**	0.8699**	0.8222**	0.8143**	1.0000	0.8844**	0.8499**	0.8077**	0.8132**	0.8244**
泰國 1980	1.0000	0.9040**	0.8305**	0.6838**	0.5847**	0.6288**	1.0000	0.9194**	0.8085**	0.7101**	0.6047**	0.6336**
印尼 1980	1.0000	0.8400**	0.7249**	0.6666**	0.6418**	0.5900**	1.0000	0.8758**	0.6871**	0.6189**	0.5964**	0.5340**
菲律賓 1980	1.0000	0.8789**	0.7906**	0.7717**	0.7276**	0.6912**	1.0000	0.8792**	0.7627**	0.7105**	0.6633**	0.6708**
中國 1980	1.0000	0.4688**	0.7967**	0.6633**	0.5623**	0.5182**	1.0000	0.4516**	0.7823**	0.6609**	0.5773**	0.5400**
越南 1980	1.0000	0.6339**	0.5822**	0.5881**	0.5102**	0.5050**	1.0000	0.7130**	0.6490**	0.6173**	0.4879**	0.5258**

注：1.各國 1980 年與其他年度 AgriFood 出口 RSCA 相關；2.產品項數(N)，1995 年馬來西亞與中國為 61 項外均為 62 項；3.**：相關值顯著水準 0.01，*：顯著水準 0.05（雙尾檢定）。

表 5-8　東亞國家糧食產品出口競爭力結構的變遷

	Pearson 相關						Spearman 順位相關					
	1980	1985	1990	1995	2000	2002	1980	1985	1990	1995	2000	2002
美國 1980	1.0000	0.925**	0.8975**	0.9129**	0.8180**	0.8007**	1.0000	0.8859**	0.8743**	0.8781**	0.7604**	0.7577**
日本 1980	1.0000	0.8661**	0.6067**	0.5244**	0.5416**	0.4991**	1.0000	0.8896**	0.7595**	0.7622**	0.8464**	0.7688**
台灣 1980	1.0000	0.8961**	0.7596**	0.6869**	0.5949**	0.5813**	1.0000	0.9062**	0.8503**	0.8475**	0.6806**	0.6263**
韓國 1980	1.0000	0.9400**	0.8758**	0.7662**	0.8247**	0.7641**	1.0000	0.8749**	0.8006**	0.7471**	0.7518**	0.7189**
馬來西亞 1980	1.0000	0.9046**	0.8199**	0.8418**	0.7578**	0.7445**	1.0000	0.8418**	0.7939**	0.8068**	0.7337**	0.7164**
泰國 1980	1.0000	0.9316**	0.8770**	0.7338**	0.6955**	0.7547**	1.0000	0.9468**	0.8810**	0.7728**	0.7196**	0.7719**
印尼 1980	1.0000	0.8820**	0.8129**	0.7834**	0.7027**	0.6996**	1.0000	0.8732**	0.7507**	0.7633**	0.6786**	0.6578**
菲律賓 1980	1.0000	0.8592**	0.8174**	0.8267**	0.7385**	0.7107**	1.0000	0.8466**	0.7871**	0.7679**	0.7238**	0.7276**
中國 1980	1.0000	0.4120**	0.7732**	0.7250**	0.6277**	0.5943**	1.0000	0.3726*	0.7208**	0.6944**	0.6554**	0.6382**
越南 1980	1.0000	0.6390**	0.5753**	0.6575**	0.6430**	0.6163**	1.0000	0.7155**	0.6748**	0.7344**	0.6175**	0.6088**

注：1.各國 1980 年與其他年度糧食產品出口 RSCA 相關；2.產品項數(N)，1995 年馬來西亞與中國為 43 項外均為 44 項；3.**：相關值顯著水準 0.01，*：顯著水準 0.05（雙尾檢定）。

　　以下從東亞 SITC 三分位的細項糧食產品出口競爭力的變化進
一步結構的變化。首先肉品競爭力（011）而言，從圖 5-1 中由左
至右 1980 至 2002 年期間美國、日本、台灣、韓國、馬來西亞、泰
國、印尼、菲律賓、中國及越南的 RSCA 變化曲線可知，觀察期間，
東亞中只有泰國具競爭力，而台灣在 1980 年代中期以後至 1990 年代
中期，中國在 1980 年代中皆曾具競爭力。對照於此，美國 1990 年代
中期以後逐漸顯現競爭優勢。基本上肉品並非東亞的比較利益產品。

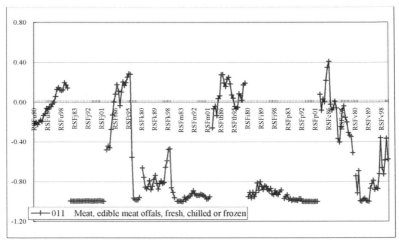

圖 5-1　東亞生鮮，冷藏，冷凍肉品及內臟
（011 Meat, edible meat offals, fresh, chilled or frozen）RSCA

　　而漁類、甲殼類、軟體等水產品的出口競爭力，圖 5-2 可知除
因 6-12-200 海哩等漁權海域部份國家間仍存在爭議，但遠洋漁業
也是東亞國家漁產品競爭力的來源，特別因遠洋漁業關係資本與漁
撈技術的高低，因此觀察期間東亞國家中，亞洲一梯 NIEs 亦具競
爭力。其中生鮮、冷藏、冷凍漁品（034,036）的競爭力除日本已
不具競爭力外，台灣、韓國、馬來西亞呈現競爭力下降，其餘二梯
NIEs 及中國、越南普遍上升並維持後發展國家的相對高競爭優
勢，特別是甲殼類、軟體等水產品。（參照圖 5-3）

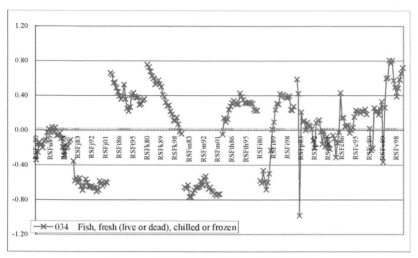

圖 5-2 東亞生鮮，冷藏，冷凍漁類品
（034 Fish, fresh (live or dead), chilled or frozen）RSCA

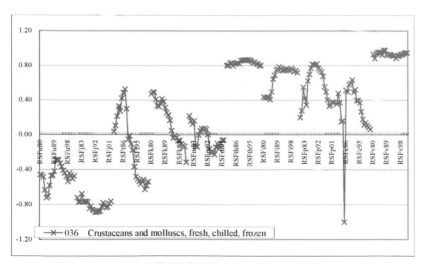

圖 5-3 東亞生鮮冷藏及冷凍甲殼，軟體水產品
（036 Crustaceans and molluscs, fresh, chilled, frozen etc.）RSCA

　　而從圖 5-4 及 5-5 可知保存加工漁類等水產品（035,037）也呈現與生鮮、冷藏、冷凍漁品等水產品同樣的國別競爭力的高低排列與發展。

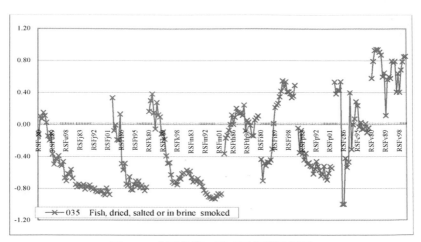

圖 5-4　東亞乾燥，鹽鹵及煙燻漁製品
（035 Fish, dried, salted or in brine　smoked fish）RSCA

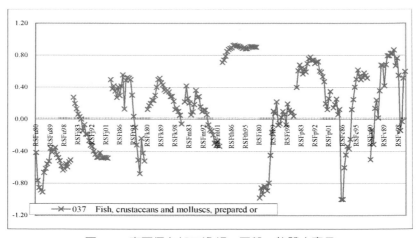

圖 5-5　東亞保存加工漁類，甲殼，軟體水產品
（037 Fish, crustaceans and molluscs, prepared or preserved）RSCA

　　農作物產品競爭力深受各國農業環境等經濟條件影響，出口亦受運輸條件影響，觀察期間出口競爭優勢大多聚集在泰國、菲律賓、中國與越南。

　　其中生鮮、冷藏、冷凍與保存加工蔬菜類（054,056），從圖5-6及5-7可知日本喪失競爭力外，台灣、韓國競爭力亦急遽下跌進而失去競爭力，泰國、中國具相對高競爭力但1990年代開始呈現下降趨勢，越南競爭力呈現不穩定變化但1990年代中期以後回升。

　　生鮮、乾燥加工水果及堅果（057）的競爭力，圖5-8可知中國1990年代開始喪失競爭優勢，只有菲律賓、越南持續競爭優勢。美國則與東亞的變化相對照，1980年代後期開始呈現競爭優勢。

　　但保存加工水果（058）的競爭力，圖5-9可知台灣1980年代後期開始喪失競爭優勢，泰國、菲律賓持續競爭優勢，中國1980年代後期回復競爭優勢但維持在相對低水準競爭優勢，越南不穩定但1990年代後期呈現競爭力回升變化。

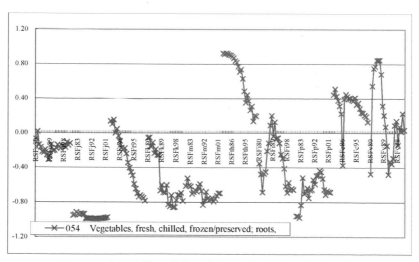

圖5-6　東亞生鮮，冷藏，冷凍，保存加工蔬菜及根莖類
（054 Vegetables, fresh, chilled, frozen/preserved; roots, tubers）RSCA

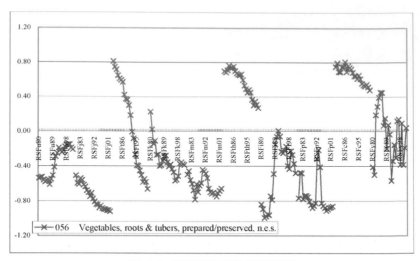

圖 5-7　東亞保存加工根莖蔬菜
（056 Vegetables, roots & tubers, prepared/preserved, n.e.s.）RSCA

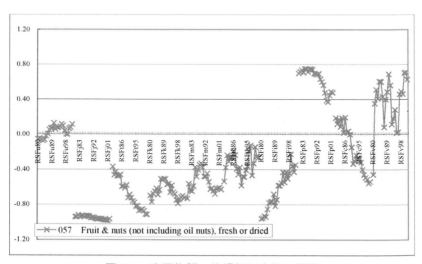

圖 5-8　東亞生鮮，乾燥加工水果，堅果
（057 Fruit & nuts (not including oil nuts), fresh or dried）RSCA

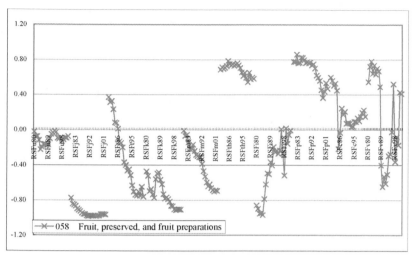

圖 5-9　東亞保存加工水果
（058 Fruit, preserved, and fruit preparations）RSCA

　　蔗糖、蜜糖（061）競爭力，圖 5-10 可知台灣、韓國 1980 年代中期開始快速喪失競爭優勢，泰國持續競爭優勢，菲律賓從相對高競爭優勢、中國從相對低競爭優勢下降皆在 1990 年代後期喪失競爭優勢，越南則呈現不穩定變化。

　　稻米（042）競爭力，圖 5-11 可知日本 1990 年代為止明顯不具競爭優勢但是其後差異化出口策略下呈現競爭力回升的波動變化，台灣 1980 年代中期、韓國 1980 年代開始快速喪失競爭優勢，泰國穩定持續競爭優勢，菲律賓 1980 年代中期從相對高競爭優勢下降後喪失競爭優勢但其後與印尼同樣呈現單年度突發性競爭優勢的散佈，中國 1980 年代中期以後競爭力急遽下降但仍維持競爭優勢，越南則 1990 年代開始維持高競爭優勢。美國則競爭優勢持續下降，2000 年以後呈現喪失優勢的變化。

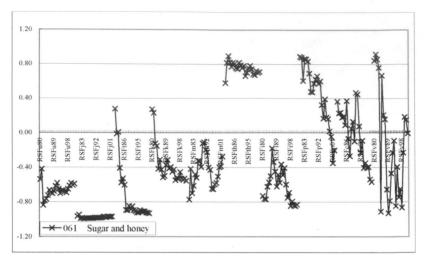

圖 5-10　東亞蔗糖蜜糖（061 Sugar and honey）RSCA

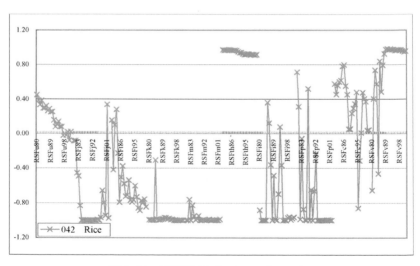

圖 5-11　東亞稻米（042 Rice）RSCA

就以上具代表性的東亞糧食產品的細項出口競爭力的變化而言，東亞國家間亦呈現雁行追趕的發展形態，但觀察期間東亞間農作物出口競爭力的演變基本上發生在台灣、韓國、泰國、菲律賓、中國與越南等之間。

三、東亞工業製品出口競爭力結構的演變

以下進一步探討東亞國家的所有工業製品 SITC 三分位 141 項製品的出口競爭力即 RSCA 值的時序變化。工業製品 RSCA 值為 UNCTAD 貿易統計資料工業製品 SITC 分類 5（化學製品）、6 與 8（其他製品，但 68 分類除外）及 7（機械製品）類製品三分位細項計 141 項製品的 RSCA 值。（細目品名參照附表 5-2）

1. 國家別工業製品競爭力結構

首先探討觀察期間東亞國家別工業製品競爭力結構的演變。表 5-9 顯示 1980 至 2002 年各國工業製品 RSCA 值的分散變化。1980 年以後美國、台灣、韓國、中國的競爭力結構變化呈現明顯減小的收斂趨勢，日本 1980 年代一度減小但其後微增其變化相對不明顯，馬來西亞、泰國、菲律賓 1980 年代變化明顯擴大但 1990 年代中呈現變化減小的收斂趨勢，印尼 1980 年代開始變化持續擴大，越南基本上變化呈現明顯減小的趨勢但 1980 年代後期變化曾明顯擴大。除了印尼以外，二梯 NIEs 的變化趨勢相似，日本、台灣、韓國、中國、越南的變化趨勢相似。1990 年代中期以後東亞國家競爭力結構的變化均呈現減小的收斂趨勢，日本、台灣等先發展國家與泰國、印尼、菲律賓、中國等後發展的國家呈現相同激烈程度的變化。東亞國家工業製品競爭力結構的變化除了幅度較全產品競爭力結構的變化幅度小外，此國家間變化型態的不同是另一個相異處。

接著探討東亞國家年度間工業製品出口競爭力結構的相關變化。

表 5-10 為觀察期間內特定年度與 1980 年各國工業製品 RSCA 值的一般相關（Pearson）、順位相關（Spearman）的時序相關係數

值，顯示期間內各國出口競爭力結構的演變程度。而相關係數值為
上述141細項分類工業製品RSCA係數值所計算的各年度間一般相
關、順位相關係數，檢定為雙尾檢定。

表 5-9　東亞國家工業製品出口競爭力結構的分散變化

	美國	日本	台灣	韓國	馬來西亞	泰國	印尼	菲律賓	中國	越南
1980	0.3450	0.4716	0.5831	0.5983	0.3402	0.4577	0.1768	0.4452	0.5513	0.5048
1981	0.3516	0.4671	0.5967	0.5912	0.3330	0.4524	0.2031	0.4551	0.5426	0.4709
1982	0.3645	0.4623	0.5903	0.5888	0.3336	0.4540	0.1974	0.4550	0.5194	0.4136
1983	0.3769	0.4616	0.5886	0.5909	0.3481	0.4821	0.2408	0.4458	0.5190	0.4098
1984	0.3881	0.4689	0.5937	0.5804	0.3395	0.4916	0.2789	0.4287	0.5122	0.3859
1985	0.3815	0.4612	0.5942	0.5679	0.3550	0.5151	0.3051	0.4575	0.4896	0.4251
1986	0.3728	0.4530	0.5757	0.5570	0.3948	0.5135	0.3673	0.4592	0.5194	0.4588
1987	0.3683	0.4605	0.5672	0.5452	0.4114	0.5367	0.3759	0.4676	0.5381	0.4066
1988	0.3553	0.4583	0.5541	0.5440	0.4306	0.5262	0.4192	0.4777	0.5340	0.4636
1989	0.3308	0.4572	0.5579	0.5416	0.4461	0.5325	0.4551	0.5033	0.5229	0.4888
1990	0.3183	0.4605	0.5450	0.5265	0.4602	0.5412	0.4645	0.5050	0.5144	0.4554
1991	0.3129	0.4628	0.5337	0.5136	0.4756	0.5287	0.4796	0.5520	0.5100	0.3794
1992	0.3092	0.4580	0.5217	0.5017	0.4657	0.5256	0.4876	0.4934	0.5085	0.4125
1993	0.3147	0.4574	0.5147	0.4968	0.4580	0.5198	0.5010	0.4852	0.5099	0.4588
1994	0.3164	0.4623	0.5036	0.4745	0.4588	0.5127	0.4906	0.4798	0.5153	0.4640
1995	0.3095	0.4682	0.4906	0.4554	0.4574	0.5035	0.4905	0.4699	0.4963	0.4698
1996	0.3046	0.4689	0.4863	0.4524	0.4484	0.4910	0.4898	0.5061	0.4905	0.4879
1997	0.3026	0.4672	0.4813	0.4522	0.4436	0.4803	0.4646	0.4794	0.4893	0.4330
1998	0.2953	0.4723	0.4922	0.4410	0.4291	0.4693	0.4610	0.4568	0.4940	0.4299
1999	0.2948	0.4651	0.4895	0.4517	0.4236	0.4664	0.4849	0.4220	0.4895	0.4444
2000	0.3028	0.4664	0.4855	0.4346	0.4298	0.4613	0.4923	0.4350	0.4795	0.4386
2001	0.3051	0.4721	0.4875	0.4322	0.4385	0.4620	0.4931	0.4467	0.4747	0.4600
2002	0.3110	0.4722	0.4965	0.4350	0.4305	0.4609	0.4721	0.4345	0.4706	0.4571

注：1.1980年至2002年各國對世界工業製品產品出口 RSCA 的標準差；2. N=141；3.作者計算編製。
資料出處：UNCTAD Handbook of Statitics , 2005。

表 5-10　東亞國家工業製品競爭力結構的變遷

	Pearson 相關					
	1980	1985	1990	1995	2000	2002
美國 1980	1.0000	0.9194**	0.8711**	0.8632**	0.8400**	0.8266**
日本 1980	1.0000	0.9590**	0.8713**	0.7979**	0.7463**	0.7318**
台灣 1980	1.0000	0.8440**	0.7934**	0.6643**	0.5320**	0.4617**
韓國 1980	1.0000	0.8714**	0.8283**	0.6267**	0.4579**	0.3612**
馬來西亞 1980	1.0000	0.8310**	0.6564**	0.5844**	0.5243**	0.4727**
泰國 1980	1.0000	0.8790**	0.6555**	0.5994**	0.5012**	0.4740**
印尼 1980	1.0000	0.7133**	0.4934**	0.3078**	0.2907**	0.2869**
菲律賓 1980	1.0000	0.8425**	0.6845**	0.6361**	0.5597**	0.5085**
中國 1980	1.0000	0.4915**	0.7332**	0.6357**	0.5241**	0.4923**
越南 1980	1.0000	0.6584**	0.4819**	0.4679**	0.3392**	0.3291**
	Spearman 順位相關					
	1980	1985	1990	1995	2000	2002
美國 1980	1.0000	0.9168**	0.8651**	0.8622**	0.8320**	0.8117**
日本 1980	1.0000	0.9493**	0.8453**	0.7705**	0.7151**	0.7017**
台灣 1980	1.0000	0.8265**	0.7774**	0.6639**	0.5390**	0.4790**
韓國 1980	1.0000	0.8462**	0.8097**	0.6272**	0.4708**	0.3727**
馬來西亞 1980	1.0000	0.7603**	0.6508**	0.5697**	0.5167**	0.4643**
泰國 1980	1.0000	0.8589**	0.6753**	0.6309**	0.5440**	0.5053**
印尼 1980	1.0000	0.7281**	0.5970**	0.4922**	0.4723**	0.4532**
菲律賓 1980	1.0000	0.7456**	0.6255**	0.6081**	0.5301**	0.5011**
中國 1980	1.0000	0.4013**	0.7489**	0.6426**	0.5312**	0.4988**
越南 1980	1.0000	0.4611**	0.3980**	0.3312**	0.3256**	0.3299**

注：1.各國 1980 年與其他年度工業製品出口 RSCA 相關；2.產品項數(N)，1995 年馬來西亞與中國為 139 項外均為 141 項；3.**：相關值顯著水準 0.01（雙尾檢定）。

　　美國的一般相關、順位相關的時序相關係數值雖遞減但均較東亞國家大亦即其變化亦較小，與 1980 年基準期相比 2002 年的變化幅度在 20%以內。東亞國家均亦呈現相關係數值的時序遞減，日本的變化幅度 30%以內，台灣、馬來西亞、泰國、菲律賓、中國的變化幅度 50%以上，韓國的變化幅度 60%以上，越南的變化幅度接近 70%，印尼的變化幅度一般相關 70%、順位相關 50%以上。

　　東亞國家一般相關、順位相關在 1980 年代中期開始呈現相對急遽的變化，其中的變化幅度如上述，越南大於印尼以外東亞國家，韓國大於越南、印尼以外東亞國家，台灣與馬來西亞、泰國相當。1980 年代開始東亞國家的出口競爭力結構變化，除日本外均相當激烈。

　　東亞國家經濟在 1980 年以後歷經三次世界經濟環境的鉅大變化，一為 1985 年廣場協議後日圓及其他東亞貨幣對美元的大幅升值，導致其後特別是其他製品對中國的投資增加及生產的移轉，中國的外來直接投資從 1980 年 5 千 700 萬美元至 84 年 12 億 6,000 萬美元突破 10 億美元，85 年 16 億 6,000 萬美元，以後進入成長加溫期，90 年達 34 億 9,000 萬美元。外資佔其國內總固定資本形成的比重亦從 1980 年 0.06%，85 年升至 1.85%，而 90 年達 3.53%，此亦帶動中國產業結構特別是製造業的重大變化。二為 1990 年代東亞對中國的投資新熱潮及生產的進一步移轉，鄧小平 1992 年的南巡講話保證社會主義市場經濟制度的運行方向帶動天安門事件後世界特別是東亞對中國的新投資潮及產業移轉。三為 1997 年亞洲金融風暴及 90 年代末 IT 景氣波動的影響。

　　東亞國家的製品出口競爭力結構隨著製造業結構的轉變，從上述變化幅度中可知，1980 年代的轉變幅度普遍較大，1990 年代的轉變幅度次之，但台灣、韓國則 1990 年代的轉變幅度較大，韓國特別在 1990 年代後期的轉變相對較其他東亞國家大。

2. 國家間工業製品競爭力結構

　　其次探討東亞國家間工業製品競爭力結構的相關變化。表 5-11 為日本與其他東亞觀察國家間各年度製品 RSCA 相關係數值，顯示觀察期間內各國製品出口競爭力結構間相關關係的演變。各國間正相關代表製品 RSCA 的競爭性結構關係，正相關係數值越大表示結構間同質性越高其競爭性關係越激烈，反之負相關則代表互補性結構關係，同理負相關係數絕對值越大表示結構間異質性越高其互補性關係越密切。

表 5-11　日本與東亞國家工業製品 RSCA 結構相關

Pearson 相關					
RSAj80	**RSAj85**	**RSAj90**	**RSAj95**	**RSAj00**	**RSAj02**
RSAt80	RSAt85	RSAt90	RSAt95	RSAt00	RSAt02
0.0695	0.0558	0.0624	0.1326	0.2418**	0.3179**
RSAk80	RSAk85	RSAk90	RSAk95	RSAk00	RSAk02
0.1524	0.0851	0.0068	0.1110	0.2198**	0.3462**
RSAm80	RSAm85	RSAm90	RSAm95	RSAm00	RSAm02
(-0.0928)	(-0.0180)	0.0277	0.0974	0.1168	0.1685*
RSAth80	RSAth85	RSAth90	RSAth95	RSAth00	RSAth02
(-0.2181)**	(-0.3075)**	(-0.1653)	(-0.1798)*	(-0.1189)	(-0.0991)
RSAi80	RSAi85	RSAi90	RSAi95	RSAi00	RSAi02
(-0.2527)**	(-0.3783)**	(-0.4553)**	(-0.3621)**	(-0.2815)**	(-0.2410)**
RSAp80	RSAp85	RSAp90	RSAp95	RSAp00	RSAp02
(-0.2484)**	(-0.4243)**	(-0.3838)**	(-0.3348)**	(-0.1858)*	(-0.1341)
RSAc80	RSAc85	RSAc90	RSAc95	RSAc00	RSAc02
(-0.3400)**	(-0.1119)	(-0.2895)**	(-0.3422)**	(-0.3016)**	(-0.3077)**
RSAv80	RSAv85	RSAv90	RSAv95	RSAv00	RSAv02
(-0.2159)**	(-0.2603)**	(-0.4195)**	(-0.3575)**	(-0.2499)**	(-0.2779)**
Spearman 順位相關					
RSAj80	**RSAj85**	**RSAj90**	**RSAj95**	**RSAj00**	**RSAj02**
RSAt80	RSAt85	RSAt90	RSAt95	RSAt00	RSAt02
0.0816	0.0659	0.0457	0.1250	0.2348**	0.3127**
RSAk80	RSAk85	RSAk90	RSAk95	RSAk00	RSAk02
0.1788*	0.1106	0.0386	0.1248	0.0141*	0.3497**
RSAm80	RSAm85	RSAm90	RSAm95	RSAm00	RSAm02
(-0.1022)	(-0.0046)	0.0342	0.0997	0.1185	0.1583
RSAth80	RSAth85	RSAth90	RSAth95	RSAth00	RSAth02
(-0.1786)*	(-0.2502)**	(-0.0898)	(-0.1677)*	(-0.1119)	(-0.0890)
RSAi80	RSAi85	RSAi90	RSAi95	RSAi00	RSAi02
(-0.2814)**	(-0.3194)**	(-0.3310)**	(-0.3011)**	(-0.2422)**	(-0.2106)*
RSAp80	RSAp85	RSAp90	RSAp95	RSAp00	RSAp02
(-0.1871)*	(-0.3689)**	(-0.3080)**	(-0.2927)**	(-0.1289)	(-0.1411)
RSAc80	RSAc85	RSAc90	RSAc95	RSAc00	RSAc02
(-0.3271)**	(-0.0119)	(-0.2801)**	(-0.3359)**	(-0.3059)**	(-0.3350)**
RSAv80	RSAv85	RSAv90	RSAv95	RSAv00	RSAv02
(-0.1640)	(-0.1728)*	(-0.3245)**	(-0.2225)**	(-0.1372)	(-0.1958)*

注：1.1980，85，90，95，2000，2002 年所有工業製品輸出品目 RSCA 的相關係數值，各年的輸出品目數(N)為 141 項，但 1995 年馬來西亞、中國為 140 項。2.U：美國，J：日本，T：台灣，K：韓國，M：馬來西亞，TH：泰國，I：印尼，P：菲律賓，C：中國，V：越南。　3.** 顯著水準 0.01,* 顯著水準 0.05（雙尾檢定）。

　　同表可知 1980 至 2002 年日本與其他東亞國家間工業製品 RSCA 的一般（Pearson）相關與順位（Spearman）相關係數值及其演變大致相似，同時從表可發現，（1）日本與台灣、韓國間雖為正相關，但至 2000 年開始才呈現顯著性，與馬來西亞 1990 年開始轉為正相關，而至 2001 年一般相關才呈現顯著性，顯示日本與台灣、韓國出口製品結構間的競爭性關係 2000 年正式確立並在其後加劇，與馬來西亞結構間的競爭性關係 2002 年正式確立。以 2002 年係數值顯示日本與韓國的競爭程度大於與台灣的程度，與台灣的競爭程度又大於與馬來西亞的程度，而與韓國、台灣的競爭程度又大於與美國的程度。（2）日本與泰國、印尼、菲律賓、中國、越南間，觀察期間內均為負相關。但與泰國間 1990 年以後係數絕對值變小且 2000 年轉變成無意性負相關，與菲律賓間 1985 年以後係數絕對值變小且 2002 年一般相關轉變成無意性負相關，與中國則 90 年以後反轉成顯著性負相關且係數絕對值變大，與越南持續顯著性負相關，以上顯示日本與泰國間由互補性關係朝競爭性關係演化中，而與印尼、中國、越南間則為互補性關係的發展。

　　觀察期間內日本與其他東亞觀察國家競爭力結構間的關係演變，與先發展國家台灣、韓國間確立競爭性關係，與中間發展國家馬來西亞、泰國間由由互補性關係確定轉變為競爭性關係或朝競爭性關係演化中，而與後發展的中國、越南間則處於互補性關係的狀態。此證實雁行理論所提由於工業化發展過程中連鎖性結構轉變，日本與其他東亞國家競爭力結構間由異質性互補性關係朝向同質性競爭性關係的演變，但尚無法觀察出競爭力結構進一步高度化後是否會由競爭性關係又轉變成異質性互補性關係的論點。

　　而比較與美國關係的不同或能更確切把握日本與東亞國家的製品出口競爭力結構間關係，因此進一步探討東亞國家與美國競爭力結構間的關係，從表 5-12 可知 1980 至 2002 年美國與東亞國家間工業製品 RSCA 的一般（Pearson）相關與順位（Spearman）相關係數值及其演變大致相似，同表中可發現觀察期間內（1）日本

表 5-12　美國與東亞國家工業製品 RSCA 結構相關係數

Pearson 相關						Spearman 順位相關					
RSAu80	RSAu85	RSAu90	RSAu95	RSAu00	RSAu02	RSAu80	RSAu85	RSAu90	RSAu95	RSAu00	RSAu02
RSAj80 0.0132	RSAj85 0.0400	RSAj90 0.2580**	RSAj95 0.2940**	RSAj00 0.3173**	RSAj02 0.3215**	RSAj80 0.0078	RSAj85 0.0429	RSAj90 0.2742**	RSAj95 0.3065**	RSAj00 0.3266**	RSAj02 0.3203**
RSAt80 (-0.4643)**	RSAt85 (-0.4228)**	RSAt90 (-0.3025)**	RSAt95 (-0.2183)**	RSAt00 (-0.1188)	RSAt02 (-0.0335)	RSAt80 (-0.4693)**	RSAt85 (-0.4346)**	RSAt90 (-0.2937)**	RSAt95 (-0.2343)**	RSAt00 (-0.1419)	RSAt02 (-0.0465)
RSAk80 (-0.5618)**	RSAk85 (-0.5254)**	RSAk90 (-0.4463)**	RSAk95 (-0.3325)**	RSAk00 (-0.2308)**	RSAk02 (-0.1332)	RSAk80 (-0.5688)**	RSAk85 (-0.5020)**	RSAk90 (-0.4095)**	RSAk95 (-0.3404)**	RSAk00 (-0.2488)**	RSAk02 (-0.1563)
RSAm80 (-0.1560)	RSAm85 (-0.1596)	RSAm90 (-0.1988)*	RSAm95 (-0.1391)	RSAm00 (-0.0557)	RSAm02 (-0.0221)	RSAm80 (-0.1439)	RSAm85 (-0.0715)	RSAm90 (-0.1754)*	RSAm95 (-0.1428)	RSAm00 (-0.0402)	RSAm02 0.0069
RSAth80 (-0.3914)**	RSAth85 (-0.3181)**	RSAth90 (-0.3821)**	RSAth95 (-0.3646)**	RSAth00 (-0.3580)**	RSAth02 (-0.3226)**	RSAth80 (-0.3862)**	RSAth85 (-0.2818)**	RSAth90 (-0.3259)**	RSAth95 (-0.3762)**	RSAth00 (-0.3713)**	RSAth02 (-0.3341)**
RSAi80 (-0.1276)	RSAi85 (-0.2943)**	RSAi90 (-0.4601)**	RSAi95 (-0.4662)**	RSAi00 (-0.4117)**	RSAi02 (-0.3886)**	RSAi80 (-0.2261)**	RSAi85 (-0.3385)**	RSAi90 (-0.4602)**	RSAi95 (-0.4634)**	RSAi00 (-0.3984)**	RSAi02 (-0.3690)**
RSAp80 (-0.4581)**	RSAp85 (-0.2683)**	RSAp90 (-0.2266)**	RSAp95 (-0.2415)**	RSAp00 (-0.2422)**	RSAp02 (-0.2043)**	RSAp80 (-0.3870)**	RSAp85 (-0.2205)**	RSAp90 (-0.1923)**	RSAp95 (-0.2593)**	RSAp00 (-0.2165)**	RSAp02 (-0.1325)
RSAc80 (-0.5212)**	RSAc85 (-0.2577)**	RSAc90 (-0.5617)**	RSAc95 (-0.5622)**	RSAc00 (-0.5287)**	RSAc02 (-0.4847)**	RSAc80 (-0.5302)**	RSAc85 (-0.2951)**	RSAc90 (-0.5132)**	RSAc95 (-0.5532)**	RSAc00 (-0.5210)**	RSAc02 (-0.4741)**
RSAv80 (-0.2683)**	RSAv85 (-0.1959)*	RSAv90 (-0.3735)**	RSAv95 (-0.4881)**	RSAv00 (-0.2937)**	RSAv02 (-0.2842)**	RSAv80 (-0.1667)*	RSAv85 (-0.2049)*	RSAv90 (-0.3608)**	RSAv95 (-0.5263)**	RSAv00 (-0.2553)**	RSAv02 (-0.2159)*

注：同表 5-11。

與美國間，1980、85 年為統計上不具顯著性的正相關，但 90 年及
其後即呈現顯著性正相關且係數值呈增大變化，顯示日美結構間競
爭性關係 90 年以後加劇。（2）日本以外東亞國家與美國間皆為負
相關。但是係數絕對值台灣、韓國在觀察期間內逐年減小，亞洲二
梯 NIEs、中國、越南 1990 年代特別中期以後亦均減小，且其中台
灣 2000 年以後、韓國 2002 年、馬來西亞 1995 年以後轉變成不具
顯著性負相關，蘊涵台灣、韓國、馬來西亞由互補性關係朝競爭性
關係的演化發展。而中國 1990 年代以來與美國的競爭力結構間互
補性關係是東亞中最強的，一如 1990 年代中期以後其與日本的關
係強度，但其與美國間的互補關係又大於與日本的關係。

　　以上美、日及與東亞國家間製品出口競爭力結構的關係及其演
變可推論為各國經濟發展程度的漸層落差所導致，故隨著經濟水準
的提升，日本與美國競爭力結構間首先確立競爭關係，與其餘東亞
國家競爭力結構間，日本也逐漸演變成同質性競爭關係，而日本以
外東亞國家與美國間雖仍維持異質性互補關係但部份國家已顯現
朝競爭性關係演化的徵兆。

　　另再進一步探討日本以外東亞國家製品出口競爭力結構間的
關係。從表 5-13 可知 1980 至 2002 年台灣、韓國與其他東亞國家
間工業製品 RSCA 的 Pearson 相關與 Spearman 順位相關係數值及
其演變大致相似，同時可發現，（1）台灣、韓國與其他東亞國家間，
除台灣 1980 年與印尼及 1990、2002 年與越南 Pearson 相關以及韓
國 1985 年與中國的順位相關及 2000、02 年與菲律賓、越南相關不
具顯著性外均為顯著性正相關，顯示皆為競爭性關係。（2）觀察期
間內台灣與韓國，台、韓與其他東亞國家間的競爭性關係均在 1990
或 95 年達到高點後呈現降低現象。（3）期間內台灣與韓國間競爭
程度大於與其他東亞國家，而台灣與其他東亞國家間競爭程度亦皆
大於韓國與其他東亞國家。其中，台、韓與泰國間競爭關係皆大於
與亞洲二梯 NIEs、中國及越南，其次為與馬來西亞、中國間的競
爭關係，而台灣與泰國、中國、馬來西亞間競爭程度又大於韓國與

表 5-13　台韓與日本以外東亞國家工業製品 RSCA 結構相關

	Pearson 相關						Spearman 順位相關					
	RSAt80	RSAt85	RSAt90	RSAt95	RSAt00	RSAt02	RSAt80	RSAt85	RSAt90	RSAt95	RSAt00	RSAt02
RSAt（台）	RSAk80 0.6380**	RSAk85 0.63118**	RSAk90 0.6440**	RSAk95 0.4806**	RSAk00 0.5299**	RSAk02 0.5675**	RSAk80 0.6256**	RSAk85 0.6408**	RSAk90 0.6534**	RSAk95 0.4890**	RSAk00 0.5251**	RSAk02 0.5789**
	RSAm80 0.4155**	RSAm85 0.3950**	RSAm90 0.3791**	RSAm95 0.3707**	RSAm00 0.3388**	RSAm02 0.3610**	RSAm80 0.45657**	RSAm85 0.3981**	RSAm90 0.4058**	RSAm95 0.4371**	RSAm00 0.3862**	RSAm02 0.4018**
	RSAth80 0.5117**	RSAth85 0.4984**	RSAth90 0.6280**	RSAth95 0.5612**	RSAth00 0.4142**	RSAth02 0.3928**	RSAth80 0.4982**	RSAth85 0.5424**	RSAth90 0.6671**	RSAth95 0.5865**	RSAth00 0.4114**	RSAth02 0.3883**
	RSAi80 0.1319	RSAi85 0.2590**	RSAi90 0.3209**	RSAi95 0.3037**	RSAi00 0.2367**	RSAi02 0.1969*	RSAi80 0.2635**	RSAi85 0.3482**	RSAi90 0.3761**	RSAi95 0.3814**	RSAi00 0.2803**	RSAi02 0.2573**
	RSAp80 0.5304**	RSAp85 0.4453**	RSAp90 0.4297**	RSAp95 0.3734**	RSAp00 0.2935**	RSAp02 0.2517**	RSAp80 0.5316**	RSAp85 0.5224**	RSAp90 0.5402**	RSAp95 0.4938**	RSAp00 0.3881**	RSAp02 0.3187**
	RSAc80 0.4522**	RSAc85 0.2391**	RSAc90 0.4162**	RSAc95 0.4307**	RSAc00 0.3427**	RSAc02 0.3180**	RSAc80 0.4687**	RSAc85 0.2498**	RSAc90 0.4334**	RSAc95 0.4405**	RSAc00 0.3366**	RSAc02 0.2932**
	RSAv80 0.2970**	RSAv85 0.3747**	RSAv90 0.1323	RSAv95 0.0010	RSAv00 0.2429**	RSAv02 0.1651	RSAv80 0.3768**	RSAv85 0.4757**	RSAv90 0.3048**	RSAv95 0.3852**	RSAv00 0.3340**	RSAv02 0.2384**
RSAk（韓）	RSAm80 0.3955**	RSAm85 0.3286**	RSAm90 0.3388**	RSAm95 0.2085*	RSAm00 0.2400**	RSAm02 0.2756**	RSAm80 0.3419**	RSAm85 0.2575**	RSAm90 0.3348**	RSAm95 0.2262**	RSAm00 0.2395**	RSAm02 0.2883**
	RSAth80 0.4729**	RSAth85 0.3861**	RSAth90 0.5365**	RSAth95 0.3254**	RSAth00 0.3851**	RSAth02 0.3547**	RSAth80 0.4140**	RSAth85 0.3415**	RSAth90 0.5254**	RSAth95 0.3397**	RSAth00 0.4051**	RSAth02 0.3695**
	RSAi80 0.1812*	RSAi85 0.2424**	RSAi90 0.3268**	RSAi95 0.2653**	RSAi00 0.2474**	RSAi02 0.1819*	RSAi80 0.2828**	RSAi85 0.3022**	RSAi90 0.3894**	RSAi95 0.3169**	RSAi00 0.2778**	RSAi02 0.2326**
	RSAp80 0.4744**	RSAp85 0.3329**	RSAp90 0.3836**	RSAp95 0.2578**	RSAp00 0.1246	RSAp02 0.1232	RSAp80 0.4120**	RSAp85 0.3266**	RSAp90 0.4090**	RSAp95 0.2305**	RSAp00 0.1761*	RSAp02 0.1574
	RSAc80 0.3378**	RSAc85 0.1927*	RSAc90 0.4185**	RSAc95 0.3290**	RSAc00 0.2324**	RSAc02 0.1676*	RSAc80 0.3503**	RSAc85 0.1463	RSAc90 0.3972**	RSAc95 0.3480**	RSAc00 0.2486**	RSAc02 0.1754**
	RSAv80 0.2936**	RSAv85 0.2617**	RSAv90 0.2674**	RSAv95 0.3295**	RSAv00 0.0340	RSAv02 (-0.0329)	RSAv80 0.2550**	RSAv85 0.2875**	RSAv90 0.3663**	RSAv95 0.3733**	RSAv00 0.0802	RSAv02 0.0143

注：同表 5-11。

此三國的競爭，另外台灣、韓國 1990 年代與中國的競爭程度大於馬來西亞，2000 年後與馬來西亞又超過中國。

再進一步探討二梯 NIEs 及與中國、越南間製品出口競爭力結構間的關係。從表 5-14 可知 1980 至 2002 年二梯 NIEs 及與中國、越南間工業製品 RSCA 的 Pearson 相關與 Spearman 順位相關係數值及其演變大致相似，同時可發現，（1）除馬來西亞 1990、95、2002 年與越南，馬來西亞 1985 年、印尼 1980、85 年及菲律賓 1985 年與中國不具顯著性外均為顯著性正相關，顯示皆為競爭性關係。（2）而除馬來西亞與越南、印尼與菲律賓及越南、越南與菲律賓外，1980 年代以後國家間相關係數值均增大即呈現競爭關係激烈化的趨勢。而亞洲二梯 NIEs 間的競爭程度也大於其與台灣、韓國間的程度。（3）觀察期間內馬來西亞與泰國間競爭關係大於與其他亞洲二梯 NIEs、中國、越南間的關係，泰國與印尼間競爭關係大於與菲律賓、中國、越南間的關係，印尼與菲律賓、中國、越南間則 1980 年代與菲律賓、1990 年代與越南、2000 年後與中國的競爭關係大於與其餘兩國的關係，菲律賓 1990 年代後期及 2000 年以後與中國間的競爭關係大於與越南。而中國與泰國間競爭關係又大於其與其他亞洲二梯 NIEs、越南間的關係。顯示二梯 NIEs 及與中國、越南間的交叉競爭關係以及劇烈化的發展。

東亞觀察國家的漸層經濟發展過程顯示出競爭力結構間的漸層競爭性關係以及漸層競爭強度，但後發展的中國與日本間則呈現互補性關係的深化。而漸層的競爭性關係則是先後轉型出口導向型發展策略時期所形成的東亞國家間漸層經濟發展順序或發展程度的序列中越接近的國家間競爭性關係越強烈，亦即競爭力結構的同質性越高，而發展程度落差越大的國家間則異質性越高、互補性也越大，即各國家間隨著發展程度的差距其間競爭強度漸層遞減，甚至持續負相關的互補關係。所以前述中國製品出口的世界比重等表象超越的背後，從其與日本呈現互補性關係以及與其他東亞國家漸

表 5-14　亞洲二梯 NIEs 及與中越間工業製品 RSCA 結構相關

項目	Pearson 相關						Spearman 順位相關					
	RSAm80	RSAm85	RSAm90	RSAm95	RSAm00	RSAm02	RSAm80	RSAm85	RSAm90	RSAm95	RSAm00	RSAm02
RSAm												
RSAth	0.5155**	0.3630**	0.5029**	0.5262**	0.5406**	0.5173**	0.5549**	0.4170**	0.5487**	0.5947**	0.5537**	0.5306**
RSAi	0.2983**	0.4156**	0.3214**	0.4426**	0.4935**	0.5039**	0.3330**	0.2911**	0.4071**	0.5167**	0.5138**	0.5176**
RSAp	0.4556**	0.4862**	0.4612**	0.4317**	0.4608**	0.4590**	0.4553**	0.4777**	0.4576**	0.5174**	0.4881**	0.4551**
RSAc	0.1821*	(-0.0353)	0.2477**	0.2456**	0.2491**	0.2766**	0.2584**	(-0.0324)	0.2513**	0.2840**	0.2555**	0.2747**
RSAv	0.2222**	0.2885**	0.0782	0.1050	0.2098*	0.1604	0.3056**	0.3296**	0.1943*	0.2785**	0.3124**	0.2336**
RSAth												
RSAi	0.2085**	0.3775**	0.4285**	0.5434**	0.6033**	0.5643**	0.4659**	0.4621**	0.5031**	0.6107**	0.6272**	0.5822**
RSAp	0.4695**	0.4798**	0.5198**	0.4618**	0.5199**	0.5423**	0.4987**	0.5140**	0.5731**	0.5488**	0.5656**	0.5730**
RSAc	0.4119**	0.2064*	0.4380**	0.5044**	0.4545**	0.4996**	0.4502**	0.2395**	0.4533**	0.5071**	0.4496**	0.4924**
RSAv	0.4047**	0.4250**	0.3029**	0.4902**	0.5097**	0.4883**	0.5025**	0.5234**	0.3601**	0.5357**	0.5197**	0.4657**
RSAi												
RSAp	0.3476**	0.5280**	0.5280**	0.5323**	0.4378**	0.4168**	0.5454**	0.5516**	0.5665**	0.5852**	0.4831**	0.4630**
RSAc	0.1290	0.0939	0.4656**	0.5503**	0.4894**	0.4995**	0.3340**	0.2452**	0.5230**	0.5792**	0.4818**	0.5079**
RSAv	0.2905**	0.4248**	0.5769**	0.6092**	0.4604**	0.4700**	0.3271**	0.4685**	0.5027**	0.5814**	0.4281**	0.4229**
RSAp												
RSAc	0.4304**	0.0768	0.3873**	0.4854**	0.4957**	0.4749**	0.4827**	0.1606	0.4090**	0.4923**	0.5201**	0.5011**
RSAv	0.4116**	0.4992**	0.4152**	0.4845**	0.3875**	0.3130**	0.3592**	0.4626**	0.3897**	0.3870**	0.4001**	0.3664**
RSAc												
RSAv	0.4537**	0.2233**	0.4197**	0.5335**	0.3929**	0.4406**	0.3995**	0.2407**	0.4400**	0.4881**	0.2984**	0.3981**

注：同表 5-11。

315

層遞減的競爭強度可知依然存在本質上相對落後的競爭力結構，這基本上也符合雁行理論的演繹推論。

　　然而各分類細項製品間的競爭力結構關係是否亦是如此，以下進一步針對前述包含多項適合相對低技術或勞力密集型生產的其他製品以及相對高技術或資本密集型的機械製品的競爭力結構的關係演變進行探討。

　　此亦同時為檢視東亞觀察國家工業化過程中製品結構的發展順序是否契合雁行理論所提先消費財後資本財，先最終製成品後中間財零組件的工業化發展或追趕模式。從競爭力結構關係角度，發展程度越接近國家間越早發展或越容易發展製品間所顯示的競爭性關係應越強烈，與越後或越不易發展製品間所顯示的應是互補性關係越強，而發展程度落差越大國家間則後發展國家越容易發展製品一般為消費財與先發展國家容易發展製品一般為中間財或資本財間所顯示的則亦應是異質性互補關係。

參、東亞製品別出口競爭力結構的演變

一、東亞其他製品出口競爭力結構的演變

1. 年度別競爭力結構

　　首先探討觀察期間東亞國家年度別其他製品競爭力結構的演變。表 5-15 顯示 1980 至 2002 年東亞各國其他製品 RSCA 值的分散變化。1980 年以後美國的競爭力結構呈現變大的擴散變化但 90 年代又變小收斂 2000 年後則變大的擴散變化，日本基本上 1980、90 年代呈現減小的收斂趨勢但其後微增的擴散變化，台灣、韓國、越南的競爭力結構變化呈現明顯減小的收斂趨勢，馬來西亞、泰國、印尼、菲律賓、中國 1980 年代皆明顯變大呈現擴散的變化但 1990 年代轉變為減小的收斂變化趨勢。二梯 NIEs、中國的變化趨

勢相似，日本、台灣、韓國、越南的變化趨勢相似但韓國幅度較大。
除印尼外，1990 年代中期以後東亞國家競爭力結構的變化均呈現
減小的收斂趨勢，台灣、韓國等亞洲一梯 NIEs 與馬來西亞、泰國、
菲律賓等二梯 NIEs、越南等後發展的國家均呈現相當激烈程度的
變化。印尼在 1990 年代末才呈現收斂變化。東亞國家其他製品競
爭力結構的變化中日本、亞洲二梯 NIEs、越南幅度較工業製品競
爭力結構的變化幅度大外，1990 年代中大都轉為收斂的變化特別
是二梯 NIEs 與其工業製品的擴散呈現不同的變化。

表 5-15　東亞國家其他製品出口競爭力結構的分散變化

	美國	日本	台灣	韓國	馬來西亞	泰國	印尼	菲律賓	中國	越南
1980	0.3079	0.4960	0.5686	0.5440	0.3637	0.5112	0.1968	0.5293	0.4542	0.5936
1981	0.3112	0.4836	0.5800	0.5474	0.3593	0.4960	0.2565	0.5347	0.4242	0.5545
1982	0.3250	0.4839	0.5818	0.5442	0.3595	0.4947	0.2447	0.5357	0.4400	0.4798
1983	0.3336	0.4795	0.5751	0.5494	0.3571	0.5260	0.2954	0.5271	0.4567	0.5015
1984	0.3405	0.4724	0.5742	0.5517	0.3428	0.5377	0.3316	0.5038	0.4632	0.4698
1985	0.3372	0.4620	0.5695	0.5414	0.3559	0.5532	0.3641	0.5291	0.5752	0.4966
1986	0.3320	0.4491	0.5609	0.5184	0.3883	0.5396	0.4411	0.5141	0.6172	0.5492
1987	0.3269	0.4604	0.5487	0.4967	0.4007	0.5589	0.4446	0.5108	0.5584	0.4752
1988	0.3138	0.4681	0.5318	0.5037	0.4166	0.5365	0.4779	0.5322	0.5505	0.5701
1989	0.3056	0.4693	0.5362	0.5060	0.4314	0.5470	0.5063	0.5510	0.5315	0.5976
1990	0.3048	0.4690	0.5239	0.4999	0.4345	0.5539	0.5166	0.5431	0.5078	0.5624
1991	0.2949	0.4628	0.5136	0.4998	0.4324	0.5353	0.5232	0.5854	0.4961	0.4722
1992	0.2926	0.4572	0.5019	0.5040	0.4155	0.5215	0.5448	0.5305	0.4899	0.4628
1993	0.2978	0.4583	0.4914	0.5004	0.4062	0.5066	0.5440	0.5199	0.5025	0.5091
1994	0.3030	0.4568	0.4829	0.4743	0.4005	0.4902	0.5244	0.5119	0.4960	0.5325
1995	0.2917	0.4681	0.4675	0.4579	0.4014	0.4655	0.5276	0.5068	0.4598	0.5437
1996	0.2940	0.4709	0.4653	0.4547	0.3986	0.4576	0.5229	0.5336	0.4556	0.5785
1997	0.2914	0.4711	0.4625	0.4668	0.3972	0.4441	0.4922	0.4914	0.4530	0.4953
1998	0.2926	0.4713	0.4844	0.4645	0.3812	0.4235	0.4936	0.4631	0.4600	0.5031
1999	0.2905	0.4721	0.4898	0.4709	0.3677	0.4183	0.5010	0.4152	0.4602	0.5015
2000	0.3051	0.4732	0.4858	0.4454	0.3732	0.4055	0.5012	0.4394	0.4422	0.4937
2001	0.3142	0.4813	0.4850	0.4377	0.3819	0.4178	0.5066	0.4498	0.4449	0.5090
2002	0.3175	0.4850	0.4919	0.4312	0.3755	0.4097	0.4915	0.4327	0.4358	0.4995

注：1.1980 年至 2002 年各國對世界其他製品產品出口 RSCA 的標準差；2.N=71；3.作者計算編製。
資料出處：UNCTAD Handbook of Statitics, 2005。

　　接著從表 5-16 觀察期間內特定年度與 1980 年各國其他製品
RCA 值的的一般相關（Pearson）、順位相關（Spearman）係數值的
時序變化，相關係數值的變化代表觀察期間內各國出口競爭力結構
的演變。其他製品 RCA 的年度相關為 UNCTAD SITC 6 及 8 類（68
分類除外）三分位細項分類計 71 項製品 RSCA 係數值的各年度間
相關係數值，檢定為雙尾檢定。

　　由表 5-16 可知各國 1980 年與特定年度間其他製品 RSCA 的各
國 Pearson 相關與 Spearman 順位相關係數值及其演變大致相似，
同時可發現，（1）觀察期間內各國係數值顯著水準均具統計上顯著
性。（2）各國相關係數值的普遍減小可知期間內各國其他製品競爭
力均發生結構性轉變，1980 年代印尼、越南、中國，90 年代及其
後台灣、韓國的變化相對顯著。（3）而由係數值大小亦發現美國、
台灣、韓國的順位相關係數的變化大於 Pearson 相關，顯示其細項
製品競爭力順位的結構發生較大變化，其餘國家則 Pearson 相關係
數轉變大於順位相關。大體而言，1980 年代特別 85 年以後亞洲二
梯 NIEs、中國、越南競爭力結構的變化幅度大於台灣、韓國，而
台灣、韓國又大於日本，1990 年代台灣、韓國競爭力結構的變化
幅度大於其他東亞國家，接著泰國、中國、印尼及日本的變化幅度，
2000 年以後則台灣、馬來西亞、泰國的變化幅度較大。

　　1985 年廣場協議後東亞各國貨幣對美元的大幅升值及其後特
別是適合勞力密集型生產的其他製品項目對中國的投資熱潮及生
產移轉應是應是東亞各國其他製品出口競爭力結構轉變幅度最大
期間集中在 85 至 90 年或 90 至 95 年的主要原因，而 97 年亞洲金
融風暴及 IT 景氣波動的影響轉變幅度則在此之後。

2. 國家間競爭力結構

　　其次探討東亞國家間其他製品競爭力結構相關關係的變化。表
5-17 為 1980 至 2002 年美國與東亞國家間其他製品 RSCA 的年度

一般（Pearson）相關與順位（Spearman）相關係數值，顯示觀察期間內其他製品出口競爭力結構間相關關係的演變。

表 5-16　東亞國家其他製品出口競爭力結構的變遷

	Pearson 相關					
	1980	1985	1990	1995	2000	2002
美國 1980	1.0000	0.8771**	0.8923**	0.8420**	0.8142**	0.8100**
日本 1980	1.0000	0.9699**	0.9017**	0.8403**	0.7883**	0.7872**
台灣 1980	1.0000	0.9015**	0.8195**	0.6841**	0.4872**	0.4006**
韓國 1980	1.0000	0.8502**	0.7605**	0.5629**	0.4820**	0.4441**
馬來西亞 1980	1.0000	0.8407**	0.6523**	0.6364**	0.6246**	0.5472**
泰國 1980	1.0000	0.8932**	0.7599**	0.6931**	0.5719**	0.5284**
印尼 1980	1.0000	0.6941**	0.4562**	0.2997*	0.3265**	0.3283**
菲律賓 1980	1.0000	0.8699**	0.7487**	0.6734**	0.6920**	0.6548**
中國 1980	1.0000	0.4212**	0.7736**	0.6175**	0.5577**	0.5866**
越南 1980	1.0000	0.6854**	0.4082**	0.4435**	0.3419**	0.3298**
	Spearman 順位相關					
	1980	1985	1990	1995	2000	2002
美國 1980	1.0000	0.8771**	0.8713**	0.8196**	0.7968**	0.7914**
日本 1980	1.0000	0.9649**	0.8961**	0.8412**	0.8004**	0.8065**
台灣 1980	1.0000	0.9133**	0.7957**	0.6429**	0.4616**	0.3803**
韓國 1980	1.0000	0.8530**	0.7607**	0.5583**	0.4770**	0.4293**
馬來西亞 1980	1.0000	0.8031**	0.6625**	0.6282**	0.6310**	0.5721**
泰國 1980	1.0000	0.8980**	0.7724**	0.7153**	0.6126**	0.5489**
印尼 1980	1.0000	0.7032**	0.5413**	0.4554**	0.4919**	0.4780**
菲律賓 1980	1.0000	0.8279**	0.7187**	0.6951**	0.6657**	0.6703**
中國 1980	1.0000	0.3046**	0.7847**	0.6464**	0.6197**	0.6362**
越南 1980	1.0000	0.4610**	0.4730**	0.3544**	0.3480**	0.3796**

注：1.各國 1980 年與其他年度其他製品出口 RSCA 相關；2.產品項數(N)，1995 年馬來西亞與中國為 70 項外均為 71 項；3.**：相關值顯著水準 0.01，*：顯著水準 0.05（雙尾檢定）。

表5-17 美國與東亞國家其他製品RSCA結構相關係數

Pearson 相關						Spearman 順位相關				
RSOu80	RSOu85	RSOu90	RSOu95	RSOu00	RSOu02	RSOu85	RSOu90	RSOu95	RSOu00	RSOu02
RSOj80 0.1739	RSOj85 0.1832	RSOj90 0.3554**	RSOj95 0.3588**	RSOj00 0.4028**	RSOj02 0.4160**	RSOj85 0.1823	RSOj90 0.3586**	RSOj95 0.3926**	RSOj00 0.4251**	RSOj02 0.4537***
RSOt80 (-0.3474)**	RSOt85 (-0.1859)	RSOt90 (-0.1233)	RSOt95 0.0266	RSOt00 0.0887	RSOt02 0.2037	RSOt85 (-0.1936)	RSOt90 (-0.0214)	RSOt95 0.0757	RSOt00 0.0773	RSOt02 0.2078
RSOk80	RSOk85	RSOk90	RSOk95	RSOk00	RSOk02	RSOk85	RSOk90	RSOk95	RSOk00	RSOk02
RSOi80 (-0.5021)**	RSOi85 (-0.4116)**	RSOi90 (-0.3759)**	RSOi95 (-0.2038)	RSOi00 (-0.1187)	RSOi02 0.02843	RSOi85 (-0.4247)**	RSOi90 (-0.3763)**	RSOi95 (-0.2016)	RSOi00 (-0.1000)	RSOi02 0.0259
RSOm80 (-0.1414)	RSOm85 (-0.1282)	RSOm90 (-0.1180)	RSOm95 (-0.0001)	RSOm00 0.0686	RSOm02 0.1404	RSOm85 (-0.0667)	RSOm90 (-0.0826)	RSOm95 0.0183	RSOm00 0.1050	RSOm02 0.1731
RSOth80 (-0.2565)*	RSOth85 (-0.2381)**	RSOth90 (-0.3343)**	RSOth95 (-0.2073)	RSOth00 (-0.2721)*	RSOth02 (-0.1990)	RSOth85 (-0.2181)	RSOth90 (-0.268)*	RSOth95 (-0.2334)	RSOth00 (-0.2645)*	RSOth02 -0.2332
RSOi80 (-0.0914)	RSOi85 (-0.2816)*	RSOi90 (-0.4334)**	RSOi95 (-0.3373)**	RSOi00 (-0.3226)**	RSOi02 (-0.2967)*	RSOi85 (-0.2876)*	RSOi90 (-0.4408)**	RSOi95 (-0.3348)**	RSOi00 (-0.3083)**	RSOi02 (-0.2681)*
RSOp80 (-0.4274)**	RSOp85 (-0.2929)**	RSOp90 (-0.2780)*	RSOp95 (-0.1800)	RSOp00 (-0.3112)**	RSOp02 (-0.2586)*	RSOp85 (-0.1653)	RSOp90 (-0.1841)	RSOp95 (-0.1049)	RSOp00 (-0.1528)	RSOp02 (-0.0976)
RSOc80 (-0.4247)**	RSOc85 (-0.1794)	RSOc90 (-0.6188)**	RSOc95 (-0.5372)*	RSOc00 (-0.4979)**	RSOc02 (-0.4189)**	RSOc85 (-0.1812)	RSOc90 (-0.5816)**	RSOc95 (-0.5271)**	RSOc00 (-0.5091)**	RSOc02 (-0.4517)**
RSOv80 (-0.2084)	RSOv85 (-0.1660)	RSOv90 (-0.3014)*	RSOv95 (-0.4708)*	RSOv00 (-0.1960)	RSOv02 (-0.1553)	RSOv85 (-0.1170)	RSOv90 (-0.299)*	RSOv95 (-0.4825)**	RSOv00 (-0.1126)	RSOv02 (-0.0808)

注:1.1980、85、90、95、2000、2002年所有其他製品輸出品目RSCA的相關係數值,各年的輸出品目數(N)為71項,但1995年馬來西亞70項,中國為71項。2.U:美國,J:日本,T:台灣,K:韓國,I:印尼,M:馬來西亞,TH:泰國,P:菲律賓,C:中國,V:越南。3.**顯著水準0.01,*顯著水準0.05(雙尾檢定)。

　　東亞國家與美國其他製品競爭力結構間的關係，從表 5-17 可發現觀察期間內其他製品的關係演變與整體工業製品差異極大，（1）日本與美國間，1980、85 年為統計上不具顯著性正相關，但 90 年以後即呈現有意的正相關且係數值變大，顯示日美結構間競爭性關係加劇。（2）其中美、台 1985 年以後由顯著性負相關轉變成不具顯著性正相關，美、韓 1990 年以後由顯著性負相關轉變成不具顯著性負相關且係數絕對值均減小，蘊涵美國與台、韓由互補性關係朝競爭性關係的演化發展。（3）美、馬間則 1995 年由不具顯著性負相關轉為不具顯著性正相關。但是美、泰間觀察期間內持續呈現顯著性互補關係，而美、中間一如日、中 1990 年競爭力結構間才轉變成顯著性互補性關係然轉變時點即顯現較強關係，而且美、中間的互補關係大於日、中的關係。與整體工業製品不同的是，東亞國家與與美國的其他製品間競爭力結構間逐漸演變成與日本類似的關係，只是東亞國家間發展程度的漸層落差，台、韓、馬與美國間朝同質性競爭性進展但尚不具顯著性，而泰、中與美國間則仍維持異質性互補關係。

　　進一步探討日本與其他東亞國家間其他製品 RSCA 相關。從表 5-18 的 1980 至 2002 年日本與其他東亞國家間其他製品 RSCA 順位相關係數值發現，（1）日本、台灣間至 2000 年開始才呈現顯著性正相關，而日本、韓國間至 2002 年才呈現顯著性正相關，但日本、馬來西亞間只有 1980 年為顯著性負相關，而日本、泰國間呈顯著性負相關但係數絕對值 90 年代中呈現減小變化至 2001 年且轉變為不具顯著性，日本、中國間 1990 年開始轉變成顯著性負相關其後則呈現加大變化。以上顯示觀察期間內日本、台灣其他製品結構間競爭性關係 2000 年正式確立並在其後加劇，日本、韓國競爭性關係 2002 年正式確立。以 2002 年係數值顯示日本與台灣的競爭程度大於與韓國的程度，並大於台韓與美國的競爭程度。日、馬結構間雖 1980 年存在互補性關係，但其後 80 年代中呈不具顯著性互補關係，90 年代又轉變成不具顯著性競爭關係。

表 5-18　日本與東亞國家其他製品 RSCA 結構相關

	Pearson 相關						Spearman 順位相關					
	RSOj80	RSOj85	RSOj90	RSOj95	RSOj00	RSOj02	RSOj80	RSOj85	RSOj90	RSOj95	RSOj00	RSOj02
	RSOt80 0.0170	RSOt85 (-0.0911)	RSOt90 0.0055	RSOt95 0.1694	RSOt00 0.3175**	RSOt02 0.4343**	RSOt80 (-0.0008)	RSOt85 (-0.1175)	RSOt90 (-0.0116)	RSOt95 0.1963	RSOt00 0.3199**	RSOt02 0.4740**
	RSOk80 0.1231	RSOk85 0.0453	RSOk90 (-0.0046)	RSOk95 0.0571	RSOk00 0.1232	RSOk02 0.2523*	RSTk80 0.0653	RSTk85 0.0054	RSTk90 (-0.0430)	RSTk95 0.0729	RSTk00 0.1353	RSTk02 0.2877*
	RSOm80 (-0.2099)	RSOm85 (-0.1978)	RSOm90 (-0.0981)	RSOm95 0.0298	RSOm00 0.02696	RSOm02 0.1418	RSOm80 (-0.2021)	RSOm85 (-0.1156)	RSOm90 (-0.0633)	RSOm95 0.0683	RSOm00 0.0976	RSOm02 0.2046
	RSOth80 (-0.2740)*	RSOth85 (-0.3634)**	RSOth90 (-0.2693)*	RSOth95 (-0.2933)*	RSOth00 (-0.2458)*	RSOth02 (-0.1930)	RSOth80 (-0.2757)*	RSOth85 (-0.3386)**	RSOth90 (-0.2358)*	RSOth95 (-0.3073)**	RSOth00 (-0.2624)*	RSOth02 (-0.1850)
	RSOi80 (-0.2608)*	RSOi85 (-0.3408)**	RSOi90 (-0.4121)**	RSOi95 (-0.4213)**	RSOi00 (-0.3832)**	RSOi02 (-0.3253)**	RSOi80 (-0.3288)**	RSOi85 (-0.3160)**	RSOi90 (-0.3325)**	RSOi95 (-0.3968)**	RSOi00 (-0.3868)**	RSOi02 (-0.3123)**
	RSOp80 (-0.2976)*	RSOp85 (-0.5048)**	RSOp90 (-0.4849)**	RSOp95 (-0.4090)**	RSOp00 (-0.3308)**	RSOp02 (-0.2357)*	RSOp80 (-0.2316)	RSOp85 (-0.4619)**	RSOp90 (-0.4097)**	RSOp95 (-0.3814)**	RSOp00 (-0.2694)*	RSOp02 (-0.2072)
	RSOc80 (-0.2905)*	RSOc85 0.0178	RSOc90 (-0.2569)*	RSOc95 (-0.2926)*	RSOc00 (-0.2744)*	RSOc02 (-0.2969)*	RSOc80 (-0.2742)*	RSOc85 0.1089	RSOc90 (-0.2517)*	RSOc95 (-0.3337)**	RSOc00 (-0.3518)**	RSOc02 (-0.3919)**
	RSOv80 (-0.2065)	RSOv85 (-0.2807)*	RSOv90 (-0.4345)**	RSOv95 (-0.4113)**	RSOv00 (-0.2679)*	RSOv02 (-0.2331)	RSOv80 (-0.2349)	RSOv85 (-0.2855)*	RSOv90 (-0.4534)**	RSOv95 (-0.3321)**	RSOv00 (-0.1350)	RSOv02 (-0.1116)

注：同表 5-17。

（2）觀察期間內日本與泰、中間顯示顯著性的均為互補關係，但與泰國間互補關係 1990 年代中呈降低變化，2001 年且轉變成不具顯著性，與中國則雖 90 年才反轉成顯著性互補關係但其後呈現深化進展，以 2000 年以後的係數絕對值日、中大於日、泰，顯示進入 90 年代後日、中其他製品結構間的互補關係強過日、泰間。而日、泰間關係的變化蘊涵由互補性關係朝競爭性關係演化進展的可能性。

　　觀察期間內日本與其他東亞觀察國家其他製品競爭力結構間的關係演變中，一如整體工業製品與先發展國家台、韓間確立競爭性關係，與後發展的中國間則為互補性關係的深化狀態，而與中間發展國家馬、泰間則另蘊涵由由互補性關係朝競爭性關係演化的進展。但是依 2000 年以後顯著性係數絕對值則其他製品日本與台、泰、中大於整體工業製品，但韓國較小，而馬來西亞則不具顯著性。此雖也證實如前述雁行理論所提朝機械製品資本財的高度工業化過程中連鎖性結構轉變帶動日本與其他東亞國家其他製品競爭力結構間關係的演變，但也意表出韓、馬較集中機械製品工業化路徑的差異，特別是馬來西亞的結構轉變過程其他製品的連鎖性較低的結果，此呼應前章的東亞製品別競爭力發展路徑的探討結果。另亦尚無法觀察出結構進一步高度化後又會由競爭性關係轉變成異質性互補性關係的論點。

　　另再探討台灣、韓國與日本以外東亞國家其他製品競爭力結構間的關係，從表 5-19 發現，（1）台灣與韓國、亞洲二梯 NIEs、中國、越南間均為正相關，觀察期間除韓國外與其餘國家間 2000、02 年均由顯著性正相關轉變為不具顯著性正相關，顯示皆為競爭性關係。而期間內台灣與韓國間競爭關係皆大於與其餘國家間的競爭程度，另除台、韓外競爭關係皆呈現降低現象。以 2002 年競爭程度言，台、韓間大於台、中，而台、中間大於台、泰，台、泰間又大於台、馬。（2）觀察期間內台、馬間由顯著性競爭至 2000 年左右開始轉變為不具顯著性競爭，而台、中間由 1980 年顯著性競

表 5-19　台韓與日本以外東亞國家其他製品 RSCA 結構相關

	Pearson 相關						Spearman 順位相關					
	RSOt80	RSOt85	RSOt90	RSOt95	RSOt00	RSOt02	RSOt80	RSOt85	RSOt90	RSOt95	RSOt00	RSOt02
RSOk	0.6342**	0.5375**	0.5616**	0.5278**	0.5707**	0.6640**	0.6403**	0.5522**	0.5176**	0.4941**	0.5504**	0.6606**
RSOm	0.4370**	0.3447**	0.2359*	0.1991	0.1053	0.1219	0.4767**	0.3982**	0.2318	0.2359*	0.1193	0.1502
RSOth	0.5075**	0.4903**	0.4877**	0.3456**	0.2233	0.2112	0.5318**	0.5229**	0.4789**	0.3297**	0.1735	0.1736
RSOi	0.1072	0.3015*	0.3621**	0.2572*	0.1276	0.0623	0.2466*	0.3030*	0.3533**	0.2711**	0.1222	0.0757
RSOp	0.5840**	0.5415**	0.4215**	0.3384**	0.0814	0.0322	0.6495**	0.6359**	0.4640**	0.3941**	0.1904	0.1625
RSOc	0.4724**	0.199	0.4134**	0.4119**	0.2810*	0.2297	0.4617**	0.1465	0.3764**	0.3611**	0.2269	0.1547
RSOv	0.2615*	0.4123**	0.0354	0.2354*	0.0652	0.0444	0.2946*	0.4922**	0.1274	0.3047**	0.1697	0.1252
RSOk	0.2989*	0.1316	0.0208	(-0.1018)	(-0.0509)	(-0.0475)	0.2964*	0.1422	0.0364	0.0887	(-0.0045)	0.0034
RSOth	0.4003**	0.4062**	0.3890**	0.2000	0.2484*	0.2126	0.4172**	0.4322**	0.3985**	0.1856	0.1988	0.1772
RSOi	0.1635	0.2613*	0.3009*	0.1447	0.1251	0.0772	0.1535	0.2617**	0.3675**	0.1575	0.0097	0.0708
RSOp	0.4335**	0.2990**	0.3046**	0.2187	(-0.0299)	(-0.0539)	0.4452**	0.3275**	0.3586**	0.1700	0.0298	0.0052
RSOc	0.4146**	0.1920	0.4834**	0.3500**	0.1837	0.1289	0.4463**	0.1115	0.4863**	0.3184**	0.1585	0.0889
RSOv	0.3155**	0.2750*	0.2151	0.3376**	(-0.0244)	(-0.0551)	0.3156**	0.2729**	0.2606**	0.3694**	0.0357	(-0.0120)

注：同表 5-17。

爭、85 年不具顯著性競爭，90 年以後轉變為顯著性競爭至 2002 年轉變為不具顯著性競爭。台灣與亞洲二梯 NIEs、中國不同經濟發展程度國家間關係的演化蘊涵台與亞洲二梯NIEs間1980年代其他製品同質性結構競爭關係在 90 年代被台、中更強的同質性結構競爭關係逐漸替代。而台灣與韓國以外國家間 1980、90 年代同質性結構的競爭關係在 2000 年以後轉變為不具顯著性意涵朝異質性互補關係進展的可能性。(3) 韓國與泰國、印尼、中國間均為正相關，顯示為競爭性關係，但與泰國 1995、2002 年，與印、中 2000 年以後皆轉為不具顯著性。而與馬來西亞間 1995 年、與菲律賓、越南間 2000 年以後由正相關轉變為不具顯著性負相關，顯示為由競爭性關係轉變為互補關係。韓國與亞洲二梯 NIEs、中國、越南間關係的演化所蘊涵的意義與台灣雷同。(4) 觀察期間內台、韓與其他東亞觀察國家間的競爭性關係均在顯著性競爭關係時點達到最高點，其後皆呈現降低現象，顯示其間競爭關係的減弱與轉變。

　　再進一步從表 5-20 探討二梯 NIEs 及與中國、越南間競爭力結構間的關係發現，(1) 二梯 NIEs 及與中國、越南間競爭力結構間大多為正相關，顯示主要為競爭性關係。觀察期間內馬來西亞與泰國間顯示皆為顯著性正相關亦即競爭性關係，而其競爭程度均皆大於兩國與日、台、韓間的程度。(2) 而馬來西亞與二梯 NIEs 間皆為顯著性正相關的競爭關係但 1990 年代後期係數值漸小顯示競爭關係減弱。與中國間由 1980 年顯著性競爭關係，85 年轉變為不具顯著性互補關係，90 年又轉變為顯著性競爭關係後 95 年開始轉變為不具顯著性競爭關係但關係減弱，顯示馬、中間由 80 年代中互補轉變為 90 年代競爭而 2000 年以後蘊涵又轉變為互補性關係的發展，觀察期間內似乎是最如實地進行雁行理論的完整演化過程。與越南間只有 1985 年為顯著性競爭關係，其餘均為不具顯著性競爭關係，關係不明顯。(3) 泰國與印尼、菲律賓間為正相關，1990 年代以來呈現高水準競爭程度關係，高於馬來西亞的競爭關係。與中國、越南間亦為正相關，1990 年代中轉變為顯著性高水準競爭

表 5-20 亞洲二梯 NIEs 及與中越間其他製品 RSCA 結構相關

	Pearson 相關						Spearman 順位相關					
	RSOm80	RSOm85	RSOm90	RSOm95	RSOm00	RSOm02	RSOm80	RSOm85	RSOm90	RSOm95	RSOm00	RSOm02
RSOth80	0.5601**	0.4620**	0.4258**	0.3551**	0.4290**	0.3680**	0.5902**	0.4725**	0.4770**	0.3906**	0.4084**	0.3323**
RSOi80	0.2691*	0.5768**	0.4041**	0.4782**	0.4189**	0.3905**	0.3437**	0.3951**	0.4251**	0.4645**	0.3753**	0.3485**
RSOp80	0.4356**	0.5022**	0.4302**	0.2726**	0.2568*	0.2693*	0.4997**	0.5137**	0.4398**	0.4017**	0.3001*	0.3317**
RSOc80	0.2168	(-0.0824)	0.2761*	0.1451	0.1143	0.1128	0.1982	(-0.0939)	0.3084**	0.1847	0.0653	0.0274
RSOv80	0.2261	0.2849*	0.0084	0.147	0.1589	0.1385	0.2212	0.2692*	0.0506	0.2502*	0.2270	0.1468
RSOth85	0.2008	0.3603**	0.4776**	0.6099**	0.6164**	0.5539**	0.4298**	0.4137**	0.5234**	0.6616**	0.6185**	0.5320**
RSOi85	0.4097**	0.5116**	0.5465**	0.4714**	0.5696**	0.5952**	0.4729**	0.5295**	0.5660**	0.5295**	0.6397**	0.6779**
RSOp85	0.3314**	0.1386	0.5155**	0.5155**	0.4511**	0.4997**	0.3344**	0.0963	0.5230**	0.5259**	0.4681**	0.4770**
RSOc85	0.3350**	0.4017**	0.2477*	0.5993**	0.4962**	0.5057**	0.4318**	0.4976**	0.2696*	0.5837**	0.5319**	0.5263**
RSOv85	0.3475**	0.5112**	0.5802**	0.5362**	0.4878**	0.4687**	0.4606**	0.4728**	0.5910**	0.5856**	0.5074**	0.5142**
RSOth90	(-0.0069)	0.0494	0.4551**	0.4935**	0.4467**	0.4373**	0.1540	0.1181	0.5166**	0.5507**	0.4513**	0.4316**
RSOi90	0.1807	0.2693*	0.5102**	0.6940**	0.4516**	0.4756**	0.3326**	0.4272**	0.5258**	0.7433**	0.4351**	0.4320**
RSOp90	0.3112**	(-0.060)	0.3984**	0.5590**	0.6251**	0.5413**	0.2946*	(-0.0084)	0.3804**	0.5642**	0.6409**	0.5664**
RSOc90	0.4161**	0.5040**	0.4629**	0.6379**	0.3709**	0.2957**	0.3881**	0.5279**	0.4223**	0.5366**	0.3578**	0.3322**
RSOv90	0.4734**	0.2149	0.3919**	0.6278**	0.3886**	0.4303**	0.4128**	0.1829**	0.4440	0.6367**	0.3185**	0.3810**

註：同表 5-17。

關係。（4）觀察期間內二梯 NIEs 間的競爭關係皆大於與中國、越南間，二梯 NIEs 間競爭關係馬來西亞 1980 年代與泰國 1990 年代中以後印尼最大，泰國 1980 年代與與菲律賓 1990 年代中以後印尼最大，印尼 1980 年代與與菲律賓 1990 年代中以後泰國最大，菲律賓與泰國間最大。二梯 NIEs 中菲律賓與中國間競爭關係 1980 年代後大於其餘二梯 NIEs，1990 年代中期以後泰國與越南間競爭關係大於其餘二梯 NIEs。而中國與泰國、印尼、菲律賓間競爭關係又大於其與越南的關係。

二、東亞纖維紡織品出口競爭力結構的演變

纖維製品為東亞國家其他製品類中高出口競爭力的分類製品群組，亦是東亞較早開始發展的製品群組，因此接下來針對東亞國家纖維製品探討其競爭力結構間關係是否呈現較高程度的演化。

1. 年度別競爭力結構

同樣首先探討東亞觀察國家年度間纖維製品競爭力結構的演變。表 5-21 顯示 1980 至 2002 年各國纖維製品 RSCA 值的分散變化。1980 年以後美國至 1990 年代後期止呈現變小的收斂變化趨勢但其後變大轉為擴散，日本、泰國、越南呈現變小的收斂趨勢變化，台灣、印尼則皆呈現變大的擴散趨勢變化，韓國 1980 年代中呈現變大的擴散後 90 年代中變小轉為收斂趨勢但 90 年代後期又變大，馬來西亞、菲律賓、中國 1980 年代呈現變大的擴散後 1990 年代中轉變為減小的收斂趨勢。1990 年代中期以後東亞國家競爭力結構的變化中台灣、韓國、印尼呈現變大的擴散變化外餘均呈現減小的收斂趨勢，而除中國外不論發展的先後，東亞國家皆呈現相當激烈程度的變化。東亞國家纖維製品競爭力結構的變化除了幅度較工業製品競爭力結構的變化幅度大外，1990 年代台灣、韓國、印尼呈現擴散的變化是與工業製品普遍呈現收斂趨勢變化的不同處。

表 5-21　東亞國家纖維製品出口競爭力結構的分散變化

	美國	日本	台灣	韓國	馬來西亞	泰國	印尼	菲律賓	中國	越南
1980	0.2094	0.4782	0.3389	0.3489	0.4094	0.5293	0.2221	0.5464	0.2250	0.7157
1981	0.2062	0.4685	0.3410	0.3460	0.4045	0.4424	0.2115	0.5430	0.2332	0.6610
1982	0.1991	0.4554	0.3805	0.3814	0.4137	0.4591	0.2698	0.5715	0.2067	0.6277
1983	0.2191	0.4481	0.3972	0.4168	0.4097	0.5318	0.3107	0.5771	0.1811	0.6421
1984	0.2230	0.4224	0.3622	0.4117	0.3960	0.5306	0.3522	0.5271	0.1831	0.5551
1985	0.2172	0.4034	0.3660	0.4397	0.4212	0.5261	0.3548	0.5624	0.8408	0.6483
1986	0.2196	0.3754	0.3439	0.3858	0.4499	0.4589	0.4888	0.5045	0.8780	0.6279
1987	0.2178	0.3698	0.3271	0.3461	0.4378	0.4368	0.4765	0.4680	0.3186	0.5526
1988	0.2151	0.3539	0.3334	0.3362	0.4661	0.4411	0.4658	0.5033	0.3126	0.6896
1989	0.1767	0.3459	0.3233	0.3367	0.4813	0.4630	0.4670	0.5315	0.2845	0.7042
1990	0.1908	0.3414	0.3492	0.3423	0.4762	0.4676	0.4778	0.5462	0.3075	0.6908
1991	0.1920	0.3431	0.3467	0.3337	0.4486	0.4787	0.4521	0.6582	0.2999	0.6012
1992	0.1807	0.3474	0.3729	0.3460	0.4416	0.4431	0.4810	0.5011	0.2887	0.4962
1993	0.1761	0.3369	0.4027	0.3620	0.4224	0.4377	0.4872	0.4786	0.2921	0.4725
1994	0.1820	0.3279	0.4348	0.3585	0.4121	0.4275	0.4623	0.4597	0.2541	0.4952
1995	0.1929	0.3318	0.4424	0.3595	0.4378	0.4207	0.4568	0.4666	0.2338	0.5169
1996	0.1913	0.3506	0.4515	0.3835	0.4366	0.3522	0.4496	0.5361	0.2552	0.5526
1997	0.1983	0.3450	0.4675	0.4062	0.4345	0.3479	0.4390	0.5189	0.2441	0.5836
1998	0.2283	0.3390	0.4656	0.3838	0.4352	0.3575	0.4800	0.5026	0.2483	0.5822
1999	0.2108	0.3629	0.4729	0.3775	0.4245	0.3279	0.4540	0.4967	0.2504	0.5760
2000	0.2125	0.3640	0.4661	0.3877	0.4075	0.3138	0.4473	0.4886	0.2368	0.5523
2001	0.2453	0.3792	0.4750	0.4068	0.4002	0.2981	0.4586	0.4828	0.2309	0.5611
2002	0.2635	0.3715	0.4935	0.4259	0.3881	0.2964	0.4495	0.4676	0.2132	0.5879

注：1.1980 年至 2002 年各國對世界纖維製品產品出口 RSCA 的標準差；2.N=16；3.作者計算編製。
資料出處：UNCTAD Handbook of Statitics, 2005。

　　接著表 5-22 為觀察期間內特定年度與 1980 年各國其他製品
RSCA 值的一般（Pearson）相關與順位（Spearman）相關係數值，
相關係數值的變化代表觀察期間內各國出口競爭力結構的演變。纖
維製品 RSCA 的年度相關為 UNCTAD SITC 65 及 78 類三分位細項
計 16 項製品 RSCA 係數值以及大小順位的各年度間相關值，相關
係數值檢定為雙尾檢定。

表 5-22　東亞國家纖維紡織製品出口競爭力結構的變遷

	Pearson 相關					
	1980	1985	1990	1995	2000	2002
美國 1980	1.0000	0.8656**	0.7160**	0.5601*	0.7312**	0.7106**
日本 1980	1.0000	0.9762**	0.9493**	0.8816**	0.7939**	0.7877**
台灣 1980	1.0000	0.9269**	0.7838**	0.4797	0.3523	0.2936
韓國 1980	1.0000	0.9825**	0.7220**	0.3186	0.1132	0.0607
馬來西亞 1980	1.0000	0.8976**	0.6590**	0.6916**	0.6901**	0.6317**
泰國 1980	1.0000	0.9357**	0.7533**	0.6576**	0.5154*	0.4936
印尼 1980	1.0000	0.4516	0.4479	0.3699	0.3493	0.3359
菲律賓 1980	1.0000	0.7865**	0.6835**	0.7317**	0.7055**	0.7312**
中國 1980	1.0000	0.2304	0.3529	0.3959	0.3555	0.2850
越南 1980	1.0000	0.7352**	0.3688	0.2366	0.0594	-0.1199
	Spearman 順位相關					
	1980	1985	1990	1995	2000	2002
美國 1980	1.0000	0.8088**	0.6324**	0.5382*	0.6999**	0.6558**
日本 1980	1.0000	0.9176**	0.8117**	0.7529**	0.7352**	0.7058**
台灣 1980	1.0000	0.8735**	0.5970**	0.3147	0.2882	0.1911
韓國 1980	1.0000	0.9352**	0.8617**	0.1500	0.0647	-0.0323
馬來西亞 1980	1.0000	0.9323**	0.6176**	0.6750**	0.7441**	0.7441**
泰國 1980	1.0000	0.8529**	0.6852**	0.5911*	0.3617	0.3558
印尼 1980	1.0000	0.6764**	0.6294**	0.4764	0.4705	0.3911
菲律賓 1980	1.0000	0.8176**	0.7029**	0.7794**	0.7323**	0.7176**
中國 1980	1.0000	0.0745	0.5852*	0.5107	0.4676	0.3705
越南 1980	1.0000	0.5798*	0.3362	0.2831	0.0282	-0.0342

注：1.各國 1980 年與其他年度纖維紡織製品出口 RSCA 相關；2.產品項數(N)，1995 年馬來西亞與中國為 16 項外均為 15 項；3.**：相關值顯著水準 0.01，*：顯著水準 0.05（雙尾檢定）。

　　由表 5-22 各國 1980 年與特定年度間纖維製品 RSCA 的順位相關係數值發現，（1）觀察期間內，除印尼、中國、1995 年以後台灣、韓國及 1990 年以後越南的相關外各國係數值具統計上顯著性。（2）期間內各國相關係數值中，美國、日本、馬來西亞、菲律賓呈現高顯著性相關關係，以 2002 年係數值分佈，日本最高，菲律賓次之，美國第三。與 1980 年的變化幅度日本 21%，菲律賓 26%，美國 28%，馬來西亞 36%。而韓國 1995 年以後不具顯著性，但 2002 年相關係數值接近 0，其順位相關更呈現負相關。越南 1990 年以後不具顯著性，但 2002 年相關係數及順位相關皆呈現負相關。中國觀察期間內除 1990 年順位相關外皆度具顯著性。顯示觀察期間內東亞纖維製品競爭力結構發生劇烈性轉變。（3）而由相關係數值大小亦發現觀察期間內美國的轉變大於日本，其他東亞國家大於日本，東亞國家的變化幅度越南最大，韓國次之，接著中國、印尼、台灣、泰國、馬來西亞，菲律賓最小。但順位相關係數值則日本的變化幅度還大於菲律賓與馬來西亞。（4）而期間內東亞國家的轉變幅度中，從表 3-15 可知轉變幅度最大期間，日本主要在 1990 年代，但其餘東亞國家則主要發生在 1985 至 95 年。東亞國家纖維製品出口競爭力結構轉變幅度最大期間集中在 85 至 90 年或 90 至 95 年，一如其他製品 1985 年廣場協議後東亞各國貨幣對美元的大幅升值及其後特別是適合勞力密集型生產的纖維製品對中國的投資熱潮及生產移轉應是應是的主要原因。

2. 國家間競爭力結構

　　其次探討東亞國家間纖維製品競爭力結構相關關係的變化。首先表 5-23 為美國與其他東亞觀察國家間各年度纖維製品 RSCA 的年度一般（Pearson）相關與順位（Spearman）相關係數值，顯示觀察期間內各國纖維製品出口競爭力結構間相關關係的演變。

　　從表 5-23 首先檢視美國與東亞國家間競爭力結構間的關係，發現觀察期間內纖維製品競爭力結構間關係的演變與整體工業製品及其他製品的關係差異極大，（1）日本與美國間，觀察期間內皆為正相關，但皆不具顯著性。（2）其中除 2002 年美國與台灣、菲律賓以及 1990 年以後與中國的相關係數值外餘均不具顯著性，而美國與菲、中間顯著性係數又皆為負相關顯示為互補性關係，但美、中間互補關係大於美、菲。美國與東亞國家間關係演變上與其他製品雷同的是，東亞國家與與美國纖維製品間競爭力結構間亦逐漸演變成類似日本依經濟發展不同程度所呈現的正負關係，即依對手國經濟發展程度呈現競爭與互補的不同關係，但是美國的大部份係數值不具顯著性，只有與中國間維持顯著性互補關係的演化。

表 5-23　美國與東亞國家纖維紡織製品 RSCA 結構相關係數

	Pearson 相關						Spearman 順位相關					
	RSTu80	RSTu85	RSTu90	RSTu95	RSTu00	RSTu02	RSTu80	RSTu85	RSTu90	RSTu95	RSTu00	RSTu02
J	RSTj80 0.4196	RSTj85 0.3064	RSTj90 0.2368	RSTj95 0.0942	RSTj00 0.2583	RSTj02 0.4464	RSTj80 0.3000	RSTj85 0.2647	RSTj90 0.2765	RSTj95 0.1382	RSTj00 0.3500	RSTj02 0.4324
T	RSTt80 (-0.0638)	RSTt85 (-0.0050)	RSTt90 0.1637	RSTt95 0.1472	RSTt00 0.2930	RSTt02 0.5606*	RSTt80 (-0.1324)	RSTt85 (-0.2559)	RSTt90 0.2059	RSTt95 0.1882	RSTt00 0.4029	RSTt02 0.5324*
K	RSTk80 (-0.1131)	RSTk85 (-0.1167)	RSTk90 (-0.4318)	RSTk95 (-0.0143)	RSTk00 0.2888	RSTk02 0.4563	RSTk80 (-0.2912)	RSTk85 (-0.1588)	RSTk90 (-0.4353)	RSTk95 0.0000	RSTk00 0.3412	RSTk02 0.4294
M	RSTm80 0.0684	RSTm85 (-0.3747)	RSTm90 (-0.4705)	RSTm95 (-0.1871)	RSTm00 (-0.1766)	RSTm02 (-0.1875)	RSTm80 0.0618	RSTm85 (-0.2118)	RSTm90 (-0.3647)	RSTm95 (-0.2000)	RSTm00 (-0.1324)	RSTm02 (-0.1824)
TH	RSTth80 0.0997	RSTth85 (-0.2183)	RSTth90 (-0.3357)	RSTth95 (-0.1113)	RSTth00 0.0026	RSTth02 (-0.1133)	RSTth80 0.0706	RSTth85 (-0.2794)	RSTth90 (-0.3941)	RSTth95 (-0.1412)	RSTth00 (-0.0147)	RSTth02 (-0.1735)
I	RSTi80 (-0.1791)	RSTi85 (-0.2578)	RSTi90 (-0.1053)	RSTi95 (-0.2131)	RSTi00 (-0.1369)	RSTi02 (-0.3416)	RSTi80 0.0177	RSTi85 (-0.2324)	RSTi90 (-0.1000)	RSTi95 (-0.3206)	RSTi00 (-0.2677)	RSTi02 (-0.4941)
P	RSTp80 0.2909	RSTp85 (-0.1558)	RSTp90 (-0.1106)	RSTp95 0.0471	RSTp00 (-0.4848)	RSTp02 (-0.5558)*	RSTp80 (-0.2706)	RSTp85 (-0.2088)	RSTp90 (-0.0794)	RSTp95 0.0147	RSTp00 (-0.3500)	RSTp02 (-0.4824)
C	RSTc80 0.1126	RSTc85 0.2385	RSTc90 (-0.7656)**	RSTc95 (-0.5372)*	RSTc00 (-0.6520)**	RSTc02 (-0.7396)**	RSTc80 (-0.0059)	RSTc85 0.3338	RSTc90 (-0.6000)*	RSTc95 (-0.3964)*	RSTc00 (-0.6765)**	RSTc02 (-0.6618)**
V	RSTv80 (-0.1091)	RSTv85 (-0.2227)	RSTv90 0.0243	RSTv95 (-0.1564)	RSTv00 (-0.1062)	RSTv02 (-0.0774)	RSTv80 (-0.0915)	RSTv85 (-0.1180)	RSTv90 0.0088	RSTv95 (-0.1735)	RSTv00 (-0.0741)	RSTv02 (-0.0978)

注：1.1980、85、90、95、2000、2002 年所有纖維紡織製品 RSCA 的相關係數值，各年的輸出品目數(N)為 16 項，但 1995 年馬來西亞、中國為 15 項。2.U：美國，J：日本，T：台灣，K：韓國，M：馬來西亞，TH：泰國，I：印尼，P：菲律賓，C：中國，V：越南。3.**顯著水準 0.01,*顯著水準 0.05（雙尾檢定）。

　　進一步探討日本與其他東亞國家纖維製品競爭力結構間的關係。

　　從表 5-24 的 1980 至 2002 年日本與其他東亞國家間纖維製品 RSCA 結構相關係數值發現，（1）觀察期間內日本只有 1985 年以後與菲律賓，1985 至 1995 年與越南，1995 年以後與台灣、韓國、中國的相關係數具顯著性，其餘皆不具為統計上顯著性。（2）日、台間 1990 年開始呈現顯著性正相關且係數值變大，顯示日台間 90 年代後半確立競爭性關係且其後競爭加劇。但日、韓間至 1990 年由 85 年負相關轉變為正相關，95 年開始才轉變為顯著性正相關，但即呈現高相關，顯示日韓間亦在 95 年轉變為激烈競爭性關係。（3）而日本與馬、泰、印間皆為負相關，但不具顯著性。日本與菲律賓 1985 年開始轉變為顯著性高負相關即其後維持高互補性關係。日、中間 1990 年由 85 年正相關轉變成不具顯著性負相關，95 年開始負相關呈現顯著性，其後維持相對高水準的互補性關係。日、越間 1985 至 95 年為顯著性負相關但其後轉變為不具顯著性正相關，關係的演變不明確。（4）觀察期間內日本與台、韓纖維製品競爭力結構間處於激烈競爭性關係，但與台灣的競爭關係大於與韓國，與泰、馬間則蘊涵由互補性關係朝競爭性關係的演變，而與中國間處於互補性關係的深化狀態中但其關係小於美、中間的互補關係。

　　另再探討台灣、韓國與日本以外東亞國家纖維製品競爭力結構間的關係。從表 5-25 發現，（1）台灣與韓國間 1990 年開始呈現顯著性正相關且係數值變大，顯示競爭性關係加劇。而台灣與馬來西亞間 1990 年後正相關不具顯著性，與泰、印間 1995 年開始由正相關轉為負相關但皆不具顯著性，與菲律賓間 1995 年開始亦由正相關轉為負相關但 2000 年開始才呈現顯著性。（2）台灣與中國間 1985、95、2000 年為顯著性負相關，但其後又轉變為不具顯著性負相關，而順位相關 95 年後轉變為不具顯著性負相關，顯示 1995 年以後中國除成衣外衣料織布、紡紗的競爭力亦提升下台、中間互補性關係處於轉變中。與越南間 1985 年以後開始轉變為不具顯著性負相關，顯示存在互補性關係，但其順位相關 2000 年開始轉為

表 5-24　日本與東亞國家纖維紡織製品 RSCA 結構相關

	Pearson 相關						Spearman 順位相關					
	RSTj80	RSTj85	RSTj90	RSTj95	RSTj00	RSTj02	RSTj80	RSTj85	RSTj90	RSTj95	RSTj00	RSTj02
	RSTt80 0.1427	RSTt85 0.0938	RSTt90 0.3907	RSTt95 0.7074**	RSTt00 0.7597**	RSTt02 0.7635**	RSTt80 0.1177	RSTt85 0.0265	RSTt90 0.4677	RSTt95 0.6794**	RSTt00 0.7059**	RSTt02 0.7618**
	RSTk80 (-0.2232)	RSTk85 (-0.2942)	RSTk90 0.0889	RSTk95 0.6572**	RSTk00 0.6669**	RSTk02 0.6591**	RSTk80 (-0.3824)	RSTk85 (-0.5029)**	RSTk90 (-0.1353)	RSTk95 0.7000**	RSTk00 0.6500**	RSTk02 0.6853**
	RSTm80 (-0.0588)	RSTm85 (-0.1880)	RSTm90 (-0.3660)	RSTm95 (-0.3497)	RSTm00 (-0.1969)	RSTm02 (-0.2096)	RSTm80 (-0.1765)	RSTm85 (-0.2794)	RSTm90 (-0.4059)	RSTm95 (-0.3857)	RSTm00 (-0.1735)	RSTm02 (-0.2147)
	RSTth80 (-0.3340)	RSTth85 (-0.2531)	RSTth90 (-0.4505)	RSTth95 (-0.4477)	RSTth00 (-0.3920)	RSTth02 (-0.3209)	RSTth80 (-0.4147)	RSTth85 (-0.3588)	RSTth90 (-0.5529)*	RSTth95 (-0.4677)	RSTth00 (-0.2000)	RSTth02 (-0.1412)
	RSTi80 (-0.1532)	RSTi85 (-0.3046)	RSTi90 (-0.1808)	RSTi95 (-0.3711)	RSTi00 (-0.3474)	RSTi02 (-0.3858)	RSTi80 (-0.0147)	RSTi85 (-0.2500)	RSTi90 (-0.2088)	RSTi95 (-0.3882)	RSTi00 (-0.2853)	RSTi02 (-0.3500)
	RSTp80 (-0.4460)	RSTp85 (-0.7478)**	RSTp90 (-0.7947)**	RSTp95 (-0.6239)**	RSTp00 (-0.7747)**	RSTp02 (-0.7497)**	RSTp80 (-0.4971)	RSTp85 (-0.7588)**	RSTp90 (-0.7029)**	RSTp95 (-0.6382)**	RSTp00 (-0.7177)**	RSTp02 (-0.7118)**
	RSTc80 (-0.3381)	RSTc85 0.3849	RSTc90 (-0.4547)	RSTc95 (-0.6899)**	RSTc00 (-0.6151)*	RSTc02 (-0.5478)*	RSTc80 (-0.4118)	RSTc85 0.4051	RSTc90 (-0.4559)	RSTc95 (-0.5107)	RSTc00 (-0.5647)*	RSTc02 (-0.5147)*
	RSTv80 (-0.1761)	RSTv85 (-0.5265)*	RSTv90 (-0.6975)**	RSTv95 (-0.5078)*	RSTv00 0.0039	RSTv02 0.1027	RSTv80 (-0.1593)	RSTv85 (-0.4867)	RSTv90 (-0.6760)**	RSTv95 (-0.5147)*	RSTv00 0.0948	RSTv02 0.1615

注：同表 5-23。

表 5-25 台韓與日本以外東亞國家纖維紡織製品 RSCA 結構相關

	Pearson 相關						Spearman 順位相關					
	RST80	RST85	RST90	RST95	RST00	RST02	RST80	RST85	RST90	RST95	RST00	RST02
	RSTk80 0.3132	RSTk85 0.3712	RSTk90 0.5546*	RSTk95 0.8448**	RSTk00 0.9383**	RSTk02 0.9346**	RSTk80 0.2118	RSTk85 0.2941	RSTk90 0.3441	RSTk95 0.8471**	RSTk00 0.9294**	RSTk02 0.9441**
	RSTm80 0.4576	RSTm85 0.6324**	RSTm90 0.4333	RSTm95 0.1924	RSTm00 0.1256	RSTm02 0.1211	RSTm80 0.3294	RSTm85 0.4559	RSTm90 0.2353	RSTm95 0.225	RSTm00 0.2	RSTm02 0.1
	RSTth80 0.3545	RSTth85 0.4217	RSTth90 0.1525	RSTth95 (-0.0812)	RSTth00 (-0.1208)	RSTth02 (-0.0436)	RSTth80 0.1029	RSTth85 0.3382	RSTth90 (-0.1382)	RSTth95 (-0.2294)	RSTth00 (-0.0677)	RSTth02 (-0.0235)
	RSTi80 0.1572	RSTi85 0.2369	RSTi90 0.2548	RSTi95 (-0.0704)	RSTi00 (-0.0998)	RSTi02 (-0.2230)	RSTi80 0.0705	RSTi85 0.1706	RSTi90 0.05	RSTi95 (-0.2265)	RSTi00 (-0.1500)	RSTi02 (-0.2824)
	RSTp80 0.4990*	RSTp85 0.4692	RSTp90 0.0608	RSTp95 (-0.0663)	RSTp00 (-0.5373)*	RSTp02 (-0.5390)*	RSTp80 0.3794	RSTp85 0.4088	RSTp90 (-0.1353)	RSTp95 (-0.2147)	RSTp00 (-0.5147)*	RSTp02 (-0.4412)
	RSTc80 (-0.4405)	RSTc85 (-0.6336)**	RSTc90 (-0.4023)	RSTc95 (-0.5517)*	RSTc00 (-0.5424)*	RSTc02 (-0.4899)	RSTc80 (-0.5588)*	RSTc85 (-0.6288)**	RSTc90 (-0.6000)*	RSTc95 (-0.4393)	RSTc00 (-0.4441)	RSTc02 0.0501
	RSTv80 (-0.6300)**	RSTv85 (-0.4749)	RSTv90 (-0.4876)	RSTv95 (-0.3600)	RSTv00 (-0.3109)	RSTv02 -0.3004	RSTv80 (-0.566)*	RSTv85 0.0738	RSTv90 (-0.4235)	RSTv95 (-0.3000)	RSTv00 0.0311	RSTv02 0.0874
	RSTk80	**RSTk85**	**RSTk90**	**RSTk95**	**RSTk00**	**RSTk02**	**RSTk80**	**RSTk85**	**RSTk90**	**RSTk95**	**RSTk00**	**RSTk02**
	RSTm80 0.5045*	RSTm85 0.5183*	RSTm90 0.5733*	RSTm95 0.1806	RSTm00 0.1611	RSTm02 0.0989	RSTm80 0.5677*	RSTm85 0.7471**	RSTm90 0.6382**	RSTm95 0.0964	RSTm00 0.2912	RSTm02 0.0853
	RSTth80 0.5339*	RSTth85 0.6891**	RSTth90 0.4962	RSTth95 0.0194	RSTth00 (-0.0591)	RSTth02 (-0.0622)	RSTth80 0.3941	RSTth85 0.6206*	RSTth90 0.5353*	RSTth95 (-0.1941)	RSTth00 0.0177	RSTth02 -0.100000001
	RSTi80 0.1610	RSTi85 0.2155	RSTi90 0.2447	RSTi95 (-0.0232)	RSTi00 (-0.0378)	RSTi02 (-0.1690)	RSTi80 0.0941	RSTi85 0.4588	RSTi90 0.3588	RSTi95 (-0.2559)	RSTi00 (-0.0765)	RSTi02 (-0.2471)
	RSTp80 0.0950*	RSTp85 0.5300*	RSTp90 0.2290	RSTp95 0.0362	RSTp00 (-0.3829)	RSTp02 (-0.3732)	RSTp80 0.1765	RSTp85 0.5059*	RSTp90 0.2647	RSTp95 (-0.1794)	RSTp00 (-0.3971)	RSTp02 (-0.3735)
	RSTc80 0.4632	RSTc85 (-0.1836)	RSTc90 (-0.0817)	RSTc95 (-0.3397)	RSTc00 (-0.4629)	RSTc02 (-0.3765)	RSTc80 0.4177	RSTc85 (-0.3468)	RSTc90 0.1235	RSTc95 (-0.4679)	RSTc00 (-0.3853)	RSTc02 (-0.4559)
	RSTv80 0.1304	RSTv85 0.2565	RSTv90 (-0.1235)	RSTv95 0.0611	RSTv00 (-0.3059)	RSTv02 (-0.0900)	RSTv80 0.4159	RSTv85 0.5310*	RSTv90 (-0.0088)	RSTv95 (-0.2441)	RSTv00 (-0.1689)	RSTv02 (-0.0859)

注：同表 5-23。

正相關，可知其互補性關係亦在轉變中。（3）韓國與馬來西亞間 1995 年開始轉變為不具顯著性正相關，與泰、菲間 1995 年開始轉變為不具顯著性正相關而 2000 年開始又轉變為不具顯著性負相關，與印尼則 1995 年開始轉變為不具顯著性負相關。顯示韓國與二梯 NIEs 間的競爭性關係進入 1990 年代後發生變化，其中韓、馬間蘊涵朝互補性關係發展的可能性。（4）而韓國與中國間雖然 1985 年確立互補性關係，但不具顯著性。與越南間 1990 年代開始呈現負相關但亦均不具顯著性，其後係數值的變化亦無法明示出關係演化的方向性。

　　再進一步探討亞洲二梯 NIEs 及與中國、越南競爭力結構間的關係。從表 5-26 可以發現，（1）馬來西亞與其他二梯 NIEs 間均為正相關。馬、泰間呈顯著性正相關，但 2000 年以後係數值變小，顯著性亦下降。顯示觀察期間內馬、泰間皆為競爭性關係，但 2000 年以後關係呈減弱變化。馬、印間部份正相關具顯著性但亦顯現減弱變化，馬、菲間的正相關則大多不具顯著性。（2）而馬、中間除 1985 年呈顯著性負相關外均為不具顯著性正相關，顯示馬、中間由 1985 年互補關係，而 90 年開始轉變為不具顯著性競爭關係，雖其後關係的演化方向不明確，但顯示馬、中間 80 年代前半期的互補性關係已不存在的發展。與越南間的正相關則大多不具顯著性，但 2002 年順位相關呈現不具顯著性負相關，顯示關係的潛在轉變。（3）泰國與印、菲間 1990 年以後均為顯著性高度正相關，其中與印尼的競爭關係大於與菲律賓。與中國間只有 1995 年順位相關呈顯著性，90 年開始由 85 年負相關轉為正相關，顯示泰國與中國間由 1985 年不具顯著性互補關係，90 年以後轉變為不具顯著性競爭關係。與越南間 1985 年以後為正相關但亦大多不具顯著性，關係變化不明確。（4）印尼與菲律賓為正相關但只有 2002 年具顯著性，從係數值變大可推敲為競爭關係的激烈化演變。與中國 1995 年開始由負相關轉變為正相關但只有 95 年具顯著性，基本上顯示印尼與中國間 1995 年以後由互補轉變成競爭性關係。與越南均為正相關但只有 1990、95 年具顯著性，從其後係數值變小及不具有

表 5-26　亞洲二梯 NIEs 及與中越間纖維紡織製品 RSCA 結構相關

Pearson 相關						Spearman 順位相關					
RSTm80	**RSTm85**	**RSTm90**	**RSTm95**	**RSTm00**	**RSTm02**	**RSTm80**	**RSTm85**	**RSTm90**	**RSTm95**	**RSTm00**	**RSTm02**
RSTth80	RSTth85	RSTth90	RSTth95	RSTth00	RSTth02	RSTth80	RSTth85	RSTth90	RSTth95	RSTth00	RSTth02
0.6354**	0.6305**	0.5375*	0.5787*	0.6122*	0.5613*	0.6559**	0.6235**	0.6618**	0.5821*	0.5441*	0.5500*
RSTi80	RSTi85	RSTi90	RSTi95	RSTi00	RSTi02	RSTi80	RSTi85	RSTi90	RSTi95	RSTi00	RSTi02
(-0.0189)	0.5717*	0.2146	0.5347*	0.5076*	0.4506	0.0441	0.5471*	0.25	0.5821*	0.5265*	0.5588*
RSTp80	RSTp85	RSTp90	RSTp95	RSTp00	RSTp02	RSTp80	RSTp85	RSTp90	RSTp95	RSTp00	RSTp02
0.1290	0.3990	0.4767	0.4155	0.2890	0.2352	0.2324	0.3618	0.5529*	0.3964	0.2354	0.4029
RSTc80	RSTc85	RSTc90	RSTc95	RSTc00	RSTc02	RSTc80	RSTc85	RSTc90	RSTc95	RSTc00	RSTc02
0.4368	(-0.5199)*	0.4747	0.3997	0.4306	0.4158	0.3971	(-0.4829)	0.2588	0.3821	0.3677	0.3882
RSTv80	RSTv85	RSTv90	RSTv95	RSTv00	RSTv02	RSTv80	RSTv85	RSTv90	RSTv95	RSTv00	RSTv02
0.0527	0.3316	0.0088	0.2696	0.0103	0.0920	0.0767	0.5074*	0.0647	0.1821	0.0489	(-0.0415)
RSTth80	**RSTth85**	**RSTth90**	**RSTth95**	**RSTth00**	**RSTth02**	**RSTth80**	**RSTth85**	**RSTth90**	**RSTth95**	**RSTth00**	**RSTth02**
RSTi80	RSTi85	RSTi90	RSTi95	RSTi00	RSTi02	RSTi80	RSTi85	RSTi90	RSTi95	RSTi00	RSTi02
0.2264	0.3726	0.6845**	0.8844**	0.8788**	0.7870**	0.35	0.6147*	0.6500**	0.7941**	0.6206*	0.5824*
RSTp80	RSTp85	RSTp90	RSTp95	RSTp00	RSTp02	RSTp80	RSTp85	RSTp90	RSTp95	RSTp00	RSTp02
0.1770	0.5059*	0.6991**	0.5734*	0.5085*	0.6085*	0.1794	0.4941	0.7735**	0.6441**	0.4912	0.5794*
RSTc80	RSTc85	RSTc90	RSTc95	RSTc00	RSTc02	RSTc80	RSTc85	RSTc90	RSTc95	RSTc00	RSTc02
0.2722	(-0.2378)	0.3169	0.4352	0.3788	0.2016	0.2294	(-0.2750)	0.2941	0.5750*	0.3441	0.3118
RSTv80	RSTv85	RSTv90	RSTv95	RSTv00	RSTv02	RSTv80	RSTv85	RSTv90	RSTv95	RSTv00	RSTv02
(-0.0540)	0.3486	0.4837	0.7102**	0.1307	0.3018	0.1209	0.4897	0.4588	0.6823*	0.0726	0.2682
RSTi80	**RSTi85**	**RSTi90**	**RSTi95**	**RSTi00**	**RSTi02**	**RSTi80**	**RSTi85**	**RSTi90**	**RSTi95**	**RSTi00**	**RSTi02**
RSTp80	RSTp85	RSTp90	RSTp95	RSTp00	RSTp02	RSTp80	RSTp85	RSTp90	RSTp95	RSTp00	RSTp02
0.2050	0.2996	0.3827	0.4321	0.4544	0.5649*	0.05	0.2206	0.3765	0.3912	0.3941	0.5029*
RSTc80	RSTc85	RSTc90	RSTc95	RSTc00	RSTc02	RSTc80	RSTc85	RSTc90	RSTc95	RSTc00	RSTc02
(-0.0918)	(-0.2192)	(-0.0176)	0.5180*	0.3843	0.4101	-0.2	(-0.1977)	(-0.1618)	0.5214*	0.3088	0.3735
RSTv80	RSTv85	RSTv90	RSTv95	RSTv00	RSTv02	RSTv80	RSTv85	RSTv90	RSTv95	RSTv00	RSTv02
0.0573	0.3360	0.6054*	0.6862**	0.1321	0.1412	0.1976	0.3481	0.5941*	0.6059*	0.0444	0.0933
RSTp80	**RSTp85**	**RSTp90**	**RSTp95**	**RSTp00**	**RSTp02**	**RSTp80**	**RSTp85**	**RSTp90**	**RSTp95**	**RSTp00**	**RSTp02**
RSTc80	RSTc85	RSTc90	RSTc95	RSTc00	RSTc02	RSTc80	RSTc85	RSTc90	RSTc95	RSTc00	RSTc02
(-0.3437)	(-0.7463)**	0.1734	0.2845	0.5830*	0.4194	(-0.2235)	(-0.7065)**	0.2824	0.2929	0.5941*	0.5706*
RSTv80	RSTv85	RSTv90	RSTv95	RSTv00	RSTv02	RSTv80	RSTv85	RSTv90	RSTv95	RSTv00	RSTv02
(-0.2500)	0.4039	0.5996*	0.7508**	(-0.0919)	(-0.1081)	(-0.1888)	0.4749	0.5588*	0.7000**	(-0.2489)	(-0.1215)
RSTc80	**RSTc85**	**RSTc90**	**RSTc95**	**RSTc00**	**RSTc02**	**RSTc80**	**RSTc85**	**RSTc90**	**RSTc95**	**RSTc00**	**RSTc02**
RSTv80	RSTv85	RSTv90	RSTv95	RSTv00	RSTv02	RSTv80	RSTv85	RSTv90	RSTv95	RSTv00	RSTv02
0.6431**	(-0.3636)	0.0920	0.5484*	0.1236	0.0718	0.6372**	(-0.4973)*	0.1559	0.5286*	0.1333	0.2074

注：同表 5-23。

意性可推敲為競爭關係弱化的演變。（5）菲律賓與中國間 1990年開始由負相關轉為正相關，顯示 90 年以後由互補轉變成競爭性關係。與越南 1985 年開始由負相關轉為正相關，但 2000 年開始又轉為負相關，顯示 90 年代競爭激化後急遽轉變為互補性關係。（6）中國與越南 1990 年代開始為正相關但大多不具顯著性，大致可推敲為競爭方向關係的演化。中國與亞洲二梯 NIEs、越南間皆為競爭關係的演化，此與日本、台灣、韓國的互補關係深化形成對比。

　　觀察期間內日本與其他東亞觀察國家纖維製品競爭力結構間的關係演變中，一如整體工業製品及其他製品，與先發展國家台、韓間確立競爭性關係，與後發展的中國間則為互補性關係的深化狀態，而與中間發展國家馬、泰間則另蘊涵由由互補性關係朝競爭性關係演化的進展，但是依顯著性係數絕對值大小則顯示纖維製品競爭力結構間的關係強度較整體工業製品及其他製品高，顯著性則較低。

　　此也證實如前述雁行理論所提朝資本財的高度工業化過程中連鎖性結構轉變帶動日本與其他東亞國家纖維製品競爭力結構間關係的演變，但也顯示出與不同發展程度國家間競爭性關係激化與互補性關係深化的兩極化發展。

3. 纖維紡織品的雁行追趕

　　東亞國家間纖維紡織品的雁行追趕上可以觀察出兩個路徑，一為由最終消費財的成衣、裝潢家飾紡織品進而其配件，另一路徑為進而往中間財的平織、針織布製品，再進而原料的織布用紗類等的方向。以下為 1980 至 2002 年美國及東亞國家 SITC 三分位細項纖維紡織品的成衣等最終財、布品等中間財、紗等原料的出口競爭力變遷圖。圖橫軸左至右分別為美國、日本、台灣、韓國、馬來西亞、泰國、印尼、菲律賓、中國、越南各項製品 RSCA 值的變化排列。

　　圖 5-12、5-13 及 5-14 顯示非針織類男用外衣物製品（SITC842，以下同）、針織類外著成衣（845）以及裝潢用紡織品（659）等最終消費財的東亞出口競爭力皆呈現由左向右的低往高排列。

　　東亞國家最終消費財纖維紡織品的競爭力起始點雖高低不同，大體而言呈現先發展國家的下降及後發展國家的上升，亦即包含美國在內東亞國家一梯 NIEs、二梯 NIEs、中國、越南的漸次雁行追趕形態。

　　而裝潢紡織品與衣料用紡織品的不同是中國、越南呈現競爭優勢外其他東亞國家均呈現劣勢。過去其產品標準化下後發展東亞國家的低工資成本形成價格上的競爭優勢，但先發展國家特別是美國呈現劣勢反轉上揚的變化相信與 1990 年代來防火、輕量化的碳纖維使用特別在飛機、汽車等運輸機械的內部裝潢上快速普及有關。

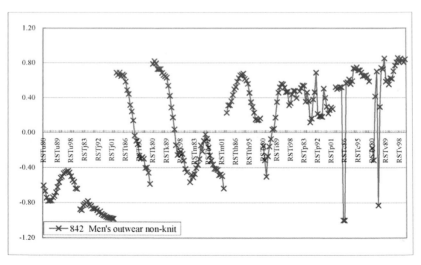

圖 5-12　東亞非針織類男外衣物（842 Men's outwear non-knit）RSCA

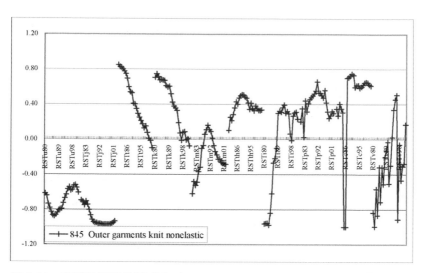

圖 5-13　東亞針織類外著成衣（845 Outer garments knit nonelastic）RSCA

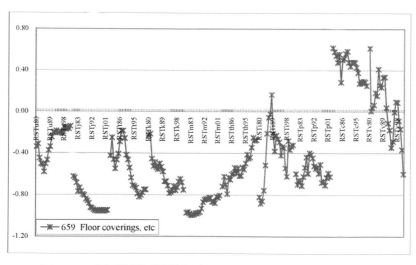

圖 5-14　東亞裝潢用紡織品（659 Floor coverings, etc）RSCA

　　成衣零組件的中間財配件從圖 5-15 可知隨著後發展國家成衣等競爭力的提升，先發展國家普遍下降，後發展國家則普遍上升。後發展國家不但成衣業其配件製造業競爭力也因為外部經濟性而隨之提升，但是先發展國家則因成衣等競爭優勢的下降亦隨之降低。單靠產業鏈的外部經濟性，中間財配件不但易受景氣波動影響其競爭力也隨之浮動。但是美國在 1990 年代反轉上揚的變化原因值得未來進一步探討。

　　東亞國家纖維紡織品的另外一個雁行追趕發展的路徑方向，即中間財布料以及織布原料紗競爭力的提升。圖 5-16 及 5-17 中可同樣見到最終紡織品的雁行追趕行排列，特別是人造纖維織布。而織布用原料紗的競爭力上也同樣呈現雁行排列。

　　但是與布料相較，東亞先發展國家布用原料紗的競爭力呈現相對急劇衰退。（參照圖 5-18）此與量產、標準化的原料紗製品不易進行差異化競爭，而布料則透過設計等進行差異化競爭的可能性較高有關。

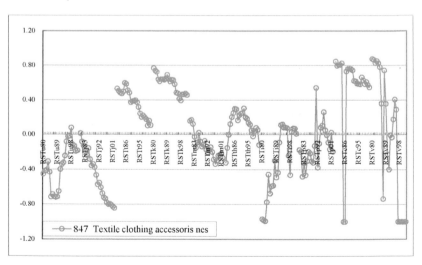

圖 5-15　東亞成衣配件（847 Textile clothing accessoris nes）RSCA

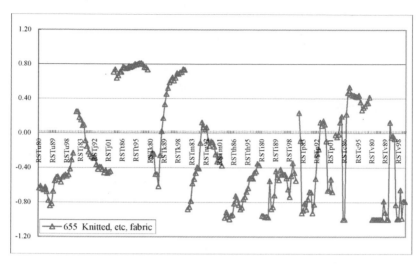

圖 5-16　東亞針織布品（655 Knitted, etc, fabric）RSCA

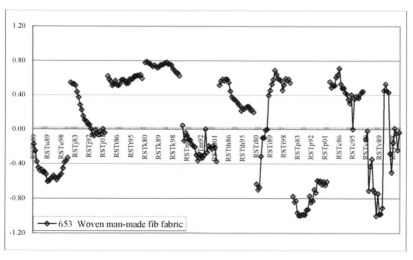

圖 5-17　東亞人造纖維織布（653 Woven man-made fiber fabric）RSCA

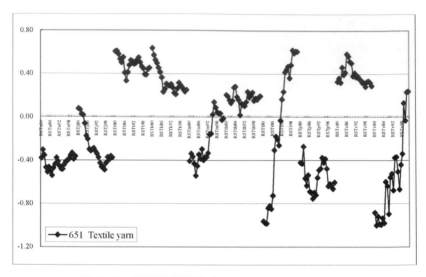

圖 5-18　東亞紗類製品（651 Textile yarn）RSCA

　　日本與馬、泰間纖維製品並未呈現如日、中間的顯著性互補關係，日、泰間亦朝衣料織物、紗及特殊織物競爭但馬來西亞、菲律賓競爭力不如台、泰國，日、馬間則無競爭交集，顯示泰國、中國、印尼、越南與馬來西亞、菲律賓的工業化特別是在纖維紡織品產業鏈結構上發展路徑的不同。

　　另外，以台、韓言，1990 年代朝機械製品集中的出口結構高度化過程中其與日本間纖維製品競爭力結構間並未由競爭性關係轉變成異質性互補關係，觀察期間內反而加劇其與日本由低附加價值往衣料織物（653、654、655、656）、特殊織物（657）等高附加價值製品競爭競爭關係，此為纖維製品結構高度化後產生的差異化新競爭性關係。（參照圖 5-19）

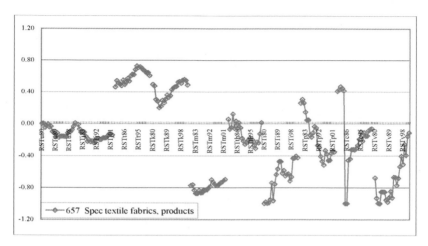

圖 5-19　東亞特殊紡織品（657 Spec textile fabrics, products）RSCA

三、東亞機械製品出口競爭力結構的演變

1. 年度別競爭力結構

　　首先探討東亞觀察國家年度間機械製品競爭力結構的演變。表 5-27 顯示 1980 至 2002 年各國機械製品 RSCA 值的分散變化。1980 年以後美國、日本、台灣、韓國、中國的競爭力結構變化呈現明顯減小的收斂趨勢，但日本 1990 年代後微增，馬來西亞、泰國、菲律賓呈現明顯變大的擴散趨勢變化，印尼 1980 年代呈現變化減小的收斂趨勢但 1990 年代轉為變大的擴散趨勢變化，越南基本上變化呈現明顯減小的趨勢但 1990 年代後期轉為變大的擴散趨勢變化。

　　日本、台灣、韓國、中國的變化趨勢相似，1990 年代中期以後二梯 NIEs、越南的變化趨勢相似。日本、台灣等競爭力結構的變化程度相對較小外，其餘東亞國家皆呈現相同激烈程度的變化。東亞國家機械製品競爭力結構的變化除了幅度較工業製品競爭力結構的變化幅度大外，機械製品競爭力結構的收斂與擴散的兩極變化是與工業製品的收斂單一變化型態的不同處。

表 5-27　東亞國家機械製品出口競爭力結構的分散變化

	美國	日本	台灣	韓國	馬來西亞	泰國	印尼	菲律賓	中國	越南
1980	0.3064	0.3878	0.5502	0.5470	0.3536	0.2686	0.1040	0.1870	0.3194	0.2593
1981	0.3206	0.3731	0.5444	0.5295	0.3420	0.2594	0.0859	0.2147	0.3391	0.2650
1982	0.3306	0.3687	0.5359	0.5389	0.3494	0.2695	0.1010	0.2521	0.3501	0.1930
1983	0.3486	0.3524	0.5348	0.5462	0.3953	0.2574	0.1016	0.2835	0.3495	0.2023
1984	0.3626	0.3493	0.5543	0.5409	0.3881	0.2993	0.1248	0.2747	0.3098	0.2230
1985	0.3556	0.3574	0.5708	0.5445	0.4010	0.3519	0.0723	0.2578	0.1372	0.2198
1986	0.3391	0.3606	0.5503	0.5367	0.4491	0.3651	0.0418	0.2668	0.1689	0.2572
1987	0.3211	0.3533	0.5606	0.5363	0.4719	0.3793	0.0355	0.2806	0.3422	0.2341
1988	0.3047	0.3385	0.5617	0.5354	0.4839	0.4121	0.0815	0.3354	0.3755	0.0925
1989	0.2858	0.3476	0.5638	0.5281	0.5113	0.4540	0.0894	0.4051	0.3967	0.0297
1990	0.2795	0.3513	0.5593	0.5123	0.5308	0.5031	0.1345	0.4205	0.4154	0.1264
1991	0.2650	0.3615	0.5485	0.4980	0.5713	0.5109	0.1841	0.4625	0.4317	0.0353
1992	0.2577	0.3461	0.5427	0.4756	0.5632	0.5244	0.2699	0.4256	0.4259	0.2456
1993	0.2715	0.3445	0.5458	0.4674	0.5521	0.5270	0.3311	0.4136	0.4221	0.2320
1994	0.2675	0.3528	0.5338	0.4472	0.5588	0.5301	0.3538	0.4328	0.4450	0.2339
1995	0.2653	0.3545	0.5257	0.4346	0.5626	0.5356	0.3640	0.4225	0.4533	0.2710
1996	0.2651	0.3582	0.5175	0.4401	0.5458	0.5331	0.3725	0.4950	0.4581	0.1856
1997	0.2558	0.3558	0.5103	0.4160	0.5349	0.5361	0.3395	0.4976	0.4600	0.2957
1998	0.2437	0.3777	0.5135	0.3818	0.5211	0.5339	0.3482	0.4901	0.4771	0.3152
1999	0.2442	0.3680	0.5086	0.4088	0.5274	0.5277	0.3355	0.4796	0.4741	0.3082
2000	0.2550	0.3685	0.5090	0.3949	0.5303	0.5188	0.4029	0.4822	0.4789	0.3517
2001	0.2477	0.3666	0.5133	0.4058	0.5358	0.5089	0.4014	0.5002	0.4813	0.3728
2002	0.2557	0.3713	0.5316	0.4241	0.5175	0.5138	0.4003	0.4946	0.4848	0.3590

注：1.1980 年至 2002 年各國對世界機械製品產品出口 RSCA 的標準差；2. N=45；3.作者計算編製。
資料出處：UNCTAD *Handbook of Statitics*, 2005。

　　表 5-28 為觀察期間內特定年度與 2002 年各國機械製品 RSCA 的年度一般（Pearson）相關與順位（Spearman）相關係數值，顯示觀察期間內機械製品出口競爭力結構間相關關係的演變。機械製品 RSCA 的年度相關為 UNCTAD SITC 7 類三分位細項計 45 項製品 RSCA 係數值及大小順位的各年度間相關值，係數值檢定為雙尾檢定。

表 5-28　東亞國家機械製品出口競爭力結構的變遷

	Pearson 相關					
	1980	1985	1990	1995	2000	2002
美國 1980	1.0000	0.9177**	0.8401**	0.8559**	0.8293**	0.8097**
日本 1980	1.0000	0.9308**	0.7767**	0.6228**	0.5628**	0.5215**
台灣 1980	1.0000	0.6425**	0.7147**	0.6518**	0.6426**	0.6558**
韓國 1980	1.0000	0.8234**	0.8704**	0.7477**	0.5186**	0.3931**
馬來西亞 1980	1.0000	0.8410**	0.6632**	0.5737**	0.5282**	0.5264**
泰國 1980	1.0000	0.6904**	0.1268	0.3186*	0.3414*	0.3122*
印尼 1980	1.0000	0.9701**	0.0290	-0.0316	0.0099	-0.0019
菲律賓 1980	1.0000	0.8071**	0.5914**	0.6483**	0.5759**	0.5718**
中國 1980	1.0000	0.7091**	0.4742**	0.4944**	0.4705**	0.4213**
越南 1980	1.0000	0.1641	-0.0943	-0.0564	0.0999	0.0881
	Spearman 順位相關					
	1980	1985	1990	1995	2000	2002
美國 1980	1.0000	0.8930**	0.8329**	0.8735**	0.8190**	0.8282**
日本 1980	1.0000	0.8910**	0.6795**	0.5153**	0.4569**	0.3862**
台灣 1980	1.0000	0.5619**	0.6115**	0.6065**	0.5919**	0.5992**
韓國 1980	1.0000	0.7249**	0.7866**	0.6566**	0.4892**	0.3918**
馬來西亞 1980	1.0000	0.6634**	0.6052**	0.5321**	0.4913**	0.4985**
泰國 1980	1.0000	0.6127**	0.2930	0.3793*	0.3736*	0.3147*
印尼 1980	1.0000	0.5784**	0.4594**	0.2939	0.3403*	0.2717
菲律賓 1980	1.0000	0.4422**	0.3303*	0.3278*	0.5333**	0.4654**
中國 1980	1.0000	0.3997**	0.5203**	0.4808**	0.4434**	0.4017**
越南 1980	1.0000	0.2743	-0.1110	0.0792	0.1750	0.2130

注：1.各國 1980 年與其他年度機械製品出口 RSCA 相關；2.產品項數(N)，1995 年馬來西亞與中國
為 44 項外均為 45 項；3.**：相關值顯著水準 0.01，*：顯著水準 0.05（雙尾檢定）。

　　由表 5-28 中各國 2002 年與特定年度間機械製品 RSCA 的相關
係數值發現，（1）觀察期間內各國係數值除泰國 1990 年、印尼 1990
年以後、越南全期間外，均具統計上顯著性。（2）期間內各國相關
係數值的變化幅度可知東亞國家機械製品競爭力的結構性轉變主

要發生在 1985 年以後及 1990 年代，此與美國的變化不同，東亞國
家的變化幅度亦普遍大於美國。（3）而東亞國家中，印尼 1995、
2002 年、越南 1990、95 年為負相關顯示結構變化的激烈，另正相
關變化中，泰國幅度最大，接著韓國、中國、日本、馬來西亞、菲
律賓，台灣最小，順位相關變化亦以泰國幅度最大，接著韓國、日
本、中國、菲律賓、馬來西亞，台灣仍最小。而東亞國家順位相關
係數值普遍小於相關係數，顯示機械製品順位結構的變化比競爭力
結構的變化激烈。（4）日本、亞洲二梯 NIEs 及中國機械製品出口
競爭力結構轉變期間集中在 1985 至 95 年，韓國 1990 年代及 2000
年以後，台灣 1980 年代前半，台灣以外東亞國家主要受廣場協議
後東亞各國貨幣對美元的大幅升值及 1992 年鄧小平宣示中國持續
社會主義市場經濟制度、97 年亞洲金融風暴與 IT 景氣波動的影
響。此與同 1985 至 95 年期間中國結構的轉變可相互印證。而台灣
則與 1980 年代初期實施的產業獎勵政策，積極誘導電子產業的創設
措施有關。1990 年代中台灣正式開放對中國投資所引發對中國的投
資熱潮及生產移轉對台灣機械製品出口競爭力結構的影響不顯著。

2. 國家間競爭力結構

其次探討東亞國家間機械製品競爭力結構相關關係的變化。
表 5-29 為美國與東亞國家間各年度機械製品 RSCA 值順位相關係
數值，顯示觀察期間內各國機械製品出口競爭力結構間相關關係
的演變。

從表 5-29 中 1980 至 2002 年美國與東亞國家間機械製品 RSCA
相關係數值發現，（1）日本與美國間，1980、85 年為統計上顯著
性負相關，但 90 年以後即不具顯著性且係數絕對值變小，顯示日
美結構間 80 年代前半的互補性關係而 90 年以後弱化，此與兩國其
他製品競爭關係 90 年以後加劇的演化趨勢相似。（2）美國與日本
以外東亞國家間特別 1995 年開始亦均為負的係數值，顯示為互補
性關係。其中美國與台灣 1990 年開始由顯著性負相關轉為不具有

表 5-29　美國與東亞國家機械製品 RSCA 結構相關係數

	Pearson 相關						Spearman 順位相關					
	RSMu80	RSMu85	RSMu90	RSMu95	RSMu00	RSMu02	RSMu80	RSMu85	RSMu90	RSMu95	RSMu00	RSMu02
日本	RSMj80 (-0.6808)**	RSMj85 (-0.5515)**	RSMj90 (-0.2976)*	RSMj95 (-0.2209)	RSMj00 (-0.2143)	RSMj02 (-0.1823)	RSMj80 (-0.6709)**	RSMj85 (-0.4806)**	RSMj90 (-0.1229)	RSMj95 (-0.1274)	RSMj00 (-0.1090)	RSMj02 (-0.0742)
台灣	RSMt80 (-0.3987)**	RSMt85 (-0.4881)**	RSMt90 (-0.2775)	RSMt95 (-0.3180)*	RSMt00 (-0.2700)	RSMt02 (-0.2905)	RSMt80 (-0.3513)*	RSMt85 (-0.4088)**	RSMt90 (-0.1933)	RSMt95 (-0.2717)	RSMt00 (-0.2447)	RSMt02 (-0.2304)
韓國	RSMk80 (-0.4720)**	RSMk85 (-0.46811)**	RSMk90 (-0.3120)*	RSMk95 (-0.4638)**	RSMk00 (-0.4733)**	RSMk02 (-0.4827)**	RSMk80 (-0.4837)**	RSMk85 (-0.3225)*	RSMk90 (-0.1675)	RSMk95 (-0.3924)**	RSMk00 (-0.4038)**	RSMk02 (-0.4174)**
馬來西亞	RSMm80 (0.0216)	RSMm85 (-0.1354)	RSMm90 (-0.1781)	RSMm95 (-0.2881)	RSMm00 (-0.2631)	RSMm02 (-0.2931)	RSMm80 (0.0326)	RSMm85 (0.0648)	RSMm90 (-0.0477)	RSMm95 (-0.1846)	RSMm00 (-0.2182)	RSMm02 (-0.2331)
泰國	RSMth80 (-0.0954)	RSMth85 (0.1627)	RSMth90 (-0.1202)	RSMth95 (-0.2245)	RSMth00 (-0.2977)*	RSMth02 (-0.2994)*	RSMth80 (-0.2856)	RSMth85 (0.0908)	RSMth90 (-0.0639)	RSMth95 (-0.2294)	RSMth00 (-0.2445)	RSMth02 (-0.2686)
印尼	RSMi80 (0.1674)	RSMi85 (0.1230)	RSMi90 (-0.3083)*	RSMi95 (-0.5281)**	RSMi00 (-0.3622)*	RSMi02 (-0.3992)**	RSMi80 (0.1387)	RSMi85 (0.0097)	RSMi90 (-0.1307)	RSMi95 (-0.3069)*	RSMi00 (-0.2145)	RSMi02 (-0.2358)
菲律賓	RSMp80 (-0.0281)	RSMp85 (0.1024)	RSMp90 (0.0160)	RSMp95 (-0.1349)	RSMp00 (-0.0411)	RSMp02 (-0.0068)	RSMp80 (0.0058)	RSMp85 (-0.1150)	RSMp90 (0.0697)	RSMp95 (-0.2113)	RSMp00 (-0.1484)	RSMp02 (-0.0061)
中國	RSMc80 (-0.52230)**	RSMc85 (-0.3284)*	RSMc90 (-0.4560)**	RSMc95 (-0.5926)**	RSMc00 (-0.5236)**	RSMc02 (-0.5102)**	RSMc80 (-0.4336)**	RSMc85 (-0.2526)	RSMc90 (-0.3204)*	RSMc95 (-0.5198)**	RSMc00 (-0.5107)**	RSMc02 (-0.4386)**
越南	RSMv80 (0.1083)	RSMv85 (0.1063)	RSMv90 (-0.2475)	RSMv95 (-0.1761)	RSMv00 (-0.2230)	RSMv02 (-0.2375)	RSMv80 (0.0362)	RSMv85 (0.1245)	RSMv90 (-0.2278)	RSMv95 (-0.3823)**	RSMv00 (-0.1944)	RSMv02 (-0.1328)

注：1.1980、85、90、95、2000、2002 年所有其他製品輸出品目 RSCA 的相關係數值，各年的輸出品目數(N)為 45 項，中國為 44 項，但 1995 年越南為 44 項。2.U：美國，J：日本，T：台灣，K：韓國，M：馬來西亞，TH：泰國，I：印尼，P：菲律賓，C：中國，V：越南。3.* 顯著水準 0.01，** 顯著水準 0.05（雙尾檢定）。

意性，與韓國間為顯著性負相關，美、台間 90 年代中轉變成不具顯著性負相關蘊涵互補性關係發生變化的可能性，而美、韓間則持續互補性關係。（3）美國與馬來西亞間 1990 年以後均為不具顯著性負相關，與泰國間 1990 年以後亦均為負相關 2000 年開始轉為顯著性但順位相關仍不具顯著性，與印尼間 1990 年以後均為顯著性負相關但順位相關只有 1995 年具顯著性，與菲律賓則 1995 年開始轉為負相關但不具顯著性。以上顯示美國與亞洲二梯 NIEs 間基本上為互補性關係，其中美國與泰、印間的互補關係比其他兩國強。（4）而美國與中國間在觀察期間內為顯著性高負相關，顯示持續呈現互補關係。與越南間 1990 年由正相關轉為負相關，但皆不具顯著性。觀察期間內美國與東亞國家間均顯示為互補性關係。

而與東亞發展程度較高的日本間關係又如何，因此進一步探討日本與東亞國家機械製品競爭力結構間的關係。從表 5-30 發現，（1）觀察期間內東亞國家與日本間及其與美國機械製品的關係演變的演變間差異極大，絕大部份為正的相關係數值，亦即競爭性關係。（2）日本與台灣間 1990 年代中由具顯著性正相關轉為不具顯著性，與韓國間亦在 1990 年代中轉為不具顯著性正相關但 2002 年又呈現顯著性。（3）日本與亞洲二梯 NIEs 間基本上為正相關，只有與菲律賓 2002 年呈現負相關。但日本與馬來西亞、印尼間只有 1990 年為顯著性正相關，而與泰國間只有 1990 年順位相關為顯著性正相關。（4）日本與中國間 2000 年開始由正相關轉為負相關但皆不具顯著性。與越南間為正相關，但順位相關 2000 年開始轉為負相關，意涵關係轉變的可能性。

觀察期間內日本與其他東亞觀察國家機械製品競爭力結構間的關係演變中，不同於整體工業製品、其他製品間東亞觀察國家漸層發展的關係演化進展，絕大部份為正的係數值，但除台灣與韓國外，亞洲二梯 NIEs、中國、越南間的係數值 1990 年代中呈現減小趨勢變化，中國、菲律賓 2000 年後更轉為負相關，意涵日本與亞洲二梯 NIEs、中國、越南間競爭性關係轉變為互補關係的可能性。

表 5-30　日本與東亞國家機械製品 RSCA 結構相關

	Pearson 相關						Spearman 順位相關					
	RSMj80	RSMj85	RSMj90	RSMj95	RSMj00	RSMj02	RSMj80	RSMj85	RSMj90	RSMj95	RSMj00	RSMj02
RSMt	RSMt80 (0.3464)*	RSMt85 (0.4027)**	RSMt90 (0.3261)*	RSMt95 (-0.2019)	RSMt00 0.2221	RSMt02 0.1751	RSMt80 0.2597	RSMt85 0.3058	RSMt90 0.3000*	RSMt95 0.1642*	RSMt00 0.2304	RSMt02 0.1672
RSMk	RSMk80 0.4317**	RSMk85 0.2745	RSMk90 0.2240	RSMk95 0.1325	RSMk00 0.2424	RSMk02 0.3540*	RSMk80 0.5410**	RSMk85 0.3719*	RSMk90 0.3219*	RSMk95 0.1932	RSMk00 0.2050	RSMk02 0.3179*
RSMm	RSMm80 0.1424	RSMm85 0.2486	RSMm90 0.3440*	RSMm95 0.1105	RSMm00 0.1333	RSMm02 0.0879	RSMm80 0.2100	RSMm85 0.1669	RSMm90 0.3377*	RSMm95 0.1226	RSMm00 0.0872	RSMm02 0.0374
RSMth	RSMth80 0.1271	RSMth85 0.0086	RSMth90 0.2623	RSMth95 0.1149	RSMth00 0.1786	RSMth02 0.1273	RSMth80 0.2123	RSMth85 (-0.1286)	RSMth90 0.3392*	RSMth95 0.1889	RSMth00 0.1308	RSMth02 0.0636
RSMi	RSMi80 0.0948	RSMi85 0.1024	RSMi90 0.3206*	RSMi95 0.1949	RSMi00 0.2443	RSMi02 0.1615	RSMi80 0.1700	RSMi85 0.2650	RSMi90 0.3827**	RSMi95 0.1648	RSMi00 0.2296	RSMi02 0.1178
RSMp	RSMp80 0.2134	RSMp85 0.0865	RSMp90 0.0775	RSMp95 0.0841	RSMp00 0.0927	RSMp02 (-0.0017)	RSMp80 0.1712	RSMp85 0.1493	RSMp90 0.1340	RSMp95 (-0.0027)	RSMp00 0.1258	RSMp02 (-0.0750)
RSMc	RSMc80 0.2825	RSMc85 0.1349	RSMc90 0.2453	RSMc95 0.0555	RSMc00 (-0.0186)	RSMc02 (-0.0839)	RSMc80 0.2124	RSMc85 0.0728	RSMc90 0.2524	RSMc95 0.1070	RSMc00 0.0175	RSMc02 (-0.0808)
RSMv	RSMv80 (-0.0219)	RSMv85 0.1026	RSMv90 0.0468	RSMv95 0.1230	RSMv00 0.0518	RSMv02 0.0392	RSMv80 0.0728	RSMv85 0.0353	RSMv90 0.2006	RSMv95 0.1426	RSMv00 (-0.0537)	RSMv02 (-0.0171)

注：同表 5-29。

東亞國家朝機械製品資本財的高度工業化過程中,連鎖性結構轉變帶動日本與其他東亞國家機械製品競爭力結構間朝競爭性關係發展,但 2000 年後與亞洲二梯 NIEs、中國、越南的關係演變似乎開始進入另一個互補關係的階段。

另再探討台灣、韓國與日本以外東亞國家機械製品競爭力結構間的關係演變。從表 5-31 發現,(1)台灣與韓、亞洲二梯 NIEs、中、越間除 1990 年與越南為負相關外,均為正相關且大都具顯著性,顯示皆為競爭性關係。而觀察期間內台灣與韓、泰、中間競爭關係皆於 1990 年達高點後下降但都維持在高水準競爭關係,與馬、印、菲、越間的競爭關係則呈現持續上升現象。2002 年的競爭關係而言,台中間最高,其次台菲,接著台馬、台泰、台越,台韓最後,而以順位相關看,台馬最高,其次台菲,接著台中、台泰、台越,台韓最後,但仍皆大於台日間的強度。(2)韓國與馬來西亞間觀察期間內均為顯著性正相關,與其他亞洲二梯 NIEs、中國間1990 年開始皆呈現顯著性正相關,與越南 1985 年以後均為正相關但不具顯著性,顯示皆為競爭性關係。2002 年的競爭關係而言,韓馬間最高,其次韓泰,接著韓中、韓菲、韓印,而以順位相關看,韓中間最高,其次韓馬,接著韓泰、韓印、韓菲,但皆大於韓日間的強度。(3)觀察期間內台、韓與亞洲二梯 NIEs 間機械製品競爭力結構間的競爭性關係中,基本上與先發展國家間較與後發展國家間的競爭關係激烈,此結果吻合發展程度愈接近國家間競爭關係愈激烈的推論。但若加入中國則此競爭關係受干擾,台中與韓中競爭關係都出現超過與二梯 NIEs 的強度。

再進一步探討亞洲二梯 NIEs 間及與中國、越南間機械製品競爭力結構的關係。從表 5-32 可以發現,(1)馬來西亞與其他二梯NIEs 間大多為顯著性正相關,1990 年開始競爭關係呈現激化發展,與中國 1990 年由 85 年不具顯著性負相關轉為顯著性正相關並呈現競爭關係激化的發展,與越南正相關 2000 年開始再呈現顯著性。觀察期間內馬來西亞與二梯 NIEs 間及與中國、越南間顯示皆

表 5-31　台韓與日本以外東亞國家機械製品 RSCA 結構相關

	Spearman 順位相關						Pearson 相關					
	RSMt02	RSMt00	RSMt95	RSMt90	RSMt85	RSMt80	RSMt02	RSMt00	RSMt95	RSMt90	RSMt85	RSMt80
RSMk	0.3697*	0.3852**	0.2934	0.6551**	0.5331**	0.4275**	0.3184*	0.3584*	0.2606	0.6202**	0.5483**	0.4355**
RSMm	0.6251**	0.6156**	0.5937**	0.4966**	0.2954*	0.2626	0.5490**	0.5572**	0.5360**	0.4976**	0.4242**	0.2320
RSMth	0.5162**	0.5253**	0.6813**	0.7992**	0.4133**	0.1214	0.5034**	0.5138**	0.6836**	0.7470**	0.1995	0.0960
RSMi												
RSMp	0.4708**	0.5058**	0.5791**	0.3502*	0.3613*	0.0373	0.3542*	0.3880**	0.3712*	0.3473*	0.1981	0.2531
RSMc	0.6045**	0.7166**	0.7275**	0.7383**	0.5153**	0.1960	0.5638**	0.6209**	0.5257**	0.5806**	0.3120*	0.2639
RSMv	0.5670**	0.5676**	0.6627**	0.6530**	0.2826	0.5436**	0.5666**	0.5402**	0.5991**	0.6196**	0.3853**	0.5415**
RSMk	0.5071**	0.5496**	0.2712	0.2935	0.4529**	0.4307**	0.4450**	0.5657**	0.1114	(-0.0901)	0.2414	0.1448
RSMm	0.4518**	0.4156**	0.4468**	0.5847**	0.3725*	0.3405*	0.4639**	0.4776**	0.4909**	0.6547**	0.5684**	0.4595**
RSMth	0.4345**	0.4552**	0.3278*	0.5898**	(-0.0892)	0.1892	0.4370**	0.43275**	0.3671*	0.6373**	(-0.0762)	0.1354
RSMi	0.3752*	0.4568**	0.4544**	0.4215**	0.3123*	0.2568	0.3060**	0.3888**	0.42343*	0.4146**	0.2666	0.3002*
RSMp	0.3494*	0.4007**	0.3182*	0.4969**	0.2191	0.0866	0.3446*	0.3718*	0.3483*	0.5691**	0.2674	0.3856**
RSMc	0.4685**	0.5502**	0.4670**	0.4972**	(-0.0436)	0.2137	0.4127**	0.4989**	0.5078**	0.4851**	(-0.0421)	0.1192
RSMv	0.1506	0.0925	0.3029*	0.4577**	0.2333	0.0394	0.0676	0.0977	0.2192	0.0846	0.2102	(-0.0753)

注：同表 5-29。

表 5-32　亞洲二梯 NIEs 及與中越間機械製品 RSCA 結構相關

	Pearson 相關						Spearman 順位相關					
	RSMm80	RSMm85	RSMm90	RSMm95	RSMm00	RSMm02	RSMm80	RSMm85	RSMm90	RSMm95	RSMm00	RSMm02
RSMth	RSMth80 0.2982*	RSMth85 0.1516	RSMth90 0.5901**	RSMth95 0.7809**	RSMth00 0.7834**	RSMth02 0.7547**	RSMth80 0.3577*	RSMth85 0.2984*	RSMth90 0.5561**	RSMth95 0.7979**	RSMth00 0.7202**	RSMth02 0.7493**
RSMi	RSMi80 0.7103**	RSMi85 0.5745**	RSMi90 0.4628**	RSMi95 0.6482**	RSMi00 0.8090**	RSMi02 0.7899**	RSMi80 0.3253*	RSMi85 0.3674*	RSMi90 0.6265**	RSMi95 0.8290**	RSMi00 0.7764**	RSMi02 0.7912**
RSMp	RSMp80 0.7122**	RSMp85 0.6157**	RSMp90 0.5361**	RSMp95 0.6574**	RSMp00 0.7073**	RSMp02 0.6749**	RSMp80 0.2590	RSMp85 0.5415**	RSMp90 0.4654**	RSMp95 0.6445**	RSMp00 0.6661**	RSMp02 0.5610**
RSMc	RSMc80 0.0892	RSMc85 (-0.1661)	RSMc90 0.3468*	RSMc95 0.6368**	RSMc00 0.5986**	RSMc02 0.6686**	RSMc80 0.3627*	RSMc85 (-0.2359)	RSMc90 0.3037*	RSMc95 0.6639**	RSMc00 0.6127**	RSMc02 0.6868**
RSMv	RSMv80 0.0665	RSMv85 0.4309**	RSMv90 0.0836	RSMv95 0.0137	RSMv00 0.3951**	RSMv02 0.3029*	RSMv80 0.2439	RSMv85 0.3299*	RSMv90 0.2289	RSMv95 0.2294	RSMv00 0.4331**	RSMv02 0.3734*
RSMth	**RSMth80**	**RSMth85**	**RSMth90**	**RSMth95**	**RSMth00**	**RSMth02**	**RSMth80**	**RSMth85**	**RSMth90**	**RSMth95**	**RSMth00**	**RSMth02**
RSMi	RSMi80 (-0.0615)	RSMi85 (-0.0581)	RSMi90 0.1018	RSMi95 0.4722**	RSMi00 0.6717**	RSMi02 0.6515**	RSMi80 0.2417	RSMi85 0.2741	RSMi90 0.3358*	RSMi95 0.6729**	RSMi00 0.6967**	RSMi02 0.6361**
RSMp	RSMp80 (-0.0033)	RSMp85 0.1213	RSMp90 0.6054**	RSMp95 0.5265**	RSMp00 0.5766**	RSMp02 0.5818**	RSMp80 0.3312*	RSMp85 0.4217**	RSMp90 0.6476**	RSMp95 0.6208**	RSMp00 0.6237**	RSMp02 0.5138**
RSMc	RSMc80 0.1889	RSMc85 0.1936	RSMc90 0.3857**	RSMc95 0.6385**	RSMc00 0.5911**	RSMc02 0.6427**	RSMc80 0.4268**	RSMc85 0.3491*	RSMc90 0.5549**	RSMc95 0.6622**	RSMc00 0.5713**	RSMc02 0.5767**
RSMv	RSMv80 (-0.0513)	RSMv85 0.1683	RSMv90 (-0.1041)	RSMv95 0.0370	RSMv00 0.5072**	RSMv02 0.4120**	RSMv80 0.2157	RSMv85 0.3605*	RSMv90 0.2756	RSMv95 0.3096*	RSMv00 0.4153**	RSMv02 0.3120*
RSMi	**RSMi80**	**RSMi85**	**RSMi90**	**RSMi95**	**RSMi00**	**RSMi02**	**RSMi80**	**RSMi85**	**RSMi90**	**RSMi95**	**RSMi00**	**RSMi02**
RSMp	RSMp80 0.7770**	RSMp85 0.8843**	RSMp90 0.3312*	RSMp95 0.4043**	RSMp00 0.5001**	RSMp02 0.4602**	RSMp80 0.5143**	RSMp85 0.3763*	RSMp90 0.4198**	RSMp95 0.5751**	RSMp00 0.6149**	RSMp02 0.5241**
RSMc	RSMc80 0.0706	RSMc85 0.0510	RSMc90 0.3509*	RSMc95 0.4076**	RSMc00 0.3699*	RSMc02 0.7726**	RSMc80 0.1720	RSMc85 0.2857	RSMc90 0.4853**	RSMc95 0.5296**	RSMc00 0.5431**	RSMc02 0.5661**
RSMv	RSMv80 0.0610	RSMv85 0.7606**	RSMv90 0.0947	RSMv95 -0.0367	RSMv00 0.4542**	RSMv02 0.3091*	RSMv80 0.1751	RSMv85 0.3162*	RSMv90 0.3160*	RSMv95 0.3030*	RSMv00 0.3984**	RSMv02 0.3020*
RSMc	**RSMc80**	**RSMc85**	**RSMc90**	**RSMc95**	**RSMc00**	**RSMc02**	**RSMc80**	**RSMc85**	**RSMc90**	**RSMc95**	**RSMc00**	**RSMc02**
RSMv	RSMv80 0.1623	RSMv85 0.3031*	RSMv90 0.1567	RSMv95 0.1246	RSMv00 0.3766**	RSMv02 0.4257**	RSMv80 0.3247*	RSMv85 0.0990	RSMv90 0.2911	RSMv95 0.2594	RSMv00 0.2922	RSMv02 0.3717

注：同表 5-29。

為競爭性關係，且 1990 年代中競爭關係均呈現競爭激化的進展。（2）泰國與印菲間皆由不具顯著性負相關而正相關進而 1990 年代中轉為顯著性正相關與中國亦在 1990 年由不具顯著性正相關轉為顯著性正相關，與越南在 2000 年開始由不具顯著性負相關、正相關轉為顯著性正相關，皆顯示競爭關係的確立與炙熱化。印尼與菲律賓間觀察期間內均為顯著性正相關，與中國 1990 年開始由 85年不具顯著性負相關轉為顯著性正相關，與越南在 2000 年開始由不具顯著性正相關轉為顯著性正相關，皆顯示競爭關係的確立。菲律賓與中國 1990 年開始由不具顯著性正相關轉為顯著性正相關，與越南在 2000 年開始由不具顯著性正相關、負相關轉為顯著性正相關，皆顯示競爭關係的確立。（3）中國與越南間 2000 年由不具顯著性正相關再轉為顯著性正相關顯示競爭關係的確立。2002 年而言，亞洲二梯 NIEs 中，中國與印尼的競爭強度最大，也大於其與越南、台灣、韓國的強度。（4）亞洲二梯 NIEs 的兩國間競爭強度除印尼外均大於其與中國間的強度，更大於與日、台、韓間的強度。而與中國間的競爭強度亦分別大於其與日、台、韓間強度。顯示二梯 NIEs 與發展程度愈接近國家機械製品競爭力結構間的競爭關係愈激烈，此點與台、韓的情形不同。

3. 東亞機械製品的雁行追趕

　　東亞國家間機械製品的雁行追趕路徑基本上可由兩個方向加以觀察，一為由最終消費財的家用最終機械製品進而商用最終機械製品及其配件，另一路徑為進而往中間財的零組件製品，再進而資本財的產業用機械製品及工具機、工作母機等的方向。以下為 1980 至 2002 年美國及東亞國家 SITC 三分位細項機械製品的收錄音機、電視機及辦公機器、自動資料處理機器等家用及商用機器以及二輪、四輪乘用轎車等運輸機械最終財、相關零組件等中間財、發電機、電機設備、紡織機械、工具機等資本財的出口競爭力變遷圖。圖橫軸左至右分別為美國、日本、台灣、韓國、馬來西亞、泰國、印尼、菲律賓、中國、越南各項製品 RSCA 值的變化排列。

圖 5-20 顯示收音機（SITC762，以下同）、圖 5-21 錄音機（763）、圖 5-22 電視機（761）、圖 5-23 家用機器設備（775）以及圖 5-24 辦公機器（751）、圖 5-25 自動資料處理機器（752）等最終消費財的東亞出口競爭力，從圖可知皆呈現由左向右的由低往高排列。

家用電氣機器是東亞國家發展機械製品的共同切入點。圖可知東亞國家收音機、錄音機、電視機、家用機器設備、辦公機器、自動資料處理機器等的競爭力起始點雖高低不同，大體而言都呈現先發展國家的下降及後發展國家的銜接上升，亦即包含美國在內東亞國家日本、一梯 NIEs、二梯 NIEs、中國的漸次雁行追趕形態。其中依時間的先後，依序形成台灣、韓國銜接日本，二梯 NIEs 特別馬來西亞、泰國銜接一梯 NIEs，中國銜接二梯 NIEs 或與二梯 NIEs 平行銜接一梯 NIEs 的形態發展。其中二梯 NIEs 銜接一梯 NIEs，家用電氣機器大致在 1980 年代後期、商用機器則在 1990 年代。而中國與二梯 NIEs 平行銜接一梯 NIEs 如家用機器設備、辦公機器等，其中不乏中國競爭力後來居上製品。

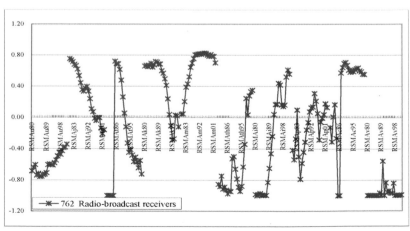

圖 5-20　東亞收音機（762 Radio-broadcast receivers）RSCA

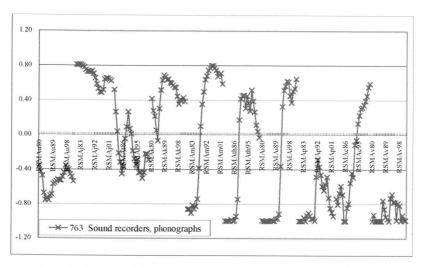

圖 5-21 東亞錄音機（763 Sound recorders, phonographs）RSCA

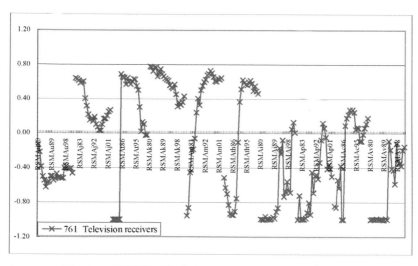

圖 5-22 東亞電視機（761 Television receivers）RSCA

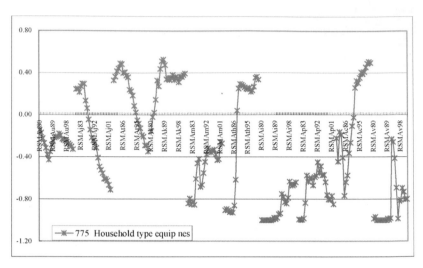

圖 5-23　東亞家用機器設備（775 Household type equip nes）RSCA

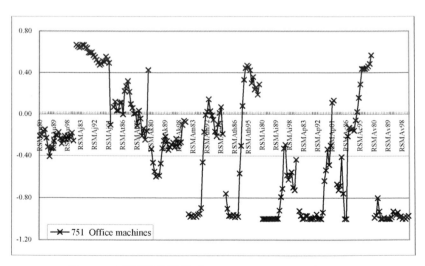

圖 5-24　東亞辦公機器（751 Office machines）RSCA

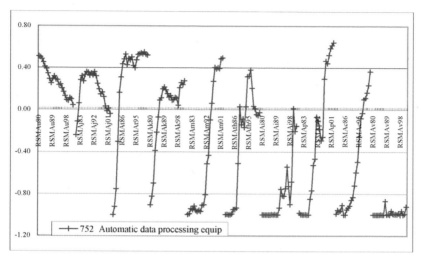

圖 5-25　東亞自動資料處理機器
（752 Automatic data processing equip）RSCA

　　而電晶體、真空管及自動資料處理機器零組件等的中間財隨著
後發展國家家電用品、自動資料處理機器等競爭力的提升，美國與
東亞先發展國家普遍下降，後發展國家則普遍上升。圖 5-26 可知
電晶體、真空管除馬來西亞及菲律賓 1980 年代初期即具競爭力
外，其餘東亞國家間與前述最終財製品相同，形成包含美國在內東
亞國家日本、一梯 NIEs、二梯 NIEs、中國的漸次雁行追趕形態。
圖 5-27 的自動資料處理機器零組件更明顯呈現此雁行漸次追趕的
形態。後發展國家不但最終製品，其零組件競爭力也因為外部經濟
性而隨之提升，但是競爭力的提升時間落後其最終製品。而先發展
國家則因最終製品等競爭優勢的下降特別美國、日本零組件競爭力
亦隨之降低，但是台灣、馬來西亞、泰國的自動資料處理機器零組
件在 1990 年代後期菲律賓、中國追趕上來後仍維持高競爭力。此
一方面促進東亞產業內貿易的進展，另也與東亞國家間國際分工體
系的形成互為因果，即各國零組件競爭力的興衰已與國內最終製品
脫鉤，而與整個東亞的最終製品競爭力銜接。

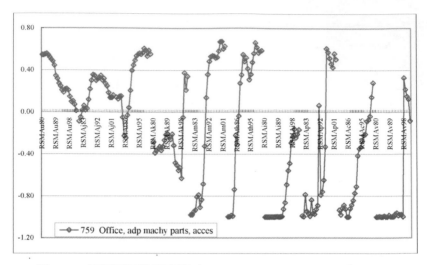

圖 5-26　東亞電晶體,真空管（776 Transistors, valves, etc）RSCA

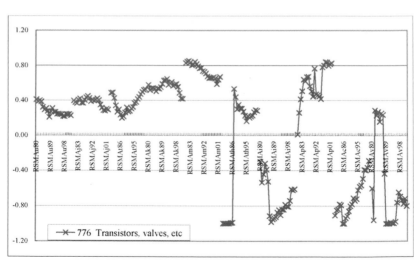

圖 5-27　東亞辦公資料處理機器零組件
（759 Office, adp machy parts, acces）RSCA

　　同樣從運輸機械競爭力的演變亦可觀察出東亞國家日本、一梯 NIEs、二梯 NIEs、中國、越南的漸次雁行追趕形態。圖 5-28 及 5-29 為東亞國家機車腳踏車、汽車競爭力的演變。機車腳踏車主要由日本、台灣、印尼、菲律賓、中國與越南間的追趕銜接形成雁行發展。而汽車的追趕銜接主要由日本與韓國間形成，東亞間還未形成全員參加的雁行發展。

　　但是進一步觀察汽車零配件，從圖 5-30 可知，觀察期間東亞只有日本追趕銜接美國，其餘東亞國家基本上仍不具競爭力，然可看出各國競爭劣勢有逐漸改善增強的趨勢。而從改善的發展趨勢亦可描繪出雁行追趕的形態，但其中菲律賓與中國呈現後來居上的氣勢。

　　另外觀察引擎內燃機的競爭力變化，從圖 5-31 中可知，基本上所有東亞國家均尚不具競爭力，可能因為技術水準落差的關係也未顯示出東亞整體性的改善。但日本以外，韓國及二梯 NIEs 馬來西亞、泰國顯現追趕的企圖。

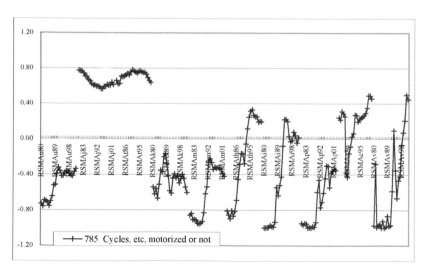

圖 5-28　東亞機車腳踏車（785 Cycles, etc, motorized or not）RSCA

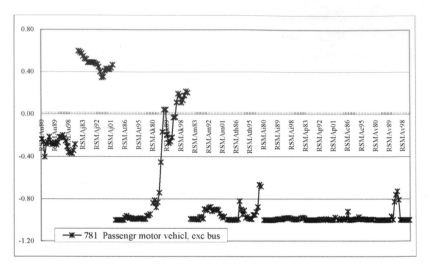

圖 5-29　東亞乘用汽車（781 Passengr motor vehicl, exc bus）RSCA

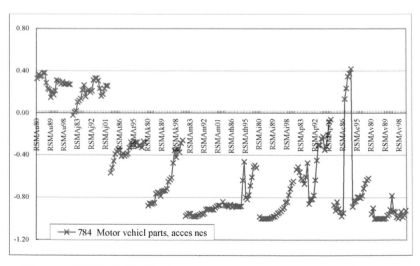

圖 5-30　東亞汽車零配件（784 Motor vehicl parts, acces nes）RSCA

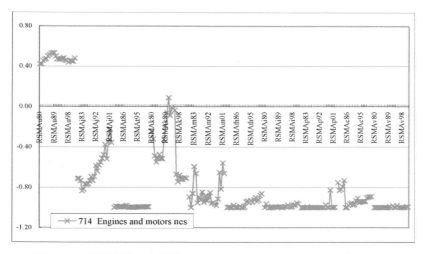

圖 5-31　東亞引擎，內燃機（714 Engines and motors nes）RSCA

　　再觀察發電機、電機設備等的競爭力，從圖 5-32 及 5-33 可知，兩項皆呈現先發展國家的下降及後發展國家的銜接上升，亦即包含美國在內東亞國家日本、一梯 NIEs、二梯 NIEs、中國的雁行漸次追趕形態。其中依時間的先後，依序形成台灣、韓國銜接日本，二梯 NIEs 特別馬來西亞、泰國銜接一梯 NIEs，中國銜接二梯 NIEs 或與二梯 NIEs 平行銜接一梯 NIEs 的形態發展。但是日台電機設備競爭力在其他東亞國家追趕下仍持續相對高水準競爭力。

　　東亞電信設備零組件的演化則如實顯現包含美國在內東亞國家日本、一梯 NIEs、二梯 NIEs、中國、越南的雁行漸次追趕形態。

　　另一項資本財的紡織製革機械競爭力演變，東亞國家間雖亦未形成雁行漸次追趕形態，追趕主要顯現在日本、台灣、韓國等纖維紡織品已喪失競爭力的國家間。其他東亞國家基本上不具競爭力，但中國、越南呈現追趕改善的發展趨勢。（參照圖 5-35）

　　另外，金屬工具機（736）（737）的競爭力演變從圖 5-36 可知，東亞國家亦尚未形成雁行漸次追趕形態，追趕主要顯現在日本、台灣間。但從其他不具競爭力東亞國家的競爭力改善歷程可看出韓國

之後二梯 NIEs 特別馬來西亞、泰國、菲律賓的銜接追趕,接著中
國銜接追趕的形態發展。而圖 5-37 工作機械(737)的東亞國家間
競爭力演變亦呈現類似的發展。

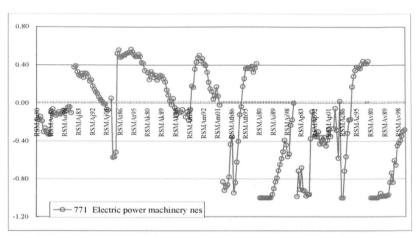

圖 5-32　東亞發電機(771 Electric power machinery nes)RSCA

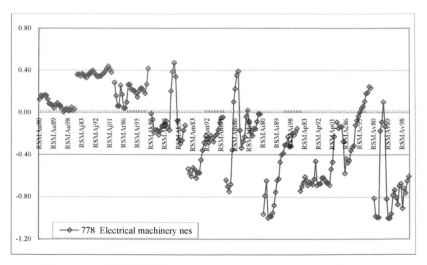

圖 5-33　東亞電機設備(778 Electrical machinery nes)RSCA

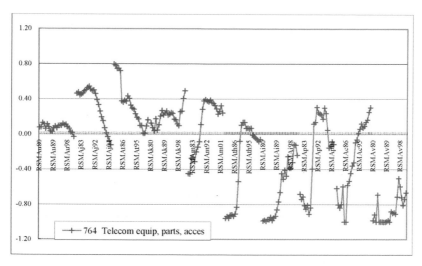

圖 5-34　東亞電信設備零組件（764 Telecom equip, parts, acces）RSCA

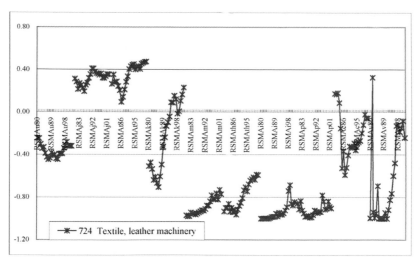

圖 5-35　東亞紡織，製革機械（724 Textile, leather machinery）RSCA

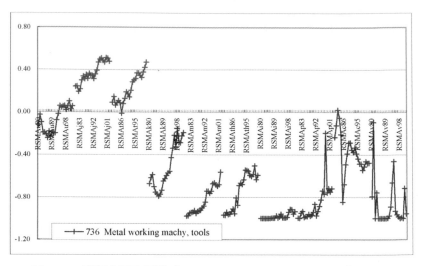

圖 5-36　東亞金屬工具機（736 Metal working machy, tools）RSCA

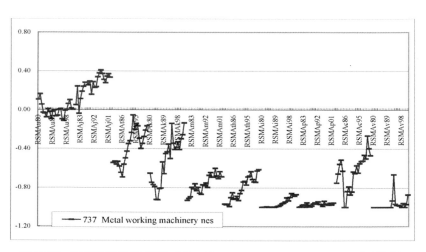

圖 5-37　東亞金屬工作機械（737 Metal working machinery nes）RSCA

肆、東亞的「層疊」追趕——日台中與美國間機械製品競爭力的變化分析

一、中國輸出成長的「蛙跳」現象

如前所述台灣、中國的出口成長率 1980 至 2000 年間各達 10.94%、14.74%，遠高於世界亦或是開發中國家的平均水準，並高於日本 7.01%，日本主要是 90 年代特別是後半期成長率下降所致。但中、台、日的出口成長率皆遠高於其實質 GDP 成長率。

中、台、日間越後發展國家出口成長率越高的表現再加上，台灣從 1980 年代前半期開始出口成長率持續超過日本，中國 80 年代後半期開始持續超過台灣及日本，1980 年以後後發展國家對先發展國家的追趕、超越的場景已被勾勒出來。

此場景更具體呈現在世界輸出比重的變化中。中國總出口佔世界的比重 1980 年代中期以後快速大幅上升，90 年代前期中超越台灣，並在 2000 年以後逼進日本，形成美國、日本、中國、台灣的排列。

另外 1980 年以後日台中的工業製品出口佔世界工業製品總出口的比重，除中國 1985 年外均大於其總出口的世界比重。日本製品佔世界比重 1980 年代前期中超過美國，85 年達到最高峰後下降，90 年代前期與美國同水準，但其後下降低於美國，2000 年以後又回升，但仍不及美國的比重水準。台灣的製品出口比重 1980 年代快速上升，但至 1990 年代前期被 85 年以後製品出口比重更快速上升的中國所超越。而中國的製品出口比重 2000 年以後仍持續上升，2002 年更達 8%直追日本的 10.6%。

出口結構中，日本於 1980 年達成以工業製品為主並集中機械製品的高度工業化出口結構，台灣則在 90 年代中達成，中國則 2002 年達到機械製品與其他製品分庭抗禮的階段。1980 年以後，台、中在追趕日本過程中其出口結構都呈現集中於工業製品，以及工業

製品中又集中於機械製品的趨勢發展。此點在前章東亞國家的出口
集中係數的觀察中已詳細說明。

　　而日本機械製品出口佔世界機械製品總出口的比重，1980 年
代初期超越美國後維持近 20 年間的世界領先地位，直到 90 年代中
期以後才再次落後美國，而 2002 年恢復至 13.7%，雖仍低於美國，
但依然領先世界其餘國家。台灣的機械製品出口比重 1980、90 年
代持續上升，但是 2000 年初期被 90 年代中出口比重更快速大幅上
升的中國所超越。中國機械製品出口佔世界機械製品總出口的比重
在 2000 年以後持續超越台灣，但與其總出口佔世界比重超越台灣
的時點相較，中國機械製品出口比重超越台灣的時點落後 10 年。

　　一般所稱中國蛙跳現象或威脅論的第一個表象是中國最具出
口競爭優勢的其他製品，1980 年中期以後其出口佔世界比重在 90
年代初期超越台灣，95 年超越日本，而 2002 年更超越美國。第二
個表象是 1995 年以後其機械製品出口佔世界比重持續上升，2001
年出口比重超越台灣、2004 年超越日本、美國。但其機械製品競
爭力是否真正超越為本節接下來探討的焦點。

二、工業製品出口競爭力結構的相關分析

（一）工業製品出口競爭力

　　首先回顧前節以 RSCA 角度所觀察東亞出口競爭力的推移
中，日、美、台工業製品皆具競爭優勢，且 2000 年以前日本持續
大於美、台、中，台灣亦大於中國。而其他製品中除美、日在觀察
期間喪失競爭優勢外，台灣則仍具出口競爭優勢只是 95 年以後競
爭力呈現下降並呈現低於中國的情形。其次，中國機械製品出口佔
世界比重雖然顯著增長，但 2000 年以後所開始呈現的出口競爭優
勢其水準仍低，而台灣的機械製品則 1990 年以後即具出口競爭優
勢，2001 年出口佔世界比重雖被中國超越，但其出口競爭力仍大於

中國。可知前述中國出口佔世界比重的超越台灣與其出口競爭力的相對消長並不完全吻合。而相同情形亦發生在日美間的機械製品，日本機械製品出口競爭力雖然1990年代中期以後呈現下降情形，但仍持續遠大於美國，亦是東亞國家中最具出口競爭優勢國家，然而1995年以後美國機械製品出口佔世界比重卻持續超越日本。

　　為解開此出口競爭力與輸出比重發展落差的疑惑以及正確瞭解觀察國家間追趕、超越的真實狀態，因此有必要進一步探討分類製品細項競爭力的變化。

　　以工業化經濟發展與產業製品的選擇策略而言，其他製品的三分位細項中包括成衣（842-848，SITC 三分位碼，以下同）、鞋類（851）、傢俱（635）、建材（821）、行李箱・皮包（831）、辦公用品（895）、玩具・運動器材（894）等較適合勞力密集型技術模式生產的項目，符合改革開放轉型後中國依循其國內資源稟賦條件即相對勞力豐富條件的發展模式，因此能快速體現其經濟的比較利益，呈現出出口的快速成長及其出口佔世界比重的急遽增加[1]。但是機械製品的分類中雖亦有收音機（762）、錄放音響製品（763）、家用機器設備（775）、腳踏車・機車（785）等同時適合勞力密集型技術生產的項目，但大多數機械製品項目的出口競爭力並非主要來自於勞力替代資本或機械設備的成本節約效果或價格競爭力，更重要的是其非價格競爭力[2]或技術競爭力。亦因此近代經濟成長工

---

[1]　中國出口急速成長的原因，另外前述的外資企業亦扮演重要推手的角色。外資企業佔中國總出口的比重，1986年1.9%、90年12.6%、95年31.5%、98年44.1%、2002年激增至52.2%。外資不但帶來促進生產所需的產業資本、軟硬體技術、機械設備及零組件，更重要的是可出口的海外市場。其中中國日系企業的銷售額中，2000年出口佔45.2%而對日逆輸入高佔26%是其特色之一。參照任耀廷，「日本製造業在亞洲的經營-全球化與當地化」，臺灣經濟金融月刊，39卷10期，2003，頁57-101。

[2]　狹義的非價格競爭力包含產品的品質，交期、售後服務等經營效率上的競爭力。此部份可透過技術運用效率的提升達成，亦因此是大部份後發展國家較易也較快可以透過學習效果達成的技術進步的部份。但是真正的技術進步（shift of technology progress）則需要更高層次的研發能力以及更高水準的整體經濟轉換能力（Transformation Capability）。1980年代以後日本機械製品資本財的出口成長中，價格彈性值的絕對值遠低於其所得彈性值，

業化發展模式中機械製造業的生產力及機械製品的競爭力提升被視為經濟發展程度的重要觀察指標之一。此應是中國的機械製品出口競爭力無法如其他製品般快速上升的原因。

　　以下再從 RSCA 的相關分析簡單回顧美日台中工業製品及機械製品出口競爭力結構間的變化。

（二）台灣、中國、日本與美國間工業製品競爭力結構的相關分析

1. 各國工業製品 RSCA 的年度相關

　　首先從前節 1980 至 2002 年間各國工業製品 RSCA 的年度相關分析可知，期間內各國工業製品競爭力均發生結構性轉變，而由係數值大小亦發現日本的轉變大於美國，台、中的轉變又大於日本。但 2000 年以後美國仍呈現出相當幅度的變化，其他國家則較小。

　　而期間內各國家的轉變幅度中，日本在 1980 年代的轉變幅度大於 90 年代，其中 1985 年廣場協議後日圓對美元的大幅升值及其後特別是其他製品對中國的投資及生產移轉應是轉變的主要原因。台灣則 1990 年代的轉變幅度大於 80 年代，其中 1985 年廣場協議後台幣對美元的大幅升值及 90 年後開放對中國的投資及生產移轉應是轉變的主要原因。中國雖然其 1980 年係數值不具顯著性，以改革開放後的產業調整期而言，中國亦應是 80 年代的轉變幅度大於 90 年代，90 年代中以 90 至 95 年轉變幅度最大。而日、台在亞洲金融風暴前的變化幅度均大於其後，中國則變化幅度大致相同，只有美國呈現其後的變化幅度大於其前，IT 景氣的波動應是主要原因。

充分顯示其機械製品資本財的出口成長主要來自於非價格競爭力。參照任耀廷，「日本對外貿易變化的探討（1980-97）」，日本研究，20 週年紀念特刊，2000 年 6 月，頁 145。

2. 國家間工業製品 RSCA 結構的變化相關

接著探討國家間工業製品 RSCA 的結構變化相關。如前節所述各國間正相關代表製品的競爭性結構關係，正相關係數值越高表示結構間同質性越高其競爭性關係越激烈，反之負相關則代表互補性結構關係，負相關係數絕對值越高表示結構間異質性越大其互補性關係越密切。

首先觀察 1980 至 2002 年中國與美、日、台間工業製品 RSCA 的相關變化。從表 5-33 的相關係數值可知，（1）中國與美國間均呈有意的負相關。其中同年度的相關係數值中以 95 年與美國的絕對值最高，而中國 2002 年與美國的相關中，一般相關係數值以與美國 1980 年，順位相關係數值以與美國 1995 年的絕對值最高。顯示 1980 年以後中國與美國的工業製品間存在有意的互補性結構關係，而兩國間的互補性關係持續增大至 95 年，但是在 95 年達到最緊密關係後下降，此應主要是 95 年以後中國機械製品出口快速成長改變其工業製品的 RSCA 結構所導致。2002 年中國的製品競爭力結構與美國差異性仍大故呈現高互補關係。

（2）中國與日本間基本上亦呈負相關關係。其中同年度的相關係數值除 1985 年外均具顯著性，其中又以 95 年與日本的絕對值最高，而中國 2002 年與日本的相關中，一般相關與順位相關與日本 1980 年係數值均呈現不具顯著性正值。顯示 1990 年以後中國與日本的工業製品間開始持續變成顯著性的互補結構關係，其後與美國相似 95 年達到最緊密關係後稍降。但是與美國不同的是，與日本間互補性關係相較中美間其係數絕對值較小，顯示中日間互補性程度較中美間為低。另外 2002 年中國的製品競爭力結構與日本雖仍差異性大兩國間持續互補性關係，但從 2000 年以後與日本 1980 年相關係數值皆轉正可推知其製品競爭力結構達到日本 1980 年的水準。

表 5-33　美日台中工業製品 RSCA 結構相關

	Pearson 相關						Spearman 相關					
	RSMc80	RSMc85	RSMc90	RSMc95	RSMc00	RSMc02	RSMc80	RSMc85	RSMc90	RSMc95	RSMc00	RSMc02
RSMu80	(-0.5301)**	(-0.3135)**	(-0.5708)**	(-0.5757)**	(-0.5289)**	(-0.4982)**	(-0.5211)**	(-0.2976)**	(-0.5656)**	(-0.5677)**	(-0.5199)**	(-0.4790)**
RSMu85	(-0.4513)**	(-0.2950)**	(-0.5281)**	(-0.5474)**	(-0.5153)**	(-0.4739)**	(-0.4536)**	(-0.2577)**	(-0.5395)**	(-0.5540)**	(-0.5145)**	(-0.4650)**
RSMu90	(-0.4156)**	(-0.3440)**	(-0.5131)**	(-0.5247)**	(-0.5056)**	(-0.4725)**	(-0.4278)**	(-0.3334)**	(-0.5617)**	(-0.5460)**	(-0.5162)**	(-0.4815)**
RSMu95	(-0.4109)**	(-0.3161)**	(-0.5032)**	(-0.5531)**	(-0.5357)**	(-0.4895)**	(-0.4119)**	(-0.3005)**	(-0.5208)**	(-0.5621)**	(-0.5432)**	(-0.4963)**
RSMu00	(-0.3931)**	(-0.2910)**	(-0.4754)**	(-0.5411)**	(-0.5210)**	(-0.4736)**	(-0.3840)**	(-0.2384)**	(-0.4898)**	(-0.5481)**	(-0.5287)**	(-0.4770)**
RSMu02	(-0.3410)**	(-0.2647)**	(-0.4396)**	(-0.5248)**	(-0.5169)**	(-0.4741)**	(-0.3552)**	(-0.2183)**	(-0.4737)**	(-0.5420)**	(-0.5316)**	(-0.4846)**
RSMj80	(-0.3270)**	0.0262	-0.1149	-0.0601	0.0195	0.0248	(-0.3396)**	-0.0630	-0.1489	-0.0841	0.0080	0.0255
RSMj85	(-0.4069)**	-0.0119	(-0.1822)*	-0.1321	-0.0422	-0.0219	(-0.4072)**	-0.1119	(-0.1989)*	-0.1443	-0.0456	-0.0156
RSMj90	(-0.4293)**	-0.0646	(-0.2801)**	(-0.2529)**	(-0.1712)*	-0.1280	(-0.4190)**	-0.1577	(-0.2894)**	(-0.2608)**	(-0.1700)*	-0.1187
RSMj95	(-0.4760)**	-0.0813	(-0.3470)**	(-0.3359)**	(-0.2710)**	(-0.2439)**	(-0.4588)**	(-0.1870)*	(-0.3551)**	(-0.3422)**	(-0.2676)**	(-0.2307)**
RSMj00	(-0.4619)**	-0.0639	(-0.3535)**	(-0.3549)**	(-0.3058)**	(-0.2994)**	(-0.4497)**	(-0.1660)**	(-0.3603)**	(-0.3611)**	(-0.3015)**	(-0.2832)**
RSMj02	(-0.4537)**	-0.0605	(-0.3513)**	(-0.3763)**	(-0.3352)**	(-0.3349)**	(-0.4437)**	(-0.1719)*	(-0.3616)**	(-0.3774)**	(-0.3217)**	(-0.3076)**
RSMt80	0.4687**	0.3153**	0.5223**	0.6076**	0.6406**	0.6579**	0.4521**	0.3140**	0.5229**	0.6288**	0.6657**	0.6848**
RSMt85	0.4130**	0.2498**	0.5548**	0.6581**	0.6809**	0.7124**	0.3919**	0.2390**	0.5440**	0.6631**	0.6902**	0.7163**
RSMt90	0.3234**	0.2325**	0.4334**	0.5893**	0.6234**	0.6572**	0.3031**	0.2302**	0.4161**	0.5875**	0.6280**	0.6591**
RSMt95	0.2596**	0.2548**	0.3148**	0.4405**	0.4708**	0.5097**	0.2496**	0.2370**	0.2852**	0.4306**	0.4766**	0.5184**
RSMt00	0.1835*	0.2285**	0.2194**	0.3089**	0.3366**	0.3710**	0.1770**	0.1874*	0.1792**	0.2958**	0.3427**	0.3868**
RSMt02	0.1314	0.1973*	0.1583	0.2306**	0.2527**	0.2932**	0.1211	0.1508	0.1183	0.2260**	0.2690**	0.3180**

注：1.1980、85、90、95、2000、2002 年所有工業製品輸出品目 RSCA 的相關係數值，各年的輸出品目數(N)為 141 項，但 1995 年中國為 140 項。2.U：美國，J：日本，T：台灣，C：中國。3.**顯著水準 0.01，*顯著水準 0.05（雙尾檢定）。

表 5-34　美日台工業製品 RSCA 結構相關

	Pearson 相關						Spearman 相關					
	RSMt80	RSMt85	RSMt90	RSMt95	RSMt00	RSMt02	RSMt80	RSMt85	RSMt90	RSMt95	RSMt00	RSMt02
RSMu80	(-0.4642)**	(-0.4397)**	(-0.3399)**	(-0.2200)**	-0.1600	-0.0990	(-0.4693)**	(-0.4498)**	(-0.3542)**	(-0.2307)**	(-0.1774)*	-0.1157
RSMu85	(-0.4353)**	(-0.4227)**	(-0.3128)**	(-0.1847)*	-0.1342	-0.0674	(-0.4415)**	(-0.4346)**	(-0.3212)**	(-0.1932)*	-0.1450	-0.0769
RSMu90	(-0.4334)**	(-0.4287)**	(-0.3025)**	(-0.1744)*	-0.0966	-0.0210	(-0.4139)**	(-0.4168)**	(-0.2936)**	-0.1623	-0.0914	-0.0137
RSMu95	(-0.4230)**	(-0.4367)**	(-0.3351)**	(-0.2182)**	-0.1538	-0.0816	(-0.4304)**	(-0.4546)**	(-0.3577)**	(-0.2342)**	(-0.1667)*	-0.0920
RSMu00	(-0.4006)**	(-0.4046)**	(-0.3076)**	(-0.1740)*	-0.1188	-0.0477	(-0.4088)**	(-0.43081)**	(-0.3400)**	(-0.2086)*	-0.1419	-0.0687
RSMu02	(-0.4045)**	(-0.4088)**	(-0.3127)**	(-0.1676)*	-0.1035	-0.0335	(-0.4000)**	(-0.4212)**	(-0.3321)**	(-0.1904)*	-0.1194	-0.0465
RSMj80	0.0695	0.1003	0.1854**	0.2671**	0.3462**	0.3818**	0.0816	0.1112	0.1774*	0.2560**	0.3255**	0.3565**
RSMj85	0.0155	0.0558	0.1483	0.2310**	0.3117**	0.3548**	0.0187	0.0659	0.1368	0.2240**	0.2940**	0.3320**
RSMj90	-0.0846	-0.0706	0.0624	0.1784*	0.2872**	0.3567**	-0.0853	-0.0657	0.0457	0.1636	0.2651**	0.3297**
RSMj95	(-0.1673)*	(-0.1658)*	-0.0213	0.1326	0.2726**	0.3536**	-0.1484	-0.1580	-0.0337	0.1250	0.2579**	0.3364**
RSMj00	(-0.2104)*	(-0.2310)*	-0.0772	0.0851	0.2418**	0.3272**	(-0.1942)*	(-0.2187)**	-0.0866	0.0801	0.2347**	0.3168**
RSMj02	(-0.2225)**	(-0.2491)**	-0.1025	0.0707	0.2441**	0.3179**	(-0.2110)*	(-0.2389)**	-0.1118	0.0676	0.2414**	0.3126**

注同表 5-33。

（3）中國與台灣間與日、美不同，均呈正的相關。其中同年度的一般相關與順位相關係數值均具顯著性，其中又以 1980 年與台灣的係數值最高。而中國 2002 年與台灣 1985 年的係數值皆最高，亦為各年度係數值中的最高。顯示 1980 年開始中國與台灣的工業製品結構間存在顯著性的競爭關係，但其後兩國間的競爭性關係呈現減低的趨勢發展。此一方面主要是 1980 年以後台灣其他製品出口競爭優勢下降而中國其他製品出口競爭力雖 95 年達高峰後亦下降但仍較具競爭優勢，另一方面則是台灣機械製品競爭力上升改變其工業製品結構導致製品 RSCA 結構競爭性關係的降低。

（三）機械製品競爭力結構的相關分析

接著進一步探各國間機械製品出口競爭力結構關係的變化。

1. 各國機械製品 RSCA 的年度相關

首先回顧前節各國 1980 至 2002 年間機械製品 RSCA 的年度相關分析可知，觀察期間內各國機械製品競爭力亦均發生結構性轉變，由係數值大小亦發現美國的轉變幅度最小，而日本的轉變幅度遠大於美國，亦大於台灣，而中國的轉變幅度又大於台灣。

而期間內各國的轉變幅度中，日本在 1990 年代的轉變幅度大於 80 年代，其中如前所述 1985 年廣場協議後日圓對美元的大幅升值及其後特別是 90 年代電子、家電、運輸機械產業對中國的投資及生產移轉應是轉變的主要原因。台灣則 1980 年代的轉變幅度大於 90 年代，其中 1980 年代初期台灣實施獎勵措施積極誘導電子產業的發展及 90 年後開放對中國的投資及生產移轉應是轉變的主要原因。中國則是 1990 年代的轉變幅度大於 80 年代，因為 1985 年係數值不具統計上顯著性，其轉變幅度以 90 至 95 年最大，而其轉變幅度亦大於美、日、台，92 年鄧小平的社會主義市場經濟制宣言後，全世界對中國競相投資中，美、日、台、韓甚至馬、泰等家電、電子、運輸機械產業的生產移轉並積極對外出口應是其 90 年代快速轉變的主因。而亞洲金融風暴後各國的變化皆較其前為小。

2. 國家間機械製品 RSCA 的結構相關

以下探討國家間機械製品 RSCA 的結構相關變化。

首先探討中國與美、日、台間 1980 至 2002 年機械製品 RSCA 的結構相關。從表 5-35 的相關係數值可知，（1）中國與美國間呈負相關。其中同年度的一般相關與順位相關係數值中除 1985 年順位相關外均具顯著性，同年度的係數值中又以 1995 年的絕對值最高，而中國 2002 年與美國的相關係數值中以與 2002 年美國的絕對值最高。顯示 1980 年以後中國與美國的機械製品結構間存在顯著性的互補關係，而兩國間的互補性關係歷經降低與回升後在 95 年達到最緊密關係，但其後又減低，此與其工業製品 RSCA 結構的相關變化雷同，印證美中間工業製品互補性結構關係的變化應主要是中國機械製品特別是 95 年以後出口快速成長改變其結構關係所致。

（2）中國與日本間則主要呈正相關關係，但大部份不具統計上顯著性。其中同年度的一般相關與順位相關係數值均不具顯著性，但可看出 2000 年後由正相關轉為負相關的變化，正相關係數中以 1980 年的係數值，負相關係數中以 2002 年的絕對值最高。而中國 2002 年與日本的相關中，與日本 1980、85、90 年係數值具顯著性正值，其中以 1980 年最高。因為同年度中國與日本間機械製品 RSCA 相關係數值均不具顯著性，無法從係數值確認其關係的變化程度，但是 2000 年由正轉變為負而言，可確認其為中國與日本的機械製品間朝互補性結構關係的變化意涵。

（3）中國與台灣間與日、美不同，均呈正的相關。其中同年度的一般相關與順位相關係數值除 1985 年順位相關外均具顯著性，其中一般相關以 1990 年、順位相關以 1995 年與台灣的係數值最高。而中國 2002 年與台灣一般相關與順位相關皆以 1990 年的係

表 5-35　美日中台機械製品 RSCA 結構相關

	Pearson 相關						Spearman 相關					
	RSMc80	RSMc85	RSMc90	RSMc95	RSMc00	RSMc02	RSMc80	RSMc85	RSMc90	RSMc95	RSMc00	RSMc02
RSMu80	(-0.5229)**	(-0.3980)**	(-0.5887)**	(-0.6223)**	(-0.5511)**	(-0.4797)**	(-0.4335)**	(-0.3195)**	(-0.4965)**	(-0.5346)**	(-0.4782)**	(-0.4205)**
RSMu85	(-0.3862)**	(-0.3284)*	(-0.5392)**	(-0.6152)**	(-0.5481)**	(-0.4781)**	(-0.3359)*	-0.2525	(-0.4262)**	(-0.4980)**	(-0.4469)**	(-0.3571)*
RSMu90	-0.2808	-0.2810	(-0.4560)**	(-0.4418)**	(-0.3697)*	(-0.3208)*	-0.1831	-0.2806	(-0.3204)*	(-0.3486)*	-0.2909	-0.2200
RSMu95	(-0.3986)**	(-0.3212)*	(-0.5077)**	(-0.5925)**	(-0.5428)**	(-0.4871)**	(-0.3720)*	-0.2650	(-0.4204)**	(-0.5198)**	(-0.4790)**	(-0.4059)**
RSMu00	(-0.3331)*	(-0.3297)*	(-0.4331)**	(-0.5648)**	(-0.5235)**	(-0.4807)**	-0.2938	-0.2315	(-0.3648)**	(-0.5265)**	(-0.5106)**	(-0.4368)**
RSMu02	-0.2790	-0.2756	(-0.4150)**	(-0.5669)**	(-0.5404)**	(-0.5102)**	-0.2169	-0.2058	(-0.3483)*	(-0.5072)**	(-0.4974)**	(-0.4386)**
RSMj80	0.2825	0.1495	0.4637**	0.5358**	0.5133**	0.5040**	0.2124	0.0511	0.4337**	0.5033**	0.4967**	0.4778**
RSMj85	0.2349	0.1348	0.4185**	0.4627**	0.4556**	0.4794**	0.1231	0.0728	0.3405*	0.4049**	0.4142**	0.4101**
RSMj90	0.2096	0.1396	0.2452	0.2746	0.3011*	0.3580*	0.1373	0.1285	0.2524	0.2944	0.3043*	0.3433*
RSMj95	0.1336	0.1222	0.1218	0.0555	0.0889	0.1345	0.0809	0.2343	0.1557	0.1070	0.0934	0.1173
RSMj00	0.0844	0.1562	0.0848	-0.0388	-0.0186	0.0165	0.0415	0.2741	0.1617	0.0516	0.0175	0.0360
RSMj02	0.0601	0.1642	0.0411	-0.1288	-0.1122	-0.0839	-0.0227	0.2950**	0.1029	-0.0661	-0.0986	-0.0808
RSMt80	0.5414**	0.4631**	0.3802**	0.6093**	0.617**	0.6173**	0.5436**	0.3476*	0.5208**	0.5831**	0.5664**	0.5630**
RSMt85	0.5634**	0.3853**	0.7312**	0.8175**	0.7743**	0.7895**	0.5184**	0.2826	0.7379**	0.8152**	0.7884**	0.7754**
RSMt90	0.4833**	0.3592*	0.6195**	0.7908**	0.7943**	0.8279**	0.3989**	0.2286	0.6529**	0.8147**	0.8138**	0.8300**
RSMt95	0.4324**	0.3934**	0.4475**	0.5991**	0.6278**	0.6735**	0.3628**	0.2996*	0.5086**	0.6627**	0.6463**	0.6805**
RSMt00	0.4058**	0.4019**	0.3377*	0.4929**	0.5402**	0.5926**	0.3326*	0.2911	0.3918**	0.5699**	0.5675**	0.6048**
RSMt02	0.3874**	0.3926**	0.3209*	0.4622**	0.5053**	0.5666**	0.3393*	0.3027*	0.3694*	0.5197**	0.5218**	0.5670**

注：1.1980、85、90、95、2000、2002 年機械製品輸出品目 RSCA 的相關係數值，各年的輸出品目數(N)，1995 年馬來西亞與中國為 44 項外均為 45 項。

2.U：美國；J：日本；T：台灣；C：中國。3.**顯著水準 0.01，*顯著水準 0.05（雙尾檢定）。

數值最高，亦為各年度係數值中的最高。顯示 1980 年開始中國與台灣的機械製品間存在顯著的競爭性結構關係，而兩國間的競爭性關係至 90 年代前半達到高峰後減低。此主要是台灣機械製品出口競爭優勢 1990 年代開始顯現並持續上升，同時期中國機械製品雖尚不具出口競爭優勢但外資特別台商的進入後競爭力持續改善下改變其出口結構並帶動出口的快速成長進而與台灣製品部份重疊，導致機械製品 RSCA 結構競爭性關係的激化，而 2000 年後競爭關係的降低則應是台灣機械製品出口結構高度化的進展所致。

接著探討台灣與美、日間機械製品 RSCA 的結構相關。從表 5-36 的 1980 至 2002 年相關係數值可知，(1)台灣與美國間均呈負相關。其中同年度的一般相關與順位相關係數值中 1980 年代均具顯著性，其後除 1995 年一般相關外均不具顯著性，同年度的顯著性係數值中又以 1985 年的絕對值最高。而 2002 年台灣與美國的係數絕對值中雖不具顯著性但以 2002 年最高。顯示 1980 年開始台灣與美國的工業製品間存在顯著的互補性結構關係，而兩國間的互補性關係上升至 85 年最緊密的時點後下降，其後呈現互補性關係的下降。台灣機械製品 1990 年開始顯現競爭優勢，其與美國間的互補性關係也開始呈現減弱的變化。

（2）台灣與日本間則基本上呈現正的相關關係。然同年度的一般相關與順位相關係數值中，一般相關至 1990 年止具顯著性，順位相關 1985、90 年具顯著性，其餘不具顯著性，具顯著性同年度係數值中皆以 1985 最高。而台灣 2002 年與日本的係數值中以與日本 1990 年最高。顯示 1980 年開始台灣與日本的機械製品間存在競爭性關係，其後 1985 年達最高後下降，95 年以後的係數值則不具顯著性。雖然台灣機械製品 1990 年開始顯現競爭優勢，但對照前述台灣與日本 1990 年之前工業製品間存在的「互補性競爭」關係，可知台日機械製品競爭力結構間的競爭性關係至 2002 年並未真正確立。1990 年代中日本的高科技電子產業如 DRAM、TFT-LCD 等產品生產陸續移轉台灣，兩國間電子產業結構亦隨之改變，從過

表 5-36　美日台機械製品 RSCA 結構相關

	Pearson 相關						Spearman 相關					
	RSMt80	RSMt85	RSMt90	RSMt95	RSMt00	RSMt02	RSMt80	RSMt85	RSMt90	RSMt95	RSMt00	RSMt02
RSMu80	(-0.3986)**	(-0.5221)**	(-0.4644)**	-0.2830	-0.2261	-0.2021	(-0.3513)*	(-0.4523)**	(-0.4231)**	(-0.3039)*	-0.2299	-0.2105
RSMu85	-0.3146	(-0.4880)*	(-0.4411)**	(-0.2827)**	-0.2148	-0.1794	-0.2212	(-0.4088)**	(-0.3382)*	-0.2366	-0.1436	-0.1307
RSMu90	-0.1745	(-0.3229)*	-0.2775	-0.1518	-0.0873	-0.0601	-0.0932	-0.2289	-0.1933	-0.1100	-0.0200	-0.0021
RSMu95	(-0.3088)*	(-0.4885)**	(-0.4588)**	(-0.3179)*	-0.2802	-0.2580	-0.2528	(-0.4312)**	(-0.3779)*	-0.2717	-0.1996	-0.1937
RSMu00	(-0.3274)*	(-0.4556)**	(-0.4389)**	-0.2883	-0.2699	-0.2383	-0.2749	(-0.4449)**	(-0.4251)**	(-0.3140)*	-0.2447	-0.2283
RSMu02	(-0.3473)*	(-0.4565)**	(-0.4702)**	(-0.3283)*	(-0.3106)*	-0.2905	-0.2397	(-0.4160)**	(-0.4142)**	(-0.2993)*	-0.2393	-0.2304
RSMj80	0.3463*	0.3957**	0.3813**	0.2297	0.2161	0.2119	0.2597	0.3573*	0.3718*	0.2266	0.2078	0.1874
RSMj85	0.3102*	0.4027**	0.3961**	0.2629	0.2728	0.2901	0.1417	0.3057*	0.3146*	0.1879	0.2012	0.2020
RSMj90	0.2999*	0.2714	0.3260*	0.2794	0.3660*	0.4033**	0.2673	0.2076	0.3000*	0.2233	0.3196*	0.3574*
RSMj95	0.1889	0.0923	0.1662	0.2019	0.3323*	0.3810**	0.2851	0.0373	0.1323	0.1642	0.3034*	0.3604*
RSMj00	0.1079	-0.0297	0.0401	0.0730	0.2221	0.2789	0.1646	-0.0365	0.0534	0.0746	0.2304	0.2735
RSMj02	0.0398	-0.0902	-0.0332	0.0164	0.1663	0.1750	0.0700	-0.0984	-0.0103	0.0369	0.1825	0.1672

注：同表 5-35。

去台灣仰賴日本關鍵電子零組件進口轉而亦能部份出口日本，然其生產機械設備則仍仰賴日本的進口形成機械製品競爭力結構間的競爭性互補關係。然此不同於前述台日間工業製品的「互補性競爭」關係，因日台間機械製品 RSCA 係數值對角線左下僅三年度為不具顯著性負相關。因此整體機械製品競爭力結構上，台日間存在競爭性結構關係的同時亦存在互補的關係，1990 年顯現競爭優勢後的台灣機械製品在其競爭力高度化發展過程中相對彰顯日本的互補重要性，所以 95 年以後相關係數值不再具顯著性，此應可解讀為之前的競爭性結構關係發生實質上的變化。

三、機械製品出口的「層疊」追趕

以上檢視觀察國家間工業製品及機械製品出口競爭力結構的改變以及國家間互補、競爭關係及其變化的結果可知，中國與美國製品競爭力結構間互補關係的深化，與日本間由競爭轉變互補關係，與台灣間競爭關係的降低均意味中國追趕以及超越的可能變化，而與日、台機械製品競爭力結構間則仍為競爭性關係。此結果一方面確認後發展國家的分類製品出口競爭結構在互補、競爭關係演變中所顯示的追趕、超越意涵，另也說明觀察細項製品競爭力結構的變化比製品競爭力的大小對經濟發展的演變上更具詮釋力。同時蘊涵追趕、超越的真正意義並非只是其出口競爭力亦或比重的超越，更重要的是其出口競爭力結構是否提升與超越的事實，換言之，從以上出口競爭力結構關係變化的探討，證實觀察國家間特別是機械製品的競爭力結構依然維持雁行型態的發展演變。

接下來由 SITC 三分位機械製品細項的 RSCA 順位結構中進一步探討觀察國家間的追趕模式，一以再確認上述機械製品追趕、超越現象的分析結果，二以比對雁行型態理論的發展模式，三以確認不同經濟水準國家發展時間的落差並實證經濟發展理論中後發展國家時間壓縮發展的論點。

（一）出口競爭優勢機械製品的平行交叉重疊追趕

　　表 5-37 為觀察國家 2002 年 SITC 三分位機械製品 RSCA 值大於 0 的細項分類製品順位，即各國出口競爭優勢機械製品的細項順位。各國 45 項 SITC 三分位機械製品細項中，具出口競爭優勢製品項數依序為，日本 28 項，美國 18 項，中國 14 項，台灣 13 項。

　　進一步檢視各順位的品項，可知中國依序為收音機（762）、辦公自動機器（751）、錄放音響設備（763）、拖車（786）、家用機器設備（775）、機車腳踏車（785）、發電機（771）、自動資料處理機具（752）、辦公資料自動處理機具零組件（759）、電信設備零組件（764）、電機設備（778）、電視機（761）、馬達（716）、配電設備（773）等，其中有機車腳踏車（台 1，台灣競爭力順位，以下同）、辦公資料自動處理機具零組件（台 2）、自動資料處理機具（台 4）、發電機（台 6）、電機設備（台 9）、電信設備零組件（台 11）等 6 項與台灣重疊，並其中 4 項與台灣競爭力順位前 7 項重疊。而有錄放音響設備（日 1）、機車腳踏車（日 2）、電機設備（日 7）、電視機（日 13）、辦公資料自動處理機具零組件（日 15）、馬達（日 25）6 項與日本重疊，並其中 4 項與日本競爭力順位前 14 項重疊，而只有辦公資料自動處理機具零組件（美 17）1 項與美國重疊。

　　台灣依序為機車腳踏車（785）、辦公資料自動處理機具零組件（759）、電晶體（776）、自動資料處理機具（752）、紡織製革機械（724）、發電機（771）、金屬工具機（736）、電閘開關（772）、電機設備（778）、其他特殊機械（728）、電信設備零組件（764）、非電子機械工具（745）、非電子機械零組件（749）等。其中機車腳踏車（日 2）、金屬工具機（日 5）、電機設備（日 7）、電晶體（日 8）、其他特殊機械（日 9）、紡織製革機械（日 11）、辦公資料自動處理機具零組件（日 15）、電閘開關（日 16）、非電子機械零組件（日 17）等 9 項與日本重疊，並其中 6 項與日本競爭力順位前 14 項重疊。而電晶體（美 7）、其他特殊機械（美 12）、非電子機械工

表 5-37　競爭優勢機械製品的層疊追趕現象

順位	SITC（18/45）		RSMu02	SITC（28/45）		RSMj02
1	792	Aircraft, etc	0.4847	763	Sound recorders, phonographs	0.6382
2	774	Electro-medical, xray equip	0.3947	785	Cycles, etc, motorized or not	0.6201
3	714	Engines and motors nes	0.3873	712	Steam engines, turbines	0.5352
4	723	Civil engineering equip, etc	0.3662	793	Ships, boats, etc	0.4284
5	721	Agricult machinry exc tractor	0.2153	736	Metal working machy, tools	0.4253
6	784	Motor vehicl parts, acces nes	0.1965	781	Passengr motor vehicl, exc bus	0.4105
7	776	Transistors, valves, etc	0.1823	778	Electrical machinery nes	0.3598
8	713	Intern combust piston engines	0.1703	776	Transistors, valves, etc	0.3330
9	743	Pumps nes, centrifuges, etc	0.1652	728	Oth machy for spec industries	0.3219
10	741	Heating, cooling equipment	0.1089	713	Intern combust piston engines	0.2945
11	742	Pumps for liquids, etc	0.0853	724	Textile, leather machinery	0.2915
12	728	Oth machy for spec industries	0.0763	723	Civil engineering equip, etc	0.2613
13	722	Tractors non-road	0.0661	761	Television receivers	0.2536
14	744	Mechanical handling equipment	0.0572	737	Metal working machinery nes	0.2485
15	745	Non-electr machy, tools nes	0.0399	759	Office, adp machy parts, acces	0.2407
16	772	Switchgear etc, parts nes	0.0399	772	Switchgear etc, parts nes	0.2407
17	759	Office, adp machy parts, acces	0.0134	749	Non-electr machy parts, acces	0.2296
18	718	Oth power generating machinery	0.0005	774	Electro-medical, xray equip	0.1784
19				782	Lorries, spec motor vehicl nes	0.1660
20				784	Motor vehicl parts, acces nes	0.1600
21				722	Tractors non-road	0.1519
22				743	Pumps nes, centrifuges, etc	0.1373
23				726	Print and bookbind machy, parts	0.1137
24				711	Steam boilers and auxil parts	0.0763
25				716	Rotating electric plant	0.0553
26				744	Mechanical handling equipment	0.0493
27				742	Pumps for liquids, etc	0.0368
28				783	Road motor vehicles nes	0.0254

表 5-37（續）　競爭優勢機械製品的層疊追趕現象

順位	SITC(13/45)		RSMt01	SITC(14/45)		RSMc02
1	785	Cycles, etc, motorized or not	0.6569	762	Radio-broadcast receivers	0.6351
2	759	Office, adp machy parts, acces	0.6146	751	Office machines	0.6036
3	776	Transistors, valves, etc	0.5440	763	Sound recorders, phonographs	0.6028
4	752	Automatic data processing equip	0.5368	786	Trailers, non-motor vehicl nes	0.5831
5	724	Textile, leather machinery	0.4758	775	Household type equip nes	0.4657
6	771	Electric power machinery nes	0.4588	785	Cycles, etc, motorized or not	0.4617
7	736	Metal working machy, tools	0.4228	771	Electric power machinery nes	0.4535
8	772	Switchgear etc, parts nes	0.4217	752	Automatic data processing equip	0.3835
9	778	Electrical machinery nes	0.2817	759	Office, adp machy parts, acces	0.3531
10	728	Oth machy for spec industries	0.1687	764	Telecom equip, parts, acces	0.2773
11	764	Telecom equip, parts, acces	0.1197	778	Electrical machinery nes	0.2069
12	745	Non-electr machy, tools nes	0.0998	761	Television receivers	0.1595
13	749	Non-electr machy parts, acces	0.0324	716	Rotating electric plant	0.1537
14				773	Electricity distributing equip	0.0292

注：1.RSMiy：i 國 y 年各項機械製品 RSCA 值，U：美國，J：日本，T：台灣，C：中國。2.機械製品為 SITC7 類 3 分位共計 45 項製品，競爭優勢機械製品為製品 RSCA 值大於 0 者。3.SITC(n/N)：n=SITC7 類 3 分位製品 RCA 值大於 1 項數，N=SITC7 類 3 分位製品總項數。
資料出處：UNCTAD *Handbook of Statitics*, 2003，作者計算編製。

具（美 15）、電閘開關（美 16）、辦公資料自動處理機具零組件（美 17）等 5 項與美國重疊，只有 1 項與美國競爭力順位前 9 項重疊。

　　而日本與美國有電子醫學・X 光線機械設備（774，美 2）、土木工程機械（723，美 4）、汽車零組件（784，美 6）、電晶體（776，美 7）、內燃機活塞引擎（713，美 8）、幫浦離心機（743，美 9）、液體幫浦（742，美 11）、其他特殊機械（728，美 12）、非道路牽引機（722，美 13）、機械操作設備（744，美 14）、電閘開關（772，美 15）、辦公資料自動處理機具零組件（759，美 17）等 12 項重疊，並其中 6 項與美國競爭力順位前 9 項重疊。

以上發現 2002 年各國出口競爭優勢細項分類機械製品間皆有交叉重疊現象。從表 5-38 可知，與台灣，中國有 6 項重疊，與日本，台灣有 9 項、中國 6 項重疊，其中 2 項同與日本交叉重疊，與美國，日本有 12 項、台灣 5 項、中國 1 項重疊，其中 1 項同與美國交叉重疊。與日本的平行重疊項數，台灣大於中國，與美國的平行重疊項數日本大於台灣、中國，而台灣又大於中國。

表 5-38　競爭優勢機械製品重疊率　　　(%，項數)

	RSMt01	RSMj02	RSMu02
RSMc02	42.9	42.9	0.1
SITC(14/45)	6	6	1
RSMt01		69.2	38.5
SITC(13/45)		9	5
RSMj02			42.9
SITC(28/45)			12

說明：1.重疊項數為各國間同分類製品項數。
　　　2.重疊率為重疊項數／後發展國競爭優勢製品項數。
　　　3.其他同表 5-37。
資料出處：表 5-37 各國競爭優勢機械品目。

而中國與台灣、日本各 6 項重疊品數佔中國競爭優勢機械製品 14 細項品數的重疊率各為 42.9%，與美國 1 項重疊為 0.1%。台灣與日本 9 項重疊品數佔台灣競爭優勢機械製品 13 細項品數的重疊率為 69.2%，與美國 5 項重疊為 38.5%。而日本與美國 12 項重疊品數佔日本競爭優勢機械製品 28 細項品數的重疊率為 42.9%。對日本，台灣的重疊率大於中國，對美國，日本的重疊率大於台灣、中國，而台灣又大於中國。(參照表 5-38)

此印證觀察國家機械製品間存在追趕的現象，但是各國間的競爭優勢結構中則仍呈現雁行型態發展的序列性。然單就出口競爭優勢機械製品細項品數，中國多出台灣 1 項，日本多出美國 10 項，

此亦可視為超越的一種表現。此外從觀察國家間雁行型態的追趕
現象中亦發現，其並非雁行型態理論根據經濟發展程度所演繹的
日本追趕美國、台灣追趕日本、中國追趕台灣的單純模式，而是
日本、台灣、中國平行對美國，台灣、中國平行對日本的重疊追
趕現象。

　　並從各國出口交叉重疊競爭的優勢機械製品的細項品目中
又可察知各國間經濟發展程度上的落差。在日本與美國間出口競
爭優勢細項機械製品的 11 項重疊品目中，台灣只有電晶體
（776）、其他特殊機械（728）、電閘開關（772）、辦公資料自動
處理機具零組件（759）等 4 項，中國只有辦公資料自動處理機
具零組件（759）1 項競爭優勢製品與日本平行交叉重疊，除此
之外的製品品項則台灣與中國皆尚不具競爭優勢，然台灣亦有非
電子機械工具（745）項是日本不具競爭優勢製品。而辦公資料自
動處理機具零組件（759）是惟一觀察國家皆交叉重疊的競爭優勢
品項。

（二）IT 機械設備‧零組件以及高科技製品方向的動態重疊追趕

　　另外從交叉重疊的競爭優勢品項中可發現，在各國經濟持續發
展下，中、台、日、美間的出口機械製品皆朝 IT 機械設備及零組
件[3]以及高科技製品（high technology content）的兩大方向重疊追趕。

　　2002 年各國競爭優勢機械製品中，中國的出口涵蓋機械 SITC
二分位 9 項製品的 71 及 75 至 78 等的 5 項，台灣涵蓋 72 至 78 等
7 項，日本涵蓋 71 至 79 等 9 項，美國涵蓋除 73、76 外的 7 項。
日本涵蓋範圍最廣，中國最少，此反映各國經濟特別是機械產業生
產競爭結構的範圍性，亦反映經濟發展程度的差距[4]。

---

[3] IT 機械製品嚴謹地說應是 ICT（Information Communication Technology）機
械製品，即資訊加上通信相關製品的總稱。

[4] 日本在第二次大戰後的經濟發展中全範圍工業化（full range industrialization）
是其特色之一。

以 IT 機械設備及零組件方向而言，2002 年各國競爭優勢製品中，中國主要為辦公自動機器（751，中 2，SITC 三分位碼及中國競爭力順位，以下同）、自動資料處理機具（752，中 8）、辦公資料自動處理機具零組件（759，中 9）、電信設備零組件（764，中 10），台灣主要為辦公資料自動處理機具零組件（759，台 2）、電晶體（776，台 3）、自動資料處理機具（752，台 4）、電信設備零組件（764，台 11），日本主要為電晶體（776，日 8）、辦公資料自動處理機具零組件（759，日 15）、電子醫學・X 光線機械設備（774，日 18），美國主要為電子醫學・X 光線機械設備（774，美 2）、電晶體（776，美 7）、辦公資料自動處理機具零組件（759，美 17）。

雖然同為 IT 相關主要機械製品，但是從各國競爭優勢品目的順位則明顯可以發現各國在技術發展層次上的差距程度。中國前順位皆為最終財製品的設備項，而中間財的零組件項順位排名中間以後。台灣則 4 項中 3 項為零組件，辦公資料自動處理機具零組件（759）及電晶體（776）等中間財的順位分居最高及次高，最終財製品的資料自動處理機具（752）緊接在後，另一項中間財的電信設備零組件（764）則排名中間順位以後。日本亦是中間財的零組件排名在最終財製品的設備項前，又以電晶體（776）順位最高，辦公資料自動處理機具零組件（759）次之，其後的設備項則是台、中皆根本不具競爭力的電子醫學・X 光線機械設備（774）。而美國則電子醫學・X 光線機械設備（774）的順位最高，中間財零組件的電晶體（776）次之，辦公資料自動處理機具零組件（759）再次之。

先完成最終財製品的生產佈建，提升其競爭力後，再深化建構零組件等支援產業的生產進而透過供應鏈的群聚效益再提升競爭力或衍生開發具競爭力的新興最終財製品或中間財零組件是工業化發展過程的一般順序。此亦是雁行形態論所提低技術製品往高技術製品以及最終財製品往中間財零組件兩種型態的追趕過程。

中國 IT 相關最終財製品的競爭優勢順位排序在零組件之前，台灣則 IT 相關零組件排序在最終財製品之前，日、美亦均是 IT 相關零組件排序在前，但不同於台灣的是排序在新興最終財製品之前。而美、日、台電信設備零組件的競爭優勢在 1980、90 年代均曾顯現過高峰，2000 年以後特別是美、日呈現下降情形。但同是中間財的電晶體則競爭優勢依然強勁，特別是台灣 90 年代後仍持續上升，顯示其 IT 相關中間財朝更汎用型更具關鍵性的半導體發展。IT 相關競爭優勢製品的演化進展明確顯示觀察國家間的追趕在已發展國家持續向更高技術層次製品邁進下，各國 IT 相關出口競爭優勢製品結構隨著經濟發展水準不同而各自朝更高度化方向演化的動態重疊追趕情景。

而高科技層次製品方向的追趕上，依 UNCTAD 所提製品內涵的科技水準分類[5]，除 IT 製品屬高科技製品外，2002 年中國的出口競爭優勢製品 14 項結構中低科技製品有拖車（786，中 4）、機車腳踏車（785，中 6）等 2 項，中科技製品有家用機器設備（775，中 5）、發電機（771，中 7）、電機設備（778，中 11）、馬達（716，中 13）、配電設備（773，中 14）等 5 項，而台灣 13 項中低科技製品有機車腳踏車（785，台 1）1 項，高科技製品有辦公資料自動處理機具零組件（759，台 2）、電晶體（776，台 3）、自動資料處理

---

[5] 參照 UNCTAD, TRADE AND DEVELOPMENT REPORT, 2003: CAPITAL ACCUMULATION, GROWTH AND STRUCTURAL CHANGE, (New York and Geneva: United Nations publication, 2003), pp.118-9, table 5-1., 以及 TRADE AND DEVELOPMENT REPORT, 2002, (New York and Geneva: United Nations publication, 2002), pp.88-92, table 3.A1。其對低、中、高科技內涵（low/middle/high technology content）製品是依技術（skill）、資本集約度以及規模特性的分類。然因技術水準的分類準則並未明確說明，本文只以與其表相同的製品項目作區分。此分類較有爭議的是不同發展程度國家對同一製品的生產技術可能會依據各國比較利益原則調整而產生分屬不同技術水準製品的情形，此分類特別如收音機（762）、電視機（761）歸類高科技製品，而船舶（793）歸類低科技製品較有爭議，然整體而言分類尚屬合理。

機具（752，台4）、電信設備零組件（764，台11）等4項，餘8項為中科技製品。日本28項中低科技製品有機車腳踏車（785，日2）、船舶（793，日4）2項，高科技製品有錄放音響設備（763，日1）、電視機（761，日13）及IT相關製品等外餘22項皆為中科技製品，美國18項中高科技製品有飛機航空器（792，美1）及IT相關製品等外餘16項皆為中科技製品。

2002年美國出口競爭優勢機械製品皆屬中高科技製品外，日本中高科技製品項數佔其出口競爭優勢機械製品項數的93%，台灣佔92%，中國佔86%，出口競爭優勢機械製品亦均集中中高科技製品。而交叉重疊製品中除中、台、日的機車腳踏車（785）外均為中高科技製品。

以上的探討確認觀察國家間機械製品出口的平行交叉動態的重疊追趕現象，此種模式或可稱為「層疊」現象的追趕過程。

至於發展的時間落差，如前探討國家間機械製品出口競爭力結構相關變化所述，與中國2002年間最大有意相關係數絕對值，台灣為1990年以及日本為1980年，接下來由中國2002年與台灣1990年及日本1980年間的競爭優勢機械製品順位結構探討觀察國家間的追趕落差。

從表5-39可知，中國2002年14項機械製品出口競爭優勢細項，與台灣1990年19項中的機械製品出口競爭優勢細項全部重疊，佔中國競爭優勢機械製品14項細目品數的重疊率為100%，只是順位及係數值大小不同，而中國2002年排行前7項的產品中有5項與台灣1990年排行前10項的產品重疊，其中1項為IT相關製品，機車腳踏車（785）、拖車（786）等2項為低科技製品，餘為中科技製品。另與日本1980年33項機械製品出口競爭優勢細項則有12項重疊，佔中國競爭優勢機械製品14項細目品數的重疊率為85.7%，而中國2002年排行前7項的產品中有5項與日本1980年排行前17項的產品重疊，其中1項為IT相關製品，機車腳踏車（785）項為低科技製品，餘為中科技製品。

表 5-39　中台日競爭優勢機械製品的追趕落差

順位	SITC (14/45) 代碼	SITC (14/45) 品名	RSMc02	SITC (19/45) 代碼	SITC (19/45) 品名	RSMt90	SITC (33/45) 代碼	SITC (33/45) 品名	RSM80
1	762	Radio- broadcast receivers	0.6351	785	Cycles, etc, motorized or not	0.7850	763	Sound recorders, phonographs	0.8120
2	751	Office machines	0.6036	761	Television receivers	0.5994	785	Cycles, etc, motorized or not	0.7874
3	763	Sound recorders, phonographs	0.6028	771	Electric power machinery nes	0.5307	762	Radio-broadcast receivers	0.7610
4	786	Trailers, non-motor vehicl nes	0.5831	786	Trailers, non-motor vehicl nes	0.5098	751	Office machines	0.6825
5	775	Household type equip nes	0.4657	752	Automatic data processing equip	0.4915	761	Television receivers	0.6464
6	785	Cycles, etc, motorized or not	0.4617	764	Telecom equip, parts, acces	0.4119	793	Ships, boats, etc	0.6426
7	771	Electric power machinery nes	0.4535	759	Office, adp machy parts, acces	0.4055	782	Lorries, spec motor vehicl nes	0.6146
8	752	Automatic data processing equip	0.3835	724	Textile, leather machinery	0.3420	781	Passengr motor vehicl, exc bus	0.5990
9	759	Office, adp machy parts, acces	0.3531	776	Transistors, valves, etc	0.3417	711	Steam boilers and auxil parts	0.5213
10	764	Telecom equip, parts, acces	0.2773	762	Radio-broadcast receivers	0.3276	764	Telecom equip, parts, acces	0.4632
11	778	Electrical machinery nes	0.2069	773	Electricity distributing equip	0.2840	773	Electricity distributing equip	0.4252
12	761	Television receivers	0.1595	778	Electrical machinery nes	0.2661	771	Electric power machinery nes	0.4050
13	716	Rotating electric plant	0.1537	751	Office machines	0.2513	776	Transistors, valves, etc	0.4023
14	773	Electricity distributing equip	0.0292	772	Switchgear etc, parts nes	0.2229	778	Electrical machinery nes	0.3749
15				716	Rotating electric plant	0.1810	783	Road motor vehicles nes	0.3721
16				736	Metal working machy, tools	0.1657	741	Heating, cooling equipment	0.3706
17				763	Sound recorders, phonographs	0.1645	716	Rotating electric plant	0.3075
18				728	Oth machy for spec industries	0.0825	786	Trailers, non-motor vehicl nes	0.3069
19						0.0761	724	Textile, leather machinery	0.3045
20							736	Metal working machy, tools	0.3034
21							712	Steam engines, turbines	0.2803
22							772	Switchgear etc, parts nes	0.2750
23							713	Intern combust piston engines	0.2711
24							775	Household type equip nes	0.2671
25							722	Tractors non-road	0.2515
26							744	Mechanical handling equipment	0.2469
27							749	Non-electr machy parts, acces	0.2444
28							743	Pumps nes, centrifuges, etc	0.1421
29							723	Civil engineering equip, etc	0.1187
30							737	Metal working machinery nes	0.0881
31							742	Pumps for liquids, etc	0.0596
32							728	Oth machy for spec industries	0.0315
33							774	Electro-medical, xray equip	0.0222

注與資料出處同表 5-37。

　　而與台灣 2002 年間，日本 1990 年是最大有意相關係數值，表 5-40 是台灣 2002 年與日本 1990 年間的出口競爭優勢機械製品順位結構。由表可知，台灣 2002 年 13 項出口競爭優勢機械製品細項，與日本 1990 年 34 項出口競爭優勢機械製細項品中除了非電子機械工具（745）外全部重疊，佔台灣競爭優勢機械製品 13 項細目品數的重疊率為 92.3%，只是順位及係數值大小不同，而台灣 2002 年排行前 7 項的產品中有 6 項與日本 1990 年排行前 17 項的產品重疊，其中 3 項為 IT 相關製品，機車腳踏車（785）為低科技製品，餘為中科技製品。

　　從以上的檢討可知中國 2002 年的出口競爭優勢機械製品細項結構與台灣 1990 年、日本 1980 年的結構間有極高的類似性，而台灣 2001 年的出口競爭優勢機械製品細項結構與日本 1990 年的結構間亦有極高的類似性，出口結構與經濟、產業結構是一體的兩面，此亦說明觀察國家間經濟特別是機械產業發展的時間落差。換言之，中國機械製品出口競爭力結構的發展水準並未超越台灣或日本，而台灣亦未超越日本。

　　而從觀察國家間機械製品出口競爭力結構相關的時間分布上，中國 2002 年與日本 1980 年為最大顯著性相關，台灣 2002 年與日本 1990 年是最大顯著性正相關以及中國 2002 年與台灣 1990 年是最大顯著性正相關等綜合研判，機械製品出口競爭力結構間關係的演化過程中後發展國家中國或台灣並未發生追趕過程中的時間壓縮現象。

伍、發現與小結

　　首先整體工業製品而言，從 1980 至 2002 年日本與美國及其他東亞國家間工業製品 RSCA 相關分析發現，觀察期間內日本與其他東亞觀察國家競爭力結構間關係的演變，與次先發展國家台、韓間

戰後日本與東亞的經濟發展

表5-40 台日競爭優勢機械製品的追趕落差

順位	SITC (13/45)	RSMt01	SITC (34/45)	RSMj90
1	785 Cycles, etc, motorized or not	0.6569	763 Sound recorders, phonographs	0.7433
2	759 Office, adp machy parts, acces	0.6146	785 Cycles, etc, motorized or not	0.6167
3	776 Transistors, valves, etc	0.5440	751 Office machines	0.6006
4	752 Automatic data processing equip	0.5368	764 Telecom equip, parts, acces	0.5019
5	724 Textile, leather machinery	0.4758	781 Passengr motor vehicl, exc bus	0.4805
6	771 Electric power machinery nes	0.4588	776 Transistors, valves, etc	0.4460
7	736 Metal working machy, tools	0.4228	782 Lorries, spec motor vehicl nes	0.4431
8	772 Switchgear etc, parts nes	0.4217	762 Radio-broadcast receivers	0.4320
9	778 Electrical machinery nes	0.2817	793 Ships, boats, etc	0.4036
10	728 Oth machy for spec industries	0.1687	778 Electrical machinery nes	0.3979
11	764 Telecom equip, parts, acces	0.1197	774 Electro-medical, xray equip	0.3775
12	745 Non-electr machy, tools nes	0.0998	711 Steam boilers and auxil parts	0.3741
13	749 Non-electr machy parts, acces	0.0324	724 Textile, leather machinery	0.3635
14			759 Office, adp machy parts, acces	0.3550
15			752 Automatic data processing equip	0.3504
16			736 Metal working machy, tools	0.3404
17			713 Intern combust piston engines	0.3394
18			716 Rotating electric plant	0.3045
19			772 Switchgear etc, parts nes	0.2781
20			743 Pumps nes, centrifuges, etc	0.2493
21			771 Electric power machinery nes	0.2411
22			723 Civil engineering equip, etc	0.2349
23			749 Non-electr machy parts, acces	0.2306
24			784 Motor vehicl parts, acces nes	0.2138
25			741 Heating, cooling equipment	0.2022
26			744 Mechanical handling equipment	0.1977
27			742 Pumps for liquids, etc	0.1860
28			761 Television receivers	0.1764
29			728 Oth machy for spec industries	0.1605
30			737 Metal working machinery nes	0.1572
31			712 Steam engines, turbines	0.1110
32			726 Print and bookbind machy, parts	0.0836
33			783 Road motor vehicles nes	0.0800
34			773 Electricity distributing equip	0.0582

注與資料出處同表5-37。

388

確立競爭性關係，與中間發展國家馬、泰間由由互補性關係確定轉變為競爭性關係或朝競爭性關係演化中，而與後發展的中國間則處於互補性關係的深化狀態。此證實雁行理論所提由於工業化發展過程中連鎖性結構轉變，日本與其他東亞國家競爭力結構間由異質性互補性關係朝向同質性競爭性關係的演變，但尚無法檢証出雁行理論所提經濟結構進一步高度化後又會由競爭性關係轉變成異質性互補性關係的現象。

另外亦發現東亞觀察國家的漸層經濟發展過程中其工業製品競爭力結構間的漸層競爭性關係以及其競爭強度的漸層遞減現象，但後發展的中國與日本間則呈現互補性關係的深化。而漸層競爭性關係中的競爭強度漸層遞減則顯示東亞國家間漸層經濟發展先後順序或發展程度的高低序列中越接近的國家間競爭性關係越強烈，亦即競爭力結構的同質性越高，而發展程度落差越大的國家間則異質性越高、互補性也越大。中國雖然 1990 年代以來各項工業製品出口佔世界比重陸續超越其他東亞先發展國家，但從其與日本呈現互補性關係以及與其他東亞國家漸層遞減的競爭強度可知背後依然存在本質上相對落後的競爭力結構，這基本上符合雁行理論的推論。

其次，其他製品競爭力結構間的關係演變上，觀察期間內日本與其他東亞國家的競爭力結構間關係，一如整體工業製品，與先發展國家台、韓間確立競爭性關係，與後發展的中國間則為互補性關係的深化狀態，而與中間發展國家馬、泰間則另蘊涵由由互補性關係朝競爭性關係演化的進展。但是依 2000 年以後顯著性相關係數絕對值則台、泰、中的其他製品大於其整體工業製品，但韓國、馬來西亞較小。此雖也證實雁行理論所提朝資本財機械製品的高度工業化過程中連鎖性結構轉變帶動日本與其他東亞國家其他製品競爭力結構間關係的演變，但也意表出韓、馬較集中機械製品工業化路徑發展的差異，特別是馬來西亞的結構轉變過程其他製品的連鎖性較低的結果。另亦尚無法觀察出結構進一步高度化後又會由競爭性關係轉變成異質性互補性關係的論點。

日本以外東亞國家其他製品競爭力結構間的關係演變,首先台、韓而言,觀察期間內台灣與韓國間競爭關係皆大於其與馬、泰、中的競爭程度,另除台、韓間以外的競爭關係皆呈現降低現象。其中,台灣與馬、中不同經濟發展程度國家間關係的演化蘊涵 90 年代台、中間其他製品異質性互補關係轉變為同質性競爭關係,以及 2000 年以後台、馬間同質性競爭關係朝異質性互補關係進展的可能性。韓國與馬、泰、中間顯示為競爭性關係,而與馬、中間關係的演化所蘊涵的意義則與台灣雷同。接著馬、泰、中而言,馬、泰間顯示皆為競爭性關係,其競爭程度均皆大於兩國與日、台、韓間的程度。馬、中間 90 年代由互補轉變為競爭而 2000 年以後蘊涵又轉變為互補性關係的發展,觀察期間內似乎是最如實地進行雁行理論的完整演化過程。馬、泰間競爭關係大於馬、中間的關係,而中、泰間競爭關係又大於中國與馬、韓、台的關係。

而其他製品中的纖維製品競爭力結構間的關係演變,觀察期間內日本與其他東亞國家中,一如整體工業製品及其他製品,與先發展國家台、韓間確立競爭性關係,與後發展的中國間則為互補性關係的深化狀態,而與中間發展國家馬、泰間則另蘊涵由互補性關係朝競爭性關係演化的進展,但是依顯著性相關係數絕對值大小則顯示纖維製品競爭力結構間的關係強度最高。此也證實如前述雁行理論所提朝資本財的高度工業化過程中連鎖性結構轉變帶動日本與其他東亞國家消費財纖維製品競爭力結構間關係的劇烈演變,同時也發現其與不同發展程度國家間關係的演變是朝競爭性關係激化與互補性關係深化的兩極化發展。以台、韓而言,兩國 1990 年代朝機械製品集中的出口結構高度化過程中與日本纖維製品競爭力結構間並未由競爭性關係轉變成異質性互補關係,反而加劇高附加價值製品的競爭關係,此為纖維製品結構高度化後產生的新競爭性關係。

　　日本以外東亞國家纖維製品競爭力結構間的關係演變，首先台、韓而言，台、韓間 1995 年開始顯示競爭性關係加劇，台灣與馬、泰間雖亦主要為正相關但皆不具顯著性，而與中國間的互補性關係 95 年以後處於轉變中。韓國與馬、泰間的競爭性關係進入 90 年代後亦發生變化，韓、泰間蘊涵朝互補性關係發展的可能性，而韓、中間雖然 1995 年確立互補性關係，但顯著性水準較低，無法確定演化的方向性。接著馬、泰、中而言，馬、泰間競爭性關係 2000 年以後呈減弱變化。泰、中及馬、中間皆由互補轉變為競爭關係，但泰、中間的變化較為明確。

　　另外機械製品競爭力結構間，觀察期間內日本與其他東亞觀察國家間機械製品出口競爭力結構的演變不同於整體工業製品、其他製品的漸層發展關係演化，進入 1990 年代後相關係數值雖然絕大部份為正值，而呈顯著性可確認為競爭性關係的則 2002 年只有韓國。然而日本以外東亞國家機械製品競爭力結構間，1990 年代皆呈顯著性競爭性關係且競爭強度均大於 80 年代。此結果蘊涵 1990 年代中東亞國家朝機械製品的高度工業化層疊追趕過程中，日本機械製品競爭結構的改變與其他東亞國家不同，並非從日本往其他東亞國家波及的單純連鎖性結構轉變。另外其他東亞經濟體間的競爭強度亦並不似整體工業製品、其他製品呈漸層遞減現象，而是台灣與馬、泰、中的強度大於與韓國，馬、泰間的強度大於與中國，這可能是 90 年代朝 IT 相關製品及高科技製品方向層疊追趕過程中各國工業化策略及發展進程差異所使然。

　　而進入 1990 年代後日本以外東亞國家機械製品競爭力結構間關係的演變顯示，台、韓與其他東亞觀察國家間的競爭關係中，與後發展國家間的競爭關係較與先發展國家間激烈，此結果不吻合雁行型態論所提發展程度愈接近國家間競爭關係愈激烈的推論。然馬、泰、中則與台、韓的情形不同，與發展程度愈接近國家間的競爭關係愈激烈。

　　最後從從日本、台灣、中國及美國製品及機械製 RSCA 結構關係變化的探討中亦發現觀察期間此種追趕、超越的表象與其出口競爭力結構的演變並不一致，意即出口競爭力結構的改變跟不上其比重所呈現追趕、超越的速度。1980 至 2002 年間美日台中的快速出口成長下，其佔世界出口的比重亦隨之變動。觀察期間內不但日、美的工業製品出口比重間呈現追趕、超越的現象，1978 年開始改革開放的中國加入近代經濟發展模式行列後的總出口、製品出口比重都呈現出對先發展國家的追趕、超越變化，特別是其他製品比重在 90 年代前半陸續超越台灣、日本後更在 2002 年超越美國，而機械製品比重則在 2001 年超越台灣，2004 年超越日本。此是一般所稱的中國威脅論，亦是雁行理論所稱的追趕現象。

　　而從各國製品出口競爭力結構的演變以及國家間的相關變化檢討中，同時也發現觀察國家間的追趕過程並非雁行型態論的日本對美國、台灣對日本、中國對台灣追趕的原形單純模式，而是日本、台灣、中國對美國，台灣、中國對日本的出口品項間的平行交叉重疊的追趕模式，此種模式或可稱為「層疊」現象的追趕過程。而在觀察國家間機械製品出口競爭力的層疊追趕現象中亦發現觀察國家均朝 IT 相關製品及高科技製品方向追趕。

　　層疊追趕過程中觀察國家間存在不同程度的互補、競爭、互補性競爭甚或是競爭性互補的關係。製品出口競爭力結構間的關係隨著各國經濟發展程度的演變亦產生動態性變化。另外從機械製品 RSCA 結構的相關分析中亦發現觀察國家間經濟特別是機械產業發展的時間落差，但是無法確認後發展國家在追趕過程中是否發生發展的時間短縮現象。

　　總結本文的發現，觀察期間內東亞國家整體工業製品、其他製品以及機械製品競爭力結構間關係的演變符合東亞觀察國家經濟發展轉型為出口導向時期的先後順序與工業發展的漸層演化過程，即先消費財的其他製品後資本財的機械製品，以及先最終財製成品後中間財零組件的進口替代到出口擴張工業化發展模式，而後發展國家依工業製品發展的先後順序，先後與先發展國家間產生先互補後競爭的關係，此結果吻合雁行型態發展論的基本論點。而其中機械製品競爭力結構間的關係演變所顯示出的差異則可能與各國工業化發展策略及最終製成品至中間財零組件的進程差異有關。從 1980 至 2002 年間美日台中等觀察國家的 RSCA 結構及順位相關的變化分析證實雁行形態發展論的追趕現象或應稱為「層疊」追趕現象以及追趕過程中製品競爭力結構間互補、競爭關係的演變，但無法證實追趕、超越過程中發展序列的改變。

附表 5-1 Agri-Food 產品分類 SITC 編號及品名

糧食產品 Foods 共 44 項

編號	品名
001	Live animals chiefly for food
011	Meat, edible meat offals, fresh, chilled or frozen
012	Meat & edible offals, salted, in brine, dried/smoked
014	Meat & edible offals, prep./pres., fish extracts
022	Milk and cream
023	Butter
024	Cheese and curd
025	Eggs and yolks, fresh, dried or otherwise preserved
034	Fish, fresh (live or dead), chilled or frozen
035	Fish, dried, salted or in brine smoked fish
036	Crustaceans and molluscs, fresh, chilled, frozen etc.
037	Fish, crustaceans and molluscs, prepared or preserved
041	Wheat (including spelt) and meslin, unmilled
042	Rice
043	Barley, unmilled
044	Maize (corn), unmilled
045	Cereals, unmilled (no wheat, rice, barley or maize)
046	Meal and flour of wheat and flour of meslin
047	Other cereal meals and flours
048	Cereal preparations & preparations of flour of fruits or vegetables
054	Vegetables, fresh, chilled, frozen/preserved; roots, tubers
056	Vegetables, roots & tubers, prepared/preserved, n.e.s.
057	Fruit & nuts (not including oil nuts), fresh or dried
058	Fruit, preserved, and fruit preparations
061	Sugar and honey
062	Sugar confectionery and other sugar preparations
071	Coffee and coffee substitutes
072	Cocoa
073	Chocolate & other food preptions containing cocoa
074	Tea and mate
075	Spices
081	Feed stuff for animals (not including unmilled cereals)
091	Margarine and shortening
098	Edible products and preparations n.e.s.
111	Non alcoholic beverages, n.e.s.
112	Alcoholic beverages
121	Tobacco, unmanufactured; tobacco refuse
122	Tobacco manufactured
222	Oil seeds and oleaginous fruit, whole or broken
223	Oils seeds and oleaginous fruit, whole or broken
411	Animal oils and fats
423	Fixed vegetable oils, soft, crude, refined/purified
424	Other fixed vegetable oils, fluid or solid, crude
431	Animal & vegetable oils and fats, processed & waxes

原料農產品 Agri-Materials 共 18 項

編號	品名
211	Hides and skins (except furskins), raw
212	Furskins, raw (including astrakhan, caracul, etc.)
232	Natural rubber latex; nat.rubber & sim.nat. gums
233	Synthetic rubber latex synthetic rubber & reclaimed; waste scrap
244	Cork, natural, raw & waste (including in blocks/sheets)
245	Fuel wood (excluding wood waste) and wood charcoal
246	Pulpwood (including chips and wood waste)
247	Other wood in the rough or roughly squared
248	Wood, simply worked, and railway sleepers of wood
251	Pulp and waste paper
261	Silk
263	Cotton
264	Jute & other textile bast fibres, nes, raw/processed
265	Vegetable textile fibres and waste of such fibres
268	Wool and other animal hair (excluding wool tops)
269	Old clothing and other old textile articles; rags
291	Crude animal materials, n.e.s.
292	Crude vegetable materials, n.e.s.

附表 5-2　工業製品 SITC 編號及品名

化學製品 Chemical manufactured goods (SITC5)共 25 項	機械製品 Machinery & transport equipment (SITC 7)共 45 項	
511 Hydrocarbons nes, derivtives	711 Steam boilers and auxil parts	783 Road motor vehicles nes
512 Alcohols, phenols, etc	712 Steam engines, turbines	784 Motor vehicl parts, acces nes
513 Carboxylic acids, etc	713 Intern combust piston engines	785 Cycles, etc, motorized or not
514 Nitrogen-function compounds	714 Engines and motors nes	786 Trailers, non-motor vehicl nes
515 Organo-inorgan compounds, etc	716 Rotating electric plant	791 Railway vehicles
516 Other organic chemicals	718 Oth power gene'ating machinery	792 Aircraft, etc
522 Inorg chem elmnt, oxides, etc	721 Agricult machiny exc tractor	793 Ships, boats, etc
523 Other inorganic chemicals	722 Tractors non-road	
524 Radioactive etc materials	723 Civil engineering equip, etc	
531 Synth dye, natrl indigo, lakes	724 Textile, leather machinery	
532 Dyes nes, tanning products	725 Paper etc mill machinery	
533 Pigments, paints, varnishes etc	726 Print and bookbind machy, parts	
541 Medicinal, pharmaceutical prdts	727 Food machinery, non-demestic	
551 Essential oils, perfume, etc	728 Oth machy for spec industries	
553 Perfumery, cosmetics, etc	736 Metal working machy, tools	
554 Soap, cleansing, etc preps	737 Metal working machinery nes	
562 Fertilizers, manufactured	741 Heating, cooling equipment	
572 Explosives, pyrotechnic prdts	742 Pumps for liquids, etc	
582 Prdts of condensation, etc	743 Pumps nes, centrifuges, etc	
583 Polymerization, etc, prdts	744 Mechanical handling equipment	
584 Cellulose, derivatives, etc	745 Non-electr machy, tools nes	
585 Plastic materials nes	749 Non-electr machy parts, acces	
591 Pesticides, disinfectants	751 Office machines	
592 Starch, inulin, gluten, etc	752 Automatic data processing equip	
598 Miscel chemical prdts nes	759 Office, adp machy parts, acces	
	761 Television receivers	
	762 Radio-broadcast receivers	
	763 Sound recorders, phonographs	
	764 Telecom equip, parts, acces	
	771 Electric power machinery nes	
	772 Switchgear etc, parts nes	
	773 Electricity distributing equip	
	774 Electro-medical, xray equip	
	775 Household type equip nes	
	776 Transistors, valves, etc	
	778 Electrical machinery nes	
	781 Passengr motor vehicl, exc bus	
	782 Lorries, spec motor vehicl nes	

資料出處：UNCTAD *Statitical Databook*, 2003。

附表 5-2（續） 工業製品 SITC 編號及品名

其他製品 Other manufactured goods (SITC 6 & 8 except 68)共71項

編號	品名	編號	品名
611	Leather	694	Stell, copper nails, nuts, etc
612	Leather, etc, manufactures	695	Tools
613	Fur skins tanned, dressed	696	Cutlery
621	Materials of rubber	697	Base metal household equip
625	Rubber tyres,tubes, etc	699	Base metal manufactures nes
628	Rubber articles nes	812	Plumbg, heatg, lightg equip
633	Cork manufactures	821	Furniture and parts thereof
634	Veneers, plywood, etc	831	Travel goods, handbags, etc
635	Wood manufactures nes	842	Men's outwear non-knit
641	Paper and paperboard	843	Women's outwear non-knit
642	Paper and paperboard, cut	844	Under garments non-knit
651	Textile yarn	845	Outer garments knit nonelastic
652	Cotton fabrics, woven	846	Under garments knitted
653	Woven man-made fib fabric	847	Textile clothing accessoris nes
654	Other woven textile fabric	848	Headgear, non-textile clothing
655	Knitted, etc, fabric	851	Footwear
656	Lace, ribbon, tulle, etc	871	Optical instruments
657	Spec textile fabrics, products	872	Medical instruments nes
658	Textile articles nes	873	Meters and counters nes
659	Floor coverings, etc	874	Measuring, controlg instruments
661	Lime, cement and building prdts	881	Photogr apparatus, equip nes
662	Clay, refractory building prdts	882	Photogr and cinema supplies
663	Mineral manufactures nes	883	Developed cinema film
664	Glass	884	Optical goods nes
665	Glassware	885	Watches and clocks
666	Pottery	892	Printed matter
667	Pearl, prec, semi-prec stones	893	Articles of plastic nes
671	Pig iron, etc	894	Toys, sporting goods, etc
672	Iron, steel primary forms	895	Office supplies nes
673	Iron, steel shapes, etc	896	Works of art, etc
674	Iron, steel univ, plate, sheet	897	Gold, silver ware, jewellery
676	Railway rails etc, iron, steel	898	Musical instruments and parts
677	Iron, steel wire, exc w rod	899	Other manufactured goods
678	Iron, steel tubes, pipes, etc		
679	Iron, steel castings unworked		
691	Structures and parts nes		
692	Metal tanks, boxes, etc		
693	Wire products, non-electric		

纖維製品 Textile yarn, fabrics and clothing (SITC 65 & 84)共16項

編號	品名
651	Textile yarn
652	Cotton fabrics, woven
653	Woven man-made fib fabric
654	Other woven textile fabric
655	Knitted, etc, fabric
656	Lace, ribbon, tulle, etc
657	Spec textile fabrics, products
658	Textile articles nes
659	Floor coverings, etc
842	Men's outwear non-knit
843	Women's outwear non-knit
844	Under garments non-knit
845	Outer garments knit nonelastic
846	Under garments knitted
847	Textile clothing accessoris nes
848	Headgear, non-textile clothing

第六章

東亞對美國的出口競爭力結構與特化型態
——市場循環假說的檢證

壹、前言

　　在雁行發展論中，主要針對經濟與貿易的供給面即生產力、競爭力的提昇及其發展策略進行探討，較少涉及市場特別是出口導向發展策略中關鍵的輸出市場的問題。主要是其將市場開放或自由化視為前提條件。東亞國家戰後的雁行發展經濟奇蹟的創出過程中，美國市場扮演重要的需求吸收功能的角色，但是縱使像美國單方面開放市場的輸出有利環境中，競爭力也不會當然性的產生。更重要的是雁行形態所以能夠成立，不只是各國競爭力的顯現而已，更還需要競爭力更迭過程中市場的輪替循環才能使出口導向發展在東亞國家間衛續性實現。對此問題等曾提出市場再循環或再利用（market recycle）的假設以彌補雁行發展論在需求面探討的不足。

　　本章針對 1991-2003 年期間日本、台灣、韓國及中國等東北亞四國在其機械製品的主要輸出市場美國的競爭力及市場佔有率的演變來探討此問題。文中檢視四國輸美機械製品競爭力結構的相關、出口特化型態的演變以及四國間輸美競爭力結構的變化與輸美市佔率的變化間的相關等以檢證雁行理論追趕演繹過程中需求面的海外市場再利用假設。檢測出口競爭力結構是否特化以及型態是否穩定的主要目的是若一國持續出口競爭力結構的特化型態意涵其出口優勢製品持續保有競爭優勢且可能優勢更強則其他國家的相關輸出製品就不可能發生替代的可能性，也自然沒有發生市場再利用的可能性。文中檢測出各國對美機械製品出口競爭力結構的特化型態及穩定性可資辨明四國出口競爭力再循環的可能性，同時也證實出口型態的演變乃是依循其經濟發展的蓄積過程的假設。本研究的結果首先確認四國對美整體機械輸出的 β 非特化型態發展，並證實不論是整體或要素密集度別機械製品，在中國機械製品的輸美追趕過程中日台韓三國與中國間的關係上，東北亞四國間的輸美競爭力再循環及市場再利用假設是成立的。但其中因為日本對台韓的輸美市場再利用關係無法證實，因此無法完整證實日本對台韓、日台韓對中國的東北亞四國間競爭力雁行演繹下的市場再利用假設。另外文中從四國輸美要素密集度別機械製品結構的變化歸納出「日本型」及「台灣型」的演化型態，而進一步檢測此兩個群組競爭力結構的相關關係則發現只有「台灣型」群組的演化型態具統計上的顯著性。

貳、文獻回顧

一、貿易型態轉變的原因探討

貿易型態轉變原因的實證分析探討主要集中在要素比例的變化、技術差距與移轉以及結構轉變等三方面。其中攸關要素比例變化的實證研究方面，通常是在靜態 Heckscher-Ohlin 模型下計測其對比較利益變化的影響。傳統貿易理論聚焦在國家或產業別比較利益的變化，所以實證研究上經常應用 RCA 或貿易收支手法檢視貿易型態的變化[1]。

---

[1] 貿易收支分析手法中固定市場比重（Fixed Market Share）及進口滲透度

　　其中 RCA 特別經常被應用在產業、國家及區域別的比較利益、貿易型態以及結構調整的演變分析上。自 B. Balassa（1965）應用 RCA 指數開啟探究貿易或比較利益型態演變的可能性後，許多有關詮釋貿易集約度及 RCA 指數的論文以及實證貿易特化型態（Specilisation Pattern）及其穩定性（Stability）的論文相繼被提出[2]。1990 年代以來諸多針對亞洲地區的實證研究即應用 RCA 以及雁行發展理論的架構探究亞洲國家經濟發展過程中產業、貿易與經濟發展的相關關係。在此諸多研究的發現中，首先確認了不同經濟發展階段中生產結構與貿易型態的各種不同關係[3]。其次，不

　　（Import Penetration Rate）*是經常被運用的指標*，請見 William, James E. and Oleksandr Movshuk "Shifting International Competitiveness: An Analysis of Market Share in Manufacturing Industries in Japan, Korea, Taiwan and the USA," Asian Economic Journal, Vol. 18, No.2, 2004。

[2]　Hillman, A. L., "Observations on the Relation between 'Revealed Comparative Advantage' and Comparative Advantage as Indicated by Pre-Trade Relative Prices," Weltwirtschaftliches Archiv, Vol. 116, 1980, pp.315-321; Bowen, P. H., "On the Theoretical Interpretation of Indices of Trade Intensity and Revealed Comparative Advantage," Weltwirtschaftliches Archiv, Vol.119, 1983, pp.464-472, 1985; Yeats, J. A., "On the Appropriate Interpretation of the Revealed Comparative Advantage Index: Implications of a Methodology Based on Industry Sector Analysis," Weltwirtschaftliches Archiv, Vol. 121, 1985, pp.61-73; Marchese, S. and F. Nadal De Simone, "Monotonicity of Indices of 'Revealed' Comparative Advantage: Empirical Evidence on Hillman's Condition," Weltwirtschaftliches Archiv, Vol. 127, 1989, pp.158-167; Van Hulst, N., R. Mulder and L. G. Soete, "Exports and Technology in Manufacturing Industry," Weltwirtschaftliches Archiv, Vol. 127, 1991, pp.246-264; Vollrath, L. T., "A Theoretical Evaluation of Alternative Trade Intensity Measures of Revealed Comparative Advantage," Weltwirtschaftliches Archiv, Vol. 127, 1991, pp.265-280; Laursen, Keld, "Revealed Comparative Advantage and the Alternatives as Measures of International Specialisation," DRUID Working Paper No. 98-30, 1998a, <http://www.druid.dk/wp/pdf_files/98-30.pdf>。

[3]　Park, Yung Chul and Won-Am Park, "Changing Japanese Trade Patterns and the East Asian NICs," in Paul Krugman, ed., Trade with Japan: Has the Door Opened Wider? NBER Project Report (Chicago: University of Chicago Press, 1992); Carolan, Terrie, Nirvikar Singh and Cyrus Talati, "THE COMPOSITION OF U.S.-EAST ASIA TRADE AND CHANGING COMPARATIVE

論是針對亞洲或拉丁美洲的區域研究，或其出口競爭優勢從簡易、勞力密集型出口產品移轉到熟練、資本密集型出口製品，亦或由日本移轉到亞洲或拉丁美洲的新興工業經濟體，所有研究均顯示比較利益的轉變對貿易特化型態演變的高度重要性。而 RCA 通常被視為出口競爭力的代理變數[4]。

另外不完全競爭模型下規模經濟與技術差距理論對國際貿易影響的相關研究中亦證實要素的比例與其增長、蓄積以及技術的移轉與產品生命週期在經濟成長與貿易的相關關係[5]。Grossman & Helpman（1994）對連接技術進步與貿易的理論考察中引用多篇計測研發活動所誘發知識波及效果的論文，其中內生型經濟成長模型的實證研究中證實技術移轉與產品週期促使比較利益的內生性轉變，同時所有研究亦都承認國際間存在技術移轉的波及效果。而產

ADVANTAGE," UC Santa Cruz Working Paper No. 332, 1997, <http://rspas.anu.edu.au/economics/publish/papers/wp1997/9704.txt>; Dowling, M. and C. T. Cheang, "Shifting comparative advantage in Asia: new tests of the 'flying geese' model," Journal of Asian Economics, Vol. 11, 2000, pp.443-463; Siegfried, Bender, and Kui-Wai Li, "The Changing Trade and Revealed Comparative Advantages American Manufacture Exports," Center discussion paper no.843, 2002, Economic Growth Center, Yale University, <http://www. econ.yale.edu/~egcenter/>; Ozawa, T., "Pax Americana-led Macro-clustering and flying-geese-style catch-up in East Asia: mechanisms of regional endogenous growth," Journal of Asian Economics, Vol. 13, 2003, pp.699-713; Cutler, Harvey, David J. Berri and Terutomo Ozawa, "Market recycling in labor-intensive goods, flying-geese style: an empirical analysis of East Asian exports to the U.S.," Journal of Asian Economics, Vol. 14, 2003, pp.35-50。

[4] Balassa 定義 RCA 為銷售能力（ability to sell），意指自由開放市場下的競爭能力，參照 Balasa, B., "Trade Liberalization and 'Revealed' Comparative Advantage," The Manchester School of Economics and Social Studies, Vol. 32, 1965, pp.99-123。嚴格來說，一般所稱國家或產業競爭力並非明確的概念。在眾競爭分析模型中，不完全競爭模型可能是惟一符合熊比得概念（Schumpeter's conception）即競爭力誘導市場創新的競爭力分析模型。

[5] Mayer, Jörg, "Trade Integration and Shifting Comparative Advantage in Labour-Intensive Manufacturers," Paper prepared for the UNU/WIDER Conference on Sharing Global Prosperity, 2003/9/6-7, Helsinki: Finland 及註3。

品生命週期理論則被視為技術差距或技術移轉理論的一支，主要因為技術層次上新產品的系統性週期轉變是從開發階段的技術密集到量產階段的資本密集以及標準化生產階段的非熟練勞力密集的演進發展[6]。標準化階段的新產品國外開始學習模仿進而生產，此一方面導致國際競爭激化但也使產品需求較具彈性化，此過程中原先開發產品的國家可能因為經濟生產條件的不利而開始喪失比較利益，生產的比較利益及出口競爭優勢移轉到勞動相對豐富但技術水準較低的國家。產品生命週期理論以開發階段的技術要求水準較高，因此技術水準差距適合解釋貿易原因及方向，但標準化階段則仍以要素稟賦差距決定貿易的發生及方向。Peri & Urban（2004）的相關研究確認技術差距前提下引進高生產性的外資，即產品生命週期論的國際間技術與生產移轉的執行者，有助帶動後開發國家國內企業生產力上升的效果[7]。

二、貿易型態穩定性的相關研究

關於貿易特化及貿易型態穩定性的相關研究匯整如下。

Krugman（1987）提出在顯現規模經濟性的前提下，各國將可維繫貿易特化型態的穩定性。其模型中，產業、國家生產資源的生產力端視其經驗蓄積（做中學）及規模經濟性的創出程度而定。因此如做中學的軟性技術轉變會導致新的比較利益即差異性比較利益[8]。

---

[6] Grossman, G., and E. Helpman, "Technology and Trade," NBER Working Paper No. 4926, November 1994, <http://www.nber.org/papers/w4926.pdf>。

[7] Giovanni, Peri, and Dieter Urban, "Catching-Up to Foreign Technology? Evidence on the "Veblen-Gerschenkron" Effect of Foreign Investments," NBER Working Paper No. 10893, 2004, pp.2-5, <http://papers.nber.org/papers/w10893.pdf>。

[8] Krugman, P., "The Narrow Moving Band, the Dutch Disease, and the Competitive Consequences of Mrs. Thatcher: Notes on Trade in the Presence of

　　Dosi 等（1990）描述經濟成長中貿易特化的擴散與收斂型態的變化。其基本的論點是經濟成長過程中貿易特化型態的擴散現象主要歸因於各國技術創新的蓄積，而收斂現象則歸因於國際間漸次性技術波及的效益[9]。

　　Beelen & Verspagen（1994）主張貿易特化型態的收斂發展不會像人均所得般緩慢下來，主要原因是知識波及的機制及經濟結構等兩種追趕路徑的轉變速度不同。因此主張後發展國家必須先追求其競爭力的迎頭趕上，才能享受國際間貿易型態特化的收斂效益。並進一步主張技術波及效果是經濟發展初期階段中最重要的因素。後發展國家只要一旦取得追趕的勢頭，特化型態的收斂發展趨勢就會結構性地產生[10]。

　　Proudman & Redding（1997, 2000）應用 RCA 為基礎的手法建構動態性分佈模型計測國家層級特化型態的持續性（persistence）與流動性（mobility）的轉變，並剖析整體分佈變化的演進。然其使用的特化計測手法屬事後指標，並不易與一般均衡貿易理論結合，因此無法將特化型態的轉變與經濟的結構性決定因子串結一起[11]。

　　Dalum, Laursen and Villumsen（1998）應用 RSCA 手法分別檢測 OECD 國家及其產業部門的出口特化型態。從其實證結果中，

Dynamic Scale Economics," Journal of Development Economics, Vol. 27, 1987, pp.41-55。

[9] Dosi, G., K.L.R. Pavitt and L.L.G. Soete, The Economics of Technical Change and International Trade (Hemel Hempstead: Harvester Wheatsheaf, 1990).

[10] Beelen, E., and B. Verspagen, "The Role of Convergence in Trade and Sectoral Growth," in J. Fragerberg, B. Verspagen and N. V. Tunzelmann eds., The Dynamics of Technology, Trade and Growth (London: Edward Elgar,1994), pp.75-98。

[11] Proudman, J., and S. Redding, "Persistence and Mobility in International Trade," Bank of England Working Paper no.64, 1997, <http://www.bankofengland.co.uk/publications/workingpapers/wp64.pdf>; "Evolving patterns of international trade," Review of International Economics, Vol. 8, No.3, 2000, pp.373-396。

歸納出 OECD 國家的國際間出口特化型態的發展普遍呈現非特化發展的趨勢，而此發現與其他攸關技術特化型態發展的發現相反[12]。

Laursen（1998）亦應用 RSCA 手法分別檢測 OECD 國家及其產業部門的出口特化以及技術特化型態。其實證結果亦確認 OECD 國家的國際間出口特化型態的發展普遍呈現非特化發展的趨勢，然技術特化型態的發展則因只有近半數國家的特化型態呈現增加而無法定論。另在特化型態穩定性的檢測中，一方面確認其貿易特化的穩定性相對較高，另亦結論出 OECD 國家的出口及技術特化型態均為依循其經濟成長蓄積（cumulativeness）過程的路徑發展（path-dependent）[13]。

Hinloopen & van Marrewijk（2001）應用 RCA 為基礎的手法計測 EU 國家層級特化型態的持續性（persistence）與流動性（mobility）及其轉變，其將 EU-12 國對日本的出口金額集計成一個廣義 EU 對日本出口 RCA 指數，進而系統性剖析此廣義 RCA 指數在 1992 至 1996 年期間的分佈變化。另亦計測觀察期間此廣義 RCA 指數分佈的穩定性以及國家、產業別 RCA 指數值變化的穩定性。從實證結果中，首先歸納出觀察期間內所有 RCA 指數值分佈的變化非常小，同時集計的 RCA 指數值分佈亦只呈現溫和的變化。其次從產業別的年度貿易金額與月份的比較計測，顯示從產業別年度貿易金額的計測呈現相對持續性的特化發展結果。另外，因為國家別 RCA 指數值的分佈呈現相當大的差異狀態所以國際間的比較結果不明確[14]。

[12] Dalum, B., K. Laursen and G. Villumsen, "Structural Change in OECD Export Specialisation Patterns: de-specialisation and 'stickiness'," International Review of Applied Economics, Vol.12, No.3, 1998, pp.423-443。

[13] Laursen, Keld, "Do Export and Technological Specialisation Patterns Co-evolve in Terms of Convergence or Divergence?: Evidence From 19 OECD Countries, 1971-1991," DRUID Working Paper No. 98-18, 1998b, <http://www.druid.dk/wp/pdf_files/98-18.pdf>。

[14] Hinloopen, J., and C. van Marrewijk, (2001) "On the empirical distribution of

參、研究方法與資料

一、貿易特化及特化型態的穩定性

　　相較於其他的競爭力指標，RSCA 本質上更適合作為計測貿易特化現象的指標。為檢測一國貿易型態是否穩定發展或其是否傾向特化，以下採用 Cantwell（1989）首先提出，[15]而 Dalum 等（1998）及 Laursen（1998）應用於實證分析的回歸分析計測手法。其計測穩定性及特化傾向的回歸分析式如下：

$$RSCA_{ijt2} = \alpha_i + \beta_i\, RSCA_{ijt1} + \varepsilon_{ij} \qquad\qquad (3)$$

　　(3)式中的上標 t1 及 t2 各代表分析期間的初始年度（t1）及最終年度（t2）。(3)式表示以 t1 期的 j 國 i 產業 RSCA 說明變數檢測 t2 期的 j 國 i 產業 RSCA 被說明變數，α 及 β 為標準回歸參數，ε 是誤差項。

　　此檢測的前提假設是經濟發展乃是蓄積（cumulativeness）的過程，因此 β > 0 才能符合蓄積的前提假設。貿易型態穩定性計測值的意涵可歸納如下：

　　β= 1，型態未變；β > 1，指 β 擴散，稱之為 β 特化（'β-specialization'）；0 < β < 1，指 β 收斂，稱之為 β 非特化（'β-de-specialization'）。

　　0 < β < 1 即 β 非特化（'β-de-specialization'）意指平均而言，初期低 RSCA 值產業在期間內其值上升，而高 RSCA 值產業則下降。β > 1 即 β 特化（'β-specialization'）意指平均而言，國內原已

---

the Balassa index," *Weltwirtschaftliches Archiv*, Vol. 137, No.1, pp.1-35。

[15] Cantwell, J., *Technological Innovation and Multinational Corporations*（Oxford: Blackwell, 1989），基本上源自於 Hart & Prais（1956）的 'Galtonian' 回歸模型。

特化產業傾向更特化，而非特化產業傾向更非特化，亦即原特化型態更被強化之意。

至於β＜0的特殊情形意指產業相對位置發生反轉現象，即平均而言，原低 RSCA 值產業在最終期其值變成高於平均，反之亦然。而此種顯示一國的貿易特化型態在發展過程中發生反轉或無規則性變化的情形，與經濟發展的蓄積假設（the hypothesis of cumulativeness）基本上是背道而馳的。

β／R＝1，分散未變；β／R＞1，指σ擴散，稱之為σ特化（'σ-specialization'）；β／R＜1，指σ收斂，稱之為σ非特化（'σ-de-specialization'）。

Dalum 等（1998）對貿易型態檢定的貢獻是區分貿易型態的特化（或非特化）與擴散（或收斂）。[16]一國貿易型態的特化過程與過程中其產業的特化使原優勢產業更具優勢而劣勢產業更劣勢化致使產業間的競爭力分佈更形擴散有關，相對地非特化則與更形收斂有關。而國際間的擴散是其過程中使特定產業的特化傾向變得更強，相對地收斂則使特定產業的特化傾向變得更弱。

而一國產業間貿易型態的穩定性或是否傾向特化的計測方法與國際間是否傾向同產業特化的計測是相同的。

另外，Pearson 相關係數是用以計測產業別 RSCA 值的上升或下跌帶動的 RSCA 分佈結構的流動性。高係數值表示產業別 RSCA 的相對位置沒有大變動，相反地低係數值表示部份產業更聚集，其他產業則移動得更遠。[17]另一方面，產業別 RSCA 值順位相關係數是從順位變動角度計測，本文中計測 Spearman 順位相關係數值以檢視產業別 RSCA 順位分佈結構的變動程度。

[16] Dalum, B., K. Laursen and G. Villumsen, "Structural Change in OECD Export Specialisation Patterns: de-specialisation and 'stickiness'," International Review of Applied Economics, Vol.12, No.3, 1998, pp.428-429。

[17] B. Dalum,K. Laursen and G. Villumsen, "Structural Change in OECD Export Specialisation Patterns: de-specialisation and 'stickiness'," International Review of Applied Economics, Vol.12, No.3, pp.429。

二、資料

本實證研究的資料取自 2004 年 OECD 所公佈的美國與世界 264 國間的年度進出口值的商品統計，SourceOECD ITCS International Trade, United States - SITC Rev.2 Vol. 2004 release 01。所採用年度別商品進出口值資料涵蓋 1991 至 2003 年期間日本、台灣、韓國、中國對美國的機械製品即 SITC 7 項的三分位統計資料。

為進一步分析要素集約度別製品競爭力的結構變化，參照 Hinloopen & van Marrewijk（2004）依循 International Trade Center（UNCTAD／WTO 合設機構）所編製的要素集約度別產品分類表，將 SITC 三分位 45 項機械製品區分為非熟練勞力密集型（1 項）、技術密集型（34 項）以及人力資本密集型（10 項）等三類別。Hinloopen & van Marrewijk 的原始分類為五類別，[18]然適用 SITC 7 項機械製品只有上述三類別，參照 www.few.eur.nl/few/people/vanmarrewijk/eta。

肆、東北亞四國對美機械出口特化型態

一、東北亞四國對美機械製品出口

1990 年代東北亞日本、台灣、韓國、中國等經濟均遭遇到國內外的激烈競爭，因此也都一定程度進行差異化的調整。然而各國競爭力如何轉變以及足資佐證轉變的研究資料卻並不多。國際市場競爭中產品競爭力如何產生又如何維持的問題探討換另一個角度

---

[18] 原分類為一次產品（Primary products），自然資源密集型產品（Natural-resource intensive products），非熟練勞力密集型產品（Unskilled-labor intensive products），技術密集型產品（Technology intensive products）以及人力資本密集型產品（Human-capital intensive products）。

而言，可看成是對後發展國家或產業的生產力如何嵌入市場經濟以及嵌入程度的檢測。而競爭過程中各國間產品競爭力的更迭替補甚至起死回生等問題的釐清對東亞各國經濟的持續發展以及區域經濟未來的發展與整合上也具有實質性的意義。因此計測東亞國家、產業及產品別的競爭力以及競爭力提升後所產生影響的重要性不言可喻。東亞國家的貿易結構與型態 1990 年代以來均產生顯著的變化，其機械貿易不僅替代傳統勞力集約型製品貿易更成為貿易的主導部門。本文以下針對東亞四國對美機械製品出口競爭力及特化型態的演變進行探討。

（一）對美機械製品輸出結構

首先從表 6-1 可知東北亞四國對美出口佔各國總出口的比重，2003 年日本對美出口比重 24.6%為四國中最高，中國 21%居次，台灣 18%，而韓國 2002 年為 20.8%。1991 至 2003 年觀察期間內的變化，日本對美出口所佔比重持續為四國中最高水準，台灣至 2001 年僅次於日本，2002 年開始被韓、中趕上，而 1990 年代初期對美出口比重最低的中國從 1996 年開始超過韓國，並從 2002 年開始超過台灣。雖然期間內四國的變化劇烈，對美出口比重仍然維持在各國總出口的 20%上下。

其次，東北亞四國機械製品出口佔各國總出口的比重，2003 年四國的機械製品出口比重分佈在 40%至 67%間，日本比重 66.7%為四國間最高，中國 42.8%最低，台灣、韓國 55%以上居中間水準。1991 至 2003 年觀察期間內的變化，相對於日本、台灣從 2000 年以後的下降趨勢變化，中國在 1992 年以後即呈現持續上升的變化，而韓國在 1998 年開始新一波的上升變化。觀察期間內日本機械製品出口所佔比重持續維持四國中最高水準，台灣、韓國次於日本，而 1990 年代比重快速增加的中國仍處四國最低水準。

表 6-1　　東北亞四國對美及機械製品出口比重　　　　　（%）

	1991	1993	1995	1997	1999	2000	2001	2003
日本對美出口	29.09	29.19	27.29	27.82	30.72	29.73	30.04	24.59
日本機械出口	70.84	71.96	70.25	69.07	68.61	68.73	67.20	66.77
日本對美機械	78.70	79.60	78.64	76.01	76.12	76.59	75.92	75.61
韓國對美出口	—	—	18.93	15.88	20.51	21.83	20.75	—
韓國機械出口	—	—	51.48	50.02	54.25	58.20	57.62	—
韓國對美機械	—	—	69.20	65.48	68.17	72.20	69.66	—
台灣對美出口	29.25	27.65	23.74	24.36	25.33	23.47	22.51	17.98
台灣機械出口	39.22	44.30	48.53	52.99	56.36	58.50	56.69	54.57
台灣對美機械	41.05	47.93	57.75	63.25	63.43	64.02	62.01	59.59
中國對美出口	—	18.49	16.61	17.90	21.52	20.91	20.40	21.10
中國機械出口	—	16.59	21.06	23.86	30.14	33.10	35.63	42.82
中國對美機械	—	18.61	24.99	27.85	32.94	35.07	36.73	46.38

注：各國對美出口比重，對美總出口額／對世界總出口額；各國機械出口比重，機械總出口額／對
　　世界總出口額；各國對美出機械口比重，對美機械出口額／對美總出口額；－：無資料。
資料出處：SourceOECD ITCS International Trade by Commodities Statistics, United States - SITC
　　Rev.2 Vol 2004 release 01

　　第三，東北亞四國對美機械製品出口佔各國對美總出口的比重
而言，日本 2003 年的對美機械製品出口比重佔 75.6%，雖然從 1991
年 78.7% 以來呈現下降趨勢，但其比重水準仍為四國間最高。韓國
2002 年佔 70%，僅次於日本的比重水準。1991 至 2003 年的變化，
台灣的比重在 1990 年代中持續上升，從 1991 年 41% 增加至 2000
年 64% 的高峰，期間 1996 及 1998 年兩度超過韓國，但 2000 年以
後下降 2003 年為 59.6%。中國在觀察期間內則呈現持續上升的變
化，從 1992 年 13.1% 上升至 2003 年佔 46.4%。1990 年代中機械製
品已成為四國對美主要的出口製品。

（二）對美機械製品出口競爭力的變化

　　基於以上 OECD 所公佈四國對美出口資料的不完全，本文以下改採同 OECD 公佈的美國對四國的進口值資料進行分析。接下來從該資料計測的東北亞四國對美出口機械製品別 RSCA 值探討觀察期間其比較利益即競爭力的變化，亦以比對美國對四國進口比重的變化。

　　首先本文計測觀察期間內四國對美國出口機械製品三分位品目別 RSCA 年度間的基數及序數相關即 Pearson（一般）及 Spearman（順位）相關係數以觀察四國機械製品競爭力結構的整體演變。表 6-2 顯示四國 45 項對美出口機械製品別 RSCA 的 1991 年與 1991、95、2000、03 等各年度的相關及順位相關係數值。從表中可知，除韓國 1995 至 2000 年一度呈現不明確的方向變化外，四國的一般及順位相關係數值從 1991 年後的年度間推移均呈現減低的演變，即競爭力結構的演變愈趨劇烈，幅度愈大。四國對美機械製品 RSCA 結構的時序性相關變化顯示其機械製品競爭力的結構性轉變程度。從一般相關而言，韓國是觀察期間內四國中呈現減低變化程度最大的國家，雖然 1995 至 2000 年間一度呈現不明確的變化。另順位相關而言，日本則是觀察期間內四國中呈現減低變化程度最大的國家。而中國從 1991 年後的年度間推移不論一般或順位相關係數值均呈現連續性減低的演變，其一般相關的變化上與日本同程度，而順位相關上則在 2003 年呈現與韓國同程度的減低演變。台灣雖然 2000 年以後不論 Pearson 或順位相關係數值均呈現較顯著的變化，但觀察期間內所呈現減低變化的程度則屬四國中最小。

　　歸納言之，對美機械製品出口競爭力結構上，觀察期間內韓國的一般或順位相關係數皆呈現四國中最激烈的變化，2000 年以後一般相關呈現曲折性增強轉變。日本與中國的一般及順位相關的變化幅度相當，從 1995 年後皆呈現介於韓、台間的減低變化。

表 6-2　東北亞四國對美機械出口製品 RSCA 年度別相關（1991-2003）

	Pearson 相關				Spearman 順位相關			
	1991	1995	2000	2003	1991	1995	2000	2003
日本 1991	1.000	0.944	0.861	0.803	1.000	0.892	0.831	0.789
韓國 1991	1.000	0.818	0.723	0.750	1.000	0.809	0.767	0.812
台灣 1991	1.000	0.943	0.920	0.881	1.000	0.950	0.919	0.886
中國 1991	1.000	0.928	0.827	0.801	1.000	0.925	0.834	0.812

注：1.東亞四國 1991、1995、2000、2003 年對美機械出口 RSCA 的相關係數值，2.所有相關係數值
　　均呈現顯著性，0.01 顯著水準（雙尾檢定）；N = 45。

　　進一步從附表 6-2 至附表 6-5 的四國 2003 年順位序的對美三分位機械出口製品別 RSCA 值資料探討各國機械製品的對美出口競爭力。日本 2003 年有 28 項製品 RSCA 值為正數即對美出口具有競爭力機械製品。與 1991 年相比，日本對美出口機械製品別 RSCA 值增加最多品目為引擎內燃機（714），減少最多品目為貨車（782），而具競爭力製品中牽引機（722）、發電廠·零組件（716）等兩項的係數值增加 0.5 為最多，尤其（716）是由不具競爭力轉變成具競爭力製品。另外由不具競爭力轉變成具競爭力製品尚有其他發動機（718）、鐵道車輛（791），而由具競爭力轉變成不具競爭力製品則有加熱及冷卻機器·零件（741）、自動資料處理機具（752）、電信機器·零組件（764）及無線電廣播接收器（762）。

　　另從年度標準差值（S.D.值）可知 2003 年日本對美機械出口製品 RSCA 值的分散 0.477 大於 1991 年 0.375，即 2003 年日本對美機械出口製品 RSCA 值間的變異大於 1991 年，意表兩年間分散擴大的非特化演變。另 1991-2003 年期間日本對美機械製品別 RSCA 的標準差值（S.D.9103）的分佈從 0.007（其他機動車（783））至 0.258（電視機（761））可知觀察期間日本對美機械製品別 RSCA 值的變異程度，顯示製品間的變異差距甚大。

　　而 2003 年日本對美具競爭力機械製品各佔美國同製品別進口比重（Smuj03）的 10 至 44%，雖然與 1991 年相較其比重普遍呈

現減低情形，但具競爭力製品所佔比重均大於不具競爭力製品。其中機車腳踏車（785）、金屬工具機‧零組件（736）及金屬工作機械‧零組件（737）等三項佔美國同製品別進口的比重超過 40%，與 1991 年相較 2003 年比重增加最多品目為牽引機（722），減少最多品目為電信機器‧零組件（764）。

台灣 2003 年有 18 項對美機械製品 RSCA 值為正數即其對美出口具有競爭力製品項。與 1991 年相比，台灣對美機械製品別 RSCA 值增加最多品目為電晶體‧真空管及零件（776），減少最多品目為無線電廣播接收器（762），而具競爭力製品中電晶體‧真空管及零件（776）、抽水幫浦（742）等兩項的差額增加 0.59、0.52 為最多及次多，尤其抽水幫浦是由不具競爭力轉變成具競爭力製品。另外由不具競爭力轉變成具競爭力製品尚有非電氣零配件（749）、幫浦壓縮機（743），而由具競爭力轉變成不具競爭力製品則有家用機器設備（775）、配電設備（773）及辦公機器（751）。

另從年度標準差值（S.D.值）可知台灣對美機械製品 RSCA 值的分散 1991 年 0.567 與 2003 年 0.561 雖均大，但兩年間無顯著差異。另 1991-2003 年期間台灣對美機械製品別 RSCA 標準差值（S.D.9103）的分佈從 0.000（其他機動車（783））至 0.367（電視機（761））可知觀察期間台灣對美機械製品別 RSCA 值的變異程度及製品間的變異差距均大也較日本大。

而 2003 年台灣具競爭力機械製品各佔美國同製品別進口比重（Smut03）的 2.5 至 12%，雖然與 1991 年相較 12 項比重呈現減低情形（CSmut0391），但具競爭力製品所佔比重均大於不具競爭力製品。其中電晶體‧真空管及零件（776）及機車腳踏車（785）等二項佔同製品別進口的比重超過 10%，與 1991 年相較 2003 年比重增加最多品目為電晶體‧真空管及零件（776），減少最多品目為機車腳踏車（785）。

韓國 2003 年有 20 項對美機械製品 RSCA 值為正數即其對美出口具有競爭力製品項。與 1991 年相比，韓國對美機械製品別 RSCA

值增加最多品目為蒸汽動力裝置（712），減少最多品目為拖車車輛（786），而具競爭力製品中蒸汽動力裝置（712）、牽引機（722）等兩項增加 0.84、0.74 為最多及次多，此兩項皆是由不具競爭力轉變成具競爭力製品。另外由不具競爭力轉變成具競爭力製品尚有蒸汽鍋爐‧零件（711）、加熱冷卻設備‧零組件（741）、乘用轎車（781）、辦公及自動資料處理機具零組件（759）、土木工程設備（723）、辦公機器（751）、發電廠設備（716）及紡織皮革機械（724），而由具競爭力轉變成不具競爭力製品只有電力機械‧零件（771）。

　　另從兩年度即標準差值（S.D.值）可知 2003 年韓國所有對美機械出口製品 RSCA 值的分散 0.45 小於 1991 年 0.492，即 2003 年韓國對美機械製品 RSCA 值間的變異小於 1991 年，意表分散縮小的特化演變。另從表中欄即 1991-2003 年期間韓國對美機械製品別 RSCA 標準差值（S.D.9103）的分佈從 0.003（其他機動車（783））至 0.718（蒸汽鍋爐‧零件（711））可知觀察期間韓國對美機械製品別 RSCA 值的變異程度及製品間的變異差距均相當大，兩者皆為東亞四國中最大。

　　而 2003 年韓國具競爭力製品各佔美國同製品別進口比重（Smuk03）的 3 至 15.5%，雖然與 1991 年相較 8 項比重呈現減低情形（CSmuk0391），但具競爭力製品所佔比重均大於不具競爭力製品。其中電信機器‧零組件（764）、電晶體‧真空管及零件（776）及蒸汽鍋爐‧零件（711）等三項佔同製品別進口的比重為 10%及以上，與 1991 年相較 2003 年比重增加最多品目為電信機器‧零組件（764），減少最多品目為拖車車輛（786）。

　　中國 2003 年有 13 項對美機械製品 RSCA 值為正數即其對美出口具有競爭力製品項。與 1991 年相比，中國對美機械製品別 RSCA 值增加最多品目為加熱及冷卻機器‧零件（741），減少最多品目為其他發電機‧零件（718），而具競爭力製品中加熱及冷卻機器‧零件（741）、自動資料處理機具（752）、辦公及自動資料處理機具零組件（759）等三項的增加均超過 1，此三項均是由不具競爭力轉變成具競爭力製品。另外由不具競爭力轉變成具競爭力製品尚有辦公機器（751）、錄放音響設備（763）、拖車車輛（786）、電力機械‧零件（771）及電機設備（778）。

另從年度標準差值（S.D.值）可知 2003 年中國對美機械製品RSCA 值的分散 0.519 大於 1991 年 0.445，即 2003 年中國對美機械出口製品 RSCA 值間的變異顯著大於 1991 年，意表分散擴大的非特化演變，其變異值均大於日本、韓國而小於台灣，然其變異差距則只小於日本。1991-2003 年期間中國對美機械製品別 RSCA 標準差值（S.D.9103）的分佈從 0.000（其他機動車（783））至 0.354（自動資料處理機器（752））可知觀察期間中國對美機械製品別 RSCA 值的變異程度及製品間變異的差距與台灣的程度相當。

而 2003 年中國具競爭力製品各佔美國同製品別進口比重（Smuc03）的 12.5 至 47.5%，與 1991 年相較其比重（CSmuc0391）皆呈現增加情形，同時具競爭力製品所佔比重均大於不具競爭力製品。其中家用機器設備（775）、辦公機器（751）及錄放音響設備（763）等三項佔同製品別進口的比重超過 40%，與 1991 年相較 2003 年比重增加最多品目為辦公機器（751），沒有減少的品目。

東北亞四國間 1991 與 2003 年的對美機械 RSCA 的結構性變異中，年度標準差值以台灣最大，然變異差距以日本最大。觀察期間製品別 RSCA 值的變異中，日本、台灣以電視機（761），韓國以蒸汽鍋爐‧零件（711），中國以自動資料處理機具（752）為最大，另四國皆以其他機動車（783）為最小。

二、東北亞四國對美機械出口特化型態的演變及穩定性

接著本文進一步採取 Dalum 等（1998）相同的手法檢測四國對美機械貿易型態的特化進展及穩定性以分析各國演化的特性。

表 6-3 顯示 2003 年與 1991 年以及各次期間的各國別計測結果。從表中首先可知，所有 β 值均為正數但都小於 1，顯示觀察期

間四國對美機械出口型態均朝 β 收斂或 β 非特化的方向演變，而日本與中國的 β 值分佈在較低水準，台灣與韓國則分佈在較高水準。β 非特化出口型態下較低水準的 β 值意涵初始期優勢製品或部門的減少以及劣勢製品或部門的增加的演變程度較強烈。另一方面，日本與中國的 β／R 值皆為正值但小於 1 顯示觀察期間兩國對美機械出口型態皆朝 σ 收斂或 σ 非特化的方向演變，而其中日本的 σ 值較小顯示日本對美機械出口的非特化中其分散減少程度比中國大。台灣的 β／R 值等於 1 顯示觀察期間分散的程度未變。韓國是四國中惟一 β／R 值大於 1 國家，顯示觀察期間韓國對美機械出口型態朝 σ 分散或 σ 特化的方向演變。此四國間 σ 特化的不同演變亦印證前述四國 RSCA 標準差即分散變化的觀察。

表 6-3　東北亞四國對美機械出口特化型態的演變及穩定性

	1991-2003			1991-1995			1995-2000			2000-2003		
	β	R	β/R	β	R	β/R	β	R	β/R	β	R	β/R
日本	0.630**	0.803	0.785	0.857**	0.944	0.908	0.893**	0.929	0.961	0.849**	0.943	0.900
台灣	0.889**	0.881	1.010	0.955**	0.943	1.012	0.955**	0.955	0.999	0.965**	0.967	0.998
中國	0.686**	0.801	0.857	0.811**	0.928	0.875	0.910**	0.943	0.965	0.971**	0.957	1.015
韓國	0.821**	0.750	1.094	0.825**	0.818	1.008	0.817**	0.748	1.092	0.888**	0.893	0.994

注：**指係數值呈現顯著性，0.01 顯著水準（雙尾檢定）；N＝45。

　　各次期間的演化方面，首先台灣的 β 值均維持在非特化的相同水準而 β／R 亦均接近於 1，是四國中惟一呈現出口型態與分散皆無改變者。韓國呈現 β 非特化及 σ 特化方向的同時演變，特別是 1995-2000 年的次期間，顯示其對美機械出口朝非特化型態但分散呈擴散狀態演化。日本在各次期間均呈現 β 非特化及 σ 非特化方向的演變。中國在各次期間亦均呈現 β 非特化及 σ 非特化方向的演變，值得注意的是其 β 及 β／R 值皆隨時期進展而增大，至 2000-2003 年次期間其 β／R 值已接近 1。

　　從以上的檢測結果可知，首先四國對美機械製品出口競爭力結構均朝 β 收斂或 β 非特化型態的方向演變，另外除韓國外其他三國均呈 σ 非特化型態方向的演變，非特化型態的演變結果間接佐證四國間輪流利用美國的機械製品輸入市場即美國市場再利用（Market recycle）的假設。第二，觀察期間及次期間四國的 β 值均顯著大於 0 的檢測結果，顯示四國對美機械製品出口競爭力結構的演變否定反轉及無規則型態的假設，證實所有的演化均依循其經濟成長蓄積路徑發展的假設。

　　然而另一方面，理論上追趕國家經濟成長的活力較強，故在其追趕過程中初始期優劣勢製品間的轉變傾向應較強亦即後發展國家的 β 及 R 值應較已開發國為低的現象在本研究中無法被證實。[19]四國的檢測結果，東亞領先國日本 1991-2003 年期間呈現最低的 β、β / R 值及相對低 R 值的情形，在各次期間內除 1991-95 年期間的 R 值外，日本均呈現四國間最低或相對低的 β 及 R 值，而中國的 β 及 R 雖然呈現相對低值且低於台灣、韓國，但是台灣、韓國卻皆高於日本。此種演變反映高所得，相對低經濟成長率國家的貿易特化型態演變不一定比較穩定，意涵一國貿易特化型態與經濟發展程度、經濟成長速度之間的關係有待進一步考證。

三、東北亞四國對美要素集約度別機械製品的輸出

（一）對美要素集約度別機械製品輸出結構的演變

　　以下依生產要素集約度區分對美機械製品為非熟練勞力集約型（以下簡稱 ULI 製品）、技術集約型（以下簡稱 TI 製品）以及人力資本集約型（以下簡稱 HCI 製品）等三類別。（各要素表集約度別機械製品分類參照附表 6-1）

---

[19] Dalum, B., K. Laursen and G. Villumsen, "Structural Change in OECD Export Specialisation Patterns: de-specialisation and 'stickiness',", pp. 432。

　　表 6-4 顯示 1991 至 2003 年東北亞四國對美三類別機械製品出口佔對美機械總出口比重的變化。從該表可知觀察期間四國 ULI 機械製品的對美出口比重均低於 1%，換言之，99%以上的機械出口均集中在 TI 及 HCI 製品。其中日本 1991 年 HCI 機械製品出口佔 53.5%，TI 製品出口則佔 46.5%。觀察期間內日本 HCI 機械製品出口比重 1995 年一度降至 41.5%，其後再回升至 2003 年的 57.7%，相對地其 TI 製品出口比重 1997 年上升至 58.6%的高峰後 2003 年下降為 42.3%。而台灣，一如韓國與中國，其對美機械出口主要為 TI 製品，1991 年比重為 78.2%，HCI 製品則為 21.4%。觀察期間內台灣的 TI 製品出口比重 1997 年上升至 87%的高峰後 2003 年下降為 78%，相對地其 HCI 製品出口比重 1997 年下降至 12.8%的谷底後 2003 年回升為 21.4%。韓國亦以 TI 製品出口為主，1991 年其比重為 58.9%，而 HCI 製品為 41.1%。觀察期間內韓國的 TI 製品出口比重 1997 年亦上升至 79%的高峰後特別是 2000 年後急遽下降，2003 年為 40.2%，相對地其 HCI 製品出口比重 1997 年下降至 20.7%的谷底後同樣在 2000 年後急遽回升，2003 年更增至 59.7%%。中國的對美機械出口亦以 TI 製品出口為主，雖然不顯著，1991 年其比重 50.5%大於 HCI 製品的 49.5%。而觀察期間內中國的 TI 製品出口比重持續上升至 2003 年為 68.2%，相對地其 HCI 製品出口比重則持續下降至 2003 年的 31.8%。

　　雖然四國對美機械出口均集中於 TI 及 HCI 製品，但期間內的變化則可以描繪出兩種不同的演化型態。圖 6-1 所示為第一種型態，本文稱之為「日本型」或「J-type」，圖中可見日本與韓國的 HCI 製品出口比重呈現凹狀演變，而其 TI 製品出口比重則呈現凸狀演變，兩曲線在 2000 至 2001 年間形成交叉後呈現同時反轉變化現象。

表 6-4　東北亞四國對美要素集約度別機械製品出口比重　　(%)

	1991	1993	1995	1997	1999	2000	2001	2003
JULI 機械	0.03	0.04	0.06	0.01	0.03	0.02	0.02	0.02
JHCI 機械	53.46	47.66	41.40	41.43	47.93	47.95	52.36	57.70
JTI 機械	46.51	52.29	58.54	58.55	52.04	52.03	47.62	42.28
KULI 機械	0.04	0.06	0.03	0.03	0.02	0.01	0.02	0.12
KHCI 機械	41.08	30.62	22.36	20.65	29.08	34.41	51.34	59.71
KTI 機械	58.88	69.32	77.62	79.32	70.90	65.58	48.64	40.17
TULI 機械	0.43	0.27	0.24	0.25	0.47	0.5	0.75	0.79
THCI 機械	21.39	16.98	13.60	12.77	15.66	16.69	16.99	21.38
TTI 機械	78.18	82.75	86.16	86.98	83.87	82.80	82.25	77.83
CULI 機械	0.04	0.04	0.04	0.04	0.06	0.06	0.15	0.06
CHCI 機械	49.48	41.94	39.23	33.04	32.08	33.66	32.93	31.75
CTI 機械	50.47	58.02	60.73	66.91	67.86	66.28	66.91	68.19

注：ULI 機械，Unskilled Labor Intensive Macninery Products；HCI 機械，Human Capital Intensive Macninery Products；TI 機械，Technology Intensive Macninery Products；J：日本，K：韓國，T：台灣，C：中國。

資料出處：SourceOECD ITCS International Trade by Commodities Statistics, United States - SITC Rev. 2 Vol 2004 release 01 http://oecdnt.ingenta.com/OECD/eng/TableViewer/Wdsdim/dimensionp. asp?IVTFileName=6gr2usa.ivt，作者計算編製。

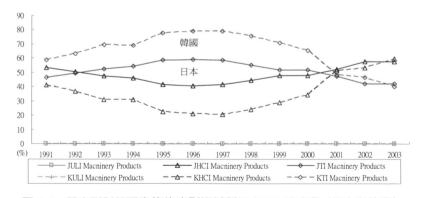

圖 6-1　日本型對美要素集約度別機械製品出口比重演變（日本與韓國）

注及資料出處:同表 6-4。

　　而圖 6-2 展示第二種型態，本文稱之為「台灣型」或「T-type」。
圖中雖然 1990 年代初期中國兩種製品比重一度曾往中間靠攏演
變，但其後可見台灣與中國的 TI 製品出口比重展現往上方收斂的
演變，HCI 製品出口比重展現往下方收斂的演變，亦即兩種製品比
重各往上下方分散的演化，觀察期間此兩種製品比重的擴散演化似
乎意涵「T-type」國家對美機械出口往 TI 製品出口特化型態的發展。

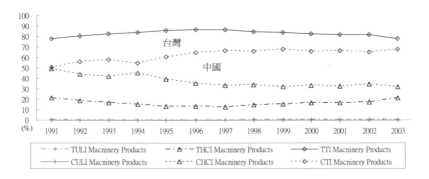

圖 6-2　台灣型　對美要素集約度別機械製品出口比重演變（台灣與中國）

注及資料出處：同表 6-4。

（二）對美要素集約度別機械製品出口競爭力的變化

　　接著檢視四國對美出口 TI 及 HCI 別機械製品 RSCA 的年度間
Pearson（一般）及 Spearman（順位）相關關係以辨明觀察期間此
兩類別製品競爭力結構的演變。表 6-5 上部份呈現四國對美出口
TI 別 35 項機械製品 RSCA 的 1991 年與 1991、95、2000、03 年的
年度一般相關及順位相關係數值。從表中可知，除韓國 1995 至 2000
年順位相關一度呈現不明確方向的變化外，四國的一般及順位相關
係數值從 1991 年後的年度間推移均呈現減低的演變。四國 TI 別機
械製品 RSCA 結構的時序性相關變化顯示其 TI 別機械製品競爭力
的結構性轉變程度。同表中可知，中國從 1991 年後的年度間推移

的一般及順位相關係數值均呈現四國中最大幅度的減低變化。日本
的順位相關關係雖然在 1991 至 1995 年變化最顯著，但整體觀察期
間則呈現四國中次大幅度的減低變化。韓國的一般相關關係雖然亦
是 1991 至 1995 年間變化幅度最大，但整體觀察期間則呈現四國中
次大幅度的減低變化。而台灣則不論一般及順位相關觀察期間均呈
現四國中最小的減低變化幅度。

表6-5　東北亞四國對美要素集約度別機械製品RSCA年度別相關（1991-2003）

TI 機械	Pearson 相關				Spearman 順位相關			
	1991	1995	2000	2003	1991	1995	2000	2003
日本 1991	1.000	0.944	0.864	0.804	1.000	0.842	0.754	0.726
韓國 1991	1.000	0.789	0.775	0.755	1.000	0.764	0.779	0.795
台灣 1991	1.000	0.977	0.924	0.875	1.000	0.967	0.893	0.862
中國 1991	1.000	0.931	0.810	0.738	1.000	0.898	0.751	0.692
HCI 機械	1991	1995	2000	2003	1991	1995	2000	2003
日本 1991	1.000	0.961	0.884	0.786	1.000	0.915	0.927	0.891
韓國 1991	1.000	0.917	0.864	0.836	1.000	0.927	0.867	0.770
台灣 1991	1.000	0.898	0.921	0.892	1.000	0.915	0.851	0.942
中國 1991	1.000	0.926	0.862	0.929	1.000	0.851	0.833	0.796

注：1.東亞四國 1991、1995、2000、2003 年對美 TI 及 HCI 機械出口 RSCA 的相關係數值，2.所有
相關係數值均呈現顯著性，0.01 顯著水準（雙尾檢定）；N(TI) = 34, N(HCI)=10。

　　表 6-5 下方部份為四國對美 HCI 別 10 項機械製品 RSCA 的
1991 年與 1991、95、2000、03 年的年度 Pearson（一般）及 Spearman
（順位）相關係數值。不同於以上四國對美所有或 TI 別機械製品
競爭力結構的演變，從表可知四國 HCI 別製品的演變相當分岐。
變化方向較明確的為日本一般相關、韓國 一般及順位相關以及中國
順位相關等從 1991 年後的持續減低變化。換言之，其他的相關關
係雖然亦呈減低的變化，但期間中均曾出現回增的變化其方向並不
一致。四國 HCI 機械製品所以呈現不同於所有或 TI 別機械製品的

演變,一個可能的解釋,如 Dosi 等(1990)所提乃是因為大部份
HCI 別機械製品的發展主要來自各國技術創新的蓄積而非國際間
技術的移轉波及。然而四國 HCI 別機械製品 RSCA 結構的相關性
減低變化仍舊反映其競爭力的結構性轉變程度。同表中可知,一般
相關關係的演變而言,日本 1991 年後呈現四國中最大的減低幅
度,然其變化主要發生在 2000 年以後。而韓國的減低變化為四國
中次大幅度,台灣 2000 年以後雖然呈現回降但為四國中第三大變
化幅度,而中國則因 2000 年以後回增故 2003 年呈現四國中最小的
變化幅度。另外順位相關關係的演變而言,韓國的變化雖然主要發
生在 2000 年以後但為四國中最大的減低幅度,中國的變化主要發
生在 1991 至 1995 年間但是為四國中次大的減低幅度,日本的減低
變化為四國中第三大幅度,台灣的減低變化則為四國中最小幅度。
日本與台灣在觀察期間內皆呈現曲折性減低變化,特別是台灣在
2000 年以後呈現回增情形。

　　歸納言之,首先觀察期間內東北亞四國 TI 別機械製品 RSCA
結構的一般及順位相關的降低變化比 HCI 別製品激烈。第二,不
論是整體或分類別機械製品的對美出口競爭力結構,只有台灣呈
現溫和性減低轉變,其他三國的一般及順位相關均呈現激烈的減
低轉變。

　　接著從附表 A2 至附表 A5 的四國對美機械製品 RSCA 係數值
探討各國要素集約度別機械製品的對美出口競爭力。2003 年日本
對美具出口競爭力的 28 項機械製品中,6 項屬 HCI 別製品,另外
22 項屬 TI 別製品。但日本 HCI 別製品的競爭力相對較強,其 RSCA
值分列對美出口 45 項製機械品的第 1(機車腳踏車(785),佔美
國該製品進口比重 44.1%,以下同)、6(錄放音響設備(763),
31.6%)、8(乘用轎車(781),28.4%)、11(781‧2‧3 零組件(784),
22.4%)、18(電視機(761),16.3%)及 28(鐵道車輛(791),10.1%)
等順位。而 1991 年至 2003 年日本所有 HCI 製品的 RSCA 值變化
率亦均增加,其中第 18(電視機(761))及 28(鐵道車輛(791))

順位的兩項製品增加幅度特別大，此兩項製品 RSCA 值在觀察期間內的分散變異亦屬所有製品中最高水準。

　　2003 年台灣對美具出口競爭力的 18 項機械製品中，1 項屬 ULI 別製品，3 項屬 HCI 別製品，另外 14 項屬 TI 別製品。台灣的 ULI 及 HCI 別製品競爭力相對較強，其對美出口 45 項機械製品的 RSCA 值中 ULI 別製品排名第 3（船舶（793），12%），HCI 製品分列第 2（機車腳踏車（785），10.6%）、8（拖車車輛（786），6.7%）及 15（電視機（761），4.4%）等順位。但是機車腳踏車（785）、拖車車輛（786）兩項 HCI 別製品的 RSCA 值較 1991 年減少，另除電力機械‧零件（771）一項 TI 別製品外，台灣其他具競爭力製品的 RSCA 值變化率均增加，其中第 16（金屬工具機‧零組件（736））、12（非電氣零配件（749））及 9（特殊機器設備（728））順位的 TI 別製品的增加幅度特別大，然而觀察期間內此三項製品 RSCA 值的分散變異呈現相對穩定的水準。而排序第 3 的 ULI 別製品（船舶（793）），其 RSCA 值的變化雖然不大，但觀察期間內卻呈現相對高水準的分散變異，僅次於分散變異最高的第 15 順位 HCI 別製品（電視機（761））。台灣的船舶（793）是 2003 年四國對美機械製品出口中惟一具競爭力的 ULI 別製品。

　　2003 年韓國對美具出口競爭力的 20 項機械製品中，5 項屬 HCI 別製品另外 15 項屬 TI 別製品。韓國 TI 別製品的競爭力相對較強，其對美出口 45 項機械製品的 RSCA 值中 HCI 別製品只分列第 7（乘用轎車（781），7.1%）、8（電視機（761），6.6%）、10（錄放音響設備（763），5.5%）、15（無線電廣播接收器（762），3.4%）及 20（拖車車輛（786），3%）等順位。而除兩項 TI 別製品（機械操作設備‧零件（744）、自動資料處理機具（752））及四項 HCI 別製品（拖車車輛（786）、無線電廣播接收器（762）、錄放音響設備（763）、電視機（761））外，2003 年其他韓國具競爭力製品 RSCA 值與 1991 年的變化率均增加，特別是第 1（電信機器‧零組件（764）），3（蒸汽鍋爐‧零件（711））及 6（加熱冷卻設備‧零組件（741））順位的 TI 別製品呈現急劇的增加，觀察期間內此三項製品 RSCA 值的分散變異在所有對美出口機械中亦屬最高或次高的水準。其中排序第 3 的 TI 別製品（蒸汽鍋爐‧零件（711）），不但 RSCA 值大幅增加，觀察期間內也呈現最大幅度的分散變異。

2003 年中國對美具出口競爭力的 13 項機械製品中，5 項屬 HCI 別製品，8 項屬 TI 別製品。中國 HCI 別製品的競爭力相對較強，其 RSCA 值分列對美出口 45 項機械製品中的第 3（錄放音響設備（763），41.7%）、4（無線電廣播接收器（762），38.3%）、6（拖車車輛（786），29.2%）、9（機車腳踏車（785），23.4%）及 13（電視機（761），12.5%）等順位。除（家用機器設備（775））一項 TI 別製品及（電視機（761）、無線電廣播接收器（762））兩項 HCI 別製品外，其他中國 2003 年具競爭力製品 RSCA 值與 1991 年的變化率均增加，特別是排序第 2（辦公機器（751））順位的 TI 製品及第 3（錄放音響設備（763））、6（拖車車輛（786））順位的 HCI 別製品呈現急劇的增加，觀察期間內此三項製品 RSCA 值亦呈現高幅度的分散變異。

四國中除韓國外，其餘三國對美機械出口的競爭力製品中 HCI 別製品均顯示相對較強的競爭力。其中 2003 年日本與中國的具競爭力 HCI 別製品均佔美國該製品相對較高的進口比重，均在 10% 以上。但是 1991-2003 年 HCI 別製品佔美國進口比重的變化則只有中國呈現全部增加，其他三國均減少。

四、東北亞四國對美要素集約度別機械出口特化型態的演變及穩定性

接著檢測四國對美出口 TI 及 HCI 別機械製品的貿易型態演變。

表 6-6　東北亞四國對美 TI 別機械出口特化型態的演變及穩定性

	1991-2003			1991-1995			1995-2000			2000-2003		
	β	R	β/R	β	R	β/R	β	R	β/R	β	R	β/R
日本	0.973**	0.804	1.210	1.028**	0.944	1.089	0.858**	0.920	0.933	1.119**	0.940	1.191
台灣	0.869**	0.875	0.994	0.999**	0.977	1.022	0.958**	0.970	0.988	0.954**	0.969	0.985
中國	0.920**	0.738	1.248	1.102**	0.931	1.183	0.947**	0.921	1.028	0.983**	0.959	1.025
韓國	0.769**	0.755	1.018	0.868**	0.789	1.100	0.647**	0.704	0.919	0.921**	0.915	1.006

注：**指係數值呈現顯著性，0.01 顯著水準（雙尾檢定）；N = 34。

表 6-6 顯示觀察期間及各次期間四國 TI 別製品的計測結果。首先從表可知，1991-2003 年期間所有 β 值均為正數但都小於 1，顯示觀察期間四國對美 TI 別機械製品出口競爭力結構均朝 β 收斂或 β 非特化型態的方向演變，而上日本與中國 β 值分佈在較低水準，台灣與韓國則分佈在較高水準。另外，日本、韓國與中國的 β / R 值皆大於 1 顯示觀察期間三國對美 TI 別機械製品出口競爭力結構均皆朝 σ 分散或 σ 特化型態的方向演變，而其中中國的 σ 值最大，日本次之，顯示中國對美 TI 別機械出口競爭力結構的 β 非特化中其分散增強程度最大。台灣的 β / R 值接近於 1 顯示觀察期間分散的程度未變。1991-2003 年觀察期間東北亞四國對美 TI 別機械出口競爭力結構均傾向 β 非特化型態，其中日本、中國、韓國並朝 σ 特化即擴大分散演變，而台灣則分散未變。

其次，次期間各國的演化上，日本 1991-95 年及 2000-03 年的次期間特別是後者顯示對美 TI 別機械出口特化型態及擴大分散的演變。中國在 1991-95 年次期間雖顯示對美 TI 別機械出口特化型態及擴大分散的演變，其後則呈現非特化型態及擴大分散的演變，但分散擴大程度縮小。台灣在 1991-95 年次期間顯示對美 TI 別機械出口型態未變及擴大分散的演變，但其後呈現非特化型態及分散減低的演變。韓國在 1991-95 年及 2000-03 年的次期間特別是前者顯示對美 TI 別機械出口非特化型態及擴大分散的演變，但中間的 1995-2000 年次期間呈現非特化型態及分散減低的演變。

表 6-7 顯示觀察期間及各次期間四國 HCI 別製品的計測結果。首先從表可知，1991-2003 年觀察期間日本與中國 β 值皆大於 1，而台灣與韓國 β 值皆為正數但都小於 1。另外日本與中國的 β／R 值皆大於 1，台灣與韓國則皆為正數但都小於 1。以上結果顯示日本與中國對美 HCI 別機械製品出口競爭力結構朝 β 特化型態及分散擴大的方向演變，而台灣與韓國則朝 β 非特化型態及分散減低的方向演變。

表 6-7　東亞四國對美 HCI 別機械出口特化型態的演變及穩定性

	1991-2003			1991-1995			1995-2000			2000-2003		
	β	R	β/R	β	R	β/R	β	R	β/R	β	R	β/R
日本	1.027**	0.786	1.306	1.042**	0.961	1.084	1.103**	0.957	1.153	0.999**	0.956	1.044
台灣	0.867**	0.892	0.972	0.844**	0.898	0.939	0.900**	0.924	0.974	1.014**	0.955	1.062
中國	1.008**	0.929	1.086	1.024**	0.926	1.106	1.054**	0.981	1.074	0.874**	0.957	0.914
韓國	0.645**	0.836	0.771	0.775**	0.917	0.845	0.737**	0.942	0.783	1.088**	0.933	1.166

注：**指係數值呈現顯著性，0.01 顯著水準（雙尾檢定）；N＝10。

次期間各國的演化上，日本 1991-95 年及 1995-2000 年的次期間特別是後者顯示對美出口特化型態及擴大分散或 σ 特化的演變，然而 2000-03 年的次期間則呈現型態未變但擴大分散的演變。中國在 1991-95 年及 1995-2000 年次期間亦顯示對美出口特化型態及擴大分散或 σ 特化的演變，然而 2000-03 年的次期間則轉為非特化型態及分散減低或 σ 非特化的演變。台灣及韓國 1991-95 年及 1995-2000 年的次期間皆呈現非特化型態及分散減低的演變，但其在 2000-03 年次期間則皆轉為對美出口特化型態及擴大分散或 σ 特化的演變。

不論是特化或非特化型態的方向轉變，以上檢測結果可知東北亞四國對美 TI 及 HCI 別機械出口競爭力結構在 2000-2003 年的次期間都發生曲折性變化，2000 年前後是四國對美機械出口特化型態演變過程的重要轉折期。

　　彙整 1991-2003 年期間東北亞四國對美要素集約度別機械出口競爭力結構型態轉變的檢測結果，首先對美 TI 別機械製品出口爭力結構均傾向 β 非特化型態，其中日本、中國、韓國並朝 σ 特化即擴大分散演變，而台灣則分散未變。此東北亞四國出口爭力結構型態的演變結果亦間接印證四國 TI 別機械製品出口對美國市場再利用的假設。其次對美 HCI 別機械製品出口爭力結構型態的演變，日本與中國朝 β 特化型態及分散擴大的方向演變，而台灣與韓國則朝 β 非特化型態及分散減低的方向演變。此出口型態的演變結果，只有台灣與韓國為非特化型態的演變，四國間 HCI 別機械製品對美出口市場再利用的假設無法成立。其理由除了日本與中國特別是日本的特化型態演變表示其競爭優勢製品持續優勢使台韓製品無法替代而否定台韓 HCI 別機械製品對美出口市場再利用的假設外，台灣與韓國在 2000-2003 年次期間亦轉為特化的演變。是否因為 HCI 別機械製品的屬性關係有待未來進一步探討。

五、東北亞四國間對美機械出口競爭力結構的變化與市場再利用

　　最後，檢測各國對美機械貿易發展中製品出口競爭力結構的國際間競爭關係以及四國間競爭力變化與美國市場佔有率變化的相關關係，以檢討雁行理論追趕演繹中競爭力結構近似性假設以及結構轉變下競爭關係的演變，並檢證上述四國間機械輸美競爭力再循環與市場再利用的關係。

（一）四國間出口競爭力結構相關的變化與 T-type 型態發展的相關檢證

　　經濟發展過程中技術進步的力量與經濟成長交互影響，技術進步的蓄積影響各國競爭力結構與貿易特化型態的變化也進而影響經濟的成長。Dosi 等（1990）指出經濟成長過程中各國技術創新

的蓄積會導致貿易特化型態的擴散現象，而國際間漸次性技術波及的效益則導致特化型態的收斂現象[20]。Beelen & Verspagen（1994）指出知識的波及機制與產業／貿易結構的轉變扮演經濟發展過程中兩個重要的追趕管道[21]。而 Pasinetti（1981）更主張後發展國家的追趕過程中，其初期貿易結構的特化型態轉變即與技術領先國家結構的近似程度越高，其追趕上先進國家的程度就越大，而此近似性即為同質性之意[22]。

如何追趕非本節的探討目的，以下只針對觀察期間東北亞四國的競爭過程中，四國間對美機械出口競爭力結構的近似程度及競爭力結構間關係的變化進行分析，同時透過要素密集別製品競爭力結構間關係進一步檢證上述對美機械製品出口 T-type 及 J-type 型態的演化發展。

表 6-8 顯示 1991 與 2003 年四國間對美全機械出口競爭力結構的 Pearson（一般）及 Spearman（順位）相關係數值。從表中係數值首先可知，1991 年四國間的相關係數值皆為正數，其中台中、台韓及韓中間具顯著性，顯示三國競爭力結構間台中的近似性／同質性及競爭關係最高，韓中最低。2003 年四國間的相關係數值除日本與中國由正相關轉為負相關外皆為正相關，其中台中及韓中間具顯著性，而韓國與日本的正相關值則由於韓國的結構變化幅度大於台灣所以超過台灣與日本的相關值。但 2003 年台中及韓中間的顯著性相關係數值都小於 1991 年。

其次，從 1991 與 2003 年的年度交叉的一般及順位相關來看，觀察期間內四國競爭力結構均呈現大幅的變化，台灣、韓國 1991 年與日本 2003 年間的負相關至 2003 年台灣、韓國與日本間轉變為

[20] Dosi, G., K.L.R. Pavitt and L.L.G. Soete, The Economics of Technical Change and International Trade。
[21] Beelen, E., and B. Verspagen, "The Role of Convergence in Trade and Sectoral Growth,", pp.91。
[22] Pasinetti, L. L., Structural Change and Economic Growth (Cambridge: Cambridge University Press, 1981)。

正相關，而中國 2003 年與日本間雖仍為負相關但其一般相關係數絕對值減小。中國 1991 年與台灣、韓國 2003 年間的顯著性正相關至 2003 年中國與台灣、韓國間均亦為顯著性正相關且係數值更大，但與台灣間的競爭關係大於與韓國。

各國間年度交叉的一般及順位相關呈現台韓中對日本的追趕過程中關係的演化。但被追趕國日本的競爭力結構亦大幅轉變，所以日本 1991 年與台灣、韓國、中國 2003 年間的關係中與台灣、韓國的相關大於其 2003 年的關係，而與中國的關係則由正轉負。另外中國對台韓的追趕關係上，雖然中國與台灣間 1991 年的顯著性正相關較與韓國大即同質性較高所以 2003 年其與台灣的相關值亦較與韓國間高，但是由於中國的結構變化幅度大於台灣，所以其 2003 年與台灣間的同年度相關係數值小於 1991 年的同年度相關，但大於其 1991 年與台灣 2003 年間的相關值。而中國與韓國的關係演變則與台灣雷同，只是程度不同。

表 6-8　對美機械製品 RSCA 的國家間相關（2003 與 1991 年）

	Pearson 相關				Spearman 順位相關			
	日本 2003	韓國 2003	台灣 2003	中國 2003	日本 2003	韓國 2003	台灣 2003	中國 2003
日本 2003	1.000	0.123	0.074	-0.033	1.000	0.117	0.031	-0.030
韓國 2003	0.123	1.000	0.211	0.408**	0.117	1.000	0.173	0.405**
台灣 2003	0.074	0.211	1.000	0.602**	0.031	0.173	1.000	0.645**
中國 2003	-0.033	0.408**	0.602**	1.000	-0.030	0.405**	0.645**	1.000
日本 1991	0.803**	0.248	0.289	0.263	0.789**	0.247	0.271	0.236
韓國 1991	-0.089	0.750**	0.339*	0.651**	-0.062	0.812**	0.353*	0.632**
台灣 1991	-0.054	0.283	0.881**	0.792**	-0.058	0.252	0.885**	0.816**
中國 1991	-0.085	0.344*	0.376*	0.801**	-0.030	0.284	0.543**	0.812**
	日本 1991	韓國 1991	台灣 1991	中國 1991	日本 1991	韓國 1991	台灣 1991	中國 1991
日本 1991	1.000	0.145	0.236	0.121	1.000	0.163	0.222	0.120
韓國 1991	0.145	1.000	0.488**	0.658**	0.163	1.000	0.475**	0.562**
台灣 1991	0.236	0.488**	1.000	0.667**	0.222	0.475**	1.000	0.746**
中國 1991	0.121	0.658**	0.667**	1.000	0.120	0.562**	0.746**	1.000

注：**指係數值呈現顯著性，0.01 顯著水準（雙尾檢定）；*指係數值呈現顯著性，0.05 顯著水準（雙尾檢定）；N = 45。

其次，從表 6-9 中 TI 別機械製品 1991 與 2003 年的交叉年度一般及順位相關來看，觀察期間內日本競爭力結構均呈現大幅的變化，其中中國幅度最大，韓國次之。所以台、韓、中等追趕國年度交叉的一般及順位相關雖然亦呈現大幅變化，但由於韓、中的結構變化幅度大於日本、台灣，所以 2003 年日本與中國及與韓國皆由正相關轉為負相關而與台灣仍為正相關，同時中國的結構變化幅度又大於韓國所以日中的相關絕對值大於日韓。

表 6-9　對美 TI 別機械製品 RSCA 的國家間相關（2003 與 1991 年）

	Pearson 相關				Spearman 順位相關			
	日本2003	韓國2003	台灣2003	中國2003	日本2003	韓國2003	台灣2003	中國2003
日本2003	1.000	-0.060	0.047	-0.182	1.000	-0.006	-0.085	-0.180
韓國2003	-0.060	1.000	0.146	0.380*	-0.006	1.000	0.137	0.372*
台灣2003	0.047	0.146	1.000	0.645**	-0.085	0.137	1.000	0.687**
中國2003	-0.182	0.380*	0.645**	1.000	-0.180	0.372*	0.687**	1.000
日本1991	0.804**	0.165	0.380*	0.249	0.726**	0.191	0.349*	0.230
韓國1991	-0.207	0.755**	0.331	0.583**	-0.213	0.795**	0.309	0.572**
台灣1991	-0.057	0.271	0.875**	0.857**	-0.157	0.220	0.862**	0.877**
中國1991	-0.209	0.301	0.370*	0.738**	-0.168	0.177	0.476**	0.692**
	日本1991	韓國1991	台灣1991	中國1991	日本1991	韓國1991	台灣1991	中國1991
日本1991	1.000	0.121	0.337	0.093	1.000	0.118	0.295	0.091
韓國1991	0.121	1.000	0.500**	0.554**	0.118	1.000	0.445**	0.450**
台灣1991	0.337	0.500**	1.000	0.683**	0.295	0.445**	1.000	0.702**
中國1991	0.093	0.554**	0.683**	1.000	0.091	0.450**	0.702**	1.000

注：**指係數值呈現顯著性，0.01 顯著水準（雙尾檢定）；*指係數值呈現顯著性，0.05 顯著水準（雙尾檢定）；N = 34。

台灣、韓國、中國與日本間係數值均不具顯著性，此處不詳細討其追趕關係的演變，但韓中係數值符號由正轉負來看，意涵競爭關係轉為互補關係。另由於日本的結構變化大於台灣，故台灣 1991 年與日本 2003 年的年度交叉相關雖為負但日台間 2003 年的同年度相關又轉正。而中國對台韓的追趕上，如上述 1991 年台中間的同質性較高其 2003 年相關值亦較韓中間高，但是由於中國的結構變化幅度大於台灣，所以台中間 2003 年同年度的相關係數值小於其 1991 年同年度的相關值，而大於中國 1991 年與台灣 2003 年的交叉相關值。

　　再從表 6-10 中 HCI 別機械 1991 與 2003 年的年度交叉一般及順位相關來看，觀察期間內日本與台、韓、中等追趕國競爭力結構亦均呈現大幅的變化，其中日本幅度最大，韓國次之，中國最小。但由於變化幅度的差異所以 2003 年日本與台、韓、中雖為正相關，與台、韓的係數值雖增強但均仍不具顯著性。中國對台韓的追趕上，雖然中國與台灣間 1991 年的同質性較與韓國高所以 2003 年其相關值亦較與韓國間高，但中韓間 2003 年係數值已不具顯著性。另由於台灣的 HCI 別競爭力結構變化幅度大於中國，所以 2003 年中國與台灣間的同年度相關係數值小於其 1991 年的同年度相關值，並也小於中國 2003 年與台灣 1991 年的交叉年度相關值。

表 6-10　對美 HCI 別機械製品 RSCA 的國家間相關（2003 與 1991 年）

	Pearson 相關				Spearman 順位相關			
	日本 2003	韓國 2003	台灣 2003	中國 2003	日本 2003	韓國 2003	台灣 2003	中國 2003
日本 2003	1.000	0.487	0.296	0.176	1.000	0.491	0.418	0.297
韓國 2003	0.487	1.000	0.363	0.508	0.491	1.000	0.285	0.394
台灣 2003	0.296	0.363	1.000	0.688**	0.418	0.285	1.000	0.733*
中國 2003	0.176	0.508	0.688**	1.000	0.297	0.394	0.733*	1.000
日本 1991	0.786**	0.430	0.227	0.271	0.891**	0.467	0.285	0.358
韓國 1991	0.091	0.836**	0.491	0.769**	0.248	0.770**	0.648*	0.745*
台灣 1991	0.132	0.342	0.892**	0.824**	0.371	0.389	0.942*	0.760*
中國 1991	0.114	0.518	0.574	0.929**	0.298	0.511	0.760*	0.796**
	日本 1991	韓國 1991	台灣 1991	中國 1991	日本 1991	韓國 1991	台灣 1991	中國 1991
日本 1991	1.000	0.206	0.171	0.195	1.000	0.297	0.237	0.237
韓國 1991	0.206	1.000	0.570	0.783**	0.297	1.000	0.687*	0.675*
台灣 1991	0.171	0.570	1.000	0.798**	0.237	0.687*	1.000	0.890**
中國 1991	0.195	0.783**	0.798**	1.000	0.237	0.675*	0.890**	1.000

注：**指係數值呈現顯著性，0.01 顯著水準（雙尾檢定）；*指係數值呈現顯著性，0.05 顯著水準（雙尾檢定）；N = 10。

　　綜合上述的探討可知，首先 1991 年日本與台、韓、中等追趕國競爭力結構間的相關關係，雖然不具顯著性，不論整體機械製品或要素集約度別機械製品皆呈現正的相關。而台、韓、中間，除台韓間 HCI 別機械製品外，不論整體或要素集約度別機械製品皆呈現顯著性正相關。其後 2003 年雖仍不具顯著性，日本與中國的整體及 TI 別機械製品、與韓國的 HCI 別機械製品均轉為負相關，只有日本與台灣及韓國的 HCI 別機械製品相關係數值增高。另外台韓間不論整體或要素集約度別機械製品皆轉為不具顯著性相關，韓中間的 HCI 別機械製品亦轉為不具顯著性相關，只有台中間不論整體或要素集約度別皆呈現正的顯著性相關。其次，1991 年日本與台、韓、中間或中台韓間競爭力結構的類似程度即同質性與其後 2003 年各國間關係的演化方向之間的關係並不明確，此檢測結果意涵追趕國與技術先進國的初期結構間的近似性與其後的發展沒有絕對的關係。因此無法支持 Pasinetti（1981）的主張。第三，台灣與中國對美整體機械製品或要素集約度別機械製品出口競爭力結構間不論是一般或順位相關都顯示有意的相關性，此佐證前述台灣與中國對美機械輸出的「台灣型」的同質性不僅存在其要素別機械製品的輸出比重上，同時亦存在其競爭力結構上。而「日本型」的日本與韓國間雖然其要素別機械製品的出口比重的分佈上存在近似性，但是無法確認其競爭力結構上的顯著性。

（二）四國間出口競爭力結構變化與市場佔有率變化的相關

　　以下藉由1991與2003年間四國對美機械出口競爭力結構的變化與美國市場佔有率的變化間的相關關係進一步檢證市場再利用的假設。

　　首先，從表 6-11 的左邊，各國的機械出口競爭力的變化與美國市佔率變化間關係的檢測結果可知，除台灣的一般相關外皆呈現正的有意相關，此證實四國競爭力結構變化與其美國市佔率變化間的同向變化關係。

表 6-11　東北亞對美機械製品出口競爭力結構與市場佔率變化相關

競爭力變化	市佔率變化	Pearson	Spearman
CRuj0391	CSmuj0391	0.31965*	0.55942**
CRut0391	CSmut0391	0.14964	0.58212**
CRuk0391	CSmuk0391	0.66572**	0.89620**
CRuc0391	CSmuc0391	0.70914**	0.59675**

國家間競爭力變化		Pearson	國家間市佔率變化		Pearson
CRuj0391	CRut0391	0.06791	CSmuj0391	CSmut0391	0.00632
	CRuk0391	0.23612		CSmuk0391	-0.04950
	CRuc0391	-0.11562		CSmuc0391	(-0.56240)**
CRut0391	CRuk0391	0.04530	CSmut0391	CSmuk0391	0.25617
	CRuc0391	-0.06417		CSmuc0391	(-0.49672)**
CRuk0391	CRuc0391	-0.17413	CSmuk0391	CSmuc0391	(-0.33632)*

注:1. **指係數值呈現顯著性,0.01顯著水準(雙尾檢定);*指係數值呈現顯著性,0.05顯著水準(雙尾檢定);N=45。
　　2. CRui0391為各國競爭力(RSCAui2003-RSCAui1991)/RSCAui1991,%;CSmui0391為各國別製品佔美國進口比重的變化率,2003年減1991年差額,%;I=j:日本,t:台灣,k:韓國,c:中國。

表 6-12　東北亞對美 TI 別機械製品出口競爭力結構與市佔率變化相關

競爭力變化	市佔率變化	Pearson	Spearman	國家間競爭力變化	Pearson	國家間市佔率變化	Pearson
CRuj0391	CSmuj0391	0.29385	0.53008**	CRuj0391	-0.00062	CSmuj0391	0.19838
CRut0391	CSmut0391	0.14706	0.60328**	CRut0391	0.27003	CSmuk0391	0.18762
CRuk0391	CSmuk0391	0.72285**	0.83721**	CRuc0391	-0.14171	CSmuc0391	(-0.66389)**
CRuc0391	CSmuc0391	0.72132**	0.74712**	CRut0391 CRuk0391	-0.00228	CSmut0391 CSmuk0391	0.21491
				CRuc0391	-0.10424	CSmuc0391	(-0.67900)**
				CRuk0391 CRuc0391	-0.03866	CSmuk0391 CSmuc0391	-0.15863

注：1. ** 指係數值呈現顯著性，0.01 顯著水準（雙尾檢定）；* 指係數值呈現顯著，0.05 顯著水準（雙尾檢定）；N＝34。
2. CRui0391 為各國競爭力變化率，（RSCAui2003- RSCAui1991）／RSCAui1991；CSmui0391 為各國別製品佔美國進口製品比重的變化率，2003 年減 1991 年差額，%；i＝j：日本，t：台灣，k：韓國，c：中國。

　　即各國對美出口競爭力增強的製品其美國市佔率亦增加，反之亦然。接著四國間競爭力結構變化的關係，雖然四國間機械出口競爭力變化的相關皆不具顯著性，然日本的變化與台韓的變化間呈現正相關，與中國的變化間則呈現負相關；而台灣的變化與韓國的變化間呈現正相關，與中國的變化間則呈現負相關；另韓國的變化與中國的變化間則呈現負相關。日、台、韓競爭力結構的變化與中國的變化間皆呈現負相關意味中國的追趕過程中其競爭力結構的變化與其他三國變化間的互補性關係。

　　四國的美國市佔率變化間，日本的變化與台灣的變化間呈現正相關、與韓國的變化間呈現負相關，但兩者皆不具顯著性，日本的變化與中國的變化間則呈現顯著性負相關；而台灣的變化與韓國的變化間呈現正相關，但不具顯著性，台灣的變化與中國的變化間則呈現顯著性負相關；另韓國的變化與中國的變化間呈現顯著性負相關。日台韓三國的美國市佔率變化與中國的變化間皆呈現顯著性負相關證實中國在追趕過程中替補日台韓三國的美國市場佔有率的關係，此關係印證日台韓三國與中國間美國市場再利用的假設。加上前述四國出口競爭力的變化與各國的美國市佔率變化間的同向變化關係，證實中國追趕過程中日台韓三國對中國的輸美競爭力再循環及輸美市場再利用的假設。但是本實證結果因為日台間的美國市佔率變化間的正相關及日韓間的美國市佔率變化間的負相關皆不具顯著性無法完整證實四國間市場再利用的假設，即無法證實日本對台韓的輸美市場再利用關係。

　　接著從表 6-12 的四國間對美 TI 別機械製品出口競爭力結構的變化與其美國市場佔有率變化的相關檢證對美 TI 別機械出口市場再利用的假設。

　　對美 TI 別機械製品出口競爭力結構的變化同樣為各國 2003 年與 1991 年對美出口的 34 項 TI 別機械製品 RSCA 值的差額除以各 1991 年 RSCA 值的變動百分比，美國市場佔有率變化為各國 2003 年與 1991 年的 34 項 TI 別機械製品的美國進口比率的差額。首先，從表 6-12 的左邊，各國的 TI 別機械製品出口競爭力的變化與美國市佔率變化之間關係的檢測結果可知，除日本與台灣的一般相關外皆呈現正的顯著相關，此證實四國 TI 別機械製品競爭力結構的變化與其美國市佔率變化之間的同向變化關係，即各國對美出口競爭力增強的製品其美國市佔率亦增加，反之亦然。接著探討四國間競爭力結構變化的關係，雖然四國間 TI 別機械製品出口競爭力變化的相關皆不具顯著性，日本的變化與台灣、中國變化間呈現負相關，與韓國的變化間呈現正相關；而台灣的變化與韓國、中國的變化間呈現現負相關；另韓國的變化與中國的變化間呈現負相關。日本競爭力結構的變化與台灣、中國的變化之間，台灣競爭力結構的變化與韓國的變化之間以及台、韓競爭力結構的變化與中國的變化之間皆呈現負相關，意涵觀察期間各國的追趕過程中台灣與日本間、韓國與台灣間以及中國與其他三國間其 TI 別機械製品競爭力結構的互補性關係演變。

四國 TI 別機械製品的美國市佔率變化間，日本的變化與台、韓的變化間呈現正相關，但兩者皆不具顯著性，而日本的變化與中國的變化間則呈現顯著性負相關；台灣的變化與韓國的變化間呈現正相關，但不具顯著性，而台灣的變化與中國的變化間則呈現顯著性負相關；韓國的變化與中國的變化間呈現負相關但不具顯著性。日台二國的美國市佔率變化與中國的變化之間皆呈現顯著性負相關證實中國在追趕過程中替補日台二國的美國市場的關係，而韓國的變化與中國的變化間雖不具顯著性但亦呈現負相關，此關係應可視為支持日台韓三國與中國間 TI 別機械輸美市場再利用的假設。加上四國 TI 別機械製品出口競爭力的變化與各國的美國市佔率變化間的同方向的變化關係，證實中國的追趕過程中，日台韓三國對中國輸美的 TI 別機械製品競爭力再循環以及輸美市場再利用的假設。但是因為日台韓及台韓 TI 別機械製品的美國市佔率變化間呈現正相關的實證結果，雖皆不具顯著性，然意涵日台韓間 TI 別機械製品在美國市場的競爭關係，因此日本對台韓間 TI 別機械製品輸美市場再利用的假設無法證實。

再從表 6-13 的四國間對美 HCI 別機械製品出口競爭力結構的變化與其美國市場佔有率變化之間的相關檢證 HCI 別機械製品對美出口市場再利用的假設。

對美 HCI 別機械製品出口競爭力結構的變化如前為各國 2003 年與 1991 年的 10 項 HCI 別機械製品對美出口 RSCA 值的差額除以各 1991 年 RSCA 值的變動百分比，美國市場佔有率變化為各國 2003 年與 1991 年 10 項 HCI 別機械製品的美國進口比率的差額。首先，從表 13 的左邊，各國的 HCI 別機械製品出口競爭力的變化與美國市佔率變化之間關係的檢測結果可知，四國皆呈現正的相關，其中日本的一般相關、韓國的順位相關與台灣的兩項相關不具顯著性，但此可證實四國 HCI 別機械製品競爭力結構變化與其美國市佔率變化間的同方向變化關係。意即各國對美出口競爭力增強的製品其美國市佔率亦增加，反之亦然。接著四國間競爭力結構變化的關係，雖然四國間 HCI 別機械製品出口競爭力變化的相關皆不具顯著性，日本的變化與台灣、韓國變化之間呈現正相關，與中國的變化之間呈現負相關；台灣的變化與韓國、中國的變化之間呈現正相關；韓國的變化與中國的變化之間呈現負相關。日、韓競爭力結構的變化與中國的變化之間皆呈現負相關意涵觀察期間中國的追趕過程中，中國與日韓二國間其 HCI 別機械製品競爭力結構變化的互補性關係。

四國 HCI 別機械製品的美國市佔率的變化間，雖皆不具顯著性，日本的變化與台、韓、中的變化之間，台灣的變化與中國的變化之間以及韓國的變化與中國的變化之間皆呈現負相關。日本的美國市佔率變化與台、韓的變化之間以及日台韓三國的變化與中國的變化之間皆為負相關，雖不具顯著性但此關係意涵台韓二國在追趕過程中替補日本，以及中國在追趕過程中替補日台韓的美國市場佔有率的關係，應可視為支持日本與台韓間以及日台韓三國與中國間 HCI 別機械製品輸美的市場再利用假設。

表 6-13　東北亞對美 HCI 別機械製品出口競爭力結構與市佔率變化相關

競爭力變化	市佔率變化	Pearson	Spearman	國家間競爭力變化	Pearson	國家間市佔率變化	Pearson
CRuj0391	CSmuj0391	0.57865	0.61818*	CRuj0391	0.42564	CSmuj0391	-0.25431
CRut0391	CSmut0391	0.03811	0.47273	CRuk0391	0.04195	CSmuk0391	-0.34811
CRuk0391	CSmuk0391	0.87598**	0.99091**	CRuc0391	-0.01289	CSmuc0391	-0.33262
CRuc0391	CSmuc0391	0.69263*	0.38182	CRut0391	0.26789	CSmut0391	0.21200
				CRuc0391	0.13406	CSmuc0391	-0.36646
				CRuk0391 CRuc0391	-0.49410	CSmuk0391 CSmuc0391	-0.51609

注：1. **指係數值呈現顯著性，0.01 顯著水準（雙尾檢定）；*指係數值呈現顯著性，0.05 顯著水準（雙尾檢定）；N＝10。
　　2. CRui0391 為各國競爭力變化率（RSCAui2003- RSCAui1991）／RSCAui1991，%；CSmui0391 為各國別製品佔美國進口比重的變化率，2003 年減 1991 年差額，%；I＝j：日本；t：台灣；k：韓國；c：中國。

　　加上四國 HCI 別機械製品出口競爭力的變化與各國的美國市佔率變化之間同方向的變化關係，可視為支持台韓二國追趕過程中日本對台韓，以及中國追趕過程中日台韓三國對中國的輸美 HCI 別機械製品競爭力再循環及輸美的市場再利用假設。HCI 別機械製品的實證結果顯示台韓以外日台韓中間的美國市佔率變化之間的負相關，雖然意涵台韓以外兩國間 HCI 別機械製品的輸美市場替補關係，但因為皆不具顯著性，無法確切證實四國間輸美市場再利用的假設。

五、結論

　　首先，1991-2003 年觀察期間東亞四國總輸出或對美輸出皆轉變為機械製品主導的型態。而從四國對美機械輸出比重的變化上，可以非常明顯地觀察出特別是中國的追趕現象，但從出口競爭力結構上仍可見到四國間本質上不同層次水準的差距。即 2003 年四國對美機械製品出口具競爭力品目數的差距，日本 28 項、韓國 20 項、台灣 18 項、中國 13 項，四國對美輸出具競爭力機械製品 RSCA 值的大小差距以及四國對美要素集約度別具競爭力機械製品的 RSCA 值順位分佈結構等可知四國機械製品競爭力結構的層級差距依然存在。

　　其次，本研究透過東北亞四國輸美機械製品別競爭力（RSCA）分散分析、輸美特化型態及安定性分析以及四國間輸美競爭力結構變化與輸美市佔率變化的相關分析證實不論是整體機械製品或要素密集度別製品，東北亞四國的輸美競爭力結構再循環及市場再利用假設在中國的追趕過程中日台韓三國對中國的輸美關係上是成立的。但是無法證實日本對台韓輸美的市場再利用關係，即本實證結果無法完整證實東北亞四國間雁行理論競爭力演繹過程中市場再利用的假設。

第三，從出口特化型態及安定性分析的結果，不論是觀察期間或次期間東北亞四國對美機械出口的 β 值均為正值，證實四國對美的整體機械製品、TI 或 HCI 別機械製品出口特化型態的演變均否定無規則或反轉演變的假設，亦即四國經濟發展的蓄積過程假設是成立的。

第四，觀察期間東北亞四國對美整體機械製品出口型態呈現 β 非特化的演變，此結果與 Dalum 等（1998）及 Laursen（1998）對 OECD 國家的實證結果相同。然而本研究亦發現要素密集度別製品的對美出口型態在整體觀察期間與次期間內呈現較明顯的特化演變。TI 別機械製品的對美出口型態方面，1991-2003 年期間 β 非特化外，台灣除外的三國均呈現 σ 特化；1991-1995 年次期間日本與中國皆呈現 β 及 σ 特化，台灣與韓國呈現 σ 特化；1995-2000 年次期間只有中國呈現 σ 特化；2000-2003 年次期間日本呈現 β 及 σ 特化，中國與韓國則呈現 σ 特化。HCI 別機械製品的對美出口型態方面，1991-2003 年期間及 1991-1995 年、1995-2000 年次期間台灣與韓國皆呈現 β 及 σ 非特化，日本與中國皆呈現 β 及 σ 特化；2000-2003 年次期間台灣與韓國皆呈現 β 及 σ 特化，中國呈現 β 及 σ 非特化，日本則呈現 β 不變及 σ 特化。

第五，本研究中依四國對美要素密集度別機械製品輸出比重的演化歸納東亞四國對美機械出口為「日本型」及「台灣型」的兩個群組類型。進一步從各國出口特化型態及安定性分析以及四國間出口競爭力結構變化的相關分析的實證結果顯示，台灣與中國對美的整體機械製品或要素別機械製品出口競爭力結構間不論是一般或順位相關都顯示有意的相關性，此證實前述「台灣型」的台灣與中國對美機械出口結構的同質性不僅存在其要素別機械製品的輸出比重上，同時亦存在其競爭力結構上。而「日本型」的日本與韓國間雖然其要素別機械製品的輸出比重的分佈上存在同質性，但是無法確認其競爭力結構上的顯著性。雖不具顯著性，計測結果中仍可觀察到 2003 年日本與韓國間的相關係數值分別大於日本或韓國與台灣及中國間的係數值。

　　但是本研究中另也由 1991 與 2003 年的年度交叉相關比較日本與台韓中間或台韓中之間競爭力結構演變的關係發現 1991 年的類似程度與其後 2003 年的各國間關係的演化方向並不一致，此檢測結果意涵追趕國與技術先進國初期結構間的近似性與其後的發展並沒有一致的關係，因此無法確認 Pasinetti 所主張追趕國與技術先進國初期結構間的近似性程度關係其後追趕程度的說法。另外，理論上後發展國家的 β 及 R 值因為追趕國家經濟成長的活力較強故其值應較先發展國低的推論在本研究中無法被證實。

　　最後本研究從東亞四國對美要素集約度別機械製品競爭力結構的演變中確認四國間不同技術別製品競爭力的差異，從其出口型態的特化及安定性檢測中亦歸納出國家別特性及國家間的近似性，但出口特化型態演變的檢證中無法完整確定四國經濟間追趕發展過程中不同技術別製品競爭力的雁行更迭演繹。其理由除了本研究所採用的要素集約度製品的分類問題外，經濟發展過程中產業、產品結構的演變原因除要素密集度所意涵的要素比例、熟練度、產業技術水準等外尚存在其他重要的經濟或非經濟變數亦必須考量，另外則是東亞區域內在自由市場機制下的實質性經濟整合，由於報酬遞增、製品差異化與產業集聚化等經濟因素的進展，1990 年代以來東亞國家間的分工體系已不再是單純的製品間分工，加上製程間分工而形成更複雜更精緻的附加價值創造過程的分工模式，區域內的產業內貿易亦隨之快速增長，因此要素密集度別製品間的貿易演變無法確切反映四國間製品競爭力的演化方向。經濟追趕過程中攸關產業結構或貿易型態轉變的理論分析尚不完整，貿易型態及結構轉變的進一步研究特別是其決定因素的實證研究是未來的研究方向。

附表 6-1　要素集約度別 SITC 7 三分位機械分類

Product group D: technology intensive products	
SITC code and discription	
M711	Steam & other vapour generating boilers & parts
M712	Steam & other vapour power units, steam engines
M713	Internal combustion piston engines & parts
M714	Engines & motors, non-electric
M716	Rotating electric plant and parts
M718	Other power generating machinery and parts
M721	Agricultural machinery and parts
M722	Tractors fitted or not with power take-offs, etc.
M723	Civil engineering & contractors plant and parts
M724	Textile & leather machinery and parts
M725	Paper & pulp mill mach., mach for manuf.of paper
M726	Printing & bookbinding mach.and parts
M727	Food processing machines and parts
M728	Mach.& equipment specialized for particular ind.
M736	Mach.tools for working metal or met.carb., parts
M737	Metal working machinery and parts
M741	Heating & cooling equipment and parts
M742	Pumps for liquids, liq.elevators and parts
M743	Pumps & compressors, fans & blowers, centrifuges
M744	Mechanical handling equip.and parts
M745	Other non-electrical mach.tools, apparatus & parts
M749	Non-electric parts and accessories of machines
M751	Office machines
M752	Automatic data processing machines & units thereof
M759	Parts of and accessories suitable for 751--or 752-
M764	Telecommunications equipment and parts
M771	Electric power machinery and parts thereof
M772	Elect.app.such as switches, relays, fuses, plugs etc.
M773	Equipment for distributing electricity
M774	Electric apparatus for medical purposes, (radiolog)
M775	Household type, elect.& non-electrical equipment
M776	Thermionic, cold & photo-cathode valves, tubes, parts
M778	Electrical machinery and apparatus, n.e.s.
M792	Aircraft & associated equipment and parts

Product group E: human-capital intensive products	
SITC code and discription	
M761	Television receivers
M762	Radio-broadcast receivers
M763	Gramophones, dictating, sound recorders etc
M781	Passenger motor cars, for transport of pass.& goods
M782	Motor vehicles for transport of goods/materials
M783	Road motor vehicles, n.e.s.
M784	Parts & accessories of 722--, 781--, 782--, 783--
M785	Motorcycles, motor scooters, invalid carriages
M786	Trailers & other vehicles, not motorized
M791	Railway vehicles & associated equipment

Product group C: unskilled-labour intensive products	
SITC code and discription	
M793	Ships, boats and floating structures

資料出處：Source OECD ITCS International Trade, United States - SITC Rev.2 Vol. 2004 release 01；要素集約度列 C、D、E 的製品分類及名稱取自 Hinloopen & van Marrewijk（2004），
http://www.few.eur.nl/few/people/vanmarrewijk/eta/intensity.htm#Factor%20intensity%20classification.

附表 6-2　日本對美機械製品 RSCA 及佔美國進口比重的演變（2003，1991）

Ranking03	SITCcodej		RSCAuj03	RSCAuj91	S.D.9103	RSCAuj0391	CRuj0391	Smuj03	CSmuj0391
1	M785	Motorcycles, motor scooters, invalid carriages	0.6518	0.4346	0.0806	0.22	49.98	44.07	-3.28
2	M736	Mach.tools for working metal or met.carb., parts	0.6348	0.4059	0.0852	0.23	56.39	41.58	-2.58
3	M737	Metal working machinery and parts	0.6347	0.3727	0.1353	0.26	70.30	41.57	0.74
4	M722	Tractors fitted or not with power take-offs, etc.	0.6208	0.0867	0.1751	0.53	616.03	39.71	17.51
5	M723	Civil engineering & contractors plant and parts	0.5475	0.2559	0.0680	0.29	113.95	31.76	0.27
6	M763	Gramophones, dictating, sound recorders etc	0.5450	0.5135	0.0839	0.03	6.13	31.55	-26.49
7	M713I	nternal combustion piston engines & parts	0.5289	0.3479	0.0572	0.18	52.03	30.15	-8.42
8	M781	Passenger motor cars, for transport of pass.& goods	0.5065	0.4184	0.0481	0.09	21.06	28.36	-17.15
9	M751	Office machines	0.4470	0.5157	0.1544	-0.07	-13.32	24.30	-34.10
10	M712	Steam & other vapour power units, steam engines	0.4269	0.3097	0.2406	0.12	37.84	23.13	-12.27
11	M784	Parts & accessories of 722--, 781--, 782--, 783--	0.4132	0.3261	0.0359	0.09	26.71	22.37	-14.35
12	M728	Mach.& equipment specialized for particular ind.	0.3857	0.3222	0.0565	0.06	19.71	20.95	-15.45
13	M749	Non-electric parts and accessories of machines	0.3618	0.2235	0.0465	0.14	61.88	19.82	-9.58
14	M774	Electric apparatus for medical purposes, (radiolog)	0.3404	0.2844	0.0510	0.06	19.69	18.88	-14.61
15	M759	Parts of and accessories suitable for 751--or 752-	0.3359	0.3335	0.0713	0.00	0.72	18.69	-18.64
16	M778	Electrical machinery and apparatus, n.e.s.	0.3275	0.3465	0.0199	-0.02	-5.48	18.34	-20.11
17	M743	Pumps & compressors, fans & blowers, centrifuges	0.2989	0.3147	0.0722	-0.02	-5.02	17.21	-18.59
18	M761	Television receivers	0.2744	-0.2299	0.2582	0.50	219.36	16.32	4.64
19	M726	Printing & bookbinding mach.and parts	0.2619	0.2204	0.0633	0.04	18.83	15.88	-13.33
20	M744	Mechanical handling equip.and parts	0.2135	0.1680	0.0311	0.05	27.08	14.33	-11.87
21	M718	Other power generating machinery and parts	0.2014	-0.0099	0.0612	0.21	2134.34	13.97	-4.32
22	M716	Rotating electric plant and parts	0.1567	0.1206	0.0674	0.04	29.93	12.74	-11.03
23	M742	Pumps for liquids, liq.elevators and parts	0.1552	0.1482	0.0224	0.01	4.72	12.70	-12.45
24	M745	Other non-electrical mach.tools, apparatus & parts	0.1450	0.0933	0.0329	0.05	55.41	12.44	-10.06

附表 6-2（續） 日本對美機械製品 RSCA 及佔美國進口比重的演變（2003，1991）

25	M772	Elect.app.such as switches, relays, fuses, plugs etc.	0.1406	0.1398	0.0399	0.00	0.57	12.33	-12.39
26	M724	Textile & leather machinery and parts	0.1361	0.1448	0.0502	-0.01	-6.01	12.22	-12.76
27	M776	Thermionic, cold & photo-cathode valves, tubes, parts	0.0874	0.2336	0.0654	-0.15	-62.59	11.07	-18.96
28	M791	Railway vehicles & associated equipment	0.0392	-0.2682	0.2582	0.31	114.62	10.05	-0.72
29	M714	Engines & motors, non-electric	-0.1424	-0.7740	0.1992	0.63	81.60	6.97	4.59
30	M741	Heating & cooling equipment and parts	-0.1617	0.0580	0.0848	-0.22	-378.79	6.70	-14.26
31	M752	Automatic data processing machines & units thereof	-0.1738	0.3407	0.1629	-0.51	-151.01	6.54	-31.41
32	M764	Telecommunications equipment and parts	-0.1946	0.3943	0.2084	-0.59	-149.35	6.26	-36.70
33	M727	Food processing machines and parts	-0.1970	-0.2743	0.0895	0.08	28.18	6.23	-4.40
34	M771	Electric power machinery and parts thereof	-0.2323	-0.0219	0.0901	-0.21	-960.73	5.79	-12.07
35	M762	Radio-broadcast receivers	-0.2729	0.1457	0.1665	-0.42	-287.30	5.31	-19.71
36	M792	Aircraft & associated equipment and parts	-0.2937	-0.4305	0.1459	0.14	31.78	5.07	-2.36
37	M782	Motor vehicles for transport of goods/materials	-0.5037	0.1397	0.2357	-0.64	-460.56	3.07	-21.65
38	M773	Equipment for distributing electricity	-0.5599	-0.3579	0.0728	-0.20	-56.44	2.62	-6.20
39	M725	Paper & pulp mill mach., mach for manuf.of paper	-0.5705	-0.3799	0.0957	-0.19	-50.17	2.54	-5.85
40	M721	Agricultural machinery and parts	-0.6558	-0.5016	0.0762	-0.15	-30.74	1.93	-4.26
41	M775	Household type, elect.& non-electrical equipment	-0.7547	-0.3340	0.1813	-0.42	-125.96	1.30	-8.02
42	M793	Ships, boats and floating structures	-0.7982	-0.3661	0.1901	-0.43	-118.03	1.04	-7.62
43	M786	Trailers & other vehicles, not motorized	-0.9331	-0.3671	0.1497	-0.57	-154.18	0.32	-8.32
44	M711	Steam & other vapour generating boilers & parts	-0.9729	-0.8468	0.2126	-0.13	-14.89	0.13	-1.42
45	M783	Road motor vehicles, n.e.s.	-0.9996	-0.9853	0.0069	-0.01	-1.45	0.00	-0.14
S.D.			0.4773	0.3747					

注：S.D.為標準差；S.D. 9103：日本對美出口機械製品 RSCA（RSCAuj）的 1991 至 2003 年標準差；RSCAuj0391 為（RSCAuj2003- RSCAuj1991）；CRuj0391
為（RSCAuj2003- RSCAuj1991）／RSCAuj1991，單位：%；Smuj03 為 2003 年日本製品別佔美國進口比重；CSmuj0391 為 2003 年日本製品別進口
比重減 1991 年比重差額，%。

附表 6-3　台灣對美機械製品 RSCA 及佔美國進口比重的演變（2003，1991）

Ranking03	SITCcodet	RSCAut03	RSCAut91	S.D.9103	RSCAut0391	CRut0391	Smut03	CSmut0391
1	M776 Thermionic, cold & photo-cathode valves, tubes, parts	0.6521	0.0628	0.1790	0.59	938.38	12.01	6.61
2	M785 Motorcycles, motor scooters, invalid carriages	0.6131	0.7636	0.0689	-0.15	-19.71	10.55	-24.94
3	M793 Ships, boats and floating structures	0.5787	0.5550	0.2349	0.02	4.27	9.48	-7.15
4	M759 Parts of and accessories suitable for 751–or 752-	0.5748	0.4322	0.0653	0.14	32.99	9.37	-2.63
5	M752 Automatic data processing machines & units thereof	0.5567	0.4802	0.0584	0.08	15.93	8.88	-4.67
6	M745 Other non-electrical mach.tools, apparatus & parts	0.5466	0.1857	0.1123	0.36	194.35	8.63	1.70
7	M724 Textile & leather machinery and parts	0.4859	0.2053	0.1492	0.28	136.68	7.31	0.09
8	M786 Trailers & other vehicles, not motorized	0.4523	0.5801	0.1195	-0.13	-22.03	6.71	-11.19
9	M728 Mach.& equipment specialized for particular ind.	0.4204	0.0366	0.1348	0.38	1048.63	6.20	1.08
10	M778 Electrical machinery and apparatus, n.e.s.	0.4053	0.2194	0.0622	0.19	84.73	5.98	-1.45
11	M772 Elect.app.such as switches, relays, fuses, plugs etc.	0.3771	0.2221	0.0676	0.16	69.79	5.59	-1.89
12	M749 Non-electric parts and accessories of machines	0.3019	-0.0086	0.0923	0.31	3610.47	4.72	0.04
13	M764 Telecommunications equipment and parts	0.2911	0.1518	0.0688	0.14	91.77	4.61	-1.85
14	M771 Electric power machinery and parts thereof	0.2870	0.3988	0.0599	-0.11	-28.03	4.57	-6.50
15	M761 Television receivers	0.2648	0.0796	0.3674	0.19	232.66	4.35	-1.23
16	M736 Mach.tools for working metal or met.carb., parts	0.2240	0.0035	0.0732	0.22	6300.00	3.99	-0.80
17	M743 Pumps & compressors, fans & blowers, centrifuges	0.1236	-0.1762	0.1087	0.30	170.15	3.24	-0.09
18	M742 Pumps for liquids, liq.elevators and parts	0.0009	-0.5146	0.1855	0.52	100.17	2.53	1.00
19	M763 Gramophones, dictating, sound recorders etc	-0.0502	-0.3514	0.1699	0.30	85.71	2.29	0.01
20	M775 Household type, elect.& non-electrical equipment	-0.0642	0.5490	0.2101	-0.61	-111.69	2.22	-14.12
21	M784 Parts & accessories of 722--, 781--, 782--, 783--	-0.0872	-0.4585	0.1243	0.37	80.98	2.12	0.35
22	M773Equipment for distributing electricity	-0.1559	0.2165	0.1580	-0.37	-172.01	1.85	-5.54
23	M751Office machines	-0.2236	0.2640	0.1466	-0.49	-184.70	1.61	-6.56
24	M727Food processing machines and parts	-0.2656	-0.7214	0.1622	0.46	63.18	1.47	0.70

附表 6-3（續） 台灣對美機械製品 RSCA 及佔美國進口比重的演變（2003，1991）

25	M716 Rotating electric plant and parts	-0.2751	-0.2211	0.0867	-0.05	-24.42	1.44	-1.59
26	M721 Agricultural machinery and parts	-0.3028	-0.5117	0.0899	0.21	40.82	1.35	-0.19
27	M737 Metal working machinery and parts	-0.3518	-0.6259	0.1081	0.27	43.79	1.21	0.12
28	M741 Heating & cooling equipment and parts	-0.4408	-0.5599	0.0739	0.12	21.27	0.98	-0.36
29	M744 Mechanical handling equip.and parts	-0.4522	-0.2387	0.1006	-0.21	-89.44	0.95	-1.97
30	M725 Paper & pulp mill mach., mach for manuf.of paper	-0.4622	-0.8483	0.1905	0.39	45.51	0.93	0.54
31	M726 Printing & bookbinding mach.and parts	-0.5846	-0.8327	0.1188	0.25	29.79	0.66	0.23
32	M774 Electric apparatus for medical purposes, (radiolog)	-0.6190	-0.9648	0.1044	0.35	35.84	0.60	0.51
33	M714 Engines & motors, non-electric	-0.6532	-0.9861	0.1063	0.33	33.76	0.53	0.50
34	M713I nternal combustion piston engines & parts	-0.7425	-0.8439	0.0416	0.10	12.02	0.37	-0.03
35	M762 Radio-broadcast receivers	-0.7436	-0.0222	0.2434	-0.72	-3249.55	0.37	-4.18
36	M718 Other power generating machinery and parts	-0.8479	-0.8334	0.0539	-0.01	-1.74	0.21	-0.22
37	M792 Aircraft & associated equipment and parts	-0.8710	-0.9944	0.0458	0.12	12.41	0.17	0.16
38	M791 Railway vehicles & associated equipment	-0.9067	-0.8838	0.0310	-0.02	-2.59	0.12	-0.17
39	M712 Steam & other vapour power units, steam engines	-0.9389	-0.9979	0.1718	0.06	5.91	0.08	0.07
40	M723 Civil engineering & contractors plant and parts	-0.9399	-0.9199	0.0212	-0.02	-2.17	0.08	-0.12
41	M782 Motor vehicles for transport of goods/materials	-0.9482	-1.0000	0.0272	0.05	5.18	0.07	0.07
42	M781 Passenger motor cars, for transport of pass.& goods	-0.9512	-0.9817	0.0201	0.03	3.11	0.06	0.02
43	M711 Steam & other vapour generating boilers & parts	-0.9838	-0.9887	0.0544	0.00	0.50	0.02	-0.01
44	M722 Tractors fitted or not with power take-offs, etc.	-0.9995	-1.0000	0.0007	0.00	0.05	0.00	0.00
45	M783 Road motor vehicles, n.e.s.	-1.0000	-1.0000	0.0001	0.00	0.00	0.00	0.00
S.D.		0.5613	0.5667					

注：S.D. 為標準差；S.D.9103，台灣對美出口機械製品 RSCA（RSCAut）的 1991 至 2003 年標準差；RSCAut0391 為（RSCAut2003- RSCAut1991）；CRut0391 為（RSCAut2003- RSCAut1991）／RSCAut1991；單位：%；Smut03 為 2003 年台灣製品別佔美國進口比重；CSmut0391 為台灣製品別進口佔美國進口比重；Smut0391 為台灣製品別進口比重減1991 年比重差額，%。

附表 6-4　韓國對美機械製品 RSCA 及佔美國進口比重的演變（2003，1991）

Ranking03	SITCcode	k		RSCAuk03	RSCAuk91	S.D.9103	RSCAuk0391	CRuk0391	Smuk03	Csmuk0391
1	M764		Telecommunications equipment and parts	0.6805	0.1124	0.2118	0.57	505.43	15.45	11.08
2	M776		Thermionic, cold & photo-cathode valves, tubes, parts	0.6396	0.5749	0.0513	0.06	11.25	13.37	0.46
3	M711		Steam & other vapour generating boilers & parts	0.5459	-0.1355	0.7177	0.68	502.88	10.00	7.35
4	M712		Steam & other vapour power units, steam engines	0.5316	-0.3124	0.6024	0.84	270.17	9.61	7.78
5	M775		Household type, elect.& non-electrical equipment	0.4720	0.4040	0.0496	0.07	16.83	8.19	-0.02
6	M741		Heating & cooling equipment and parts	0.4226	-0.1052	0.2801	0.53	501.71	7.24	4.42
7	M781		Passenger motor cars, for transport of pass.& goods	0.4140	-0.1780	0.2394	0.59	332.58	7.09	4.66
8	M761		Television receivers	0.3844	0.5106	0.2749	-0.13	-24.72	6.61	-4.15
9	M759		Parts of and accessories suitable for 751-or 752-	0.3490	-0.2385	0.2018	0.59	246.33	6.09	3.95
10	M763		Gramophones, dictating, sound recorders etc	0.3010	0.5491	0.1815	-0.25	-45.18	5.47	-6.50
11	M722		Tractors fitted or not with power take-offs, etc.	0.1899	-0.5472	0.3314	0.74	134.70	4.32	3.30
12	M752		Automatic data processing machines & units thereof	0.1686	0.2382	0.1000	-0.07	-29.22	4.13	-1.53
13	M723		Civil engineering & contractors plant and parts	0.1073	-0.5014	0.2332	0.61	121.40	3.64	2.48
14	M778		Electrical machinery and apparatus, n.e.s.	0.0881	0.0278	0.0452	0.06	216.91	3.51	-0.17
15	M762		Radio-broadcast receivers	0.0664	0.4658	0.2869	-0.40	-85.74	3.36	-6.20
16	M751		Office machines	0.0565	-0.1585	0.2396	0.22	135.65	3.29	0.76
17	M716		Rotating electric plant and parts	0.0416	-0.1633	0.1257	0.20	125.47	3.19	0.68
18	M744		Mechanical handling equip.and parts	0.0185	0.3579	0.1611	-0.34	-94.83	3.05	-4.32
19	M724		Textile & leather machinery and parts	0.0172	-0.5288	0.1945	0.55	103.25	3.04	1.97
20	M786		Trailers & other vehicles, not motorized	0.0076	0.6303	0.2339	-0.62	-98.79	2.98	-12.38
21	M743		Pumps & compressors, fans & blowers, centrifuges	-0.0340	-0.5962	0.2116	0.56	94.30	2.75	1.87
22	M793		Ships, boats and floating structures	-0.1555	-0.4852	0.1976	0.33	67.95	2.15	0.94
23	M749		Non-electric parts and accessories of machines	-0.1680	-0.4216	0.0926	0.25	60.15	2.09	0.67
24	M772		Elect.app.such as switches, relays, fuses, plugs etc.	-0.1982	-0.4593	0.1072	0.26	56.85	1.97	0.63

附表 6-4（續） 韓國對美機械裝品 RSCA 及佔美國進口比重的演變（2003，1991）

25	M718	Other power generating machinery and parts	-0.2079	-0.8325	0.3075	0.62	75.03	1.93	1.61
26	M736	Mach.tools for working metal or met.carb., parts	-0.2492	-0.6422	0.1981	0.39	61.20	1.77	1.01
27	M784	Parts & accessories of 722–, 781–, 782–, 783–	-0.2906	-0.7031	0.1397	0.41	58.67	1.61	1.00
28	M721	Agricultural machinery and parts	-0.3099	-0.6276	0.1135	0.32	50.62	1.55	0.75
29	M714	Engines & motors, non-electric	-0.3154	-0.6760	0.1447	0.36	53.34	1.53	0.86
30	M771	Electric power machinery and parts thereof	-0.3662	0.0506	0.2022	-0.42	-823.72	1.36	-2.50
31	M742	Pumps for liquids, liq.elevators and parts	-0.3705	-0.2154	0.0897	-0.16	-72.01	1.35	-0.90
32	M728	Mach.& equipment specialized for particular ind.	-0.4013	-0.8092	0.1647	0.41	50.41	1.26	0.89
33	M785	Motorcycles, motor scooters, invalid carriages	-0.4708	-0.5480	0.1519	0.08	14.09	1.06	0.04
34	M774	Electric apparatus for medical purposes, (radiolog)	-0.4720	-0.8886	0.2169	0.42	46.88	1.05	0.84
35	M745	Other non-electrical mach.tools, apparatus & parts	-0.4834	-0.8595	0.1176	0.38	43.76	1.02	0.76
36	M737	Metal working machinery and parts	-0.5642	-0.7070	0.3122	0.14	20.20	0.82	0.22
37	M791	Railway vehicles & associated equipment	-0.5722	-0.9729	0.1327	0.40	41.19	0.80	0.75
38	M773	Equipment for distributing electricity	-0.6899	-0.7401	0.2231	0.05	6.78	0.54	0.02
39	M792	Aircraft & associated equipment and parts	-0.7025	-0.5200	0.0925	-0.18	-35.10	0.51	-0.59
40	M725	Paper & pulp mill mach., mach for manuf.of paper	-0.7214	-0.9612	0.1226	0.24	24.95	0.48	0.41
41	M713	Internal combustion piston engines & parts	-0.7233	-0.9321	0.0799	0.21	22.40	0.47	0.35
42	M726	Printing & bookbinding mach.and parts	-0.7367	-0.9667	0.0660	0.23	23.79	0.45	0.39
43	M727	Food processing machines and parts	-0.7533	-0.9058	0.1133	0.15	16.84	0.41	0.24
44	M782	Motor vehicles for transport of goods/materials	-0.9919	-0.9149	0.0515	-0.08	-8.42	0.01	-0.14
45	M783	Road motor vehicles, n.e.s.	-1.0000	-1.0000	0.0025	0.00	0.00	0.00	0.00
S.D.			0.4497	0.4920					

注：S.D.為標準差；S.D.9103，韓國對美出口機械製品 RSCA（RSCAuk）的 1991 至 2003 年標準差；CRuk0391 為（RSCAuk2003- RSCAuk1991）/ RSCAuk1991；單位：%；Smuk03 為 2003 年韓國製品別佔美國進口比重；CSmuk0391 為韓國製品別進口比重減 1991 年比重差額，%。

附表 6-5　中國對美機械製品 RSCA 反佔美國進口比重的演變（2003，1991）

Ranking03	SITCcodec		RSCAuc03	RSCAuc91	S.D.9103	RSCAuc0391	CRuc0391	Smuc03	CSmuc0391
1	M775	Household type, elect.& non-electrical equipment	0.5831	0.6951	0.0295	-0.11	-16.11	47.49	25.35
2	M751	Office machines	0.5821	-0.0332	0.2297	0.62	1853.31	47.36	43.63
3	M763	Gramophones, dictating, sound recorders etc	0.5385	-0.0613	0.2386	0.60	978.47	41.69	38.17
4	M762	Radio-broadcast receivers	0.5080	0.6170	0.0425	-0.11	-17.67	38.34	21.52
5	M752	Automatic data processing machines & units thereof	0.4053	-0.7029	0.3535	1.11	157.66	29.56	28.87
6	M786	Trailers & other vehicles, not motorized	0.3999	-0.0293	0.1914	0.43	1464.85	29.18	25.42
7	M771	Electric power machinery and parts thereof	0.3747	-0.1440	0.1827	0.52	360.21	27.50	24.52
8	M759	Parts of and accessories suitable for 751-or 752-	0.3611	-0.6797	0.3329	1.04	153.13	26.65	25.89
9	M785	Motorcycles, motor scooters, invalid carriages	0.3027	0.0481	0.1031	0.25	529.31	23.37	18.98
10	M778	Electrical machinery and apparatus, n.e.s.	0.2294	-0.2514	0.1408	0.48	191.25	19.96	17.58
11	M764	Telecommunications equipment and parts	0.2262	0.0555	0.0833	0.17	-307.57	19.82	15.37
12	M741	Heating & cooling equipment and parts	0.1719	-0.9754	0.4211	1.15	117.62	17.70	17.65
13	M761	Television receivers	0.0012	0.1093	0.3082	-0.11	-98.90	12.54	7.58
14	M773	Equipment for distributing electricity	-0.0541	-0.4466	0.1375	0.39	87.89	11.22	9.70
15	M745	Other non-electrical mach.tools, apparatus & parts	-0.0598	-0.5928	0.2001	0.53	89.91	11.10	10.08
16	M772	Elect.app.such as switches, relays, fuses, plugs etc.	-0.0761	-0.4666	0.1462	0.39	83.69	10.74	9.29
17	M716	Rotating electric plant and parts	-0.1026	-0.0967	0.0765	-0.01	-6.10	10.18	6.90
18	M721	Agricultural machinery and parts	-0.1815	-0.7844	0.1681	0.60	76.86	8.67	8.19
19	M749	Non-electric parts and accessories of machines	-0.2147	-0.4987	0.1022	0.28	56.95	8.09	6.76
20	M743	Pumps & compressors, fans & blowers, centrifuges	-0.2351	-0.6182	0.1745	0.38	61.97	7.75	6.81
21	M742	Pumps for liquids, liq.elevators and parts	-0.2722	-0.5980	0.1838	0.33	54.48	7.16	6.16
22	M724	Textile & leather machinery and parts	-0.2865	-0.6023	0.1369	0.32	52.43	6.94	5.95
23	M744	Mechanical handling equip.and parts	-0.3188	-0.1911	0.0825	-0.13	-66.82	6.46	3.75
24	M728	Mach.& equipment specialized for particular ind.	-0.3809	-0.8864	0.1494	0.51	57.03	5.61	5.37

附表 6-5 （續） 中國對美機械製品 RSCA 反佔美國進口比重的演變 （2003，1991）

25	M776	Thermionic, cold & photo-cathode valves, tubes, parts	-0.5540	-0.9739	0.1565	0.42	43.12	3.59	3.54
26	M791	Railway vehicles & associated equipment	-0.5563	-0.8811	0.1130	0.32	36.86	3.57	3.32
27	M784	Parts & accessories of 722-, 781-, 782-, 783-	-0.5858	-0.8599	0.1027	0.27	31.88	3.27	2.97
28	M736	Mach.tools for working metal or met.carb., parts	-0.6422	-0.5981	0.0376	-0.04	-7.37	2.72	1.72
29	M793	Ships, boats and floating structures	-0.6758	-0.7422	0.1689	0.07	8.95	2.42	1.83
30	M774	Electric apparatus for medical purposes, (radiolog)	-0.7034	-0.9820	0.1074	0.28	28.37	2.18	2.14
31	M737	Metal working machinery and parts	-0.7254	-0.9112	0.0504	0.19	20.39	1.99	1.81
32	M723	Civil engineering & contractors plant and parts	-0.7475	-0.9131	0.0725	0.17	18.14	1.81	1.63
33	M722	Tractors fitted or not with power take-offs, etc.	-0.7914	-0.9374	0.0429	0.15	15.57	1.46	1.33
34	M727	Food processing machines and parts	-0.7971	-0.9598	0.0791	0.16	16.95	1.41	1.33
35	M711	Steam & other vapour generating boilers & parts	-0.7977	-0.9225	0.2129	0.12	13.53	1.41	1.25
36	M725	Paper & pulp mill mach., mach for manuf.of paper	-0.8290	-0.9023	0.0360	0.07	8.12	1.17	0.97
37	M713	Internal combustion piston engines & parts	-0.8604	-0.9690	0.0341	0.11	11.21	0.94	0.88
38	M726	Printing & bookbinding mach.and parts	-0.8651	-0.9918	0.0382	0.13	12.77	0.90	0.88
39	M714	Engines & motors, non-electric	-0.8761	-0.9118	0.0469	0.04	3.92	0.83	0.65
40	M712	Steam & other vapour power units, steam engines	-0.9054	-0.9703	0.0702	0.06	6.69	0.62	0.56
41	M718	Other power generating machinery and parts	-0.9242	-0.7856	0.0500	-0.14	-17.64	0.49	0.01
42	M792	Aircraft & associated equipment and parts	-0.9422	-0.8608	0.0627	-0.08	-9.46	0.37	0.07
43	M782	Motor vehicles for transport of goods/materials	-0.9843	-1.0000	0.0046	0.02	1.57	0.10	0.10
44	M781	Passenger motor cars, for transport of pass.& goods	-0.9972	-0.9999	0.0008	0.00	0.27	0.02	0.02
45	M783	Road motor vehicles, n.e.s.	-1.0000	-1.0000	0.0000	0.00	0.00	0.00	0.00
S.D.			0.5193	0.4447					

注：S.D. 為標準差；S.D.9103：中國對美出口機械製品 RSCA（RSCAuc）的 1991 至 2003 年標準差；RSCAuc0391 為（RSCAuc2003- RSCAuc1991）；CRuc0391 為（RSCAuc2003- RSCAuc1991）／RSCAuc1991；單位：%；Smuc03 為 2003 年中國製品別佔美國進口比重；CSmuc0391 為中國製品別進口比重減 為（RSCAuc2003- RSCAuc1991）／RSCAuc1991 年比重差額，%。

參考文獻

一、英文部份（依英文字母序）

Akamatsu, K.(1961), "A Theory of Unbalanced Growth in the World Economy," Weltwirtschaftliches Archiv 86, pp.196-215.

Ando, M., and F. Kimura(2003), "The Formation of International Production and Distribution Networks in East Asia," NBER Working Paper 10167, http://www.nber.org/papers/w10167.

Aturupane, Chonira, Simeon Djankov and Bernard Hoekman(1999), "Horizontal and Vertical Intra-Industry Trade Between Eastern Europe and the European Union," Weltwirtschaftliches Archiv, Vol.135, No.1, pp.62-81.

Augier, P., M. Gasiorek and Tong Charles Lai(2005), "The impact of rules of origin on trade flows," Economic Policy, Vol.20, Iss.43, pp.567-624.

Baer, W., W.R. Miles and A.B. Moran(1999), "The End of the Asian Myth: Why were the Experts Fooled?" World Development 27(10), pp.1735-47.

Balassa, B.(1987), "Intra-Industry Specialization in a Multi-Country and Multi-Industry Framework," Economic Journal, Vol.97, pp.923-939.

Ballance, R., H. Forstner and T. Murray(1985), "On Measuring Comparative Advantage: A Note on Bowen's Indices," Weltwirtschaftliches Archiv, Vol. 121, pp.346-350.

Balasa, B.(1979), "The Changing Pattern of Comparative Advantage in Manufacturing Goods," Review of Economics and Statistics, Vol. 61, pp.259-266.

Balassa, B.(1978), "Exports and Economic Growth: Further Evidence," Journal of Development Economics 5, pp.181-9.

Balasa, B.(1977), " 'Revealed' Comparative Advantage Revisited: An Analysis of Relative Export Shares of the Industrial Countries, 1953-1971," The Manchester School of Economics and Social Studies, Vol. 45, pp.327-344.

Balassa, B. and Associates(1971), The Structure of Protection in Developing Countries, Baltimore: The John Hopkins Press.

Balasa, B.(1965), "Trade Liberalization and 'Revealed' Comparative Advantage," The Manchester School of Economics and Social Studies, Vol. 32, pp.99-123.

Balassa, B.(1961), The Theory of Economic Integration, Homewood: Richard D. Irwin.

Baldwin, R.(2006), "Multilateralising Regionalism: Spaghetti Bowls as Building Blocs on the Path to Global Free Trade," NBER Working Paper 12545, <http://papers.nber.org/papers/W12545>.

Baldwin, R. E.(2000), "Trade and Growth: Still Disagreement About The Relationships," OECD Economics Department Working Papers No.264, Oct.

Baldwin, R.E.(1969), "The Case Against Infant-Industry Tariff Protection," Journal of Political Economy 77, pp.295-305.

Beelen, E., and B. Verspagen(1994), "The Role of Convergence in Trade and Sectoral Growth," in J. Fragerberg, B.Verspagen and N. V. Tunzelmann, eds., The Dynamics of Technology, Trade and Growth. London: Edward Elgar. pp.75-98.

Bhagwati, J., D. Greenway and A. Panagariya(1998a), "Trading Preferentially: Theory and Policy," The Economic Journal 108(449), pp.1128-48.

Bhagwati, J., A. Panagariya and T. N. Srinivasan(1998b), Lectures on International Trade 2nd edition, Boston: MIT Press.

Bhagwati, Jagdish N., and Arvind Panagariya(1996), "Preferential Trading Areas and Multilateralism: Strangers, Friends or Foes?", in Jagdish N. Bhagwati and Arvind Panagariya, eds., The Economics of Preferential Trading, Washington, D.C.: AEI Press, pp. 1–78.

Bhagwati, J., E. Dinopoulos and Kar-yiu Wong(1992), "Quid Pro Quo Foreign Investment," American Economic Review 82:2, pp. 186-190.

Bhagwati, J.(1978), Foreign Trade Regimes and Economic Development: Anatomy and Consequences of Exchange Control Regimes, Ballinger Press for National Bureau of Economic Research, Mass.:Lexington.

Bosworth, B. and S. M. Collins(2000), "From Boom to Crisis and Back Again: What Have We Learned?" ADB Institute Working Paper 7, http://www.adbi.org/files/2000.02.rp07.asian.crisis.lessons.pdf.

Bosworth,B. P., and S. M. Collins(1999), "Capital Flows to Developing Economies: Implications for Savings and Investment," Paper presented at IMF Research Dept. Seminar, May 6,1999.

Borga, M. and Robert E. Lipsey(2004), "FACTOR-PRICES AND FACTOR SUBSTITUTION IN U.S. FIRMS' MANUFACTURING AFFILIATES ABROAD," NBER Working Paper 10442, April, National Bureau of Economic Research.

Bowen, P. H.(1983), "On the Theoretical Interpretation of Indices of Trade Intensity and Revealed Comparative Advantage," Weltwirtschaftliches Archiv, Vol.119, pp.464-472.

Bowen, P. H.(1985), "On Measuring Comparative Advantage: A Reply and Extension," Weltwirtschaftliches Archiv, Vol.121, pp.351-353.

Branstetter, Lee(2006), "Is Foreign Direct Investment a Channel of Knowledge Spillover? Evidence from Japan's FDI in the United States," Journal of International Economics 68:2, pp. 325-344.

Branstetter, Lee and Yoshiaki Nakamura(2003), "IS JAPAN'S INNOVATIVE CAPACITY IN DECLINE?" NBER Working Paper 9438.

Branstter, L. and M. Sakakibara(1998), "Japanese Research Consortia: A Micro-econometric Analysis of Industrial Policy," Journal of Industrial Economics 46(2), June, pp.207-33.

Cadot, O., J.de Melo, A. Estevadeordal, A. Suwa-Eisenmann and B. Tumurchudur(2002), "Assessing the Effect of NAFTA's Rules of Origin,"INRA Research Unit Working Papers 0306

Cadot, O., J. de Melo and A. Portugal-Pérez(2007), "Rules of Origin for Preferential Trading Arrangements: Implications for the ASEAN Free Trade Area of EU and US Experience," Journal of Economic Integration, Vol.22, Iss.2, pp.288-319.

Campa, Jose and Linda S.Goldberg(1997), "The Evolving External Orientation of Manufacturing Industry:Evidence From Four Countries," NBER Working Paper No.5919, Feb.

Cantwell, J.(1989), Technological Innovation and Multinational Corporations. Oxford: Blackwell.

Carolan, Terrie, Nirvikar Singh and Cyrus Talati(1997), "THE COMPOSITION OF U.S.-EAST ASIA TRADE AND CHANGING COMPARATIVE ADVANTAGE," UC Santa Cruz

Working Paper No. 332, < http://rspas.anu.edu.au/economics/ publish/papers/wp1997/9704.txt>.

Carroll, C., D. Weil and L. H. Summers(1993), "Savings and Growth: A Reinterpretation.", Paper presented at the Carnegie-Rochester Public Policy Conference, Bradley Policy Research Center, Apr..

Chen, Been-Lon(2002), "R & D and Productivity: The Case of Taiwan's Electronics Industry," ICSEAD Working Paper Series Vol. 2002-16, May, The International Centre for the Study of East Asian Development(ICSEAD).

Chenery, H., and A. Strout(1966), "Foreign Assistance and Economic development," American Economic Review 56(4), June, pp.679-733.

Cheung, Yin-Wong, Menzie D. Chinn and Eiji Fuiji(2003), "The Chinese Economies in Global Context: The Integration Process and its Determinants," NBER Working Paper 10047, October, National Bureau of Economic Research.

Claessens, S., S. Djankov and G. Ferri(1999), "Corporate Distress in East Asia: Assessing the Impact of Interest and Exchange Rate Shocks," reported in World Bank, "Public Policy for the Private Sector," Note No.172, Washington, D.C.,: World Bank, Jan.

Coe, D.T., and E. Helpman(1995), "International R&D Spillovers," The European Economic Review 39, pp.859-87.

Cohen, W., and D. Levinthal(1989), "Innovation and Learning: The Two Faces of R&D," The Economic Journal 99, pp.569-96.

Collins, S. M. and B. P. Bosworth(1996), "Economic Growth in East Asia: Accumulation versus Assimilation," Brookings Papers on Economic Activity 2, pp.135-203.

Crowther, G..(1957), Balance and Imbalances of Payments, Harvard University.

Cutler, Harvey, David J. Berri and Terutomo Ozawa(2003), "Market recycling in labor-intensive goods, flying-geese style: an empirical analysis of East Asian exports to the U.S.," Journal of Asian Economics, Vol. 14, pp.35–50.

Dollar, D.(1992), "Outward-oriented Developing Economies Really Do Grow More Rapidly: Evidence from 95 LDCs, 1976-1985," Economic Development and Cultural Change 40(3), pp.523-44.

Dalum, B., K. Laursen and G. Villumsen(1998), "Structural Change in OECD Export Specialisation Patterns: de-specialisation and 'stickiness'," International Review of Applied Economics, Vol.12, No.3, pp.423-443.

Debroy, B., and D. Chakraborty eds.(2006), Use and Misuse of Anti-Dumping Provisions in World Trade: A Cross-Country Perspective, New Delhi: Liberty Institute and Rajiv Gandhi Institute for Contemporary Studies.

Development Bank of Japan(2003), "China's Economic Development and the role of Foreign-Funded Enterprises," Research Report No.39, May, Economic and Industrial Research Department, Development Bank of Japan.

Directorate-General of Budget, Accounting and Statistics(2002), Yearbook of Earnings and Productivity Statistics, Taiwan Area, Republic of China, 2001. Taipei: Directorate General of Budget, Accounting and Statistics.

Dosi, G., K.L.R. Pavitt and L.L.G. Soete(1990), The Economics of Technical Change and International Trade. Hemel Hempstead: Harvester Wheatsheaf.

Dowling, M. and C. T. Cheang(2000), "Shifting comparative advantage in Asia: new tests of the 'flying geese' model," Journal of Asian Economics Vol. 11, pp.443-463.

Doz, Y., J. Santos and P. Williamson(2001), From Global to Metanational, Boston: Harvard Business School Press.

Easterly, W. & R. Levine(2000), "It's Not Factor Accumulation: Stylized Facts and Growth Models," World Bank Working Paper.

Edwards, S.(1998), "Openness, Productivity and Growth: What Do We Really Know?" The Economic Journal 108(446), pp.383-98.

Edwards, S.(2008), "Sequencing of Reforms, Financial Globalization, and Macroeconomic Vulnerability," NBER Working Paper No. 14384, http://www.nber.org/tmp/61883-w14384.pdf.

Edwards, S.(1993), "Openness, Trade Liberalization, and Growth in Developing Countries," Journal of Economic Literature XXXI(3), pp.1358-93.

Falvey, Rodney E.(1981),"Commercial Policy and Intra-Industry Trade," Journal of International Economics Vol.11, pp.495-511.

Feridhanusetyawan, T.(2005), "Preferential Trade Agreements in the Asian-Pacific Region," IMF Working Paper WP/05/149, IMF.

Fertő, Imre and L J Hubbard(2001), "Regional comparative advantage and competitiveness in Hungarian agri-food sectors," Paper prepared for 77th EAAE Seminar / NJF Seminar No. 325. Helsinki: Finland, 2001/8/17-18..

Fontagne, Lionel, Michael Freudenberg and Nicholas Peridy(1997), "Trade Patterns Inside the Single Market," CEPII Working Paper No.1997-07, April, Centre D'Etudes Prospectives et D'Informations Internationals.

Fontagne, L. and M. Freudenberg(2002), "Long-Term Trends in Intra-Industry Trade," in P.J. Lloyd and Hyun-Hoon Lee, eds., Frontiers of Intra-Industry Trade. London: Palgrave Macmillan Press Ltd.

Freestra, Robert C. and H.Hanson Gordon(1999),"The Impact of Outsourcing and High-Technology Capital on Wages:Estimates for the United States, 1979-1990" The Quarterly Journal of Economics, Vol.114, Issue 3, pp.907-940.

Freestra, Robert C. and H. Hanson Gordon(2001), "Global Production Sharing and Rising Inequality:A Survey of Trade and Wages," NBER Working Paper No.8732, July.

Freenstra, Robert T., Maria Yang and Gary G. Hamilton(1997), "BUSINESS GROUPS AND TRADE IN EAST ASIA: PART 2,PRODUCT VERIETY," NBER Working Paper 5887, January, National Bureau of Economic Research.

Fry. M .J.(1988), Money, Interest, and Banking in Economic Development., Baltimore, Md.: Johns Hopkins University Press.

Fukao,Kyoji, Hikari Ishido and Keiko Ito(2003),"Vertical Intra-Industry Trade and Foreign Direct Investment in East Asia," RIETI Discussion Paper Series 03-E-001, Research Institute of Economy, Trade and Industry.

Fukao, Kyoji, Ishido Hikari and Keiko Ito(2002), "Vertical Intra-Industry Trade and Foreign Direct Investment in East Asia," RIETI Discussion Paper Series 03-E-001, Research Institute of Economy, Trade and Industry.

Geroski, P. A.(1995), "Do spillovers undermine the incentive to innovate?" in S. Dowrick, ed., Economic Approach to Innovation, Aldershot, UK: Edward Elgar, pp.76-97.

Gerschenkron, A.(1962), Economic Backwardness in Historical Perspective, Cambridge, MA: Harvard University Press.

Giovanni, Peri, and Dieter Urban, "Catching-Up to Foreign Technology? Evidence on the "Veblen-Gerschenkron" Effect of Foreign Investments," NBER Working Paper No. 10893, 2004, < http://papers.nber.org/papers/w10893.pdf>.

Godo, Y., and Y. Hayami(1999), "Accumulation of Education in Modern Economic Growth-A Comparison of Japan with the United States," ADB Institute Working Paper No.4, December.

Greene, J. E.(2002), "The Output Decline in Asian Crisis Countries: Investment Aspects," IMF Working Paper WP/02/25, Feb., pp.8-19.

Greenway, David, Robert Hine and Chris Milner(1995), "Vertical and Horizontal Intra-Industry Trade:A Cross Industry Analysis for the United Kingdom," Economic Journal, Vol.105, Nov., pp.1505-1518.

Greenway, David, Robert Hine and Chris Milner(1994), "Country-Specific Factors and the Pattern of Horizontal and Vertical Intra-Industry Trade in the UK," Weltwirtschaftliches Archiv, Vol.130, No.1, pp.77-100.

Grossman, G., E. Helpman and A. Szcidl(2006), "Optimal Integration Strategies for the Multinational Firm," Journal of Internatiional Economics, Vol.70, No.1, pp. 216-238.

Grossman, G. and E. Helpman(1994), "Technology and Trade," NBER Working Paper No. 4926, November. < http://www.nber.org/papers/w4926.pdf>.

Grossman, G. M. and E. Helpman(1991), Innovation and Growth in the Global Economy, Cambridge, MA: The MIT Press.

Grossman, G. and E. Helpman(1989), "Product Development and International Trade," Journal of Political Economy, Vol. 97, pp.1261-1283.

Grubel, H. G. and P. J. Lloyd(1975), INTRA-INDUSTRY TRADE-The Measurement of International Trade in Differentiated Products, London: Macmillan Press Ltd.

Guellec, D., De La Van Pottlesberghe and B. Potterie(2001a), "Internationalisation of Technology Analysis with Patent Data," Research Policy 30, pp.1253-66.

Guellec, D., De La Van Pottlesberghe and B. Potterie(2001b), "R&D and Productivity Growth: Panel Data Analysis of 16 OECD Countries," OECD Economic Studies No.33, 2001/II, pp.103-26.

Gupta, P., D. Mishra and R. Sahay(2001), "Understanding the Diverse Growth Impacts of Currency Crisis," unpublished, IMF, Jan.

Gupta, P., D. Mishra and R. Sahay(1998), "Mitigating the Social Costs of the Economic Crisis and the Reform Programs in Asia," IMF Paper on Policy Analysis and Assessment PPAA/98/7.

Hall, B. H.(2004), "Innovation and Diffusion," NBER Working Paper 10212.

Harrison, A.(1996), "Openness and Growth: A Time-Series, Cross-Country Analysis for Developing Countries,", Journal of Development Economics 48(2), pp.419-47.

Han, Gaofeng, Kalirajan Kaliappa and Nirvikar Singh(2002), "Productivity and economic growth in East Asia: Innovation, efficiency and accumulation," Japan and the World Economy, Vol.14, pp.401-24.

Hart, P.E. and S. J. Prais(1956), "The analysis of business concentration: a statistical approach," Journal of the Royal Statistical Society Series A, Vol. 119, pp.150-191.

Havrylyshyn, O. and E. Civan(1983), "Intra-Industry Trade and the Stage of Development-A Regression Analysis of Industrial and Developing Countries," in P. K. M. Tharakan, ed., Intra-Industry Trade: Empirical and Methodological Aspects. Amsterdam: North-Holland.

Helpman, Elhanan and Paul R.Krugman(1985), Market Structure and Foreign Trade, The MIT Press.

Herin, Jan(1986), "Rules of Origin and DIfferences between Tariff Levels in EFTA and in the EC" EFTA Occasional Paper No.13, EFTA.

Hillman, A. L.(1980), "Observations on the Relation between 'Revealed Comparative Advantage' and Comparative Advantage as Indicated by Pre-Trade Relative Prices," Weltwirtschaftliches Archiv, Vol. 116, pp.315–321.

Hinloopen, Jeroen, and Charles van Marrewijk(2004), "Dynamics of Chinese comparative advantage," Tinbergen Institute Discussion Paper 04-034/2, <http://papers.ssrn.com/sol3/papers.cfm?abstract_id =524722>.

Hinloopen, J., and C. van Marrewijk(2001), "On the empirical distribution of the Balassa index," Weltwirtschaftliches Archiv, Vol. 137, No.1, pp.1–35.

Hobday, Mike(2001), "The Electronics Industries of the Asia-Pacific: Exploiting International Production Networks for Economic Development," Asian-Pacific Economic Literature, Vol.15, Issue 1.

Easterly, W., and R. Levine(2000), "It's Not Factor Accumulation: Stylized Facts and Growth Models," World Bank Working Paper.

Eaton, J., and S. Kortum(2006), "Innovation, diffusion and Trade," NBER Working Paper 12385, http://www.nber.org/papers/w12385.

Hayami, Y.(2003), "From Washington Consensus to the Post-Washington Consensus: Retrospect and Prospect," Asian Development Review 20(2).

Hayami, Y. and J. Ogasaswara(1999), "Change in the Source of Modern Economic Growth: Japan Compared with the United

States," Journal of Japan and International Economies 13, March, pp.1-21.

ICSEAD(2005), "Special Issue: Recent Trends and Prospects for Major Asian Economies," East Asian Economic Perspectives, Vol.16.

Irving Kravis and Robert E. Lipsey(1992), "Source of competitiveness of the United States and of its multinational firms," Review of Economics and Statistics, Vol. 74, No. 2, pp.193-201.

Iwata, S., M. S. Khan and H. Murao(2002), "Sources of Economic Growth in East Asia: A Nonparametric Assessment" IMF Working Paper WP/02/13, 2002.1.

Jen, Eau-tin(2006), "The Implications of Agricultural Domestic Support of Japan on World Agricultural Trade Liberalization to Taiwan," in Tai Wan-chin eds., New Development in Asia Pacific and the World, Taipei: Taiwan Elite, pp.217-243.

Jomo, K. S.(2001), "Globalisation, Liberalisation, Poverty and Income Inequlity in Southeast Asia," OECD Technical Papers No.185, OECD Development Centre.

Kasahara, S.(2004), "The Flying Geese Paradigm: A Critical Study of Its Application to East Asian Regional Development," UNCTAD Discussion Paper 169, UNCTAD/OSG/DP/2004/3, No.169, April.

Keller, W.(2001), "International technology diffusion," NBER Working Paper 8573, National Bureau of Economic Research.

Kessides, I. N.(1991), Appendix A2 in Michaely, M., D. Papangeorgiou and A. M. Choksi eds., Lessons of Experience in Developing World, Oxford: Basil Blackwell.

Kim, Jong-II and L. J. Lau(1994), "The Source of Economic Growth of the East Asian Newly Industrialized Countries," Journal of Japan and International Economies 8, September, pp.235-71.

Kim, S. J., and M. R. Stone(1999), "Corporate Leverage, Bankruptcy, and Output Adjustment in Post-Crisis Eats Asia,", IMF Working Paper WP/99/143,Oct.

Kimura, Fukunari, and Mitsuyo Ando(2003), "The Formation of International Production and Distribution Networks in East Asia," NBER Working Paper 10167, December, National Bureau of Economic Research.

Kimura, Fukunari, and Kiichiro Fukasaku(2002), "Globalization and Intra-firm Trade: Further Evidence," in P.J. Lloyd and Hyun-Hoon Lee, eds., Frontiers of Research in Intra-Industry Trade. New York: Palgrave Macmillan Press Ltd.

Kiyota, Kozo(2006), "An Analysis of the Potential Economic Effects of Bilateral, Regional, and Multilateral Free Trade," RIETI Discussion Paper Series 06-E-027, RIETI.

Klenow, P.J., and A. Rodriguez-Clare(1997), "The Neoclassical Revival in Growth Economics: Has It Gone Too Far?" NBER Macroeconomic Annual 1997, pp.73-103.

Kojima Kiyoshi(2000), "The "flying geese" model of Asian economic development: origin, theoretical extensions, and regional policy implications," Journal of Asian Economics 11, pp.375-401.

Kojima, Kiyoshi(1977), "Typology of Trade Intensity Indices," Hitotsubashi Journal of Economics, Vol. 17, pp.15-32.

Kojima K.(1975), "International Trade and foreign investment: substitute or complements?", Hitotsubashi journal of economics, June.

Korhonen, P.(1994), "The Theory of the Flying Geese Patterns of Development and Its Interpretations," Journal of Asia Peace Research 31(1), pp.93-108.

Kravis, Irving, and Robert E. Lipsey(1992), "Source of competitiveness of the United States and of its multinational firms," Review of Economics and Statistics, Vol. 74, No. 2, pp.193-201.

Krueger A.O.(1978), Liberalization Attemps and Consequances, Ballinger Press for National Bureau of Economic Research, Mass.: Lexington.

Krueger A.O.(1997), "Trade Policy and Economic Development: How We Learn,", National Bureau of Economic Research Working Paper 5896.

Krugman, P.(1994), "The Myth of Asia's Miracle," Foreign Affairs, Vol.73, Nov./Dec.

Krugman, P.(1991), Geography and Trade, Cambridge, MA.: MIT Press.

Krugman, P.(1987), "The Narrow Moving Band, the Dutch Disease, and the Competitive Consequences of Mrs. Thatcher: Notes on Trade in the Presence of Dynamic Scale Economics," Journal of Development Economics, Vol. 27, pp.41-55.

Krugman, P.,(1980), "Scale Economies, Product Differentiation, and the Pattern of Trade," American Economic Review,Vol.70 No.5, Dec., pp.950-59.

Kuznets, S.(1973), "Modern Economic Growth: Findings and Reflections," American Economic Review 63(3), pp. 247-258.

Kuznets, S.(1966), Modern Economic Growth, New Haven and London: Yale University Press.

Lane, T., et al.(1999), IMF Supprted Programs in Indonesia, Korea and Thailand: A Preliminary Assessment, Occasional Paper 178, Washington: International Monetary Fund.

Laursen, Keld(1998a), "Revealed Comparative Advantage and the Alternatives as Measures of International Specialisation," DRUID Working Paper No. 98-30, < http://www.druid.dk/wp/pdf_files/ 98-30.pdf>.

Laursen, Keld(1998b), "Do Export and Technological Specialisation Patterns Co-evolve in Terms of Convergence or Divergence?: Evidence From 19 OECD Countries, 1971-1991," DRUID Working Paper No. 98-18, < http://www.druid.dk/wp/pdf_files/ 98-18.pdf>.

Leibenstein, H.(1957), Economic Backwardness and Economic Growth: Studies in the Theory of Economic Development, New York: John Wily.

Lemoine, F.(2000), "FDI and the Opening Up of China's Economy," CEPII Working Paper No.00-11.

Leontief, W. W.(1956), "Factor Proportion and the Structure of American Trade : Further Theoretical Empirical Analysis," Review of Economic and Statistics, Vol.38.

Leontief, W.W.(1953), "Domestic Production and Foreign Trade: The American Capital Position Re-examined," American Philosophical Society Vol.97

Li, Li, and Ching-Hsi Chang(2004)"Can FDI Save the Shaking Chinese Economy?" Discussion Paper prepared for International Conference on Issue of China's Economic Development. Taipei: Taiwan Study Center, National Chengchi University, 2004/6/3-4.

Lichtenberg, F., De La Van Pottlesberghe and B. Potterie(1998), "International R&D Spillovers: Comment," The European Economic Review 42(8), pp.1483-91.

Liesner, H.H.(1958), "The European Common Market and British Industry," The Economic Journal, Vol.17, pp.15-32.

Little, I., T. Scitovsky and M.Scott(1970), Industry and Trade in Some Developing Countries: A Comparative Study, Cambridge: Oxford University Press.

Liu, Xiaming, Chengang Wang and Yingqi WEI(2001), "Causal links between foreign direct investment and trade in China," China Economic Review, 12 , pp.190–202.

Lo, Fu-chen, and Yu-qing Xing eds.(1999), China's Sustaunable Development Framework(Summary Report), Tokyo: United Nation University/ Istitute of Advanced Studies.

Lucas, R. E.(1988), "On the Mechanics of Economic Development," Journal of Monetary Economics 22(1), pp.3-42.

Malcolm, Dowling, and Ray David(2000), "The structure and composition of international trade in Asia: historical trends and future prospects," Journal of Asian Economics 11, pp.301–318.

Mansfield, E.(1981), "Imitation Costs and Patents: An Empirical Study," The Economic Journal 91, pp.907-18.

Marchese, S., and F. Nadal De Simone(1989), "Monotonicity of Indices of 'Revealed' Comparative Advantage: Empirical Evidence on Hillman's Condition," Weltwirtschaftliches Archiv, Vol. 127, pp.158-167.

Markusen, J. R.(2002), Multinational Firms and the Theory of International Trade, Boston: The MIT Press.

Mayer, Jörg(2003), "Trade Integration and Shifting Comparative Advantage in Labour-Intensive Manufacturers," Paper prepared for the UNU/WIDER Conference on Sharing Global Prosperity. Helsinki: Finland, 2003/9/6-7.

Mead, J. E.(1955), Trade and Welfare ,New York: Oxford University Press.

Ministry of Economy, Trade and Industry(2004), White Paper on International Economy and Trade 2004(Japanese version), Tokyo: METI.

METI(2005), "Japan's Policy on FTAs/EPAs,", <http://www.meti.go.jp/english/policy/index_externaleconomicpolicy.html>.

METI(2003), "Japan's Policy to Strengthen Economic Partnership,", <http://www.meti.go.jp/english/policy/index_externaleconomicpolicy.html>.

Nelson, R.R., and H. Pack(1997), "The Asian Miracle and Modern Growth Theory,", World Bank Working Paper.

OECD(2003), Investment Policy Reviews China: Progress and Reform Challenges. Paris: OECD Publications.

OECD(2002), China in the World Economy: The Domestic Policy Challenges. Paris: OECD Publications.

Okita, S.(1989), Japan in the World Economy of 1980s, University of Tokyo Press.

Okita, S.(1985), "Special Presentation: Prospect of the Pacific Economies," Korea development Institute, Pacific Economic Cooperation: Issues and Opportunities, Report of the Fourth Pacific Economic Cooperation Conference, Seoul, April 29-May 1, 1985.

Ozawa T.(2003), "Pax Americana-led Macro-clustering and flying-geese-style catch-up in East Asia: mechanisms of regional endogenous growth," Journal of Asian Economics, Vol. 13, pp.699-713.

Ozawa, T.(2001a), "The hidden side of the flying-geese catch-up model: Japan's dirigiste institutional setup and a deepening financial morals," Journal of Asian Economics 12.

Ozawa, T.(2001b), "The Internet Revolution, Networking, and the "Flying-Geese" Paradigm of structuring Upgrading," Global Economic Quarterly 11.

Ozawa, T.(1993), "Foreign Direct Investment and Structural Transformation: Japan as a Recycler of Market and Industry," Business and the Contemporary World V(2), Spring.

Papagni, E.(1992), "High-technology exports of EEC countries: persistence and diversity of specialization patterns," Applied Economics, Vol. 24, pp.925-933.

Park, Yung Chul, and Won-Am Park(1992), "Changing Japanese Trade Patterns and the East Asian NICs," in Paul Krugman, ed., Trade with Japan: Has the Door Opened Wider? NBER Project Report. Chicago: University of Chicago Press.

Pasinetti, L. L.(1981), Structural Change and Economic Growth. Cambridge: Cambridge University Press.

Peri, Giovanni and Dieter Urban(2004), "Catching-Up to Foreign Technology? Evidence on the "Veblen-Gerschenkron" Effect of Foreign Investments," NBER Working Paper No. 10893, < http://papers.nber.org/papers/w10893.pdf>.

Prebisch, R.(1950), The Economic Development of Latin America and its Principal Problems, Lake Success: United Nation, Department of Economic Affairs.

Proudman, J., and S. Redding(2000), "Evolving patterns of international trade," Review of International Economics, Vol. 8, No.3, pp.373–396.

Proudman, J., and S. Redding(1997), "Persistence and Mobility in International Trade," Bank of England Working Paper no.64, Bank of England, London, < http://www.bankofengland.co.uk/ publications/workingpapers/wp64.pdf>.

Radelet, S. and J. Sachs(1997), "Asia's Reemergence," Foreign Affairs 76(6), November/December.

Ramstetter, Eric D.(2000), "Recent Trends in Foreign Direct Investment in Asia: The Aftermath of the Crisis to Late 1999", ICSEAD Working Paper Series Vol.2000-02, The International Centre for the Study of East Asian Development.

Razgallah, B.(2004), "The balance of payments stages 'hypothesis': A reappraisal, ". http://www.u-paris2.fr/troisdi/pdfs/The_BoP_stages_hypothesis.pdf

Redding, Stephen(2002), "Specialization dynamics," Journal of International Economics, Vol.58 , pp.299–334.

Rodriguez, Peter L.(2001), "Rules of Origin with Multistage Production," The World Economy, Vol.24, No.2, pp. 201-220

Rodriguez, F. and D. Rodrik(1999), "Trade Policy and Economic Growth: A Skeptic's Guide to the Cross-Country Evidence," Centre for Economic Policy Research, Research Paper Series No.2143.

Romer, P.(1993), "Idea Gaps and Object Gaps in Economic Development," Journal of Monetary Economics 32, pp.543-73.

Romer, P.(1986), "Increasing Returns and Long-Run Growth,", Journal of Political Economy 94(5), pp.1002-37.

Sachs, J. and A. Warner(1995), "Economic Reform and the Process of Global Integration," Brookings Paper on Economic Activity 1, pp.1-118.

Sarel, M.(1997), "Growth and Productivity in ASEAN Countries," IMF Working Paper 97/97.

Senhadji, A.(2000), "Sources of Economic Growth: An Extensive Growth Accounting Exercise," IMF Staff Papers 47, pp.129-57.

Siegfried, Bender, and Kui-Wai Li(2002), "The Changing Trade and Revealed Comparative Advantages American Manufacture Exports," Center discussion paper no.843, Economic Growth Center, Yale University,< http://www.econ.yale.edu/~egcenter/>

Solow, R. M.(1957), "Technical Change and Aggregate Product Function," Review of Economic and Statistics 39, August, pp.312-20.

Solow, R. M.(1994), "Perspective on Growth Theory," Journal of Economic Perspective 8, Winter, pp.45-54.

SourceOECD(2005), ITCS International Trade, United States - SITC Rev.2 Vol. 2004 release 01, <http://oecdnt.ingenta.com/OECD/eng/ TableViewer/Wdsdim/dimensionp.asp?IVTFileName=6gr2usa.ivt>.

Stiglitz, J. E.(2003), "Globalization, Technology, and Asian Economic Development," Asian Development Review, 20(2).

Stiglitz, J. E.(2002), Globalization and its Discontents, New York: Norton.

Stone, M.R., and M. Weeks(2001), "Systemic Finacial Crisis, Balance Sheets, and Model Uncertainty," IMF Working Paper WP/01/162, Oct.

Sturgeon, Timothy J.(1997), "Turnkey Production Networks: A New American Model of Industrial Organization?" BRIE Working Paper 92A, August.

Todo, Yasujuki and Koji Miyamoto(2006a), "knowledge Spillovers from Foreign Direct Investment and the Role of R&D Activities: Evidence from Indonesia," Economic Development and Cultural Change 55:1, pp.173-200.

Todo, Yasujuki(2006b), "knowledge Spillovers from Foreign Direct Investment in R&D Activities: Evidence from Japanese

Firm-Level Data," Journal of Asian Economics 17:6, pp.996-1013.

Tso, Allan Y.(1998), "Foreign Direct Investment and China's Economic Development," in Y. M. Shaw, ed., European and Asia-Pacific Integration: Political, Security, and Economic Perspectives, Chap.10, Taipei: Institute of International Relations, National Chengchi University, pp.186-215.

UNCTAD(2007a), Handbook of Statistics, New York and Geneva: United Nations publication.

UNCTAD(2007b), World Investment Report 2007, New York and Geneva: United Nations publication.

UNCTAD(2006), World Investment Report 2006, New York and Geneva: United Nations publication.

UNCTAD(2005), Handbook of Statistics, New York and Geneva: United Nations publication.

UNCTAD(2004), Handbook of Statistics , New York and Geneva: United Nations publication.

UNCTAD(2003a), Handbook of Statistics , New York and Geneva: United Nations publication.

UNCTAD(2003b), TRADE AND DEVELOPMENT REPORT, 2003: CAPITAL ACCUMULATION, GROWTH AND STRUCTURAL CHANGE, New York and Geneva: United Nations publication.

UNCTAD(2002a), TRADE AND DEVELOPMENT REPORT, 2002, New York and Geneva: United Nations publication.

UNCTAD(2002b), World Investment Report 2002, New York and Geneva: United Nations publication.

UNCTAD(1995), World Investment Report 1995, New York and Geneva: United Nations publication.

Van Hulst, N., R. Mulder and L. G. Soete(1991), "Exports and Technology in Manufacturing Industry," Weltwirtschaftliches Archiv, Vol. 127, pp.246-264.

Vernon, R.(1966), "International Investment and International Trade in the Product Cycle," The Quarterly Journal of Economics, 80(2), pp.190-207.

Vollrath, L. T.(1991), "A Theoretical Evaluation of Alternative Trade Intensity Measures of Revealed Comparative Advantage," Weltwirtschaftliches Archiv, Vol. 127, pp.265-280.

Wang, Wen Thuen(2002), "Catching-up Process of Taiwan's Electronic Components Industry : A Frontier Analysis," ICSEAD Working Paper Series Vol. 2002-30, December, The International Centre for the Study of East Asian Development(ICSEAD).

William, James E., and Oleksandr Movshuk(2004), "Shifting International Competitiveness: An Analysis of Market Share in Manufacturing Industries in Japan, Korea, Taiwan and the USA," Asian Economic Journal, Vol. 18, No.2.

William James(2000), "Comparative Advantage in Japan, Korea and Taiwan between 1980 and 1996: Testing for Convergence and Implications for Closer Economic Relations," ICSEAD Working Paper Series Vol. 2000-24, December, The International Centre for the Study of East Asian Development(ICSEAD).

Williamson, J.(1993), "Democracy and the Washington Consensus," World Development 21(8), pp.1329-36.

World Bank(2005a), Global Economic Prospect—The Regionalism and Development, Washington, DC: World Bank.

World Bank(2005b), Global Economic Prospects: Trade, Regionalism, and Development, Washington, D.C.: The International Bank for Reconstruction and Development / The World Bank.

World Bank(2004), EAST ASIA UPDATE: Strong Fundamentals to the Fore, REGIONAL OVERVIEW. Washington, D.C.: The International Bank for Reconstruction and Development / The World Bank.

World Bank(1997), World Development Report 1997-The State in a Changing World, http://www-wds.worldbank.org/external/default/WDSContentSer ver/WDSP/IB/1997/06/01/000009265_3980217141148/Rendered/ PDF/multi0page.pdf.

World Bank(1989), World Development Report 1989, New York: Oxford University Press.

World Bank(1987), World Development Report 1987, http://www-wds.worldbank.org/external/default/WDSContentSer ver/WDSP/IB/1987/06/01/000178830_98101911073518/Rendere d/PDF/multi0page.pdf.

World Bank(1959), A Public Development Program for Thailand, Baltimore: The Johns Hopkins Press.

WTO(2006), "The Changing Landscape of Regional Trade Agreements: 2006 Update ," WTO Regional Trade Agreements Section Trade Policies Review Division Discussion paper No.12

Wu, Harry X.(2001), "China's comparative labor productivity performance in manufacturing, 1952-1997 Catching up or falling behind?" China Economic Review ,Vol.12, pp.162-89.

Yamazawa, I.(1990), Economic Development and International Trade: The Japanese Model, East-West Center, Hawaii.

Yeaple, S. R.(2003), "The Complex Integration Strategies of Multinationals and Cross Country Dependencies in the Structure of Foreign Direct Investment," Journal of International Economics 60:2, pp. 293-314.

Yeats, J. A.(1985), "On the Appropriate Interpretation of the Revealed Comparative Advantage Index: Implications of a Methodology Based on Industry Sector Analysis," Weltwirtschaftliches Archiv Vol. 121, pp.61-73.

Young, A.(1992), "A Tale of Two Cities: Factor Accumulation and Technical Change in Hong Kong and Singapore," NBER Macroeconomic Annual 1992, pp.13-54。

Yue,Changjun, and Hua Ping(2002), "Does comparative advantage explains export patterns in China?" China Economic Review, 13, pp.276–296.

二、日文部份（依日文字母序）

青木健（2002）「ASEAN・中国の FTA 創設合意と日本の対応」『ITI 季報』Spring 2002 / No.47，頁 40-47，国際貿易投資研究所。

青木まき（2006）「東アジアに於ける地域貿易協定の特徴」平塚大祐編『東アジアの挑戦』東京：アジア経済研究所。

赤松要（1935）「吾国羊毛工業品の貿易趨勢」名古屋高商・商業経済論叢、第 13 巻上冊。

赤松要（1965）『世界経済論』東京：国元書房。

荒木英一・西川憲二（2006）「日本の「貿易黒字神話」の崩壊——通商白書(2002, 2003)メッセージの検討」<http://rio.andrew.ac.jp/araki/myth.pdf>。

伊藤恵子（2003）「東アジアにおける貿易パターンと直接投資：日本製造業への影響」ICSEAD Working Paper Series Vol.2003-03, may, The International Center for the Study of East Asian Development（ICSEAD）

石戸光・伊藤恵子・深尾京司・吉池喜政（2003）「東アジアにおける垂直的産業内貿易と直接投資」ICSEAD Working Paper Series Vol. 2003-11。

伊藤元重（2000）『国際経済入門』東京：日本経済新聞出版社。

内堀敬則（2005）「転換期迎える日本企業の中国戦略」みずほリサーチ October 2005。

浦田秀次郎（2006）「貿易・投資主導の経済成長と地域統合」伊藤健一・田中明彦監修『東アジア共同体と日本の針路』東京：NHK 出版社。

大野幸一・岡本由美子編（1995）『EC・NAFTA・東アジアと外国直接投資－発展途上国への影響』東京：アジア経済研究所。

座間紘一・藤原貞雄編著（2003）『東アジアの生産ネットワークー自動車・電子機器を中心として－』東京：ミネルヴァ書房。

小寺彰（2006）「FTA のスパゲティボール現象とは」『RIETI コラム』<http://www.rieti.go.jp/jp/columns/a01_0193.html>。

川崎賢太郎（2005）「GTAP モデルによる日タイ FTA および日韓 FTA の分析」鈴木宣弘編『FTA と食料－評価の理論と分析枠組』東京：筑波書房。

木村福成（2002）「東アジアにおける FTA 形成の動き：期待と懸念」『世界経済評論』，10 月号，頁 6-9。

Kuznets, S.（1968）塩野谷祐一訳『近代経済成長の分析（下）』東京：東洋経済新報社（Kuznets,S.（1966），Economic Growth of Nations : Total Output and Production structure, Cambridge, Massachusetts : Harvard University Press.）。

黒田篤郎（2001）『メイド・イン・チャイナ』東京：東洋経済新報社。

経済産業省（2008）『2006 年度海外事業活動基本調査（37 回）』。

経済産業省（2007）『通商白書 2007』東京：経済産業調査会。

経済産業省（2006a）『グローバル経済戦略』東京：経済産業調査会。

経済産業省（2006b）『新経済成長戦略』東京：経済産業調査会。

経済産業省（2006c）『通商白書 2006』東京：経済産業調査会。

経済産業省（2006d）『2004 年度海外事業活動基本調査（35 回）』。

経済産業省通商政策局編（2006e）「地域統合」『2006 年版不公正貿易報告書 WTO 協定から見た主要国の貿易政策』第 15 章，東京：経済産業省通商政策局。

経済産業省（2006f）「〈経済連携の取組（ＥＰＡ）について（平成 18 年 3 月）〉『経済連携（ＦＴＡ/ＥＰＡ）の推進について』<http://www.meti.go.jp/policy/trade_policy/epa/data/060307suishin.pdf>。

経済産業省（2004a）『通商白書 2004』東京：日本経済産業調査会。

経済産業省（2004b）『2002 年度海外事業活動基本調査（33 回）』。

経済産業省（2004c）「〈経済連携の取組（ＥＰＡ）について（平成 16 年 12 月）〉『経済連携（ＦＴＡ/ＥＰＡ）の推進について』<http://www.meti.go.jp/policy/trade_policy/epa/data/world_fta200412.pdf>。

経済産業省（2004d）「ＦＴＡをめぐる世界の動き」『経済連携（ＦＴＡ/ＥＰＡ）の推進について』<http://www.meti.go.jp/policy/trade_policy/epa/data/world_fta200412.pdf>。

経済産業省（2003a）『通商白書 2003』東京：日本経済産業調査会。

経済産業省（2003b）『2001 年度海外事業活動基本調査（32 回）』。

経済産業省（2002a）『通商白書 2002』東京：日本経済産業調査会。

経済産業省（2002b）『2000 年度海外事業活動基本調査（31 回）』。

経済産業省（2001）「内外一体の経済政策について」『対外経済政策の基本理念』<http://www.meti.go.jp/policy/trade_policy/ideology/index.html>。

経済産業省（1996）『通商白書 1996』東京：日本経済産業調査会。

経済社会総合研究所編（2003）『新世紀における中国と国際経済に関する研究会報告』東京：内閣府経済社会総合研究所。

経済連携促進関係閣僚会議（2004）「今後の経済連携協定の推進についての基本方針』（平成 16 年 12 月 21 日）<http://www.mofa.go.jp/mofaj/gaiko/fta/hoshin_0412.html>。

国際東アジア研究センター（2004）『特別報告東アジア経済の趨勢と展望　東アジアへの視点 2003 年春季特別号』，14 巻 2 号，国際東アジア研究センター（ICSEAD）。

国立社会保障・人口問題研究所（2002）「日本の将来推計人口（平成 14 年 1 月推計）」<http://www.ipss.go.jp/pp-newest/j/newest02/p_age2.xls>。

関志雄（2002）「中国の台頭と IT 革命で雁行形態が崩れたか−米国市場における中国製品の競争力の変化による検証−」『中国の産業と企業』<http://www.rieti.go.jp/users/china-tr/jp/020502newkeizai.htm>。

Guan, Goh Aik（1991）「日本の産業内分業の推移：一考察」『日本経済研究』，No.21，日本経済研究センター。

香西泰・宮川努・日本経済研究センター編（2008）『日本経済グローバル競争力の再生』東京：日本経済新聞社。

小島清（2003）『雁行型経済発展論 1、2 巻』東京：文真堂。

小島清（1989）『海外直接投資のマクロ分析』東京：文真堂。

小島清（1986）『日本の海外直接投資−経済学的接近』東京：文真堂。

小宮隆太郎（1989）『日本経済−マクロ的展開と国際経済関係』東京：東京大学出版会。

佐佐木仁・古賀優子（2005）「機械部門の貿易パターンの分析」
　　日本銀行 working paper series、日本銀行調査統計局。

Samuelson, P. A.（1973）Economics，都留重人訳（1976）『サムエ
　　ルソン経済学』東京：岩波書店。

篠原三代平（2006）『成長と循環で読み解く日本とアジア』東京：
　　日本経済新聞社。

末広昭（2000）『キャッチアップ型工業化論－アジア経済の軌跡
　　と展望－』名古屋大学出版会。

世界銀行（1993）The East Asian Miracle: Economic Growth and
　　Public Policy，白鳥正喜監譯（1994）『東アジアの奇跡－経済
　　成長と政府の役割－』東京：東洋経済新報社。

Stiglitz, J. E., and C. Walsh（2002），Economics, 藪下史郎等訳
　　（2007）『ステッグリッツ　マクロ経済学』第 3 版，東京：
　　東洋経済新報社。

関口末夫　（1988）『直接投資と技術移転の経済学』東京：中央
　　経済社。

財務省（2002）「對外直接投資状況」。

田中素香・馬田啓一編著（2007）『国際経済関係論－対外経済政
　　策の方向性を探る－』東京：文真堂。

高川泉・岡田敏裕（2004）「国際産業連関表からみたアジア太平
　　洋経済の相互依存関係－投入係数の予測に基く分析」日本銀
　　行 Working Paper　No.04-J-6。

丹下敏子（1998）『国際競争力の変化』東京：文真堂。

戸堂康之（2008）『技術転播と経済成長』東京：到草書房。

堤雅彦・清田耕造（2002）「日本を巡る自由貿易協定の効果：CGE
　　モデルによる分析」日本経済研究センター。

通商産業省（1996）『通商白書 1996』東京：経済産業調査会。

内閣府（2002）『世界経済の潮流秋号』東京：財務省印刷局。

日本銀行（2000）『入門　国際収支』東洋経済新報社。

日本國際協力銀行（2007）『わが国製造業企業の海外事業展開に関する調査報告——2007 年度海外直接投資アンケート結果（第 19 回）』

日本國際協力銀行（2003）『2002 年度海外直接投資アンケイート調査報告（第 14 回）』日本開發金融研究所報第 14 號，pp.4-82.

日本國際協力銀行（2002）『2001 年度海外直接投資アンケイート調査報告（第 13 回）』日本開發金融研究所報第 9 號，pp.35-98.

日本貿易振興會（2008）『平成 19 年度日本企業の海外事業展開に関するアンケート調査』

日本貿易振興會（2007）『平成 18 年度日本企業の海外事業展開に関するアンケート調査』

日本貿易振興会（2005）『経済連携協定における原産地規則に関する要望（2005 年 3 月 3 日）』東京：JETRO。

日本貿易振興會（2003）『平成 14 年度日本企業の海外事業展開に関するアンケート調査』

日本貿易振興會（2001）「21 世紀を迎えた日本企業の海外直接投資戦略の現状と見通し」.

日本貿易振興会経済情報部（2001）『日本市場における中国製品の競争力に関するアンケート調査報告書』東京：日本貿易振興会。

日本交流協會（2002）「中国大陸における日・台企業ビジネスアライアンスの現状」，2002 年 3 月。

NIRA（1996）『直接投資と経済成長に関する研究－東アジアの今後の課題－』東京：総合研究開発機構。

任燿廷（2008）「WTO・FTA と台湾農業」『問題と研究』37 巻 1 号、台北：政治大学国際関係研究センター、頁 135－173。

任燿廷（2008）「台湾の WTO 加盟と農業政策の変遷」原剛編『FTA
　　の東アジアへの影響－特に日台韓中農業に対して－』東京：
　　藤原書店。

任燿廷（2005）「世界農業システムの変革のおける東北アジアの
　　対日農產物輸出競争力」『問題と研究』34 巻 11 号、台北：
　　政治大学国際関係研究センター、頁 1－35。

野村総研台北支店（2003）『2003 年度「 在台湾日本企業の事業活
　　動に関するアンケート調査結果」 概要』、經濟部投資業務處
　　『台灣投資通信』2003 年 10 月號。

原洋之介（2002）『開発経済論』東京：岩波書店。

林文夫編（2007）『経済停滞の原因と制度』東京：剄草書房。

速水佑次郎（2004）『開発経済学』東京：創文社。

久武昌人・縄田和満（2003）「わが国企業の海外直接投資の要因
　　分析」METI-RAD Working Paper No.003, Research and Analysis
　　Division, Trade Policy Bureau, METI。

深尾京司他（2003）「産業別生產性と経済成長：1070-98 年」『経
　　済分析』東京：内閣府経済社会総合研究所。

深尾京司・程勳（1996）「直接投資先国の決定要因について－わ
　　が国製造業に関する実証分析」『フィナンシャル・レビュー』
　　February，東京：大蔵省財政金融研究所。

Helpman, E., and P. R. Krugman（1989）, Trade Policy and Market
　　Structure, 大山道広訳.（1992）『現代の貿易政策－国際不完
　　全競争の理論』東京：東洋経済新報社。

丸山恵也・佐護誉・小林英夫編著（1999）『アジア経済圏と国際
　　分業の進展』東京：ミネルヴァ書房。

丸山恵也編著（1995）『アジアの自動車產業』東京：亜紀書房。

南亮進（2004）『日本の経済発展』第 2 版，東京：東洋経済新
　　報社。

柳沢寿、山岸祐一（1996）「日本企業の海外活動と要素生産性」，経済分析，政策研究の視点シリーズ 6，経済企画庁経済研究所。

山澤逸平（1984）『日本の経済発展と国際分業』東京：東洋経済新報社。

楊小凱（2001）「経済発展における後発優位と劣位──技術模倣を超えて、制度革新を目指そう」『中国の経済改革』<http://www.rieti.go.jp/users/china-tr/jp/010903kaikaku.htm>。

吉富勝（2003）『アジア経済の真実』東京：東洋経済新報社。

List, F.（1930, original publication 1841），Das Nationale System der Politischen Okonomie, Berlin: Reimar Hobbling，小林昇訳（1970）『経済学の国民的体系』東京：岩波書店。

渡辺利夫編（2005）『日本の東アジア戦略』東京：東洋経済新報社。

三、中文部份（依中文筆畫序）

中華民國行政院主計處（2004）《中華民國台灣地區國民所得統計》，http://dgbas.gov.tw/dgbas03/bs4/nis/[p1.xls]p1'!\$A\$1。

王佳煌（2004）〈雁行理論與日本的東亞經驗〉，《問題與研究》，43 卷 1 期，頁 1-31。

任燿廷（2007）〈日本推動東亞經濟合作協定的意義與影響〉，陳添枝主編《自由貿易區與國際政治經濟》第五章，頁 101-146。台北：遠景基金會。

任燿廷（2005）〈改革開放後中國大陸對外貿易的探討－貿易結構與生產波及效果的變化〉，《遠景基金會季刊》，第六卷第三期。

任燿廷（2003）〈日本製造業在亞洲的經營－全球化與當地化〉，《臺灣經濟金融月刊》，39 卷 10 期，頁 57-101。

任燿廷（2001）〈日本與東亞國家間機械機器貿易變化的探討〉，《臺灣經濟金融月刊》，第 37 卷第 8 期。

任燿廷（2000）〈日本對外貿易變化的探討（1980-97）〉，《日本研究》，20 週年紀念特刊，頁 139-58。

林毅夫（2000）〈信息產業發展與比較優勢原則〉，《中國與世界經濟》，Vol.8 No.4。

經濟部統計處《製造業對外投資實況調查報告 2002 年》。

彭慧鸞（1998）〈柯林頓政府積極介入亞太事務的理論與實踐〉，林岩哲、柯玉枝主編，《東亞地區間之互補與競賽》。台北：政治大學國際關係研究中心。

國家圖書館出版品預行編目

戰後日本與東亞的經濟發展 / 任燿廷著. -- 一
版. -- 臺北市：秀威資訊科技, 2009. 2
　　面 ；　　公分. -- （社會科學類；AF0105）
BOD 版
參考書目：面
ISBN 978-986-221-172-4（平裝）

1.經濟發展　2.經貿關係　3.日本　4.東亞
552.31　　　　　　　　　　　　　98002167

 社會科學類　　AF0105

戰後日本與東亞的經濟發展

作　　者 / 任燿廷
發 行 人 / 宋政坤
執行編輯 / 林世玲
圖文排版 / 鄭維心
封面設計 / 莊芯媚
數位轉譯 / 徐真玉　沈裕閔
圖書銷售 / 林怡君
法律顧問 / 毛國樑　律師
出版發行 / 秀威資訊科技股份有限公司
　　　　　台北市內湖區瑞光路 583 巷 25 號 1 樓
　　　　　電話：02-2657-9211　　　傳真：02-2657-9106
　　　　　E-mail：service@showwe.com.tw

2009 年 2 月 BOD 一版
2009 年 8 月 BOD 二版
定價：600 元

讀 者 回 函 卡

感謝您購買本書，為提升服務品質，請填妥以下資料，將讀者回函卡直接寄回或傳真本公司，收到您的寶貴意見後，我們會收藏記錄及檢討，謝謝！如您需要了解本公司最新出版書目、購書優惠或企劃活動，歡迎您上網查詢或下載相關資料：http:// www.showwe.com.tw

您購買的書名：_____

出生日期：_____年_____月_____日

學歷：□高中 (含) 以下　　□大專　　□研究所 (含) 以上

職業：□製造業　□金融業　□資訊業　□軍警　□傳播業　□自由業
　　　□服務業　□公務員　□教職　　□學生　□家管　　□其它_____

購書地點：□網路書店　□實體書店　□書展　□郵購　□贈閱　□其他

您從何得知本書的消息？

　□網路書店　□實體書店　□網路搜尋　□電子報　□書訊　□雜誌
　□傳播媒體　□親友推薦　□網站推薦　□部落格　□其他_____

您對本書的評價：（請填代號　1.非常滿意　2.滿意　3.尚可　4.再改進）

　封面設計____　版面編排____　內容____　文／譯筆____　價格____

讀完書後您覺得：

　□很有收穫　□有收穫　□收穫不多　□沒收穫

對我們的建議：_____

_____

_____

_____

11466
台北市內湖區瑞光路 76 巷 65 號 1 樓

秀威資訊科技股份有限公司　　　收
BOD 數位出版事業部

....

（請沿線對折寄回，謝謝！）

姓　　名：＿＿＿＿＿＿＿＿＿　　年齡：＿＿＿＿　性別：□女　□男

郵遞區號：□□□□□

地　　址：＿＿＿＿＿＿＿＿＿＿＿＿＿＿＿＿＿＿＿＿＿

聯絡電話：(日)＿＿＿＿＿＿＿＿＿　(夜)＿＿＿＿＿＿＿＿＿

E-mail：＿＿＿＿＿＿＿＿＿＿＿＿＿＿＿＿＿＿＿＿＿